SV

ILLUSTRISSIMAE
ALMAE UNIVERSITATI GLASGUENSI
OB SUMMUM SACRAE THEOLOGIAE DOCTORIS HONOREM SIBI OBLATUM
HUNC LIBRUM
PERGRATO ANIMO DEDICAT
AUCTOR

Wolfhart Pannenberg

Wissenschaftstheorie und Theologie

Suhrkamp Verlag

Das Namenregister wurde von Herrn Dr. Wolfgang Greive,
das Sachregister von Herrn Dr. Reinhard Leuze angefertigt.

Erste Auflage dieser Ausgabe 1977
© Suhrkamp Verlag Frankfurt am Main 1977
Alle Rechte vorbehalten
Druck: Nomos Verlagsgesellschaft, Baden-Baden
Printed in Germany

Inhalt

EINLEITUNG
Wissenschaftstheorie und Theologie 7
1. Universitätsreform, Wissenschaftstheorie, Theologie . . 7
2. Der Ursprung des Wissenschaftsanspruchs der Theologie . 11
3. Die theologische Enzyklopädie als Frage nach der inneren Gliederung der Theologie 18
4. Überleitung 24

1. TEIL
DIE THEOLOGIE IM SPANNUNGSFELD VON EINHEIT UND
VIELFALT DER WISSENSCHAFTEN 27

1. Kapitel
Vom Positivismus zum kritischen Rationalismus 31
1. Der logische Positivismus 31
2. Die Anwendung des logischen Positivismus auf die Theologie 34
3. Die Auseinandersetzung Poppers mit dem logischen Positivismus 37
4. Die Anwendung des kritischen Rationalismus zur Kritik der Theologie 45
5. Die Möglichkeit der Falsifikation 52
6. Strukturwissenschaft und Geschichte 60

2. Kapitel
*Die Emanzipation der Geisteswissenschaften
von den Naturwissenschaften* 74
1. Der Begriff der Geisteswissenschaften 74
2. Soziologie als verstehende Handlungswissenschaft . . 82
3. Ernst Troeltschs geisteswissenschaftliche Grundlegung der Theologie 105
4. Die Kritik am Dualismus von Natur- und Geisteswissenschaften 117
5. Verstehen und Erklären 136

3. Kapitel
Hermeneutik als Methodik des Sinnverstehens 157

1. Die allgemeine Hermeneutik 158
2. Die hermeneutische Theologie 169
3. Existenzialhermeneutische und analytische Sprachdeutung . 177
4. Hermeneutik und Dialektik 185
5. Sinnerfahrung und Wissenschaft 206

II. TEIL
THEOLOGIE ALS WISSENSCHAFT 225

4. Kapitel
Die Auffassung der Theologie als Wissenschaft in der Theologiegeschichte 226

1. Theologie als abgeleitete Wissenschaft 226
2. Theologie als praktische Wissenschaft 230
3. Theologie als positive Wissenschaft 240
4. Schleiermacher und die thematische Einheit der Theologie . 249
5. Theologie als Wissenschaft vom Christentum? 255
6. Die Positivität der Offenbarung bei Karl Barth 266
7. Positivität und Geschichte 278

5. Kapitel
Theologie als Wissenschaft von Gott 299

1. Gott als Gegenstand der Theologie 299
2. Theologie, Anthropologie, Religionswissenschaft . . . 303
3. Die Wissenschaftlichkeit der Theologie 329

6. Kapitel
Die innere Gliederung der Theologie 349

1. Das Verhältnis der systematischen zur historischen
   Aufgabe der Theologie 349
2. Religionswissenschaft als Theologie der Religion . . . 361
3. Biblische Exegese und historische Theologie 374
4. Die biblische Theologie 384
5. Die Kirchengeschichte 393
6. Die systematische Theologie 406
7. Die praktische Theologie 426

Einleitung
Wissenschaftstheorie und Theologie

1. Universitätsreform, Wissenschaftstheorie, Theologie

Es dürfte nicht nur ein belangloser Zufall sein, daß die Zeit einer weltweiten Verunsicherung der Institutionen der höheren Bildung zusammenfällt mit einem Durchbruch der wissenschaftstheoretischen Diskussion zu einer Intensität und Breitenwirkung, wie sie in Deutschland seit der Zeit vor der Gründung der Berliner Universität nicht mehr erlebt worden ist. Dabei laufen die Bemühungen um die Universitätsreform und die um die Wissenschaftstheorie keineswegs in jeder Hinsicht parallel. Die Universitätsreform steht heute vor den Scherben der trügerischen Hoffnungen, die man an die Wirksamkeit institutioneller Änderungen geknüpft hatte, an den Abbau der vermeintlich die freie Entfaltung der Wissenschaften behindernden Privilegien der Professoren. In ihnen bestand von der Idee der Gelehrtenrepublik noch das Gerippe fort, obwohl sie durch die Erfordernisse der akademischen Massenausbildung und durch den Trend zur Verselbständigung spezialistischer Disziplinen ihre Dynamik schon weitgehend verloren hatte. Inzwischen sind die institutionellen Formen der Gelehrtenrepublik Wilhelm von Humboldts beseitigt oder grundlegend verändert, aber man kann nicht behaupten, daß die von den Privilegien der Professoren mehr oder weniger befreite Wissenschaft sich darum nun um so kraftvoller entfalte. Die vervielfachte Belastung durch Aufgaben akademischer Selbstverwaltung und die an den Universitäten stattfindenden Gruppenkämpfe haben vielmehr die Bedingungen und das Klima für wissenschaftliche Arbeit dramatisch verschlechtert. Es erweist sich auch hier als ein irriger Optimismus, daß die Beseitigung herkömmlicher institutioneller Strukturen für sich allein schon dem Leben zu freierer Entfaltung verhülfe, als ob es nur durch solche äußerlichen Fesseln daran gehindert würde. Die Schwierigkeiten, die man beheben möchte, sind gewöhnlich tiefer begründet, so hier in der Sachproblematik der Wissenschaften selbst. Angesichts der Fragwürdigkeit so vieler bisheriger Ansätze zur Universitätsreform

durch institutionelle Änderungen gewinnt die wissenschaftstheoretische Diskussion erhöhtes Gewicht. Trotz mancher zumindest scheinbarer Esoterik geht es in ihr keineswegs um eine Flucht aus den primären Sachaufgaben der Wissenschaften in unproduktive Selbstbespiegelung. Vielmehr geht es darum, ein neues Selbstverständnis von Wissenschaft überhaupt zu gewinnen und damit den Boden für eine neue Zuordnung der wissenschaftlichen Disziplinen und ihrer Methoden. Dabei wird nicht zuletzt auch die Selbstverständlichkeit irgendwann einmal eingeführter und nun eingefahrener Spezialisierungen fraglich. Das einzelne Fach wird gezwungen, seine eigenen Grundlagen in einem weiteren Zusammenhang zu reflektieren und neu zu gewinnen. Wenn überhaupt, dann läßt sich nur als Frucht solcher Besinnung eine Erneuerung der Wissenschaften erhoffen, die aus der gemeinsamen Konzentration auf die Grundfragen des Wissenschaftsverständnisses überhaupt erwachsen und von daher vielleicht auch der Universität als dem Universum der Wissenschaften einmal zu einer neuen Gestalt verhelfen könnte, die sie nie gewinnen kann, solange es unter dem Namen der Reform vorwiegend um Machtkämpfe sogenannter »Gruppen« geht.
Zielt die wissenschaftstheoretische Diskussion auf die Neufassung des Begriffs der Wissenschaft und des Systems der Wissenschaften, damit aber auch auf die Grundlagen einer künftigen, sachgemäßeren Erneuerung der Institutionen wissenschaftlicher Forschung und Bildung, dann kann das auch die Theologie nicht gleichgültig lassen. Ihre institutionelle Verankerung in der Universität ist äußerst unsicher, wo sie nur das Recht des Faktischen für sich hat. Dieser institutionelle Sachverhalt geht letztlich auf die mittelalterliche Konzeption des Systems der Wissenschaften und der Universität zurück. Schon damals war die Existenz der Theologie an der Universität dadurch bedingt, daß ihr ein Ort im Zusammenhang der Wissenschaften zugewiesen werden konnte. Die damaligen Begründungen dafür sind inzwischen obsolet, der Fortbestand theologischer Fakultäten an den Universitäten säkularer Staaten ist daher zu etwas bloß Faktischem geworden. Er verdankt sich einer gewissen Pietät der Gesellschaft gegenüber den Ursprüngen der abendländischen Universität sowie der Rücksicht auf das gesellschaftliche Gewicht der großen Kirchengemeinschaften. Das gilt in besonderem Maße, wo der konfessionelle Pluralismus zur Verdoppelung theologischer Fakultäten an derselben Universität geführt hat. Dieser

Zustand, der so offensichtlich eine Auswirkung wissenschaftsfremder Faktoren auf die institutionelle Organisation der Universität darstellt, bedeutet eine nicht zu unterschätzende potentielle Gefährdung des Fortbestandes theologischer Fakultäten an der Universität überhaupt. Die konfessionelle Prägung und Spaltung der Universitätstheologie erschwert die Suche der Theologie nach ihrem Ort, oder nach überhaupt einem Ort im Zusammenhang der Wissenschaften an der Universität. Das Bemühen darum und also die Teilnahme der Theologie an der wissenschaftstheoretischen Diskussion dürfte sich jedoch als lebenswichtig für die Zukunft der Theologie im Zusammenhang der Universität erweisen, die ihre Einheit und innere Gliederung nur aus einer neuen Besinnung auf das Wesen von Wissenschaft und den Kreis ihrer Aufgaben gewinnen kann. Dabei erfüllt die Teilnahme der Theologie an der wissenschaftstheoretischen Diskussion nicht etwa nur eine Funktion ideologischer Legitimation bestehender Verhältnisse. Die Theologie läßt sich damit vielmehr auf eine Selbstkritik ihres gegenwärtigen Zustandes ein, die zum Ausgangspunkt ihrer Erneuerung als wissenschaftliche Disziplin werden kann, so wie die Universität im ganzen sich nur aus der Besinnung auf das Wesen von Wissenschaft inmitten der Vielzahl spezialisierter Disziplinen regenerieren kann. Die Zugehörigkeit der Theologie zum Kreise der wissenschaftlichen Disziplinen kann zwar nicht undiskutiert vorausgesetzt werden. Aber auch eine negative Antwort auf diese Frage, soll sie nicht als Vorurteil gelten, versteht sich angesichts der langen Geschichte dieses Themas nicht von selbst.

Die wissenschaftstheoretische Selbstbesinnung einer Disziplin muß stets unter einem Doppelaspekt erfolgen: Sie zielt einerseits auf das Außenverhältnis zu anderen Wissenschaften auf dem gemeinsamen Boden von Wissenschaft überhaupt. Andererseits geht es dabei um die innere Organisation der betreffenden Disziplin. Auch hier geht die Besinnung von einem schon bestehenden Zustand aus. Die Pluralität theologischer Teildisziplinen nötigt zu der Frage nach dem spezifisch Theologischen, das diese Disziplinen verbindet. Umgekehrt müßte sich aus dem Verständnis von Theologie überhaupt ergeben, inwiefern von daher ihre innere Organisation in die Disziplinen der Exegese, der Kirchengeschichte, der Dogmatik und der praktischen Theologie als notwendig oder jedenfalls als sinnvoll zu rechtfertigen ist, oder inwiefern etwa das, was an theologischen Dis-

ziplinen heute vorhanden ist, vom Begriff der Theologie her kritisch zu revidieren ist, zumindest im Hinblick auf ihre Zuordnung und ihr methodisches Selbstverständnis. Dieser zweite Aspekt wissenschaftstheoretischer Selbstbesinnung der Theologie ist das Thema der theologischen Enzyklopädie. Er hängt mit dem ersten, mit der Problematik der Wissenschaftlichkeit der Theologie, sachlich eng zusammen; denn bei der Pluralität theologischer Disziplinen geht es – wie schon das Wort *disciplina* erkennen läßt – um eine Pluralität wissenschaftlicher Methoden und der ihnen entsprechenden Sachgebiete. Ihre Zuordnung und Einheit läßt sich daher nur aus einem Begriff der Theologie als Wissenschaft begründen.
Nicht nur beim allgemein wissenschaftstheoretischen Aspekt des Theologiebegriffs, sondern auch bei dem einer Enzyklopädie der theologischen Disziplinen handelt es sich um mehr als um ein akademisches l'art pour l'art. Auf dem Spiele stehen Fragen von weitreichender Relevanz, die über die theoretische Diskussion hinausgehen: Die enzyklopädische Frage nach der Stellung der theologischen Disziplinen im Zusammenhang der einen Theologie hat unmittelbare Konsequenzen für die Zusammensetzung theologischer Fakultäten sowie für das theologische Studium und seinen Aufbau. Jede sinnvolle Reform des theologischen Studiums muß sich orientieren an der Frage, was Theologie eigentlich ist und was für Kenntnisse und Fertigkeiten man sich aneignen muß, um urteilsfähig zu werden in Sachen der Theologie. Entscheidend dafür ist, was für Sachthemen zur Aufgabe der Theologie wesentlich gehören. Die einzelnen Disziplinen der Theologie sind in der theologischen Fakultät nicht um ihrer selbst willen da, sondern sie werden bearbeitet und gelehrt in der Meinung, daß etwa biblische Exegese oder Kirchengeschichte notwendig zur Theologie gehören. Man könnte sich Lehrveranstaltungen zur Interpretation der biblischen Schriften auch im Rahmen der allgemeinen Literaturwissenschaft, als Zweig der Altphilologie oder der Orientalistik vorstellen, und die Kirchengeschichte wäre auch im Rahmen der allgemeinen Geschichtswissenschaft zu berücksichtigen. Was aber macht diese Disziplinen zu theologischen Disziplinen im Rahmen einer theologischen Fakultät? Ist es etwa nur das praktische Erfordernis des kirchlichen Ausbildungsbedürfnisses? Oder ergibt sich ihre Vereinigung aus der Sache selbst, aus dem Wesen von Theologie? Und was ist dann Theologie? Die Fragen der inneren Organisation der Theologie münden wieder in

die Frage nach ihrem Selbstverständnis, und zwar nach ihrem Selbstverständnis als wissenschaftlicher Disziplin.

2. Der Ursprung des Wissenschaftsanspruchs der Theologie

Es ist bezeichnend, daß der Wissenschaftscharakter der Theologie erst seit dem 13. Jahrhundert eine vordringliche Rolle in den Diskussionen über ihr Selbstverständnis spielt, also seit dem Jahrhundert, das – beginnend um 1200 mit Paris – die ersten Universitäten entstehen sah. Auch das Wort »Theologie« selbst ist nicht lange davor als Bezeichnung für das Ganze der Erforschung und Darstellung der christlichen Lehre gebräuchlich geworden. Der Dialektiker Abaelard hatte es im frühen 12. Jahrhundert verwendet in den Titeln der verschiedenen Bearbeitungen seines Hauptwerks: Theologia christiana, Theologia, Theologia scholarum, um das Ganze der heiligen Lehre zu bezeichnen.[1] Durch Gilbert de la Porrée und seine Schule verbreitete sich dann dieser Sprachgebrauch. Der Ausdruck »Theologie« war allerdings schon lange vorher geläufig gewesen, aber er hatte einen engeren Sinn gehabt, der auch im 12. Jahrhundert noch nachwirkt. Man bezeichnete nur einen Teil der christlichen Lehre, nämlich die Lehre von Gott und der Trinität, als Theologie. Ihr stellte man in altchristlicher Zeit, vor allem im Osten, die οἰκονομία, die Lehre vom Heilshandeln Gottes in der Geschichte der Menschheit, zur Seite. Auch dieser Sprachgebrauch von Theologie im engeren Sinne als Lehre von Gott geht nur bis zum Anfang des 3. Jahrhunderts zurück. Klemens von Alexandrien[2] stellte in seinen »Teppichen« die christliche θεολογία der μυθολογία

[1] Zur Geschichte des Theologiebegriffs in der Frühscholastik siehe *Bernhard Geyer*: Facultas theologica. Eine bedeutungsgeschichtliche Untersuchung (ZKG 75, 1964, 133–45), speziell zu Abaelard 140 f. Das von *J. Wallmann*: Der Theologiebegriff bei Johann Gerhard und Georg Calixt, 1961, 12 f. herangezogene Speculum universale des Radulphus Ardens ist nicht älter als das Werk Abaelards, wie Wallmann meint, weil er es irrtümlich noch mit *M. Grabmann* (Die Geschichte der scholastischen Methode, I, 1909, Neuaufl. 1956, 246 ff.) ans Ende des 11. Jahrhunderts setzt, während das Werk nach heutiger Erkenntnis erst kurz vor 1200 geschrieben worden ist und in die Schule Gilberts von Poitiers gehört (*J. Gründel* in LThK 2. Aufl. 8, 967 f.).

[2] Für die ältere Geschichte des Theologiebegriffs ist immer noch grundlegend die Abhandlung von *F. Kattenbusch*: Die Entstehung einer christlichen Theologie (Zur Geschichte der Ausdrücke Θεολογία, Θεολογεῖν, Θεόλογος) in: ZThK (NF) 11, 1930, 161–205, separat erschienen 1962. Zu Klemens dort 39. Weitere Literatur bei B. Geyer 138 Anm. 32).

der Dichter gegenüber: Wie in der Dionysossage die Mänaden den Gott in Stücke gerissen haben, so sei von den Philosophen die Wahrheit des unvergänglichen Logos (= θεολογία) zerteilt worden. Dabei handelt es sich hier jedoch nicht um Mythos, sondern um die wahre Gotteserkenntnis, um Theologie, deren Vollgestalt erst durch die christliche Offenbarung erschlossen worden sei. Der hier gebrauchte Begriff von Theologie stammt, wie später noch zu erörtern sein wird, aus der Philosophie, und zwar von Aristoteles. Er behielt in der lateinischen Patristik den Klang eines Fremdwortes und begegnet dementsprechend spärlich.[3] Erst der Scholastik des 12. Jahrhunderts wurde dieser durch Pseudo-Dionysios Areopagita und vor allem durch Boethius vermittelte[4] Ausdruck geläufiger und dabei zugleich auf das Ganze der christlichen Lehre ausgeweitet. Das geschah im Zusammenhang des mittelalterlichen Schulbetriebes, dem es um die Abgrenzung der sacra doctrina von den profanen Disziplinen oder Fakultäten zu tun war: »Der allgemeine Gebrauch des Wortes *theologia* ist erst im Zusammenhang mit der Universitätsterminologie *facultas theologica* eingebürgert worden.«[5] Damit verband sich aber sogleich auch die Frage nach der Wissenschaftlichkeit der Theologie.

Sie war im 13. Jahrhundert »ein Neues, das auch die Methode der Lehre stark beeinflussen mußte«.[6] Bis dahin war die christliche Lehre unter dem Einfluß Augustins betont als *sapientia* im Unterschied zur *scientia* verstanden worden.[7] Die Wissenschaften haben es, wie Augustin in seinem Werk über die Trinität darlegte, mit den zeitlichen Dingen zu tun, während die Weisheit dem Ewigen, nämlich Gott als dem höchsten Gut, zugewandt ist. Wissenschaft und

---

[3] B. Geyer 139. Als Beleg zitiert Geyer Augustin De civ. Dei VIII, 1 (CSEL, 40, 1, 354, 2), wo Augustin bemerkt, er wolle hier nicht alle Meinungen der Philosophen widerlegen, sed eas tantum quae ad theologiam pertinent, quo verbo Graeco significari intelligimus de divinitate rationem sive sermonem.

[4] Geyer 139 f.

[5] Geyer 143. Zu Gilbert von Poitiers siehe auch *M. A. Schmidt:* Gottheit und Trinität nach dem Kommentar des Gilbert Porreta zu Boethius, De Trinitate, 1956, 24–49.

[6] Geyer 144. Die Geschichte des Theologiebegriffs im 13. Jahrhundert und die Auseinandersetzungen um die Wissenschaftlichkeit der Theologie in dieser Zeit hat *M.-D. Chenu* beschrieben: La théologie comme science au XIIIe siècle, in: Archives d'Histoire Doctrinale et Littéraire du Moyen Âge II. 1927, 31–71.

[7] Zur Wissenschaftslehre Augustins siehe *R. Lorenz:* Die Wissenschaftslehre Augustins, in: ZKG 67, 1955/6, 29–60 und 213–51. Den Begriff der Weisheit bei Augustin behandelt umfassend *R. Holte:* Béatitude et Sagesse. Saint Augustin et le problème de la fin de l'homme dans la philosophie ancienne, 1962.

Weisheit brauchen allerdings einander nicht auszuschließen. Die Wissenschaften können zur Weisheit hinführen.[8] Doch dazu muß, was die Wissenschaften in den vergänglichen, zeitlichen Dingen erkennen, hingeordnet sein auf das höchste Gut. Die Wissenschaft muß der Weisheit dienen, der sich die Philosophie, das Studium der Weisheit, widmet. Die Vollendung der Philosophie aber fand Augustin in der christlichen Lehre, der wahren Philosophie.[9]

Die Auffassung der christlichen Lehre als Weisheit findet sich bereits bei Klemens von Alexandrien, allerdings in anderer Akzentuierung als bei Augustin. Auch Klemens knüpfte schon an den Begriff der Philosophie als »Liebe zur Weisheit« an, benutzte ihn aber dazu, die Überlegenheit der christlichen Lehre über die Philosophie herauszustellen, da sie die Weisheit selbst sei, nach der die Philosophen nur streben. Der gelehrte Christ ist daher für Klemens der wahrhaft Wissende, der wahre Gnostiker (Strom. 1, 5, 30, 1). Die paulinische Kritik an der »Weisheit«, die die Korinther für sich beanspruchten[10], hat Klemens nicht als Hindernis für seine Auffassung empfunden. Er meinte, die Kritik des Paulus habe sich nur gegen die epikuräische (und stoische) Philosophie gerichtet (Strom. 1, 11, 50, 6). Auch wenn man dieser Exegese nicht folgt, wird man Klemens doch darin zustimmen können, daß es Paulus gar nicht um die Ablehnung der Weisheit, nach der die klassische Philosophie strebte, ging. Vielmehr setzte er sich zunächst nur mit einer ganz spezifischen korinthischen »Weisheit« auseinander, die er bekämpfte, weil sie keinen Platz für das Kreuz Christi hatte. Das hinderte ihn nicht daran, zu behaupten, daß Christus uns von Gott zur Weisheit gemacht sei (1. Kor. 2, 30), und wenn Klemens die christliche Lehre als Weisheit bezeichnete, so meinte er damit eben die in Christus offenbare Weisheit Gottes.

---

8 *H.-I. Marrou:* Saint Augustin et la fin de la culture antique, 1949. Die negative Beurteilung der wissenschaftlichen Neugierde bei Augustin, die *H. Blumenberg* hervorgehoben hat (Augustins Anteil an der Geschichte des Begriffs der theoretischen Neugierde in: Revue des Études Augustiniennes 7, 1961, 35–70, sowie: Die Legitimität der Neuzeit, 1966, 295–314), findet sich besonders beim alten Augustin (Lorenz 244 ff.) und richtet sich dort gegen eine nicht auf die Erlangung der Weisheit ausgerichtete, sondern sich in Belanglosigkeiten verlierende Gelehrsamkeit. Sie impliziert keine negative Einschätzung der Wissenschaften überhaupt.
9 Augustin Contra Julianum IV, 14, 72 (PL 44, col. 775): Obsecro te, non sit honestior philosophia gentium quam nostra christiana, quae una est vera philosophia, quando quidem studium vel amor sapientiae significatur hoc nomine.
10 1. Kor. 1, 18, dazu U. Wilckens ThWB zum NT VII, 519 ff.

Während bei Klemens das mittelalterliche Thema von der Philosophie als Magd der Theologie *(ancilla theologiae)* sich ankündigt, das seine klassische Gestalt im 11. Jahrhundert in Petrus Damianis allegorischer Auslegung von Dt. 21, 10 ff. gefunden hat[11], konfrontiert Augustin die christliche Lehre weniger der Philosophie als vielmehr der Wissenschaft. Mit der Philosophie zusammen steht sie als wahre Philosophie den Wissenschaften gegenüber, die sich nicht mit dem Ewigen, sondern mit den zeitlichen Dingen beschäftigen. Allerdings hat auch die christliche Lehre es nicht nur mit dem ewigen Gott, sondern auch mit zeitlichen Erscheinungen zu tun. Das ist begründet in der Inkarnation des ewigen Gotteswortes.[12] Durch die Inkarnation ist Christus, wie Augustin unter Berufung auf Paulus (Kol. 2, 3) sagt, uns nicht nur Inbegriff der Weisheit, sondern auch der Wissenschaft.[13]

In der Auffassung der christlichen Lehre als Weisheit, die durch den Einfluß Augustins bis ins Hochmittelalter wirksam geblieben ist, verbinden sich auf instruktive Weise platonische und aristotelische Motive. Bei Platon findet sich der Gedanke, daß die Philosophie nicht die Weisheit selbst, sondern Streben zur Weisheit, »Liebe zur Weisheit« sei, wie das Wort sagt, ein Zwischenzustand zwischen völliger Unkenntnis und vollkommener Weisheit, wie sie die Götter besitzen (Symp. 204 b).[14] Aber Platon hat natürlich auch keine andere Lehre als Weisheit gelten lassen, wenn selbst die Philosophie nicht voll an sie heranreicht. Am wenigsten hätte er diesen Titel dem, was damals unter dem Namen Theologie lief, zugebilligt, nämlich den Mythen der Dichter.

Aristoteles hat im Gegensatz zu Platon die Weisheit für der Philosophie erreichbar angesehen, und die Stoiker sind ihm darin gefolgt. Bei Aristoteles findet sich auch eine für die spätere Entwicklung der

---

11 Petrus Damiani: De divina omnipotentia c. 5 (PL 145, 603 D).

12 Augustin De trin. XIII, 19 (n. 24): Quod autem Verbum est sine tempore et sine loco, est Patri coaeternum et ubique totum; de quo si quisquam potest, quantum potest, veracem proferre sermonem, sermo ille erit sapientiae: ac per hoc Verbum caro factum, quod est Christus Jesus, et sapientiae Thesauros habet et scientiae (1033).

13 ebd.: scientia ergo nostra Christus est, sapientia quoque nostra idem Christus est. Ipse nobis fidem de rebus temporalibus inserit, ipse de sempiternis exhibet veritatem. Per ipsum pergimus ad ipsum, tendimus per scientiam ad sapientiam: ab uno tamen eodemque Christo non recedimus, in quo sunt omnes thesauri sapientiae et scientiae absconditi (1034).

14 Augustin hat den Ursprung dieser Deutung der Philosophie noch vor Platon bei Pythagoras gesucht: De trin. XIV, 1 (1037).

Theologie wichtige Bemerkung über das Verhältnis von Wissenschaft und Weisheit (ἐπιστήμη und σοφία, Eth. Nik. VI, 6–7 1141a). Ihm galt die Weisheit als höchste unter den Wissenschaften, weil der Weise nicht nur das weiß, was aus den obersten Prinzipien abgeleitet werden kann, sondern er hat auch von den Ursprüngen (den ἀρχαί) selbst ein sicheres intuitives Wissen. Daher umfaßt die Weisheit sowohl intuitive Einsicht (νοῦς) als auch Wissenschaft (ἐπιστήμη: 1141a 17–20). Sie ist die Wissenschaft von den erhabensten Seinsformen (1141b 5 f.), den göttlichen Dingen, eben von den Ursprüngen alles Bestehenden und aller Erkenntnis. Träger dieser Weisheit sind für Aristoteles die Philosophen. Als Beispiele nennt er an der zitierten Stelle (1141b 6 f.) Thales und Anaxagoras.

Klemens von Alexandrien folgte Platon darin, daß er die Philosophie als Liebe zur Weisheit von der Weisheit selbst unterschied, aber er hielt die Weisheit nicht für unerreichbar, sondern sah sie in der christlichen Lehre, die ja für ihn göttliche Lehre ist, verkörpert, die damit aber nicht nur den Wissenschaften, sondern auch der Philosophie als etwas anderes, Eigenes gegenübertritt. Augustin faßte die christliche Lehre ebenfalls als Weisheit, aber nicht im Gegensatz zur Philosophie, sondern vielmehr in Analogie zu ihr. Selbst die Wissenschaft ist von der christlichen Lehre nicht ausgeschlossen, da diese Gott nicht nur in seiner Ewigkeit, sondern in seiner Inkarnation betrachtet. Dennoch hält Augustin im Gegensatz zu Aristoteles einen Unterschied zwischen Wissenschaft und Weisheit fest, entsprechend dem Unterschied von Zeitlichem und Ewigem.[15] Durch diese eigentümlich augustinische, platonischem Geist nahestehende, obwohl Platons Worten widersprechende Unterscheidung bringt Augustin Wissenschaften und Philosophie in Einklang, indem er letztere »auf die Erkenntnis Gottes und der Seele reduziert und dann die Wissenschaften in den Dienst der Erreichung dieses Zieles stellt und somit die Philosophie einbezieht«.[16]

Im 13. Jahrhundert ließ sich das Selbstverständnis der Theologie als einer von den Wissenschaften mit Einschluß der Philosophie verschiedenen, ihnen dabei aber überlegenen Weisheit nicht mehr

---

15 De trin. XIV, 3 erwähnt Augustin eine Definition der »disputantes de sapientia«, wonach diese sich auf göttliche wie auf menschliche Dinge beziehe. Unter Berufung auf 1. Kor. 12, 8 (alii datur sermo sapientiae, alii sermo scientiae) will er jedoch zwischen beiden so unterscheiden, ut rerum divinarum scientia proprie sapientia nuncupet, humanarum autem proprie scientiae nomen obtineat (1037).
16 R. Lorenz art. zit. 44.

halten. Bei Aristoteles, der das Wissenschaftsverständnis der Zeit zunehmend bestimmenden philosophischen Autorität, war die Weisheit ja ihrerseits als die höchste Wissenschaft aufgefaßt und mit der Philosophie identifiziert worden. Die *sacra doctrina* mußte sich daher nun ebenfalls als Wissenschaft legitimieren, und das bedeutete damals: als Wissenschaft nach den Kriterien, die Aristoteles in seiner zweiten Analytik entwickelt hatte, nämlich als System logischer Ableitungen aus obersten Prinzipien. Die Stelle dieser Prinzipien mußten in der Theologie die Glaubensartikel einnehmen.
Auf die Geschichte der Diskussionen über den Wissenschaftscharakter der Theologie vom 13. Jahrhundert bis zur Gegenwart ist in späterem Zusammenhang noch genauer einzugehen. Vorerst genügt die Feststellung, daß das Thema der Wissenschaftlichkeit der Theologie seit dem 13. Jahrhundert in den Vordergrund der Bemühungen um das Selbstverständnis der christlichen Lehre gerückt ist. Seit dieser Zeit geht es mit der Klärung des Verhältnisses zum jeweils herrschenden Wissenschaftsbegriff zugleich um die Stellung der Theologie in der Universität.
Im Hintergrund steht dabei ein noch allgemeineres Interesse des christlichen Denkens: Seit den Anfängen einer christlichen Theologie überhaupt haben die christlichen Lehrer die christliche Überlieferung mit den Gedanken der Philosophie verbunden, haben sie insbesondere den Gott des Glaubens mit dem Gott der Philosophen identifiziert und auf diese Weise die allgemeine Wahrheit der christlichen Lehren zu erweisen gesucht. G. Ebeling[17] hat gezeigt, daß diese Verbindung einer religiösen Überlieferung mit dem allgemeinen Denken der Philosophie, wie es in Griechenland ausgebildet worden war, die singuläre Besonderheit dessen ausmacht, was im Christentum als »Theologie« entwickelt worden ist. Charakteristisch dafür ist die anfängliche Zurückhaltung der christlichen Denker gegenüber dem Ausdruck Θεολογία, der die mythische »Theologie« der Dichter bezeichnete. Demgegenüber wußte sich das christliche Denken mit der Mythenkritik der Philosophie einig und verstand sich selbst als »wahre Philosophie«. Der Begriff »Theologie« fand im Christentum erst in der spezifischen Form Eingang, die er in der Philosophie selbst, und zwar bei Aristoteles, als Wissenschaft von den göttlichen, nämlich unkörperlichen Dingen, angenommen hatte (Met. 1026a 19; 1064b 3), als eine der drei theoretischen Wissen-

[17] RGG 3. Aufl. VI, 754–69 (Theologie).

schaften: Mathematik, Physik, Theologie. Theologie ist dabei der Name der sog. Metaphysik, die aber statt als Wissenschaft von den unkörperlichen Dingen auch als Wissenschaft vom Seienden als solchem bezeichnet werden konnte. Dieser Begriff der Theologie wurde im christlichen Denken auf die Lehre von Gott eingeschränkt, unterschieden von der göttlichen Ökonomie, der Heilsgeschichte. Die Begriffsgeschichte des Namens »Theologie« im Christentum ist somit selbst ein Beleg für die enge Verbundenheit des christlichen Denkens mit der Philosophie: Auf diesem Felde suchten die christlichen Denker seit dem 2. Jahrhundert die allgemeine Wahrheit der christlichen Botschaft darzutun, und dieses Bemühen war für das Christentum als eine jüdische Sekte, die sich im Bereich einer nichtjüdischen Welt ausbreitete, fundamental.

Um dasselbe Interesse, nämlich um die Wahrheit des Christentums auf dem Felde des allgemeinen Bewußtseins geht es seit dem 13. Jahrhundert bei der Frage nach dem Wissenschaftscharakter der Theologie und nach dem Recht der Theologie im Kreise der Wissenschaften an der Universität. Müßte die Theologie heute von den Universitäten verschwinden, da es sich bei der Theologie in den Augen vieler Leute um ein unwissenschaftliches, weil autoritätsgebundenes Denken handelt, dann wäre das ein schwerer Rückschlag für das christliche Wahrheitsbewußtsein, auch wenn die Theologie in kirchliche Lehranstalten übernommen und dort weitergepflegt würde. Aber auch für die Wissenschaften könnte eine solche Entwicklung verhängnisvoll sein, weil nämlich ohne das kritische Zusammenspiel von Theologie und Philosophie[18] die Einheit des Wissens, die die Wissenschaften davor bewahrt, gänzlich in spezialistische Fächer auseinanderzufallen und in ihrer Spezialisierung zu erstarren, nicht mehr wahrgenommen würde. Des Zusammenspiels von Theologie und Philosophie bedarf es dabei deshalb, weil auch die Philosophie nicht für sich allein die Einheit der Sinnerfahrung, den geschichtlichen Boden des geistigen Lebens, zu begründen vermag. Warum nicht?

Es hat sich gezeigt, daß das Thema der Wissenschaftlichkeit der Theologie mit ihrer Stellung im Zusammenhang der Universität und der in der Universität verbundenen Wissenschaften gegeben ist. Daher ist das Thema auch erst im 13. Jahrhundert aufgekom-

---

18 Näheres dazu in meinem Artikel: Christliche Theologie und philosophische Kritik, in: Gottesgedanke und menschliche Freiheit, 1972, 48 ff.

men, veranlaßt speziell durch den aristotelischen Wissenschaftsbegriff. Seitdem wird die Theologie insgesamt nicht mehr nur als sapientia, sondern auch als scientia verstanden.[19] Im Hintergrund steht dabei das konstitutive Interesse des christlichen Denkens, sich seiner Wahrheit auf dem Boden des allgemeinen Denkens zu vergewissern. Dieses Interesse äußert sich seit dem 13. Jahrhundert in der Bedeutung, die die Wissenschaftlichkeit der Theologie für ihr Selbstverständnis gewonnen hat.

3. Die theologische Enzyklopädie als Frage nach der inneren Gliederung der Theologie

Die integrierende Bedeutung des Theologiebegriffs für die theologischen Disziplinen wird seit geraumer Zeit unter dem Titel einer theologischen Enzyklopädie behandelt. Der sachliche Zusammenhang dieses Themas mit der Frage nach Theologie als Wissenschaft wurde bereits berührt: Nur von einem Begriff der Theologie als Wissenschaft her läßt sich begründen, welche theologischen Disziplinen erforderlich sind, um Theologie methodisch und also wissenschaftlich begründet zu treiben. Faktisch sind die theologischen Disziplinen allerdings nicht auf dem Wege solcher systematischen Überlegungen entstanden. Die sachlichen Erfordernisse und Interessen, die zu ihrer Entstehung und Ausbildung führten, sind an

---

19 In der altprotestantischen Theologie wurde im Zeichen des Gegensatzes von Offenbarung und Vernunft (bzw. Philosophie) die Auffassung der Theologie als sapientia im Gegensatz zur scientia vorübergehend noch einmal erneuert. So lehnte *Johann Gerhard* 1610 im Proömium zum ersten Band seiner Loci theologici die scholastische Auffassung der Theologie als Wissenschaft ab, vor allem wegen des Gegensatzes von scire und credere: scientiae enim certitudo ab internis et inhaerentibus principiis, fidei vero ab externis, vid. ab auctoritate revelantis pendet (Neudruck 1885 ed. Frank p. 2, cap. 8). Siehe zu Joh. Gerhard auch das Anm. 1 genannte Buch von J. Wallmann. Bereits *Johann Heinrich Alsted* hat in seinem Methodus sacrosanctae theologiae, Hannover 1623, die Auffassung der Theologie als Wissenschaft *stricte dictu* zwar noch mit ähnlichen Gründen wie Gerhard abgelehnt (I, 9 p. 38), die Bezeichnung der Theologie als Wissenschaft im weiteren Sinne aber gelten lassen, weil auch in der Schrift von einem Wissen der göttlichen Dinge gesprochen werde. Dabei konnte Alsted sich auch auf Augustin De trin. XIII, 19 berufen. Späterhin ist in der altprotestantischen Theologie die Auffassung der Theologie als scientia practica in den Vordergrund gerückt in Verbindung mit der Bevorzugung der sog. analytischen Methode. (Einen Überblick dazu gibt *C. H. Ratschow* in: Lutherische Dogmatik zwischen Orthodoxie und Aufklärung I, 1964, 41 ff.).

späterer Stelle noch eingehend zu untersuchen. Die Darlegung des systematischen Zusammenhangs der Disziplinen hat überwiegend den Charakter einer nachträglichen kritischen Reflexion auf den Bestand theologischer Disziplinen und ihrer Methoden vom jeweiligen Begriff der Theologie und ihrer Sache her.

Theologische Enzyklopädie in dem angedeuteten Sinne ist eine junge Disziplin. Aus den vielfältigen Bemühungen um eine Übersicht über das Ganze der Theologie und um eine Einführung in ihr Studium erwachsen, ist sie durch F. Schleiermachers »Kurze Darstellung des theologischen Studiums« 1811 (2. Ausg. 1830) neubegründet worden als eine den inneren Aufbau der Theologie aus ihrem Begriff begründende Theorie der Theologie. Schleiermachers Buch ist bis heute ihr klassisches Werk geblieben.[20]

Der Begriff Enzyklopädie geht zurück auf den griechischen Ausdruck ἐγκύκλιος παιδεία, der seit Aristoteles den Kreis von Wissenschaften und Künsten bezeichnet, den der junge Grieche durchlaufen mußte, bevor er ein spezielles Studium aufnahm oder in das öffentliche Leben eintrat. Das deutsche Wort Allgemeinbildung entspricht am besten dieser ἐγκύκλιος παιδεία. Der Rhetor Quintilian bezeichnete den Kreis der hierher gehörigen Disziplinen als den aus Grammatik, Rhetorik, Musik, Geometrie und Astronomie bestehenden *orbis doctrinae* (Inst. 1, 10, 101). Daraus entstanden die *artes liberales*, die im Unterschied zu handwerklichen Tätigkeiten nach antiker Ansicht eines freien Mannes würdigen Künste. Die sieben freien Künste, die man seit dem Ausgang der Antike zählte und in denen die Rhetoren unterrichteten, nämlich das aus Grammatik, Rhetorik und Dialektik bestehende Trivium und das Arithmetik, Geometrie, Musik und Astronomie umfassende Quadrivium bildeten die Grundlage noch für den Lehrbetrieb der mittelalterlichen »Artistenfakultäten«, in denen man sich auf das Studium der Theologie, Medizin oder Jurisprudenz vorbereitete.

In der Neuzeit wurde der Begriff der Enzyklopädie zur Bezeichnung

---

20 Zum Folgenden siehe den Artikel »Theologische Enzyklopädie« von G. Heinrici in: Realencyklopädie für protestantische Theologie und Kirche (RE) 3. Aufl. 5, 1898, 351 bis 364, sowie G. Ebeling: Erwägungen zu einer evangelischen Fundamentaltheologie, in: Zeitschrift für Theologie und Kirche (ZThK) 67, 1970, 484–89, zur Geschichte des allgemeinen Begriffs der Enzyklopädie auch die Artikel »Enkyklios Paideia« und »Enzyklopädie« von H. Fuchs in RAC V, 365–98 und 504–15, sowie J. Henningsen: »Enzyklopädie«. Zur Sprach- und Bedeutungsgeschichte eines pädagogischen Begriffs (Archiv f. Begriffsgeschichte 10, 1966, 271–362).

einer übersichtlichen Gesamtdarstellung allen Wissens überhaupt, also nicht nur des elementaren, vorbereitenden Wissens im Unterschied zur Philosophie. Der Begriff Enzyklopädie wird allerdings schon im 13. Jahrhundert vereinzelt in diesem umfassenden Sinne gebraucht, so bei dem Dominikaner Vinzenz von Beauvais († ca. 1264) in seinem *Speculum doctrinale,* der dabei an ein Werk denkt, das »omnium scientiarum encyclopaediam, temporum et actionum humanarum theatrum amplissimum« darbieten sollte. Seit dem 17. Jahrhundert wurden zahlreiche derartige Enzyklopädien geschrieben, zumeist in Gestalt von Lexika. Diese Entwicklung gipfelte in der berühmten französischen »Encyclopédie ou dictionnaire raisonné des sciences, des arts et des métiers«, herausgegeben von Diderot und d'Alembert seit 1751 in Verbindung mit über 200 Mitarbeitern. Die 28 Bände und 7 Ergänzungsbände dieses Werkes bildeten die repräsentative Zusammenfassung der religionskritischen und materialistischen Geisteswelt der französischen Aufklärung.
Auch in der Philosophie und Theologie wurde der Begriff Enzyklopädie als Titel für eine übersichtliche Gesamtdarstellung des Wissensstoffes aus den betreffenden Gebieten gebräuchlich. Er begegnet zuerst bei dem reformierten Theologen S. Mursinna: Primae lineae encyclopaediae theologicae, Halle 1784. Doch ist eine solche Realenzyklopädie schließlich auch für die Theologie nur noch als Gemeinschaftsarbeit vieler Autoren in Gestalt eines Lexikons vorgelegt worden, – in der Realenzyklopädie für protestantische Theologie und Kirche 1854–1866, deren 3. Auflage (1896–1913, 24 Bände) die letzte umfassende Darstellung dieser Art in der protestantischen Theologie ist.
Im Gegensatz zu solchen auf Vollständigkeit der Stoffbearbeitung zielenden materialen Enzyklopädien stehen die mehr formal und methodisch orientierten Arbeiten. Sie sind seit dem Humanismus oft als Einführung in das Studium der betreffenden Wissenschaft betitelt worden. Am Anfang dieser Literaturgattung steht Erasmus' *Ratio seu methodus compendio perveniendi ad veram theologiam, paraclesis i. e. exhortatio ad sanctissimum et saluberrimum Christianae philosophiae studium,* 1520. In diese Literaturgattung reiht sich auch noch Schleiermachers Kurze Darstellung des theologischen Studiums, 1811, ein. Der Einführung in das theologische Studium, die bei Erasmus einen vorwiegend pädagogischen und didaktischen Charakter hatte, hat schon Andreas Hyperius (*De theologo seu de*

ratione studii theologici, 1562) eine mehr methodische und systematische Wendung gegeben. Das kommt auch in den Ansätzen zu einer Einteilung der Theologie in exegetische, dogmatische, historische und praktische Theologie zum Ausdruck, die sich in seinem Werke finden. Doch erst Schleiermacher hat die innere Gliederung der Theologie aus ihrem Begriff zu entwickeln unternommen.

Darin äußert sich eine neue Idee der Enzyklopädie als formale Wissenschaftslehre. Sie hat ihren Ursprung im deutschen Idealismus, vor allem bei Fichte, der in seinem »Deduzierten Plan einer zu Berlin zu errichtenden höheren Lehranstalt« 1807 »eine philosophische Enzyklopädie der gesamten Wissenschaft als stehendes Regulativ für die Bearbeitung aller besonderen Wissenschaften« forderte (§ 19). Hegel hat dann mit seiner »Encyclopädie der philosophischen Wissenschaften im Grundrisse« 1817 Fichtes Forderung, den gesamten wissenschaftlichen Stoff in seiner »organischen Einheit« aufzufassen und zu durchdringen, auf seine Weise verwirklicht. Als eine Spezialenzyklopädie, aber in ähnlicher Absicht hat 1831 der Hegelianer Karl Rosenkranz seine »Encyclopädie der theologischen Wissenschaften« konzipiert.

Unter den späteren Werken zur theologischen Enzyklopädie ist besonders das Buch des Basler Kirchenhistorikers Karl Rudolf Hagenbach über »Encyclopädie und Methodologie der theologischen Wissenschaften«, 1833, überaus wirksam geworden. Die Beliebtheit des zwölfmal aufgelegten und in eine Reihe von Sprachen übersetzten Werkes ist nicht nur in der Vielseitigkeit seiner vermittlungstheologischen Haltung, sondern wohl auch darin begründet, daß es eine pädagogisch orientierte Einführung des Anfängers in das theologische Studium und in die damals aktuelle Diskussionslage der einzelnen theologischen Fächer bot.

Einen ganz anderen Charakter hat die »Theologische Enzyklopädie« von Georg Heinrici, 1893. Dieses der Schule Ritschls nahestehende Buch ist vor allem als Dokument des theologischen Historismus interessant. Zwar beginnt für Heinrici wie für Hagenbach die Reihe der theologischen Fächer mit der biblischen Exegese als Fundament aller Theologie. Aber während Hagenbach gegen Schleiermacher noch energisch die Sonderstellung der Auslegung der Schrift als der autoritativen Offenbarungsurkunde des Christentums gegenüber der historischen Theologie verfocht, ist für den Neutestamentler Heinrici die Exegese in der historischen Theologie aufgegangen und überhaupt »der Inhalt der Theologie Geschichte« geworden (10). Dieser theologische Historismus verstand sich als die wissenschaftliche Theologie schlechthin. In der Schrift von C. A. Bernoulli: Die wissenschaftliche und die kirchliche Methode in der Theologie, 1897, wurden die wissenschaftlich betriebenen historischen Fächer den »kirchlichen« Fächern der Dogmatik und der praktischen Theologie entgegengesetzt mit der Absicht, die Theologie von aller praktischen Verbindung mit kirchlichen Interessen durch ihre Neubegründung auf die Aufgaben religionsgeschichtlicher Forschung zu befreien.

In diametralen Gegensatz zu derartigen Tendenzen stellte sich die dialektische Theologie, indem sie sich prononciert als kirchliche Theologie identifizierte. Wie das für Karl Barths Kirchliche Dogmatik (1932 ff.) gilt, so auch für das aus dieser Schule hervorgegangene Werk zur theologischen Enzyklopädie. Die Position, von der aus Hermann Diem sein dreibändiges Werk »Theologie als kirchliche Wissenschaft«, 1951–63 geschrieben hat, wird weniger aus der Bestimmung des Gegenstandes der Theologie als »Geschehen« der »Offenbarung Gottes in Jesus Christus« (I, 21) deutlich, als vielmehr aus dem Satz, dieser Gegenstand sei »ein Ereignis, das sich ... sowohl der Beurteilung durch die historische Tatsachenfrage als auch der durch die philosophisch-prinzipielle Wahrheitsfrage entzieht« (I, 35). Dementsprechend wendet sich Diem gegen die »Voraussetzung, daß die Theologie mit der übrigen Wissenschaft ein gemeinsamer Begriff der veritas verbindet, so daß es möglich erscheint, ... ein Verhältnis zu der Wissenschaft des natürlichen Menschen herzustellen« (I, 35). Einen solchen Versuch sieht Diem bereits als spezifisch »katholisch« an (ebd., vgl. 17), wobei »katholisch« hier als Ausdruck für das steht, was in der Theologie nicht sein soll. Die Theologie werde ihrer Sache untreu, wo sie »einen mit der Philosophie gemeinsamen Wissenschaftsbegriff verwendet« (41). Trotzdem legt Diem Wert darauf, daß die Theologie Wissenschaft sei. Aber sie soll eben »kirchliche« Wissenschaft sein, wie der Titel seines Werkes es sagt (I, 24 f.). Für Diem ist die Theologie ganz im Sinne von Karl Barth eine Funktion der Kirche. Die Theologie könnte sich nur dann in einen »Kosmos der Wissenschaften« einordnen, »wenn die ganze Wissenschaft aus dem Glauben an die Offenbarung Gottes in Jesus Christus getrieben würde« (25). Da das aber faktisch nicht der Fall sei, müsse die Theologie sich als »besondere Wissenschaft« verstehen. Gerade das aber wäre nur möglich, wenn ein solche Besonderheit übergreifender allgemeiner Wissenschaftsbegriff vorausgesetzt würde, der – was Diem ablehnt – die Theologie und die übrigen Wissenschaften verbinden würde. Ein solcher allgemeiner Wissenschaftsbegriff mag vom Theologen in anderer Weise entworfen werden als von anderen Wissenschaftstheoretikern. Doch selbst derartige Differenzen müssen auf dem Boden der von Diem abgelehnten Annahme der Einheit der Wahrheit ausgetragen werden; denn ohne diese Annahme müßte alle Diskussion aufhören. Die Annahme der Einheit der Wahrheit, die Diem so verdächtig ist, bedeutet ja für die Theologie nicht, daß sie einen fertigen Begriff von Wahrheit von anderwärts, etwa von der Philosophie übernehmen müßte. Doch selbst ein Streit um die Wahrheit ist nur möglich, wo deren Einheit vorausgesetzt wird. Die Theologie müßte also ihren Wissenschaftscharakter durch Auseinandersetzung mit sonst vertretenen Auffassungen von Wissenschaft begründen können, und sie müßte sich dabei auf das Feld der Auseinandersetzung darüber begeben, was Wissenschaft ist. Nur in solcher Auseinandersetzung könnte sich auch zeigen, was der von Diem im Gefolge von Barth erhobene Anspruch bedeuten soll, daß Wissenschaft eigentlich »aus dem Glauben an die Offenbarung Gottes in Jesus Christus getrieben« werden sollte. Von Diems Standpunkt aus ließe sich dagegen einwenden, daß eine solche Auseinandersetzung sinnlos wäre, weil die anderen Wissenschaften eben auf dem Boden des »natürlichen Menschen«, d. h. für Diem des Sünders denken. Aber dieser Einwand fällt auf die Theologie selbst zurück. Denn wodurch könnte sie ihren Anspruch rechtfertigen, von vornherein auf einem anderen, und zwar privilegierten Standpunkt zu stehen, wenn die Frage nach der Wahrheit ihrer Behauptungen gestellt wird? Ein solcher Anspruch bleibt eine leere Versicherung. Wenn derartige Versicherungen auch von theologischer Seite mit entwaffnender Harmlosigkeit vorgebracht worden sind, so ist es doch verständlich, daß sie anderwärts als ungeheuerliche Anmaßung eines Denkens gewirkt haben, das doch auch nur menschliches Denken sein kann.

Die Auseinandersetzung mit der Auffassung Diems hat zurückgeführt zur Bedeutung der Frage nach der Wissenschaftlichkeit der Theologie für ihr gegenwärtiges Selbstverständnis. Hier entscheiden sich die Fragen nach der Tragweite der historischen Methode für die Theologie als ganze, nach ihrem Verhältnis zu den außertheologischen Wissenschaften und zur Philosophie sowie auch die Frage nach der Kirchlichkeit der Theologie, die von Bernoulli, mit entgegengesetzter Tendenz aber auch von Diem in schroffen Gegensatz zu einem Selbstverständnis der Theologie als Wissenschaft im Zusammenhang eines allgemeinen Wissenschaftsbegriffs gerückt worden ist.

4. Überleitung

Der innertheologischen Bestreitung der Wissenschaftlichkeit der Theologie entsprechen einflußreiche Tendenzen in der neueren wissenschaftstheoretischen Diskussion, der christlichen Theologie jeden Anspruch auf wissenschaftliche Geltung abzusprechen. Diese Tendenzen sind als Antwort auf die Bemühungen vieler Theologen um eine generelle Absicherung der Theologie gegen rationale Kritik großenteils verständlich. Sie tragen aber selber dazu bei, die Theologie festzulegen auf eine irrationalistische und autoritätsgebundene Grundlegung ihrer Thematik, obwohl dies auch wiederum zum Gegenstand der Kritik an der Theologie wird. Einer solchen Festlegung, auf die hin bestimmte theologische Bestrebungen und bestimmte theologiekritische Einstellungen in der allgemeinen wissenschaftstheoretischen Diskussion zusammenwirken, steht jedoch das in der Geschichte ihres Selbstverständnisses ausgebildete Bekenntnis der Theologie selbst zur Rationalität und Wissenschaftlichkeit entgegen. Dieses Bekenntnis darf auch heute Gehör und unvoreingenommene Prüfung beanspruchen. Es problematisiert die eigentümliche Konvergenz der Auffassungen von der Theologie in bestimmten theologischen Richtungen und bei den radikalen Kritikern der Theologie.

Dieser Sachlage entsprechend werden die folgenden Untersuchungen der wissenschaftstheoretischen Diskussion und der Frage nach dem Ort der Theologie in ihr sehr viel eingehendere Aufmerksamkeit zuwenden als das in den Werken zur theologischen Enzyklopädie zu geschehen pflegt. Der ganze erste Teil des Buches wird sich den damit zusammenhängenden Fragen widmen. Der zweite Teil wird sich sodann der inneren Gliederung der Theologie in ihre Disziplinen zuwenden und die heute im theologischen Lehrbetrieb unterschiedenen und institutionalisierten Disziplinen und ihre Zuordnungen darauf überprüfen, inwieweit sie sich von der Aufgabe

der Theologie her rechtfertigen lassen oder von daher zu korrigieren wären.
Der Erörterung der traditionellen Ansprüche der Theologie auf Wissenschaftlichkeit muß eine Übersicht und Prüfung der wichtigsten in der gegenwärtigen wissenschaftstheoretischen Diskussion vertretenen Auffassungen vorangehen. Diese verdankt ihre entscheidenden Anstöße den wissenschaftstheoretischen Entwürfen aus dem Lager der analytischen Philosophie, dem logischen Positivismus und dem kritischen Rationalismus. Diesen Konzeptionen eines einheitlichen Wissenschaftsbegriffs steht das Selbstverständnis der sogenannten Geisteswissenschaften gegenüber, die ihre eigene methodische Grundlegung in der Hermeneutik und in der Abgrenzung der historischen von den naturwissenschaftlichen Methoden ausgebildet haben. Die beiden Wissenschaftsbegriffe interferieren am stärksten im Bereich der Sozialwissenschaften, und daher ist es kein Zufall, daß in den letzten Jahrzehnten gerade Vertreter der Sozialwissenschaften sich besonders um die Klärung der wissenschaftstheoretischen Fragen bemüht haben.
Während die analytischen Theorien sich am Modell der Naturwissenschaften orientieren, beruhen die Hermeneutik wie auch die dialektische Sozialwissenschaft auf der Unterscheidung der sogenannten Geisteswissenschaften, der Kultur- oder Sozialwissenschaften, von den Naturwissenschaften und auf der Behauptung ihrer methodischen Eigenständigkeit gegenüber diesen. Es empfiehlt sich daher, im Anschluß an die analytischen Wissenschaftstheorien zunächst die Problematik der Unterscheidung zwischen Natur- und Geisteswissenschaften zu behandeln. Von da aus wird sich der Übergang zu den hermeneutischen und dialektischen Konzeptionen der Geistes- oder Sozialwissenschaften sowie zu Ansätzen ihrer systemtheoretischen Erörterung ergeben.
Die Relevanz der verschiedenen wissenschaftstheoretischen Positionen für das Selbstverständnis der Theologie soll jeweils schon im Anschluß an ihre gesonderte Erörterung berücksichtigt werden. Der zweite Teil wird sich dann zusammenfassend der Frage zuwenden, ob und in welchem Sinne die Theologie als Wissenschaft verstanden werden kann. Ein erster Erkundungsgang soll klären, in welchem Sinne Theologie bisher als Wissenschaft verstanden worden ist. Dabei empfiehlt es sich, von der Problematik der Auffassungen der mittelalterlichen Scholastik zu diesem Thema auszugehen und von

daher die neuzeitlichen Konzeptionen der Theologie als positive Wissenschaft in den Blick zu nehmen. Die inneren Schwierigkeiten dieser Ansätze zum Selbstverständnis der Theologie werden systematisch zur Erörterung der Frage überleiten, in welchem Sinne Theologie als Wissenschaft möglich ist, welches ihre mit anderen Wissenschaften gemeinsamen Grundzüge der Wissenschaftlichkeit sind und worin ihre Besonderheit im Verhältnis zu anderen Wissenschaften besteht. Es wird sich dabei zeigen, daß die systematische Aufgabe der Theologie – wie das schon bei Schleiermacher gesehen, aber unter dem Einfluß des Konfessionalismus und des Historismus wieder in den Hintergrund gedrängt worden ist – den Schlüssel für das Verständnis der theologischen Disziplinen bildet. Nur von der der Theologie im ganzen gestellten systematischen Aufgabe her läßt sich sagen, inwiefern die historischen Fächer, wie sie im Zusammenhang der theologischen Fakultät vertreten sind, theologischen Charakter haben. Andererseits läßt sich auch nur von einem systematischen Begriff von Theologie überhaupt her die in der Geschichte ihrer wissenschaftstheoretischen Selbstbesinnung umstrittene Frage entscheiden, ob die praktische Theologie eigentlich eine wissenschaftliche Disziplin ist, die wesentlich zum Begriff der Theologie als Wissenschaft gehört, oder ob praktische Theologie nur pragmatisch als Vorbereitung der Studenten auf die Aufgaben des kirchlichen Dienstes zu verstehen ist.

Teil I
Die Theologie im Spannungsfeld von Einheit und Vielfalt der Wissenschaften

Bildet alles Wissen eine Einheit, jedenfalls seiner Form nach, sofern es Wissen ist, ungeachtet der mancherlei Inhalte des Wissens? Das sollte man annehmen, da doch alles Wissen darin übereinzustimmen scheint, daß es gewußt wird und sich so vom Nichtgewußten unterscheidet. Aber menschliches Wissen ist überall unvollständig und darum auch nirgends schon vollkommen gewußt. Darum ist Wissenschaft nicht nur Inbegriff von Wissen, sondern immer noch Weg zu einem Wissen, das noch nicht definitiv erreicht ist. Dem wird Rechnung getragen, wenn die Einheit der Wissenschaft nicht als Inbegriff des Gewußten, sondern als Einheit des Weges, der Methode, verstanden wird, die den Kreis des Wissens fortschreitend erweitert. Aber ist der Weg zum Wissen unabhängig von der Mannigfaltigkeit der Inhalte, von denen Wissen erlangt werden soll, angebbar? Wenn menschliche Wissenschaft nicht schon am Ziele allen Wissens ist, kann die Einheit der Form des Wissens als solchen nicht gegen die Mannigfaltigkeit seiner Gegenstände zugunsten der Einheitlichkeit des Weges zum Wissen ausgespielt werden. Denn diese Form ist dann nicht unabhängig von ihren Inhalten.[21] Vielmehr ist dann der Weg zum Wissen verschieden vom vollkommenen Wissen selbst, und darum läßt sich auch eine Pluralität der Wege zu endgültigem Wissen im Unterschied zu dessen Allseitigkeit nicht von vornherein ausschließen. Andererseits wäre der Weg zum Wissen selbst nicht beschreibbar ohne ein vorläufiges Wissen von seinem Ziel. Daher können die verschiedenen Wissenschaften nicht gleichgültig bleiben gegen die einheitliche Idee des Wissens und die mit ihr gegebenen Kriterien für alles behauptete Wissen. Außerdem läßt sich die Viel-

---

21 Die Art dieser Abhängigkeit wäre genauer so zu beschreiben, daß die Form einen »Vorgriff auf die Gesamtheit möglicher Inhalte« darstellt (*N. Luhmann*: Sinn als Grundbegriff der Soziologie, in: Habermas-Luhmann, Theorie der Gesellschaft oder Sozialtechnologie (Theorie-Diskussion 3) 1971, 68). Die kategoriale Unterscheidung von Form und Inhalt ist also zeitlich zu fassen. »Form und Inhalt sind . . . am Sinn selbst erscheinende Anleitungen für ein fortschreitendes Erfassen des Sinnes« (69).

falt der Wissenschaften nicht ohne weiteres von der Vielfalt der Gegenstände her rechtfertigen, um die sie sich bemühen. Dazu wäre ja schon ein abschließendes Wissen von diesen Gegenständen oder Gegenstandsbereichen erforderlich, das die Wissenschaften doch erst noch gewinnen oder dem sie sich jedenfalls nähern wollen. Die Vielfalt der Wissenschaften kann aber auch aus den unterschiedlichen Erkenntnisinteressen begründet sein, als Verschiedenheit in den Hinsichten der Befragung ihrer Gegenstände. Dabei können allerdings wieder umgekehrt bestimmte Hinsichten der Befragung sich auf bestimmte Gegenstände konzentrieren und bei anderen vernachlässigt werden: Darin bekundete sich dann eine ursprüngliche Gegenstandsverwiesenheit der Erkenntnisinteressen selbst. Dennoch wären alle Erkenntnisinteressen als solche immer schon in einer vorgängigen Einheit der Idee des Wissens verwurzelt. Damit kehrt die Frage nach einem alle Unterschiede der Wissenschaften übergreifenden, aus der Idee des Wissens als solchen begründeten Weg zum Wissen wieder. Es ist die Frage nach der Einheit wissenschaftlicher Methodik, die sich erst sekundär ausdifferenziert in verschiedenartige Einzelwissenschaften.

Die Wissenschaftslehren des Idealismus haben diese Frage zu beantworten versucht durch Herleitung der Einzelwissenschaften aus der im Selbstbewußtsein gegebenen oder durch die Erfahrung des Bewußtseins von sich selbst gewonnenen Idee des Wissens. Ein solches Verfahren transzendentalphilosophischer Wissenschaftstheorie wäre jedoch dem heutigen Stande der wissenschaftstheoretischen Diskussion nicht adäquat. Dieser ist bestimmt durch die geschichtliche Erfahrung von der sich entwickelnden Einheit konkreter Wissenschaft, die unabhängig von den strittigen Versuchen ihrer Rechtfertigung durch transzendentalphilosophische Wissenschaftstheorien besteht und sich im allgemeinen Bewußtsein durchgesetzt hat. Beispielhafte Form solcher Wissenschaft ist für das moderne Bewußtsein die Naturwissenschaft, die keiner erkenntnistheoretischen Rechtfertigung mehr bedarf, sondern wegen ihrer überwältigenden Erfolge umgekehrt ihrerseits vorschreibt, wo und in welchem Sinne von Erkenntnis und Wissen geredet werden kann.[22] Dem entspricht die »Ablösung der Erkenntnistheorie durch Wissenschaftstheorie«[23] im Positivismus. Das Streben nach Wissen und das Urteil über Be-

---

22 *J. Habermas*: Erkenntnis und Interesse, 1968, 88.
23 ebd. 89

hauptungen eines Wissens bedürfen daher nicht mehr des Leitfadens der im Bewußtsein liegenden Idee des Wissens, sondern finden ihren Maßstab vor in der »paradigmatischen« Gegebenheit des naturwissenschaftlichen Wissens.[24] Das begründet die epochale Bedeutung des Positivismus und seiner Bemühungen um einen einheitlichen, am Modell der modernen Naturwissenschaften orientierten und für alle Sachgebiete uneingeschränkt gültigen Begriff der Wissenschaft. Wegen dieser seiner epochalen Funktion kann der Positivismus, wie J. Habermas mit Recht bemerkt hat, »wirksam nicht mehr von außen, aus der Stellung einer repristinierten Erkenntnistheorie überwunden werden, sondern allein durch eine Methodologie, die ihre eigenen Schranken transzendiert«.[25] Das gilt nicht nur für den positivistischen Objektivismus, gegen den Habermas sich in erster Linie wendet, sondern ebenso für die Monopolisierung des Wissenschaftsbegriffs überhaupt im Sinne einer von naturwissenschaftlichen Verfahrensweisen abgelesenen und verallgemeinerten Methodik. Der Anspruch dieses Begriffs von Wissenschaft auf Alleingeltung läßt sich nur dann sinnvoll bestreiten, wenn er essentiell mit inneren Schwierigkeiten verbunden ist, die über diesen Wissenschaftsbegriff hinaustreiben, sofern die Reflexion auf sie nicht abgebrochen wird. Habermas hat versucht, solche Schwierigkeiten in der Lehre Ernst Machs von Elementen der Erfahrung aufzudecken, die die intersubjektive Gegebenheit von Tatsachen in der sinnlichen Erfahrung sichern soll, ohne dabei in die Probleme einer psychologisch-genetischen Ableitung der Erkenntnis aus der Sinneserfahrung verwickelt zu werden[26], die zur Position der transzendentalphilosophischen Erkenntnistheorie zurückführen würden. Der Nachweis, daß die Lehre Machs von den sinnlich gegebenen Elementen der Erfahrung faktisch mehr in Anspruch nimmt, als sie rechtfertigen kann – nämlich eine Konzeption der »Wirklichkeit als Totalität der Tatsachen«[27] – gefährdet jedoch nicht das Funktionieren positivistischer Forschungstechnik, die sich um solche Im-

---

24 Zur paradigmatischen Funktion bestimmter Theorien in der Wissenschaftsgeschichte siehe Thomas S. Kuhn: Die Struktur wissenschaftlicher Revolutionen (1962) dt. 1967. Für die mit dem Positivismus heraufgekommene Bewußtseinsform scheint die klassische Naturwissenschaft im ganzen eine derartige paradigmatische Funktion gewonnen zu haben.
25 Habermas a.a.O., 91.
26 ebd. 104 ff.
27 ebd. 110.

plikationen nicht zu kümmern braucht und ihre Erörterung der Spekulation überlassen kann. Durch solche Nachweise kann sich zwar der Transzendentalphilosoph noch am Beispiel positivistischer Argumentation der Unausweichlichkeit des Problems transzendentaler Gegenstandskonstitution vergewissern, nicht aber wird dadurch der Positivismus über sich selbst hinausgetrieben, nicht einmal zu einer pragmatistischen Forschungslogik, wie sie Charles S. Peirce entwickelt hat. Das Funktionieren positivistischer Forschungstechnik wäre nur dann gefährdet, wenn die Eindeutigkeit der Tatsachen in ihrer Unabhängigkeit vom Subjekt sich nicht sicherstellen ließe oder die Tragweite der durch das Gegebensein von Tatsachen ermöglichten Erkenntniskontrolle zweifelhaft würde. Auf diese beiden Punkte konzentrieren sich denn auch die Probleme, die die Weiterentwicklung des älteren Empirismus und Positivismus durch den logischen Positivismus motiviert haben und die über diesen selbst hinaustreiben.

1. Kapitel
Vom Positivismus zum kritischen Rationalismus

1. Der logische Positivismus

Jeder Positivismus nimmt ein Gegebenes oder Gesetztes als letzte Grundlage seiner Argumentation an. Im Falle des Rechtspositivismus sind das die bestehenden Gesetze, deren Gültigkeit nicht weiter hinterfragt wird. Im Falle des Offenbarungspositivismus, den D. Bonhoeffer bei K. Barth wahrnahm, ist es die Gegebenheit des Wortes Gottes oder seiner Offenbarung in Christus, die Barth überall voraussetzte, ohne aber solche Voraussetzung auf ihr eigenes Wahrheitsrecht zu befragen. Der empiristische Positivismus nimmt die Erfahrung, genauer die Sinneswahrnehmung, als letzte Gegebenheit an, auf der sich alles Wissen aufbaut oder in bezug auf die es sich jedenfalls zu rechtfertigen hat. In diesem Sinne ist der Begriff des Positivismus 1830 durch Auguste Comte geprägt worden.
Für den modernen, »logischen« Positivismus nun hat sich die Rolle des Gegebenen verschoben.[28] Es bildet nicht mehr, wie noch für E. Mach, den *Ausgangspunkt* der Erkenntnis, noch auch ihren alleinigen *Gegenstand*, sondern lediglich die Kontrollinstanz für auftretende Behauptungen. Damit entledigt sich der logische, von der Analyse des Sinnes von Behauptungen ausgehende Positivismus eines großen Teils der Probleme, die die ältere empiristische Tradition seit Locke und Hume belastet haben. Insbesondere verzichtet

---

28 Besonders Moritz Schlick hat sich nicht nur gegen irreführende Assoziationen, die sich leicht mit dem Begriff des Gegebenen verbinden, gewandt, – als ob es da einen Geber gäbe, der das Gegebene gibt, – sondern auch gegen die These, daß nur das Gegebene real sei. Die wahre Bedeutung des Gegebenen bestehe hingegen darin, daß alle Behauptungssätze an ihm zu verifizieren seien. (Positivismus und Realismus, in: Erkenntnis 3, 1932/33, 1–31. Dagegen verfolgte R. Carnap 1928 (Der logische Aufbau der Welt) und noch für lange Zeit danach das Ideal einer »Konstitution« aller Gegenstände durch ihre Zurückführung auf »das Gegebene« in Gestalt der Elementarerlebnisse (§ 64 ff.). Aber auch bei Carnap handelt es sich um den Versuch einer *Rückführung* von Sätzen auf das Gegebene, nicht um eine Herleitung aus ihm als Ausgangspunkt. Zur Problematik des Gegebenen im modernen Empirismus siehe W. Stegmüller in: Hauptströmungen der Gegenwartsphilosophie 3. Aufl. 1965, 361 und 362 ff., sowie seine Abhandlung: Der Phänomenalismus und seine Probleme, in: Archiv f. Philosophie 8, 36–100.

er auf den Anspruch, eine Theorie der *Entstehung* der Erkenntnis aus Sinneseindrücken zu liefern. Mit diesem Anspruch hatte der ältere Empirismus die Kritik der Transzendentalphilosophie herausgefordert, bis hin zum Nachweis der Subjektivität der Wahrnehmungsformen selbst. Der logische Positivismus vermeidet diese Probleme, indem er das Gegebene nur als Kontrollinstanz der Geltung von Behauptungen in Anspruch nimmt.[29] Daß die Sprache sich immer schon allgemeiner Ausdrücke bedient, deren Herkunft aus Sinneseindrücken problematisch bleibt, wird dabei in Kauf genommen. Um so mehr Gewicht legt man darauf, daß Behauptungen ihrer logischen Struktur nach eine Entsprechung zu Sachverhalten beanspruchen, deren Tatsächlichkeit durch Beobachtung zu entscheiden ist. Die zentrale Frage des logischen Positivismus ist es daher geworden, ob und wie Sätze, die etwas über Sachverhalte behaupten, verifizierbar oder falsifizierbar oder doch überprüfbar sind.
Der logische Positivismus ist aus dem von Moritz Schlick, dem Nachfolger Ernst Machs auf dessen Wiener Lehrstuhl, 1922 begründeten »Wiener Kreis« hervorgegangen.[30] Dieser Kreis von empiristisch gesonnenen Philosophen und Naturwissenschaftlern wurde in seiner Anfangszeit stark beeinflußt durch L. Wittgensteins *Tractatus logico-philosophicus* (1922).
Wittgenstein entwickelte in diesem Frühwerk eine Analyse der logischen Struktur der Sprache, wie sie sich in Behauptungssätzen zeigt. Danach bildet die Verbindung von Wörtern im Satz die Verbindung von Gegenständen im Sachverhalt ab, die »logische Form« der Wirklichkeit selbst. Der Satz, mit dem wir etwas behaupten, ist also ein Bild der Tatsachen (vgl. 2.1). Dabei gilt: »Die Elemente des Bildes [die Wörter] vertreten im Bild die Gegenstände« (2.131). Im Gegensatz zum älteren Empirismus und Positivismus gilt noch nicht das einzelne Wort, der einzelne Begriff, als Abbild der Wirklichkeit, sondern erst der Satz. Erst der Satz kann daher wahr oder falsch sein, und die Wahrheit oder Falschheit des Satzes besteht dann in der Übereinstimmung oder Nichtübereinstimmung mit dem Sachverhalt, den er behauptet (2.222). Der »*Sinn* des Satzes besteht darin, daß er zeigt, wie es sich verhält, wenn er wahr ist« (4.022). Auch

---

29 Allerdings können da bei dem älteren Empirismus ähnliche Probleme auftreten, wenn, wie es die Konstitutionslehre R. Carnaps lange versucht hat, die Rückführbarkeit aller wissenschaftlich sinnvollen Sätze auf Beobachtungssätze gefordert wird.
30 Näheres bei *V. Kraft*: Der Wiener Kreis. Der Ursprung des Neopositivismus, 1950.

falsche Sätze können also einen Sinn haben (4.064), nicht aber solche, bei denen nicht angebbar ist, was der Fall ist, wenn sie wahr sind.

Die Philosophen des »Wiener Kreises«, vor allem Moritz Schlick und R. Carnap, haben diese Thesen so verstanden, daß ein Satz nur dann als sinnvoll anzuerkennen ist, wenn sich angeben läßt, welcher *Sachverhalt* gegeben sein muß, wenn der Satz wahr ist. Das bedeutet, ein Satz ist nur dann sinnvoll, wenn sich angeben läßt, welche Beobachtungen (von Sachverhalten) ihn verifizieren würden.[31] Auch Wittgenstein selbst scheint das bis Anfang der dreißiger Jahre so verstanden zu haben. Zwar ist mit Recht darauf hingewiesen worden, daß der »Tractatus« nicht ausdrücklich von einer Verifikation durch Sinneswahrnehmungen spricht.[32] Aber noch 1929/30 hat Wittgenstein in seinen damals unveröffentlichten »Philosophischen Bemerkungen« geschrieben: »Jeder Satz ist die Anweisung auf eine Verifikation.«[33] Nur unter dieser Voraussetzung ist die Auffassung des Tractatus verständlich, daß nur »Sätze der Naturwissenschaft« sich sagen lassen, also sinnvolle Sätze sind, während metaphysische Sätze unsinnig sind, weil »gewisse Zeichen« in ihnen, gewisse Wörter, »keine Bedeutung« haben, nämlich keine empirisch identifizierbare Entsprechung (6.53).

Indessen haben erst die Philosophen des Wiener Kreises die Gedanken Wittgensteins über sinnvolle und sinnlose Sätze zu einer systematischen Lehre der Kontrolle von Aussagen und zum Entwurf einer allgemeinen Wissenschaftssprache ausgebaut, unter Vernachlässigung der mystischen Andeutungen Wittgensteins selbst, wie sie sich besonders am Ende des Tractatus finden. Das ist im deutschen Sprachbereich neben Schlick vor allem durch R. Carnap geschehen[34], in England durch A. J. Ayer[35] und durch B. Russell[36]. Da-

---

31 So etwa *M. Schlick*: Meaning and Verification, in: Philos. Review 45, 1936, 339–369. Siehe auch *R. Carnap*: Scheinprobleme in der Philosophie (1928), Neuaufl. 1966, 47 ff. Carnap unterscheidet hier zwischen tatsächlicher Nachprüfbarkeit eines Satzes und seiner Sachhaltigkeit, die auch dann bestehen kann, wenn gegenwärtig keine Nachprüfung erfolgen kann, eine solche aber zumindest vorstellbar ist (50).
32 So *G. E. M. Anscombe*: An Introduction to Wittgenstein's Tractatus (1952) 2. ed. 1963, 150.
33 Philosophische Bemerkungen 150; siehe dazu *Kurt Wuchterl*: Struktur und Sprachspiel bei Wittgenstein, 1969, 100.
34 Der logische Aufbau der Welt, 1928.
35 Language, Truth and Logic, 1935.
36 An Inquiry into Meaning and Truth (1940) 7. Aufl. 1966, bes. 289 ff. Zu den ver-

bei ergab sich insbesondere, daß zur einwandfreien logischen Überprüfung von Behauptungen der Appell an Sinnesempfindungen oder Wahrnehmungen untauglich ist, da Sätze nur auf ihr Verhältnis zu anderen Sätzen überprüft werden können. Damit konzentrierte sich das Interesse auf die Frage, ob sog. Protokoll- oder Basissätze, die den Inhalt von Beobachtungen wiedergeben und auf die alle anderen Sätze so oder so zurückführbar sein müssen, intersubjektiv eindeutig formulierbar sind. Die Schwierigkeiten, die hier bestehen, bilden einen Teilaspekt der Problematik der Verifikationsforderung, die in der weiteren Entwicklung des logischen Positivismus immer stärker modifiziert worden ist. Aber nur ihre frühe, radikale Formulierung leistete, was die Positivisten sich von ihr erhofften, nämlich den klaren Ausschluß metaphysischer Sätze als sinnloser Behauptungen.

2. Die Anwendung des logischen Positivismus auf die Theologie

Für den Verfasser des »Tractatus« war das Wort »Gott« keineswegs erledigt. Daß dem frühen Wittgenstein zufolge Aussagen über Gott sich nicht sinnvoll »sagen« lassen, besagt im Tractatus nur: »Gott offenbart sich nicht *in* der Welt« (6.432). Der Gottesgedanke gehört – in einem der Theologie der Krise beim frühen Barth vergleichbaren Dualismus – mit der »mystischen« Anschauung zusammen, daß der Sinn der Welt »außerhalb ihrer« (6.41), die Lösung des Lebensrätsels *»außerhalb* von Raum und Zeit« liegen müsse (6.4312).

Für Carnap dagegen hatte das Wort »Gott« zwar in einer vergangenen historischen Periode, in der des mythischen Denkens, einen Sinn, als man Götter noch als physische Wesen glaubte, die auf dem Olymp, im Himmel oder in der Unterwelt existieren sollten. Dadurch daß die Metaphysik das Wort »Gott« mit Bedacht aller Beziehung zur physischen Wirklichkeit entrückt habe, sei das Wort jedoch seines ursprünglichen Sinnes beraubt worden, ohne einen neuen Sinnbezug zu erhalten. Zwischen mythologischem Sprachgebrauch und seiner metaphysischen Entleerung schwankt nach Carnap der

schiedenen Verifikationstheorien siehe *W. Stegmüller*: Das Wahrheitsproblem und die Idee der Semantik (1957), 2. Aufl. 1968, 262–282.

der Theologen, weil ihr mythologisches Sprechen von Gott – das ihm eine Beziehung zur empirischen Welt zuschreibt – der Kritik der Wissenschaft unterliegt, so daß sich die Theologie immer wieder auf die metaphysische Ausgrenzung Gottes aus der Erfahrungswirklichkeit zurückzieht.[37]

Der Gedanke Carnaps, daß das Wort »Gott« seinen ursprünglichen handfesten Sinn verloren habe durch die Einschränkungen der Metaphysiker, die es ursprünglich immunisieren sollten gegen die Kritik der Erfahrungswissenschaft, wurde von A. Flew zu einer berühmt gewordenen Parabel ausgestaltet. Sie erzählt davon, daß zwei Forschungsreisende auf eine Lichtung im Dschungel stießen, die mit vielen Blumen und Kräutern bewachsen war. Darauf vermutete der eine, daß wohl ein Gärtner all dies angelegt haben müsse. Aber der Gärtner stellte sich ihren Nachforschungen als unsichtbar, unberührbar und keinem Test zugänglich heraus, so daß der zweite, von Anfang an skeptische Forschungsreisende schließlich fragt, was von der ursprünglichen Hypothese des andern nun noch übrig sei, und wie sich ein solcher Gärtner von einem imaginären oder gar keinem Gärtner unterscheide: Er ist den Tod der tausend Einschränkungen (the death by a thousand qualifications) gestorben.[38] Indem die Behauptung der Existenz Gottes jeder empirischen Prüfung entzogen wird, verliert sie jeden angebbaren Sinn.

Demgegenüber hilft es nichts, eine besondere Art von Erfahrungen im Unterschied zu Sinneserfahrungen als Grundlage theologischer Behauptungen geltend zu machen.[39] So kann eine intuitive religiöse Erfahrung keine Basis für Voraussagen bilden, die überprüfbar wären (A. J. Ayer). Angeblich übernatürliche Ereignisse müssen, wenn überhaupt, auf natürliche Weise erklärt werden (Nowell-Smith), ebenso Behauptungen von visionären Erlebnissen (A. MacIntyre). Auch die These von D. Cox, daß das Reden von Gott sich gründe auf das Erlebnis von Begegnungen mit Gott, ist nicht haltbar, weil

---

37 R. Carnap: Überwindung der Metaphysik durch logische Analyse der Sprache, in: Erkenntnis 2, 1932/33. In seinem Buch: »Der logische Aufbau der Welt« (1928) 2. Aufl. 1966, 256 f. beschränkte sich Carnap noch darauf, dem Offenbarungsglauben den Anspruch auf Erkenntnis abzusprechen und seine »völlige Heterogeneität« (258) ihr gegenüber zu betonen.
38 A. Flew: Theology and Falsification, in: New Essays in Philosophical Theology, ed. A. Flew und A. MacIntyre (1955) 1963, 96 f. Siehe auch A. Flew: God and Philosophy (1966) 2. Aufl. 1968, bes. 25–57.
39 Zum folgenden vgl. *Fr. Ferré*: Language, Logic and God, 1961, 18 ff.

es sich bei solcher Begegnung nicht um intersubjektiv nachprüfbare Erfahrung handelt, und nur eine solche ist unterscheidbar von Illusionen und könnte zur Verifikation von Behauptungen dienen.[40] Theologische Aussagen können also nicht durch Berufung auf eine besondere, sonst unzugängliche Art von Erfahrung begründet werden. Nach Ansicht der dem logischen Positivismus folgenden Denker können sie aber auch nicht als notwendige Implikation allgemein zugänglicher Erfahrung begründet werden; denn logisch notwendig sind nur analytische Sätze, die aber wiederum nichts für das Dasein von irgendetwas austragen (J. N. Findlay). Sogar die innere Widerspruchslosigkeit des Gottesgedankens ist bestritten worden unter Hinweis auf das alte Problem der Theodizee, die Unvereinbarkeit der Tatsache des Übels in der Welt mit dem Gedanken eines allmächtigen und gütigen Gottes (J. L. Mackie).

Der Theologie bleiben in dieser Situation zwei Auswege, sofern sie nicht auf das Reden von Gott überhaupt verzichten will.

Der erste Ausweg wird mit der Versicherung beschritten, daß religiöse und theologische Sätze überhaupt keine Behauptung über eine durch das Wort »Gott« bezeichnete Wirklichkeit beabsichtigen. Diesen Ausweg hat schon 1936 A. J. Ayer empfohlen.[41] Eine große Zahl von Autoren hat versucht, religiöse Sätze so zu deuten, daß sie nicht etwas behaupten, sondern nur etwas ausdrücken. So suchte R. B. Braithwaite[42] darzutun, daß religiöse Behauptungen über Gott eigentlich nur das ethische Engagement des betreffenden Menschen zum Ausdruck bringen. Ähnlich hat R. Hepburn behauptet, daß religiöse Sätze nur eine Stärkung der Moralität durch Parabeln bedeuten.[43] Dagegen hat R. M. Hare religiöse Aussagen als Ausdruck einer bestimmten Betrachtungsweise (Blik) der gewöhnlichen empirischen Wirklichkeit, statt als Verweis auf eine durch sie intendierte, besondere Wirklichkeit gedeutet.[44] Im Anschluß an Hare hat auch Paul M. van Buren den kognitiven Sinn der Sprache des Glaubens bestritten, wobei er sich interessanterweise auf K. Barths Kri-

---

40 Zu Ferré 40 mit McPherson.
41 *A. J. Ayer*: Language, Truth and Logic, 1936, 115 ff. (nach dem Abdruck in Dover-Books T 10).
42 An Empiricist View of the Nature of Religious Belief, 1955.
43 Christianity and Paradox, 1958.
44 R. M. Hare: Religion and Morals, in: Faith and Logic, ed. B. Mitchell 1957, 176–193. Siehe auch seine Erwiderung auf Flew's Argumentation in: New Essays in Philosophical Theology, 1955, 99–103.

tik an der natürlichen Gotteserkenntnis beruft, und sie als bloße Ausdrucksform für eine bestimmte Lebensauffassung gedeutet.[45]
Ein anderer Ausweg aus der durch den logischen Positivismus geschaffenen Problemsituation öffnet sich für die Theologie durch die Kritik, die an dem empiristischen Sinnkriterium der Verifikation von Sätzen durch Bezug auf Sinneswahrnehmungen oder Beobachtungen, bzw. auf den Beobachtungsgehalt festhaltende Protokoll- oder Basissätze geübt worden ist. Diese Kritik ist insbesondere von Karl Popper ausgegangen.

3. Die Auseinandersetzung Poppers mit dem logischen Positivismus

In seiner »Logik der Forschung« 1935 hat Karl Popper sowohl Carnaps Begriff von Protokollsätzen als Grundlage einer Theorie empirischen Wissens als auch die Beantwortung der Frage nach dem Ursprung naturwissenschaftlicher Gesetzeserkenntnis durch das Verfahren der Induktion, also der Verallgemeinerung von Beobachtungen, bestritten. Vor allem aber hat er die positivistische Verifikationsforderung als unhaltbar zurückgewiesen und darüber hinaus die Verknüpfung der Frage nach dem Sinn oder der Sinnlosigkeit von Sätzen mit dem Problem ihrer empirischen Entscheidbarkeit bestritten.
Poppers Ablehnung der positivistischen Verifikationsforderung hängt aufs engste mit seiner Kritik des Induktionsprinzips zusammen. Dabei geht es ihm weniger um den heuristischen Wert empirischer Verallgemeinerung als um die Frage ihres Erkenntnisanspruchs. Popper greift hier auf David Hume's Argument zurück, daß eine noch so große Zahl von übereinstimmenden Beobachtungen die Formulierung eines streng allgemeinen, für alle gleichartigen Fälle gültigen Gesetzes nicht zu rechtfertigen vermag. Zwischen der Begrenztheit der Zahl von Beobachtungen und der Allgemeinheit der Gesetzesformulierung bleibt eine Kluft. Aus diesem Grunde hatte schon Kant behauptet, die Allgemeinheit der naturwissenschaftlichen Gesetzesformulierungen müsse einen anderen Ursprung haben. Kant suchte ihn in den apriorischen Strukturen der Erfahrung. Nach Popper hat jedoch Kant »zu viel bewiesen« damit, daß

---

45 Paul M. van Buren: The Secular Meaning of the Gospel, 1963, dt. 1965 (Reden von Gott in der Sprache der Welt) 78 ff. bes. 92 ff.

er den Newtonschen Gesetzen auf Grund ihrer angeblichen Verankerung in der apriorischen Struktur unserer Erfahrung *notwendige* Geltung zuschrieb.⁴⁶ Gesetzesbehauptungen können nach Popper immer nur hypothetische Geltung haben.

Für Popper ist die Induktionsmethode ein Ausdruck des Versuches, Wissenschaft aus letzten Gewißheiten zu begründen: Sowohl die intellektualistische als auch die empiristische Linie des neuzeitlichen Denkens gingen von der Annahme aus, daß die Wahrheit von sich aus, in ihrer Quelle, offenbar sei. Empiristen und Intellektualisten schöpften dabei allerdings aus verschiedenen Quellen. Bei Bacon sind es die Sinneseindrücke, bei Descartes und seinen intellektualistischen Nachfolgern die letzten unbezweifelbaren Gewißheiten der Vernunft, die Implikationen des Cogito. Doch die beiden streitenden Richtungen stimmten darin überein, daß es nur noch auf einwandfreie Schlußfolgerungen ankomme, um aus der gegebenen Quelle Erkenntnisse aller Art zu gewinnen. Descartes bediente sich dabei der Deduktion, Bacon und seine empiristischen Nachfolger der Induktion. Von beiden Richtungen aber behauptet Popper, ihre Erkenntnislehre »remains essentially a religious doctrine in which the source of all knowledge is divine authority ... They could only replace one authority – that of Aristotle and the Bible – by another«.⁴⁷ Demgegenüber sagt Popper, es gebe zwar mancherlei Quellen, aus denen wir unsere Gedanken und Erkenntnisse schöpfen, aber keine von ihnen sei unfehlbar, keine autoritativ (24). Wir können nicht aus letzten Gewißheiten sichere Erkenntnisse ableiten; solche behaupteten letzten Gewißheiten sind ihrerseits faktisch immer angezweifelt worden. Die Intellektualisten bestritten die der

---

46 Conjectures and Refutations, 1963, 48. Zu Poppers Kantkritik siehe auch *A. Wellmer*: Methodologie als Erkenntnistheorie. Zur Wissenschaftslehre Karl Poppers, 1967, 61–67. Wellmer bestreitet auf der einen Seite, daß Kants a priori eine Verbindung logischer und psychologischer Apriorität darstelle (62), auf der andern Seite behauptet er es aber als kennzeichnend für Kant, »zwischen faktischer Transzendentalität und transzendentaler Geltung nicht zu unterscheiden« (ebd.). Eben das ist es, was Popper Kant vorwirft. Dieser Vorwurf bezieht sich nicht, wie W. meint, darauf, daß Kant nach Popper »in bezug auf bestimmte *empirische* Hypothesen Genesis und Geltung durcheinanderbringt« (63), sondern er besagt, daß die bei Kant als »transzendental« behaupteten Erkenntnisformen ebenso wie sonstige Hypothesen zu beurteilen seien. Es kann daher bei Popper nicht von einer »abgebrochenen transzendentalen Reflexion« die Rede sein (65), sondern nur von einer kritischen Distanzierung der transzendentalphilosophischen These Kants.

47 Conjectures and Refutations 15. Es handelt sich um den Aufsatz: On the Sources of Knowledge and Ignorance, auf den auch die folgenden Zitate im Text verweisen.

Empiristen und umgekehrt. Nach Popper können wir nur durch *trial and error* lernen. Am Anfang unseres Wissens stehen immer Mutmaßungen (conjectures), Modelle, Hypothesen. Selbst die unmittelbare Sinneswahrnehmung ist bereits gedeutet: »all observation involves interpretation« (21 f.). Entscheidend ist es, die hypothetischen Entwürfe unseres Geistes der Prüfung auszusetzen. Sie erfolgt dadurch, daß ihre Konsequenzen mit den tatsächlichen Gegebenheiten konfrontiert werden: »Aus der vorläufig unbegründeten Antizipation, dem Einfall, der Hypothese, dem theoretischen System, werden auf logisch-deduktivem Weg Folgerungen abgeleitet; diese werden untereinander und mit anderen Sätzen verglichen ... Dabei lassen sich vier besondere Richtungen unterscheiden, nach denen die Prüfung durchgeführt wird: (1) der logische Vergleich der Folgerungen untereinander, durch den das System auf seine innere Widerspruchslosigkeit hin zu untersuchen ist; (2) eine Untersuchung der logischen Form der Theorie mit dem Ziel, festzustellen, ob es den Charakter einer empirisch-wissenschaftlichen Theorie hat, also z. B. nicht tautologisch ist; (3) der Vergleich mit anderen Theorien, um unter anderem festzustellen, ob die zu prüfende Theorie ... als wissenschaftlicher Fortschritt zu bewerten wäre; schließlich (4) die Prüfung durch »empirische Anwendung« der abgeleiteten Folgerungen.«[48]

Poppers Kritik am Induktionsprinzip war nicht neu, wohl aber das aus ihr gezogene Argument gegen die Verifikationsforderung. Wenn nämlich jeder allgemeinen Regel oder Gesetzesbehauptung eine unabzählbare Vielzahl von Anwendungsfällen entspricht, kann ein allgemeiner Satz niemals durch Beobachtungen verifiziert werden. Daraus ergibt sich, daß die positivistische Verifikationsforderung sehr viel rigoroser ist als ihre Urheber angenommen hatten. Sie schließt nicht nur metaphysische Behauptungen aus, sondern auch alle naturwissenschaftlichen Gesetzesaussagen: »This criterium excludes from the realm of meaning all scientific theories; for these are no more reducible to observation reports than the socalled metaphysical pseudo-propositions.«[49] Das positivistische Sinnkriterium erwies sich daher als »just as destructive of science as it was of metaphysics« (264).

Carnap hat die Kritik Poppers in seinen Veröffentlichungen seit

---

48 Logik der Forschung 7 f.
49 ebd. 261

1934 akzeptiert. Er hat das Verifikationskriterium seitdem eingeschränkt auf die Forderung, daß wissenschaftliche Sätze einen Bezug auf mögliche Beobachtungen haben und so überprüfbar sein müssen. Dazu bemerkt jedoch Popper mit Recht, daß eine solche »schwache Verifikation« keine Abgrenzung zwischen naturwissenschaftlichen und metaphysischen Aussagen mehr ermöglicht.[50] Denn irgendeinen Bezug auf Beobachtungen haben natürlich auch metaphysische Sätze. Daß die bloße Forderung nach einem Bezug auf Beobachtbares keine eindeutige Abgrenzung gegen metaphysische Behauptungen erlaubt, gibt auch A. J. Ayer zu in der Einleitung zur 2. Auflage seines Buches: Language, Truth and Logic, 1946.
Popper selbst hat die Behauptung der Sinnlosigkeit metaphysischer Sätze fallengelassen. Wenn eine Theorie nicht in naturwissenschaftlichem Sinne überprüfbar ist, wie z. B. psychoanalytische oder metaphysische Systeme, dann braucht sie deshalb noch keineswegs unwichtig, unbedeutend oder unsinnig zu sein.[51] Dennoch bemüht sich Popper um eine Abgrenzung der Eigenart wissenschaftlicher von nichtwissenschaftlichen Sätzen.[52]
Das Kriterium dieser Abgrenzung findet Popper in der Falsifizierbarkeit. Wissenschaftliche Gesetzesaussagen sind zwar nicht verifizierbar, da sie nie an allen ihren Anwendungsfällen überprüft werden können. Aber sie sind falsifizierbar; denn die Behauptung einer allgemeinen Regel scheitert bereits dann, wenn sich ein einziger Fall findet, der der angenommenen Regel widerspricht. Sie hat dann jedenfalls nicht die strenge Allgemeinheit des Gesetzes und stellt bestenfalls eine Näherung an den tatsächlichen Sachverhalt dar.
Besteht eine Behauptung den Versuch ihrer Falsifizierung, so kann sie bis auf weiteres als »bewährt« betrachtet werden. Popper stellt dafür eine Reihe von Bedingungen auf: eine Hypothese oder Theorie ist nicht schon dadurch bewährt, daß sie die vorhandenen Tatsachen zu erklären vermag. Vielmehr läßt sie sich erst dann als empirisch bewährt bezeichnen, wenn sich Voraussagen aus ihr ableiten lassen, die als zutreffend befunden werden.[53] Darum ist eine Theorie oder Hypothese um so fruchtbarer, je mehr sie verbietet; denn desto mehr Möglichkeiten der Prüfung eröffnet sie.[54] Hiermit

50 Conjectures 38.
51 Logik der Forschung 10 ff.
52 Conjectures 36.
53 Logik der Forschung 15.
54 Conjectures 117.

bringt Popper die Vorliebe der Naturwissenschaftler für einfache Gesetzesformulierungen in Verbindung. Diese Vorliebe ist nicht nur ästhetisch, sondern auch sachlich begründet; denn je einfacher eine Gesetzesbehauptung oder Theorie ist, desto mehr schließt sie aus, und desto mehr Möglichkeiten ihrer Überprüfung eröffnen sich.[55] Umgekehrt verwirft Popper die »Rettung« einer in ihrer ursprünglichen Gestalt bereits widerlegten Theorie durch Einführung zusätzlicher Hilfsannahmen und Definitionsänderungen. Er erblickt darin eine Immunisierungsstrategie[56], die die Theorie ähnlich wie in Flew's Parabel vom unsichtbaren Gärtner der empirischen Relevanz beraubt.

Mit der Falsifikationsforderung glaubt Popper ein Prinzip formuliert zu haben, dem metaphysische Sätze nicht genügen können, also ein Kriterium der Abgrenzung zwischen wissenschaftlichen und metaphysischen Behauptungen gewonnen zu haben. Wenn nun nach Popper metaphysische Sätze nicht einfach sinnlos sind, worin besteht dann ihre positive Funktion?

Erstens helfen sie, »das Weltbild zu ordnen«, wo noch keine wissenschaftlich prüfbaren Theorien vorliegen.[57] Dabei lassen sich nach Popper Kriterien angeben, um zwischen »wahren und falschen« philosophischen Theorien zu unterscheiden: Eine philosophische Theorie ist in dem Maße rational und verstehbar, in dem sie sich auf eine gegebene Problemsituation bezieht und dafür Lösungen vorschlägt.[58] Popper sagt hier leider nicht genauer, um was für eine Art von Problemsituationen es sich dabei handeln muß; denn soweit es einer philosophischen Theorie gelingt, an eine bestimmte Problemsituation der Wissenschaften anzuknüpfen, ist sie nicht mehr »metaphysisch«, sondern wird selbst wissenschaftlich.[59] Inwieweit metaphysische Theorien jedoch auch unabhängig von solchem Bezug auf wissenschaftliche Problemsituationen einen Wahrheitswert haben können, bleibt bei Popper undeutlich.

55 Logik der Forschung 16.
56 Conjectures and Refutations 37.
57 Logik der Forschung 222.
58 Conjectures and Refutations 184 ff.: On the status of science and of metaphysics.
59 Logik der Forschung 222. Ähnlich hält es Hans Albert für möglich, auch metaphysische Ideen »zu prinzipiell widerlegbaren Theorien weiterzuentwickeln«. (Traktat über kritische Vernunft, 1968, 48). Dabei handelt es sich auch bei Albert um eine Verwandlung metaphysischer Theorien in »wissenschaftliche«; denn er fährt fort, daß die so umgebildeten metaphysischen Ideen »in Konkurrenz mit den bisherigen wissenschaftlichen Theorien treten können ...« (ebd.).

Doch kennt Popper noch eine zweite Funktion metaphysischer Gedanken. Seiner Meinung nach sind metaphysische und also wissenschaftlich indiskutable Annahmen bei allem wissenschaftlichen Forschen schon mit im Spiele. Denn nach Popper gilt auch für die Wissenschaft: »Wir wissen nicht, sondern wir raten.«[60] »Und unser Raten ist geleitet von dem unwissenschaftlichen, metaphysischen ... Glauben, daß es Gesetzmäßigkeiten gibt, die wir entschleiern, entdecken können« (223). Ganz allgemein äußert Popper die Vermutung, »daß wissenschaftliche Forschung, psychologisch gesehen, ohne einen wissenschaftlich indiskutablen, also, wenn man so will, »metaphysischen« Glauben an manchmal höchst unklare theoretische Ideen wohl gar nicht möglich ist« (13). Poppers Sicht bietet also Raum für die vielfältigen Nachweise der tatsächlichen Rolle »metaphysischer«, auch religiöser Voraussetzungen in der Geschichte des neueren naturwissenschaftlichen Denkens.[61] Popper würde wohl auch nicht bestreiten, daß solche Voraussetzungen sogar in der Geschichte der Wissenschaftstheorie selbst eine Rolle spielen.

Es stellt sich nun aber die Frage, ob es sich dabei nur um äußerliche, historische Entstehungsbedingungen wissenschaftlicher Erkenntnisse handelt, oder ob auch die Struktur und der Geltungsanspruch wissenschaftlicher Aussagen »metaphysische« Implikationen behalten. Am deutlichsten ist das im Hinblick auf ihren Wahrheitsanspruch. Es ist für die semantische Struktur von Behauptungen konstitutiv, daß sie Wahrheit im Sinne der Übereinstimmung mit dem intendierten Sachverhalt beanspruchen.[62] Ohne dieses Moment läßt sich der

---

60 Logik der Forschung 223: Die Form wissenschaftlicher Sätze ist nämlich die der von Bacon als Quelle allen Irrtums verworfenen Antizipation.
61 Dazu besonders *C. F. v. Weizsäcker*: Die Tragweite der Wissenschaft I, 1964, sowie auch *E. A. Burtt*: The Metaphysical Foundations of Modern Science, 1924, und die Arbeiten von A. Koyré.
62 Daß die Korrespondenzwahrheit bedingt ist durch einen (zumindest erwartbaren) intersubjektiven Konsensus über den Sachverhalt, der mitkonstitutiv ist für dessen Objektivität, ist nicht zu bestreiten. Das hat jedoch nicht zur Folge, daß sich die Korrespondenztheorie der Wahrheit mit J. Habermas (Vorbereitende Bemerkungen zu einer Theorie der kommunikativen Kompetenz, in: Habermas/Luhmann: Theorie der Gesellschaft oder Sozialtechnologie, 1971, 101 ff., bes. 123 ff.) auf eine Konsensustheorie der Wahrheit reduzieren ließe. Eine reine Konsensustheorie der Wahrheit ist, wie die Ausführungen von Habermas sehr instruktiv zeigen, nicht imstande, den Unterschied zwischen dem Wahrheitskonsens und einer herrschenden Konvention zu bezeichnen. Seine Annahme, daß letztere nie zwanglos ist und daher stets von einer utopischen Antizipation zwangloser Kommunikation her als bloße Konvention enthüllt werden kann, dürfte einen unhistorisch-naturalistischen Begriff von menschlicher Rationalität voraussetzen,

Begriff der Behauptung nicht denken und ebenso wenig der der Wissenschaft. Denn Popper sagt von der Wissenschaft mit Recht: »Jenes System, das wir ›empirische Wissenschaft‹ nennen, soll die eine ›wirkliche Welt‹, die ›Welt unserer Erfahrungswirklichkeit‹ darstellen.«[63] Popper betrachtet denn auch die Idee der Korrespondenzwahrheit als semantisch unerläßlich, und zwar vertritt er sie in der gegen logische Paradoxien geschützten Form, die ihr der polnische Logiker Tarski gegeben hat.[64] Andererseits führt seine eigene Analyse der strukturwissenschaftlichen Theorien zu dem Resultat, daß diese dem Begriff der Korrespondenzwahrheit nie uneingeschränkt und definitiv genügen, sondern bestenfalls bis auf weiteres bewährt sind. Daher sagt Popper: »wir haben kein Kriterium der Wahrheit, aber lassen uns dennoch leiten von der Wahrheitsidee als einem *regulativen Prinzip*«.[65] Der Begriff des regulativen Prinzips bildet hier jedoch nicht mehr als eine vage Analogie zum kantischen Sprachgebrauch. Anders als bei Kant ist er bei Popper nicht durch den Rahmen einer transzendentalen Analytik konstitutiver Verstandesprinzipien fundiert, um deren vollständige Anwendung es in den regulativen Ideen Kants geht. Zum andern kann die Wahrheit als Gegenstandskorrespondenz auf dem Boden der semantischen Analyse von Behauptungen nicht als bloß regulatives Prinzip gefaßt werden, da sie vielmehr den Begriff der Aussage oder Behauptung bereits konstituiert. Poppers Bezeichnung der Wahrheitsidee als regulatives Prinzip verschiebt die Wahrheit von Aussagen an das imaginäre Ende eines unendlichen Progresses, während doch vielmehr jede Behauptung bereits gegenwärtig auf Wahrheit Anspruch erhebt. Die gegenwärtige Inanspruchnahme einer Wahrheit, die dennoch strittig bleibt, so daß man sich ihr bestenfalls »nähern« kann, ließe sich als Antizipation beschreiben. Damit ergibt sich für den Gegenstandsaspekt des Wahrheitsproblems ein

---

der einer Projektion ideal gelingender Konvention entspricht, die aber auch im »herrschaftsfreien Dialog« noch Konvention und hinsichtlich ihrer Sachwahrheit problematisch bliebe. Die Momente der Gegenstandskorrespondenz und des Konsensus im Wahrheitsbegriff fordern einander wechselseitig. Sie lassen sich nicht prinzipiell einander unterordnen. Die alternative Entgegensetzung von Korrespondenztheorie und Konsensustheorie der Wahrheit bleibt daher kurzschlüssig. Wie sowohl der Wahrheitskonsens als auch die Sachkorrespondenz jeweils nur antizipiert werden können, so ist auch die Einheit zwischen beiden jeweils nur antizipativ realisiert.

63 Logik der Forschung 13.
64 Conjectures and Refutations 215–250.
65 Logik der Forschung 266.

Sachverhalt, den J. Habermas analog für den Konsensusaspekt der Wahrheit aufgewiesen hat[66] und der sich so als für die gegenwärtige Zugänglichkeit von Wahrheit durch Erkenntnis und Wissen überhaupt charakteristisch aufdrängt. Popper selbst hat den antizipativen Charakter von Hypothesen hervorgehoben[67], und da für ihn alle Erkenntnis hypothetisch ist, hätte es nahegelegen, diesen Strukturzug auch im Bereich des Wahrheitsproblems zu verfolgen. Darüber hinaus muß aber auch die Frage gestellt werden, ob der antizipative Charakter menschlicher Erkenntnis bloß subjektiv und den erkannten Gegenständen äußerlich sein kann, wenn doch diese Erkenntnis jedenfalls möglicherweise und insoweit sie sich als Erkenntnis bewährt ihrem Gegenstand entsprechen soll. Im Verfolg dieser Frage ergibt sich in neuer Weise die alte »metaphysische« Unterscheidung von Wesen und Erscheinung, da die Weise, wie sich der Gegenstand der Erkenntnis in gegenwärtigen Hypothesen darstellt, dann zu unterscheiden ist davon, als was er sich endgültig herausstellen wird. Die im Begriff der Antizipation liegende Unterscheidung von Wesen und Erscheinung wirkt sich dann natürlich auch aus auf den Status der Beobachtungen und Beobachtungssätze, an denen empirische Hypothesen zu überprüfen sind. Manche von den Schwierigkeiten, die sich mit Begriff und Funktion solcher Basissätze verbinden und von denen noch zu reden sein wird, könnten von daher verständlich werden. Jedenfalls ist deutlich geworden, daß sich die Fragen nach der Wahrheit und nach dem Wesen, dem endgültigen Wassein der Dinge, nicht trennen lassen. Das bedeutet aber, daß »metaphysische« Ideen nicht nur zu den zufälligen historischen Entstehungsbedingungen wissenschaftlicher Erkenntnis gehören, sondern auch für ihren Geltungssinn konstitutiv sind, und zwar so, daß diese Fragen nicht einer nachträglichen Reflexion überlassen bleiben können, wenn die Frage nach Geltung und Wahrheit wissenschaftlicher Aussagen gestellt wird.

---

66 *J. Habermas*: Der Universalitätsanspruch der Hermeneutik (in: Hermeneutik und Dialektik I, 1970, 73–103, bes. 99 f.). Siehe auch den oben Anm. 62 genannten Aufsatz 136 ff. Interessanterweise betont Habermas, die ideale Dialogsituation sei »nicht bloß ein regulatives Prinzip im Sinne Kants«, da vielmehr ihre Annahme mit jedem Akt sprachlicher Verständigung schon unterstellt wird (140).
67 Siehe oben Anm. 60. Ausführlicher legt Popper in: Conjectures and Refutations 13 f. dar, daß die Methode der Hypothesenbildung oder des Entwurfs von Konjekturen gerade jene *anticipatio mentis* ist, die Bacon der wahren *interpretatio naturae* als falsche Methode entgegengesetzt hat.

4. Die Anwendung des kritischen Rationalismus zur Kritik der Theologie

Bei der forschungslogischen Beschreibung der Falsifizierbarkeit von Theorien ging es Popper zunächst um eine Abgrenzung der Naturwissenschaft von »der Metaphysik«. Er hat seinem Grundgedanken allerdings auch eine weit darüber hinausgehende Relevanz beigemessen. Auch die Sozialwissenschaften sollen, soweit sie Wissenschaften sind, Hypothesen und Theorien unter dem Gesichtspunkt der Falsifizierbarkeit entwickeln und prüfen.[68] In seinem Buch über »Die offene Gesellschaft und ihre Feinde« (1937/1958) hat Popper seine wissenschaftstheoretische Konzeption als spezifische Ausprägung einer für das gesellschaftliche Leben überhaupt grundlegenden Alternative dargestellt, indem er gegenüber den Auswirkungen eines philosophischen Dogmatismus auf das gesellschaftliche Leben einen Zusammenhang der »offenen Gesellschaft« mit der Tradition des »kritischen Denkens«, in der alle Thesen als Hypothesen für Kritik offengehalten werden, nachwies.

Eine Erörterung der gesellschaftlichen Rolle von Religion und Theologie liegt in einem solchen Rahmen nahe. Doch erst Poppers Schüler W. W. Bartley hat eine Untersuchung des Verhältnisses der Theologie zur Tradition des kritischen Denkens unternommen. Bartley stellt dabei der zeitgenössischen protestantischen Theologie aller Richtungen die Diagnose einer »Flucht ins Engagement«.[69] Sie ist nach Bartley die Reaktion auf den Zusammenbruch der Versuche der liberalen Theologie des 19. Jahrhunderts, den christlichen Glauben auf das historische Wissen von Jesus zu gründen. Den Rückzug der Theologie in ein irrationalistisches Glaubensengagement nach der Auflösung des liberalen Jesusbildes hat Bartley einerseits bei Karl Barth, andererseits bei Paul Tillich, aber auch bei anderen führenden Gestalten der protestantischen Theologie dieser Epoche nachzuweisen versucht.[70] Bei Barth geht es nach Bartley um das

---

68 Popper hat nachdrücklich die These der Einheit der wissenschaftlichen Methode für alle theoretischen Wissenschaften, ob Natur- oder Sozialwissenschaften, verfochten: The Poverty of Historicism (1957), Harper Torchbook 1126, 1964, 130 ff.
69 W. W. Bartley: The Retreat to Commitment, 1961, die folgenden Zitate im Text nach der dt. Übersetzung 1962.
70 Diese Konstruktion der historischen Kausalität bleibt insofern problematisch, als schon die liberale Theologie gewöhnlich die Verbindung eines Glaubensengagements mit dem historisch erarbeiteten Jesusbild forderte. Der Versuch einer rein historischen Be-

Engagement für das in Christus geoffenbarte Wort Gottes (73f.), das seinerseits nicht kritisiert werden kann (138), während alle theologischen Mutmaßungen über das Wort Gottes der Kritik an diesem Maßstab unterliegen (74). Aber auch hinter Paul Tillichs symbolischer Interpretation der christlichen Lehre (83f.) und hinter seinem »protestantischen Prinzip« (84 ff.) entdeckt Bartley einen letztlich ähnlichen Irrationalismus. Denn Tillich behaupte ausdrücklich, daß die in Jesus Christus sich bekundende Macht des Neuen Seins »der feste Fels« sei, der »über jede Kritik erhaben ist«.[71] Außerdem relativiere Tillich alles theologische Reden auf einen dafür bereits vorausgesetzten Glaubensakt. Man wird diesen Vorwurf nicht als unbegründet zurückweisen können, da Bartley von Tillich einen Satz wie den folgenden zitieren kann: »Alles Reden über göttliche Dinge ist sinnlos, wenn es nicht im Zustand letzten Ergriffenseins geschieht. Denn das, was im Akt des Glaubens gemeint ist, kann auf keine andere Weise erlangt werden als eben durch den Glaubensakt.«[72] Hier wird tatsächlich auch bei Tillich ein irrationales Engagement als Vorzeichen aller theologischen Aussagen behauptet, trotz alles sonstigen Strebens nach Rationalität in Tillichs apologetischer Theologie. Tillichs Bemühungen um eine allgemein akzeptable Beschreibung der menschlichen Situation werden in ihrem Unterschied zum theologischen Denkstil Karl Barths von Bartley nicht gewürdigt. Wenn Tillich aber sagt: »Ein Kriterium, durch das über Glauben geurteilt werden könnte, gibt es nicht, wenn der Urteilende außerhalb der Glaubenskorrelation steht«[73], dann entzieht er damit nicht nur den christlichen Glaubensstandpunkt

gründung der Theologie ist noch seltener unternommen worden als Bartley glaubt, so vor allem von E. Troeltsch, dessen Ansatz aber wiederum nicht durch die Krise der Leben-Jesu-Forschung hinfällig wurde, sondern aus anderen Gründen ohne Nachfolge geblieben ist. Im einzelnen ist die Darstellung Bartleys am schwächsten in dem unter den abstrakten Titel »Gestalt-Theologie« gestellten Abschnitt 77 ff. Die hier behandelten Versuche, die Vielfalt biblischer Aussagen zur Anthropologie, Geschichtsdeutung, zum Weltverständnis und zum Erkenntnisproblem auf einen allgemeinen Nenner (»Gestalt«) zu bringen und so mit dem gegenwärtigen Denken zu vermitteln, sind nach Bartley alle »im Grunde erfolglos (79) geblieben«. Leider sagt er nicht, weshalb. Genauer läßt sich Bartley nur auf die Antipoden Barth und Tillich ein, wobei er offensichtlich Barth wegen der Konsequenz seines Denkens größere Sympathie entgegenbringt (75 f.) und ihm eher gerecht wird als Tillich.

71 Flucht ins Engagement 97 mit Zitat aus Paul Tillichs Buch »The Protestant Era«, 1948, XII ff. und 234.
72 P. Tillich: Wesen und Wandel des Glaubens, 1961, 20, zit. bei Bartley 108 f.
73 Tillich 72, zit. bei Bartley 109.

von vornherein jeder Kritik, die diesen Standpunkt nicht selbst zu übernehmen bereit ist, sondern begibt sich damit auch seinerseits des Rechtes, über Andersgläubige irgendwelche Urteile abzugeben, ohne daß Tillich freilich zu solcher Enthaltsamkeit bereit wäre. Dagegen muß man der Feststellung Bartley's zustimmen: »Man erwirbt das Recht, irrationalistisch zu sein, nur um den Preis, daß man auf das Recht zu kritisieren verzichtet« (111).

Abgesehen von derartigen Selbstwidersprüchen konnte sich die theologische »Flucht ins Engagement« nach Bartley bisher immer noch auf ein Argument stützen (98), durch das sich ihre intellektuelle Integrität behaupten ließ: das ist die These, daß *jede* Position, auch jedes wissenschaftliche Verfahren letztlich auf Voraussetzungen beruhe, die unbewiesen angenommen werden müssen, auf gewissen Grundannahmen, Axiomen, die aller weiteren Argumentation zugrunde liegen. Wenn das richtig wäre, dann würde der Theologe im Prinzip nicht anders verfahren als der Mathematiker oder Physiker: Der eine wie der andere geht von letzten Axiomen aus, die nicht mehr bewiesen werden können. Bartley nennt dies das »Auch-Du-Argument«. Seine Funktion für die Theologie besteht darin, daß es »dem außervernünftigen Engagement einen vernunftgemäßen Entschuldigungsgrund verschafft« (100). Dieses Auch-Du-Argument besteht nun nach Bartley den bisherigen rationalen Positionen gegenüber, die das Selbstverständnis der Wissenschaften bestimmt haben, zu Recht. Denn tatsächlich haben die beiden Hauptformen des neuzeitlichen Rationalismus – der Empirismus und der Intellektualismus – genau diese Struktur: Sie suchen alles Wissen auf letzte Gewißheiten zurückzuführen, die ihrerseits nicht mehr begründbar sind, nämlich entweder auf Sinneswahrnehmungen oder auf unbezweifelbare intellektuelle Evidenzen. Diese beiden Traditionen rationalen Selbstverständnisses beruhen nach Bartley ebenso auf einem irrationalen Ausgangspunkt wie die moderne protestantische Theologie (117 ff.).

Es ist deutlich, daß Bartley hier auf Poppers Aufsatz »On the sources of knowledge and of ignorance« von 1960 fußt.[74] Poppers Gedanke war, daß Empirismus wie Intellektualismus in der Form ihrer Argumentationsstruktur noch dem Offenbarungsmodell der Erkenntnis verhaftet sind, indem sie von einer aus sich selbst gewissen Quelle alles Wissens ausgehen, nur daß diese Quelle nicht

---

74 Bartley bezieht sich mehrfach (16 f. 144 f.) ausdrücklich auf diesen Aufsatz Poppers.

mehr die Bibelautorität ist, sondern die Sinneswahrnehmung oder die »klar und deutlich« erfaßten intellektuellen Gewißheiten. Bartley geht nur einen Schritt weiter. Er zeigt nämlich, daß diese Analogie zwischen den herkömmlichen Spielarten des Rationalismus und der Theologie auch heute noch besteht und die apologetische Absicherung des Glaubensstandpunktes durch die gegenwärtige Theologie ermöglicht, die durch Berufung auf diese Analogie ihres eigenen zu den sonst üblichen Verfahren ihre intellektuelle Integrität darzutun versucht.

Nun ist Bartley mit Popper der Überzeugung, daß Empirismus und Intellektualismus überwunden werden müssen und können durch Poppers Methode der kritischen Prüfung, die sich als Formalisierung alltäglicher Lernvorgänge durch »trial and error« versteht (157). Das Aufstellen und Prüfen von Hypothesen setzt keine letzten Gewißheiten empirischer oder intellektueller Art voraus. Dabei hat Bartley die von Popper als Theorie der naturwissenschaftlichen Erkenntnis entwickelte Auffassung verallgemeinert zum umfassend anwendbaren Programm eines »pankritischen Rationalismus«.[75]

Der pankritische Rationalismus Poppers ist dem Auch-Du-Argument nicht mehr ausgesetzt. Ihm gegenüber trifft es nicht mehr zu, daß der Rationalist selbst einen irrational gewählten Ausgangspunkt bei aller Argumentation schon voraussetzt, es sei denn, man wollte schon die bloße Teilnahme am Argumentieren und Kritisieren samt den darin implizierten logischen Regeln der Verständigung als einen solchen bezeichnen. Es ist das aber ein Boden, auf dem sich jede Erörterung und jeder Streit immer schon bewegt. So gibt es »keine Möglichkeit mehr, sich bei Kritik hinter dem ›Auch du!‹ zu verstecken« (185). Damit ist zugleich entschieden, daß die Theologie, wenn sie sich weiterhin auf ein irrationales Glaubensengagement als letzte Grundlage und stets schon übernommene Voraussetzung ihrer Argumentation zurückzieht, nicht mehr gleichzeitig intellektuelle Integrität für ein solches Verfahren beanspruchen kann.

Die Auseinandersetzung Bartleys mit dem »Auch-Du-Argument«

---

[75] Auch die Aufzählung der vier Prüfungskriterien (Logik, sinnliche Beobachtung, Verhältnis zu anderen wissenschaftlichen Theorien, Verhältnis zur Problemsituation) bei Bartley 171 f. entspricht den Ausführungen in Poppers Logik der Forschung 7 f.; allerdings ersetzt Bartley das Kriterium des »empirischen Charakters« einer Theorie durch das von Popper speziell für philosophische Behauptungen formulierte Kriterium der Angemessenheit an die Problemsituation.

theologischer Apologetik und sein Aufweis des damit verbundenen irrationalen Engagements hat andere Kritiker der Theologie und des Christentums beeinflußt.[76] So ist Hans Albert in seinen theologiekritischen Äußerungen außer von W. Kaufmann[76a] auch von Bartley abhängig. Alberts Argumentation über »Glaube und Wissen« in seinem »Traktat über kritische Vernunft«, 1968, 104–130, führt jedoch in zwei Punkten weiter. Erstens hebt er hervor, daß Theologie »keineswegs ... ein kritisches, sondern in erster Linie ein hermeneutisches Unternehmen« sei (109). Hermeneutik steht also nach Albert im Gegensatz zu Kritik. Auch Bultmanns Theologie der Entmythologisierung gilt ihm als »ein hermeneutisches Unternehmen in apologetischer Absicht«. Das ergibt sich für Albert daraus, daß sie vom Begriff des Kerygma und des Glaubensgehorsams ausgeht (109 f.). Bultmanns Unterscheidung zwischen dem heute veralteten Weltverständnis des Urchristentums und dem auch heute noch übernehmbaren Selbstverständnis der neutestamentlichen Schriftsteller erscheint Albert als ein »hermeneutisches Immunisierungsverfahren für den Teil des christlichen Glaubens, den moderne Theologen angesichts der heute vorliegenden Kritik unter allen Umständen retten möchten« (113).

Hermeneutische Verfahren haben für Albert nicht nur in den Händen von Theologen, sondern durchweg theologischen Charakter, sofern es dabei immer darum geht, einen vorgegebenen »Text« auszulegen und nicht etwa kritisch zu destruieren. Daher verdächtigt Albert auch die außertheologischen Verfechter einer hermeneutischen Theorie in den Geistes- oder Sozialwissenschaften pauschal einer kryptotheologischen Einstellung. Im Hintergrund steht auch hier wieder Poppers Hinweis auf das Offenbarungsmodell, das die gemeinsame Basis der beiden maßgeblich gewordenen neuzeitlichen Auffassungen der Erkenntnis, des Empirismus und des Intellektualismus, bilde. Albert findet jedoch dieses Erkenntnismodell ganz besonders im hermeneutischen Umgang mit Überlieferung ausgeprägt und wendet sich daher gegen die hermeneutische Methode im allgemeinen wie auch gegen die hermeneutische Theologie im besonderen, um beiden Poppers Prinzip der kritischen Prüfung entgegenzuhalten (35 ff.). Der scharfen Klinge seiner Polemik fallen dabei gelegentlich nicht nur die Gegner, sondern auch die Regeln der Fair-

---

76 Z. B. *J. Kahl*: Das Elend des Christentums, 1968, 96 und 102 f.
76a *W. Kaufmann*: Religion und Philosophie, 1966.

ness zum Opfer. So wird gegen Bultmann der Vorwurf erhoben, er verlange von seinem Leser die Aufgabe »der« kritischen Methode, »und zwar nur deshalb, weil uns Glaubensbestände in unserer Tradition überliefert wurden, die sonst über Bord gehen müßten, obwohl sie uns ans Herz gewachsen sein mögen« (114). So billig brauchte man sich die Kritik sogar gegenüber Theologen nicht zu machen, zumal Albert doch auch sachlich gewichtige Argumente zur Hand hat: Bultmanns Trennung von Welt- und Selbstverständnis ist in der Tat wenig überzeugend.[77] Aber Bultmann brauchte sich dabei keines Verstoßes gegen die Regeln der historisch-kritischen Methode bewußt zu sein, der einzigen »kritischen Methode«, der er sich verpflichtet wußte. Es gibt keinerlei Anhaltspunkte dafür, ihm mit Albert zu unterstellen, er sei bereit gewesen, »die Spielregeln zu opfern, weil es seinen Lieblingsüberzeugungen an den Kragen geht« (115). Daß die wissenschaftliche Integrität Bultmanns über solche Vorwürfe erhaben ist, sollte man gerade auch dann festhalten, wenn man sein Verfahren als sachlich unzureichend beurteilt.

Das zweite theologiekritische Argument Alberts bezieht sich auf die Debatte um den Gottesgedanken. Albert wirft der Theologie vor, sie versuche den Gottesgedanken durch eine »Immunisierungsstrategie« zu retten. Während nämlich bis zu Beginn der Neuzeit der Gottesbegriff eine »erklärungsrelevante Komponente einer Kosmologie« war (116), ist er in dieser Funktion durch die moderne Naturwissenschaft überflüssig geworden. Statt aber »den Glauben an die Existenz von Wesenheiten, die nur in gescheiterten und überwundenen Theorien eine wesentliche Rolle« spielten (117), aufzugeben, versuche die Theologie, den Gottesbegriff so zu ändern, daß er durch den Wandel des Weltverständnisses nicht mehr betroffen ist. Insbesondere geht es dabei um die »These von der Nicht-Objektivierbarkeit Gottes«, die den Gottesgedanken faktisch auf »moralische und rhetorische Funktionen« beschränkt (119), da das Moment des Fürwahrhaltens aus dem Glaubensbegriff ausgeschlossen werde. Dieser speziellen Argumentation Alberts muß man m. E. weitgehend zustimmen. Doch ist die allgemeine Voraussetzung, daß mit der theologisch begründeten Kosmologie des Mittelalters auch der Gottesbegriff selbst fallen müsse, unberechtigt. Albert wendet hier die

---

77 Siehe dazu auch die in meinem Aufsatz: »Über historische und theologische Hermeneutik« in: Grundfragen systematischer Theologie, 1967, 131 f. geübte Kritik an Bultmann.

These Poppers an, daß eine bereits falsifizierte Theorie nicht *ad hoc* geändert werden darf, um sie der Widerlegung zu entziehen (conventional stratagem oder conventional twist). Es wird sich noch zeigen, daß diese Forderung sogar in den Naturwissenschaften nicht so rigoros befolgt wird, wie Popper sie aufgestellt hat, und daß sie jedenfalls nicht unbesehen auf die historischen Wissenschaften übertragbar ist. Doch sogar bei Popper selbst schließt dieses Prinzip nicht aus, daß Elemente der alten Theorie, also in dem Beispiel Alberts der Gottesgedanke, in eine neue Theorie eingehen können, vorausgesetzt, daß diese sich wiederum einer möglichen Falsifikation aussetzt und nicht zum Zweck der Immunisierung gegen Kritik überhaupt entwickelt worden ist. Bei der These der Nichtobjektivierbarkeit Gottes mag man vermuten, daß hier das Streben nach Immunisierung des Gottesgedankens gegen Kritik eine maßgebende Rolle gespielt hat, obwohl der These auch andere, rein theoretische Gesichtspunkte aus der Sicht des philosophischen Kantianismus zugrunde lagen. Daraus ergibt sich jedoch auch im Sinne der Popperschen Wissenschaftstheorie noch keineswegs die Unbrauchbarkeit des Gottesgedankens überhaupt. Alberts Forderung nach einer vollständigen Aufgabe des Gottesgedankens ist daher nur als Ausdruck eines antitheologischen Ressentiments verständlich. Aus den Prinzipien seines kritischen Rationalismus ist sie nicht zu begründen.[77a]

Aber ist die Theologie überhaupt an den in der »Logik der Forschung« entwickelten Maßstäben zu messen? Haben wir es dabei mit gültigen Kriterien für wissenschaftliche Aussagen aller Art zu tun? Die »Logik der Forschung« wurde zunächst am Modell der Naturwissenschaften entwickelt. Werden die Verfahrensweisen der Naturwissenschaften durch ihre Grundsätze einwandfrei beschrieben? Und wenn das in hinreichendem Maße der Fall ist, läßt sich dann die Forderung der kritischen Prüfung durch Falsifikation im Sinne der Idealvorstellung einer Einheit der wissenschaftlichen Methode in allen Disziplinen ohne weiteres auf andere Wissenschaften übertragen? In diesem Sinne hat zweifellos Popper selbst seinen Entwurf verstanden, und in Übereinstimmung damit haben Bartley und vor allem Albert mit Hilfe von Poppers Falsifikationskriterium

---

77 a Zur Auseinandersetzung mit H. Albert von theologischer Seite erschien nach Abschluß des Manuskriptes zum vorliegenden Buch die Schrift von *G. Ebeling*: Kritischer Rationalismus? Zu Hans Alberts »Traktat über kritische Vernunft«, Tübingen 1973.

eine einheitliche Theorie des Wissens überhaupt zu entwickeln gesucht. Falls dieses Verfahren berechtigt ist, wäre auch die Frage der Wissenschaftlichkeit theologischer Aussagen danach zu entscheiden, ob sie den von Popper aufgestellten Kriterien genügen, also z. B. Voraussagen gestatten, deren Überprüfung ihre Falsifikation erlauben würde. Aber sind die Postulate Poppers tatsächlich als für alles Wissen verbindliche Kriterien zu beurteilen? Hält ein solcher Anspruch seinerseits der Nachprüfung stand?

5. Die Möglichkeit der Falsifikation

Karl Popper hatte sich das Problem gestellt, wie Behauptungen allgemeiner Regeln, wie sie von den Naturwissenschaften, aber auch von anderen Gesetzeswissenschaften formuliert werden, bewiesen oder jedenfalls hinreichend erhärtet werden können. Der Induktionsschluß kann das nicht leisten, weil eine allgemeine Regel sich immer auf eine unendliche Anzahl von Fällen bezieht, von denen aber stets nur einige bekannt sind. Die Verallgemeinerung entbehrt daher durchweg absoluter Sicherheit. Eben deshalb ist eine strenge Verifikation allgemeiner Gesetzesbehauptungen durch Erfahrung nicht möglich. Dagegen ist es umgekehrt möglich, solche allgemeinen Regelbehauptungen zu widerlegen; denn dazu genügt bereits ein einziger von der behaupteten Regel eindeutig abweichender Fall.
R. Carnap hat schon 1934 Poppers Kritik am Verifikationsprinzip akzeptiert.[78] Doch lehnte er Poppers Falsifikationskriterium ebenfalls als unzureichend ab, weil den einer Hypothese widersprechenden Beobachtungssätzen (Protokollsätzen) die Anerkennung versagt werden könne. Deshalb begnügte er sich mit der weit gefaßten, später genauer ausgearbeiteten Forderung einer »Nachprüfung« und »Bestätigung«. Die Bestätigung einer Gesetzeshypothese durch Beobachtungen könne je nach deren Anzahl zwar graduell wachsen, aber niemals endgültig sein.[79]
Die Anwendbarkeit des Falsifikationskriteriums hängt in der Tat daran, daß eindeutig und unabweisbar ein der Gesetzeshypothese entgegenstehender Beobachtungssatz vorliegt. Der wissenschaftstheoretische Status solcher Sätze ist jedoch bis heute umstritten. Car-

---

[78] R. Carnap: Logische Syntax der Sprache (1934) 2. Aufl. 1968, 249 f.
[79] ebd. 246.

nap hatte sie mit Neurath als »Protokollsätze« bezeichnet, die den Inhalt von Beobachtungen protokollieren. Nach Popper geben solche Sätze aber immer schon mehr als den nackten Wahrnehmungsinhalt wieder. Es gibt keinen derartigen Satz, »der nicht über das, was wir ›auf Grund unmittelbarer Erlebnisse‹ sicher wissen können, weit hinausgeht«.[80] Das liegt daran, daß jeder Satz allgemeine Begriffe oder Zeichen, Universalien, verwendet. Auch ein Protokollsatz wie »dieser Tisch hier ist weiß« muß sich zur Beschreibung der Beobachtung, die er wiedergibt, allgemeiner Ausdrücke bedienen. Daher hat jeder Satz bereits »den Charakter einer Theorie, einer Hypothese«.[81] Während aber sonst Hypothesen zumindest prinzipiell durch Rekurs auf Beobachtungen entscheidbar sind, ist das bei der einfachen sprachlichen Beschreibung von Beobachtungen nicht ohne weiteres der Fall, weil die Beobachtungen selbst wieder nur in Sätzen erfaßbar sind. Deshalb nahm Carnap solche Beobachtungssätze als letzte, nicht weiter zurückführbare Grundlagen aller wissenschaftlichen Theoriebildung an. Popper will das nicht für *bestimmte* Beobachtungssätze gelten lassen, da diese durch andere Beobachtungen korrigiert werden können. Dennoch hat die *Klasse* der Beobachtungssätze gegenüber allgemeineren Hypothesen bei ihm eine ähnliche Funktion. Dabei spricht Popper von Basissätzen statt von Protokollsätzen, um die Verwicklung in die Probleme der Wahrnehmungspsychologie zu vermeiden. Basissätze beziehen sich nur auf den in der Wahrnehmung gegebenen »physikalischen Körper«.[82] Sie haben »die Form singulärer Es-gibt-Sätze«[83] und »müssen durch ›Beobachtung‹ intersubjektiv nachprüfbar sein«.[84] Wie aber kann ein Basissatz durch Beobachtungen »intersubjektiv nachprüfbar« sein, wenn solche Beobachtungen wiederum nur wissenschaftlich relevant werden, sofern sie ihrerseits in Basissätzen formuliert sind, an die dieselbe Forderung zu richten wäre? Hinter die Basissätze kann eine intersubjektiv kontrollier-

---

80 Logik der Forschung 61.
81 ebd.
82 Conjectures and Refutations 267.
83 Logik der Forschung 68. Darin unterscheiden sich die Basissätze nicht nur von generellen Behauptungen, sondern auch von »singulären Es-gibt-nicht-Sätzen, die eine andere Form haben« (67).
84 ebd. A. Wellmer: Methodologie als Erkenntnistheorie. Zur Wissenschaftslehre Karl Poppers, 1967, stellt also mit Recht fest, daß Popper »letztlich ebenso wie die Positivisten den der experimentellen Methode korrespondierenden Begriff der Erfahrung und der empirischen Überprüfbarkeit zu exklusiver Geltung bringen wollte« (29).

bare Nachprüfung offenbar nicht mehr zurückgehen, es sei denn auf andere Basissätze, und auch dann wird man irgendwo wieder bei Basissätzen stehenbleiben. Diese werden nach Popper wie nach Carnap letzten Endes »durch Beschluß, durch Konvention anerkannt, sie sind *Festsetzungen*«.[85] Daß Popper den darin liegenden »Dogmatismus« für »harmlos« erklärt[86], dürfte eine Unterschätzung der an dieser Stelle bestehenden Problematik erkennen lassen, die zu gewichtigen Einwänden gegen das Falsifikationsprinzip Anlaß gegeben hat, da sich nicht ausschließen läßt, daß einem der Hypothese entgegenstehenden Basissatz die Zustimmung versagt wird. Das war, wie schon erwähnt, der erste und grundlegende Einwand Carnaps gegen das Falsifikationskriterium, und von der Bedeutung dieses Einwandes in der Praxis der naturwissenschaftlichen Forschung wird noch zu reden sein.

Unter einem anderen Gesichtspunkt hat C. F. v. Weizsäcker kürzlich die Annahme eines »tiefgreifenden Gewißheitsunterschiedes zwischen Verifikation und Falsifikation« bestritten.[87] Die Kritik v. Weizsäckers geht ebenfalls von der Problematik der Basissätze aus, aber an einem anderen Punkt. Daß jeder Basissatz, der einen beobachtbaren singulären Sachverhalt ausspricht, sich allgemeiner *Begriffe* bedienen muß, hat Popper selbst betont. Darin aber, sagt v. Weizsäcker, sind immer auch schon allgemeine *Sätze* impliziert. So setzt in Poppers Beispiel: »dieser Tisch hier ist weiß«, die Eigenschaft »weiß« den Begriff der Farbe voraus, und zwar entweder als Gattung, so daß auch der Satz: »Weiß ist eine Farbe« vorausgesetzt wäre, oder als negierte Gattung, wobei der Satz: »Weiß ist keine Farbe, sondern etwas anderes (z. B. allgemeine Eigenschaft des Lichtes)« vorausgesetzt wäre.[88] Dazu stellt v. Weizsäcker fest, »daß

---

85 Logik der Forschung 71.
86 ebd. 70.
87 *C. F. v. Weizsäcker*: Die Einheit der Natur, 1971, 124.
88 Siehe auch die Feststellung von Wellmer 133 f., daß die Forderung der Wiederholbarkeit, die in der der Beobachtbarkeit des Inhalts »singulärer Es-gibt-Sätze« liegt, »eine generelle Hypothese, eine kausale Interpretation« involviert, so daß die Formulierung eines relevanten Basissatzes eine solche generelle Hypothese immer schon voraussetzt und »selbst nur das Rudiment einer generellen Hypothese« ist (134). Wellmers darauf gegründetes Argument der »Unvereinbarkeit« (134) einer Kontrollfunktion singulärer Sachverhalte mit der Reproduzierbarkeitsforderung (134 f.) überzeugt indessen nicht, da die letztere ja nur durch Produktion (und Feststellung) eines »singulären Sachverhalts« eingelöst werden kann. Popper könnte gegen Wellmers Kritik mit Recht darauf hinweisen, daß Individuelles und Allgemeines in singulären Sachverhalten immer schon ineinander-

Vom Positivismus zum kritischen Rationalismus 55

keine Falsifikation glaubwürdiger sein kann als die allgemeinen Sätze, die sie selbst unfalsifiziert voraussetzt«.[89] Daher läßt er Poppers These wohl als »Beschreibung« des empirischen Verfahrens gelten: »In der Tat arbeiten wir mit Hypothesen bis zur Falsifikation.«[90] Aber eine prinzipielle Rechtfertigung dieses Verfahrens werde nicht erreicht, da »der Anschein eines tiefgreifenden Gewißheitsunterschiedes zwischen Verifikation und Falsifikation« mit der Tatsache, daß immer schon andere allgemeine Sätze vorausgesetzt sind, hinfällig wird.[91] Daher versucht v. Weizsäcker, die Einheit der Wissenschaft und die Gültigkeit ihrer Sätze auf anderem Wege, nämlich im Rückgriff auf Kant, zu begründen durch eine Theorie der Bedingungen der Erfahrung.[92] Die Kritik v. Weizsäckers an Popper vermag jedoch nicht voll zu überzeugen. Der Gewißheitsunterschied zwischen Falsifikation und Verifikation bei der Prüfung von Gesetzeshypothesen dürfte unabhängig von der Tatsache bestehen, daß die zur Falsifikation beanspruchten Basissätze ihrerseits schon andere, allgemeine Sätze voraussetzen. Solche Relativität der Basissätze erschwert zwar eine Einigung darüber, ob durch eine bestimmte Beobachtung eine gegebene Hypothese falsifiziert ist oder nicht, ändert aber nichts daran, daß im Falle einer Einigung über diese Frage ein einziges klares Gegenbeispiel zu einer Gesetzeshypo-

---

liegen. Daher ist auch Wellmers weitere These nicht stichhaltig, »daß ›singuläre‹ Sätze ... als ›Basissätze‹ ungeeignet sind«, weil es dann »schon wenige Augenblicke nach dem Ende eines Experiments ... im allgemeinen unmöglich wäre, einen Basissatz seinerseits experimentell zu überprüfen« (137). Mit Recht wäre dagegen zu beanstanden, daß Popper durch die Forderung der Beobachtbarkeit die Implikationen der Singularität von Basissätzen so weit vernachlässigen kann, daß er die Frage, »ob es nichtwiederholbare, einzigartige Vorgänge gibt«, als »metaphysisch« und innerhalb der Wissenschaft grundsätzlich nicht entscheidbar beurteilen kann (Logik der Forschung 20), statt sich auf die Verbindung von einzigartigen und typischen Momenten im Phänomen des Singulären zu berufen. Poppers Täuschung darüber, daß sogar die Gesetzeswissenschaften durch ihre Basissätze auf Singuläres und damit implizit auch auf dessen einzigartige oder einmalige Momente bezogen sind, mag zu seiner Verengung des Wissenschaftsbegriffs auf Gesetzeserkenntnis beigetragen haben. Darauf ist noch zurückzukommen.
89 v. Weizsäcker a. a. O. 124, cf. 218.
90 ebd. 123.
91 Man vergleiche dazu auch v. Weizsäckers allgemeinere Auffassungen über den »Zirkel« in einer Erkenntnis, wie sie z. B. in seinem Aufsatz: »Das Verhältnis der Quantenmechanik zur Philosophie Kants«, in: Zum Weltbild der Physik, 1963, 80 ff. bes. 111 zum Ausdruck kommen.
92 Einheit der Natur 219 ff., cf. auch 217: »Wer ... analysieren könnte, unter welchen Bedingungen die Erfahrung überhaupt möglich ist, der müßte zeigen können, daß aus diesen Bedingungen bereits alle allgemeinen Gesetze der Physik folgen.«

these deren Geltungsanspruch entkräftet, während umgekehrt alle positiven Bestätigungen nur vorläufige Bedeutung haben können.[93] Die Tragweite des Hinweises v. Weizsäckers darauf, daß Basissätze nicht nur allgemeine Begriffe, sondern auch allgemeine Sätze voraussetzen, ist sicherlich nicht zu unterschätzen. Im Prinzip hat aber auch Popper das in der Formulierung von Basissätzen beschlossene Element des Konventionalismus erkannt. Der Hinweis v. Weizsäckers geht insofern nicht grundsätzlich darüber hinaus, als die im Basissatz vorausgesetzten allgemeinen Sätze als Entfaltung der Implikationen der in ihnen benutzten Allgemeinbegriffe zu verstehen sind. Deren Wahl hat Popper ausdrücklich als Sache einer Konvention, einer Übereinkunft unter den kompetenten Beurteilern, bezeichnet. Dieser Konventionalismus dürfte der Geschichtlichkeit der naturwissenschaftlichen Begriffsbildung besser gerecht werden als v. Weizsäckers Rückgang auf transzendentale Bedingungen der Erfahrung überhaupt. Allerdings mag man bezweifeln, ob Popper sich die volle Tragweite des fraglichen Sachverhaltes deutlich gemacht hat. Wenn Basissätze mit ihrer allgemeinen Begriffssprache zugleich auch allgemeine Sätze voraussetzen, so bedeutet das, daß ihre Formulierung bereits ganze theoretische Perspektiven impliziert. So hat Lavoisier »Sauerstoff gesehen, wo Priestley entphlogistizierte Luft und andere überhaupt nichts gesehen hatten«.[94]

Die Abgrenzung naturwissenschaftlicher von »metaphysischen« Behauptungen durch Bezugnahme auf Beobachtungen wird von solchen Erwägungen her problematisch. Wenn nämlich die Begrifflichkeit, die Sprache, in der eine Erfahrung beschrieben wird, Sache der

---

93 Diese von Popper immer wieder betonte »Asymmetrie« von Falsifikation und Verifikation bei der Prüfung von Gesetzeshypothesen wird auch von R. Carnap trotz seiner Ablehnung einer Falsifikation »im strengen Sinne« (Logische Syntax der Sprache 246) anerkannt. In seiner »Einführung in die Philosophie der Naturwissenschaft« (engl. 1966) 1969 hebt Carnap die Einfachheit der Falsifikation hervor. »Man braucht ja nur ein einziges Gegenbeispiel zu finden. Das Wissen von einem Gegenbeispiel kann unsicher sein. Man kann einen Beobachtungsfehler gemacht [haben] oder irgendwie getäuscht worden sein. Aber wenn man annimmt, daß das Gegenbeispiel eine Tatsache ist, dann folgt die Negation des Gesetzes sofort« (29). »Millionen positiver Fälle genügen nicht, das Gesetz zu verifizieren; ein Gegenbeispiel genügt, um es zu falsifizieren. Die Situation ist stark asymmetrisch« (30).
94 *T. S. Kuhn*: Die Struktur wissenschaftlicher Revolutionen (engl. 1962) 1967, 160. Interessant sind in diesem Zusammenhang auch die skeptischen Bemerkungen Kuhns 169 zur Möglichkeit einer neutralen Beobachtersprache, sowie die Feststellung 173, daß die Ausarbeitung einer »reinen Beobachtungssprache« erst nach Festlegung der Erfahrung auf eine bestimmte Theorie möglich ist.

Konvention ist, dann gibt es keinen durchschlagenden Grund mehr, z. B. den Gottesbegriff von vornherein aus dem Kreis zulässiger Sprachmöglichkeiten auszuschließen. Für die Israeliten aber dürfte der Satz, daß Gott sie beim Durchzug durch das Schilfmeer vor ihren ägyptischen Verfolgern gerettet habe, durchaus Beschreibung einer unmittelbaren Erfahrungssituation und nicht eine davon abzuhebende sekundäre Interpretation gewesen sein. Das Wort »Gott« wäre dann in diesem Zusammenhang als Bestandteil eines »singulären Es-gibt-Satzes«, eines Basissatzes, aufzufassen. An dieser Stelle wird Poppers Bemühen um Abgrenzung naturwissenschaftlicher von »metaphysischen« Aussagen durch sein Falsifikationskriterium fragwürdig. Denn durch die Sprache, derer die Formulierung von Basissätzen bedarf, bleibt die Naturwissenschaft nicht nur in der Psychologie des einzelnen Forschers, sondern auch mit der Logik ihrer Aussagen verwurzelt in Weltansichten letztlich philosophischen oder religiösen Charakters. Die Fähigkeit zur Korrektur durch Erfahrung ist durch diese Feststellung allerdings nicht ausgeschlossen; es ist vielmehr zu betonen, daß diese Fähigkeit auch philosophischem und religiösem Weltverständnis eigen sein muß, solange es lebendig bleibt und nicht dogmatisch erstarrt.

Die Abhängigkeit der sprachlichen Form von Basissätzen von einer umfassenden Erfahrungsperspektive, die sich in ihrer Formulierung ausdrückt, bestärkt die Auffassung, daß in wissenschaftlichen Auseinandersetzungen nicht nur einzelne Hypothesen, sondern ganze Theoriezusammenhänge zur Diskussion stehen. Diese Auffassung ergibt sich schon daraus, daß eine einzelne Hypothese »im allgemeinen« nur in Verbindung mit anderen Hypothesen zu Schlußfolgerungen führt, die für ihre eindeutige Überprüfung geeignet sind. Daher »*betrifft die Nachprüfung* im Grund nicht nur eine einzelne Hypothese, *sondern das ganze System der Physik als ein Hypothesensystem*«[95], jedenfalls einen jeweils bestimmten Systementwurf der Physik. Dieser bestimmt aber auch schon die Beobachtungen selbst bzw. die Sprache, in der sie wiedergegeben werden. Die empirische Kontrolle von Hypothesen vollzieht sich dabei nicht auf dem Boden theorieneutraler Beobachtungen, sondern normaler-

---

95 *R. Carnap,* Logische Syntax der Sprache, 1934, 246, unter Berufung auf Duhem und Poincaré. Hervorhebungen von Carnap. Auch Popper stimmt dieser Auffassung von Duhem ausdrücklich zu (The Poverty of Historicism (1957) Harper Torchbook 1964, 132 Anm., sowie Logik der Forschung 47 Anm. 1).

weise im Zusammenhang des von Kuhn als »Paradigmapräzisierung« bezeichneten Verfahrens[96], also der Ausarbeitung eines Theorieentwurfes durch »Lösung einer Vielzahl umfangreicher instrumentaler, begrifflicher und mathematischer Rätsel«, die bei der Anwendung einer als Paradigma der Naturerklärung fungierenden Theorie auf neue Sachbereiche auftreten, im Ausnahmefall auch als Auseinandersetzung konkurrierender theoretischer Modelle um »anomale« Phänomene (79 ff.). Dabei kann mit Ausnahme rein instrumentaler Probleme »jedes von der normalen Wissenschaft für ein Rätsel gehaltene Problem von einem anderen Standpunkt aus als Gegenbeispiel betrachtet werden, und damit auch als Ursache für eine Krise« (113), die, wenn sie allgemein wahrgenommen wird, den Boden für einen Wechsel der als Paradigma geltenden Theorie vorbereitet. Aus dieser Sicht wendet sich Kuhn gegen die »Schablone der Falsifikation durch unmittelbaren Vergleich mit der Natur« (110). Die Entscheidung gegen ein theoretisches Paradigma sei immer zugleich Entscheidung für ein anderes, so daß das Urteil über eine Anomalie immer »den Vergleich beider Paradigmata mit der Natur *und* untereinander« beinhalte (111). Kuhn gibt zwar die Ähnlichkeit des Auftretens von »anomalen Erfahrungen« mit einer Falsifikation im Sinne Poppers zu (194), bestreitet aber gerade, daß das Auftreten anomaler Erfahrungen immer schon Falsifizierung bedeute: »Wenn jeder einzelne Fehlschlag bei der Anpassung ein Grund für die Ablehnung einer Theorie wäre, müßten alle Theorien allezeit abgelehnt werden« (194). In Wirklichkeit bestehe die gewöhnliche Reaktion auf Anomalien gerade in dem von Popper als »conventional twist« oder »Immunisierungsstrategie« abgelehnten Verfahren, bei dem die Verteidiger eines paradigmatischen Erklärungsmodells »sich zahlreiche Präzisierungen und *ad-hoc*-Modifizierungen ihrer Theorie ausdenken, um jeden scheinbaren Konflikt zu eliminieren« (111). Dieses Verfahren unterscheidet sich nicht grundsätzlich von der Präzisierung und Verfeinerung einer paradigmatischen Theorie im Vollzuge ihrer Anwendung, solange die »Anomalie« als ein bloßes, im Zusammenhang der bestehenden Theorie prinzipiell lösbares »Rätsel« aufgefaßt wird. Als Falsifikation bis-

---

96 Siehe zu diesem Begriff *T. S. Kuhn*: Die Struktur wissenschaftlicher Revolutionen, 1967, 59, zur Sache auch das ganze Kapitel IV: »Normale Wissenschaft als das Lösen von Rätseln« (58 ff.). Die folgenden Seitenangaben im Text beziehen sich auf dieses Werk.

her akzeptierter Theorien wird eine Anomalie nicht schon bei ihrem Auftauchen erkannt, sondern erst nachträglich, nach dem »Triumph eines neuen Paradigma über das alte« (195).
Durch Kuhns eindringliche Beschreibung der Vorgänge bei wissenschaftlichen Revolutionen wird die Illusion einer jederzeit eindeutigen Anwendbarkeit des Popperschen Falsifikationskriteriums zerstört. Ob eine bestehende Anomalie eine Gesetzeshypothese falsifiziert oder lediglich ein im weiteren Prozeß ihrer Anwendung noch zu lösendes Rätsel darstellt, wird als eine Frage erkennbar, die nicht unverzüglich nach dem Ausgang eines einzigen Experimentes entschieden wird, sondern Gegenstand eines oft langwierigen Prozesses wissenschaftlicher Diskussion ist. Damit ist jedoch nicht die entscheidende Bedeutung des Kriteriums der Falsifikation selbst bestritten. Vielmehr wird der Prozeß der wissenschaftlichen Diskussion erst im Hinblick darauf verständlich, daß eine Anomalie sich als Falsifikation bisheriger Annahmen herausstellen *könnte*, statt ein lösbares und vielleicht bald gelöstes Rätsel zu bilden. Die Untersuchung Kuhns läßt sich daher geradezu als ein Beitrag zur Präzisierung des Anwendungsbereichs und zur Prozessualisierung der Anwendungsweise der Popperschen Falsifikationstheorie verstehen. Leider verwischt er dabei jedoch die Sonderstellung der Falsifikation im Zusammenhang der allgemeinen Aufgabe einer vergleichenden Prüfung der »Fähigkeit verschiedener Theorien, das vorhandene Beweismaterial zu erklären« (192 f.). Diese Formel, mit der Kuhn den nach Preisgabe der strengen Verifikationsforderung verbleibenden weiteren Sinn von Verifikation im Sinne der Carnapschen Bestätigungsforderung angibt (193), geht nämlich in ihrer Allgemeinheit über die besondere Problematik der Prüfung von Gesetzesaussagen weit hinaus. Sie gilt ebenso als Maßstab für die Überprüfung hermeneutischer Modelle in historischer oder literarischer Interpretation. Dagegen gibt das Falsifikationskriterium die Besonderheit des Maßstabes an, auf den sich eine Prüfung von Gesetzeshypothesen beziehen muß. Während die Diskussion über die Bewährung von Hypothesen durch ihre Fruchtbarkeit in der Erklärung des vorhandenen Beweismaterials auch dann nicht abschließbar ist, wenn man sich darüber einig wird, daß eine Hypothese bis jetzt gut bewährt ist, kann die Diskussion über eine Gesetzeshypothese in dem Augenblick abgeschlossen werden, wo Einigkeit darüber besteht, daß eine ihr entgegenstehende »Ano-

malie« tatsächlich als Gegenbeispiel beurteilt werden muß und also die Hypothese falsifiziert. Wenn auch die Diskussion darüber vielleicht später unter anderen Gesichtspunkten wieder aufgenommen werden mag, so ist die Falsifikation einer Hypothese eben doch, solange die erwähnte Übereinstimmung besteht, definitiv entschieden, was sich umgekehrt von der »Bewährung« einer paradigmatischen Theorie nie im Hinblick auf ihren logischen Status, sondern allenfalls in bezug auf ihr soziales Ansehen behaupten läßt.

6. Strukturwissenschaft und Geschichte

Die Bestrebungen des logischen Positivismus richteten sich auf eine einheitliche Logik der Wissenschaft, nicht nur auf eine spezielle Methodologie der Naturwissenschaften. Dieses Ideal der »Einheitswissenschaft« bestimmt auch das Denken Poppers. Er bekennt sich ausdrücklich zur »unity of method«: Das bedeutet, daß »all theoretical or generalizing sciences make use of the same method, whether they are natural sciences or social sciences«.[97] Popper dehnt diese These sogar auf die historischen Disziplinen aus, trotz einer von ihm zugestandenen »fundamental distinction between theoretical and historical sciences«. Diese Differenz liege nämlich nicht in der *Methode,* sondern im *Interesse:* »It is the distinction between the interest in universal laws and the interest in particular facts.« Bei dieser Charakteristik der Historie mußte Popper sich bereits des Vorwurfs, daß sie altmodisch sei, erwehren, und in der Tat hat sich das Interesse der neueren historischen Grundlagendiskussion zum großen Teil auf die Bedeutung des Typischen, gesetzlich Regelhaften in der Geschichte konzentriert.[98]

Dabei ist die Diskussion über die Bedeutung gesetzlicher oder typischer Strukturen in der Historie nicht unwesentlich von den Gedanken Poppers beeinflußt worden, besonders durch einen Aufsatz von

---

[97] The Poverty of Historicism (1957) 1964, 130. Die folgenden Zitate finden sich auf Seite 143.
[98] Daher urteilt z. B. R. Wittram, die Position Poppers entspreche »nicht mehr ganz dem Meinungsstand in der modernen Geschichtswissenschaft, die sich durch ihr ›Interesse für tatsächliche, singuläre, spezifische Ereignisse . . . nicht als ausreichend charakterisiert ansieht« (Anspruch und Fragwürdigkeit der Geschichte, Göttingen 1969, 108). Siehe schon Wittrams Buch: Das Interesse an der Geschichte, 1958, 54 und ff.

C. G. Hempel.[99] Popper ist nämlich der Meinung, daß der Historiker auch dann, wenn sein *Interesse* der Erklärung *besonderer* Ereignisse gilt, allgemeine Gesetze voraussetzen und in Anspruch nehmen muß, auch wenn sie in der erzählenden Form historischer Darstellung nur *stillschweigend* vorausgesetzt werden: »a singular event is the cause of another singular event – which is its effect – only relative to some universal laws«.[100] Dabei handle es sich in erster Linie um soziologische, aber auch um vorwissenschaftliche soziologische Modelle, die der Historiker schon implizit in seiner Terminologie voraussetze. Die Historie erscheint damit als eine angewandte Gesetzeswissenschaft und wird so in das Konzept der Einheitswissenschaft einbezogen.

Diese Thesen sind durch den schon erwähnten Aufsatz Hempels in der englischen und amerikanischen Literatur zur historischen Methodologie Gegenstand einer intensiven und weitverzweigten Debatte geworden, von der A. C. Danto sagt, daß »almost everything since published on the topic has been structured by Hempel's original formulation, whether writers agree with him or not«.[101] Dabei dominiert das Bemühen, gegenüber der Vereinnahmung der Historie durch die Gesetzeswissenschaften die Eigenart historischer Erklärung individueller Prozesse herauszuarbeiten, während in der deutschen Diskussion umgekehrt gegenüber der seit dem Historismus fast ungebrochen vorherrschenden Betonung des Individuellen als Gegenstand der Historie und ihres »ideographischen« Charakters[102] die Herausarbeitung des Typischen, Strukturellen und die vergleichende Betrachtung als zumindest gleichberechtigtes Interesse historischer Forschung und Darstellung hervorgehoben wird.[103] Allerdings wird

---

99 *C. G. Hempel*: The Function of General Laws in History, in: Journal of Philosophy 39, 1942.
100 The Poverty of Historicism, 145.
101 *A. C. Danto*: Analytical Philosophy of History (1965), Cambridge 1968, 308.
102 Der Begriff »ideographisch« ist bekanntlich von W. Windelband: Geschichte und Naturwissenschaft, 1894 geprägt und den »nomothetischen« Wissenschaften gegenübergestellt worden. Die Unterscheidung Windelbands ist von H. Rickert in seinem für lange Zeit grundlegenden Buch: Die Grenzen der naturwissenschaftlichen Begriffsbildung, 1902 systematisch weitergeführt worden, wobei der Begriff der Individualität mit dem der Kulturwerte, auf die sich das »wertbeziehende« Verfahren des Historikers richtet, verbunden wurde.
103 Siehe etwa die Ausführungen von Th. Schieder, der in mehreren Arbeiten die Bedeutung des Typischen für die historische Erkenntnis herausgestellt hat, über den »Gegenstand der Geschichte« in seinem Buch: Geschichte als Wissenschaft, 1965, 14 ff. Mit der These, Gegenstand der Geschichte sei »die Geschichte der großen menschlichen Gemeinschaftsgebilde und der in ihnen wirksamen, Geschichte gestaltenden Menschen« (20), will

dabei der Begriff des Typischen nicht im naturgesetzlichen Sinne gefaßt. Seine Betonung kann sogar mit der Ablehnung einer Annahme von Gesetzen in der Geschichte verbunden sein. Gerade deshalb wäre jedoch eine genauere Klärung des Verhältnisses von Typus und Naturgesetz notwendig. Dafür lassen sich in der englischen und amerikanischen Diskussion zum Verhältnis von naturgesetzlicher und historischer Erklärung wichtige Ansätze finden.

Gegen Hempel und die ihm folgenden Autoren wie A. Donagan hat besonders William Dray[104] die früher von M. Oakeshott verfochtene Auffassung bekräftigt, daß alle historischen Aussagen sich auf zusammenhängende Abfolgen (continuous series) individueller Ereignisse beziehen[105] ohne Rücksicht auf gesetzliche Regularitäten. Von den vermittelnden Lösungsvorschlägen hat besonders der von M. Scriven[106] Beachtung gefunden, wonach Gesetze in der Geschichte zwar nicht als Prämisse deduktiver Erklärung fungieren, aber doch als Element bei der »Rechtfertigung« der Erklärung eines historischen Vorgangs durch Erzählung seines Hergangs.[107] Diesen Gedanken hat A. C. Danto in seiner »Analytical Philosophy of History« (1965) weiterentwickelt. Danach setzt die Subsumption eines Ereignisses unter ein allgemeines Gesetz bereits eine *allgemeine* Beschreibung des Ereignisses voraus, die ihrerseits schon auf seiner »historischen Erklärung« als Glied eines Erzählungszusammenhangs beruht.[108] Im Unterschied zur *Erzählungsfolge* vermöge jedoch ein allgemeines Gesetz den Ausgangspunkt nicht mit dem konkreten Endpunkt des Geschehens zu verbinden, sondern nur mit der *allgemeinen Klasse* von Ereignissen, zu denen jener gehört.[109]

Schieder ausdrücklich den Gegensatz zwischen der Frage nach Gesetzmäßigkeiten in der Geschichte und der Beschränkung der historischen Arbeit auf die Erforschung individueller Phänomene überwinden.

104 Laws and Explanations in History, Oxford 1957, 66 ff.
105 Siehe auch die Darstellung von Oakeshott's Auffassung (nach dessen Buch: Experience and Its Modes, London 1933) bei Dray: Philosophy of History, London 1964, 8 ff., bes. p. 9, wo Dray Oakeshott »a ›continuous series‹ model of explanation« zuschreibt: »The historian may claim to understand one event's succeeding another, it would seem, if he can ›fill in‹ the intervening events« (9 f.). Der Sinn von historischer »Kontinuität« bleibe allerdings bei O. ungeklärt.
106 *M. Scriven*: Truisms as Grounds for Historical Explanation, in: P. Gardiner (ed.): Theories of History, New York 1959, 464 ff.
107 Über »Explanatory Narrative in History« siehe den gleichnamigen Aufsatz von W. Dray in: Philosophical Quarterly IV/14, 1954, 15–27.
108 *A. C. Danto*: Analytical Philosophy of History 220 ff.
109 ebd. 238 ff., bes. 240.

Diese Beschränkung nun gilt nicht nur für die Anwendbarkeit streng allgemeiner Naturgesetze auf die Erklärung historischer Prozesse, sondern auch für soziologische oder spezifisch historische Strukturen oder Typen von begrenzter Allgemeinheit: So wenig das Vorhandensein solcher Strukturen zu bestreiten ist, so wenig läßt sich durch ihre Anwendung, unter Zugrundelegung der Ausgangsbedingungen eines historischen Prozesses, das konkrete Resultat erklären; man gelangt auf solche Weise vielmehr nur zu der *Klasse* von Ereignissen, zu denen auch das Resultat gehört[110], und das Urteil über solche Zugehörigkeit ist seinerseits abhängig von der nur in Form einer Erzählung darstellbaren konkreten Ereignisfolge. Das bedeutet, daß die klassische Auffassung des Historismus vom Gegenstand der Historie als einer unwiederholbaren Folge von einmaligen Ereignissen – eine in der englischen Literatur z. B. durch Oakeshott vertretene Auffassung – sich als grundsätzlich berechtigt erweist[111], so allerdings, daß das Auftreten von regelmäßigen Strukturen unterschiedlicher Allgemeinheitsstufe an derartigen Ereignisfolgen in den Gegenstandsbereich der Historie miteinzubeziehen ist. Der Erklärungswert solcher Strukturen wird mit Recht betont; denn obwohl sie nicht das jeweilige besondere Resultat eines historischen Prozesses in seiner Individualität zu erklären vermögen, engen sie doch die Möglichkeiten innerhalb einer Ereignisfolge ein und erzeugen dadurch »Tendenzen«, die die Relevanz einiger Ereignisse vor anderen auszeichnen und z. T. auch ihr Auftreten begünstigen.

Wenn somit das historische *Interesse* sich durchaus auch auf Allgemeines richten kann, hat sich die Methode der deduktiven Erklärung im Sinne Poppers und Hempels dennoch als für die Historie unzureichend erwiesen, weil die individuelle Besonderheit historischer Prozesse und insbesondere ihrer Resultate auf diesem Wege gerade nicht erklärt wird. Historische Hypothesen aber haben in derartigen Prozessen auch dann noch ihren Gegenstand, wenn sie sich für deren typische Strukturen interessieren.[112] Daher ist das Falsi-

---

110 Danto erörtert diese Frage 254 am Beispiel der Annahme spezifisch historischer »Gesetze«.
111 Der Einwand, daß einmalige Ereignisse gar nicht Gegenstand sprachlicher Darstellung werden könnten, da die Sprache immer mit allgemeinen Ausdrücken arbeitet, verschlägt dagegen nicht, weil die Reflexionsform der Sprache es durchaus ermöglicht, durch allgemeine Ausdrücke individuelle und einmalige Sachverhalte zu intendieren, so gewiß andererseits die allgemeine Form des Ausdrucks selbst thematisiert werden kann.
112 Dabei ist die Zeitabhängigkeit solcher Strukturen, ihre Beschränkung auf eine be-

fikationskriterium zumindest in der ihm von Popper gegebenen Form auf Hypothesen über historische Prozesse nicht anwendbar. Kann die Behauptung einer allgemeinen Regel oder eines Gesetzes zumindest im Prinzip durch ein einziges Gegenbeispiel widerlegt werden, weil es die behauptete strenge Allgemeinheit zerstört, so verhält es sich anders bei Behauptungen über einzelne Tatsachen, die sich nicht so auf an diesen exemplifizierbare Regelmäßigkeiten beziehen, daß dabei von deren übrigen Eigentümlichkeiten abstrahiert werden könnte. Schon im Hinblick auf die als »singuläre Es-gibt-Sätze« definierten Basissätze Poppers hat Carnap mit Recht betont, daß die Falsifikation eines singulären Es-gibt-Satzes ebenso eine unabschließbare Aufgabe darstellt wie die vollständige Verifikation einer Gesetzeshypothese: Während nämlich bei dieser die unendlich vielen einschlägigen Anwendungsfälle durchgeprüft werden müßten, bevor ein streng allgemeiner Satz als verifiziert anzusehen wäre, müßte bei einem singulären Es-gibt-Satz das ganze Universum durchforscht werden, bevor man mit voller Sicherheit sagen könnte, daß die Behauptung falsch ist.[113] Popper ist allerdings solchen Problemen aus dem Wege gegangen dadurch, daß er mit dem Begriff des Basissatzes die Forderung der Beobachtbarkeit verband. Darin ist die Wiederholbarkeit schon mitgesetzt, insbesondere, wenn *jederzeitige* Beobachtbarkeit gefordert wird.[114] Aber es gibt zweifellos auch Sachverhalte, die nicht jederzeit beobachtbar sind und deren Realität sich dennoch nicht von vornherein bestreiten läßt, auch wenn Behauptungen über sie nicht der Falsifikation durch ein einziges Gegenbeispiel im Sinne Poppers zugänglich sind. Das ist insbesondere der Fall bei vergangenen Ereignissen, die zu ihrer Zeit wiederholten Beobachtungen zugänglich gewesen sein mögen, wenn es sich um Ereignisse von hinreichender Dauer handelt (z. B. die Kirschblüte des vergangenen Jahres), die aber jetzt keiner Beobachtung mehr zugänglich sind. Die Überprüfung von Aussagen über

---

stimmte historische Epoche wichtig. Dagegen kann wegen der (vergleichsweise) strengen Allgemeinheit naturwissenschaftlicher Gesetze und ihrer (wenn auch über sehr große Zeitstrecken hinweg vielleicht nur fiktiven) Zeitinvarianz in den Naturwissenschaften die Tatsache weitgehend vernachlässigt werden, daß auch naturwissenschaftliche Gesetzeshypothesen sich auf individuelle Ereignisfolgen in unumkehrbar verlaufenden Prozessen beziehen.

113 *R. Carnap*: Testability and Meaning, 1950.

114 Eine solche Forderung hat natürlich bereits die Form einer Gesetzeshypothese, die ihrerseits dem Falsifikationskriterium unterliegt.

derartige Ereignisse hat immer historischen Charakter: Anhand von gegenwärtigen Anhaltspunkten (Indizien) und unter Berücksichtigung alles einschlägigen Strukturwissens muß man sich ein Urteil darüber bilden, ob das behauptete Ereignis stattgefunden hat oder nicht. Bei solchen historischen Urteilen genügt jedoch in der Regel ebensowenig wie bei einem juristischen Indizienbeweis ein einzelner Anhaltspunkt, um eine Behauptung über vergangene Ereignisse zu widerlegen. *Die Asymmetrie von Falsifikation und Verifikation ist hier nicht gegeben.* Ein positives wie ein negatives Urteil über eine Behauptung solcher Art läßt sich darum erst aus der Konvergenz der Indizien gewinnen.

Ähnlich steht es bei Behauptungen über Ereignisfolgen, sofern die Ereignisse einer Reihe nicht nur durch allgemeine Gesetze zusammenhängen, die auf sie als gleichgültige Exemplare einer Klasse von Ereignissen Anwendung finden, sondern auch unter sich als individuelle Ereignisse in der Zeitfolge verknüpft sind. Eine solche Ereignisfolge kann man als *evolutiv* bezeichnen, wenn ihre allgemeine Tendenz – unbeschadet individueller Abweichungen – vom Ausgangspunkt des Prozesses her festgelegt ist.[115] Dagegen soll von einer *kontingenten Ereignisfolge* gesprochen werden, wenn der Zusammenhang in der Abfolge der Ereignisse selbst erst schrittweise mit deren Eintreten begründet wird, indem jedes Ereignis sich zurückbezieht auf die vorangegangenen Glieder der Reihe. Es mag hier auf sich beruhen, ob es sich nicht auch bei evolutiven Prozessen letztlich um eine besondere Form solcher kontingenten Ereignisfolgen handelt. Jedenfalls aber dürften geschichtliche Prozesse im engeren Sinn der Grundform von kontingenten Ereignisfolgen genügen, wenn auch evolutive Phasen in sie eingebettet sein mögen.

Eine kontingente Ereignisfolge wird konstituiert durch die zeitliche Abfolge je individueller Ereignisse. Die Form der Abfolge hat mithin selbst einmaligen, historischen Charakter. Sie ist einer narrativen Beschreibung zugänglich, aber sie läßt sich nicht in der Gesamtheit ihres charakteristischen Verlaufs als Anwendungsfall eines ein-

---

115 In bezug auf derartige Ereignisfolgen spricht der historische Materialismus von »historischen Gesetzen«. Als deren »reinen Typ« bezeichnete *P. Bollhagen:* Soziologie und Geschichte, Berlin (Ost) 1967, 187, 205 ff. das »genetisch-strukturelle Gesetz«, das als entwicklungssteuernde Struktur zu verstehen ist (cf. den Hinweis bei R. Wittram: Anspruch und Fragwürdigkeit der Geschichte, 1969, 74). Zu einer ähnlichen Vorstellung führen die Darlegungen zur formalen Struktur historischer Gesetze bei A. C. Danto a. a. O. 253 f., wobei Danto aber offen läßt, ob es derartige Gesetze tatsächlich gibt.

zigen Gesetzes beschreiben, obwohl die einzelnen Vorgänge, die die Glieder einer solchen Ereignisfolge bilden, je für sich auch als Glieder von Ereignisklassen unter Abstraktion von ihrer besonderen Individualität betrachtet werden können und unter diesem Gesichtspunkt den einschlägigen Gesetzen unterliegen. Behauptungen über derartige Ereignisfolgen als ganze sind daher ebensowenig durch Einzelbeobachtungen oder einzelne Indizien widerlegbar wie Behauptungen über individuelle Ereignisse. Ihre Widerlegung kann nur im Zusammenhang von Überlegungen erfolgen, die die hypothetische Konstruktion der Ereignisfolge daran messen, was über deren Glieder im einzelnen durch Indizien bekannt ist.

Sowohl bei individuellen Einzelereignissen als auch bei kontingenten Ereignisfolgen handelt es sich um Gegebenheiten, die in ihrer spezifischen Faktizität nicht wiederholbar sind. Wiederholbar und damit überprüfbar ist nur die Argumentationsstruktur der historischen Konstruktion selbst. Die Unwiederholbarkeit historischer Ereignisse gründet letztlich in der Einmaligkeit des zeitlich bestimmten Individuellen, und in dieser ihrer Einmaligkeit sind sie auch nach Popper keiner Erklärung durch Gesetze, die falsifizierbar wären, zugänglich.[116] Hier ist nur noch die »situational logic« einer historischen Interpretation anwendbar, die das Einzelereignis im Zusammenhang seiner Epoche deutet. Die Ausführungen Poppers hierzu[117] erinnern deutlich an die hermeneutische Logik Diltheys, deren Leitmotiv ja die Betrachtung des einzelnen im Zusammenhang des jeweiligen Ganzen war. Im Unterschied zu seinem deutschen Protagonisten H. Albert, der bei Dilthey »eine Technologie auf nomologischer Grundlage« angebahnt findet[118], urteilt Popper jedoch zumindest im Hinblick auf die unumgängliche Selektivität historischer Interpretation, es handle sich dabei nicht um im wissenschaftlichen Sinne prüfbare, falsifizierbare Hypothesen.[119] Interpretationen können allenfalls nach ihrer unterschiedlichen Fruchtbarkeit beurteilt werden.

---

116 *K. Popper:* The Poverty of Historicism 146 f. Popper sagt ausdrücklich, daß Ereignisse nur dann gesetzlich erklärt werden können, wenn man sie behandelt »as typical, as belonging to kinds or classes of events. For only then is the deductive method of causal explanation applicable« (146). Daneben aber sei die Beschreibung von Ereignissen »in their peculiarity or uniqueness« eine der wichtigsten Aufgaben der Historie.
117 ebd. 147 ff.
118 Plädoyer für kritischen Rationalismus, 1971, 129.
119 Ob dieses Urteil über historische Interpretationen (Popper 151) auch die vorange-

Ist das nur Ausdruck der mangelnden Exaktheit historischer Disziplinen? Tritt das Problem des Singulären nicht sogar in den Naturwissenschaften auf? Popper meint zwar, den Streit, ob es überhaupt nicht-wiederholbare Vorgänge gibt, als »metaphysisch« aus den wissenschaftstheoretischen Erörterungen verbannen zu können[120], aber bereits seine Basissätze beziehen sich doch auf singuläre Ereignisse[121], sofern es sich bei ihnen um singuläre Es-gibt-Sätze handelt. Erst die zusätzliche Forderung der Beobachtbarkeit bringt eine Einschränkung auf diejenigen Basissätze mit sich, deren Ereignisinhalt wiederholbar ist. In der Struktur des Basissatzes kann das jedoch nicht liegen, da sonst der Unterschied zwischen Basissätzen und Gesetzeshypothesen hinfällig würde. Im Gegenüber von Basissätzen und Gesetzeshypothesen kommt die Forderung nach Prüfung der Abstraktionen menschlichen Denkens an den einzelnen Gegebenheiten, auf deren Komplexität sie sich beziehen, zum Ausdruck. Gesetzesstrukturen lassen sich immer nur an kontingenten Gegebenheiten aufweisen, und diese repräsentieren relativ auf die behauptete allgemeine Struktur jeweils das Besondere und vergleichsweise Einmalige. Dieser Aspekt findet eine Erklärung durch die Annahme, daß die Welt im ganzen ein einmaliger Prozeß in der Zeit ist. Dann ist natürlich streng genommen auch jedes einzelne Ereignis einmalig. Von Wiederholbarkeit läßt sich dann nur insoweit sprechen, als man die Unterschiede der Einzelereignisse zugunsten ihrer typischen Struktur vernachlässigen kann.[122] In historischen Untersuchungen, aber auch in der Naturgeschichte und in der naturwissenschaftlichen Kosmologie, geht es dann um diesen Aspekt des Einmaligen, von dem die Gesetzeserkenntnis der Naturwissenschaften abstrahiert. Insofern steht historische Untersuchung der Wirklichkeit nicht etwa

---

henden Ausführungen über *situational logic* mitbetrifft, wird aus Poppers Darlegung nicht ganz klar. Eine solche Deutung wird jedoch nahegelegt dadurch, daß es in beiden Fällen um den Aspekt der Einmaligkeit historischer Ereignisse geht, der nach Popper einer gesetzlich-deduktiven Erklärung nicht zugänglich ist.
120 Logik der Forschung 20.
121 ebd. 55.
122 Siehe zu diesen Fragen meine Ausführungen über »Kontingenz und Naturgesetz« in: Pannenberg-Müller, Erwägungen zu einer Theologie der Natur, 1970, 33 ff. bes. 47 ff. und 65 ff. Angesichts der Relativität aller Gesetzesaussagen auf kontingente Bedingungen, die aber in diesen Gesetzesaussagen nicht als solche thematisiert werden, wird fraglich, ob für die Naturwissenschaft ohne Einschränkungen und exklusiv gelten kann, was Popper für sie in Anspruch nimmt, daß sie nämlich »die *eine* ›wirkliche Welt‹, die ›Welt unserer Erfahrungswirklichkeit‹ darstellen« kann (Logik der Forschung 13).

ferner als die Naturwissenschaft. Daher wäre es willkürlich, historischen Urteilen, sofern sie sich auf das Einmalige in den einzelnen Ereignissen beziehen, den Charakter der Wissenschaft zu bestreiten.[123] Das entspräche zwar dem aristotelischen Vorurteil, daß Erkenntnis nur vom Allgemeinen möglich sei, liefe aber darauf hinaus, die Erkennbarkeit des Wirklichen überhaupt als problematisch erscheinen zu lassen. Soll nun der Aspekt des Einmaligen nicht von vornherein aus dem Gegenstandsbereich von Wissenschaft ausgeschieden werden, wie steht es dann mit der wissenschaftstheoretischen Einheit historischer und naturwissenschaftlicher Disziplinen? Vermag Poppers Gedanke der Prüfung und Bewährung von Hypothesen das Prinzip ihrer methodischen Einheit zum Ausdruck zu bringen? Das kann nach den bisherigen Erwägungen offenbar nur dann der Fall sein, wenn dieser Gedanke nicht eingeschränkt wird auf die besonderen Bedingungen naturwissenschaftlicher Gesetzeserkenntnis, die sich auf das Wiederholbare, Typische im Geschehen unter Abstraktion von den individuellen Besonderheiten der Ereignisse richtet, ebenso wie die Strukturerkenntnisse der Sozialwissenschaften, die typische Verhaltensformen zu beschreiben suchen. Selbst die Überprüfung von naturwissenschaftlichen Gesetzeshypothesen erfolgt aber, wie T. S. Kuhn gezeigt hat, faktisch kaum durch den direkten Versuch ihrer Falsifikation, sondern eher umgekehrt durch »Vergleich der Fähigkeit verschiedener Theorien, das vorhandene Beweismaterial zu erklären«.[124] Gerade die Fruchtbarkeit in der zusammenfassenden Deutung des vorhandenen Materials, die Popper historischen Interpretationen als Kriterium zugesteht, denen er aber wegen der Unmöglichkeit einer strengen Falsifikation keinen wissenschaftlichen Theoriecharakter zubilligt, erscheint somit als der übergeordnete Gesichtspunkt für die Prüfung naturwissenschaftlicher wie historischer Hypothesen. Daß es sich bei solcher einheitlichen Deutung von Phänomenen um deren Subsumption unter Gesetzeshypothesen handelt, die ständig dem Risiko einer Falsifikation ausgesetzt ist, bildet die Besonderheit naturwissenschaftlicher und überhaupt gesetzeswissenschaftlicher Erklärungen »des vorhandenen Beweismaterials«. Diese Besonderheit darf nicht auf andere Wissenschaften übertragen werden, die ihr Material unter an-

---

123 Das tut Popper auch nicht: Er spricht ausdrücklich von »historical sciences«, die sich auf das Singuläre richten.
124 *T. S. Kuhn*: Die Struktur wissenschaftlicher Revolutionen, 1967, 192.

deren Gesichtspunkten, etwa unter dem der Verflochtenheit einmaliger Ereignisse mit ihrem ereignishaften Kontext deuten. Daher sollten auch die Begriffe der Prüfung und Bewährung nicht, wie es bei Popper geschieht, auf die Bedingung der Voraussagbarkeit eingeschränkt werden. Diese Bedingung ist nur erfüllbar und sinnvoll, wo es sich um die Behauptung und Prüfung allgemeiner Regeln handelt. Auch andere Behauptungen über Wirkliches können jedoch geprüft werden im Hinblick auf ihre Fähigkeit zur zusammenhängenden Deutung aller einschlägigen Aspekte des Materials, auf das sie sich beziehen. Nur ist bei solcher Prüfung oft weder eine abschließende Falsifikation noch eine vollständige Verifikation erreichbar, nämlich in allen den Fällen, in denen es nicht um die Behauptung allgemeiner Regeln, aber auch nicht um singuläre Tatsachenbehauptungen geht. Historische Hypothesen lassen sich daher selten durch ein einzelnes Indiz bestätigen oder widerlegen. Ein vorläufiges Urteil läßt sich meistens nur aus der Konvergenz einer Vielzahl von Einzelgesichtspunkten gewinnen. Deshalb ist hier auch die Abänderung von Hypothesen an Punkten, wo sie sich als unzureichend erwiesen haben, anders zu beurteilen als in der Sicht Poppers; denn historische Hypothesen sollen den Gesamtbestand bekannter Anhaltspunkte für ein historisches Thema möglichst umfassend und vielseitig deuten, nicht aber Regeln formulieren, die möglichst viel verbieten. Muß es schon für die Naturwissenschaften als zweifelhaft bezeichnet werden, ob die Ausbildung und Anwendung von Theorien faktisch nach der Maxime des permanenten Selbstopfers verfährt oder sich nicht vielmehr ebenfalls vom Bestreben nach möglichst umfassender und einheitlicher Erklärung des vorhandenen Materials leiten läßt, so bestimmt dieses Bestreben jedenfalls das Verfahren in den historischen Disziplinen. Im Interesse der Überprüfbarkeit und gegebenenfalls auch Widerlegbarkeit ihrer Hypothesen ist hier nur maximale Klarheit der Konstruktion zu fordern, damit sich eine bestimmte historische Rekonstruktion mit ihren leitenden Annahmen wie in der Inanspruchnahme ihres Belegmaterials deutlich von alternativen Hypothesen abhebt.

Wenn der Gedanke der kritischen Prüfung so erweitert wird, daß er nicht mehr auf Hypothesen über allgemeine Regeln beschränkt ist, sondern auch Hypothesen über singuläre Ereignisse und kontingente Ereignisfolgen miteinbezieht, dann und nur dann erscheint er als geeignet für eine allgemeine wissenschaftstheoretische Grundlegung;

denn Wirklichkeitserkenntnis läßt sich nicht einschränken auf die Erkenntnis allgemeiner Regeln.

Wird aber der Gedanke der kritischen Prüfung in solcher Allgemeinheit gefaßt, dann läßt er sich nicht mehr als Kriterium zur Ausgrenzung der Philosophie (oder Metaphysik) aus dem Kreise wissenschaftlich sinnvoller Aussagen verwenden. Philosophische Behauptungen führen freilich in der Regel nicht zu Behauptungen, die schon durch Einzelbeobachtungen kontrollierbar wären. Das liegt daran, daß philosophische Behauptungen nicht nur einen ausgegrenzten Aspekt der Wirklichkeit zum Gegenstand haben, sondern die Reflexion auf den Akt solcher Ausgrenzung immer schon mit im Blick haben und sich daher auf Wirklichkeit überhaupt, auf das τὶ ἦν εἶναι der Dinge beziehen. Philosophische Behauptungen betreffen daher immer die Wirklichkeit im ganzen, sei es die Totalität der Aspekte eines einzelnen Phänomens, sei es die Totalität alles Wirklichen als Kontext der Bedeutung jedes einzelnen. Hält man sich diese Eigenart philosophischer Aussagen vor Augen, so ist es nicht erstaunlich, daß philosophische Behauptungen nicht in Poppers Sinne falsifiziert werden können. Denn Wirklichkeit im ganzen besteht eben nicht nur aus abstrakten Strukturen, sondern schließt stets auch den Aspekt des Besonderen und Einmaligen ein, das im zeitlichen Prozeß jeweils als ein Neues auftritt. Und da die Wirklichkeit selbst noch im Prozeß, somit noch offen ist, ist auch unsere Erfahrung von ihr gegenwärtig nicht abschließbar, sogar abgesehen von der faktischen Begrenztheit unserer Information. Philosophische Aussagen beziehen sich also jeweils auf Gesamtphänomene, die zwar Regelmäßigkeiten aufweisen, aber zugleich zeitlich-einmalig strukturiert sind und durch ihr Verhältnis zu allen übrigen Phänomenen bestimmt werden. Wir werden später sehen, daß es hier um die Beschreibung der Sinnstruktur der Phänomene geht. Dabei gilt auch für philosophische Entwürfe das allgemeine Kriterium aller wissenschaftlichen Theoriebildung: Sie müssen das gegebene »Material« in seinen Sinnbeziehungen zusammenfassend beschreiben, und zwar in bezug auf die für diese spezifisch philosophische Aufgabe bestehende Problemsituation. Die Urteilsbildung darüber, inwieweit ein philosophischer Entwurf dazu in der Lage ist, läßt sich nicht definitiv abschließen; denn der Grundgedanke könnte sich sehr wohl auch auf solches Material anwenden lassen, das dem Urheber der Hypothese unbekannt blieb, und er könnte sich klarer und zugleich weniger einseitig durchführen lassen als es bei diesem der Fall war. Daher wird die Diskussion über philosophische Systeme der Vergangenheit immer wieder neu geführt und nur auf diese Weise läßt sich herausfinden, wo ihre Fruchtbarkeit vielleicht noch nicht erschöpft ist. Trotzdem kann man auch philosophische Gesamtdeutungen der Wirklichkeit als Hypothesen verstehen.[125] Ihre Überprüfung kann sich auf die Kohärenz (Widerspruchsfreiheit), auf die Funktionalität ihrer Deutungsfaktoren (Vermeidung überflüssiger Annahmen), sowie auf den Grad der durch sie geleisteten zusammenfassenden und differenzierten Deutung der Wirklichkeit erstrecken. Insbesondere in dieser letzten Beziehung ist die Überprüfung philosophischer Behauptungen allerdings besonders schwierig, weil wegen der Unabgeschlossenheit der Erfahrung und des noch offenen Prozesses der Wirklichkeit selbst nicht nur neue Einzelfälle auftreten können – wie bei der Induktionsproblematik –, sondern mit ihnen auch der Gesamtzusammenhang des Geschehens in ein neues Licht gerückt werden kann, während es umgekehrt gegenwärtig entwickelten Modellen in unterschiedlicher Weise gelingen kann, auf die noch unabgeschlossene Totalität der Wirklichkeit vorzugreifen.

Durch ihre Intention auf Wirklichkeit überhaupt in der Totalität ihrer Aspekte unterscheiden sich philosophische Hypothesen nicht nur von natur- oder sozialwissenschaftlichen Gesetzeshypothesen, sondern auch von historischen Hypothesen. Auch wenn man die Beschränkung historischer Methoden auf den Bereich menschlichen Handelns und Erlebens im Unterschied zur außermenschlichen Natur nicht als prinzipiell gelten läßt, sondern den naturgeschichtlichen Disziplinen einen im eigentlichen Sinne historischen Charakter zugesteht, und wenn man weiter den Gegenstand historischer Untersuchungen so auffaßt, daß er auch den Gegenstand der Gesetzeswissenschaften mit umfaßt – woraus sich umgekehrt die Abhängigkeit historischer Untersuchungen von Kategorien und Ergebnissen dieser Disziplinen erklärt –, bleibt doch die Historie auf die Erforschung vergangener Ereignisse und Prozesse beschränkt. Daraus ergibt sich, daß auch historische Untersuchung die von ihr behandelten Erscheinungen noch nicht allseitig in den Blick fassen kann: Der über die Gegenwart hinausdrängende Prozeß der Geschichte wird auch in Zukunft die Begebenheiten der Vergangenheit in neues Licht

125 Siehe dazu St. C. Pepper: World Hypotheses. A Study in Evidence, 1942, passim.

rücken, neue Sinnbeziehungen an ihnen entdecken lassen. Wegen ihrer Beschränkung auf die Vergangenheit läßt die Historie die Frage nach der endgültigen Bedeutung oder dem Wesen der von ihr untersuchten Wirklichkeiten offen. Die Frage nach dem Wesen aber ist die eigentlich philosophische Frage. Das Wesen einer Sache – oder, was dasselbe ist, die endgültige Wahrheit über sie, ihre endgültige Bedeutung, – läßt sich nur im Blick auf die Totalität der Wirklichkeit, bezogen auf den Gesamtzusammenhang menschlicher Wirklichkeitserfahrung bestimmen. Wegen der Unabgeschlossenheit menschlicher Wirklichkeitserfahrung und wegen der Offenheit des Weltprozesses selbst auf eine noch nicht realisierte Zukunft hin ist die Totalität beider nur durch Antizipation zugänglich. Aus eben diesem Grunde kommen philosophische Theorien über die Form der Antizipation nicht hinaus. Im Sinne solcher Antizipationen, die unter sich mehr oder weniger stark differieren, ist allerdings sowohl die Totalität der Wirklichkeit als die der menschlichen Erfahrung immer schon implizit vorausgesetzt, wo überhaupt irgend etwas gegenwärtig behauptet wird. Wir haben gesehen, daß das sogar für naturwissenschaftliche Behauptungen gilt – trotz ihrer methodischen Abstraktion und Beschränkung auf die Frage nach den gleichförmigen Regeln des Naturgeschehens: Im Begriff der Hypothese liegt schon, wie gerade auch Popper gesehen hat, das Moment der Antizipation oder Mutmaßung, damit aber auch ein antizipatorisches Wahrheitsverständnis beschlossen. Diese Tatsache bildet wiederum den Ansatzpunkt zum Übergang von realwissenschaftlichen zu philosophischen Aussagen. Dabei ist dieser Übergang in den Gesetzeswissenschaften und in der Historie verschieden. Der Schritt von gesetzeswissenschaftlichen zu philosophischen Behauptungen ist nicht in geradliniger Verlängerung nomologischer Deskription möglich, sondern erfordert eine Reflexion auf die gesetzeswissenschaftliche Sprache und ihre Implikationen. Das hängt mit der eigentümlichen Abstraktheit dieser Sprache zusammen. Bei der Geschichtswissenschaft ist das insofern anders als die philosophische Reflexion in demselben Medium erfolgt, in dem historische Interpretation sich bereits selbst bewegt: im Medium des Aufweises von Sinnzusammenhängen. Die historische Frage führt dabei notwendig hinüber in die philosophische; denn die Bedeutung eines vergangenen Ereignisses ließe sich abschließend erst im Gesamtzusammenhang der Geschichte überhaupt entscheiden, wobei über die bereits abgelaufene

Geschichte hinaus auch Gegenwart und Zukunft, die der Historiker aus dem Zuständigkeitsbereich seiner Disziplin ausgrenzt[126], in die Reflexion miteinbezogen werden müßten.

---

126 A. C. Danto hat in instruktiver Weise die Beziehung zwischen historischer und philosophischer Sinndeutung erörtert, wobei er sich für die letztere auf die Geschichtsphilosophie beschränkt. Danach fragen beide nach dem Sinn (meaning) oder der Bedeutung (significance) des Geschehens, die sich nur im Hinblick auf seinen Kontext feststellen lassen. Sinn oder Bedeutung im historischen Sinne dieser Bezeichnungen hat ein Ereignis nur »in the context of a story« (Analytical Philosophy of History 11). Daher ist man nur in der Retrospektive »entitled to say that an episode has a given specific meaning« (8), und im Lichte späterer Erfahrung ist die Auffassung der Bedeutung von Ereignissen ständig zu revidieren. Geschichtsphilosophen nun machen nach Danto einen ungerechtfertigten Gebrauch von dieser Sinnanalyse (9), indem sie die Bedeutung der Ereignisse definitiv bestimmen wollen, bevor die späteren Ereignisse stattgefunden haben, die für uns noch in der Zukunft liegen und von denen her die früheren ihre (endgültige) Bedeutung erst gewinnen werden. »They seek to tell the story before the story can properly be told« (11), nämlich »the story of history as a whole« (12). In ihrer »Ungeduld« deuten die Geschichtsphilosophen das Vergangene auf dem Boden von Annahmen über die Zukunft. Aber tut das nicht unvermeidlich jeder Historiker, wenn er vergangenen Ereignissen überhaupt irgendeine Bedeutung zuschreibt? Darin liegt nämlich immer schon ein Vorgriff auf die Zukunft, auf endgültige Bedeutung. Das Gegenwartsbewußtsein des Historikers wie anderer Menschen ist immer schon durch Vorgriffe auf Zukunft konstituiert, auch wenn er sich nur mit Vergangenem beschäftigt. Der Geschichtsphilosoph (im Sinne der von Danto abgelehnten »substantive philosophy of history«) unterscheidet sich in seinem Tun vom Historiker nur dadurch, daß er sich kritisch über jenen Sachverhalt Rechenschaft gibt. Falsch wird seine Antizipation der Zukunft der Geschichte erst dann, wenn er ihren Charakter *als bloßer Antizipation* unter den Bedingungen seiner geschichtlichen Gegenwart vergißt und ohne Vorbehalt endgültige Urteile über die Bedeutung vergangenen Geschehens fällt. Zu einer runden Ablehnung der aus dem Vorgriff auf endgültige Zukunft begründeten Geschichtsphilosophie kann Danto nur kommen, weil er sich nicht darüber klar ist, daß ein solcher Vorgriff implizit bereits in jeder Zuerkennung einer bestimmten Bedeutung eines einzelnen Geschehens beschlossen ist.

2. Kapitel
Die Emanzipation der Geisteswissenschaften
von den Naturwissenschaften

Der Anwendung der analytischen Wissenschaftstheorien auf die sogenannten Geisteswissenschaften steht häufig die Auffassung entgegen, daß die Disziplinen, die man unter dem Begriff »Geisteswissenschaften« zusammenfaßt, nicht angemessen nach naturwissenschaftlichen Methoden behandelt werden können. Die dabei vorausgesetzte fundamentale Verschiedenheit der Wissenschaftsbereiche von Natur- und Geisteswissenschaften ist insbesondere von Verfechtern des logischen Positivismus oder des kritischen Rationalismus in ihrem Bemühen um eine vornehmlich an den Naturwissenschaften orientierte einheitliche Wissenschaftstheorie immer wieder kritisiert worden. Umgekehrt wird die Selbständigkeit der Geisteswissenschaften von denjenigen besonders energisch verfochten, die zugleich ein Monopol oder jedenfalls die Überlegenheit hermeneutischer Methoden im Bereich der Geisteswissenschaften behaupten, indem sie diese Methoden als für den Sachbereich der Geisteswissenschaften allein angemessen erklären. Der Begriff der Geisteswissenschaften und die Probleme der Hermeneutik müssen daher als sachlich eng zusammengehörig gesehen werden.

1. Der Begriff der Geisteswissenschaften

Wilhelm Dilthey hat in seiner für das Selbstverständnis der »geisteswissenschaftlichen« Disziplinen grundlegend gewordenen »Einleitung in die Geisteswissenschaften«[127] mit dieser Bezeichnung das »Ganze der Wissenschaften, welche die geschichtlich-gesellschaftliche Wirklichkeit zu ihrem Gegenstande haben« (4), zusammengefaßt. Danach gehören zum Bereich der Geisteswissenschaften nicht nur die Disziplinen, die sich mit der »*Deutung der Welt* in Sprache, Mythos, Kunst, Religion, Philosophie und Wissenschaft« befassen, sondern auch diejenigen, die »die *Ordnungen des Lebens* in Staat, Gesell-

127 Erschienen ist nur der 1. Band 1883 (= Gesammelte Schriften I).

Die Emanzipation der Geisteswissenschaften

schaft, Recht, Sitte, Erziehung, Wirtschaft, Technik« zum Gegenstand haben.[128] Die zusammenfassende Bezeichnung dieser Gruppe von Disziplinen rechtfertigte Dilthey durch ihre gemeinsame Abgrenzung gegen die Naturwissenschaften. Analoge Zweiteilungen der Gesamtheit der Wissenschaften fand Dilthey schon vor, wenn auch nicht immer unter denselben Bezeichnungen. Besonders berief er sich auf die seit 1843 erschienene »Logik« von John Stuart Mill. Dieser hatte allerdings nicht zwischen Natur- und Geisteswissenschaften unterschieden, sondern faßte neben den Naturwissenschaften eine Gruppe von Disziplinen unter der Bezeichnung *moral sciences* zusammen: Diese Gruppe umfaßt bei Mill die empirische Psychologie, eine theoretische Charakterologie (»Ethology«), die Gesellschaftswissenschaft und die Geschichtswissenschaft. Schon dieser Aufbau deutet an, daß Mill wie Comte diese Wissenschaften durchaus nicht als methodisch selbständig und unabhängig von den Naturwissenschaften auffaßte. Das ist vielmehr erst der besondere Akzent, der sich mit der Ersetzung von Mill's Begriff der »moral sciences« durch »Geisteswissenschaften« ergab, und der seit Dilthey entscheidende Bedeutung für diesen Begriff gewonnen hat. Der Ausdruck »Geisteswissenschaften« begegnet zuerst in der deutschen Übersetzung von Mill's Werk 1849. Während die Überschrift des 6. Buches bei Mill von der »logic of moral sciences« sprach, lautet sie in der Übersetzung: »Von der Logik der Geisteswissenschaften oder moralischen Wissenschaften«.

Bevor der Wurzel dieses Begriffs von »Geisteswissenschaften« nachzugehen ist, soll zunächst die Unterscheidung von *physical* und *moral sciences* geklärt werden. Sie findet sich sowohl in der englischen als auch in der französischen Literatur des 17. und 18. Jahrhunderts. Ihr Ursprung geht aber viel weiter zurück, nämlich bis auf die stoische Einteilung der Wissenschaften in Logik, Physik und Ethik: Physik und Ethik sind in dieser Einteilung die beiden Realwissenschaften, wobei zur Ethik alles gerechnet wird, was mit dem Verhalten der Menschen und mit der durch sie hervorgebrachten geschichtlichen Welt zu tun hat. Der Ausdruck *sciences morales* hat also eine sehr weite Bedeutung; sein Umfang geht erheblich über das Moralische im engeren Sinne hinaus.

Die Übersetzung dieses Begriffs des Moralischen durch den des Gei-

---

[128] E. Rothacker, Logik und Systematik der Geisteswissenschaften, 1947, 3, die folgende Seitenangabe im Text bezieht sich ebenfalls auf dieses Werk.

stes geschah in Deutschland unter dem Einfluß der Philosophie Hegels. Hegel selbst hat zwar nur von einer »*Philosophie* des Geistes« gesprochen, die er der Naturphilosophie gegenüberstellte und die mit dieser zusammen und der vorangestellten Logik die drei Teile des Systementwurfs seiner »Enzyklopädie der philosophischen Wissenschaften« von 1817 bildete, der sich mit seiner Gliederung der Wissenschaften also an die stoische Einteilung anlehnte. Aber da für Hegel Philosophie und Wissenschaft nicht verschieden, die Philosophie vielmehr die Wissenschaft schlechthin war, ist es verständlich, daß seine Schüler schon in den vierziger Jahren von einer »Geistwissenschaft« oder »Wissenschaft des Geistes« sprachen. Hier hat also die Bezeichnung »Geisteswissenschaften« ihren Ursprung, die sich durch die Übersetzung von Mill's Logik und durch Dilthey so allgemein eingebürgert hat, daß ihr Zusammenhang mit dem deutschen Idealismus in Vergessenheit geraten konnte.

Sachlich fußt die Gegenüberstellung von Geistesphilosophie und Naturphilosophie bei Hegel natürlich auf der Unterscheidung zwischen Natur und Geist, die ihre für die neuere Philosophie klassische Formulierung durch Descartes erhalten hat[129]: dessen Gegenüberstellung der *mens sive substantia cogitans* zur *substantia corporea*, die durch Ausdehnung (extensio) charakterisiert ist, so wie jene durch das Denken (cogitatio), ist durch den Idealismus dahin modifiziert worden, daß es sich bei beiden um verschiedene Erscheinungsweisen der einen letzten Wirklichkeit des Geistes handelt. Aus dem substantiellen Dualismus Descartes' wurde im Gefolge des Idealismus ein bloßer Methodendualismus. Diltheys Abgrenzungen von Natur- und Geisteswissenschaft stehen unter dem Einfluß dieser idealistischen Modifikation des cartesischen Dualismus: So schreibt Dilthey, daß der Mensch durch die in der Tatsache seines Selbstbewußtseins begründete »Burgfreiheit seiner Person« »sich von der ganzen Natur absondert«. Er löst durch seine Freiheit »von dem Reich der Natur ein Reich der Geschichte« ab (6). Die »selbständige Konstituierung der Geisteswissenschaften« ist nach Dilthey dadurch bedingt, daß von den *äußerlich* durch die Sinne gegebenen Vorgängen »sich die andern als ein besonderer Umkreis von Tatsachen absondern (!), welche primär der inneren Erfahrung, sonach ohne jede Mitwirkung der Sinne (!), gegeben sind« (8 f.).[130] Die selbstän-

---

129 Principia philosophiae (1644) I, 51.
130 Die Seitenangaben im Text verweisen auf Gesammelte Schriften I. – Allerdings

dige Gegebenheit des Selbstbewußtseins als Quelle der »inneren Erfahrung« (9) ist also nach Dilthey die Grundlage für die Selbständigkeit der Geisteswissenschaften. Er spricht von einer »Unvergleichbarkeit materieller und geistiger Vorgänge« und von einer »Unmöglichkeit der Ableitung« der letzteren aus den ersteren (11). Der cartesische Dualismus von körperlicher und denkender Substanz ist bei Dilthey nicht nur dadurch modifiziert, daß der Dualismus der Substanzen zumindest im Hinblick auf die Anthropologie zu einem Dualismus der Methoden geworden ist, der Dilthey nicht an der Betonung der psychophysischen Lebenseinheit des Menschen hindert. Auch sein Begriff des Geistes entspricht nicht mehr der *substantia cogitans* bei Descartes. Im Wirkungsbereich Kants und des Idealismus ist die denkende Substanz zum Selbstbewußtsein geworden, und ferner umfaßt der Begriff des »Geistes« auch die geschichtliche Welt mit, die aus dem Handeln von Menschen hervorgegangen ist entsprechend dem »objektiven Geist« Hegels. Bei Hegel war der »objektive Geist« allerdings nicht nur Ergebnis und Ausdruck des Handelns der Individuen, sondern in ihm trat die überindividuelle (und übermenschliche) Wirklichkeit des absoluten Geistes als Weltgeist in Erscheinung. Bei Dilthey ist dieser absolute Geist ersetzt durch die Einheit des (geistigen) Lebens, das alle Individuen verbindet. Aber für ihn ist das »Leben« nur real in den menschlichen Individuen.[131]

Die Geisteswissenschaften sind dadurch von den Naturwissenschaften verschieden, daß sie ihren Ausgangspunkt in der »Lebenseinheit«, und zwar in der »psycho-physischen Lebenseinheit« des Individuums finden (15), die in der »inneren Erfahrung« gegeben ist, in der nicht nur die Einheit meines Bewußtseins (14), sondern auch »die

konnte Dilthey im Anschluß an Locke auch sagen, es gebe »nur eine Erfahrung, welche in einer doppelten Richtung verwertet wird, und so entsteht die Unterscheidung äußerer und innerer Erfahrung« (V, 434). Auf derselben Linie liegt die Vorstellung von der psycho-physischen Lebenseinheit des Individuums (I, 15). Zur Bedeutung der empirischen Anthropologie, insbesondere der Physiologie für Dilthey siehe *P. Krausser*: Kritik der endlichen Vernunft, Diltheys Revolution der allgemeinen Wissenschafts- und Handlungstheorie, 1968, 53 ff. Krausser findet in Äußerungen wie den soeben erwähnten Ansatzpunkte für eine Deutung der Diltheyschen Strukturtheorie des psychischen Lebens im Sinne einer kybernetischen Biologie offener Systeme (vgl. 93, 109 f., 111–141). Doch betonte Dilthey auch, daß nur in der inneren Erfahrung die »volle Realität« gegeben sei (V, 431). Siehe dazu *H. Diwald*: Wilhelm Dilthey, Erkenntnistheorie und Philosophie der Geschichte, 1963, 42 f.

131 Zu Diltheys Umbildung der Lehre Hegels vom objektiven Geist siehe auch *H. G. Gadamer*: Wahrheit und Methode, 1960, 210 ff.

gesamte Außenwelt... gegeben« ist (15). Diese Lebenseinheit, »welche mit dem unmittelbaren Gefühl unseres ungeteilten Daseins uns erfüllt«, wird durch die Betrachtungsweise der Naturwissenschaften »aufgelöst« (16).

Mit diesen Grundgedanken verbindet sich bei Dilthey der Gegensatz von *Erklären* und *Verstehen*, sowie insbesondere auch der zwischen einer erklärenden oder zergliedernden und einer verstehenden oder beschreibenden Psychologie.[132] Die verstehende Psychologie richtet sich auf die lebendige Ganzheit des Menschen, sie faßt die einzelne Erfahrung als »Erlebnis« auf, insofern sie auf die im unmittelbaren Gefühl unseres ungeteilten Daseins gegenwärtige Lebenseinheit des Menschen bezogen wird, und sie faßt alle Tätigkeit als »Ausdruck« dieser Lebenseinheit auf, während die naturwissenschaftlich begründete, erklärende oder zergliedernde Psychologie isolierte Einzelheiten auf ihre kausalen Beziehungen untersucht.

Lebenseinheit im strengen Sinne war für Dilthey, jedenfalls nach seiner »Einleitung in die Geisteswissenschaften«, nur das Individuum. Deshalb konnte er vor einem konstruktiven Gebrauch der Kategorien »Einheit und Vielheit, Ganzes und Teil« in Anwendung auf die Gesellschaft warnen (31).[133] Ihre Verwendung ist allerdings nicht zu umgehen. Dilthey selbst spricht ständig vom »Ganzen« einer Gesellschaft (36, cf. 34), ja der Geschichte überhaupt.[134] Aber das ist ein von der individuellen Lebenseinheit her übertragener Sprachgebrauch. Er hat seine sachliche Grundlage darin, daß aus der »Wechselwirkung der einzelnen Individuen, ihrer Leidenschaften, ihrer Eitelkeiten, ihrer Interessen der notwendige Zweckzusammenhang der Geschichte der Menschheit« entsteht, der »durch die Willen hindurchgreift« (53). Später konnte Dilthey umgekehrt formulieren, das Individuum sei »nur der Kreuzungspunkt für Kultursysteme, Organisationen, in die sein Dasein verwoben ist«. Und er schließt daran die Frage: »wie könnten sie aus ihm ver-

---

132 Ihre klassische Darstellung hat diese Unterscheidung in Diltheys Akademieabhandlung von 1896 über »Ideen über eine beschreibende und zergliedernde Psychologie« gefunden.
133 Diese Position Diltheys in der »Einleitung in die Geisteswissenschaften« wird von H. Diwald: Wilhelm Dilthey, Erkenntnistheorie und Philosophie der Geschichte, 1963, 81 ff. nicht berücksichtigt, so daß die anders akzentuierte Tendenz in Diltheys späteren Äußerungen seine Darstellung zu einseitig bestimmt.
134 Gesammelte Schriften I, 35 f., 87, 89, 95.

standen werden?« (VII, 251). In seinen letzten Studien zur Fortführung der »Einleitung in die Geisteswissenschaften« tritt der Gesichtspunkt eines Ganzen des geschichtlich-gesellschaftlichen Lebens, zu dem die Individuen sich ihrerseits nur als Elemente oder Teile verhalten, stärker in den Vordergrund. H. Diwald hat diese Änderung gegenüber dem Individualismus, den der frühe Dilthey mit dem Historismus teilte, einleuchtend als Auswirkung der Auffassung Diltheys von der »Selbigkeit der allgemeinen Menschennatur«[135] charakterisiert. Man wird diesen Wandel darüber hinaus in Zusammenhang mit der Abwendung Diltheys von dem an J. St. Mill's Wissenschaftstheorie orientierten Programm einer Grundlegung der Geisteswissenschaften durch eine allgemeine Psychologie sehen müssen. Dilthey gab dieses Programm auf unter dem Eindruck der Kritik Husserls.[136] Das führte dazu, daß jene Aufgabe anstelle der Psychologie nun der Hermeneutik zugewiesen wurde: An die Stelle der abstrakten Einheit einer allgemeinen Psychologie trat die konkrete Einheit der Menschheit in ihrer Geschichte, die Einheit des Geschichts- und Gesellschaftszusammenhanges, in die der einzelne sich immer schon einbezogen findet.

Dilthey brauchte dabei seinen früheren Ansatz beim Begriff der psychischen *Struktur*[137] nicht völlig aufzugeben. Vielmehr brauchte er die die psychische Struktur bestimmende Logik des Verhältnisses von Teil und Ganzem nur als *geschichtliches* Verhältnis zu entwickeln und über das Individuum hinaus auf die gesellschaftlichen Lebenszusammenhänge in ihrem geschichtlichen Werden zu erweitern. Beides hat Dilthey in seinen späten Analysen der Bedeutungsstrukturen im Prozeß der geschichtlichen Erfahrung andeutungsweise dargelegt, vor allem in der dritten Studie zur Grundlegung der Geisteswissenschaften (VII 70–75). Ausgehend von seinem Grundgedanken der Totalität des Lebens hatte Dilthey schon früher Struktur als den »Zusammenhang dieses Ganzen, bedingt durch die realen Bezüge zur Außenwelt« (VII, 238), definiert. Die ein-

---

[135] Diwald a. a. O. 90 ff., sowie 145 ff. Zur Selbigkeit der Menschennatur siehe besonders Diltheys Äußerungen VII, 141, 213; V, 270 f., 329 f., 334 f. von einer »Gleichförmigkeit der menschlichen Natur« ist V, 229 die Rede.

[136] Siehe dazu Diwald 75, sowie das dort zitierte Argument E. Husserls, daß psychologische Deskription nie über die objektive Gültigkeit einer Erfahrung entscheiden könne (Logische Untersuchungen I, 205 f.). Die Wendung von der psychologischen zur hermeneutischen Grundlegung der Geisteswissenschaften beschreibt Diwald 121 ff.

[137] Zur Entwicklung dieses Ansatzes bei Dilthey sei nochmals auf das oben Anm. 130 genannte Buch von P. Krausser verwiesen.

zelnen Momente, die im Strukturzusammenhang verbunden, dabei aber selbst schon »strukturelle Einheiten« sind, die Erlebnisse, aus denen sich die Struktur des Seelenlebens aufbaut (VII, 21), sind also ihrerseits immer schon durch Außenbeziehungen vermittelt, bilden nicht Elemente einer autarken Innenwelt. Dadurch ist die individuelle Totalität von vornherein einbezogen in durch sie hindurchgreifende Ganzheiten der gesellschaftlichen Lebenswelt, in der das Individuum selbst wieder die Funktion eines Teiles hat, der für sich selbst immer schon durch den Bezug auf das Ganze der Gesellschaft und darüber hinaus der Menschheit konstituiert ist. Diese gestuften Totalitäten aber sind ebenso wie die Totalität des Individuums nicht fertig vorhanden[138], sondern selbst noch in einem Prozeß geschichtlichen Werdens begriffen. Deshalb ändert sich im Prozeß der Geschichte unablässig die *Bedeutung* der einzelnen Momente des Lebens — als »die eigentümliche Beziehung, die zwischen seinen Teilen obwaltet« (73) und die ihr Verhältnis zum Ganzen des Lebens ausdrückt (233).

Die aus der Bedeutungslogik der geschichtlichen Erfahrung sich ergebende Frage jedoch, auf welche Weise das noch nicht abgeschlossene Ganze des Lebens — auf den Ebenen des individuellen Lebens wie der sozialen Gruppen, der Gesamtgesellschaft oder auch der Menschheit überhaupt — in den einzelnen Lebensmomenten gegenwärtig sein kann, hat Dilthey im Zuge seiner Analysen der Bedeutungsstrukturen der geschichtlichen Erfahrung nicht mehr gestellt, — ebensowenig wie die weitere Frage, wie denn die verschiedenen Weisen der Gegenwart des Ganzen auf den verschiedenen Ebenen des geschichtlichen Lebens ineinandergreifen, so daß von daher sowohl die Abhängigkeit der Individuen von Gruppe und Gesellschaft verständlich wird als auch ihre Selbständigkeit diesen gegenüber. Vielleicht hat Dilthey sich die Frage nach der Gegenwart der noch nicht abgeschlossenen geschichtlichen Totalität des Lebens in seinen einzelnen Momenten deshalb nicht eigens gestellt, weil diese Frage für ihn anderweitig immer schon beantwortet war, nämlich aus seiner allgemeinen Konzeption des Lebens, das als Totalität in allen seinen Gestalten pulsiert. Daß dieses Leben selbst noch im Werden ist, brauchte im Rahmen solcher Anschauung nicht unbedingt als problematisch empfunden zu werden. Doch selbst unter

---

138 An diesem Punkt findet Kraussers Deutung der psychischen »Struktur« Diltheys im Sinne eines kybernetischen, durch Selbstregulierung ausgezeichneten Systems, ihre Grenze.

Voraussetzung einer solchen »pantheistischen« Intuition des in den Individuen pulsierenden Lebensstromes bleibt Diltheys Auskunft unbefriedigend, daß das noch unabgeschlossene Ganze des Lebens uns »aus den Teilen verständlich« werde (VII, 233); denn die Teile selbst sind nach Diltheys hermeneutischer Logik ja nur verständlich, wenn zumindest implizit das Ganze schon vorausgesetzt werden kann. An dieser Stelle gerät Diltheys Intuition der Einheit des Lebens in den Individuen in einen bei ihm nicht mehr ausgetragenen Widerspruch zur Bedeutungslogik der geschichtlichen Erfahrung, die seine eigenen Analysen herausgearbeitet haben. Andererseits blieb durch den Begriff des Lebens als einer Erfahrungsgegebenheit, die sich doch von der Erfahrung, auf die sich naturwissenschaftliches Denken bezieht, grundsätzlich unterscheidet, auch der späte Dilthey noch im Banne seiner frühen Konzeption der Geisteswissenschaften im Gegenwurf gegen die Naturwissenschaften. Dabei konnte er sich nur auf die Subjektivität der eigenen Erfahrung von Geschichtlichkeit stützen im Vertrauen darauf, daß in solcher Erfahrung eine übersubjektive und darum intersubjektiv gültig zu beschreibende Lebenswirklichkeit erfaßt wird. Ohne diese »metaphysische« Voraussetzung Diltheys blieb der Anspruch seiner Analyse der hermeneutischen Erfahrung auf »Objektivität« nach dem Verzicht auf ihre Fundierung durch eine Psychologie ungedeckt. Da Dilthey unter dem Einfluß von Comte und Mill alle Metaphysik als Ausdruck einer überholten Periode der menschlichen Geistesentwicklung einschätzte, blieben jedoch diese Implikationen unreflektiert und ohne Ausgleich mit seiner Analyse der geschichtlichen Erfahrung. Als ein Ausweg aus dem Subjektivismus und Relativismus, in den sich Diltheys Ansätze zur Begründung der Geisteswissenschaften verstrickten, konnte sich die von Rickert und Husserl in Verbindung mit ihrer Kritik der geisteswissenschaftlichen Psychologie Diltheys geforderte Unterscheidung der sinnhaften Strukturen des Geistes von der Sphäre der seelischen Akte anbieten. So hat auch E. Spranger, um zu einer intersubjektiv gültigen Begründung der Geisteswissenschaften zu gelangen, Diltheys Gedanken im Sinne einer Unterscheidung zwischen dem Bereich des Geistes mit seinen logischen Sinnbeziehungen einerseits und der Subjektivität des seelischen Erlebens andererseits weitergebildet.[139] Eine solche Unter-

---

139 *E. Spranger*: Zur Theorie des Verstehens und zur geisteswissenschaftlichen Psychologie, in: Festschrift Volkelt 1918.

scheidung belastet sich jedoch mit der Frage nach der Realität des Geistes. Sollte diese Frage nicht durch Rückgriff auf die idealistische Geistmetaphysik beantwortet werden, so boten sich als Alternative nur die transzendentalen Geltungstheorien des Neukantianismus oder die Bewußtseinsintentionalität Husserls an. In beiden Fällen wurde die Sinnerfahrung anders als bei Dilthey auf Akte eines sinngebenden Bewußtseins zurückgeführt.[140] Dabei konnte als »Sinn« der subjektiv vermeinte Gegenstand hinsichtlich seines noematischen Inhalts[141] oder aber die »Wertbeziehung« der erlebten Inhalte[142] verstanden werden. Mit dem Zurücktreten der Überzeugung vom Primat der Erkenntnistheorie, mit der auch die Husserlsche Konstitutionsproblematik des sinngebenden Bewußtseins verblaßte, konnte eine allgemeine Theorie des Handelns als Grundlage der Humanwissenschaften in den Vordergrund ihrer wissenschaftstheoretischen Problematik rücken. Den Übergang dazu vermittelte die handlungstheoretische Begründung einer geisteswissenschaftlichen Soziologie bei Max Weber.

2. Soziologie als verstehende Handlungswissenschaft

Bereits Comte hatte die Wissenschaft vom Menschen als Soziologie konzipiert. Der differenziertere Aufbau der »moral sciences« bei Mill hatte die Soziologie auf die Basis von Psychologie und Charakterologie bezogen. Beide verstanden Soziologie als Gesetzeswissenschaft nach dem Vorbild der Naturwissenschaften. Demgegenüber hat Max Weber die Soziologie als verstehende Soziologie im Zusammenhang der Geisteswissenschaften[143] und auf dem Boden der gei-

---

140 So *E. Husserl*: Ideen zu einer reinen Phänomenologie und phänomenologischen Philosophie I, 1913 (= Husserliana III, 1950) 134 f., 207 ff., cf. 206, 223 ff. Bei Rickert hat die Husserlsche Sinngebung ihre Entsprechung in der Wertbeziehung, da Rickert den Begriff des Sinnes dem Wertbegriff zuordnet: Die Grenzen der naturwissenschaftlichen Begriffsbildung (1902) 2. Aufl. 1913, 516 ff.
141 So Husserl a. a. O. 316, 319 ff., 411.
142 So Rickert l. c., vgl. 333 ff.
143 M. Weber urteilte im Jahre 1903, »daß der Ablauf menschlichen Handelns und menschlicher Äußerungen jeder Art einer *sinnvollen Deutung* zugänglich ist« und daß der mit jeder Deutung vollzogene »Schritt über das ›Gegebene‹ hinaus« es »trotz Rickerts Bedenken« rechtfertige, »diejenigen Wissenschaften, die solche Deutungen methodisch verwenden, als eine Sondergruppe (Geisteswissenschaften) zusammenzufassen« (Gesammelte Aufsätze zur Wissenschaftstheorie 1922, 3. Aufl. 1968, 12 f. Anm.)

steswissenschaftlichen Grundlagendiskussion seiner Zeit begründet. Entscheidend dafür war die von Weber im Anschluß an Knies[144] entwickelte Auffassung, daß die Soziologie ihr »spezifisches Objekt« im menschlichen Handeln habe, Handeln aber »ein verständliches, und das heißt ein durch irgendeinen, sei es auch mehr oder minder unbemerkt, ›gehabten‹ oder ›gemeinten‹ *(subjektiven) Sinn* spezifiziertes Sichverhalten zu ›Objekten‹« darstelle.[145] Schon Weber hat diesen Begriff des Handelns von dem allgemeineren des Verhaltens und insbesondere von bloßen »äußerem Sichverhalten« abgehoben.[146] Der Begriff des subjektiv gemeinten Sinnes erinnert an Husserls Sinnintentionen. Doch Weber dachte dabei nicht wie Husserl an die Gegenstandsbezogenheit als solche[147], sondern, wie es an der zitierten Stelle ausdrücklich heißt, an eine *spezifische* Form des Verhaltens zu Gegenständen. Was ist dann unter der Sinnhaftigkeit des Handelns zu verstehen? Gerade in seinen Versuchen einer zusammenfassenden Darstellung von Grundbegriffen der verstehenden Soziologie hat Weber es eigenartigerweise nicht für nötig gehalten, seinen Sinnbegriff genauer zu bestimmen.[148] In anderem Zusammenhang findet sich jedoch die beiläufige Bemerkung, daß »der Sinn, den wir den Erscheinungen beilegen«, gleichbedeutend sei mit deren »Beziehungen auf ›Werte‹, die wir vollziehen«.[149] Es handelt sich hier nicht um einen den Erscheinungen von sich aus eigenen Sinn, sondern um einen solchen, den *wir* ihnen beilegen, indem wir sie auf »Werte« beziehen, die wir an sie herantragen. Wie

144 ebd. 46 f.: Knies begriff die Geschichte und so auch die »ihr verwandten Wissenschaften« als Handlungswissenschaft.

145 ebd. 429 (Über einige Kategorien der verstehenden Soziologie (1913), vgl. auch 542 ff.).

146 ebd., siehe auch schon 427 f.

147 Siehe etwa Husserl, Ideen I, 316 u. ö.

148 J. Habermas bemerkt mit Recht, daß Weber »die Kategorien des Sinnes und der Bedeutung in ihren verschiedenen Verwendungen nicht zureichend geklärt hat« (Zur Logik der Sozialwissenschaften, Philosophische Rundschau Beih. 5, 1967, 16).

149 M. Weber a. a. O. 54. An späterer Stelle (93) des Aufsatzes über Knies unterscheidet Weber das Sinnverstehen von psychologischer Deutung unter Berufung auf Simmels Unterscheidung zwischen der subjektiven Deutung der Motive eines sprechenden oder handelnden Menschen und dem objektiven Verstehen »des Sinnes einer Äußerung«. In seiner Auseinandersetzung mit E. Meyer 1906 unterscheidet Weber dann sein wertbeziehendes Sinnverstehen von der »Deutung des sprachlichen ›Sinns‹ eines literarischen Objekts« (247). Es handle sich dabei um »grundverschiedene Vorgänge« (ebd.). Nur für den ersteren, werttheoretischen Sinnbegriff gilt D. Henrichs Feststellung, daß Weber »die Termini Sinn, Bedeutung und Wert zumeist in eines« setze (Die Einheit der Wissenschaftslehre Max Webers, 1952, 76).

eine solche, den Erscheinungen äußerliche Wertbeziehung sich zu dem menschlichen Handlungen eigenen, subjektiv »gemeinten« Sinn verhält, wird nur unter der Voraussetzung deutlich, daß menschliches Handeln sich auch von sich aus immer schon auf Werte bezieht: Nur sofern es schon von sich aus »an sinnvollen ›Wertungen‹ orientiert« oder doch, wo das nicht ausdrücklich der Fall ist, »mit ihnen konfrontierbar ist«, kann menschliches Handeln »verstanden« werden (126).

Für seine Theorie der »wertbeziehenden Interpretation« berief sich Weber immer wieder auf H. Rickert, besonders auf dessen Buch über »Die Grenzen der naturwissenschaftlichen Begriffsbildung« von 1902. Nach Rickert ist der Begriff des historisch Individuellen überhaupt nur so zu bilden, daß man von einem Wertgesichtspunkt ausgeht, in dessen Licht das Individuelle erst in seiner einzigartigen Bedeutung in den Blick kommt.[150] Schon bei Rickert bildet die äußerliche Wertbeziehung also den Ausgangspunkt für die Konstruktion der historischen Begriffsbildung. Die Wertbeziehung fungiert als transzendentale Gegenstandskonstitution. Zugleich wird sie der methodologischen Bedeutung der Bedingtheit historischer Erkenntnis durch die Sachinteressen gerecht, die Auswahl und Auffassung eines historischen Gegenstandes vorweg bestimmen. Überraschend spät erst kommt Rickert jedoch darauf zu sprechen, daß im »Mittelpunkt« historischer Darstellung »solche Wesen« stehen müssen, »die zu den ihre Darstellung leitenden Werten selbst Stellung nehmen«.[151] Die Werte, auf die jene Individuen sich beziehen, sind *allgemeine Werte*, weil die Individuen als soziale Wesen in Gemeinschaften leben (505). Andererseits sind auch die Werte, die historische Darstellungen leiten, immer schon soziale Werte (506), »eine gemeinsame Angelegenheit der Glieder einer Gemeinschaft« (508), und zwar als »Kulturwerte« im Gegensatz zum Naturgegebenen

---

150 *H. Rickert*: Die Grenzen der naturwissenschaftlichen Begriffsbildung, 2. Aufl. 1913, 316 f. Siehe auch den ganzen Abschnitt 300–333.

151 ebd. 495. In dem Umstand, daß historische Darstellung sich auf geistige Wesen bezieht und »wir nur dann Veranlassung haben, eine Wirklichkeit historisch darzustellen, wenn unter diesen geistigen Wesen sich auch solche befinden, die selbst zu den die Darstellung leitenden Werten Stellung nehmen«, erblickt Rickert den Sachgrund für die von ihm im übrigen durchaus kritisch beurteilte Auffassung der historischen Disziplinen als »Geisteswissenschaften« (496 f., vgl. 501). Denn der »Hauptgegenstand, auf den die vorhandene Geschichtsschreibung alles andere bezieht, ist immer die Entwicklung menschlichen Geisteslebens« (505). – Die folgenden Zitate im Text verweisen auf das erwähnte Werk Rickerts.

(509). Für die historische Darstellung werden daher »vor allem *die* Menschen wesentlich . . ., die selbst zu den normativ allgemeinen sozialen Werten des Staates, des Rechtes, der Wirtschaft, der Kunst usw. Stellung genommen haben und dadurch in ihrer Individualität für den Gang der Kultur von wesentlicher Bedeutung geworden sind« (510). »Wegen der Wertbezogenheit eine über ihr bloßes Dasein hinausgehende ›Bedeutung‹« zu besitzen, macht den »Sinngehalt« aus, der an den geschichtlichen Kulturgebilden »haftet« (516).
Weber hat die wertbeziehende Interpretation Rickerts als Schlüssel zur historischen Wirklichkeit menschlichen Verhaltens übernommen, aber er hat je länger desto entschiedener die subjektiven Wertintentionen der handelnden Individuen zum eigentlichen Gegenstand der äußerlich wertbeziehenden Interpretation gemacht. Das entspricht Webers durchgängiger Umkehrung der erkenntnistheoretischen Fragestellung Rickerts in eine empirisch orientierte Methodologie, die faktisch trotz des engen Anschlusses an Rickert die »Auflösung« der neukantischen Fragestellung bedeutet.[152] Ihren Niederschlag hat diese Umkehrung der Fragestellung in einer Verschiebung des Sinnbegriffs gefunden, die in Webers späten Formulierungen von Grundbegriffen seiner soziologischen Theorie des Handelns auftritt: Nach Weber ist es ausdrücklich der *subjektiv gemeinte* Sinn des Handelns, der Gegenstand des Verstehens sein soll. Rickert hingegen hatte »die realen Akte des Meinens und Verstehens« nachdrücklich unterschieden von dem »logischen Sinn«, dessen »Träger« sie sind und der im Gegensatz zu ihnen »von mehreren Individuen gemeinsam verstanden wird, während es doch zum Wesen des Psychischen gehört, daß es allein in *einer* Seele wirklich vorkommt und keinem Zweiten angehört«.[153] Die empirische Orientierung der Weberschen Handlungstheorie verlangte die Verankerung des Sinnbegriffs in dem »gemeinten Sinn« der handelnden Individuen selbst. Diese Wendung bahnt sich bereits früh in Webers Neigung zu Gottls Begriff sinnvollen Handelns an (98 ff.) und liegt seinem methodologischen Zen-

---

152 So *D. Henrich*: Die Einheit der Wissenschaftslehre Max Webers, 1952, 103 f.
153 H. Rickert a. a. O. 516 und 181, vgl. auch 54. Auch Weber hat zwar mit Rickert die »Gleichheit der sinnhaften Bezogenheit« im Verhalten von Individuen abgehoben von den psychischen Konstellationen ihres Verhaltens (a. a. O. 430), ohne jedoch damit die Ebene des subjektiv *gemeinten* Sinnes zu verlassen: Eben darin hat man den Ansatzpunkt seiner Theorie des Idealtypus zu erblicken. Weber hat jedoch das dadurch veränderte Verhältnis von objektiviertem Sinn und subjektiven Sinnintentionen nicht weiter reflektiert.

tralbegriff des Idealtypus[154] schon zugrunde. Die idealtypische Konstruktion, die nicht zufällig ohne Parallele bei Rickert ist, entwirft die rationale Struktur des subjektiv gemeinten Sinnes und konfrontiert sie mit dem tatsächlichen Verhalten der Individuen, das durch seine irrationalen Züge vom Idealtypus abweicht.[155] Der Begriff des Idealtypus verbindet also in eigentümlicher Weise die das faktische Verhalten der Individuen überschreitende, äußerlich wertbeziehende Interpretation mit den das Handeln der Individuen motivierenden Sinnintentionen. Dadurch gelangte Weber von seiner werttheoretischen Betrachtungsweise aus ähnlich wie Dilthey in seinen späten Analysen der geschichtlichen Erfahrung zur Beschreibung des Phänomens, wie die Bedeutung geschichtlicher Vorgänge diese selbst, in denen sie doch verankert ist, transzendiert. Auch in der empirischen Einstellung auf den im Handeln selbst intendierten Sinn steht Weber Dilthey nahe trotz seiner durch Rickerts Kritik bedingten Ablehnung von Diltheys Bemühungen, die Sinnstruktur geschichtlicher Erfahrung durch eine Psychologie zu erfassen. Aber während Dilthey nur nachträglich, im Rückblick auf den Bedeutungswandel beim Fortgang geschichtlicher Erfahrung, die über das ursprüngliche Erlebnis hinausgehenden Bedeutungsbezüge zu erfassen vermochte, konnte Weber durch die werttheoretische Orientierung seiner idealtypischen Konstruktionen die Transzendenz der Bedeutungsbeziehungen über das gegebene Material des Handelns aus dessen intentionaler Struktur selbst herausarbeiten, und zwar im Sinne intersubjektiv gültiger Sinnstruktur. Dieser Vorteil wurde jedoch erkauft durch die Beschränkung der Sinnanalyse auf Handlungen. Außerdem kam die Individualität – im Unterschied zu Rickerts Verfahren der historischen Begriffsbildung – nur noch als *Abweichung* von der idealtypischen Struktur in den Blick. Und schließlich geriet unter dem Gesichtspunkt des subjektiv vermeinten Sinnes die Wertorientierung selbst zunehmend in den Schatten der Irrationalität.

Dieser letztere Vorgang läßt sich am Verhältnis von Wertrationalität und Zweckrationalität bei Weber ablesen. In dem Aufsatz über

154 Siehe dazu D. Henrich l. c. 83 ff. und bei Weber besonders 190 ff. Die Seitenverweise im Text beziehen sich wieder auf Webers Gesammelte Aufsätze zur Wissenschaftslehre.
155 Man vergleiche etwa Webers Beschreibung 561 f. Hierin liegt auch der Unterschied der »idealtypischen Konstruktionen der Nationalökonomie« von naturwissenschaftlichen Gesetzeshypothesen (131) begründet: Der Idealtypus braucht nicht generell zu gelten und dient gerade dadurch auch der Erhellung von ihm abweichender Verhaltensweisen.

Die Emanzipation der Geisteswissenschaften 87

Knies von 1906 wird von der »rationalen« Deutung menschlichen Handelns nach den Kategorien von »Zweck« und »Mittel«, also der späteren Zweckrationalität, noch als von »einer bestimmten Art« der wertbeziehenden Interpretation gesprochen (126 ff.). In den »Soziologischen Grundbegriffen« von 1921 dagegen erscheint die »Wertrationalität« als ein anderer Typus sozialen Handelns *neben* der »Zweckrationalität« (565 ff.). Zwar heißt es auch jetzt noch, daß »die Entscheidung zwischen konkurrierenden und kollidierenden Zwecken und Folgen ... ihrerseits *wert*rational orientiert sein« *kann* (566), aber sie kann daneben auch ohne wertrationale Orientierung, lediglich auf der Basis subjektiver »Bedürfnisregungen« in der Reihenfolge von deren Dringlichkeit nach dem Grenznutzenprinzip getroffen werden (567). Die Wertorientierung des Handelns verliert damit ihre übergeordnete Funktion für die Handlungstheorie. Ihre bloße Nebenordnung neben die Zweckrationalität aber hat zur Folge, daß die Wertrationalität »vom Standpunkt der Zweckrationalität aus« nunmehr als »irrational« erscheint (567). Die Folgen für die umstrittene Werturteilsproblematik können hier nicht im einzelnen erörtert werden.[156] Nicht nur bei der stellungnehmenden Wertung, sondern auch bei der wertbeziehenden Interpretation rücken nun die subjektiven Momente in den Mittelpunkt einerseits als Beschreibung der Rolle des wissenschaftlichen *Interesses* bei der »Auslese und Formung des Objektes einer empirischen Untersuchung« (511), andererseits als »Entwicklung *möglicher* sinnhafter Stellungnahmen gegenüber einer gegebenen Erscheinung« (512). Die von Rickert so betonte transzendentale Konstitution der historischen Erkenntnis aus ihrem Bezug auf die objektiven sozialen Kulturwerte, die den Interpreten mit den interpretierten Vorgängen verbinden, tritt demgegenüber zurück.[157]
Trotz der tendenziellen Verselbständigung der Handlungstheorie Webers gegenüber der wertbeziehenden Interpretation Rickerts und ihrer erkenntnistheoretischen Fragestellung blieb seine Begründung einer verstehenden Soziologie doch auf die allgemeinere Basis der

---

156 Besonders wäre auf den politischen Dezisionismus Webers einzugehen. Siehe dazu H. Bosse: Marx-Weber-Troeltsch, 1970, 27 ff.
157 Charakteristisch dafür ist, daß Weber 1917 zwischen »praktischen Wertungen« – einschließlich der der Wertphilosophie zu überlassenden Frage, ob ethische Werte »normative Dignität« beanspruchen können – auf der einen und der »Wahrheitsgeltung einer empirischen Tatsachenfeststellung« auf der anderen Seite kein Mittleres mehr gelten läßt (501, vgl. auch 508).

Kulturwissenschaften im Sinne Rickerts bezogen, für die Weber auch die Bezeichnung Geisteswissenschaften akzeptierte. Der Gegensatz von Wert und Sein führte allerdings dazu, daß eine vom Handlungsbegriff her entworfene Methodologie schließlich die gesamte Wertproblematik als im Vergleich zur Zweckrationalität des Handelns irrational beurteilen konnte. Damit war der Sache nach ein Ansatz zur Umkehrung des Verhältnisses von Handlungstheorie und Kulturwissenschaften gegeben. Die Wendung dazu erfolgte durch die Entwicklung einer allgemeinen Theorie des Handelns als Grundlegung der Kulturwissenschaften bei T. Parsons.[158]

Gegenüber dem behavioristischen Modell stimulierbaren und von außen beschreibbaren Verhaltens hat Parsons an der fundamentalen Bedeutung der Kategorie des Handelns (action) als eines intentionalen und insofern sinnhaften Verhaltens für die Sozialwissenschaften und für die Humanwissenschaften überhaupt festgehalten. Als entscheidend dafür, daß der das Handeln von äußerlich beobachtbarem Verhalten abhebende Begriff der Intentionalität für die Beschreibung des Handelns unentbehrlich ist, gilt ihm nach dem Vorgang von E. Cassirer und G. H. Mead[159] die Unentbehrlichkeit der Sprache für die Handlungsorientierung.[160] Im Anschluß an W. I. Thomas hat J. Habermas diesen Sachverhalt besonders prägnant formuliert: »erst der vom handelnden Subjekt vermeinte Sinn erschließt adäquat den Zugang zu einem Verhalten, das sich an einer von ihm selbst gedeuteten Situation ausrichtet«.[161] Dabei ist Sprache dem einzelnen immer schon vorgegeben im Medium eines sozialen Lebenszusammenhanges, dessen tradierte Sinngehalte die subjektiven Sinnintentionen des Individuums sowohl ermöglichen als auch übersteigen. Parsons verfolgt nun nicht, wie es G. H. Mead getan hatte[162], die Genesis solcher Kulturwerte aus den wechsel-

---

158 Programmatische Bedeutung für diese Tendenzen gewann das von T. Parsons und E. Shils herausgegebene Sammelwerk: Towards a General Theory of Action, 1951.
159 Siehe dazu J. Habermas: Zur Logik der Sozialwissenschaften, Philosophische Rundschau Beih. 5, 1967, 5 ff., 28 f.
160 T. Parsons: Societies, 1966, 5. Siehe auch Parsons Werk: The Social System (1951) Free Press Paperback 1964, 3 ff. und 543 f.
161 Habermas a. a. O. 58 f. Negativ bedeutet dieser Sachverhalt, daß »auf der Ebene intentionalen Handelns die unvermittelte Zuordnung von Reiz und Reaktion unscharf wird: gleiche Reize können verschiedene Reaktionen hervorrufen, wenn sie vom Handelnden verschieden interpretiert werden« (ebd. 107). Damit ist die Grenze der Erklärungskraft behavioristischer Modelle menschlichen Verhaltens klar bezeichnet.
162 *G. H. Mead:* Mind, Self and Society (1934) 13. Aufl. 1965, 61 ff., 266 ff., 281 ff.

Die Emanzipation der Geisteswissenschaften

seitigen Sinnantizipationen der Verhaltenserwartungen von Individuen im Prozeß ihrer Interaktion, sondern geht davon aus, daß für die Gegenseitigkeit der Verhaltenserwartungen in jedem gegebenen Gesellschaftssystem ein System von Kulturwerten schon Voraussetzung ist. Daher gliedert sich die allgemeine Theorie des Handelns in der Sicht von Parsons in drei[163] Theoriebereiche, in die Theorie der Persönlichkeit, die Theorie der Kultur und die beide verbindende Theorie sozialer Systeme. Die Theorie der Persönlichkeit wird der Psychologie zugewiesen (545 f.). Auf eine umfassende »Theorie der Kultur« tendieren nach Parsons die Bemühungen der Kulturanthropologie (553). Neben ihr stehen die »formalen« Humanwissenschaften oder Geisteswissenschaften, deren Gegenstand Parsons beschreibt als »analysis of the content of cultural pattern systems for its own sake without regard to their involvement in systems of action« (554). Dazu rechnet Parsons Logik, Mathematik, Wissenschaftstheorie sowie auch die Kunstwissenschaft. Die Theorie der sozialen Systeme steht in der Mitte zwischen Persönlichkeitstheorie und Kulturtheorie. Sie verbindet diese beiden Aspekte, indem sie die Integration der Individuen in die durch das Kultursystem vorgegebene normative Ordnung beschreibt.[164] Dabei gilt die Institutionalisierung von Prozessen der Wertorientierung individuellen Verhaltens in sozialen Systemen als spezieller Gegenstand der soziologischen Theorie im engeren Sinne neben Ökonomie und politischer Wissenschaft (547 ff.). So entwirft Parsons eine Systematik der Kulturwissenschaften auf der Basis einer Theorie des Handelns, in Umkehrung der Weberschen Begründung der Handlungstheorie im Rahmen von Rickerts werttheoretischer Grundlegung der Kulturwissenschaften. Doch andererseits gehen die Kulturwerte »gleichsam von oben«[165] in Parsons' Konzeption

---

Zum Gegensatz dieser Konzeption zum Behaviorismus von Morris siehe J. Habermas a. a. O. 69 f. Mead's Erschließung der Identität sprachlichen Sinnes von der wechselseitigen Antizipation von Erwartungen her, also aus einem Kommunikationsprozeß, ist für Habermas später noch bedeutsam geworden; siehe dazu Habermas/Luhmann: Theorie der Gesellschaft oder Sozialtechnologie 1971, 190 ff.
163 So 1951 in The Social System. In »Societies« nennt Parsons als weiteres Subsystem des Handelns neben der Persönlichkeit noch »the behavioral organism« (8). Die folgenden Verweise im Text beziehen sich auf The Social System 545 ff.
164 Societies 8 ff.
165 J. Habermas a. a. O. 84. Neuerdings hat Habermas als Gegenstand seiner Kritik noch schärfer die »allenfalls . . . assoziationsgestützte(n) Plausiblität« der Kombination

gesellschaftlicher Systeme ein, da das Kultursystem in den Prozessen der Institutionalisierung des Verhaltens von Individuen und Gruppen immer schon vorausgesetzt ist. An dieser Stelle muß sich die Frage erheben, ob nicht die Kulturwerte umgekehrt auch auf den Gesellschaftsprozeß relativ sind und im Prozeß der Sozialisation der Individuen ihrerseits herausgebildet und verändert werden. Obwohl Parsons die *Interdependenz* zwischen Gesellschaft und Kultur selbst hervorhebt[166], hat er die Deutung dieser Interdependenz als historischen Prozeß zurückgedrängt zugunsten des Modells selbstgeregelter kybernetischer Systeme, in denen der »highest cybernetic level ... cultural rather than social and, within the cultural category, religious rather than secular« ist.[167] Die Historie, sagt Parsons an anderer Stelle[168], habe es zwar mit dem sozialen System als ganzem zu tun, werde jedoch besser nicht als *theoretische* Handlungswissenschaft begriffen, sondern als synthetische Erfahrungswissenschaft, die das Wissen der verschiedenen systematischen Disziplinen zur Erklärung sozialer Prozesse und kultureller Veränderungen der Vergangenheit »mobilisiert«. Damit wird der Historie eine im Sinne von Parsons den theoretischen Disziplinen untergeordnete Stellung zugewiesen.

Die einseitige Vorordnung der Kulturwerte vor die sozialen Prozesse steht im Mittelpunkt der Kritik von J. Habermas an Parsons. Habermas betont, die Kontrollwerte, die Parsons für gesellschaftliche Systeme einführe, hängen »von Bewertungsregeln ab, die sich in einer hypothetisch angebbaren Prozedur der Willensbildung erst bilden müßten«.[169] Die kulturellen Werte, auf die die Kontrollwerte des Systemgleichgewichts nach Parsons bezogen sind, würden dabei selber »in die Diskussion hineingezogen«, nämlich »pragmatisch überprüft und von ihren ideologischen Bestandteilen gereinigt«. Ähnlich hatte Habermas schon an Webers Konzeption die Frage gerichtet, ob nicht die »methodisch bestimmenden Wertbeziehungen, als ein auf transzendentaler Ebene wirksamer Realzusammenhang, selber in die sozialwissenschaftliche Analyse einbezogen

---

von Handlungs- und Systemtheorie bei Parsons bezeichnet. (Habermas/Luhmann: Theorie der Gesellschaft oder Sozialtechnologie 1971, 182 Anm. 11).
166 Societies 30.
167 ebd. 113 f.
168 The Social System 555.
169 Zur Logik der Sozialwissenschaften, 89. Auf dieses Werk verweisen auch die folgenden Seitenangaben im Text.

werden« können (19). Die Wertbildung soll auf die Handlungstheorie zurückbezogen werden, indem diese zu einer »historisch gehaltvollen funktionalistischen Erforschung gesellschaftlicher Systeme« fortentwickelt wird (91) mit dem Ziel einer Trennung der utopischen, zweckrationalen und ideologischen Gehalte in den Wertsystemen.[170] Dabei treten die utopischen und ideologischen Gehalte als in der Zweckrationalität des selbstgeregelten Gesellschaftssystems »nicht-integrierte Antriebsenergien« in Erscheinung, »die in den Rollensystemen keine Befriedigungschance finden«, gleichwohl aber ihre Interpretationen finden, und zwar entweder »als utopische Vorgriffe auf eine noch nicht gelungene Gruppenidentität« oder als ideologische »Rechtfertigung der triebunterdrückenden Instanzen wie der projektiven Ersatzbefriedigung.«. Das Gleichgewicht des Gesellschaftssystems würde sich dann am Grade der jeweils objektiv möglichen Verwirklichung der utopischen und der Auflösung der ideologischen Gehalte bemessen (92 f.).

Der Angelpunkt dieses Gedankengangs liegt in dem bezeichnenden Begriff »Antriebsenergien«. Er scheint nahezulegen, daß Gesellschaftssysteme mit Einschluß der sie bestimmenden Kulturwerte an ihrer Fähigkeit zur Integration bzw. Befriedigung vorgegebener Antriebe zu messen sind. Dabei bleibt unberücksichtigt die geschichtliche Vermittlung der Antriebe selbst (und nicht nur ihrer »Interpretationen«) durch die kulturell-soziale Lebenswelt, der gegenüber sie kein unabhängiges Kriterium begründen, sondern allenfalls die Fähigkeit eines gegebenen Sozialsystems zur Selbstregulierung auf die Probe stellen können. Weiter bleibt ungeklärt, ob eigentlich alle so entstehenden Antriebe in der noch nicht gelungenen Gruppen-Identität einer künftigen besseren Gesellschaft positive Berücksichtigung finden können oder auch nur sollten, ob nicht destruktive Antriebsformen ausgeschlossen bleiben müssen, wo immer es zu einer auch nur halbwegs »gelungenen Gruppenidentität« kommen soll. Drittens erhebt sich die Frage, ob den vorgegebenen »Antriebsenergien« ihre »Befriedigungschance« schon durch die formale Bedingung herrschaftsfreien Dialoges gewährleistet ist, wenn nicht zusätzlich der Befriedigung gewährende inhaltliche »Wert« gegeben ist. Damit verbindet sich die weitere Frage, ob nicht für bestimmte

---

170 ebd. 92. Diese Dreiheit berührt sich offenbar mit anderen, ähnlichen Dreiteilungen bei Habermas, so insbesondere mit dem Ternar von instrumentalem, kommunikativem und emanzipatorischem Erkenntnisinteresse (z. B. Erkenntnis und Interesse 1968, 242 ff.).

Aspekte der condition humaine dieser inhaltliche Wert im Bereich der Kulturwerte gesucht werden muß. Dann aber kann die Aufteilung der Kulturwerte in utopische, ideologische und zweckrationale nicht erschöpfend sein; vielmehr sind dann Kulturwerte anzunehmen, die weder zweckrational sind, noch in der ideologischen Rechtfertigung triebunterdrückender Instanzen bestehen, aber auch nicht lediglich als utopischer Vorentwurf einer künftigen, herrschaftsfreien Ordnung der menschlichen Verhältnisse fungieren, sondern ihr Eigengewicht als Kulturwert gegenüber der ganzen Ebene sozialer Prozesse haben.[171] Ob nicht doch umgekehrt solcher Eigenwert kultureller Gehalte auch die Integrationsfähigkeit eines sozialen Systems bedingt? Damit hätten die Fragen an Habermas wieder zu Parsons zurückgeführt. Parsons hat am Beispiel Altisraels und Griechenlands gezeigt, daß Kulturwerte nicht notwendig abhängig sind von den Gesellschaften, in denen sie ursprünglich erfahren wurden.[172] Hinzuzufügen wäre, daß diese beiden Beispiele darüber hinaus zeigen, daß eine Gesellschaft auch versagen kann an den von ihr selbst erkannten Kulturwerten, die sie überleben werden. Das bedeutet, daß die Wahrheit der Kulturwerte nicht einmal definitiv meßbar ist an ihrer Integrationsleistung für eine bestimmte Gesellschaft. Die in einer Gesellschaft wirksamen »Antriebsenergien« können gerade ihr Versagen an den von ihr ergriffenen Kulturwerten erklären. Wenn Habermas den Mangel an sozialgeschichtlicher Vermittlung der Kultursysteme bei Parsons mit Recht beanstandet, so folgt daraus noch keineswegs, daß die Kultursysteme als Exponenten vorgegebener Antriebsenergien schon hinreichend verstanden sind.

Der Vorordnung naturalistischer »Antriebsenergien« und der ihnen zugehörigen »Bedürfnisse« vor die »kulturellen Werte« entspricht bei Habermas durchgängig die Vorordnung »erkenntnisleitender Interessen« vor die Erkenntnis selbst und ihre Wahrheit. Habermas erblickt in diesen Interessen die »Naturbasis« des Geistes.[173] Sie sind die Grundorientierungen, die an bestimmten fundamentalen Bedingungen der möglichen Reproduktion und Selbstkonstituierung

---

171 Siehe dazu unten die neue Verhältnisbestimmung von Kulturwerten und Interessen bei Habermas.
172 Societies 94, 108, 110 f.
173 J. Habermas: Erkenntnis und Interesse (1965) in: Technik und Wissenschaft als »Ideologie«, 1968, 160.

der Menschengattung, nämlich an *Arbeit und Interaktion,* haften«.[174] Sie unterscheiden sich dadurch von zufälligen empirischen Bedürfnissen und »bemessen sich allein an jenen objektiv gestellten Problemen der Lebenserhaltung, welche durch die kulturelle Form der Existenz als solche beantwortet worden sind«.[175] Der Interessenzusammenhang des Lebens kann zwar nicht unabhängig von Handlungsformen und Kategorien des Wissens »definiert« werden[176], liegt aber doch aller Erkenntnis, die ihrerseits für die Handlungsorientierung konstitutiv ist, als transzendentale Bedingung voraus: »das erkenntnisleitende Interesse legt die Bedingungen möglicher Objektivität erst fest«.[177] Durch diese Transzendentalisierung des Interessenbegriffs wird Erkenntnis zur »in Handlungszusammenhänge eingelassenen Erfahrung«.[178] Die Interessen zielen auf Handeln – auf instrumentales, kommunikatives, emanzipatorisches Handeln[179] – und Erkenntnis fungiert in diesem Handlungszusammenhang nur noch als vermittelndes Moment. Insofern die Interessen transzendental »die spezifischen Gesichtspunkte« festlegen, »unter denen wir die Realität als solche erst auffassen können«[180], haben sie genau diejenige Funktion übernommen, die Rickert den Kulturwerten als transzendentaler Bedingung der historischen und kulturwissenschaftlichen Erkenntnis zuschrieb. So

---

174 Erkenntnis und Interesse, 1968, 242. Die Differenz von technischem Erkenntnisinteresse und Kommunikation wird 1961 in der Marburger Antrittsvorlesung: »Die klassische Lehre von der Politik in ihrem Verhältnis zur Sozialphilosophie« entwickelt (abgedruckt in: Theorie und Praxis, 1963, bes. 31, 36 f., 46). Die Dreiteilung findet sich schon 1965 in der Frankfurter Antrittsvorlesung »Erkenntnis und Interesse« (in: Technik und Wissenschaft als »Ideologie«, 1968, 155 ff.). Zum Schwanken zwischen Identifizierung und Unterscheidung von kommunikativem und emanzipatorischem Interesse vgl. *M. Theunissen*: Gesellschaft und Geschichte. Zur Kritik der kritischen Theorie, 1969, 25 f.
175 Erkenntnis und Interesse, 1968, 242.
176 ebd. 260.
177 ebd. 224, vgl. 261.
178 In der Diskussion mit N. Luhmann (Theorie der Sozialwissenschaft oder Technologie? in: Theorie der Gesellschaft oder Sozialtechnologie, 1971, 228 f.) modifiziert Habermas seine Auffassung auf einen Einwand von K. O. Apel hin dahin, daß »zwischen der in Handlungszusammenhänge eingelassenen Erfahrung von Gegenständen einerseits und dem erfahrungsfreien und handlungsentlasteten Diskurs andererseits« eine Differenz bestehe.
179 Erkenntnis und Interesse, 1968, 236 ff., 260 f. u. ö.
180 Erkenntnis und Interesse (1965), in: Technik und Wissenschaft als »Ideologie«, 1968, 160. Wichtig ist hier der auch bei Rickert gebrauchte Begriff des Gesichtspunkts. Vgl. auch: Erkenntnis und Interesse (1968) 356, wo es heißt, daß allein die Interessen den Erkenntnissen der Wissenschaft »Bedeutung« geben können.

ist bei Habermas – genauer: in dieser Phase seines Denkens – der bei Weber begonnene Prozeß der Umkehrung von der werttheoretischen zu einer handlungstheoretischen Begründung der Kulturwissenschaften zu einem Abschluß gekommen. Die Umkehrung ist gekennzeichnet durch die These, »daß Erkenntnistheorie nur als Gesellschaftstheorie durchgeführt werden kann«.[181]
Die den Problemhorizont der Transzendentalphilosophie sprengende Übertragung des Begriffs des Transzendentalen aus der Selbstreflexion des Bewußtseins auf die Frage nach Möglichkeitsbedingungen von Erscheinungen (im Kantischen Sinne des Wortes) wie der »Menschengattung«[182] impliziert »die naturalistische Zurückführung von transzendentallogischen Bestimmungen auf empirische«, die Habermas gerade vermeiden möchte.[183] Daß die »Reproduktion des Lebens auf anthropologischer Ebene kulturell durch Arbeit und Interaktion bestimmt ist«, geht nicht über den »biologischen Bezugsrahmen von Reproduktion und Arterhaltung«[184] hinaus, sondern bezeichnet nur dessen humanbiologische Modifikation. Habermas kritisiert an Nietzsche, daß dieser das erkenntnisleitende Interesse »naturalistisch mißverstehen« mußte, weil bei ihm »Interesse und Trieb unmittelbar eins sind«.[185] Was sich daran ändern soll dadurch, daß Habermas das erkenntnisleitende Interesse als transzendental ausgibt[186], bleibt unerfindlich. Wie kann Selbstreflexion über einen ihr vorgegebenen, in der »Naturbasis« des Geistes begründeten transzendentalen Bezugsrahmen hinausführen, zumal der Reflexion selbst durch ein auf diese Basis zurückgehendes Emanzipationsinteresse die Richtung vorgezeichnet ist? Es ist nicht erkennbar, wie Habermas vom Ansatz des Interesses her der Konsequenz Nietzsches entgehen will, daß »die vom Interesse gesetzten subjektiven Bedingungen der Objektivität möglicher Erkenntnis den Sinn der Unterscheidung zwischen Illusion und Erkenntnis als solchen affizieren«.[187] Auf

181 Erkenntnis und Interesse, 1968, 353 Anm. 117.
182 So besonders deutlich in der Vorlesung »Erkenntnis und Interesse« (1965) l. c. 161.
183 Erkenntnis und Interesse (1968) 241 f. Vgl. dazu auch die Ausführungen von M. Theunissen a. a. O. 23 ff.
184 ebd. 242.
185 ebd. 362.
186 Die Kritik an Nietzsche konzentriert sich darauf, daß dieser »seine Kritik am objektivistischen Selbstverständnis der Wissenschaft nicht als Erkenntniskritik sich eingestehen konnte« (362).
187 ebd.

Kants Begriff des »reinen Interesses« der Vernunft an sich selbst, das mit Erkenntnis eins ist, beruft Habermas[188] sich deswegen zu unrecht, weil die Reinheit des Selbstinteresses der Vernunft bei Kant gerade durch ihre Unabhängigkeit von der Naturbasis sinnlicher oder empirischer Interessen bedingt ist, während Habermas sämtliche Interessen auf jene Naturbasis zurückführt. Die Möglichkeit, daß alle Reflexion schon von dieser Interessenbasis her einer »systematisch verzerrten Kommunikation«[189] angehören könnte, läßt sich unter solchen Umständen nicht ausschließen. Aus ihr führt auch »die Idee der Wahrheit, die sich am wahren Konsensus bemißt, nämlich an einem solchen Konsensus, der zwanglos und unverzerrt zustande gekommen ist«[190], nicht hinaus. N. Luhmann hat mit Recht bezweifelt, »ob das Phänomen der Konsensbildung bei längerer, freier Gruppendiskussion überhaupt etwas mit Wahrheit zu tun hat – oder vielleicht nur mit Reduktion von Komplexität durch Angleichung und konsistenten Gebrauch symbolischer Schemata«.[191] Wenn Habermas gegen Luhmann behauptet: ». . . Wahrheit läßt sich sehr wohl durch »Freisetzung« von Kommunikation, und zwar nur auf diesem Wege, erreichen«[192], so ist damit noch nicht mehr als eine bloße Versicherung abgegeben. Das Kriterium der Zwanglosigkeit vermag für sich allein nicht auszuschließen, daß der Konsens auf bloßer Konvention beruhen könnte.

In der Diskussion mit Luhmann hat Habermas die Konzeption von »Erkenntnis und Interesse« einschneidend verändert, indem er die Vorstellung der Menschengattung als eines durch ihre Geschichte sich selbst konstituierenden Subjektes ausdrücklich aufgegeben hat.[193] Das konnte nicht ohne Rückwirkungen auf den Begriff der erkenntnisleitenden Interessen bleiben. Jene »Grundorientierungen« konnten die transzendentale Funktion erkenntnisleitender Interessen

---

188 ebd. 244 ff., vgl. 261, 349 ff. und: Technik und Wissenschaft als »Ideologie«, 1968, 164.
189 Diesem Problem widmet sich der Aufsatz: »Der Universalitätsanspruch der Hermeneutik« (in: Hermeneutik und Dialektik I, Festschrift für H.-G. Gadamer, 1970, 73–104, abgedruckt auch in dem Sammelband »Hermeneutik und Ideologiekritik«, 1971, 120–159).
190 Hermeneutik und Ideologiekritik, 1971, 155 und 153. Siehe auch schon »Erkenntnis und Interesse« 1965, l. c. 164. Die Konsensustheorie der Wahrheit hat Habermas weiterentwickelt in seiner Diskussion mit Luhmann: Theorie der Gesellschaft oder Sozialtechnologie, 1971, 223, vgl. 123 ff. Siehe dazu unten Anm. 402.
191 N. Luhmann in: Theorie der Gesellschaft oder Sozialtechnologie, 1971, 343 Anm.
192 ebd. 242.
193 ebd. 173 ff., bes. 179.

nämlich erklärtermaßen nur im »Rahmen ... des Konzeptes einer als *Bildungsprozeß* begriffenen Gattungsgeschichte« gewinnen, in der »sich das Gattungssubjekt als solches erst konstituiert«.[194] Anstatt den als Ersatz des Kollektivsubjektes sich anbietenden Systembegriff[195] zu übernehmen, erklärt Habermas den transzendentalen Subjektbegriff nun mit Luhmann als monologische Abstraktion vom »Prozeß der intersubjektiven Konstitution einer sinnhaftgegenständlichen Welt« (173 f.), um sich noch entschiedener einer »Theorie der umgangssprachlichen Kommunikation« zuzuwenden (180). In ihr haben »Interessen« nur noch untergeordnete Bedeutung als aus dem kommunikativen Konsensus herausgelöste Bedürfnisse und »wieder monologisch gewordene Wünsche« (252). Menschliches Handeln orientiert sich erst dann an konkurrierenden Interessen, »wenn der Konsensus über geltende Normen (und die darin festgelegte Verteilung der Chancen bedingter legitimer Bedürfnisbefriedigung) zerbricht, d. h. wenn die Legitimationen der geltenden Normen erschüttert und das Gleichgewicht der durch diese Normen geregelten Interaktionssysteme gestört wird« (253). Im »Normalfall« (253) einer »durch gemeinsame kulturelle Überlieferung vereinigten Gruppe« haben dagegen die den Interessen zugrunde liegenden Bedürfnisse intersubjektiv verbindliche Deutung und Anerkennung gefunden im Rahmen von – Kulturwerten! »Kommunikatives Handeln ist an kulturellen Werten orientiert, strategisches (monologisches) Handeln ist interessenorientiert« (252).

Man sollte erwarten, daß mit dieser Rückkehr zur Überordnung von »Kulturwerten« über »die Bedürfnisimperative des einsam Handelnden« (252)[196] der Ansatz der Handlungstheorie selbst als »monologische« Abstraktion von den intersubjektiven Sinnzusammenhängen durchschaut würde. Zu diesem Schritt, der in der Konsequenz der Abwendung von einer transzendentalphilosophische

194 Erkenntnis und Interesse, 1968, 243.
195 Theorie der Gesellschaft oder Sozialtechnologie, 1971, 271. Die folgenden Seitenangaben im Text verweisen auf diesen Band.
196 Das Heraustreten der Sonderinteressen aus einem zerbrechenden kommunikativen Konsensus und vor allem eine Behauptung des gesellschaftlichen Systems gegen sie durch ihre Repression oder Umsetzung in Projektionen bleibt allerdings für Habermas immer noch Kriterium unwahrer, verzerrter Kommunikation, die der Herrschafts- und Ideologiekritik verfällt (353 ff.). Die Ambivalenz und geschichtliche Relativität der den Interessen zugrunde liegenden Bedürfnisse selbst (cf. oben 91) bleibt auch jetzt noch unberücksichtigt.

Funktion beanspruchenden Handlungstheorie läge, hat Habermas sich bisher nicht entschließen können. Zwar hat er in »Vorbereitende Bemerkungen zu einer Theorie der kommunikativen Kompetenz« (ebd. 101 ff.) den »eingelebten und normativ abgesicherten Sprachspielen« im Zusammenhang kommunikativen Handelns den allein der Verständigung (115) und »der Begründung problematisierter Geltungsansprüche von Meinungen und Normen« (117) dienenden »Diskurs« als handlungsentlastete Form der Kommunikation gegenübergestellt (114 ff.). Aber Habermas bestimmt die Funktion des Diskurses, wie in der Auseinandersetzung mit Luhmann deutlich wird, doch immer noch im Zusammenhang der Handlungstheorie, indem er den Diskurs als Ausweg aus deren Aporien und nicht etwa als selbständiges und fundamentaleres anthropologisches Thema, dem auch der Handlungsbegriff unterzuordnen wäre, einführt: »Erst wenn diese natürliche Einstellung der Lebenspraxis erschüttert, wenn der supponierte Geltungsanspruch als solcher thematisch wird, treten wir in den Diskurs ein...« (198). Nach Habermas ist zwar das kommunikative Handeln selbst abhängig von Diskursen (202), und das sollte eigentlich erfordern, die »Explikation von Sinnzusammenhängen«, um die es in Diskursen »ausschließlich« geht (200), als der ganzen Handlungstheorie gegenüber fundamentalere Thematik zu behandeln. Aber einstweilen bringt Habermas noch umgekehrt den Diskurs (und also das Sinnbewußtsein) nur als in den Interaktionszusammenhang schon »eingebettet« (213) zur Sprache. Wie es aber innerhalb einer handlungstheoretisch angesetzten Betrachtungsweise möglich sein soll, daß der Rahmen des Interaktionszusammenhangs für den Diskurs seine Wirksamkeit verliert, virtualisiert (ebd.) bzw. suspendiert (200) wird, das bleibt unerfindlich, zumal wenn wir »Gegenstände möglicher Erfahrung nur im Bezugssystem von Handlungen konstituieren« (210), dem Handlungssystem also transzendentale Funktion als Bedingung der Möglichkeit von Erfahrung überhaupt zugeschrieben wird. Auch der »Vorgriff auf die ideale Sprechsituation« (136, 140 f.) kann diese Frage *dann* nicht lösen, wenn er in einem durch solchen Vorgriff nicht schon *seinerseits* konstituierten Interaktionszusammenhang auftreten soll. Dann nämlich wird die Möglichkeit eines solchen Vorgriffs selbst zweifelhaft angesichts der transzendentalen Funktion des »Bezugssystems von Handlungen«. Ist aber der Vorgriff auf ideale Sprechsituation,

Diskurs und Sinn für *alles* Handeln immer schon auf die eine oder andere Weise konstitutiv, dann wäre das Sinnbewußtsein für sich, unabhängig von der Handlungstheorie zu klären, damit durch das Sinnbewußtsein allererst konstituierte Phänomene wie das Handeln überhaupt adäquat zugänglich werden.

Der Sinnbegriff und sein Verhältnis zur Handlungstheorie stehen im Mittelpunkt der Diskussion zwischen Habermas und Luhmann. In der Sicht Luhmanns bietet die Handlungstheorie für sich allein der Soziologie keine ausreichende Basis. »Sinn von vornherein nur als Sinn von Handlungen« zu fassen, erscheint ihm als ungerechtfertigt, denn: »Auch Sinn von Handlungen impliziert stets die Welt im ganzen. Auch Schnee, Eigentum, Gerechtigkeit, Teller, Kapitalismus usw. können im Handlungssystem relevant werden, ohne Handlungen zu sein« (76). Daher behauptet Luhmann im Hinblick auf Sinnerfahrung[197] einen »Primat des Erlebens« (306 cf. 75 ff.) und dementsprechend für die Soziologie die Überlegenheit des systemtheoretischen über den handlungstheoretischen Gesichtspunkt (319).

Dagegen hat Habermas einen ähnlichen Einwand erhoben wie bereits früher gegen die Behandlung der Kulturwerte bei Parsons (und schon bei Weber) als einer bloßen *Voraussetzung* soziologischer Untersuchungen: Die Intersubjektivität des Sinnvertrauens verlangt »in erster Linie die Rekonstruktion der Erzeugung jener ›Gemeinsamkeit‹ (Dilthey), in der die Identität von Bedeutung begründet ist« (188). Bei Dilthey blieb das Problem eines solchen Bildungsprozesses allerdings verdeckt durch die Annahme der Einheit des »Lebens« in den Individuen. Habermas möchte die Genesis dieser Gemeinsamkeit im Anschluß an G. H. Mead (190 ff.) aus dem Kommunikationsprozeß und der in ihm sich herausbildenden »wechselseitige(n) Antizipation von Erwartungen gegenüber Subjekten, die sich gegenseitig als Subjekte anerkennen«, verstehen. Erst daraus resultiere »die Intersubjektivität der Geltung, also Identität der Bedeutung von Symbolen« (192). Entscheidend ist dabei die Voraussetzung der Wechselseitigkeit der Erwartungen und der identische Gehalt dieser wechselseitigen Erwartungen. Darum muß Habermas fordern, »die Identität der Bedeutung auf die intersubjektive Anerkennung von *Regeln* zurückzuführen« (189, Hervor-

---

[197] Statt von Sinnerfahrung spricht Luhmann allerdings von »Sinnkonstitution«. Auf die Problematik dieses Begriffs ist unten noch zurückzukommen.

hebung von W. P.). Damit aber setzt er sich dem Einwand Luhmanns aus, daß »Regeln selbst sinnhaft schon sein müssen, um begründen zu können«, und daß darum doch »das Sinnproblem tiefer liegt als das Regelproblem« (303).
In der Tat ist auf seiten jedes agierenden Individuums die Fähigkeit zur Selbsttranszendenz auf »Allgemeines« hin schon vorausgesetzt, damit es einen anderen als ein »anderes Ich« überhaupt wahrnehmen (Luhmann 51 f.) und an einem Kommunikationsprozeß teilnehmen kann. Der Sache nach – und damit wird der Zusammenhang mit schon von Hegel gewonnenen Einsichten in die Konstitution des Ichbewußtseins sichtbar – geht es bei Luhmanns Begriff des Sinnes als »Überziehen der Potentialitäten des aktuellen Erlebens durch ein Erfassen und Präsentieren von Nichtmiterlebtem« (40), nämlich von latenten »Möglichkeiten weiteren Erlebens und Handelns« (32, vgl. 37) eben um das ursprüngliche, diffuse Gewahrsein des Allgemeinen durch Negation[198] des Besonderen. Weil es sich dabei nicht um das als solches (abstrakt) reflektierte Allgemeine handelt, spricht Luhmann statt dessen mit Recht von Sinnerleben. Die darin implizierte Fähigkeit zur Erfassung des Allgemeinen als »immanente Transzendenz des Erlebens« (31) über das aktuell Gegebene kann – gegen Habermas und G. H. Mead – nicht aus einem Prozeß der Kommunikation hergeleitet werden, weil es vielmehr schon Vorbedingung aller menschlichen Kommunikation und aller Intersubjektivität ist. Wenn Habermas behauptet: »Sinn ist ohne intersubjektive Geltung nicht zu denken« (195, vgl. 188), dann überspringt er die vorgängige Bedingtheit von Intersubjektivität selbst durch die »immanente Transzendenz« des Erlebens vermöge des in ihm liegenden Momentes von Allgemeinheit. Allerdings ist Habermas insoweit recht zu geben als solches Sinnerleben sich nicht behaupten und artikulieren kann ohne Intersubjektivität in umgangssprachlicher Kommunikation. Dennoch geht das Grundphänomen des Sinngewahrens nicht erst aus dem Prozeß solcher Kommunikation hervor und ist insofern auch nicht erst ein sprachliches *Produkt,* son-

198 Habermas bemerkt dazu, daß es ihm »schwer fällt, vorzustellen, was Negation vorsprachlich, also unabhängig vom Neinsagen, heißen kann« (187 f.). Doch muß die Fähigkeit zur Distanzierung von Eindrücken als für die Ausbildung von Sprache bereits vorausgesetzt angenommen werden. Darin liegt schon das logische Moment der Negation. Ihr positives Korrelat, das in der Tat nur durch Sprache erfaßbar wäre, kann dabei noch unbestimmt bleiben. Daß »identische Bedeutungen« erst durch Sprache möglich sind (188), braucht daher nicht bestritten zu werden.

dern vielmehr schon Bedingung der unbestimmten Allgemeinheit von Sprachsymbolen. Das schließt wiederum nicht aus, sondern ermöglicht geradezu, daß die *bestimmte* Auffassung von Sinnzusammenhängen (und also auch die Bildung von so etwas wie »Wertsystemen«) durch den Prozeß umgangssprachlicher Kommunikation vermittelt ist. Nur liegen die unausdrücklich im aktuellen Erleben schon miterfaßten Bedeutungszusammenhänge der ihnen explizite Bestimmtheit verleihenden Deutung im Prozeß umgangssprachlicher Kommunikation schon voraus, und *nur darum kann es Streit zwischen verschiedenen Sinndeutungen geben.* Nur darum kann aber auch ein Konsens im Sinnverstehen – sei es in der Form stillschweigenden »Einverständnisses«[199], sei es durch ausdrückliche Orientierung an tradierten oder in Auseinandersetzung mit der Tradition entwickelten Sinngehalten – mehr sein als bloße Konvention und gerade darum offen bleiben für weitergehende Prozesse kritischer Reflexion.

Habermas' Mißtrauen gegen Luhmanns Begriff des Sinnerlebens und gegen die These eines Primates solchen Erlebens gegenüber dem Handeln ist teilweise verständlich wegen Luhmanns Behauptung einer »Konstitution« von Sinn durch Erleben (53 f., 60, 77). Mit Recht erkennt Habermas darin eine Abhängigkeit von Husserls Konstitutionstheorie der Erkenntnis (180), und mit der Konstitution durch das absolute Bewußtsein des erlebenden Ich bleibt Luhmanns Sinnbegriff in der Tat noch »monologisch«: »Das einsame Subjekt bleibt Ausgangspunkt seiner Analyse« (188)[200], im Widerspruch allerdings zu Luhmanns eigener Kritik des monologischen Modells transzendentaler Subjektivität[201] und zu seiner Ableh-

---

199 Dieses Phänomen hat schon Max Weber, Wissenschaftslehre 452 ff., analysiert, ohne jedoch zu erkennen, daß es über seinen wertintentionalen Sinnbegriff hinausweist, da die Unbestimmtheit eines unmittelbar erlebten Einverständnisses durch Beziehung auf diesen oder jenen spezifischen Wert nicht erschöpft wird.
200 Das zeigt sich weiter auch daran, daß Sinn und Sinndeutung bei Luhmann ineinanderfließen. So kann er den Sinnbegriff folgendermaßen definieren: »Sinn ist eine bestimmte Strategie (!) des selektiven Verhaltens (!) unter der Bedingung hoher Komplexität« (12) (vgl. 302). Hier wird Sinn geradezu als ein Handeln, jedenfalls als »Verhalten« oder Verhaltensstrategie definiert, was Luhmanns Beschreibung des Sinnerlebens als Bewußtsein des unausdrücklichen Mitgegebenseins eines Hofes von »Möglichkeiten« im aktuellen Erleben deutlich widerspricht: Die *Reduktion* dieser Vielfalt durch »sinnhafte Identifikationen«, die darauf aus ist, »Einheit in der Fülle des Möglichen zu schaffen« (12), läßt sich allenfalls als *Sinndeutung* verstehen, die die unbestimmte Komplexität ursprünglichen Sinngewahrens »reduziert«.
201 Siehe Luhmanns Ausführ. 51 f. bes. Anm. 25, zustimmend zit. von Habermas 173 ff.

nung der Auffassung von Sinn als subjektiver Intention (26 f.). Luhmann beabsichtigt, den Sinnbegriff »ohne Bezug auf den Subjektbegriff zu definieren, weil dieser als sinnhaft konstituierte Identität den Sinnbegriff schon voraussetzt« (28). Eben deshalb gibt er der Systemtheorie den Vorzug vor der Handlungstheorie (28 f.). Seine Einwände gegen die Eignung von Handlungstheorien zur Grundlegung der Sozialwissenschaften (318 f., 75 ff.) lassen sich geradezu auf die Formel bringen, daß eben der Handlungsbegriff den »monologischen« Subjektbegriff schon voraussetzt und deshalb die Weite der Sinnthematik verfehlt. Luhmann und Habermas wollen beide den Sinnbegriff auf der Ebene der Intersubjektivität unabhängig von der vorgängigen Bindung an die Intentionalität eines »monologischen« Subjektes entwickeln[202], und jeder von ihnen sieht beim andern diese Thematik verfehlt. Tatsächlich haben beide die Schranken eines intentionalen, sei es als reine Gegenstandsintention oder als Wertintention gefaßten, immer aber auf einen vorausgesetzten Subjektbegriff zurückbezogenen Verständnisses von »Sinn« noch nicht völlig überwunden. Ein solches Verständnis liegt insbesondere auch überall da zugrunde, wo Sinn als Wertbeziehung gedeutet wird, weil Werte ihrem Begriff nach nur für ein wertendes Subjekt da sind. Um diese Aporien zu überwinden, wäre auf die Diltheyrezeption zurückzukommen, die Habermas vorzeitig, wie später zu zeigen sein wird, abgebrochen hat. Bei Dilthey ist zwar die Sinn*erfahrung* ebenfalls relativ auf das erlebende Subjekt. Aber der Begriff des Sinnes ist vorgängig durch die Kategorien von Teil und Ganzem bestimmt. Die Problematik der Subjektivität und Relativität der Sinnerfahrung ergibt sich erst daraus, daß im noch unabgeschlossenen Prozeß der Geschichte der Horizont des »Ganzen«, innerhalb dessen die »Teile« ihre Bedeutung haben, sich ständig verschiebt (s. aber unten Anm. 257).

Luhmann kommt dem kontextuellen Sinnbegriff Diltheys sehr nahe, wenn er von der Präsenz des Nichtmiterlebten im aktuellen

---

[202] Das gilt allerdings noch nicht für Habermas' frühere Äußerungen. Dort ist der Grundbegriff des Handelns zwar durchweg als »intentional« gefaßt worden, Intentionalität aber offenbar nicht im Sinne Husserls als »Bewußtsein von etwas« (Ideen zu einer Phänomenologie und phänomenologischen Philosophie I, 1950, 80 f.) gedacht, sondern eher im Sinne von Wertrationalität. In diesem Sinne spricht Habermas noch in seiner Diskussion mit Luhmann (181) in bezug auf Parsons vom »Begriff des intentionalen, wertorientierten Handelns . . ., das einem seine Situation deutenden Subjekt zugerechnet wird«.

Erlebnis spricht (40). Der Horizont latenter Bedeutungsbeziehungen, in dem das aktuell Erlebte sich darstellt, ist freilich nicht nur »Fülle des Möglichen« (12), obwohl er eine Vielfalt von Möglichkeiten ausdrücklicher Vergewisserung des im aktuellen Erlebnis implizit Mitgegebenen *eröffnet*. Vielmehr repräsentiert er, trotz seiner Beweglichkeit und Verschiebbarkeit, das »Ganze« des Kontextes, der die Bedeutung des einzelnen aktuellen Erlebnisses bestimmt. Das gilt nicht nur für die Mitgegenwart des Zukünftigen und Vergangenen im gegenwärtigen Moment (54 ff.), sondern auch für das Verhältnis von Form und Inhalt als »am Sinn selbst erscheinende Anleitungen für ein fortschreitendes Erfassen des Sinnes« (69), sofern nämlich Form »ein wahrnehmbarer und konstruktiver Vorgriff auf die Gesamtheit möglicher Inhalte« (68) ist. Der Vorgriff auf Totalität leitet das fortschreitende Eindringen in die Bedeutungszusammenhänge des im aktuellen Erlebnis erfaßten Sinngehalts, weil seine Bedeutungsbezüge nur im Zusammenhang seines Kontextes Bestimmtheit haben oder gewinnen. Darum impliziert auch der Sinn von Handlungen »stets die Welt im ganzen« (70). Die Totalität des Kontextes, die die Bedeutung der einzelnen Erlebnisse und Handlungen festlegt und so ihren Sinn konstituiert[203], bleibt unreflektiert, wenn Sinn auf Handlungsintentionen reduziert wird. Dann bestimmen unbemerkt bleibende Sinnvorgriffe den Sinn, der angeblich durch Prozesse kommunikativen Handelns hervorgebracht wird. Auch das ist Ideologie, Verdeckung tatsächlicher Bedeutungszusammenhänge im Dienste undiskutierter Sinndeutungen. Dagegen sind »Weltbilder«, auch wenn sie bestehende oder noch zu schaffende Sozialsysteme (die bisher immer auch Herrschaftssysteme waren) »legitimieren«, keineswegs schon »stets ideologisch«, wie Habermas meint (259). Das ließe sich nur dann behaupten, wenn sie keinen »ungezwungenen Diskurs« zuließen, weil in einem solchen »die bestehenden Institutionen, ließe man ihn zu, eines falschen Anspruchs überführt würden« (ebd.). Doch läßt sich nicht von vornherein ausschließen, daß bestimmte Sozialsysteme – und das heißt bisher immer auch: bestimmte Herrschaftsstrukturen – den objektiven Bedingungen und Möglichkeiten ihrer

---

203 Also nicht das Erleben konstituiert den Sinn (so Luhmann 53 f.), sondern umgekehrt die Totalität des (geschichtlich offenen) Kontextes und also der Sinnzusammenhang konstituiert die Bedeutung, den Stellenwert des einzelnen Erlebnisses. Erst so läßt sich Luhmanns Intention realisieren, »nicht Sinn durch Subjekt zu definieren, sondern umgekehrt Subjekt durch Sinn« (12).

Zeit angemessen sind und relativ zu diesen Bedingungen ein Höchstmaß von Freiheit ermöglichen. Ein »Weltbild«, das eine derartige Würdigung eines bestimmten Sozialsystems erlaubt, ohne falsche Ansprüche auf dessen unüberholbare Geltung zu begünstigen, brauchte weder ideologisch zu sein, noch müßte es den »ungezwungenen Diskurs« scheuen. Umgekehrt bedarf jede, auch die freiheitlichste soziale Ordnung solcher »Legitimation« durch »Weltbilder«, an denen sich *bemißt*, inwieweit die sozialen Normen als sinngerecht in bezug auf den Erfahrungs- und Sinnzusammenhang der im Erleben schon mitgegebenen »Welt im ganzen« gelten können. Darin liegt geradezu die Forderung »ungezwungenen Diskurses« begründet, damit der Anspruch auf Übereinstimmung in diesem Verhältnis ständig überprüft wird: erstens, inwieweit die im Erleben immer schon mitgegebene »Welt im ganzen« in der Form eines bestimmten Weltbildes wirklichkeitsgerecht antizipiert ist, und zweitens, inwieweit in solchem Licht das soziale Normensystem korrekturbedürftig ist. Wenn auf solche Weise »Weltbilder« in der Geschichte nicht nur der Stabilisierung, sondern auch der Kritik institutionalisierter Normen gedient haben, so ist gerade die Möglichkeit der Kritik in der Angewiesenheit des sozialen Systems auf Rechtfertigung begründet: Nur insoweit eine soziale Ordnung den »Sinn« der erfahrenen Wirklichkeit im ganzen *samt der an ihr erfahrenen Sinndefizienz* repräsentiert, brauchen ihre Normen von den Individuen nicht als repressiv, nämlich als letztlich willkürliche Normsetzungen anderer Individuen empfunden zu werden.

Auch als *Kriterium der Differenz von Repression und Emanzipation* also ist der die Einengung auf Handlungssysteme und den in ihnen intendierten Sinn sprengende, hier unter dem Begriff des Weltbildes diskutierte, in den Kultursystemen der Geschichte vornehmlich durch die Religionen vertretene Vorgriff auf die Sinntotalität der Lebenswelt konstitutiv. Das ist darum so, weil die »Kulturwerte« ihrerseits erst aus der Totalität des Sinnbewußtseins einer Kultur hervorgehen. Im Begriff des Kulturwertes liegt selbst schon eine Reduktion der Weite des im Erleben latent gegenwärtigen Sinnes auf Handlungsorientierung. Eben dadurch sind Kulturwerte, als isolierte Normen genommen, zu arbiträren Axiomen von Handlungssystemen geworden. Die beharrliche Frage von Habermas nach dem Bildungsprozeß, aus dem diese Kulturwerte selbst hervorgehen, läßt sich jenseits konventionalistischer Lösungen – zu denen auch eine auf Prozesse kommunikativen Handelns eingeschränkte Betrachtungsweise führen muß – nur dann klären, wenn auf die Vermittlung der kulturellen Handlungsnormen durch die Totalität des in den Erlebnis- und Handlungszusammenhang einer geschichtlichen Lebenswelt verflochtenen Sinnbewußtseins einer Kultur oder vielmehr des darin präsenten Sinnes selbst, des »Geistes« einer Kultur oder einer kulturellen Epoche reflektiert wird.[204] Zu diesem Ergebnis wird auch die Erörterung der Thematisierung der religiösen Sinnerfahrung unter den einschränkenden Bedingungen des Wertbegriffes bei Ernst Troeltsch zurückführen.

Soziologische Handlungstheorien bleiben, das ist das Resultat dieser Untersuchung, abhängig von Sinndeutungen, die ihrerseits auf die im aktuellen Erleben latent gegenwärtige Sinntotalität der geschichtlichen Lebenswelt bezogen sind. An dieser Abhängigkeit ändert sich auch dadurch nichts, daß Sinndeutungen als bestimmende Festlegungen jener ins Unbestimmte sich weitenden Sinntotalität geschichtlich strittig bleiben. Handlungstheorien können wegen solcher Abhängigkeit jedenfalls nicht selbst die wissenschaftstheoretische Grundlegung der Kultur- oder Geisteswissenschaften leisten. Die Sinnthematik aber dürfte, obwohl – aber auch gerade weil – Sinn Grundbegriff der Soziologie ist, ihre fundamentale Klärung nicht im begrenzten Rahmen soziologischer Grundlagendiskussion erfahren. Nicht zuletzt die Abgrenzung der Soziologie als Strukturwissenschaft von der Geschichte zieht hier Schranken: Wenn der Bildungsprozeß, der zur Herausbildung von »Kulturwerten« führt, nur im konkreten Prozeß der Wandlungen der Sinnerfahrung in der Geschichte einer soziokulturellen Lebenswelt verfolgt werden kann,

---

204 *H. Rickert,* Die Grenzen der naturwissenschaftlichen Begriffsbildung, 2. Aufl. 1913, 354 ff. hat umgekehrt die Bedingtheit jeder Auffassung eines »Ganzen« in der Geschichte durch die Beziehung auf einen von ihm unterschiedenen Wert behauptet. Der »allgemeine Zusammenhang, dem die Geschichte die einzelnen Individuen einzuordnen hat«, sei nämlich seinerseits »ebenfalls ein Individuum«, so daß seine Einheit erst durch wertbeziehende Betrachtung konstituiert sei (358). Dabei ist jedes Ganze einem größeren Ganzen eingeordnet. Das letzte *historische* Ganze aber kann nach Rickert nicht das Weltall sein, sondern nur die Menschheitsgeschichte, weil sonst die Konstituierung als Ganzes (und d. h. als historischer Gegenstand überhaupt) durch individualisierende Heraushebung aus einem weiteren Kontext auf Grund einer Wertbeziehung auf das umfassendste Ganze nicht mehr anwendbar wäre (359). Die Einheit von Individuen wie von geschichtlichen Totalitäten ist jedoch nicht von Wertgesichtspunkten abhängig, wie Rickerts Theorie des historischen Individuums mit seiner Ableitung der individuellen Einheit aus der Einzigartigkeit es behauptete (305 ff.), sondern wird als *gestalthafte* Einheit erfaßt, wobei die erfaßte Form hier wie sonst die komplexe Totalität des Sinngehaltes antizipiert.

dann sind alle Untersuchungen »typischer« Strukturzusammenhänge bereits auf durch jenen Prozeß vermittelte Sinnannahmen angewiesen. Die wissenschaftstheoretische Grundlegung der Geisteswissenschaften insgesamt kann dann nur von der wissenschaftstheoretischen Reflexion der Bedingungen historischer Erkenntnis und historischer Begriffsbildung erwartet werden. Doch kann das wiederum nur geschehen, wenn in solcher Grundlagenreflexion alle Dimensionen der menschlichen Wirklichkeit, die von den verschiedenen humanwissenschaftlichen Disziplinen (unter ihnen auch der Soziologie) ausgearbeitet werden, integriert werden. Auch hier läßt sich die Wechselseitigkeit von Erwartungsvorgriffen nicht überschreiten, so sehr diese ihrerseits durch eine vorgängige Sinntotalität bedingt sein mag, die aber gerade als solche nicht endgültig und unstrittig in bestimmter Gestalt zugänglich ist.

3. Ernst Troeltschs geisteswissenschaftliche Grundlegung der Theologie

Man klassifiziert die Arbeiten von Troeltsch oft als theologische Variante des Historismus. Mit besserem Recht jedoch könnte man seine Begründung der Theologie als eine geisteswissenschaftliche charakterisieren. Das entspricht der engen Verbindung seines Denkens mit den Ansätzen von Dilthey und Rickert[205] und seiner Nachbarschaft zur geisteswissenschaftlichen Begründung der Sozio-

---

205 Troeltsch hat 1913 rückblickend von einer »Verschiebung« seines philosophischen Standpunktes seit der Veröffentlichung seiner ersten großen Abhandlung über »Die christliche Weltanschauung und ihre Gegenströmungen« (1894) gesprochen, einer Verschiebung »von Dilthey und Lotze zu Windelband und Rickert« (Gesammelte Schriften II, 1922, 227). Man vergleiche dazu besonders die in der umfangreichen Rezension von H. Rickerts Werk über »Die Grenzen der naturwissenschaftlichen Begriffsbildung« (zuerst 1904 in der Theologischen Rundschau, jetzt II, 673–728) enthaltene Bemerkung über Dilthey (680 f.), der der mechanistisch-atomistischen Metaphysik lediglich eine »psychologische Geschichtsmetaphysik« gegenübergestellt habe. Dennoch hält Troeltsch in dieser Rezension noch an einer Psychologie fest, die entgegen Rickert nicht in einer nomothetischen Naturwissenschaft aufgehe und die als »Voraussetzung des Transzendentalismus« bezeichnet wird. Bereits ein Jahr später, in seiner Schrift über »Psychologie und Erkenntnistheorie in der Religionswissenschaft«, 1905, hat Troeltsch der Überordnung der Erkenntnistheorie über die Psychologie zugestimmt. Über Troeltschs Verhältnis zu seinem Lehrer (II, 754) Dilthey siehe auch E. Spieß: Die Religionstheorie Ernst Troeltschs, 1927, 77–104, über dasjenige zu Rickert vgl. E. Lessing: Die Geschichtsphilosophie Ernst Troeltschs, 1965, 60 f.

logie durch Max Weber. Dabei ist Troeltsch wie auch jene anderen Denker nicht so sehr selbst Historist als vielmehr schon Erbe des Historismus gewesen.

Wie die Bemühungen des frühen Dilthey um eine Theorie der Geisteswissenschaften, so setzen auch diejenigen von Ernst Troeltsch um die »Selbständigkeit der Religion« (1895) eine Psychologie, und zwar eine philosophische, nicht naturwissenschaftlich konzipierte Psychologie als ihre Basis voraus.[206] Ihre konkrete Gestalt ist bei Troeltsch vor allem durch W. Wundt beeinflußt worden.[207] Troeltschs psychologische Ausführungen konzentrieren sich jedoch ganz auf das religionspsychologische Interesse, nämlich auf eine Auseinandersetzung mit Auffassungen, die »eine entwicklungsgeschichtliche Erfüllung der leeren Psyche aus der sinnlichen Außenwelt annehmen« und dementsprechend Moral, Ästhetik und Religion »auf die rein sinnliche Erfahrung zu begründen« suchen (387). Bei der gegenüber der »sinnlichen Sphäre« selbständigen idealen Sphäre der gemeinsamen psychischen Grundfunktion handelt es sich nach Troeltsch um »ideale Wahrnehmungen geistiger Wirklichkeiten und ideale Wertgefühle mit den entsprechenden Willensantrieben« (390). Die idealen Gehalte sind im Unterschied von denen der sinnlichen Wahrnehmung nicht ablösbar von den begleitenden Gefühls- und Willenselementen (391). Vielmehr beruht nach Troeltsch die »Evidenz« dieser ganzen Sphäre der Erfahrung des Schönen, Guten und Göttlichen auf der »den Geist erhebenden und leitenden Macht« dieser »Ideen«, einer Macht, der man im Unterschied zu den von sich aus sich aufdrängenden Inhalten sinnlicher Wahrnehmung »sich hingeben muß, wenn man die Keime dieser Ideen nicht vertrocknen lassen will« (392). In dieser Beschreibung tritt nun bereits die grundlegende Bedeutung der religiösen Thematik für das Ganze des geistigen Lebens hervor; denn in der religiösen Erfahrung geht es eben um die »Beziehung auf eine unendliche ... Macht« (396), die die ganze Sphäre der idealen Erfahrung begründet: Religion ist »der Glaube an eine diese Ideale in sich enthaltende, in der Welt durchsetzende und dem Menschen hierin sein Heil gewährende Macht« (398).

[206] E. Lessing bezeichnet mit Recht die Psychologie als den »Grund des Troeltschschen Systems« (a. a. O. 56).
[207] Zeitschrift für Theologie und Kirche (ZThK) 5, 1895, 380 ff. Die folgenden Seitenangaben im Text beziehen sich auf diesen Aufsatz, der im Jahrgang 6, 1896, fortgesetzt worden ist.

Den Übergang von der Psychologie zur Geschichte findet Troeltsch durch den Gedanken Schleiermachers, daß das Allgemeine nur in individuellen Gestalten konkret wird. Die ideale Wahrnehmung, so insbesondere auch die religiöse, ist geschichtlich real nur in Gestalt individueller Idealbildungen, in denen sich die göttliche Macht »an die menschlichen Geister« bekundet.[208] Wegen der unlösbaren Zusammengehörigkeit der Wahrnehmung in der idealen Sphäre mit Wertgefühlen und Willensbestrebungen kann Troeltsch später auch von *Werten* sprechen, die das Streben des Willens sich zum *Zwecke* setzt. In dem frühen Aufsatz über die »Selbständigkeit der Religion« begegnet diese Terminologie noch nicht. Es ist nur davon die Rede, daß in der Beziehung auf jene unendliche Macht »immer der praktische Charakter der Religion als Streben nach einem höchsten Gut unausrottbar mitgesetzt ist«.[209] In der Schrift über die Absolutheit des Christentums werden die Ideale dann selbst als Werte bezeichnet[210], ohne daß Troeltsch sich der Problematik der damit verbundenen Verengung auf eine handlungstheoretische Perspektive bewußt wird.

Die weitere Argumentation steht in enger Parallele zu Dilthey: Die individuellen Unterschiede der Lebensideale und Wertbildungen

208 ZThK 6, 1896, 76 ff. und 79 f. In diesem Punkt erkennt Troeltsch schon damals eine Differenz zu Diltheys Psychologie, in der wie bei Kant »das Bewußtsein als der Erzeuger der sinnlichen wie der idealen Welt erscheint« (ZThK 5, 1895, 416), während er im übrigen die geschichtlichen Erscheinungen der Religion »etwa in dem Sinne« analysieren will, wie Dilthey das in seiner Einleitung in die Geisteswissenschaften »andeuten zu wollen scheint« (415).

209 ZThK 5, 1895, 396.

210 1895 will Troeltsch noch nicht diese ganze »Sphäre« als die der Werturteile bezeichnen (ZThK 5, 1895, 391), weil die »praktischen Wertempfindungen sich immer auf eine zuvor gegebene Idee beziehen müssen«. In der Auseinandersetzung mit J. Kaftan 1898 (Geschichte und Metaphysik, in: ZThK 8, 1898, 1—69) um die Frage, ob Ideale »aus einer Analyse der geschichtlichen Tatsachen gewonnen werden können« (ebd. 30), wird bereits von einem »werturteilsmäßigen Glauben an das ›Ideal‹« gesprochen (3, vgl. 46), das Thema im übrigen aber noch als Verhältnis von Geschichte und Ideal behandelt. Auch in der Schrift über »Die Absolutheit des Christentums und die Religionsgeschichte« 1902 kann Troeltsch noch schreiben: »neben den Gebilden des naturhaften Bedürfens erheben sich die in den Tiefen der Seelen sich bildenden Lebensinhalte und Lebensideale, die nicht bloße Produkte, sondern schöpferische Regulatoren des geschichtlichen Lebens sind und ihre Geltungsansprüche nicht auf die kausale Notwendigkeit ihrer Entstehung, sondern auf ihre Wahrheit begründen« (2. Aufl. 1912, 55 f.). Diese Ideale werden jedoch jetzt meistens als Werte bezeichnet (56, 57, 60, 63, 64, 68, 71 usw.). Daß es dabei um denselben Sachverhalt geht, macht die gelegentliche Verbindung der Begriffe »Ziel und Ideal« (79, vgl. 68) deutlich: Die teleologische Komponente im Begriff des Ideals verbindet diesen mit dem Wertbegriff.

sind im Rahmen der »Gleichartigkeit« des menschlichen Geisteslebens zu würdigen.[211] Von daher wird verständlich, daß jeder Mensch als »Mikrokosmos« der Menschheit »vermöge gewisser Analogien scheinbar fremde Zustände in ihrem Sinn und Wesen nachverstehen kann, daß also die verschiedenen Wertbildungen der Menschheit etwas Gemeinsames haben, das mit innerer Notwendigkeit dazu zwingt, die Werte gegeneinander abzuwägen und, wie die eigene Persönlichkeit, so die menschliche Geschichte von der hierbei gewonnenen Überzeugung aus zu normieren und zu beurteilen«.[212] Durch solche Konkurrenz und Auseinandersetzung »kämpfender Werte« (60) bewegen sich die verschiedenen Entwicklungslinien in der Geschichte nach Troeltsch auf ein gemeinsames Ziel zu, das der Gemeinsamkeit der menschlichen Natur entspricht, die sich in der »gemeinsamen Grundrichtung« (57) der individuellen Wertbildungen äußert. Die Idee eines solchen »gemeinsamen Zieles« (64) ermöglicht den »im freien Kampf der Ideen miteinander« sich erzeugenden Maßstab zu ihrer Beurteilung (65). Diese Vorstellung eines »gemeinsam vorschwebenden, in der Geschichte jeweils verschieden stark und klar angebahnten, aber immer vorschwebenden Zieles« (70), das Troeltsch anderwärts[213] auch durch den Begriff des höchsten Gutes kennzeichnen kann, erwächst aus dem Ineinander von Individuellem und Allgemeinmenschlichem in den konkreten Zwecksetzungen und Willensbestrebungen der Menschen, mit denen die Wahrnehmung des Idealen nach Troeltsch immer schon verbunden ist. Daher konnte er von Anfang an das Hervorgehen der Ideale oder Werte aus den Wechselwirkungen der Geschichte selbst betonen.[214] Zwar bleibt jener »Endzweck« der Menschheits-

---

211 ZThK 8, 1898, 37 f. Das Stichwort »Gleichartigkeit« findet sich ebd. 38. Beachte auch die grundlegende Bedeutung dieses Gedankens für Troeltschs Auffassung der historischen Methode, insbesondere des Analogieprinzips als Instrument historischer Kritik: II, 745 f., dazu auch III, 62.
212 Die Absolutheit des Christentums und die Religionsgeschichte, 2. Aufl. 1912, 56 f. Die folgenden Seitenangaben im Text beziehen sich auf dieses Werk.
213 So schon ZThK 5, 1895, 396. Später besonders in »Grundprobleme der Ethik« (ZThK 12, 1902) 153. Zur Sache ist der ganze Gedankengang ebd. 125–178 zu vergleichen.
214 ZThK 5, 1895, 370. Die Auseinandersetzung zwischen Troeltsch und J. Kaftan in der ZThK 1896–1898 hatte ihren eigentlichen Gegenstand in eben dieser Frage, ob Werte oder Ideale zum Geschichtlich-Faktischen äußerlich hinzukommen durch eine bekenntnishafte Wertung, oder ob sie aus dem Prozeß der Geschichte selbst hervorgehen und daher bereits durch historische Deskription zu erheben sind. Siehe bes. Troeltsch: Geschichte und Metaphysik (ZThK 8, 1898, 1–69), und darin vor allem 17 und 30 ff.

Die Emanzipation der Geisteswissenschaften

entwicklung »als Ganzes und Fertiges doch der Geschichte jenseitig« (69). Aber »das der Historie transzendente Ziel... kann doch in ihr an den verschiedenen Stellen der Erhebung zu höheren Lebensinhalten in einer der historischen Voraussetzung und Lage angemessenen Weise sich offenbaren, und diese verschiedenen Offenbarungen können miteinander sich messen und vergleichen...« (64). Dabei muß der Maßstab solchen Vergleichens »im freien Kampfe der Ideen« selbst »immer neu gewonnen« werden (65).
So entsteht bei Troeltsch ein Bild der Religionsgeschichte, das der Konzeption Diltheys von einem »Zweckzusammenhang der Geschichte der Menschheit«, der aus den individuellen Zwecken und ihrer »Wechselwirkung« sich bildet, dabei aber durch die individuellen »Willen« und ihre Absichten »hindurchgreift«[215], sehr ähnlich ist. Der Gedanke eines Zweckzusammenhangs der Menschheit führt bei Dilthey allerdings nicht wie bei Troeltsch auf den Begriff eines allen individuellen Zwecksetzungen »vorschwebenden«, nie schon definitiv geschichtlich realisierten »Endzweckes«, sondern bleibt bei einer Pluralität von gesellschaftlichen Zwecksystemen (I, 63) stehen, in denen die Gemeinsamkeit der Individuen, ihrer Aufgaben und Zwecke, sich konkretisiert (ebd. 65 ff.). Man wird darin eine Folge der von J. Habermas kritisch beleuchteten Bindung Diltheys an einen »kontemplativen Wahrheitsbegriff« erblicken müssen. Das kontemplative Verhältnis zur Geschichte äußert sich dabei nicht nur in Diltheys Betonung des Nacherlebens, in seinem »Einfühlungsmodell des Verstehens«[216], sondern überhaupt in der einseitigen Zuwendung zur vergangenen Geschichte und ihrer »unermeßlichen Mannigfaltigkeit einzelner Werte«, aus der sich »der Sinn der

---

215 Dilthey Gesammelte Schriften I, 53. Die Wendung vom »Hindurchgreifen« klingt an das alte Motiv von dem hinter dem Rücken der handelnden Individuen sich durchsetzenden Ratschluß der Vorsehung an, während Troeltsch – ohne diesen Aspekt auszuschließen – an den Kampf der individuellen Zwecksetzungen miteinander unter dem Gesichtspunkt eines letztlich gemeinsamen Endzweckes denkt. Siehe auch Troeltschs Bemerkung III, 525 über Diltheys Ablehnung der Frage nach »Zweck und Sinn der Gesamtgeschichte«. Trotz aller Unterschiede konnten jedoch beide von einer Vereinigung der ihre Sonderzwecke verfolgenden Individuen in übergreifenden Zweckzusammenhängen sprechen.
216 J. Habermas: Erkenntnis und Interesse, 1968, 226. In Diltheys Festhalten an der Forderung nach »Objektivität« auch der geisteswissenschaftlichen Erkenntnis kann ich dagegen keine Auswirkung dieser kontemplativen Tendenz Diltheys erblicken: Dieser Anschein dürfte nur in der Perspektive einer Auffassung entstehen, die den Maßstab der Erkenntnis nicht in ihr selbst – nämlich in ihrem Anspruch auf Wahrheit –, sondern in einem ihr vorgeordneten Interesse sucht.

geschichtlichen Wirklichkeit« als ein »außerordentlich Zusammengesetztes« aufbaut.[217] Hätte Dilthey die aus den Zweck- und Wertorientierungen des individuellen Verhaltens resultierenden Zukunftstendenzen der geschichtlichen Prozesse in seine Reflexion einbezogen, so hätte ihn seine Annahme der Einheit des geistigen Lebens in allen Individuen ähnlich wie Troeltsch auf den Problembegriff eines gemeinsamen letzten Zieles führen müssen, das aber nur in den miteinander kämpfenden individuellen Zielsetzungen und sozialen Zweckverbänden geschichtlich konkret ist. Die Geschichtsphilosophie von Troeltsch erweist sich in dieser Hinsicht als Dilthey überlegen. Mit ihrer Einbeziehung der Zukunft hat sie bereits, trotz der abfälligen Bemerkung, mit der Troeltsch Ernst Blochs »Geist der Utopie« unter die »Eintagsfliegen des Weltkrieges« zählte[218], der utopischen Geschichtsphilosophie unserer Tage vorgearbeitet, ebenso wie einer eschatologisch orientierten Theologie. Troeltsch war vielleicht der einzige Systematiker seiner Zeit, der die umwälzenden Einsichten von J. Weiß in die Bedingtheit der Botschaft Jesu und insbesondere seines Reich-Gottes-Begriffs durch eine futurisch verstandene Eschatologie theologisch zu verarbeiten wußte, ohne dabei das Moment der realen Zukünftigkeit der Gottesherrschaft zu eliminieren. Er hat sich – gegen die supranaturalistischen Behauptungen eines Absoluten innerhalb der Geschichte – geradezu darauf berufen können, daß Jesus selbst die absolute Religion »dem Jenseits der Geschichte vorbehalten« habe: »Die volle Erlösung, die volle Erkenntnis und den unwandelbaren Sieg wird aber erst diese Zukunft bringen«[219], so daß in Jesus die »lebendig aus Gott sprechende Frömmigkeit« ihr Vorbild findet, die »die absolute Wahrheit der Zukunft, dem Ende der Geschichte, vorbehalten« sein läßt.[220] Die eschatologisch gedeutete Botschaft Jesu von der Zukunft der Gottesherrschaft schien der Geschichtsphilosophie Troeltschs entgegenzukommen, die ihrerseits mit ihrer Tendenz auf ein letztes, der Menschheit gemeinsames Ziel über alle historische Realisierung hinauswies: »Eine solche Geschichtsphilosophie führt freilich in letzter Linie zu der Frage nach dem letzten Ende und nach der Beteiligung der Individuen an diesem letzten Ende, d. h. zu

217 Dilthey I 97 f.
218 Troeltsch III 74 Anm.
219 Die Absolutheit des Christentums 100.
220 ebd. 99.

Fragen, die ohne den Gedanken an ein Jenseits der irdischen Geschichte nicht zu beantworten sind.«[221] Da dieses letzte Ende jedoch als Ziel und »höchstes Gut« den Maßstab für alle innergeschichtlichen Wert- und Zwecksetzungen bildet, konnte Troeltsch in seiner Auseinandersetzung mit W. Herrmann über »Grundprobleme der Ethik«[222] gegenüber Herrmanns gesinnungsethischem Ansatz die Tragweite »der nunmehr allseitig anerkannten Allmacht des eschatologischen Gedankens über das Evangelium« betonen als »den grandiosen Ausdruck des alleinigen Wertes des religiösen Zweckes, und in der von der Nähe des Gottesreiches inspirierten Unterwerfung aller Gedanken unter die unmittelbare Herrschaft des letzten Zweckes haben wir den Schlüssel zur Haltung des Evangeliums gegenüber den anderen objektiven Gütern, gegenüber der innerweltlichen Sittlichkeit«. Damit letztere entgegen ihrer urchristlichen Ignorierung ihr Eigenrecht zurückerhalten, ist es nach Troeltsch »nur erforderlich, daß der religiöse Zweck die alles andere verflüchtigende Gewalt seiner unmittelbar bevorstehenden Verwirklichung verliert. Er mochte nur unter dieser Bedingung als der höchste und alles beherrschende erkannt werden können und mochte nur aus der Eschatologie geboren werden können. Aber er kann bestehen bleiben, auch wenn diese unmittelbare Vergegenwärtigung in die Zukunft rückt, und belebt sich nur neu aus der Versenkung in das Bild der klassischen Urzeit, wo er als alleiniger mit der Macht der Gegenwart vor dem Herzen stand«.

So imponierend Troeltsch sowohl der futurischen Eschatologie der urchristlichen Naherwartung als auch der Bedeutung der Parusieverzögerung im Rahmen seiner Geschichtsphilosophie gerecht zu werden wußte: Seine Deutung bleibt doch problematisch, und zwar an einem Punkte, der zugleich ein Licht auf Eigenart und Grenzen seiner geschichtsphilosophischen Konzeption überhaupt wirft. Die für Troeltsch so zentrale Kategorie des Zweckes ist der Eschatologie des Gottesreiches nicht angemessen, weil das kommende Gottesreich der Botschaft Jesu nicht in der Verlängerung menschlicher Zwecksetzungen liegt, sondern ohne menschliches Zutun kommt. Hier wirkt sich theologisch die handlungstheoretische Verengung von Troeltschs Analyse der geschichtlichen Erfahrung auf die Zweck- und Wertorientierung menschlichen Verhaltens hin bei Ausblendung

---

221 ebd. 69.
222 ZThK 12, 1902, 44–94 und 125–178. Die Zitate finden sich 151 und 154.

des umfassenden Kontextes geschichtlicher Sinnerfahrung aus. Überdies neigt Troeltsch infolge seiner Orientierung an der Kategorie eines letzten Zweckes dazu, einseitig die Zukunft des Gottesreiches zu betonen auf Kosten der Gegenwart dieser Zukunft in der Geschichte Jesu, der er nur vorübergehende Bedeutung zugesteht. Damit dürfte auch zusammenhängen, daß Troeltsch die Relativismusproblematik nicht völlig zu überwinden vermochte, eben weil er das Absolute unter dem Begriff des letzten Zieles nur als ein Jenseits der gegenwärtig erfahrenen Geschichte dachte, so daß die gegenwärtige Erfahrung selbst der Gegenwart des Absoluten entbehren muß, ihre Wahrheit nur außer sich hat. Der Grund dafür liegt darin, daß die Kategorie des Zweckes Gegenwart und Zukunft auseinanderhält, so sehr sie auch beide aufeinander beziehen mag.

Der Zweckbegriff verdankt seine zentrale Stellung bei Troeltsch nicht erst den werttheoretischen Gesichtspunkten Rickerts, vielmehr dürfte umgekehrt seine Verankerung in der frühen, psychologisch begründeten Geschichtstheorie von Troeltsch die Wendung zu Rickert begünstigt haben. Die an Wundt und Lotze orientierten psychologischen Anschauungen des jungen Troeltsch waren nur durch Vermittlung der Individualität der Erfahrung idealer Gehalte, die für die sich ihnen zuwendenden Individuen zu Zwecken werden, mit der Erfahrung der Geschichte verbunden. Dadurch hat der Zweckbegriff für die Geschichtsauffassung von Troeltsch eine so viel bedeutendere Funktion gewonnen als bei Dilthey. Die Psychologie selbst aber ist bei Troeltsch – im Unterschied zu Diltheys Strukturtheorie – gerade nicht aus einer Analyse der geschichtlichen Erfahrung gewonnen, nicht einmal auf sie hin konzipiert. Seine allgemeinen psychologischen Erwägungen stehen vielmehr im Dienste der Aufgabe, einen Kontext für die Religionspsychologie zu gewinnen, denn von dieser erwartete der frühe Troeltsch noch die Entscheidung der Frage nach der Wahrheit religiöser Erfahrung im allgemeinen.[223] Später hat sich Troeltsch durch Rickert davon überzeugen lassen, daß die Psychologie dies nicht leisten kann, und wendete sich deshalb einer erkenntnistheoretischen Grundlegung der Religionstheorie durch den Gedanken eines »religiösen Apriori« zu.[224] In

---

223 ZThK 5, 1895, 370.
224 So vor allem in: Psychologie und Erkenntnistheorie in der Religionswissenschaft, 1905. Noch 1904 hatte sich Troeltsch gegen Rickerts Auffassung der Psychologie »rein als nomothetische Naturwissenschaft« gewendet und sie als »selbständige philosophische

seinen letzten Jahren erweiterte sich ihm die erkenntnistheoretische Fragestellung dann jedoch wieder zur Metaphysik, im Gegensatz zum neukantischen Apriorismus. Dabei näherte sich Troeltsch in seinem Spätwerk »Der Historismus und seine Probleme«, 1922[225], wieder der Position Diltheys. Der Neukantianismus mit seiner »Theorie von der Erzeugung des Gegenstandes durch Denken« erschien ihm nun als »in der Historie vollends unerträglich« (660). Von dem »festen Standort des geschlossenen substantialen Einzelbewußtseins« bringe man es »nur zu apriorischen oder empirischen Ordnungsformen einer von außen her gesehenen und lediglich gegebenen Realität« (673 f.). Andererseits hält Troeltsch es auch jetzt noch für unmöglich, den »historischen Strukturzusammenhang« mit Dilthey durch eine Psychologie zu beschreiben: Indem dieser sich darauf »kapriziert, ... kommt er in fortwährenden Konflikt mit jeder noch irgend Psychologie darstellenden Wissenschaft vom Psychischen[226] oder er verwandelt die Psychologie geradezu in Geschichte[227] und verliert mit der Psychologie auch jede methodische Grundlage« (659). Vor allem aber hält Troeltsch es für »die Schranke aller Psychologie gegenüber der Historie, daß sie, einerlei ob naturalistisch oder geisteswissenschaftlich, ... nach festen und geschlossenen Größen strebt, die in der Historie angeblich nur kompliziert und bedingt werden, während die Historie in Wahrheit in dem Zusammenströmen der Motive wahrhaft Neues bedeu-

---

Wissenschaft« bezeichnet, »die in vieler Hinsicht die Voraussetzung (!) des Transzendentalismus bildet« (II, 720 Anm.).
225 Erschienen als Gesammelte Schriften III, 1922. Die folgenden Seitenangaben im Text beziehen sich auf diesen Band.
226 In seiner Darstellung der Position Diltheys III, 509–530, hat Troeltsch dessen Nähe zum Positivismus und besonders zu J. St. Mill betont. Dessen Psychologismus sei »die eigentliche Grundlage seiner Lehre« gewesen (513). Zur Problematik der nach Troeltsch von Dilthey nicht konsequent durchgeführten Ersetzung der kausalwissenschaftlichen durch eine verstehende Psychologie ebd. 516 ff. Auch zu dem bei Dilthey wie bei Mill auf die Psychologie begründeten Begriff der Geisteswissenschaft äußert sich Troeltsch skeptisch, weil Logik und Erkenntnistheorie auf der einen, Ethik und Historie auf der andern Seite als »ganz selbständige große Wissenschaften« zu betrachten und nicht auf Psychologie zu fundieren seien (III, 80 Anm.).
227 Damit hat Troeltsch die ihm noch unbekannte Richtung der letzten Entwürfe Diltheys im voraus getroffen. Auch das anschließende Verdikt kann nicht als ganz unzutreffend bezeichnet werden, weil nach Preisgabe der Psychologie bei Dilthey tatsächlich nur noch die Subjektivität des Erlebens bleibt und Diltheys nie aufgegebener Anspruch auf intersubjektive (»objektive«) Gültigkeit der historischen Erkenntnis nur noch durch die von ihm stets verleugnete »Metaphysik«, nämlich durch seine Annahme der Einheit des geistigen Lebens getragen wird.

tet« (60). Ähnlich hätte Troeltsch wohl gegen eine handlungstheoretische oder soziologische Grundlegung des Geschichtsverständnisses argumentiert. Eine Psychologie, die das spannungsreiche Verhältnis von Einzelnem und Ganzem in der Historie (44) und die »tausendfach von der Historie bestätigte Tatsache, daß unsere Handlungen, Gefühle, Instinkte, Strebungen und Entschlüsse viel mehr Voraussetzungen in sich bergen als wir wissen und eine viel größere oder ganz andere Bedeutung für das Ganze und die Dauer haben, als uns selbst bewußt war« – eine Psychologie, die dieses »Überschießen des Gehaltes über das aktuell Bewußte und Zurückgehen des Bewußten in unbekannte Tiefen ... behandeln will, muß selbst bei der Historie in die Schule gehen, nicht umgekehrt« (47). Mit solchen Bemerkungen weist Troeltsch in eine ähnliche Richtung wie sie der späte Dilthey, dessen Manuskripte zur Analyse der geschichtlichen Erfahrung damals noch unveröffentlicht waren, eingeschlagen hatte auf dem Wege von einer psychologischen Grundlegung der Geschichtstheorie zur Hermeneutik der geschichtlichen Erfahrung. Mit der Wendung zu einer Theorie der geschichtlichen Erfahrung läßt Troeltsch nicht nur das Konzept einer psychologischen, sondern zugleich auch die Engführung einer nur handlungstheoretisch orientierten Geschichtstheorie hinter sich und gelangt in die Weite einer Sinnanalyse der geschichtlichen Zusammenhänge. Dabei hat Troeltsch im Unterschied zu Dilthey den »Bedeutungszusammenhang« (42) oder »Sinnzusammenhang« der geschichtlichen Erfahrung, in der das Dauernde sich »nur durch den Sinn und die Bedeutung seiner Funktion innerhalb eines Ganzen kund« gibt (43), nicht als hermeneutischen Prozeß, sondern als Thema einer metaphysisch zu begründenden Erkenntnistheorie (673) der Geschichte aufgefaßt. Deren Schlüssel glaubte er in Leibniz' Begriff der Monade zu finden, der den Lebenszusammenhang des unendlichen mit dem endlichen Geist »bei Aufrechterhaltung der Endlichkeit und Individualität des letzteren« (675) auf den Begriff bringt. Von der Notwendigkeit einer metaphysischen Begründung der historischen Erkenntnis hatte Troeltsch auch früher schon gesprochen, vor seiner Wendung zur Erkenntnistheorie.[228] Aber damals dachte er bei die-

---

[228] So vor allem in: Geschichte und Metaphysik, ZThK 8, 1898, 1–69. Gemeint war dabei eine »Metaphysik des menschlichen Geistes« (40) oder auch »der Geschichte und des menschlichen Geistes« (41), – also das, was sonst philosophische Psychologie hieß und später als »Erkenntnistheorie« von der Psychologie unterschieden werden sollte (siehe

sem Stichwort nur an eine philosophische Anthropologie oder Psychologie und an deren Extrapolation auf die Idee eines letzten Zieles hin. Jetzt hingegen geht es ihm um das Verhältnis des Endlichen zum Unendlichen, des Einzelnen zum Ganzen, das allein den Sinn- und Bedeutungszusammenhang geschichtlichen Geschehens zu bestimmen vermag. Es ist im Grunde die Problematik des späten Dilthey, deren letzte metaphysische Implikationen in Troeltschs Historismuswerk thematisch werden. Doch die Weise, wie Troeltsch sie diskutiert, ist nicht vermittelt durch eine Analyse der Zeitlichkeit der geschichtlichen Erfahrung als eines hermeneutischen Prozesses, wie die Skizzen des späten Dilthey sie angebahnt haben. Troeltsch greift den Sinnzusammenhang von Teil und Ganzem nur abstrakt auf als das fundamental »Eigentümliche« der Historie (665). Er arbeitet nicht wie Dilthey seine zeitliche Konkretion aus dem Prozeß der geschichtlichen Erfahrung heraus. Troeltsch ist daher nicht auf die Unabgeschlossenheit der Sinntotalität in diesem Prozeß und auf die durch Diltheys kontemplative Einstellung verdeckt gebliebene, erst von Heidegger (aber bei ihm nur für die vereinzelte Existenz) herausgestellte konstitutive Bedeutung der Zukunft für diese Sinntotalität gestoßen. Von daher wäre der Zukunftsbezug seiner Zweckkategorie in eine neue, umfassende Perspektive gerückt, in der diese Kategorie selbst, ebenso wie die der Entwicklung, ihre beherrschende Rolle hätte verlieren müssen, weil die Enge ihrer nur handlungstheoretischen Perspektive auf den weiteren Zusammenhang geschichtlicher Sinnerfahrung hin relativiert worden wäre. Weil die aus der Zukunft der Geschichte zu denkende Zeitlichkeit ihrer Sinntotalität jedoch nicht in Troeltschs Blickfeld gelangte, hat er es als ausreichend ansehen können, die metaphysischen Implikationen des geschichtlichen Fundamentalverhältnisses von Teil und Ganzem in den Begriffen der Leibnizschen Monadenlehre zu formulieren und ist damit allerdings hinter seinem eigenen Bewußtsein von der Offenheit des Prozesses geschichtlicher Erfahrung zurückgeblieben. Seine metaphysischen Kategorien treten komplementär zu dieser Erfahrung hinzu, statt durch ihre Analyse vermittelt zu sein, und bleiben darum der ihr eigenen Problematik

schon hier 45 f.). Der »enge Zusammenhang dieser Metaphysik des Geistes mit den übrigen Kreisen der Metaphysik« soll nach Troeltsch nicht »verkannt« werden. Doch glaubte er damals noch, sich auf die Geistmetaphysik beschränken und die Naturphilosophie sowie die Metaphysik des Absoluten andern überlassen zu können (45).

äußerlich. Dennoch behält Troeltschs Ringen mit den Problemen des Historismus eine Diltheys Hermeneutik der geschichtlichen Erfahrung ergänzende Funktion: Weil die Subjektivität der hermeneutischen Erfahrung ihre intersubjektive Geltung nicht begründen kann, bedarf es der ausdrücklichen Explikation ihrer das Erleben des einzelnen übersteigenden Möglichkeitsbedingungen. Man kann diese Möglichkeitsbedingungen in den gesellschaftlichen Mechanismen von Kommunikationsprozessen suchen und ihre Erkundung zum Gegenstand der Soziologie erklären. Aber damit bleibt die Frage nach den Bedingungen, die Kommunikation selbst erst ermöglichen, ohne Antwort, und das sind zugleich die Bedingungen, unter denen das Erleben des einzelnen intersubjektive Geltung gewinnen kann. Die Wechselseitigkeit der Antizipation der Erwartungen zwischen den am Kommunikationsprozeß Beteiligten setzt, alle Differenzen übergreifend, eine wenn auch problematisch bleibende Einheit des Sinnbewußtseins schon voraus. Sie ist im Hinblick auf die in Kommunikation tretenden Positionen auch dann durch die Kategorien von Ganzem und Teil explizierbar, wenn die »Teile« als unterschiedliche Antizipationen des Ganzen zunächst in Widerspruch gegeneinander treten und nur als *Momente* des Ganzen im Prozeß der Entwicklung ihrer Widersprüche zugleich bleibende Bedeutung als »*Teile*« dieses Ganzen gewinnen. Dabei ist mit der Bereitschaft zur Kommunikation schon ein mögliches Einverständnis antizipiert, dem eine Sinntotalität entspricht, deren Konturen noch unbestimmt sein mögen und auch nur in dem Maße durch explizite Deutung festgelegt zu werden brauchen wie die im Kommunikationsprozeß zu überwindenden Gegensätze des Sinnverstehens das erfordern. Die in solchem Einverständnis präsente Sinntotalität hat aber in jedem Falle »metaphysische« Dimensionen: Sie integriert zumindest virtuell die Bedeutungsstrukturen der Erfahrungen und Handlungsmöglichkeiten der am Kommunikationsprozeß beteiligten Individuen und konstituiert damit die Einheit der sozialen Lebenswelt. Troeltsch hat sich darum mit Recht von der Frage nach der »Objektivität« geschichtlicher Erkenntnis auf die Frage nach dem Verhältnis des Einzelnen zum Ganzen in der Wirklichkeit überhaupt führen lassen. Er hat damit im Unterschied zur formalen Allgemeinheit psychologischer oder soziologischer Grundbegriffe die noch höhere Allgemeinheit einer im vorkantischen Sinne »transzendentalen« Begriffsbildung erreicht, in der Allgemeines und

Besonderes insofern zusammenfallen als jede Besonderheit derselben allgemeinen Bestimmungen zu ihrer Explikation bedarf. Troeltsch war sich dessen bewußt, daß die Ebene einer solchen »Metalogik« (678), deren Problematik er früher immer umgangen hatte[229], auch den Gegensatz von Natur und Geist sowie den von Geistes- und Naturwissenschaften übersteigt und die »Einheitsgrundlagen der getrennten realwissenschaftlichen, logischen und sachlichen Gebiete« enthält (107). Indem er die Grundlegung der Geschichtserkenntnis nur einer »metaphysisch« fundierten Erkenntnistheorie zutraute, überschritt Troeltsch auf seine Weise den Methodendualismus von Natur- und Geisteswissenschaft und die Enge seines eigenen bloß geisteswissenschaftlichen Ansatzes zur wissenschaftstheoretischen Begründung der Theologie.

4. Die Kritik am Dualismus von Natur- und Geisteswissenschaften

Die Einteilung der Wissenschaften in Anlehnung an den cartesianischen Dualismus von Natur und Geist ging von der Annahme einer fundamentalen Verschiedenheit der dadurch bezeichneten Objektbereiche aus und folgerte daraus die Notwendigkeit entsprechend verschiedenartiger Verfahrensweisen für ihre wissenschaftliche Untersuchung. Dagegen sind vielerlei Bedenken erhoben worden. Man kann bezweifeln, ob die tatsächlich vorhandene Heterogeneität wissenschaftlicher Verfahren sich auf die Heterogeneität von Objektbereichen zurückführen läßt und, selbst wenn man das bejaht, ob der Gegensatz von Natur und Geist eine zutreffende generelle Aufteilung und Bezeichnung dieser Objektbereiche darstellt. Man hat die innere Einheitlichkeit jeder der beiden Wissenschaftsgruppen bezweifelt. Man hat darauf hingewiesen, daß die Verschiedenheit der wissenschaftlichen Verfahren sich überschneidet mit der Einteilung der Objektbereiche: Nicht nur wenden traditionelle Geisteswissenschaften in wachsendem Maße Methoden an, die für naturwissenschaftlich gelten, sondern es gibt umgekehrt auch Naturwissenschaften, die »historische« Fragestellungen verfolgen. Angesichts dieses Sachverhalts, besonders unter dem Eindruck der

---

229 siehe vorige Anm. und weiter ZThK 3, 1893, 510 f., ZThK 5, 1895, 432 und 377 ff., ZThK 6, 1896, 95 f. und bes. 81, schließlich ZThK 12, 1902, 136.

fortschreitenden Anwendung naturwissenschaftlicher Verfahren auf humanwissenschaftliche Sachbereiche hat die Annahme einer prinzipiellen Selbständigkeit des Geistes gegenüber der Natur viel von ihrer Plausibilität eingebüßt.

Die Zusammenfassung aller von den Naturwissenschaften zu unterscheidenden Disziplinen unter der Bezeichnung »Geisteswissenschaften« ist früh auf Kritik gestoßen. Die »systematischen Geisteswissenschaften« Logik und Mathematik haben, wenn man nicht von dem vorgefaßten ontologischen Gegensatz von Natur und Geist ausgeht, sicherlich ein engeres Verhältnis zu den »exakten« Verfahren der Naturwissenschaften als zu den historisch-philologischen Disziplinen. Daß trotz Diltheys Bemühungen um eine geisteswissenschaftliche Psychologie diese Disziplin überwiegend den Naturwissenschaften zugerechnet worden ist, wurde bereits verschiedentlich erwähnt. Unter den Kritikern Diltheys hat Rickert besonders nachdrücklich und wirksam dafür plädiert, daß die bei Mill und Dilthey als Basis der moral sciences oder Geisteswissenschaften ausgegebene Psychologie methodisch und sachlich gar keine Geisteswissenschaft sei.[230] Für die verbleibenden Disziplinen, vor allem aber im Blick auf Soziologie und historisch-philologische Disziplinen führte Rickert den Begriff »Kulturwissenschaften« ein als Ersatz für die ihm als hegelianisch verdächtige Bezeichnung »Geisteswissenschaften«.[231]

Den grundlegenden wissenschaftstheoretischen Gesichtspunkt Rickerts bildete indessen nicht die Einteilung der Wissenschaften nach Objektbereichen, sondern die Unterscheidung der wissenschaftlichen Verfahrensweisen. Bereits Wilhelm Windelband hatte 1894 in seiner Rektoratsrede »Geschichte und Naturwissenschaft« eine nicht am Stoffbereich, sondern an den Methoden orientierte Einteilung der Wissenschaften befürwortet. Dabei unterschied er von den *nomothetischen* Verfahren der Naturwissenschaften das *ideographische* der historisch-philologischen Methode. Dieser Gesichtspunkt wurde von Rickert fortentwickelt, besonders in seinem Werk über »Die Grenzen der naturwissenschaftlichen Begriffsbildung« 1902. Den generalisierenden Verfahrensweisen, die vor allem von den

---

230 *H. Rickert:* Die Grenzen der naturwissenschaftlichen Begriffsbildung (1902) 2. Aufl. 1913, 122 ff., 151 ff., 173 ff., 179.

231 *H. Rickert:* Kulturwissenschaften und Naturwissenschaften (1899) 6. Aufl. 1926, 15. Siehe auch: »Die Grenzen ...« 175 ff. sowie 501 ff. und schon 27 f.

Naturwissenschaften angewandt werden, stellte er die individualisierende Betrachtungsweise gegenüber, die für die historischen Disziplinen charakteristisch ist. Die Zuordnung des generalisierenden Verfahrens zur Naturwissenschaft, des individualisierenden zur Geschichtswissenschaft ist jedoch im Sinne Rickerts nicht als ausschließlich zu verstehen. Rickert hat durchaus gesehen, daß generalisierende, »naturwissenschaftliche« Verfahren auch in der Geschichtsforschung Anwendung finden und daß umgekehrt auch naturwissenschaftliche Disziplinen sich individuellen Sachverhalten zuwenden können.[232] Der Gegensatz der Methoden bzw. der »Begriffsbildung« ist nicht mit der Verschiedenheit der Sachgebiete zu verwechseln. Die Zuordnung zu diesen besagt nur, daß das Erkenntnisinteresse sich in der Historie mehr auf Individuelles, in der außermenschlichen Natur dagegen auf generalisierende Erklärung und Beschreibung richtet, durch die »der endliche Geist die unübersehbare Mannigfaltigkeit zu überwinden und damit die Körperwelt in seine Erkenntnis aufzunehmen vermag«.[233]

In der Diskussion über Rickerts wissenschaftstheoretische Konzeption ist sowohl die Zuordnung der Unterscheidung zwischen generalisierender und individualisierender Begriffsbildung zur Einteilung der Wissenschaften in Natur- und Kulturwissenschaften, als auch der wissenschaftstheoretische Stellenwert jener Unterscheidung überhaupt in Zweifel gezogen worden. Soweit die Kritik schon den generalisierenden Charakter naturwissenschaftlicher Gesetzeserkenntnis bestritt, wie es bei E. Cassirer der Fall war[234], dürfte

---

[232] ebd. 235 ff. Rickert betont, daß »*alle* Wirklichkeit geschichtlich im weitesten, rein logischen Sinne des Wortes, d. h. individuell ist« (Grenzen 226). Die eine empirische Wirklichkeit kann jedoch unter zwei Gesichtspunkten betrachtet werden: »Sie wird Natur, wenn wir sie betrachten mit Rücksicht auf das Allgemeine, sie wird Geschichte, wenn wir sie betrachten mit Rücksicht auf das Besondere und Individuelle« (224). Rickert bestreitet daher nicht, »daß auch die Schicksale der Kulturmenschheit einer naturwissenschaftlichen oder generalisierenden Darstellung unterworfen werden *können*« (226). Das Resultat sei dann allerdings nicht mehr »Geschichte«.

[233] ebd. 1.

[234] *E. Cassirer:* Substanzbegriff und Funktionsbegriff. Untersuchungen über die Grundfragen der Erkenntniskritik (1910) 2. Aufl. 1969, 293 ff. Cassirer behauptet, daß die theoretischen Begriffe der mathematischen Naturwissenschaften sich auf ein »Reihenprinzip« beziehen, »kraft dessen das *Verschiedene* auseinander hervorgeht« (196), so daß hier keine Kluft zwischen Allgemeinem und Besonderem entstehe (297 f.). Doch ist Reihenbildung nur in einem (im Sinne Rickerts: Grenzen 36) homogenen Kontinuum möglich, dessen Bildung – im Gegensatz zum »heterogenen Kontinuum« der vorwissenschaftlichen Erfahrung – schon auf generalisierender Abstraktion beruht.

Rickerts Auffassung sich allerdings als überlegen behauptet haben.[235] Wird aber die Unterscheidung zwischen generalisierendem und individualisierendem Verfahren als solche akzeptiert, so läßt sich immer noch bezweifeln, ob sie sich als Einteilungsprinzip der Wissenschaften eignet, zumal Rickert selbst schon eingeräumt hatte, daß sich die Seiten dieser Unterscheidung nicht einfach decken mit den Wissenschaftsgruppen von Natur- und Kulturwissenschaften. Besonders E. Becher kam bei seiner ausführlichen, die bisherige Kritik zusammenfassenden Erörterung der These Rickerts[236] zu dem Ergebnis, daß jene Überschneidungen so schwerwiegend sind, zumal schon innerhalb einer einzelnen Disziplin individualisierende und generalisierende Betrachtungsweisen sich verbinden (157 ff.), daß von daher keine Gliederung der Wissenschaften zu begründen ist. Nur die »einseitige Hervorhebung der Geschichte« (149) auf Kosten anderer Kulturwissenschaften wie Soziologie und Sprachwissenschaft lasse übersehen, welche bedeutsame Rolle generalisierende Verfahren in einigen Geisteswissenschaften spielen. Seitherige Entwicklungen, vor allem unter dem Einfluß des Strukturalismus, sind geeignet, diesen Beobachtungen Bechers noch verstärktes Gewicht zu verleihen. Das gilt auch für die Geschichtswissenschaft selbst, auf deren Gebrauch von kollektiven »Totalitätsbegriffen« (137) sowie von Regeln und typisierenden Betrachtungsweisen Becher bereits hinwies.[237] Nach alledem konnte er dem Gegensatz von Generalisieren und Individualisieren nur eine untergeordnete Bedeutung für die Einteilung der Realwissenschaften zubilligen (156 ff.). Diese stellte er insgesamt den Idealwissenschaften wie Logik und Mathematik gegenüber (24 ff.) und hielt für ihre Untergliederung an der Gegenüberstellung von Natur- und Geisteswissenschaften trotz aller daran geäußerten Kritik fest. Zu den Geisteswissenschaften rechnete Becher gegen Windelband und Rickert auch wieder die Psychologie, so daß in seiner Perspektive die

---

235 Siehe Rickert Grenzen 2. Aufl. 1913, 62 ff. und bes. 65 Anm., wo er sich mit den Kritikern seiner These, daß *alle* Naturwissenschaft generalisiere, auseinandersetzt: Jeder naturwissenschaftliche Begriff sei dadurch gekennzeichnet, »daß sich ihm die Vorgänge, für die er gelten soll, nur als isoliert gedachte Exemplare unterordnen lassen« (64).
236 E. Becher: Geisteswissenschaften und Naturwissenschaften. Untersuchungen zur Theorie und Einteilung der Realwissenschaften, 1921, 125–164. Die folgenden Seitenangaben im Text verweisen auf dieses Werk.
237 Siehe auch die Verteidigung der Annahme historischer »Gesetze« bei Becher 167 bis 176, bes. 174. Diese seien allerdings »richtiger als Regeln zu bezeichnen« (176).

Kulturwissenschaften nur noch einen Teilbereich der Geisteswissenschaften bildeten.[238]

In der neueren Diskussion führt die zunehmende Verbreitung naturwissenschaftlicher Verfahren in den sog. Geisteswissenschaften anders als bei Becher zur Kritik an der wissenschaftstheoretischen Selbständigkeit dieser Gruppierung selbst. Nach J. v. Kempski ist angesichts der zunehmenden Anwendung strukturwissenschaftlicher Verfahren und insbesondere auch der mathematischen Darstellungsweise in den sog. »Geisteswissenschaften« dieser Begriff mit seinem Gegensatz gegen die Naturwissenschaften nur noch ein funktionslos gewordenes »Versatzstück«.[239] Schon heute bedienen sich die theoretischen Sozialwissenschaften »in sehr wesentlichen Gebieten der Mathematik nicht anders ... wie es die theoretische Physik auch tut« (225). Darüber hinaus aber vermutet v. Kempski, daß sich auch die *normativen* Sozialwissenschaften (Rechtswissenschaft und Ethik) in ähnlicher Weise behandeln lassen (225). Wie in den Naturwissenschaften, so werde auch in den theoretischen Sozialwissenschaften die Erfahrungswirklichkeit »mit Hilfe abstrakter Strukturen« (228) erfaßt. Sowohl in der Wirtschaftswissenschaft als auch in der Sozialwissenschaft, in der Psychologie, aber heute auch in der im Zeichen des Strukturalismus arbeitenden Sprachwissenschaft erweisen sich strukturtheoretische Betrachtungsweisen, die mit der Mathematik zumindest »liebäugeln« (228) als fruchtbar. Eine »Brücke« zwischen diesen Disziplinen »von der theoretischen Physik bis zur Linguistik« brauche nicht erst geschlagen zu werden. Sie sei »im Prinzip« vorhanden, nämlich in Gestalt der Mathematik (229) als einer »allgemeinen Wissenschaft von Strukturen«. Damit bleiben von den sog. Geistes- und Kulturwissenschaften nur die Geschichtswissenschaft und »die Philologien«, genauer die Literaturwissenschaften, übrig. Aber auch die Geschichtswissenschaft läßt sich nach v. Kempski nicht als methodisch selbständig den Strukturwissenschaften gegenüberstellen. Sie ist vielmehr mit Huizinga als »die unselbständigste der Wissenschaften« (91) anzusehen; denn sie

---

238 ebd. 97 ff., 105 ff. Ausschlaggebend für die Zuordnung der Psychologie zu den Geisteswissenschaften ist für Becher die Unterscheidung von Sinneswahrnehmung und Selbstwahrnehmung als den beiden Wissenschaftsgruppen zugrunde liegenden »Hauptmethoden« (116 ff.).
239 *J. v. Kempski:* Brechungen. Kritische Versuche zur Philosophie der Gegenwart, 1964, 225. Der Aufsatz »Brückenschlag aus Mißverständnis«, aus dem dieses Zitat stammt, erschien zuerst 1962. Die folgenden Seitenangaben im Text verweisen auf dieses Werk.

muß die Theorien der Wirtschafts- und Sozialwissenschaften, der Psychologie, der Rechtswissenschaften schon zugrunde legen, um geschichtliche Vorgänge zu erklären (87 ff.). Da diese Wissenschaften ihrerseits Strukturwissenschaften sind – für das Recht hat v. Kempski selbst eine Strukturtheorie entwickelt[240] –, läßt sich die Historie nicht in Gegensatz zu ihnen bringen. Doch auch das Spezifische der Geschichte unterliegt dem Strukturbegriff. Es sei ganz abwegig, meint v. Kempski, daß man »den Geist, die Ideen und Ideale ins Zentrum der Historie stellt« (91). Die Geschichte ist vielmehr als »ein Zusammenhang von Handlungen« (89) aufzufassen, und damit sind Strukturen gegeben, die historische Forschung untersuchen muß. Allerdings gebe es heute erst in Ansätzen eine exakte Handlungstheorie (98).[241] Aber offenbar erwartet v. Kempski hier entscheidende Fortschritte von der weiteren Entwicklung der Kybernetik und insbesondere der Spieltheorien (97). Dadurch würde ein »Feld möglichen Handelns« beschrieben, das dem Historiker erst »exakte« Aussagen über das *wirkliche* Handeln erlaubt (98). So löst sich bei v. Kempski die Selbständigkeit der Geisteswissenschaften völlig auf. Sie werden im Prinzip einbezogen in eine an der Frage nach allgemeinen Strukturen orientierte Betrachtungsweise, die ihre Grunddisziplin in der Mathematik hat. Nur die Literaturwissenschaften bleiben bei v. Kempski noch der Hermeneutik überlassen (98 ff.). Allerdings hält er auch hier eine »Logik der Philologie« für möglich (99), die die bisherigen hermeneutischen Verfahren ablösen könnte.

Der Preis für eine derartige Reduktion der historischen Kulturwissenschaften auf Theorien allgemeiner Strukturen und prinzipiell mathematisierbare Betrachtungsweisen wird durch v. Kempskis Bemerkung angedeutet, daß auf diese Weise nur ein »Feld möglichen Handelns« beschrieben wird, von dem sich das wirkliche Handeln abhebt (98). Das wirkliche Handeln fällt heraus aus dem »Modellplatonismus« der normativen Strukturtheorie.[242] Wegen des

---

240 *J. v. Kempski*: Recht und Politik. Studien zur Einheit der Sozialwissenschaft, 1965.
241 Siehe dazu v. Kempski: »Der Aufbau der Erfahrung und das Handeln« (1956), in: Brechungen, 1964, 295–309.
242 Den von H. Albert entwickelten Begriff des Modellplatonismus wendet J. Habermas (Zur Logik der Sozialwissenschaften, 1967, 52) auf die normativistische Handlungstheorie v. Kempskis an: »Die Grundannahmen beziehen sich auf ein idealisiertes Handeln unter reinen Maximen; aus ihnen lassen sich keine empirisch gehaltvollen Gesetzeshypothesen ableiten«.

Unterschiedes von möglichem und wirklichem Handeln gesteht
v. Kempski selbst einen immer noch »grundsätzlichen (!) Unterschied der Historie zu den Naturwissenschaften« (99) zu. Das bedeutet aber, daß die Reduktion der Geisteswissenschaften auf normative Strukturtheorien nur Schein ist, weil das faktische Handeln (und Erleben) mit seinen Sinnimplikationen, die dem historischen Prozeß verhaftet sind, sich der Fragestellung abstrakt-allgemeiner Strukturtheorien entzieht.
Wird bei v. Kempski der Begriff der Geisteswissenschaften als Gegenbegriff zu den Naturwissenschaften wegen der universalen Anwendbarkeit mathematischer Verfahren funktionslos, so greift Ernst Topitsch diese Unterscheidung mit ideologiekritischen Argumenten an.[243] Alle Auffassungen, die sich nicht dem von ihm vorausgesetzten positivistischen Wissenschaftsbegriff fügen, führt Topitsch auf mythisch-magische Ursprünge zurück. So leitet er die Dialektik aus dem gnostischen Erlösungsdrama ab: Die dialektischen Denkfiguren seien nur der formalisierte Ausdruck für das dramatische Geschehen des Falles der Seele und der Welt aus der göttlichen Heimat und ihrer Rückkehr durch Erlösung (62 ff.). Letztlich sollen sowohl die Dialektik als auch »der schroffe Dualismus zwischen ›Geist‹ und ›Natur‹ ... aus magisch-ekstatischem Vorstellungsgut« stammen, »welches in der Philosophie zu der Lehre rationalisiert wurde, daß der innerste Wesenskern (die ›Vernunft‹, der ›Geist‹) des Menschen dem Druck der Realität ... grundsätzlich entzogen sei oder mittels eines Heilswissens entzogen werden könne«.[244] Aus solchen »archaischen Wurzeln« (64) leite sich auch die Unterscheidung zwischen »nomothetischen« Naturund »ideographischen« Geisteswissenschaften her (64).
Den Nachweis für eine solche Behauptung ist Topitsch allerdings schuldig geblieben. Daß es im Altertum in Ostpersien und anderswo in Zentralasien einen Seelenglauben gab, der in Zusammenhang mit schamanistischen Techniken der Ekstase durch Hanfrausch stand, beweist noch nicht, daß alle menschlichen Gedanken über eine Selbständigkeit der Seele oder des Geistes gegenüber der körperlichen

---

243 E. Topitsch: Das Verhältnis zwischen Sozial- und Naturwissenschaften. Eine methodologisch-ideologiekritische Untersuchung, zuerst 1963, jetzt in: Logik der Sozialwissenschaften, ed. E. Topitsch, 1965. Die folgenden Seitenzahlen im Text verweisen auf diese Abhandlung.
244 ebd. 62 mit Verweis auf den Aufsatz »Seelenglauben und Selbstinterpretation«, in: E. Topitsch, Sozialphilosophie zwischen Ideologie und Wissenschaft, 1961, 155 ff.

Welt, wie besonders auch die des griechischen Denkens, darin ihren historischen Ursprung haben. Der Ideologiekritiker Topitsch ergeht sich hier in Spekulationen, wie sie die Geschichtsphilosophien der von ihm als unwissenschaftlich abgelehnten Metaphysik sich nur selten gestattet haben.

Doch selbst, wenn die von Topitsch gegebene historisch-genetische Ableitung der Vorstellungen von Geist, Vernunft und Dialektik diskutabel wäre, bliebe immer noch das prinzipielle Bedenken, daß die historische Herkunft einer Vorstellung oder eines Gedankens noch nichts darüber aussagt, ob diese Herkunft für das Ergebnis eine bleibende, sachlich konstitutive Bedeutung hat.[245] Auch Topitsch kann diesen Unterschied geltend machen, wenn er etwa mit Recht Wert darauf legt, daß bei der Übertragung soziomorpher Bilder auf andere Gebiete, wie z. B. des Konkurrenzkampfes bei Darwin auf die biologische Entwicklungslehre, nicht das Bild, sondern seine Neuprägung im Sachzusammenhang der neuen Thematik, auf die es heuristisch übertragen wurde, entscheidend ist (60).

Gegen die Unterscheidung von ideographischen und nomothetischen Wissenschaften bringt Topitsch nur einen sachlich relevanten Gesichtspunkt vor. Es ist die schon von Rickert selbst hervorgehobene und in der Diskussion um seine Konzeption im Vordergrund stehende Tatsache, daß nicht nur strukturwissenschaftliche Fragestellungen in den Sozial- und Kulturwissenschaften, sondern auch umgekehrt ideographische Betrachtungsweisen in den Naturwissenschaften Anwendung finden. Topitsch zitiert dafür E. J. Walter[246]:
»Weite Bereiche der Naturwissenschaften beschäftigen sich mit Einzelerscheinungen, die nur mit einer kausal-*genetischen* Analyse angegangen werden können, so z. B. die Probleme der Mißbildung in der Embryologie, die Genetik, die Abstammungslehre, die indivi-

---

245 Ihre klassische Gestalt hat diese Problematik im Säkularisierungsproblem: Die Herkunft der säkularisierten Gehalte von christlichen Ursprüngen besagt noch nichts für eine bleibende Abhängigkeit von ihnen. Ebenso aber, wie die christliche Herkunft des Geschichtsdenkens, des Personverständnisses und der Autonomie des Menschen der Welt gegenüber noch nicht verbürgt, daß auch *gegenwärtig* das Verständnis von Person und Geschichte noch auf theologische Voraussetzungen angewiesen ist, so ist auch umgekehrt ein etwaiger mythischer Hintergrund der Anschauungen Hegels, in deren Rahmen die Denkweisen der Dialektik entwickelt wurden, noch kein Argument dafür, daß es sich bei der Dialekt um eine letzten Endes mythische Denkform handelt: das müßte aus der Sache selbst gezeigt werden.

246 *E. J. Walter*: Von der Sozialphilosophie zur empirischen Sozialforschung (Schweizerische Zeitschrift für Volkswirtschaft und Statistik 95, 1959, 320) zit. bei Topitsch 65.

duelle Entstehung einzelner Mineralgruppen, die Entwicklung natürlicher Landschaften usw. Selbst in der Meteorologie sieht man sich gezwungen, z. B. in der Erforschung von Taifunen und Tiefdruckgebieten die individualisierende Beobachtung und Beschreibung anzuwenden.[247] Andererseits wäre es voreilig, a priori zu behaupten, in den sog. Geisteswissenschaften, in der Psychologie, in den politischen Wissenschaften, in der Wirtschaftslehre und in der Soziologie seien keine allgemeinen Regel- und Gesetzmäßigkeiten denkbar.«

Diese Bemerkung führt zurück zum harten Kern der Kritik am Dualismus von Geistes- und Naturwissenschaften. Schon Windelband und Rickert haben die Unterscheidung der Gebiete von Natur und Geist in eine Unterscheidung zwischen zwei komplementären Methoden verwandeln wollen, die grundsätzlich beide sowohl im Bereich der Naturforschung als auch in den Kultur- oder Sozialwissenschaften zur Anwendung kommen können. Heute muß noch entschiedener als bei Rickert betont werden, daß die Unterscheidung von individualisierenden und generalisierenden Betrachtungsweisen nichts mit der Unterscheidung von Natur- und Geisteswissenschaften zu tun hat. Dem Unterschied jener beiden Verfahrensweisen liegt die Komplementarität der Aspekte von Kontingenz und Gesetzlichkeit in allem Geschehen zugrunde: Gesetze oder Regelmäßigkeiten lassen sich nur am Kontingenten feststellen, Einmaliges nur in Abhebung vom Gewöhnlichen oder Typischen. Von der Zuordnung der nomothetischen und der ideographischen Methoden zu den Sachgebieten der »Natur« einerseits, des »Geistes« oder der »Kultur« andererseits läßt sich als Wahrheitsmoment nur so viel festhalten, daß wegen des höheren Grades der Komplexität und Individualisierung beim Menschen die ideographischen Methoden besonders vielseitig anwendbar sind. Das ist jedoch keine Rechtfertigung für ein Festhalten am Dualismus von Natur und Geist. Dieser Dualismus ist heute sowohl in sich selbst als auch als Einteilungsprinzip der Wissenschaften problematisch. In sich selbst, weil die evolutionistische Betrachtungsweise den cartesischen Dualismus von ausgedehnter und denkender Substanz abgelöst hat.

---

[247] Die Reihe ließe sich noch ergänzen. Besonders wäre die physikalische Kosmologie zu nennen, die nach C. F. v. Weizsäcker neben der Physik der Elementarteilchen und der Quantenphysik den dritten Hauptbereich der Physik bildet (Die Einheit der Natur, 1971, 220 f.).

Wissenschaftstheoretisch ist die Entgegensetzung bedenklich, weil sie eine Reifizierung von Methodengegensätzen begünstigt, die ansonsten nur eine vorübergehende Phase der Entwicklung wissenschaftlicher Verfahren repräsentieren. Die einzelnen Wissenschaften, jedenfalls im Bereich der Realwissenschaften, unterscheiden sich nach Sachgebieten und Fachbereichen, die sich aber nirgends auf eine kategoriale Dichotomie reduzieren lassen. Das schließt die Zusammenfassung verwandter Disziplinen unter einer gemeinsamen Bezeichnung nicht aus. Solche Zusammenfassungen haben aber nur sekundäre Bedeutung und bleiben revidierbar im Lichte der sich verändernden Sachproblematik in den Einzelwissenschaften.

Doch vielleicht ist das spezifische Prinzip der Geistes- oder Kulturwissenschaften nur noch nicht genügend scharf bezeichnet? E. Cassirer hat es jenseits des Gegensatzes von nomothetischen und ideographischen Verfahren in der von der Sinneswahrnehmung abzuhebenden »Ausdruckswahrnehmung« gesucht, die Sinnstrukturen erfaßt.[248] Mit der Konzentration auf die in den Ausdrucksphänomenen sich bekundende »Ganzheit« eines Sinnzusammenhanges näherte sich Cassirers Auffassung der Besonderheit der Kulturwissenschaften wieder den Gedanken Diltheys, obwohl dessen Name dabei nicht fällt. Dilthey hatte ja das Verstehen von Sinn in den Kategorien von Teil und Ganzem zum Gegenstand seiner verstehenden Psychologie und später der Hermeneutik gemacht. Auf dem damit eingeschlagenen Wege gilt auch in der gegenwärtigen Diskussion zwischen Hermeneutik und Positivismus noch das Sinnverstehen als die Thematik, die die Sonderstellung der Geisteswissenschaften gegenüber den Naturwissenschaften begründet.[249]

Es ist unter diesen Umständen konsequent, daß sich die Kritik von Hans Albert an der Scheidung von Natur- und Geisteswissenschaften besonders gegen die These gerichtet hat, daß »sinnhaftes Handeln nomologischer Deutung entzogen ist« und nur hermeneutischen Methoden zugänglich wird.[250] Albert wirft dieser Auffassung vor, »den Menschen und seine Aktivitäten aus dem Wirkungszusammen-

---

248 *E. Cassirer:* Zur Logik der Kulturwissenschaften, Göteborg 1942, 44 ff., 48 f., 100 ff., 105. Seine frühere Kritik an Windelband und Rickert wiederholt Cassirer 41 f. in modifizierter Form.
249 Repräsentativ dafür wurde *H. G. Gadamer:* Wahrheit und Methode, 1960, 2 ff., 61 f., 276 ff.
250 *H. Albert:* Traktat über kritische Vernunft, 1968, 153. Die folgenden Seitenverweise im Text beziehen sich auf dieses Werk.

hang der Natur herauszunehmen und in einem Bereich anzusiedeln, in dem es keine allgemeinen Einschränkungen strukturellen Charakters gibt« (ebd.). Er fordert darum eine »nomologische Deutung auch desjenigen Verhaltens, das als sinnvolles Handeln verstanden werden kann, ohne daß dabei die Möglichkeit und Nützlichkeit dieser Abgrenzung bestritten werden müßte« (152).

Die Verfechter der von Albert bekämpften Auffassung haben allerdings nicht behauptet, daß der Mensch und die menschliche Lebenswelt sich überhaupt naturgesetzlicher Beschreibung entziehen. Weder H. G. Gadamer noch J. Habermas beabsichtigen mit ihrer Behauptung der Zuständigkeit der Hermeneutik für den Menschen und seine geschichtliche Lebenswelt, »den Menschen und seine Aktivitäten aus dem Wirkungszusammenhang der Natur herauszunehmen«, wie Albert ihnen unterstellt. Ihre Behauptung richtet sich nur darauf, daß naturgesetzliche Beschreibung einen bestimmten, aber wesentlichen Aspekt dieser Lebenswelt nicht zu erfassen vermag, nämlich eben den der Sinnerfahrung.

Albert bekämpft die Hermeneutik wegen ihrer ausdrücklichen »Absage an den Methodenbegriff der modernen Wissenschaft« als eine »Fortsetzung der Theologie mit anderen Mitteln« (132). Dieses Urteil wendet die von Popper stammende Deutung der beiden Hauptformen neuzeitlicher Erkenntnistheorie als Säkularisierung des Offenbarungsmodells der Erkenntnis auf die Hermeneutik an. Den Anhaltspunkt dafür bietet der Umstand, daß es bei einer hermeneutisch eingestellten Untersuchung, wie Albert meint, nur um *Auslegung* eines gegebenen Textes, nicht um seine kritische Prüfung gehe. Indem er den Vorwurf[251], »Fortsetzung der Theologie mit anderen Mitteln« zu betreiben, speziell gegen die Hermeneutik erhebt, bleibt allerdings unerwähnt, daß derselbe Vorwurf im Sinne Poppers auch gegen die empiristische Tradition der Neuzeit zu richten ist, ebenso wie gegen den aprioristischen Intellektualismus transzendentalphilosophischer Konzeptionen.

In seinem Aufsatz »Hermeneutik und Realwissenschaft«[252] hat

---

251 Auf die eigentümliche Verwendung des Begriffs »Theologie« in solchen Argumentationen, nämlich als »ein Vorwurf, der dem wissenschaftlichen Gegner gemacht wird und seine Erkenntnisbemühungen diskreditieren soll«, geht T. Rendtorff ein: Was heißt »interdisziplinäre Arbeit« für die Theologie?, in: J. B. Metz / T. Rendtorff: Die Theologie in der interdisziplinären Forschung, 1971, 50.

252 Der Aufsatz ist abgedruckt in Hans Albert: Plädoyer für kritischen Rationalismus, 1971. Die Zitate finden sich 107.

Albert seine Kritik an der Hermeneutik noch weiter ausgebaut. Die »theologische Abstammung« des hermeneutischen Denkens sieht er jetzt »vor allen Dingen« in seinem »Anti-Naturalismus« zum Ausdruck kommen, in der »Ablehnung der naturwissenschaftlichen Methode für die Analyse der geschichtlich-gesellschaftlichen Wirklichkeit«. Das in der säkularen Hermeneutik nachwirkende theologische Motiv erblickt Albert »in dem Streben, die in der theologischen Tradition begründete absolute Sonderstellung des Menschen zu retten«, nachdem der Bereich der Natur für die Theologie verloren gegangen war durch die moderne Naturwissenschaft, die die Hypothese der Existenz Gottes für die Naturerklärung überflüssig werden ließ.

Man kann dieser Konstruktion Alberts nicht jede Berechtigung abstreiten.[253] Tatsächlich hat sich im neuzeitlichen Denken die Gottesfrage auf die Anthropologie konzentriert, nachdem die Gottesbeweise aus der Natur sich als unhaltbar erwiesen hatten. Die Theologie hat sich auf die damit gegebene Lage eingerichtet, obwohl mit der Beschränkung auf den Menschen der christliche Schöpfungsglaube in Gefahr geriet zu verkümmern. Zwar gab es Ansätze zu einer Theologie der Natur auch bis in unsere Gegenwart, zu einer Theologie der Evolution (Teilhard de Chardin), aber im ganzen hat die neuere Theologie sich tatsächlich mehr oder weniger ausschließlich auf die Thematik der Subjektivität des Menschen, seines Selbstverständnisses, zu gründen versucht. Damit mußte sich ein theologisches Interesse an der Selbständigkeit und Unabhängigkeit der anthropologisch-historischen Wissenschaften gegenüber einer Naturwissenschaft verbinden, die der Theologie keinerlei Anhaltspunkte mehr zu bieten schien. Alberts Argumentation zeigt die Problematik einer solchen geisteswissenschaftlichen Option der Theologie. Wenn die Theologie allzu einseitig auf die Selbständigkeit der Geisteswissenschaften gegenüber den Naturwissenschaften baut, kann sie mitsamt den philosophischen Richtungen, auf die sie sich stützt, in den Verdacht einer interessebedingten Abschirmung (117) der menschlich-geschichtlichen Wirklichkeit gegen naturwissenschaftliche Erkenntnismethoden geraten.

Das zugestanden muß jedoch gesagt werden, daß es eine erstaunliche Überschätzung des Einflusses der Theologie auf die neuere Geistes-

---

253 Albert beruft sich dafür auf K. Löwith: Gott, Mensch und Welt in der Metaphysik von Descartes bis zu Nietzsche, 1967.

Die Emanzipation der Geisteswissenschaften

und Wissenschaftsgeschichte bedeutet, wenn Albert das Existenzinteresse der christlichen Theologie als das ausschlaggebende oder sogar einzige Motiv des Dualismus von Geistes- und Naturwissenschaften in der Neuzeit benennt. Viele mit der Transzendentalphilosophie, mit der Sonderstellung der Geisteswissenschaften und der Hermeneutik verbundene Denker haben an der christlichen Theologie kein besonders ausgeprägtes Interesse gehabt. Für den Dualismus von Geist und Natur im neuzeitlichen Denken dürfte in erster Linie der griechische, speziell platonische Dualismus von Vernunft und Sinnlichkeit verantwortlich sein, erst in zweiter Linie die christliche Theologie, die allerdings ihrerseits längst eine in sich wieder vielgestaltige Symbiose mit dem platonischen Erbe eingegangen war und sich vermutlich auch deshalb dem cartesischen Dualismus von Geist und Natur so leicht anpassen konnte. Die platonische Entsprechung von Seele und Kosmos wurde allerdings durch die neuzeitliche Problemlage, die die dualistischen Ansätze der Überlieferung zunächst begünstigte, ebenso verdrängt wie der christliche Schöpfungsglaube. Dennoch weist der Dualismus von Geist und Natur in erster Linie auf eine platonische Vorgeschichte zurück, wenn diese auch auf weite Strecken hin durch das Christentum vermittelt ist. Wenn man schon nach geistesgeschichtlichen Voraussetzungen der Entgegensetzung von Geist und Natur fragt, bedeutet es eine unhaltbare Verzeichnung des Sachverhaltes, wenn ihre platonische Wurzel unerwähnt bleibt zugunsten der These vom theologischen Interesse im Hintergrund des Dualismus von Geistes- und Naturwissenschaften.

Aber die geistesgeschichtliche Ahnenforschung hat hier wie sonst überhaupt nur eine sehr begrenzte Relevanz. Entscheidend für die Wirksamkeit des Dualismus von Geist und Natur ist es gewesen, daß es bestimmte fundamentale Sachverhalte, Phänomene gab, die eine solche Auffassung zu fordern schienen. Wenn man sich so energisch, wie Albert das mit vollem Recht tut, gegen eine Relativierung wissenschaftlicher Fragestellungen auf angeblich oder wirklich erkenntnisleitende »Interessen« bei Vernachlässigung der Frage nach ihrer Sachgerechtigkeit wendet (ebd. 113), sollte die Frage nach den sachlichen Anlässen der wissenschaftstheoretischen Verfestigung des Gegensatzes von Natur und Geist im neuzeitlichen Denken nicht übergangen werden.

Dazu gehörte bei Descartes, daß eine noch rein mechanistisch konzipierte Naturwissenschaft das Dasein eines lebendigen und denkenden Wesens in der Tat nicht zu erklären vermochte. Bei Kant war es der deterministische Charakter der klassischen Physik, der mit der Erfahrung der menschlichen Freiheit unvereinbar schien und so den Dualismus von Geist und Natur begünstigte. Die Entdeckung der subjektiven Bedingtheit aller objektiven Erkenntnis, und zwar schon der Wahrnehmung selbst, wirkte in die gleiche Richtung. Beim Historismus wurde ein Dualismus von Natur und Geist dadurch begünstigt, daß das naturwissenschaftliche Erkenntnisideal in der Tat rein nomologisch, also an allgemeinen Gesetzmäßigkeiten orientiert war, im Gegensatz zu einer individualisierenden Betrachtung, wie sie für den Historiker im Vordergrund stehen muß. Dilthey schließlich mußte die Erfahrung machen, daß die naturwissenschaftlich orientierte Psychologie seiner Zeit für eine Ganzheitsbetrachtung des Menschen, wie sie ihm sachlich erforderlich schien, keine Grundlage bot. Es ist also zu vermuten, daß jeweils eine bestimmte Problemlage zu einem ontologischen Natur-Geist-Dualismus erst sekundär hypostasiert und verfestigt wurde.

Von den erwähnten, einen Dualismus von Natur und Geist begünstigenden Phänomenen sind einige heute überholt. So ist die heutige Naturwissenschaft nicht mehr mechanistisch, und sie ist auch nicht mehr, wie die klassische Physik, deterministisch. Die darauf begründeten Argumente für eine Sonderstellung des Menschen bzw. des Geistes sind damit hinfällig geworden. Anders steht es mit der Subjektbedingtheit aller Objekterkenntnis. Dieses Problem zeigte sich in spezifischer Weise noch bei der an Poppers Basissätzen zu übenden Kritik. Die fortdauernde Anziehungskraft des transzendentalphilosophischen Ansatzes Kants dürfte nicht zuletzt in diesem Sachverhalt begründet sein, angesichts der Aufgabe, Subjektivität und Allgemeingültigkeit zu versöhnen, einer Aufgabe, die noch keine überzeugende und über den Transzendentalismus hinausführende Lösung gefunden hat.

Der im Selbstverständnis der Geisteswissenschaften entscheidende Gesichtspunkt für ihre Sonderstellung gegenüber den Naturwissenschaften ist aber seit Dilthey die Sinnthematik menschlicher Erfahrung, die Tatsache sinnhaften Handelns wie auch des Erlebens von sinnhaften, bedeutsamen Gehalten. Da das Erlebnis von Sinn und Bedeutung sowohl objektiv wie subjektiv die Würdigung des einzelnen Phänomens im Zusammenhang des zugehörigen Ganzen erfordert, ist hier eine Ganzheitsbetrachtung nötig, die durch kausalanalytische Beschreibung nicht ersetzbar ist. Das ist die Voraussetzung sowohl des hermeneutischen als auch des dialektischen Verfahrens.

Dennoch ist die Frage nach der »Bedeutung« von Teilen im Zusammenhang eines »Ganzen« keineswegs auf den Bereich menschlicher Erfahrung oder auch nur auf den Umkreis organischen Lebens beschränkt. Andreas Angyal hat schon 1939 den Begriff des »Ganzen« auf den des »Systems« bezogen.[254] Während bei einem Aggregat die Beziehungen der Teile durch die ihnen für sich zukommenden Eigenschaften bestimmt sind, sind die Glieder eines Systems konstituiert »by means of their distribution or arrangement within the system« (28). Die Glieder eines Systems sind daher »by the mediation of the system itself« verbunden (30), und zwar auch dann, wenn sie nicht in einer direkten Relation zueinander stehen (32). Der Systembegriff erlaubt es, die Wahrheit des alten Satzes, wonach das Ganze mehr ist als die Summe seiner Teile, festzuhalten, ohne mit vitalistischen Biologen und ihnen nahestehenden Gestaltpsychologen seine Zuflucht bei einer mysteriösen »Gestaltqualität« (Ehrenfels) suchen zu müssen, die zur Summe der Teile noch hinzuzutreten hätte (33). Bei dem »Mehr« des Ganzen handelt es sich lediglich um die Anordnung der Teile im System im Unterschied zu bloß additiven Relationen in einem Aggregat.

Mit ähnlichen Argumenten hat E. Nagel in seinem Aufsatz »Über die Aussage: Das Ganze ist mehr als die Summe seiner Teile«[255] die Behauptung einer wissenschaftstheoretischen Sonderstellung der Ganzheitsbetrachtung kritisiert. Obwohl Nagel sich anders als Angyal gegen die grundsätzliche Unterscheidung zwischen »individuellen Ganzheiten« und bloßen »Aggregaten« wendet (225), deckt sich der sachliche Gehalt seiner Ausführungen weitgehend mit der von Angyal vorgetragenen Auffassung. Besonders instruktiv sind Nagels Ausführungen zu dem von den Gestaltpsychologen

---

254 A. Angyal: The Structure of Wholes, in: Philosophy of Science VI, 1939, 25–37. Die folgenden Seitenverweise im Text beziehen sich auf diesen Aufsatz.

255 Der Aufsatz erschien zuerst 1955 auf englisch, dann auch in E. Nagels Buch: The Structure of Science, 1961, Kapitel 11, deutsch in: Logik der Sozialwissenschaften, ed. E. Topitsch 1965, 225–235. Die Seitenangaben im Text beziehen sich auf die deutsche Fassung. Vgl. auch den der Auseinandersetzung mit H. Driesch gewidmeten Aufsatz von Moritz Schlick: Über den Begriff der Ganzheit, aus: Gesammelte Aufsätze 1938, 255 ff., abgedruckt in: Logik der Sozialwissenschaften 213 ff.

gern angeführten, auch bei Angyal beiläufig erwähnten Beispiel der Melodie. Wenn man sagt, eine Melodie sei nicht identisch mit der bloßen Summe der einzelnen Töne, die ihre Bestandteile bilden, so wird dabei unter »Summe« oft unausgesprochen »die *ungeordnete Klasse* der einzelnen Töne« verstanden (232). Der Begriff des Ganzen dagegen bezieht sich hier »auf ein Muster oder eine Konfiguration von in bestimmten Beziehungen zueinander stehenden Elementen«. In diesem Sinne sei der Satz, daß das Ganze mehr ist als die Summe seiner Teile, »völlig richtig – wenn auch trivial« (232). Nichts anderes besagt aber auch die von Nagel bestrittene, aber von Angyal bejahte Deutung des Satzes, wonach das Element, der Teil, durch den Charakter des Ganzen *bestimmt* wird (cf. 233): Das ist schon insofern der Fall als das einzelne Element *Bestandteil des »Musters«* ist, das für das »Ganze« konstitutiv ist. Angyal hat auch mit Recht darauf hingewiesen, daß nicht erst bei organischen, sondern schon bei dynamischen Systemen oder Ganzheiten »the parts function differently when they form part of one or another whole«.[256] Mit der konstitutiven Bedeutung des »Musters« – oder der »Struktur« im Sinne Diltheys – für das jeweilige Ganze und seine Teile hängt übrigens auch zusammen, wie Nagel hervorhebt, »daß die Unterscheidung zwischen Ganzheiten, die Summe ihrer Teile sind, und Ganzheiten, die dies nicht [und also »mehr«] sind, *relativ auf eine angenommene Theorie T ist,* mit deren Hilfe die Analyse des Systems durchgeführt wird« (235). Beim Erleben und Sinnverstehen im Sinne Diltheys handelt es sich dabei um die Relativität des erfahrenen Sinnes nicht nur auf das individuelle System der Sinn erfahrenden »Lebenseinheit«, sondern auf das sie transzendierende System der Sinntotalität, in der das Sinn *erfahrende* Individuum sein eigenes Dasein als sinnvoll weiß.[257]

---

256 Angyal a. a. O. 36.
257 Dilthey hat betont daran »festhalten« wollen, »daß Bedeutung mit der Totalität des auffassenden Subjektes zusammenhängt« (VII, 230), es also mit einem solchen Ganzen zu tun hat, das seiner selbst inne ist. Er scheint darin etwas qualitativ und prinzipiell von sonstigen Beziehungen zwischen Teil und Ganzem Verschiedenes angenommen zu haben. Daher fährt er fort: »Verallgemeinert man den Ausdruck [sc. Bedeutung] so, daß er identisch ist mit jeder Beziehung, die dem Subjekt zwischen Teilen und Ganzen aufgeht, so daß auch der Gegenstand des Denkvorgangs oder vielmehr die Beziehung der Teile im gegenständlichen Denken oder in der Zwecksetzung darunter begriffen ist, sonach auch die Allgemeinvorstellung, welche die Einzelbilder konstruiert, dann sagt eben Bedeutung nichts als Zugehörigkeit zu einem Ganzen, und in diesem Ganzen ist das Lebensrätsel, wie ein Ganzes organisch oder seelisch Realität haben kann, eliminiert«

Die Emanzipation der Geisteswissenschaften

Die Einführung des Systembegriffs und damit verbundene kybernetische Betrachtungen können also die isolierte Zuordnung der Sinnproblematik zu den geisteswissenschaftlichen Disziplinen korrigieren und die Bedeutung der hermeneutischen Grundbegriffe von Teil und Ganzem durch Zuordnung zu den Problemen der allgemeinen Systemtheorie klären. Die Besonderheit menschlichen Erlebens als Sinnerfahrung ist nicht darin zu suchen, daß Sinnzusammenhänge überhaupt erst auf der Ebene der menschlichen Wirklichkeit auftreten, wohl aber darin, daß Menschen nicht nur als individuelle Systeme sinnhafte Strukturen realisieren, sondern auch befähigt sind, Sinnzusammenhänge zu erleben, und zwar Sinnzusammenhänge, die die Realität ihres eigenen Daseins unbegrenzt überschreiten.

Es erscheint also nicht als aussichtslos, die »geisteswissenschaftliche« Isolierung der Sinnthematik von naturwissenschaftlichen Verfahren zu überwinden. Dagegen nutzt es wenig, mit Albert von einer »Überschätzung« der Sinnproblematik in den Geisteswissenschaften zu sprechen.[258] Diese Problematik kann in den anthropologischen Disziplinen gar nicht überschätzt werden, weil Sinnverstehen immer schon mit der für menschliches Verhalten konstitutiven Sprachlichkeit gegeben ist. Doch wendet sich vielleicht auch Albert nur gegen eine Überschätzung der Bedeutung der Sinnproblematik für eine Rechtfertigung der grundsätzlichen Unterscheidung von Natur- und Geisteswissenschaften. Jedenfalls bemüht er sich seinerseits um einen Abbau dieser Unterscheidung durch eine »nomologische« Beschreibung der Sinnerfahrung. Dieser Weg zu einer Verbindung zwischen Sinnerfahrung und naturwissenschaftlichen Denkformen erscheint gegenüber dem Weg über die Systemtheorie jedoch als

---

(ebd.). Das »Lebensrätsel« fällt hier mit einem nur noch postulatorisch festgehaltenen Dualismus von Subjekt und Gegenstand zusammen, der nicht mehr bedenkt, daß das Subjekt in seiner Reflexion sich auch selbst gegenständlich ist. Wird die Fixierung eines solchen »lebensphilosophischen« Dualismus vermieden, dann ist die Selbstgegebenheit der sich selbst als Totalität *erfahrenden* Totalität des individuellen Menschen als *Modifikation* der allgemeinen Systemstruktur des Verhältnisses von Teilen und Ganzen zur Geltung zu bringen, wobei der Begründung dieser Besonderheit in der Selbsttranszendenz oder Exzentrizität des Menschen weiter nachzugehen wäre. Dann braucht jedoch nicht mehr bestritten zu werden, daß wir Sinn und Bedeutung nicht nur in Lebensphänomenen durch Einfühlung, sondern auch in jeder anderen Beziehung von Teilen und Ganzen entdecken.

258 H. Albert: Traktat über kritische Vernunft, 1968, 148; von einer »Dramatisierung« der Sinnproblematik spricht Albert in: Plädoyer für kritischen Rationalismus, 1971, 109.

weniger aussichtsreich, weil die »nomologische« Betrachtungsweise von der Individualität abstrahieren muß, die für die in den Kulturwissenschaften untersuchten Sinnphänomene konstitutiv ist. Nach Albert soll ausgerechnet Dilthey, der Vater der geisteswissenschaftlichen Theorie wie auch der neueren Hermeneutik, eine Analyse des Verstehens angestrebt haben, die sich als »eine Technologie auf nomologischer Grundlage« (129) beschreiben ließe. Mit dieser Behauptung bezieht Albert sich vor allem auf Diltheys Begriff der »Struktur der seelischen Lebendigkeit« (132). Er übersieht dabei, daß es sich bei dem Begriff der Struktur im Sinne Diltheys um einen Grundbegriff der verstehenden Psychologie im Gegensatz zur zergliedernden, naturwissenschaftlichen Psychologie handelt.[259] Der Begriff »Struktur« legt im Sinne Diltheys keineswegs eine »nomologische Durchleuchtung« (135) des Verstehens nahe; er bezeichnet nicht eine allgemeine Gesetzlichkeit der Sinnerfahrung und des sinnhaften Verhaltens, sondern die individuelle Lebenseinheit. Allerdings betont Albert mit Recht, daß nach Dilthey »allgemeine Einsichten ... als Sachkenntnis in jedem Verstehen mitwirken«.[260] In der Tat besteht »kein Grund ... von der Vorstellung auszugehen, es gebe in diesem Bereich keine Gesetzmäßigkeiten« (136). Die Frage ist nur, ob die spezifisch hermeneutischen Regeln den Charakter derartiger Gesetzmäßigkeiten haben. So läßt sich die allgemeine Regel, das einzelne im Zusammenhang des Ganzen, zu dem es gehört, zu verstehen, nicht wie ein Gesetz auf die ihm untergeordneten einzelnen »Fälle« anwenden. Das würde voraussetzen, daß diese einzelnen Fälle für sich gleichgültig und austauschbar wären. Faßt man jene Regel so auf, dann hat sie nicht mehr den Charakter einer *Anleitung* dazu, im jeweiligen Verhältnis von Teilen zum Ganzen die jeweils individuelle Sinnstruktur des betreffenden Phänomens herauszuarbeiten. Das Verhältnis der als hermeneutische Anleitung verstandenen allgemeinen Regel zu ihrem Anwendungsbereich ist also anders als im Falle von Gesetzesformulierungen, zu denen Anwendungsregeln noch hinzutreten müssen.

Diltheys Begriff der »psychischen Struktur« als eines individuellen Sinnzusammenhanges[261] darf nicht verwechselt werden mit der

259 Dieser Gegensatz wird von Albert nur in anderem Zusammenhang, nämlich in bezug auf die These der »inneren Wahrnehmung«, erwähnt (Plädoyer 133 Anm. 60). Deren enge Verbindung mit dem Strukturbegriff Diltheys bleibt unberücksichtigt.
260 Dilthey V 334 ff. zitiert von Albert a. a. O. 132.
261 Dilthey VII 238, vgl. V 204 ff.

Weiterentwicklung des Strukturbegriffs durch B. Russell und R. Carnap.[262] Deren Begriff der Struktur als »Relationszahl« in dem durch Russell definierten Sinne faßt Struktur als abstrakt allgemeines Gebilde auf. Wie Carnap 1928 meinen konnte, der relationstheoretische Strukturbegriff bilde »eine geeignete Basis« auch für die von Dilthey, Windelband und Rickert erhobene Forderung nach einer »Logik der Individualität«[263], wird verständlich nur durch seinen Hinweis auf Cassirers gegen Rickert gerichtete Behauptung, daß die auf Reihenbildung begründete naturwissenschaftliche Begriffsbildung jenseits des Gegensatzes von Individuellem und Allgemeinem stehe und im Maße ihrer fortschreitenden Entwicklung »die Fähigkeit der *Unterscheidung* des Besonderen« beweise.[264] Beurteilt man jedoch mit Rickert[265] die Relationsbegriffe naturwissenschaftlicher Gesetzesformulierungen mit Einschluß des homogenen Kontinuums, auf das sie sich beziehen, als ebenso abstrakt allgemein, wie es die Gattungsbegriffe der griechischen Philosophie waren, dann ist das Individuelle nicht in ihrer Fluchtlinie zu suchen. Deshalb läßt sich der Strukturbegriff des Formalismus klar unterscheiden von Diltheys Begriff der psychischen Struktur als des individuellen Lebenszusammenhanges, dessen Bedeutungsstruktur in den Kategorien von Teil und Ganzem zu explizieren ist. Man kann zwar den Begriff des Sinnes überall anwenden, wo Zusammenhänge von Teil und Ganzem vorliegen, also auch bei abstrakten Systemen oder den Formen Cassirers.[266]

---

262 *B. Russell*: Introduction to Mathematical Philosophy, 1919; R. Carnap: Der logische Aufbau der Welt, 1928. Zu beiden siehe F. Kambartel: Erfahrung und Struktur. Bausteine zu einer Kritik des Empirismus und Formalismus, 1968, 149 ff. bes. 170 ff.

263 *R. Carnap*: Der logische Aufbau der Welt, 1928, 15. Diese Äußerung Carnaps zitiert Kambartel a. a. O. 246 als Beleg dafür, daß für »Russell wie Carnap der Unterschied zwischen den Intentionen des frühen Hilbert und dem im Strukturbegriff der Diltheyschule eigentlich Gemeinten sehr gering« zu sein schien (245). Kambartel meint, daß auch »tatsächlich« eine Parallele bestehe, da »sowohl in der Untersuchung formaler Axiomensysteme wie bei der auf die theoretischen Äußerungen des individuellen Lebens gerichteten typologischen oder idealtypischen Analyse jeder (inhaltliche) Wahrheits- und Geltungsanspruch für den Ausgangs- oder Bezugspunkt aufgegeben« sei (246). Ein Nachweis dieser Behauptung im Hinblick auf Dilthey wird jedoch nicht erbracht und dürfte auch schwerlich zu erbringen sein.

264 Carnap a. a. O. 15 verweist auf E. Cassirer: Substanzbegriff und Funktionsbegriff, 1910, 299, wo sich (298 f.) der im Text wiedergegebene Gedankengang findet.

265 s. o. Anm. 135.

266 *E. Cassirer*: Zur Logik der Kulturwissenschaften, 1942, 96 ff. Beachte auch die Aufnahme des Strukturbegriffs 105.

Daher ist es auch von Diltheys Strukturbegriff her sachlich begründet, von formalen Strukturen zu sprechen. Die besondere Sinnproblematik der mit dem Menschen beschäftigten Wissenschaften aber ist dadurch gegeben, daß der Mensch als *individuelles* System sinnhaft konstituiert ist, und zwar so, daß er sich selbst konstituiert, indem er sein Dasein überschreitende Sinnzusammenhänge verstehend erfaßt als Fundierung der Identität seiner selbst. Im Hinblick auf diese durch Freiheitsakte sich bekundende Sinnthematik menschlicher Existenz gewinnt auch die Bezeichnung der mit ihr beschäftigten Humanwissenschaften als Geisteswissenschaften ein neues Fundament, ohne daß damit ein Rückfall in den Dualismus von Geist und Natur verbunden wäre. Bewegen sich doch auch die systematischen Entwürfe der Naturwissenschaften in derselben Sphäre »geistiger« Sinnstrukturen, die das Thema der geisteswissenschaftlichen Disziplinen bildet.

Wenn geisteswissenschaftliche Methodik den Sinn des einzelnen im Zusammenhang des zugehörigen Ganzen zum Ziele hat so, wie er sich durch individuelles Sinnverstehen erschließt, dann führt die Erörterung der Besonderheit des hermeneutischen oder dialektischen Verfahrens der Geisteswissenschaften zurück auf die zentrale Bedeutung des Individuellen und der individualisierenden Verfahren in diesen Disziplinen. Das bedeutet allerdings zugleich, daß auch die Sinnthematik für sich kein Reservat der Geisteswissenschaften darstellt und also keine prinzipielle Entgegensetzung von Geistes- und Naturwissenschaften rechtfertigen kann. Die Besonderheit der Geisteswissenschaften läßt sich nur durch eine spezifische Form der Wahrnehmung dieser allgemeinen Thematik beschreiben, nämlich als Konzentration auf die Geschichtlichkeit der Sinnbildung, die mit ihrer Vermittlung durch individuelle Sinnerfahrung auf das engste zusammengehört.

5. Verstehen und Erklären

Mit der Ganzheitsbetrachtung in den sog. »Geisteswissenschaften« war schon bei Dilthey der Gegensatz von Erklären und Verstehen verbunden. Unter Erklären versteht man dabei meistens die Subsumtion von Einzelerscheinungen unter eine allgemeine Regel, wäh-

Die Emanzipation der Geisteswissenschaften

rend das Verstehen das einzelne im Zusammenhang des Ganzen, zu dem es gehört, auffaßt.[267]

Nach G. Rothacker unterscheidet sich das auf individuelles Erleben[268] gerichtete Verstehen sowohl vom Begreifen eines Gehaltes als auch vom Erklären eines Phänomens aus seiner Abhängigkeit von äußeren Bedingungen. Rothacker unterscheidet dabei nicht zwischen kontingent-historischen Abhängigkeiten und solchen, die durch Subsumtion von Erscheinungen als Fälle unter eine allgemeine Regel zu beschreiben sind. Auch bei Rothacker wird das Erklären jedoch als spezifisch für ein naturalistisches Herangehen an ein Phänomen beurteilt.

Die Kritiker des Dualismus von Geistes- und Naturwissenschaften haben eine solche Entgegensetzung von Erklären und Verstehen zumeist abgelehnt. Das ist konsequent; denn in der Entgegensetzung von Erklären und Verstehen findet die Voraussetzung, daß ein fundamentaler Unterschied zwischen Natur und Geist bestehe, und die darauf begründete Fundamentalunterscheidung der beiden Wissenschaftsgruppen von Natur- und Geisteswissenschaften ihren methodischen Ausdruck: Der Methode des Erklärens durch Anwendung von allgemeinen Gesetzen werden in den Geisteswissenschaften Methoden des Verstehens, hermeneutische Methoden gegenübergestellt. Dagegen machen Autoren wie Topitsch und Albert einerseits (s. o.) geltend, daß durch solche Behauptungen der Bereich des menschlichen Lebens dem Zugriff der erklärenden Wissenschaft grundsätzlich entzogen werden solle.[269] In seinem Aufsatz »Hermeneutik und Realwissenschaft« behaupet Albert darüber hinaus, »daß die intersubjektive Verständigung selbst zum *Thema* einer Wissenschaft erklärenden Charakters gemacht« werden könne (119), und er findet einen »Ausgangspunkt« (128) dafür gerade bei Dilthey, da dieser versuche, »Verstehen als allgemeinmenschliche Aktivität ... seiner Struktur nach zu erfassen« (128). Dilthey verhelfe so dazu, »das Verstehen zu erklären« (130, vgl. 137).

Erklärung im Sinne von Albert »erfordert eine nomologische Grundlage«.[270] Albert scheint also den »deduktiv-nomologischen«, den

---

267 Solche Abhebung des Verstehens vom Erklären ist in der Theologie gelegentlich zur Entgegensetzung von Verstehen und Wissen oder Erkennen überhaupt verschärft worden (so G. Ebeling: Wort und Glaube I, 1960, 399 f.).
268 E. Rothacker: Logik und Systematik der Geisteswissenschaften, 1947, 127.
269 So H. Albert: Traktat über kritische Vernunft, 135 ff.
270 Traktat 85, vgl. 152 ff.

sog. DN-Begriff der Erklärung vorauszusetzen, der auf J. St. Mill und weiter auf D. Hume zurückgeht und demzufolge wissenschaftliche Erklärung in der Subsumtion von Einzelerscheinungen unter Naturgesetze besteht.[271] Diese in der neueren Diskussion besonders von Karl Popper vertretene Theorie der Erklärung ist im Anschluß an ihn von C. G. Hempel und P. Oppenheim weiterentwickelt worden.[272] In Deutschland hat sie ihre ausführlichste Darlegung und Erörterung durch W. Stegmüller gefunden.[273]

Läßt sich nun das »Verstehen« im Sinne Diltheys auf deduktiv-nomologisches Erklären reduzieren, so daß der Behauptung der Selbständigkeit der Geisteswissenschaften ihre Grundlage in der Selbständigkeit des Verstehens gegenüber dem Erklären entzogen wäre? Nach Albert[274] hätte Diltheys hermeneutische Theorie »eine Technologie auf nomologischer Grundlage angestrebt«, so daß gerade nach Dilthey das Verstehen selbst auf einem Gesetzeswissen beruhen und damit die Differenz von Verstehen und Erklären sich verflüchtigen würde, weil dann auch das Verstehen als Subsumtion unter Gesetzeswissen aufzufassen wäre. Doch auch wenn man zugibt, daß Diltheys Strukturbegriff eine allgemeine Gesetzesstruktur des Verstehens angibt (128, vgl. 137) und also in der Tat dazu dient, »das Verstehen zu erklären«, so handelt es sich dabei doch nur um eine erklärende Aussage *über* den Verstehensvorgang. Daraus folgt keineswegs, daß der so erklärte Vorgang auch seinerseits erklärenden Charakter hat. Albert verwechselt den Vorgang des Verstehens selbst mit der Aussage darüber, die seine »Struktur« beschreibt. Der Vorgang des Verstehens besteht aber nicht darin, einzelnes zu subsumieren unter seine allgemeine Struktur, sondern bezieht das Einzelne auf ein Ganzes als dessen Glied oder Moment, und so erst konstituiert sich die »Struktur« des Lebens im Sinne Diltheys. Das Verstehen vollzieht sich in systematischer Form, und zwar als individuell existierendes »offenes« System mit der Eigenschaft der Selbstgegebenheit, aber nicht als Subsumtion unter allgemeine Gesetze.

271 *W. Stegmüller*: Wissenschaftliche Erklärung und Begründung (= Probleme und Resultate der Wissenschaftstheorie und Analytischen Philosophie I) 1969, 78.
272 *C. G. Hempel* und *P. Oppenheim*: Studies in the Logic of Explanation, in: Philosophy of Science 15, 1948, 135–175, weiter C. G. Hempel: Aspects of Scientific Explanation, 1965, und schon K. Popper: Logik der Forschung (1934), 2. Aufl. 1966, 31 ff. u. ö.
273 *W. Stegmüller*: Wissenschaftliche Erklärung und Begründung, 1969, bes. 72–207.
274 *H. Albert*: Plädoyer für kritischen Rationalismus, 1971, 129. Die nächsten Seitenverweise im Text beziehen sich auf diesen Band.

Eine Reduktion des Verstehens auf das Modell der deduktiv-nomologischen Erklärung erweist sich also auch dann als unmöglich, wenn das Verstehen seinerseits durchaus Gegenstand einer derartigen Erklärung werden kann. Das Verhältnis von Erklären und Verstehen ist eher so zu denken, daß das Erklären seinerseits stets schon ein Verstehen voraussetzt. Das kann bedeuten, daß die wissenschaftliche Gesetzeserklärung nur eine spezielle Form des Verstehens darstellt oder gar einen »abkünftigen Modus« des Verstehens im Sinne Heideggers.²⁷⁵ Daß das Verstehen dem Erklären vorangeht, läßt sich aber auch so auffassen, daß das Verstehen nur eine Vorform des Erklärens ist, eine unvollkommene Erklärung. So hat H. Gomperz das Verstehen als »eine *Vorstufe* des Erklärens« bezeichnet, die »unter Umständen sogar ein Ersatz dafür sein« könne, beides »in gewissen Fällen«, nämlich »auf Gebieten, auf denen das Erklären noch rückständig ist«.²⁷⁶ Gegen Dilthey behauptete Gomperz ausdrücklich, es könne »keine Rede« davon sein, daß »in Beziehung auf alles fremde Seelenleben das ›Verstehen‹, dem ›Erklären‹ gegenüber, die höhere Erkenntnisart wäre« (216). »Ich denke: Es ist zwar weniger, allein, solang wir dies nicht vermögen, immerhin auch etwas« (217). Die Deutung des Verstehens bei Gomperz als »Vorstufe des Erklärens« beruht auf der Annahme, das Verstehen setze eine »Bereitschaft« dazu, diese wieder eine Gewohnheit und die Gewohnheit »eine ihr entsprechende Regelmäßigkeit voraus« (161, cf. 163). »Was sich ... zu wiederholen pflegt, das erscheint uns vertraut, das sind wir bereit auch neuerlich zu erwarten.«²⁷⁷

Der Auffassung des Verstehens als »Vorstufe des Erklärens« steht seine Deutung als *heuristisches* Verfahren nahe, wie sie im Anschluß an Th. Abel auch W. Stegmüller vertritt. Für ihn ist »die Alternative ›erklären-verstehen‹ ... eine gänzlich schiefe Konstruktion«.²⁷⁸ Für die Gewinnung historischer Erklärungen sei die »Methode des nachfühlenden Verstehens« weder hinreichend noch notwendig (364). Sie sei »bestenfalls ein heuristischer Kunstgriff, um zu Hypo-

---

275 *M. Heidegger:* Sein und Zeit, 5. Aufl. 1941, 153, vgl. 154 ff.
276 *H. Gomperz*: Über Sinn und Sinngebilde. Verstehen und Erklären, 1929, 210 und 212. Die folgenden Seitenangaben im Text verweisen auf dieses Werk.
277 ebd. 163; vgl. die Rolle der »Gleichartigkeit« des geistigen Lebens in Diltheys Hermeneutik, wo sie aber im Unterschied zu Gomperz als apriorische Bedingung des Verstehens erscheint.
278 a. a. O. 362. Vgl. Th. Abel: The Operation called Verstehen, in: H. Feigl und M. Brodbeck: Readings in the Philosophy of Science, New York 1953, 677–88.

thesen zu gelangen, die vielleicht zutreffen« (368). H. Albert[279] hat, über diese Auffassung hinausgehend, das Verstehen selbst als Anwendung einer »nomologischen Grundlage« im Sinne des Erklärens gedeutet, was der Auffassung von Gomperz nicht allzu fern steht. Alle Auffassungen, die im Verstehen eine Vorform des Erklärens erblicken, geraten jedoch in Schwierigkeiten angesichts der Tatsache, daß das Erklären seinerseits auf Verstehen zielt. So hat J. Passmore[280] gezeigt, daß im alltäglichen Leben das Bedürfnis einer Erklärung immer dann entsteht, wenn etwas Überraschendes und Unerwartetes geschieht, das sich in den Rahmen des mitgebrachten Wirklichkeitsverständnisses nicht ohne weiteres einfügt. Die Funktion der Erklärung besteht dann allerdings nicht, wie man gemeint hat[281], darin, das Unbekannte aus dem schon Bekannten verständlich zu machen. Was uns überrascht, erscheint uns ja gerade darum als erklärungsbedürftig, weil es den Rahmen des bekannten, geläufigen Weltverständnisses sprengt, weil es also im Rahmen des schon Bekannten nicht verständlich ist. Die Erklärung entwirft daher einen neuen Bezugsrahmen, in dem das bisher unverständliche Ereignis nunmehr verständlich wird. Ein solcher Bezugsrahmen kann durch eine Gesetzeshypothese, aber auch in anderer Weise geschaffen werden. St. Toulmin hat es als die wesentliche Leistung des Erklärens bezeichnet, daß zuvor unverständlichen Beobachtungen »ein Sinn gegeben« wird.[282] Das geschieht nicht nur durch Gesetzes-

---

279 H. Albert: Plädoyer für kritischen Rationalismus, 130.
280 J. Passmore: Explanation in Everyday Life, in: Science and History, in: History and Theory 1, 1962, 105–123, bes. 107. Siehe auch schon W. Dray: Laws and Explanation in History, Oxford 1957, 72 ff., auch 61.
281 So bedeutet auch für Gomperz Erklären: »in einem Unbekannten ein Bekanntes aufweisen« (a. a. O. 87).
282 St. Toulmin: Voraussicht und Verstehen. Ein Versuch über die Ziele der Wissenschaft (1961) dt. 1968, 43. Toulmin wendet sich besonders gegen die Verbindung des Erklärungsbegriffs mit dem der Voraussage, wie sie etwa bei K. Popper: Logik der Forschung, 2. Aufl. 1966, 31 ff. vorliegt. Er weist darauf hin, daß die theoretische Spekulation der jonischen Naturphilosophen keine Vorhersagen begründete und doch Erklärungswert hatte (35), während die Babylonier trotz ihrer astronomischen Voraussagen »die Dinge nicht verstanden« (36). Die prognostische Kraft einer Theorie bildet also so wenig das Kriterium ihrer Erklärungskraft, daß vielmehr die Vorhersage »selber diesen Zweck nur dann erfüllen kann, wenn wir von der Vorstellung Gebrauch machen, daß Verknüpfungen von Naturereignissen ›erklärt‹ werden, daß ihnen ›ein Sinn gegeben‹ wird« (43). Auch W. Stegmüller (Wissenschaftliche Erklärung und Begründung, 1969, 153–267) lehnt die »These von der strukturellen Gleichartigkeit von Erklärung und Voraussage« ab, obwohl er verschiedene Einwände dagegen, wie unter anderem auch das »Deskriptionsargument« von Toulmin als unzureichend betrachtet (178 ff.). Allerdings geht er in seiner

hypothesen, sondern nach Toulmin ganz allgemein durch das Entwerfen von »Idealen der Naturordnung« (54–99), die als »Erklärungsparadigmen« (70) von den Menschen »benutzt werden, sich die Natur verständlich zu machen« (98). Diese Feststellung impliziert, wenn Toulmin das auch nicht ausdrücklich herausstellt, einen systemtheoretischen anstelle eines bloß nomologischen Erklärungsbegriffs. Dieser stellt sich nur noch als ein Spezialfall des ersteren dar, sofern nämlich Gesetzeshypothesen einen theoretischen Rahmen der »Naturordnung« entwerfen oder jedenfalls zur Bildung eines solchen Theorierahmens beitragen, in dem das bisher unverständlich gebliebene Phänomen sich einordnen läßt. Im Sinne dieses systemtheoretischen Erklärungsbegriffs läßt sich nun in der Tat auch das hermeneutische Verfahren als ein Erklären auffassen, sofern nämlich die Auslegung einen Verstehenshorizont entwirft – ein Bedeutungsganzes im Sinne Diltheys – in bezug auf das die Aussagen des zu deutenden Textes verständlich werden. Gegenüber der deduktiv-nomologischen Erklärung stellt sich damit das hermeneutische Verfahren als ein anderer Erklärungstyp dar, bei dem es nicht um die *Unterordnung* von für sich gleichgültigen Fällen unter das allgemeine Schema einer ungeordneten Klasse, sondern um die *Einordnung* eines Einzelphänomens in das Ganze geht, das den Charakter einer geordneten Klasse hat, in der das einzelne als ein in seiner Eigenart bedeutsames Glied aufgefaßt wird.

Daß der deduktiv-nomologische Erklärungsbegriff selbst eines umfassenderen Begriffs von Erklärung bedarf, um auch nur als eine einzelne Erklärungsform verstehbar zu werden, und daß aus ihm selbst die Erklärungsfunktion deduktiv-nomologischer Argumentation nicht verständlich wird, zeigen gerade die eingehenden Erörterungen von W. Stegmüller in ihrem Bemühen, soweit wie möglich dem Leitfaden der DN-Erklärung zu folgen.

Stegmüller schränkt von vornherein den Begriff der Erklärung ein auf Antworten auf eine Warum-Frage im Unterschied zur bloßen kurzen Begründung nicht auf Toulmins Begriff der Erklärung als »Sinngebung« ein, faßt daher dessen am Beispiel der Darwinschen Theorie entwickeltes Deskriptionsargument zu eng, während es tatsächlich den von Stegmüller zugrunde gelegten deduktiv-nomologischen Erklärungsbegriff selbst, zumindest implizit, in Frage stellt. Gegen Stegmüllers eigene Lösung durch die Unterscheidung von Real- und Vernunftsgründen, denen der Unterschied von Erklärung und Prognose so zugeordnet wird, daß die Prognose keine Realgründe anzugeben brauche (198), konnte der Einwand erhoben werden, sie bleibe »im Nebel einer ungeklärten Metaphysik« (E. Ströker: Erklärung und Begründung in den Erfahrungswissenschaften, in: Philosophische Rundschau 18, 1971, 14).

Beschreibung, die auf Was-Fragen oder Wie-Fragen antworte.[283] Aber auch die Klasse der Warum-Fragen wird im Anschluß an C. G. Hempel[284] noch einmal unterteilt in solche Fragen, die sich auf Gründe einer Behauptung beziehen, also »epistemischen« Charakter haben, und solche, die sich auf die *Ursachen* realen Geschehens richten. Nur die Antworten auf Fragen des letzteren Typs nennt Stegmüller Erklärungen. Gegen Ende seiner Untersuchungen der Probleme des logisch-systematischen Erklärungsbegriffs der DN-Erklärung ergibt sich jedoch für Stegmüller, daß die DN-»Erklärung« vielmehr dem allgemeineren Typus der Begründung anzugehören scheint. Das zeigt sich daran, daß die negative Umkehrung einer DN-Erklärung, bei der deren logische Struktur erhalten bleibt, nicht wiederum eine Erklärung ergibt (761). Stegmüller hält es daher für »zweckmäßiger«, bei den sog. DN-Erklärungen nach einem Vorschlag von M. Käsbauer durchweg von »Begründungen« zu sprechen (760 f., vgl. 783 n. 26). Deduktiv-nomologische Argumente können eben nur zu einer logischen Subsumtion führen, nicht aber *für sich allein* die reale Ursache eines bestimmten zu erklärenden Ereignisses angeben.[285] Aus der DN-Begründung wird eine Erklärung nur unter Voraussetzung einer bestimmten Situation, in der der Hinweis auf ein Gesetz oder auf Gesetze, denen das Erklärung verlangende Ereignis subsumierbar ist, auf dessen Ursache führt. Das bedeutet, daß nur unter zusätzlichen pragmatischen Bedingungen (Beziehung auf eine Erklärung fordernde Situation) der Begründungsbegriff sich zum Erklärungsbegriff »verschärfen« läßt (702). Aber auch die Unterscheidung der Begründung selbst von Pseudo-

---

283 *W. Stegmüller*: Wissenschaftliche Erklärung und Begründung, 1969, 76 ff. vgl. 760. Die folgenden Seitenverweise im Text beziehen sich auf dieses Werk.
284 *C. G. Hempel*: Aspects of Scientific Explanation, 1965, 334 f., zit. bei Stegmüller 75 (vgl. 701).
285 Auch J. Passmore: Explanation in Everyday Life, in Science, and in History, in: History and Theory 2, 1962, 109 hat bereits darauf hingewiesen, daß »there can be no purely formal definition of an explanation«. Er gibt als Beispiel den Satz: »All American drugstores sell cigars, this is an American drugstore, therefore this drugstore sells cigars«. Dieser Satz *kann* Erklärungsfunktion haben für einen Fremden, der sich darüber wundert, weshalb man im Drugstore Zigarren erhält. Er kann statt dessen auch als Aufforderung oder Voraussage fungieren. Für einen Amerikaner, der sich nur wegen gewisser besonderer Umstände über die Tatsache wundert, daß er in einem bestimmten Drugstore Zigarren bekommt, stellt jener allgemeine Satz keinerlei Erklärung dar. »Explaining, in short, is a particular way of using a form of argument; it has no logical form particular to it« (ib.). Zur letzteren Wendung läßt sich allerdings bemerken, daß auch der Gebrauch von Argumenten eine Struktur und also eine logische Form hat.

begründungen scheint ohne derartige pragmatische Bezugnahmen nicht einwandfrei durchführbar zu sein (768 ff.). E. Ströker hat darin ein »indirektes Eingeständnis« dafür erblickt, »daß eine logisch-systematische Wissenschaftsanalyse, die ihre Reinheit dadurch glaubt erlangen zu können, daß sie von sämtlichen pragmatischen Umständen der wissenschaftlichen Forschung einfach absieht, eine Fiktion ist...«.[286] Statt von einem »indirekten Eingeständnis« könnte man im Hinblick auf dieses Ergebnis des Buches von Stegmüller auch von einer durch ihr konservatives Vorgehen um so wirksameren, fundamentalen Destruktion des positivistischen Erklärungsbegriffs sprechen.

Aus diesem Ergebnis muß allerdings die Folgerung gezogen werden, daß der Erklärungsbegriff gar nicht mehr als Subsumtion von Gegebenheiten unter Gesetze begründet werden kann, sondern von der »pragmatischen« Situation her entwickelt werden muß, in der eine Gegebenheit (oder ihr Ausbleiben) als unverständlich und somit als erklärungsbedürftig erfahren wird.

Ansätze zu einer derartigen Theorie der Erklärung haben J. Passmore und vor ihm schon W. Dray entwickelt. Beide Autoren haben die Aufmerksamkeit auf die Vielfalt der Hinsichten gelenkt, in denen im Alltagsleben Erklärungen erforderlich werden können: Sie reichen von der Begriffserklärung über Erklärungen, *wie* etwas funktioniert und *zu welchem Zweck* es dient, bis zu Erklärungen des *Hergangs* einer Sache und schließlich der Ursache für einen Sachverhalt.[287] Wenn nun, wie sich zeigte, das DN-Argument der Subsumtion von Ereignissen unter Gesetzeshypothesen für sich gar keine Erklärung darstellt, so läßt es sich auch nicht mehr als *überlegene* Erklärungsart gegenüber anderen alltäglichen Erklärungsformen behaupten.[288] Es besteht dann kein Grund mehr dafür, den Begriff der Erklärung einzuschränken auf Antworten, die sich auf

---

286 *E. Ströker*, art. cit. in: Philosophische Rundschau 18, 1971, 35.
287 J. Passmore art. cit. 106 f.
288 Das tut seltsamerweise J. Passmore trotz seiner Einsicht, daß nicht die abstrakte logische Struktur eines Arguments, sondern erst sein Gebrauch über seinen Charakter als Erklärung entscheidet. Er sagt, daß dem Wissenschaftler die im Alltagsleben als adäquat akzeptierten Erklärungen höchstens als »tentative hypothesis« gelten können, die durch die Suche nach notwendigen und ausreichenden Bedingungen präzisiert werden müssen (117). Auch die am alltäglichen Bewußtsein orientierten Erklärungen der Historiker seien daher wissenschaftlich oberflächlich (121, vgl. Passmore's Bemerkung 106, er wolle deutlich machen, »to how slight a degree history is scientific«). Dabei vernachlässigt Passmore jedoch seine eigene Unterscheidung zwischen der logischen Struktur einer Deduktion und

Warum-Fragen beziehen. Auszugehen ist vielmehr davon, was den verschiedenen Erklärungsarten gemeinsam ist. Auf die Frage danach hat J. Passmore geantwortet: »The only common factor, so far as I can see, is that in each instance I am puzzled; the explanation sets out to resolve my puzzlement.«[289] Dem gemeinsamen Moment der Verwunderung, des Nichtverstehens in der das Bedürfnis nach Erklärung veranlassenden Situation entspricht allerdings positiv, daß die Erklärung das zuvor Unverstandene in der jeweils relevanten Hinsicht *verständlich macht*. Damit bestätigt sich die Deutung des Erklärungsbegriffs durch St. Toulmin, derzufolge durch die Erklärung zuvor unverständlichen Beobachtungen »ein Sinn gegeben« wird (s. o. Anm. 282). Diese systemtheoretische Deutung läßt sich auf alle von Passmore angeführten Erklärungsarten anwenden; denn sie alle fungieren dadurch als Erklärung, daß sie die zu erklärende Gegebenheit in einen Kontext einordnen, in dem sie als sinnvoll verstanden werden kann.

Der auf die jeweilige pragmatische Situation des Erklärungsbedürfnisses bezogene systemtheoretische Erklärungsbegriff, der sich hier mit dem hermeneutischen Verfahren deckt, bietet neben der Möglichkeit, daß innerhalb eines geeigneten pragmatischen Kontextes naturgesetzliches Wissen eine Erklärungsfunktion gewinnen kann, auch dem Begriff der historischen Erklärung Raum, den W. Dray entwickelt hat. In Auseinandersetzung mit Popper, Hempel und der Weiterentwicklung ihrer »covering law«-Theorie bei P. Gardiner[290] legt Dray dar, daß Ereignisse nicht in ihrer historischen Einmaligkeit erfaßt und somit als historische Ereignisse noch nicht erklärt werden, wenn sie einem allgemeinen Gesetz oder einer naturgesetzlichen Theorie subsumiert werden, und daß umgekehrt, um historische Ereignisse zu erklären, mehr erforderlich ist als eine solche Subsumtion unter allgemeine Gesetze.[291] Solche Erklärung

ihrer Erklärungsfunktion. Im Hinblick auf die Subsumierbarkeit einer Gegebenheit unter Gesetzeshypothesen sind die naturwissenschaftlichen Anforderungen an Intelligibilität und Adäquatheit (Suffizienz) sicherlich sehr viel strenger als die des Historikers. Aber das betrifft nur die Begründungsstruktur, nicht die Erklärungsfunktion. Die in ihrer Begründungsstruktur weniger »exakte«, formallogisch weniger strenge Argumentation des Historikers wird für den historisch Interessierten an einer Begebenheit sehr wohl mehr erklären als ihre Subsumtion unter Naturgesetze es vermag.
289 art. cit. 107. Vgl. die oben Anm. 280 angeführten analogen Feststellungen von W. Dray.
290 P. Gardiner: The Nature of Historical Explanation, 1952.
291 W. *Dray*: Laws and Explanation in History, London 1957, 28 ff., 58 ff. Die folgen-

wird erst durch den Nachweis einer *kontinuierlichen Reihe* (continuous series) von Ereignissen, die auf das zu erklärende Ereignis hinführen, geleistet (66 ff.). Dieser Nachweis braucht im Fall der Historie nicht auf Warum-Fragen adäquate Antwort zu geben, sondern lediglich zu beschreiben, »wie« es zu dem als erklärungsbedürftig empfundenen Ereignis gekommen ist (156 ff.). Der Historiker muß die »Stufenleiter« (162 f.) der Bedingungen rekonstruieren, die das betreffende Ereignis möglich gemacht haben (164 ff.).
Stegmüller hat gegen Dray's »historisch-genetische« Erklärungsform den Nachweis zu führen versucht, daß diese Erklärungsform sich sehr wohl auf den Typus der DN-Erklärung zurückführen lasse. Zunächst gehört nach Stegmüller der »Begriff der Erklärung, wie etwas möglich ist ... zur Kategorie der *pragmatischen* Begriffe; denn darin muß ausdrücklich auf die *Überzeugung* einer Person ... Bezug genommen werden« (op. cit. 377). Weil es sich aber um einen pragmatischen Aspekt handle, sei es »schief, wenn Dray den Wie-möglich-Fall gegen den HO-Erklärungsbegriff ausspielt« (379). Dieser letztere sei eben ein logisch-systematischer Begriff, der von pragmatischen Aspekten abstrahiert.
Im Lichte der von Stegmüller am Schluß seines Werkes eingeräumten, durchgängigen Abhängigkeit des *Erklärungswertes* logisch-systematischer Argumente vom Bezug auf pragmatische Verstehenssituationen ist diese Kritik an Dray wenig überzeugend. Aber die Frage hat nicht nur den Aspekt der subjektiven Verstehensbedingungen. Die Konstruktion der »Stufenleiter« der Bedingungen bildet eine Anwendung des Erklärungsmodells der »kontinuierlichen Reihe«, dem nach Dray (81) der Typus historischer Erklärungen entspricht und der, wie man im Sinne von Dray wohl annehmen darf, der Einmaligkeit historischer Ereignisse (44 ff.) besser gerecht werden soll als das Modell der deduktiv-nomologischen Erklärung. Nach Dray erfordert sein Modell der historisch-genetischen Erklärung überhaupt keine Gesetzeshypothesen. Dagegen hat Stegmüller (365 ff.) im Anschluß an Hempel die historisch-genetische Erklärung so zu deuten versucht, daß die einzelnen Schritte je für sich

---

den Seitenangaben im Text verweisen auf dieses Werk. Siehe auch die Ausführungen in W. Dray: Philosophy of History, 1964, 5 ff., wo insbesondere die enge Beziehung zwischen Dray's Begriff der Erklärung durch Konstruktion einer *continuous series* und dem Denken von M. Oakeshott (Experience and its Modes, 1933) mit seiner Betonung der Einmaligkeit historischer Ereignisse deutlicher hervortritt (bes. 8 ff.).

zwar Gesetzen unterliegen, im Fortgang aber »immer wieder große Mengen von Details in rein beschreibender Weise eingeschoben« werden, die in diesem Zusammenhang nicht »mit Hilfe anderer Tatsachen auf Grund von Gesetzen erklärt« werden (358).
Dray hat jedoch auch für das Einzelereignis – und also ebenso für die einzelnen Schritte einer historisch-genetischen Erklärung – bestritten, daß es durch Zurückführung auf ein Gesetz erklärbar sei. Dabei geht es nicht nur um die Notwendigkeit eines Bezuges auf eine pragmatische Situation, in der das Gesetz als Erklärung verstehbar wäre. Vielmehr geht es auch um den zu erklärenden Sachverhalt selbst. Das Gesetz vermag in seiner Allgemeinheit die Besonderheit eines einmaligen Ereignisses nicht zu fassen. In dem Maße aber, wie das Gesetz spezifischer formuliert wird, geht es seiner Allgemeinheit verlustig und wird im Grenzfall zur Beschreibung eines nur einmal vorhandenen Sachverhaltes.[292] Stegmüller hat dagegen eingewendet: »Ein Gesetz, zu dem es de facto nur *einen einzigen* Anwendungsfall gibt, *könnte* doch andere Anwendungsfälle haben und besäße daher die prinzipielle Fähigkeit, *für weitere Erklärungen und Prognosen benützt zu werden*« (102). Dieser Einwand vermag nicht zu überzeugen, da nach Stegmüller selbst Erklärungen als Antworten auf Warum-Fragen sich auf Tatsächliches beziehen und daher nicht mit bloßen Möglichkeiten operieren können. Eine allgemeine Strukturaussage hat erst dann Gesetzesform, wenn sie mehr als *einen* Anwendungsfall hat. Sonst handelt es sich bei ihr um eine Deskription, die freilich ein Gesetz sein *könnte*, wenn sie eben mehr als einen Anwendungsfall *hätte*.
Ähnlich wie Dray hat auch A. C. Danto[293] zu dieser Frage Stellung genommen, indem er betont, daß ein Gesetz sich stets nur auf eine allgemeine *Klasse* von Ereignissen bezieht, die aber unter sich faktisch nicht homogen sind, so daß die Besonderheit des einzelnen Ereignisses durch seine Subsumtion unter ein Gesetz noch keine Erklärung findet.
Nun ist immer wieder bestritten worden, daß historische Erklärungen individuelle Vorgänge in ihrer unwiederholbaren Einmaligkeit zum Gegenstand haben können. So sagt auch Stegmüller, ein indivi-

[292] Dray: Laws and Explanation, 32 ff. bes. 39.
[293] *A. C. Danto*: Analytical Theory of History (1965) 2. Aufl. 1968, 225 ff. Danto geht davon aus, daß jede *Erklärung* sich auf eine vorausgesetzte *Beschreibung* des zu Erklärenden bezieht (220) und daß für ein und dasselbe Ereignis Beschreibungen verschiedener Allgemeinheitsgrade gegeben werden können (221).

dueller Gegenstand könne zwar »niemals in seiner vollen Totalität erklärt werden«[294], aber eben auch nicht vom Historiker. Vielmehr benutze auch der Historiker allgemeine Ausdrücke, »Artbegriffe« zur Beschreibung seines Gegenstandes. Daher könne es »*weder* eine vollkommene Beschreibung *noch* eine vollkommene Erklärung eines individuellen Ereignisses geben ...« (337 f.). Soweit wird man der Argumentation zustimmen können. Es ist jedoch nicht dasselbe, ob Artbegriffe verwendet werden, um durch ihre Verbindung die komplexe Eigentümlichkeit eines individuellen Gegenstandes zu beschreiben, oder ob sie der Beschreibung einer allgemeinen Klasse von Gegenständen dienen. Da er diesen Unterschied unerwähnt läßt, schließt Stegmüller voreilig, es könne in »*dieser* Hinsicht ... aus logischen Gründen kein Unterschied zwischen naturwissenschaftlicher und geisteswissenschaftlicher Erklärung bestehen« (337 f.).
Die historisch-genetische Erklärung eines Ereignisses durch die »kontinuierliche Reihe« oder »Stufenleiter« der zu ihm hinführenden Ereignisse läßt sich auch nicht dadurch auf ein deduktiv-nomologisches Modell zurückführen, daß eine Vielzahl von Gesetzen angenommen wird, die in den Einzelereignissen und der durch sie gebildeten Reihe zusammenwirken und ihre verschiedenen Aspekte erklären.[295] Die Kombination dieser Gesetze nämlich setzt bereits eine Beschreibung der Situation ihres Zusammenwirkens und des Hergangs, in den sie eingreifen, – also eine historische Erklärung im Sinne von Dray voraus. Nicht als *Erklärung,* sondern nur als *Begründung* oder Rechtfertigung der gegebenen Erklärung kann der Rekurs auf Gesetze oder allgemeine Regeln hier relevant werden.[296] Der Unterschied von Erklärung und Begründung erscheint also in der historischen Erklärung in der Weise, daß beide auch inhaltlich verschieden sind. Daraus wird verständlich, daß historische Erklärungen sich selten ausdrücklich auf allgemeine Gesetze beziehen, –

---

294 op. cit. 337, vgl. *C. G. Hempel*: Erklärung in Naturwissenschaft und Geschichte (engl. 1962), in: Erkenntnisprobleme der Naturwissenschaften, ed. L. Krüger 1970, 215 ff. bes. 223 f.
295 C. G. Hempel art. cit. 236 n2 stimmt Dray darin zu, daß »die Forderung nach einem *einzigen* Gesetz fallen gelassen werde«, fügt aber hinzu, daß es sein eigenes Schema wie auch seine früheren Arbeiten »ausdrücklich zuließen, daß das *explanans* mehr als ein Gesetz einschließt«.
296 Cf. *M. Scriven*: Truisms as Grounds for Historical Explanation, in: Theories of History ed. P. Gardiner 1959, 443–75. Scriven verzichtet dabei auf die Forderung strenger Allgemeinheit und spricht lieber von Regeln, die unter normalen Umständen anwendbar sind.

ein Sachverhalt, der bei der Deutung historischer Erklärungen im Sinne von DN-»Erklärungen« zu der Annahme geführt hat, es handle sich bei jenen um bloße »Erklärungsskizzen«.[297]
Dray hat gegen Scriven eingewendet, daß es sich bei den allgemeinen Regeln, deren Anwendungen historische Erklärungen implizieren, in vielen Fällen und jedenfalls bei der Erklärung menschlichen Verhaltens um Verhaltensnormen (evaluative norms of behavior) handle, nicht aber um empirische Verallgemeinerungen im positivistischen Sinne.[298] Eine solche Erklärung komme dem nahe, was Dray selbst als »rational explanation« menschlichen Handelns aus zweckbezogenen Handlungsprinzipien bezeichnet.[299] Diese These ist ihrerseits Max Webers Begriff der idealtypischen Erklärung verwandt, bleibt nur insofern hinter dieser zurück, als Webers Idealtypen auch das von ihnen abweichende, irrationale Verhalten erklären, während Dray mit Collingwood jedem menschlichen Verhalten eine rationale Struktur zumindest unterstellt. Dagegen konnte C. G. Hempel an die von der heutigen Psychologie herausgearbeitete Bedeutung unbewußter und irrationaler Verhaltensmotive erinnern.[300]

K. O. Apel hat sich auf Dray's Begriff der *rational explanation* berufen für seine These, daß der Historiker es im Gegensatz zu den erklärenden Naturwissenschaften mit dem Verstehen menschlicher Handlungen zu tun habe.[301] Er hat dabei im Anschluß an Habermas die Unzugänglichkeit menschlicher Handlungen für naturwissenschaftliche Erklärungen genauer begründet durch ihre intentionale Struktur (27), die sich, wie Habermas dargetan hat[302], nicht eindeutig auf äußerlich beobachtbares und stimulierbares Verhalten reduzieren läßt. Mit Habermas nimmt Apel an, daß die menschliches Handeln leitenden Sinnintentionen von zugrunde liegenden Erkenntnisinteressen gesteuert sind (31), wobei neben der technischen Bewältigung der natürlichen Daseinsbedingungen, der die natur-

297 C. G. Hempel, art. cit. 221 ff. bes. 224. Vgl. Stegmüller 110 f., 346 ff.
298 W. Dray: Philosophy of History, 1964, 16.
299 ebd. 10 ff., cf. Laws and Explanation in History, London 1957, 118 ff., bes. 125 und 131 ff. Dray weist selbst (122) auf den Zusammenhang dieser Erklärungsform mit R. G. Collingwood hin.
300 art. cit. 233 ff.
301 K. O. Apel: Scientistik, Hermeneutik, Ideologiekritik, in: Wiener Jahrbuch für Philosophie I, 1968, 15–45, bes. 24 f. Die folgenden Seitenangaben im Text verweisen auf diesen Artikel.
302 s. o. Anm. 161.

wissenschaftliche Erkenntnis diene, die intersubjektive Verständigung im Zusammenhang von Prozessen der Traditionsvermittlung (31) ein gleichermaßen fundamentales Interesse des Menschen bilde. Die Beziehung der *hermeneutischen* Disziplinen auf diesen Prozeß der Traditionsvermittlung begründet daher nach Apel ihre Selbständigkeit gegenüber den Naturwissenschaften und den Unterschied geisteswissenschaftlichen Verstehens von naturwissenschaftlichem Erklären.

H. Albert hat diese These mit Recht als einen neuen Versuch zur Rechtfertigung des Dualismus von Natur- und Geisteswissenschaften gekennzeichnet.[303] Die Darlegungen von Dray und besonders auch von Danto über die Besonderheiten historischer Erklärung sind bei Apel einseitig zur Rechtfertigung einer hermeneutischen Theorie der »Geisteswissenschaften« herangezogen worden. Die Grundlagen dieser Darlegungen liegen jedoch auf einer anderen Ebene. Es geht in ihnen fundamental um die Singularität historischer Ereignisse, bzw. um das Interesse des Historikers für die singulären Aspekte des Geschehens, das unter andern Gesichtspunkten gewiß auch naturwissenschaftlich untersucht werden kann. Der singuläre Charakter historischer Ereignisse ist nach der Darstellung Dray's der eigentliche Grund dafür, daß sie noch nicht hinreichend erklärt sind, wenn sie nur als Fall allgemeiner Gesetzesbehauptungen betrachtet werden: Gerade ihre historische Relevanz bleibt dann unberücksichtigt. Daher sind auch die Zusammenhänge zwischen historischen Ereignissen durch die Beziehungen ihrer komplexen Individualitäten und nicht lediglich durch gesetzliche Gleichförmigkeit bestimmt. Und darum bedarf es, wenn Erklärung das zu Erklärende in seinen Zusammenhängen verstehen lehrt, der zusammenhängenden Reihe der Ereignisse selbst, um historische Ereignisse zu erklären. Die Argumentation von Dray impliziert hier, obwohl dieser Aspekt in ihr nicht entfaltet wird, einen zur deduktiv-nomologischen »Erklärung« alternativen, allgemeinen Begriff von Erklärung überhaupt durch Einordnung des zu Erklärenden in den ihm entsprechenden »Kontext«.[304] Die historische Erklärung erscheint von daher, an-

---

[303] H. Albert: Hermeneutik und Realwissenschaft, in: Plädoyer für kritischen Rationalismus, 1971, 114 ff.

[304] Gelegentlich wird dieses allgemeinere Problem bei Dray berührt, so wenn er dem Gedanken von G. Gardiner zustimmt, daß der Gebrauch des Begriffs Ursache in der Historie einer »contextual reference« bedarf (Laws and Explanation in History 16 f., 20) und auf den Zusammenhang einer bestimmten Situation bezogen werden muß (104, cf.

ders als bei Dray selbst, nicht mehr als einfacher Gegensatz zur naturgesetzlichen Erklärung, sondern bildet wie diese einen Sonderfall eines allgemeineren Begriffs von systematischer Erklärung als Einordnung des zu Erklärenden in den ihm entsprechenden Systemzusammenhang, der bei der historischen Erklärung durch die Ereignisreihe, bei der naturwissenschaftlichen Erklärung durch den Theoriezusammenhang der »Naturordnung« im Sinne von Toulmin (s. o. Anm. 282) gegeben ist. In seiner allgemeinsten Form umfaßt der »Kontext« der Erklärung auch noch die pragmatische Situation, aus der das Erklärungsbedürfnis erwächst. Demgegenüber beruht der Begriff einer »rein« systematischen Erklärung bereits auf einer Einengung der Perspektive auf die gegenständlichen Zusammenhänge.

Daß historische Erklärung das einzelne Ereignis durch Einordnung in eine Ereignisreihe *aus seinem Kontext* verständlich macht, ist von A. C. Danto durch Reflexion auf die Funktion des Erzählens (narrative) für historische Erklärungen genauer herausgearbeitet worden.[305] Danto hat dadurch Dray's Modell der »continuous series« in einer Weise präzisiert, die zugleich die Verbindung zur hermeneutischen Aufgabe hervortreten läßt, die bei Dray unter dem Titel der »rational explanation« allzu unverbunden neben seinem Begriff der »continuous series« stand.

Danto geht davon aus, daß das zu erklärende Ereignis in der Historie zugleich eine *Veränderung* gegenüber früheren Ereignissen repräsentiert (233). Dabei erklärt nicht etwa das frühere Ereignis das spätere (235), sondern beide sind Teile des zeitlichen Ganzen (temporal whole), das Gegenstand der Erzählung ist und innerhalb dessen die »Teile«, vor allem Ausgangspunkt und Endpunkt der Veränderung, ihre Erklärung finden (ebd.). Das geschieht, indem der zwischen Anfangs- und Endpunkt vermittelnde Übergang gefunden und eingefügt wird, der jene beiden zum Ganzen des Erzählungszusammenhangs zusammenfaßt (236).[306] Diese Funktion des

---

96). Jedoch hält Dray den Gesichtspunkt der »contextual reference« offenbar für eine Besonderheit historischer Interpretation, ohne zu beachten, daß der Theoriezusammenhang naturwissenschaftlicher Gesetzesaussagen in analoger Weise einen systematischen Kontext bereitstellt, in bezug auf den die Subsumtion von Phänomenen unter Gesetze allererst erklärende Funktion gewinnt.
305 *A. C. Danto*: Analytical Philosophy of History, Cambridge 1965, paperback 1968, 143 ff., 233 ff. Die folgenden Seitenverweise im Text beziehen sich auf dieses Werk.
306 Dabei bildet jeder solche Erzählungszusammenhang selbst wieder einen Teil eines weiteren Geschichtszusammenhangs (241).

den Übergang vermittelnden Gliedes, an die Danto Erwägungen zur Rolle von Gesetzen in der Geschichte anknüpft (236 ff.), wird von ihm allerdings nicht ausgeglichen mit seiner Bemerkung, daß die Erzählung im ganzen und also auch ihr Anfang von ihrem Ende her bestimmt sei (248): Bei narrativen Sätzen handelt es sich nämlich durchweg um ein »retroactive re-alignment of the Past« (168). Es ist klar, daß ein Satz wie: »Im Jahre 1618 begann der dreißigjährige Krieg« nicht von einem Chronisten des Jahres 1618 geschrieben werden konnte, sondern erst nach 1648 entstanden sein kann. Nun kann aber ein solcher Satz als Erklärung der Ereignisse von 1618 aufgefaßt werden. Erklärende Funktion hat also nicht nur der Übergang zwischen Anfang und Ende, sondern auch das Ende, und man wird eine solche natürlich auch dem Anfang nicht absprechen dürfen. Die Analyse von Danto wäre im Sinne solcher Erwägungen dahin zu erweitern, daß Anfang und Ende eines geschichtlichen Prozesses, sowie auch der Übergang zwischen beiden *einander wechselseitig erklären unter der Voraussetzung der durch das Ende begründeten Totalität des geschichtlichen Prozesses,* der Gegenstand der Erzählung ist. Die Erklärungsfunktion von Dray's Modell der kontinuierlichen Reihe erweist sich damit als ein Spezialfall des systemtheoretischen Begriffs der Erklärung. Es ließe sich nun zeigen, daß die narrative Einheit historischer Ereignisreihen in der Geschichtlichkeit menschlicher Sinnerfahrung verwurzelt ist, die im Sinne der Analysen Diltheys ebenfalls zeitlich strukturiert ist, so daß der Bedeutung bestimmende Sinnhorizont vom Ende eines Prozesses geschichtlicher Erfahrung abhängt, aber schon in der geschichtlichen Gegenwart, wenn auch einseitig, antizipiert wird. Die Rolle der Sinnerfahrungen geschichtlich handelnder Subjekte für die Erklärung des Ganges der Geschichte brauchte dann nicht im Sinne der »rational explanation« von Dray als ein zusätzlicher Gesichtspunkt äußerlich zum Modell der Ereignisreihe als der spezifisch historischen Erklärungsform hinzugefügt zu werden, sondern gehört auf das engste mit ihm zusammen. Dabei ist die Besonderheit menschlicher Sinnerfahrungen, die von naturgesetzlicher Erklärung, so sehr diese auch auf sie anwendbar sein mag, nicht erfaßt wird, nicht in der Intentionalität solcher Erfahrungen begründet, sondern in ihrer Geschichtlichkeit, durch die sie als *individuelles offenes System* an der Einmaligkeit geschichtlicher Ereignisse und Prozesse teilnehmen.[307] Historische

307 Die Fundierung der Hermeneutik auf die Geschichtlichkeit der Sinnerfahrung und

und hermeneutische Erklärung brauchen jedoch deswegen noch nicht prinzipiell der naturwissenschaftlichen Erklärung entgegengesetzt zu werden, wie es bei Apel im Zeichen des Dualismus von Erklären und Verstehen geschieht. Vielmehr hat bereits die Besinnung auf den pragmatischen Kontext, in dem alles Erklären sich bewegt, einen Begriff des Erklärens als Einordnen des einzelnen in ein Ganzes nahegelegt, der eine gemeinsame Basis für naturwissenschaftliche und historisch-hermeneutische Erklärungsverfahren bilden könnte, zumal die Subsumtion unter Gesetze ebenso wie die erörterten historischen Erklärungsformen nur durch Bezug auf ein pragmatisches Erklärungsbedürfnis eine Erklärungsfunktion hat.

Daß es auch bei naturwissenschaftlicher Erklärung um Einordnung des zu Erklärenden in einen Sinnzusammenhang geht, hat kürzlich E. Scheibe, ausgehend von der pragmatischen Situation des Erklärungsbedürfnisses, genauer untersucht.[308] Entsprechend Scheibe fragen wir nach einer Ursache oder Erklärung, wenn etwas Überraschendes und Unerwartetes geschieht, das »nicht zu den Implikationen derjenigen Voraussetzungen gehört, von denen ich herkomme, und daher in einer von diesen Voraussetzungen her entworfenen Welt nicht auftreten dürfte« (263). Mit J. König betont Scheibe gegen Humes Deutung der Kausalität als Ausdruck der Gewohnheit, daß vielmehr das Erlebnis einer Überraschung den Ausgangspunkt der Frage nach Ursachen bilde.[309] Dementsprechend entstehe auch in der Physik das Bedürfnis nach Erklärung erst dann, wenn sich Grenzen der Gültigkeit eines bis dahin allgemein bewährten Satzes oder Theoriezusammenhanges zeigen. Dann aber bedarf nicht nur das unerwartete Ereignis einer Erklärung, sondern auch die dadurch erwiesene Beschränkung der bisher für allgemeingültig gehaltenen Theorie. Diesen beiden Anforderungen kann nur der Entwurf einer neuen Theorie höherer Allgemeinheitsstufe gerecht werden, die nicht nur erklärt, »wie die jeweiligen Phänomene unter eine umfassende Theorie fallen, sondern auch, wie die vorhergehende Theorie sich in

---

ihren darin begründeten Bezug auf die universalgeschichtliche Problematik habe ich in meiner Auseinandersetzung mit H. G. Gadamer: Hermeneutik und Universalgeschichte (1963), in: Grundfragen systematischer Theologie, 1967, 91–122, behandelt.

308 E. Scheibe: Ursache und Erklärung, in: Erkenntnisprobleme der Naturwissenschaften ed. L. Krüger, 1970, 253–75. Die nächsten Seitenangaben im Text beziehen sich auf diesen Artikel.

309 a. a. O. 257. Siehe auch die Kritik von K. Popper an Hume: Conjectures and Refutations (1963) 2. Aufl. 1969, 42 ff.

die neue einfügt und was es *macht,* daß zwar die eine, aber nicht die andere das fragliche Phänomen liefert« (273). Damit wird grundsätzlich Toulmins Deutung der physikalischen Erklärung als Sinngebung durch theoretische Erklärungsparadigmen bestätigt, aber mit einer hinzutretenden Differenzierung, die noch deutlicher macht, daß es auch hier um Einordnung der Teile in ein Sinnganzes geht, im Sinne des oben als systemtheoretisch bezeichneten Erklärungsbegriffs: Nicht nur die zuvor unverständlichen Beobachtungen müssen darum Gegenstand der Erklärung sein, sondern auch die bisherigen theoretischen Auffassungen, zu denen jene in Widerspruch stehen; dieser Widerspruch muß in einem neuen theoretischen Rahmen, in dem das zuvor einander Widersprechende nunmehr im Sinnzusammenhang einer neuen Systematik als vereinbar erscheint, aufgehoben werden. Demgegenüber sind, wie Scheibe hervorhebt, logische Deduktionen »nicht das *entscheidende* Element in der Erklärung« (271), so sehr sich auch naturwissenschaftliche Erklärungen in der Form solcher Deduktionen darstellen mögen.

Der Deduktion im Sinne der Subsumtion unter Gesetzeshypothesen wird bei naturwissenschaftlichen Erklärungen auch auf der Linie der Darlegungen von Scheibe unvergleichlich größere Bedeutung zukommen als bei historischen Erklärungen, in die derartige Gesichtspunkte höchstens implizit, als Voraussetzung eingehen, deren Verfahren aber, wie oben erörtert, anderen Gesichtspunkten folgt. Im übrigen läßt sich jedoch Scheibes allgemeine Beschreibung der Situation, in der ein Erklärungsbedürfnis auftritt, auch auf die historischen Disziplinen, sowie auf philosophische und theologische Argumentation anwenden. Sie gilt dabei nicht nur für den speziellen Fall der Kausalerklärung, den Scheibe zunächst untersucht, sondern ganz allgemein: Ein Erklärungsbedürfnis entsteht, wo immer Sachverhalte entdeckt werden, die sich einer vorhandenen Theorie des entsprechenden Sachgebietes nicht fügen, sondern ihr widersprechen. Die in solcher Lage nötige Erklärung muß auch bei historischen, philosophischen und theologischen Untersuchungen sowohl jene Sachverhalte als auch die Schranken der bisher geltenden Auffassung und ihre dadurch beschränkte Fortgeltung (oder ihre »Wahrheitsmomente«) verständlich machen. Zwar wird im Bereich historischer und philosophischer Disziplinen nicht immer eine einzige Annahme beides leisten können, aber zumindest ist auch in diesen Disziplinen eine Kohärenz der Erklärungen beider Problemaspekte zu fordern.

Scheibes Erweiterung des Begriffs der Erklärung bietet also einen gemeinsamen Boden, auf den sich die Besonderheiten naturwissenschaftlicher und historischer, sowie philosophisch-theologischer Erklärung beziehen lassen. Es ist das die systemtheoretisch zu beschreibende Funktion der Einordnung von Teilen in das Ganze eines Sinnentwurfs. Findet in diesem Sinne das Verhältnis der wissenschaftlichen Verfahren in den Naturwissenschaften einerseits und den historisch-philosophischen Disziplinen andererseits selbst eine Erklärung, so ist es nicht mehr zulässig, den Begriff der Erklärung als in den historischen und philosophischen Disziplinen unanwendbar abzulehnen und ihm für den Bereich der Humanwissenschaften den Begriff des Verstehens entgegenzusetzen. Vielmehr muß das Verhältnis von Verstehen und Erklären dann selbst neu bestimmt werden.

Einen Ansatzpunkt dazu bietet eine physikhistorische Bemerkung Scheibes: Im Rahmen der durch Newtons Gravitationstheorie gegebenen Erklärung »*versteht* (!) man ... sowohl warum in einem besonderen Fall, z. B. unserem Planetensystem, die Keplergesetze denn doch nicht die schlechtesten sind, als auch warum Abweichungen von ihnen auftreten müssen« (272). Das *Verstehen* bewegt sich also in einem Bezugsrahmen, der in diesem Falle durch die von Newtons Theorie geleistete *Erklärung* gegeben ist. Eine Erklärung kann also den Rahmen liefern für das Verstehen, das dem Verhältnis der Einzelphänomene – hier der Keplergesetze und der Abweichungen von ihnen – innerhalb dieses Rahmens zugewandt ist.[310]

Verstehen setzt jedoch nicht immer eine Erklärung voraus. »Das Verstehen ist vielmehr das Ursprünglichere, und das Erklären setzt überall da ein, wo das Verstehen auf seine Grenzen stößt.«[311] Wo man versteht, da bedarf es keiner Erklärungen. Nur wo man nicht versteht, wird eine Erklärung erforderlich. Dabei sind Menschen immer schon verstehend in ihrer Lebenswelt zu Hause, wenn ihnen

---

310 Anders ordnet M. Weber Erklären und Verstehen einander zu, wenn Soziologie »soziales Handeln deutend verstehen und dadurch in seinen Wirkungen ursächlich erklären« soll (Ges. Aufs. zur Wissenschaftslehre, 3. Aufl. 1968, 542). Hier erscheint die Erklärung als *Folge* des Verstehens. Demgegenüber wird man daran festhalten müssen, daß es keiner Erklärung mehr bedarf, wenn man schon versteht, während umgekehrt sehr wohl eine Erklärung erforderlich ist, damit bisher Unverständliches verstanden werden kann.

311 O. F. *Bollnow*: Die Methode der Geisteswissenschaften, 1950, 15. Bollnow bestimmt Verstehen als »Durchsichtighaben eines bekannten Zusammenhangs« (ebd.). Die folgenden Seitenverweise im Text beziehen sich auf dieses Werk.

das eine oder andere als unverständlich und erklärungsbedürftig auffällt. Dieses vorgängige Verstehen ist im Unterschied zu dem durch Erklärung vermittelten Verstehen auf keinen *explizit* gegebenen Bezugsrahmen bezogen. Der Sinnhorizont des ursprünglichen Verstehens verliert sich in einer unbestimmten Weite, so sehr er durch Tradition und Konvention gefärbt sein mag und so wenig er die Bestimmtheit der Konturen im nächsten Umkreis der Lebenssituation beeinträchtigt. Der Unbestimmtheit dieses Sinnhorizontes des ursprünglichen Verstehens entspricht die des Urvertrauens, das sich im menschlichen Leben trotz aller Enttäuschungen immer wieder erhebt, solange das Leben weitergeht. Nur in dem Ausmaß, in dem Teilabschnitte dieses Sinnhorizontes durch überraschende Widerfahrnisse problematisch werden, bedarf es der *Erklärung,* die den gegebenen Bezugsrahmen für den um Verstehen Bemühten explizit macht und damit zugleich auch teilweise ersetzt durch eine gedankliche Konstruktion der in Frage stehenden Sinntotalität. Dergleichen geschieht nicht erst in den Wissenschaften, sondern schon in Religion und Kunst. Doch ist in der Geschichte unserer Kultur den Wissenschaften hier eine zunehmend bedeutsame Rolle zugefallen. Sie wird von den sogenannten Geisteswissenschaften einschließlich der Philosophie und Theologie ebenso erfüllt wie von den Naturwissenschaften. F. Bollnow hat mit Recht betont, daß »das Verstehen nicht auf die Geisteswissenschaften und das Erklären nicht auf die Naturwissenschaften beschränkt« ist (14). Beide entwickeln Erklärungen, wo »das ursprüngliche Verstehen gestört ist« (18). Solche Störungen gehen freilich zum nicht geringen Teil von den Wissenschaften selbst aus, durch deren methodische Kultivierung des Zweifels. Doch der Zweifel ist in den Wissenschaften nicht Selbstzweck, sondern richtet sich auf die Gewinnung tragfähigerer Grundlagen für den verstehenden Umgang des Menschen mit der Wirklichkeit. Solche Grundlagen werden durch die Erklärungshypothesen der Wissenschaften vermittelt, die so »in ihrem Bereich die verlorengegangene Sinnhaftigkeit der Welt wiederherstellen« (18). Das gilt für die sogenannten Geisteswissenschaften einschließlich der Philosophie und der Theologie ebenso wie für die Naturwissenschaften. Soweit hier Unterschiede bestehen, beziehen sie sich nicht auf das Erklären selbst, sondern auf die Verfahren, durch die in den verschiedenen Disziplinen Erklärung erfolgt. Dabei läßt sich die Erklärung aus der Systematik einer naturgesetzlichen

Theorie als Spezialfall des Entwerfens von Bedeutungs- und Sinnzusammenhängen verstehen, das in einem anderen Modus in den Formen historischer und hermeneutischer Erklärung vorliegt, in allgemeiner Form aber Aufgabe der philosophischen Theoriebildung ist.

3. Kapitel
Hermeneutik als Methodik des Sinnverstehens

Das Thema der Hermeneutik begegnete bereits in den Erwägungen des zweiten Kapitels. Dabei zeigte sich (1), daß die Hermeneutik auf *Sinnverstehen* zielt, und daß es bei solchem Sinnverstehen um das Verhältnis von Teilen und Ganzem im Spannungsfeld eines Lebens- und Erlebenszusammenhanges geht. Der Begriff des Ganzen ließ sich (2) mit E. Nagel auf den eines »Musters« und in diesem Sinne auf den Systembegriff beziehen, so daß sich an dieser Stelle eine Verbindung zwischen hermeneutischer und naturwissenschaftlicher Theoriebildung ergab. Der Anspruch, daß die Sinnerfahrung gerade den spezifischen Gegenstand der Geisteswissenschaften ausmache, hielt der Nachprüfung nur insoweit stand, als das primär im Erleben sich selbst gegebene *Lebensganze*, das jeweils den Gegenstand hermeneutischer Sinndeutungen bildet, nicht aus einem abstrakten Systemaspekt besteht, wie z. B. die klassische Mechanik nur einen abstrakten Systemaspekt des Naturgeschehens darstellt und gerade deshalb aus zeitlos allgemeinen Regeln besteht. Bei der im Erleben zugänglichen Lebenseinheit im Sinne Diltheys handelt es sich um ein zeitlich bestimmtes, individuell existierendes »offenes System« mit der spezifischen Eigenschaft, daß dieses System im Erleben sich selbst gegeben, seiner selbst inne ist. Doch erschien es nicht als gerechtfertigt, den Begriff des Sinnes auf solche individuellen Systeme zu beschränken; vielmehr ist auch eine geometrische Figur oder eine physikalische Theorie als in sich sinnvoll zu bezeichnen. In jedem System – ob zeitlich individuell oder zeitlos allgemein – bestehen Beziehungen zwischen Teilen und Ganzem. Insofern ist jedes System zumindest *in sich* sinnvoll, auch wenn es nicht sich selbst als sinnvoll gegeben ist. Weiter zeigte sich (3), daß der häufig behauptete Gegensatz des *Verstehens* als Verstehen von Sinn gegen das *Erklären* durch Gesetzeshypothesen sich nicht in dem Sinne aufrechterhalten läßt, als ob es sich dabei um grundverschiedene Geistesfunktionen handelte. Vielmehr muß jede Anleitung zum Verstehen, also jede hermeneutische Verstehenshilfe ihrerseits als ein Erklären aufgefaßt werden. Solches Erklären kann die Form der

Subsumtion unter Gesetzeshypothesen haben, ist aber nicht auf diese Form beschränkt, und wo es um Erklärung von einmaligen Zusammenhängen, z. B. eines historischen Vorgangs, geht, hat Gesetzeswissen nur begrenzte Erklärungskraft gegenüber der Interpretation, die die individuelle Struktur des Geschehenszusammenhanges erschließt: Eine solche Interpretation ist ihrerseits immer schon Erklärung, wenn sie sich auf ein Verstehensbedürfnis bezieht, und auf solche Erklärung hin kann das bis dahin Unverständliche – falls die Erklärung einleuchtet – verstanden werden.

Mit diesen Ergebnissen haben wir bereits einen Bezugsrahmen für eine ausdrückliche Erörterung der Hermeneutik gewonnen. Im folgenden kann es nicht um eine systematisch vollständige Darlegung ihrer Grundlagen gehen, sondern nur um eine Hinführung zu den Problemen der in der gegenwärtigen Diskussion strittigen Auffassungen der Hermeneutik.

1. Die allgemeine Hermeneutik

Der Begriff der hermeneutischen Kunst findet sich zuerst in der pseudoplatonischen Epinomis[312], und zwar im Sinne der Deutung religiöser Überlieferung im Unterschied zur Mantik, der Wahrsagekunst. Dabei hat jedoch die Hermeneutik ebensowenig wie die Mantik ein eigenes Urteil über die Wahrheit des Übermittelten. Ein solches Urteil steht nur der Wissenschaft zu und der Dialektik.

Das Wort Hermeneutik hängt auf nicht eindeutig geklärte Weise mit dem Namen des Gottes Hermes, des Götterboten zusammen, der die Willensentscheide der Götter überbringt. In Analogie zu dieser Funktion des Hermes nennt Platon in einem für die griechische Religiosität überaus bezeichnenden Wort in seinem *Ion* die Dichter »Dolmetscher der Götter«, ἑρμενῆς τῶν Θεῶν (534e), während die Rhapsoden, die den Homer zu rezitieren hatten, nur die »Dolmetscher des Dolmetschers« sind (535a).[313]

---

312 Epinomis 975 c6: ἑρμηνευτικὴ τέχνη.
313 Vgl. dazu die Verhältnisbestimmung von Mose und Aaron Exodus 4,13–16, demzufolge Aaron der »Mund« des Mose sein soll, so wie dieser (und überhaupt der Prophet: Jer. 15, 19) der Mund Gottes ist. Es ist verständlich, daß Philo von Alexandrien diesen Sachverhalt durch die entsprechende platonische Vorstellung interpretierte und Aaron als den Hermeneuten des Mose, diesen aber und die Propheten überhaupt als Hermeneuten Gottes deutete (Belege bei J. Behm in: Theologisches Wörterbuch zum NT II, 1935, 661).

Im Unterschied zu den Begriffen des Hermeneuten und der Hermeneutik ist das Wort Hermeneia im Griechischen in profanem Sinne gebraucht worden. Die Schrift des Aristoteles »περὶ ἑρμενείας« behandelt einfach die Lehre »von der Aussage«. Die Überschrift könnte aber auch eine Untersuchung »über den (sprachlichen) Ausdruck« ankündigen.

Aus der antiken Rhetorik und der stoischen Philosophie, in der die allegorische Auslegung der mythischen Tradition entwickelt wurde, wurde die Reflexion über hermeneutische Regeln in die christliche Schriftauslegung übernommen, wobei zur buchstäblichen und allegorischen die aus dem christlichen Schriftgebrauch erwachsene typologische Deutung hinzutrat. Für die Reflexion über die Auslegungsregeln wurde der Name Hermeneutik gebräuchlich, wobei zwischen hermeneutica sacra und profaner Hermeneutik unterschieden wurde. Selbständige Ausbildung fand die Hermeneutik 1567 durch Flacius, der durch die Entwicklung allgemeingültiger Interpretationsregeln gegen die nachtridentinische katholische Theologie die Möglichkeit allgemeingültiger Schriftauslegung sichern wollte.[314]

Die moderne Geschichte der Hermeneutik beginnt mit Schleiermacher.[315] Obwohl die traditionelle Trennung zwischen Auslegung und Kritik bei Schleiermacher noch bestehen bleibt, hat er die Hermeneutik nicht mehr auf eine Sammlung von Regeln für die Textinterpretation beschränkt. Hermeneutik ist für ihn die Lehre vom Verstehen überhaupt in allen Formen der Kommunikation zwischen Menschen. Darin besteht Schleiermachers epochale Bedeutung in der Geschichte der Hermeneutik.

Daß Menschen einander verstehen können, gründet nach Schleiermacher darin, daß die Individuen in ihren Beziehungen zueinander die Einheit der menschlichen Gattung als den Boden dieser Beziehungen voraussetzen. Die Individuen sind insofern durch das Gattungsbewußtsein verbunden, als es einem jeden von ihnen um das

---

In der mittlerischen Funktion des Hermeneuten wird es auch begründet sein, daß Hermes im Hellenismus zur Erlösergestalt werden konnte.

314 Der Begriff einer hermeneutica sacra begegnet als Buchtitel bei J. C. Dannhauer 1654. Zur Verbindung der Entwicklung der Hermeneutik mit der Geschichte der biblischen Exegese siehe G. Ebeling Art. Hermeneutik in RGG 3. Aufl. III, 1959, 242–62, und die immer noch lehrreiche Skizze Diltheys über »Die Entstehung der Hermeneutik« (1900), V, 317–331.

315 Die Arbeiten Schleiermachers zur Hermeneutik sind 1959 von H. Kimmerle neu herausgegeben und eingeleitet worden: Fr. D. E. Schleiermacher, Hermeneutik (Abhandlungen der Heidelberger Akademie der Wissenschaften, Phil.-hist. Klasse 1959).

Menschliche überhaupt und um das für den Menschen als solchen Bedeutsame geht. Dieses gemeinsame Gattungsbewußtsein ermöglicht das Verstehen zwischen den Individuen dadurch, daß der eine die Wörter und Gesten, aber auch den Tonfall und die Mimik des anderen als eine individuelle Variation des Menschseins überhaupt aufzufassen vermag.[316]

Allerdings hat Schleiermacher derartige allgemeine Erwägungen nicht als das zentrale Thema der Hermeneutik selbst entwickelt, sondern nur in der Weise einer Einleitung, von der er alsbald zu den Problemen der Textinterpretation überging. Dabei wandte Schleiermacher den Unterschieden zwischen dem Verstehen des mündlich Gesprochenen, bei dem sowohl der Redende als auch der Hörende im Augenblick der Äußerung selbst anwesend sind und insofern an der gleichen Situation teilhaben, und der Textinterpretation, bei der das nicht der Fall ist, keine besondere Aufmerksamkeit zu. Die Reflexion auf das Verhältnis der Situation des Verstehens zu der der zu verstehenden Äußerung ist auch insofern noch wenig entwickelt, als das Wissen um geschichtliche Zusammenhänge von Schleiermacher nicht als Bestandteil des Verstehens selbst, sondern nur als seine Voraussetzung betrachtet wird.[317] Darin kommt wieder zum Ausdruck, daß Schleiermacher sich nach den allgemeinen einleitenden Bemerkungen sogleich der Interpretation von Texten zuwendet. Hier wurde seine Unterscheidung zwischen grammatischer und »technischer« oder psychologischer Interpretation wegweisend. Die letztere gewann für Schleiermacher zunehmend an Bedeutung. Ging es ursprünglich bei der technischen Interpretation nur um die individuelle Prägung des Sprachgebrauchs eines Autors, so stellten die Akademiereden von 1829 der psychologischen Interpretation die

---

316 Siehe dazu R. R. Niebuhr: Schleiermacher on Language and Feeling, in: Theology Today 17, 1960, Vgl. auch W. Dilthey, Leben Schleiermachers II, ed. M. Redeker 1966, 691 ff., bes. 693 f., 696 ff., 706 f., 720 ff.
317 Darauf weist mit Recht H. Kimmerle in seiner Einleitung zu seiner Ausgabe der Hermeneutik, 1959, 15 f. hin. Schon Dilthey (Leben Schleiermachers II, 1966, 778) beanstandete, daß die aus der Ethik begründete Konzeption der psychologischen Interpretation bei Schleiermacher »keinen Raum für den Verlauf der historischen Entwicklung« bietet. Auch H. G. Gadamer, Wahrheit und Methode, 1960, 179 ff. hat gesehen, daß Schleiermachers Hermeneutik weniger an der Aufgabe einer Überwindung des geschichtlichen Zeitabstandes interessiert war als an der individuellen Variation eines allgemein Menschlichen, und er vermutet, das liege daran, daß seine Hermeneutik »in Wahrheit Texte, deren Autorität feststand«, meinte (185). Schleiermachers Interesse »war nicht das des Historikers, sondern das des Theologen« (ebd.).

Aufgabe, die Entstehung des Textes aus dem Denken des Autors nachzukonstruieren, wozu vorauszusetzen war, daß der Interpret sich in das Denken seines Autors hineinzuversetzen vermag.[318]
Dilthey fußte auf der Arbeit Schleiermachers, vollzog aber eine nochmalige Ausweitung der hermeneutischen Thematik. Er führte Schleiermachers Fragestellung weiter, indem auch er das Verstehen als ein »psychologisches Nachbilden« auffaßte, das den »schöpferischen Vorgang« der Entstehung eines Textes rekonstruiert. Diese Auffassung stimmte zusammen mit seiner Einschätzung der Psychologie als Grunddisziplin der Geisteswissenschaften überhaupt. Zur Zeit der Abfassung der »Einleitung in die Geisteswissenschaften« 1883 schwebte Dilthey daher noch die Aufgabe einer allgemeinen Psychologie als Grundlage auch der Hermeneutik vor.[319] Die Ausweitung der Fragestellung Schleiermachers bei Dilthey verbindet sich besonders mit seiner Kategorie des Ausdrucks. Als Ausdruck der Individualität faßte Dilthey nicht nur Texte und mögliche Rede auf, sondern alles Geschehen überhaupt, sofern es mit menschlichen Handlungen in Beziehung steht, insbesondere sofern es Produkt solcher Handlungen ist.[320] Dadurch konnte die Hermeneutik bei

318 H. Kimmerle (a.a.O. 23) hat an der psychologischen Interpretation Schleiermachers mit Recht kritisiert, daß sie nur noch den »Prozeß des Heraustretens aus der Innerlichkeit des Denkens in die Sprache« beschreibe; »es wird nicht mehr *etwas* verstanden, sondern nur noch, *wie* etwas die empirische Modifikation einer idealen Größe ist«. Zweifelhaft ist nur, daß, wie Kimmerle annimmt, in diesem Punkt eine Abwendung Schleiermachers von einer ursprünglichen, an der Sprache auch in ihrer Inhaltlichkeit orientierten Konzeption der Hermeneutik vorliege. Schon in der frühen Unterscheidung zwischen allgemeiner Wortbedeutung und individueller Nuance des Sprachgebrauchs (Aphorismen von 1805 und 1809, p. 34 der Ausgabe von Kimmerle) ist das Problem angelegt, wie es von der allgemeinen Wortbedeutung zur individuellen Nuance kommt, also das Problem, das später durch die psychologische Konstruktion gelöst wird.
319 Dilthey I, 29 ff., 32. Der Unterschied zu Schleiermacher besteht darin, daß bei diesem – wie Dilthey selbst in seinem Leben Schleiermachers hervorgehoben hat (s. o. Anm. 316) – die Ethik und nicht die Psychologie die allgemeine anthropologische Basis der Hermeneutik bildet. Dilthey ist an dieser Stelle unter dem Einfluß der Auffassung von J. St. Mill von der Psychologie als Grunddisziplin der Geisteswissenschaften einen anderen Weg als Schleiermacher gegangen.
320 Die entscheidende Bedeutung des äußerlichen Ausdruckes oder der Objektivationen des Lebens in seinen Äußerungen als des eigentlichen Stoffes der Geisteswissenschaften ist allerdings erst langsam ins Zentrum der Aufmerksamkeit Diltheys gerückt. Die »Ideen über eine beschreibende und zergliedernde Psychologie« 1894 (V, 139 ff.) suchen die für die Geisteswissenschaften grundlegende »beschreibende Psychologie« noch aus der »inneren Wahrnehmung« (V, 170 u. ö.) zu begründen. Nur am Rande wird 199 f. die Bedeutung der »gegenständlichen Produkte des psychischen Lebens« für die Geisteswissenschaften betont (vgl. auch 265). In der Abhandlung über »Die Entstehung der Hermeneutik« 1900

Dilthey zu einer allgemeinen Theorie des geschichtlichen Bewußtseins weitergebildet werden, die in der letzten Phase seines Denkens das Programm einer Grundlegung der Geisteswissenschaften durch eine »beschreibende Psychologie« in den Hintergrund treten ließ. Jetzt setzte sich der schon von Droysen ausgesprochene Gedanke: »Die Geschichte ist das γνῶθι σαυτόν der Menschheit, ihr Selbstbewußtsein, ihr ›Gewissen‹«[321] mit seinem vollen Gewicht im Denken Diltheys durch. Daraus ergab sich vor allem die Einsicht in die Geschichtlichkeit der Bedeutungsstrukturen des Erlebens, die in den letzten Aufzeichnungen Diltheys zur Fortsetzung seiner Einleitung in die Geisteswissenschaften hervortritt. Dilthey gelangte hier bis an die Grenze zur Auflösung seines Begriffs der Struktur als einer schon bestehenden Lebenseinheit durch die Einsicht in die geschichtliche Unabgeschlossenheit des Lebens und seiner Bedeutungsstrukturen: »Man müßte das Ende des Lebenslaufes abwarten und könnte in der Todesstunde erst das *Ganze* überschauen, von dem aus die Beziehung seiner Teile feststellbar wäre. Man müßte das Ende der Geschichte erst abwarten, um für die Bestimmung ihrer *Bedeutung* das vollständige Material zu besitzen.«[322] Der Konsequenz dieser Einsicht für den Strukturbegriff, nämlich der Erkenntnis der Abhängigkeit der strukturellen Lebenseinheit als des Bedeutungsganzen des individuellen Lebens von seiner eschatologischen Zukunft, entzog sich Dilthey jedoch durch die Behauptung, das Ganze werde auch »aus den Teilen verständlich« (233). Eine solche Behauptung bleibt allerdings problematisch, wenn man nicht ein vorgängiges Wissen um das Ganze voraussetzt. Wir haben früher gesehen, daß bei Dilthey ein solches Wissen tatsächlich mitspielt in Gestalt seiner Überzeugung von der Einheit des psychischen »Lebens« in allen Individuen. Dadurch blieb es ihm möglich, ein Verständnis des Gan-

---

gilt dann bereits »das Auffassen eigener Zustände« nur noch im uneigentlichen Sinne als Gegenstand des Verstehens. Dieses wird nun als ein Vorgang bezeichnet, »in welchem wir aus sinnlich gegebenen Zeichen ein Psychisches, dessen Äußerung sie sind, erkennen« (318). In den späten Entwürfen zur Fortsetzung der »Einleitung in die Geisteswissenschaften« tritt dieser Gesichtspunkt und mit ihm der Begriff des Ausdrucks (VII, 131, vgl. 124; 205, 208 ff., 279, 319 f.) immer stärker in den Vordergrund. Dabei geht aus der parallelen Wendung von »Objektivationen des Lebens« (VII, 146 ff., 118 u. ö.) und dem Gebrauch des Begriffes »objektiver Geist« (148 ff.) deutlich hervor, daß Dilthey sich hier von Hegel hat anregen lassen.
321 *J. G. Droysen*: Historik. Vorlesungen über Enzyklopädie und Methodologie der Geschichte, ed. R. Hübner 3. Aufl. 1958, 267.
322 Dilthey VII, 233, vgl. 237.

zen von den Teilen her zu suchen, also auch weiterhin von der strukturellen »Lebenseinheit« als etwas Gegebenem auszugehen. Es liegt auf dieser Linie, daß M. Heidegger die Bedeutungsanalyse Diltheys wieder in einen Strukturbegriff des Daseins eingeholt hat, der als existenziale Struktur an die Stelle der beschreibenden Psychologie tritt, die der frühe Dilthey als Grundlegung der Hermeneutik erstrebte. Als ein »Seiendes«, dem es als In-der-Welt-Sein um es selbst geht[323], entwirft sich das Dasein nach Heidegger auf seine Möglichkeiten (auf sein »Worumwillen«) und verlegt sich damit immer schon in eine Möglichkeit des Verstehens: Dabei legt es sich die Bewandtnis seiner Welt[324] von einem Vorgriff her aus (150), der die Welt als ein Ganzes von Bedeutsamkeit erschließt. Der Primat dieses Vorgriffs für das Verstehen erklärt sich aus dem Aussein des Menschen auf ein Worumwillen seines Daseins und entspricht dem von Heidegger herausgearbeiteten Primat der Zukunft für die Zeitlichkeit des Daseins (329). In seiner »eigentlichen« Gestalt greift der Vorgriff des Verstehens auf die äußerste Möglichkeit des Daseins vor, auf den Tod: Erst von ihm her erschließt sich auch nach Heidegger das Ganz-sein-Können des Daseins (264 f.). Was so zu Verständnis kommt, hat Sinn: »Sinn ist das, worin sich Verständlichkeit von etwas hält« (151). Dabei ist Sinn nach Heidegger im Gegensatz zur neukantischen Wertphilosophie Rickerts »keine Eigenschaft, die am Seienden haftet, sondern nur das Dasein des Menschen kann »sinnvoll oder sinnlos sein« (151); alles andere Seiende ist nach Heidegger »unsinnig«, d. h. des Sinnes bar (152). Die Frage nach der übersubjektiven Wahrheit menschlicher Sinnerfahrung bleibt damit ebenso wie bei Dilthey selbst offen. Dasselbe gilt im Hinblick auf die Relevanz der Geschichtsbedingtheit des Verstehens für die Struktur des Erlebens und seiner Möglichkeiten selbst. Beiden Fragen ist H. G. Gadamer über die Ansätze Heideggers hinaus nachgegangen.[325]
Gadamer findet auch in Diltheys hermeneutischer Begründung der Geisteswissenschaften und ihrer Selbständigkeit gegenüber den Naturwissenschaften noch eine irreführende Orientierung der Geisteswissenschaften am naturwissenschaftlichen Methodenideal. Für

---

[323] M. Heidegger: Sein und Zeit 5. Aufl. 1941, 143. Vgl. auch den ganzen Abschnitt über »Das Da-sein als Verstehen« 142 ff.
[324] ebd. 150 (Verstehen und Auslegung).
[325] H. G. Gadamer: Wahrheit und Methode, 1960, 35. Die folgenden Seitenverweise im Text beziehen sich auf dieses Werk.

Dilthey gehören nämlich zur wissenschaftlichen Erkenntnis die
»Auflösung der Lebensbindung, die Gewinnung einer Distanz zur
eigenen Geschichte« (5). Diese dem naturwissenschaftlichen Denken
analoge Objektivierung hat ihre Wurzel in der psychologischen Interpretation, die bei Schleiermacher die Krönung der Hermeneutik
bildet und von Dilthey übernommen und weiterentwickelt worden
ist.

Die psychologische Objektivierung erfolgt in der Weise, daß der
Interpret dem zu verstehenden Autor die Innerlichkeit des eigenen
Erlebens unterlegt.[326] Darin erweist sie sich wie alle methodische
Objektivation als monologisch, und wegen ihrer monologischen
Struktur vermag sie den andern als ein Nicht-Ich gar nicht zu erreichen.

Gadamer geht es um die Überwindung dieses Gegensatzes und damit um die Überwindung des »objektivierenden« Verfahrens in der
Hermeneutik. Das Vorbild dafür findet er in Hegels Gedanken, daß
»das Wesen des geschichtlichen Geistes nicht in der Restitution des
Vergangenen, sondern in der *denkenden Vermittlung* mit dem
gegenwärtigen Leben besteht« (161). Die Durchführung dieser Aufgabe soll bei Gadamer der Begriff der Horizontverschmelzung
leisten (286–290): Dabei ist in einem ersten Schritt die Differenz des
Textes oder der fremden Äußerung überhaupt zur Gegenwart des
Interpreten anzuerkennen. Sodann ist ein gemeinsamer Horizont zu
suchen, der den Interpreten mit der auszulegenden Sache in ihrem
Kontext, und also mit der Überlieferung überhaupt zusammenschließt.

Im Gegensatz zum »monologischen« Charakter der objektivierenden Methodik in den Wissenschaften geht Gadamer aus vom *Vorgegebensein* der Überlieferung, der die sog. Geisteswissenschaften
sich interpretierend zuwenden: »Wir stehen ... ständig in Überlieferungen, und dieses Darinstehen ist kein vergegenständlichendes
Verhalten, so daß das, was die Überlieferung sagt, als ein anderes,
Fremdes gedacht wäre, – es ist vielmehr immer schon Eigenes, Vorbild und Abschreckung, ein Sichwiedererkennen, in dem für unser
späteres historisches Urteil kaum noch Erkennen, sondern unbefangenste Anverwandlung der Überlieferung zu gewahren ist« (266).
Bei der ersten Phase der Horizontverschmelzung, der Ausarbeitung

---

326 H. G. Gadamer: Hermeneutik und Historismus, in: Philosophische Rundschau 9,
1962, bes. 243.

der Differenz der auszulegenden Äußerung vom Horizont des Interpreten, geht es nach Gadamer um die Anerkennung des Vorrangs, den die Überlieferung vor unserem Verstehen hat, um ihren »Anspruch« (343), und die »Offenheit« für diesen Anspruch charakterisiert das »wirkungsgeschichtliche Bewußtsein« (ebd.). Dabei hängt »aufs Ganze gesehen ... die Macht der Wirkungsgeschichte nicht von ihrer Anerkennung ab. Das gerade ist die Macht der Geschichte über das endliche[327] menschliche Bewußtsein, daß sie sich auch dort durchsetzt, wo man im Glauben an die Methode die eigene Geschichtlichkeit verleugnet«.[328]

Durch solche Betonung der Übermacht der Überlieferung unterscheidet sich Gadamer von Dilthey, der vielmehr die Verwandlung des Vergangenen im Lichte gegenwärtigen Erlebens und die Emanzipation von den dogmatischen Ansprüchen der Tradition durch das historische Bewußtsein hervorhob: »Das historische Bewußtsein von der Endlichkeit jeder geschichtlichen Erscheinung, jedes menschlichen oder gesellschaftlichen Zustandes, von der Relativität jeder Art von Glauben ist der letzte Schritt zur Befreiung des Menschen.«[329] Gadamer hingegen ist weniger an der Endlichkeit der geschichtlichen Erscheinungen als vielmehr an der »Endlichkeit unserer geschichtlichen Erfahrung« selbst interessiert (433), nämlich an der Endlichkeit des Menschen im Verhältnis zur Überlieferung (260, 340 f.). Damit hängt seine kritische Wendung gegen den Glauben an eine durch wissenschaftliche Methode vermeintlich zu erreichende Objektivität (341) aufs engste zusammen. Die Bindung an den Traditionsprozeß führt auch zu einer charakteristischen Umformung des von Heidegger aufgewiesenen Primats der Zukunft in der Zeitlichkeit des Daseins, indem der Vorgriff des Verstehens selbst noch einmal auf die Überlieferung relativiert wird: »Die Antizipation von Sinn, die unser Verständnis des Textes leitet, ist nicht eine Handlung der Subjektivität, sondern bestimmt sich aus der Gemein-

---

327 In diesem Sinne betont Gadamer die Endlichkeit des Menschen in der geschichtlichen Erfahrung.
328 Von hier aus gelangt Gadamer zur »ontologischen Wendung der Hermeneutik« als eines Sprachgeschehens der Überlieferung, in das der einzelne Mensch als endliches Wesen immer schon eingelassen ist. Damit verbindet sich seine Kritik an einem objektivierenden Verständnis der Sprache selbst als *Aussage* (444 ff.), in der der »ungesagte Sinnhorizont« des Sprachgeschehens verdeckt bleibe. Ähnlich bemerkte schon M. Heidegger, Sein und Zeit 1958, die Aussage greife nicht mehr aus in eine »Bewandtnisganzheit«.
329 Dilthey VII, 290.

samkeit, die uns mit der Überlieferung verbindet« (277). Heideggers These von der Zirkelstruktur, die dem Verstehen eigentümlich ist, weil es immer schon durch ein Vorverständnis des zu Verstehenden und durch den die Auslegung leitenden Vorgriff[330] geprägt ist, erfährt auf diese Weise bei Gadamer noch eine Verschärfung, so daß sich ihm die Zugehörigkeit zur Tradition in der »Gemeinsamkeit grundlegender und tragender Vorurteile« (279) erfüllt. Doch hatte auch schon Heidegger aus der Bindung des Verstehens an Vorverständnis und Vorgriff die Unwissenschaftlichkeit des hermeneutischen Verfahrens geschlossen: »Wissenschaftlicher Beweis darf nicht schon voraussetzen, was zu begründen seine Aufgabe ist«; daher »bleibt das Geschäft der historischen Auslegung a priori aus dem Bezirk strenger Erkenntnis verbannt«.[331]

Gegen den »Verlust der Objektivität, auf den Gadamers Lehre hinausläuft«, richtet sich die von E. Betti gegen Gadamer vorgebrachte Kritik.[332] Dabei sieht Betti Gadamers Argumentation auf weite Strecken hin derselben Linie folgen, wie sie von R. Bultmann in seinem Buch »Geschichte und Eschatologie« 1958 entwickelt worden war. Beiden gegenüber hält Betti daran fest, daß »für jeden Standort und Blickpunkt, in den Grenzen der jeweiligen Perspektive, objektive Wahrheit sichtbar« werde (27). Allerdings glaubt er, die Objektivität der Interpretation nur so sichern zu können, daß er – im Gegensatz nicht nur zu Bultmann und Gadamer, sondern faktisch auch zu Dilthey[333] – die Bedeutung eines Phänomens von seiner Bedeutsamkeit für den Interpreten trennt (27 f.), gegen Gadamer auf der Trennung von historischer Auslegung und Applikation besteht (57 f.) und grundsätzlich von der kognitiven Hermeneutik eine normative unterscheidet, zu der er auch die mit »historischer Auslegung« nicht zu verwechselnde »eschatologische Sinngebung« rechnet, mit der er Bultmann beschäftigt sieht (31 ff.). Mit solchen Unterscheidungen von quaestio facti und quaestio iuris, zwischen einer wertbeziehenden und einer rein kognitiv orientierten

---

330 M. Heidegger: Sein und Zeit 150.
331 ebd. 152.
332 *E. Betti*: Die Hermeneutik als allgemeine Methodik der Geisteswissenschaften, 1962, Zitat 41. Die folgenden Seitenverweise im Text beziehen sich auf dieses Werk.
333 Bei Dilthey bezeichnet der Begriff Bedeutsamkeit die »Bestimmtheit der Bedeutung eines Teiles für ein Ganzes« (VII, 238 f., vgl. 168). Bei der Bedeutsamkeit geht es also ebenso wie bei der Bedeutung um einen in den Lebensäußerungen selbst liegenden Sachverhalt, nicht um seine subjektive Wertung durch den Interpreten.

Interpretation (25 ff.), fällt Betti jedoch nicht nur hinter Dilthey, der die Werte als Produkte des geschichtlichen Prozesses selbst erkannt hatte[334], zurück, sondern auch hinter Rickert, der zwar Wert und Sein getrennt, aber immerhin *alle* historische Erkenntnis als »wertbeziehend« aufgefaßt hatte.[335] Insbesondere muß Betti, um die »eschatologische Sinngebung« von der kognitiven Interpretation fernzuhalten, Diltheys Erkenntnis, daß die Bedeutung eines historischen Phänomens durch den Fortgang der geschichtlichen Erfahrung bedingt ist, einschränken auf deren »geschichtliche Fern- und Folgewirkungen« (23), während bei Dilthey nicht nur die Folgewirkungen eines Ereignisses, sondern überhaupt der sich verändernde Kontext der Erfahrung die Veränderung der Bedeutung vergangener Begebenheiten und vergangenen Erlebens zur Folge hat, so daß erst am Ende des Lebens, am Ende der Geschichte die Bedeutung der in ihrem Verlaufe aufgetretenen Ereignisse endgültig zu bestimmen wäre: Betti lehnt ausdrücklich die an den späten Aussagen Diltheys orientierte Behauptung Bultmanns ab, daß »das eigentliche Wesen des Phänomens sich erst dann zeigen wird, wenn die Geschichte ihr Ende erreicht hat«[336], obwohl er selbst die zugrunde liegende Analyse der Kontextbedingtheit der Bedeutungsstrukturen historischer Phänomene teilt, die Dilthey gegeben hat und die letzten Endes auf die Problematik der Universalgeschichte und einer alle Einzelbedeutung bedingenden eschatologischen Zukunft führt. Betti täuscht sich darüber, daß aus diesem Grunde die Bedingtheit der Auslegung durch die Zukunftsantizipationen des Auslegers untrennbar zur historischen Auslegung selbst gehört und nicht erst als eine zusätzliche »wertbeziehende Interpretation« hinzutritt. Er verkannte daher auch das Gewicht von Gadamers brieflicher Mitteilung, er »halte es allein für wissenschaftlich, *anzuerkennen was ist,* statt von dem auszugehen, was eben sein sollte oder sein möchte«. In seiner Reaktion auf Bettis Kritik brauchte Gadamer daher diesen Standpunkt nur noch einmal zu bekräftigen.[337]

334 Dilthey VII, 153 ff.
335 Die Einschränkung des Begriffs der »wertbeziehenden« Interpretation erklärt sich vielleicht durch Bettis Orientierung an M. Weber, dessen Unterscheidung zwischen Wertrationalität und Zweckrationalität die Tatsache verdeckt, daß auch die letztere bei Weber im Sinne Rickerts »wertbeziehenden« Charakter hat.
336 E. Betti a. a. O. 30 gegen R. Bultmann: Geschichte und Eschatologie, 1958, 135. Vgl. dagegen Dilthey VII 233 und 237.
337 *H. G. Gadamer*: Hermeneutik und Historismus, in: Philosophische Rundschau 9, 1961, 248 f. Die Briefstelle hatte Betti 51 zitiert.

Trotz aller Mängel seiner Argumentation ist jedoch Bettis Festhalten an der Forderung nach »Objektivität« historischer Auslegung berechtigt. Dabei kann es sich natürlich nicht um eine gänzliche Unabhängigkeit der Auslegung vom Standpunkt des Auslegers handeln, sondern nur darum, daß auf jedem solchen Standpunkt die auszulegende Sache selbst sich *unterscheiden läßt* von der Subjektivität des Auslegers und in dieser ihrer Unterschiedenheit zur Geltung gebracht werden kann.[338] Solche Unterscheidung ist nicht eine bloße Forderung, sondern ist ermöglicht durch die spezifische Sachlichkeit menschlicher Erfahrung, die in der Darstellungsfunktion der Sprache und in dem ihr zugeordneten Sprachmodus der Aussage auch immer schon realisiert ist. In der Aussage unterscheidet der Sprechende den ausgesagten Inhalt von seiner eigenen Subjektivität als einen in sich selbst identischen, daher auch anderen mitteilbaren und von ihnen als identisch auffaßbaren Inhalt. Es ist charakteristisch, daß Gadamer diese konstitutive Bedeutung der Aussage als Ausdruck der Darstellungsfunktion der Sprache für das spezifische Weltverhältnis des Menschen nicht gelten läßt[339], obwohl er selbst die Bedeutung des anthropologischen Grundphänomens der Sachlichkeit der Welterfahrung hervorheben kann (420 f.). Gadamers kritische Beurteilung der Aussage wendet sich sicherlich mit Recht dagegen, daß das Gesagte von seinen ungesagten Sinnzusammenhängen abgeschnitten und isoliert wird. Doch scheint Gadamer darüber zu versäumen, dem Moment der *Objektivierung* in der Aus-

338 Solche Unterscheidbarkeit der »sinnhaltigen Formen«, um deren Auslegung es geht, in ihrer Eigenart und also auch in ihrem historischen Abstand vom Ausleger sieht Betti mit Recht gefährdet durch Gadamers Einbeziehung der *Applikation* in die historische Hermeneutik (47 f. zu Gadamer: Wahrheit und Methode, 1960, 322). Der Berufung Gadamers auf die juristische Hermeneutik, für die der Sinn des Gesetzes erst in seinen Anwendungen »ganz konkret« werde (308), hält er die Differenz zwischen der »Stellung des Rechtshistorikers und des zur Rechtsanwendung berufenen Juristen« entgegen (44), die bei Gadamer eingeebnet werde.
339 Siehe die negative Beurteilung der Aussage bei H. G. Gadamer: Wahrheit und Methode, 1960, 444. Meine zuerst 1963 erschienene Auseinandersetzung mit Gadamers Werk (Hermeneutik und Universalgeschichte, jetzt in: Grundfragen systematischer Theologie, 1967, 91–122) hatte ihren Kernpunkt in der Kritik an dieser Abwertung der Aussage (bes. 112 ff.), die mit der Ablösung des Sprachgeschehens im Prozeß der Überlieferung von der konkreten Inhaltlichkeit des Historischen samt seiner universalgeschichtlichen Problematik zugrundezuliegen schien. In seiner Antwort (Rhetorik, Hermeneutik und Ideologiekritik, Metakritische Erörterungen zu »Wahrheit und Methode«, zuerst in: Kleine Schriften I, 1967, 113 ff., jetzt auch in: Hermeneutik und Ideologiekritik, 1971, 57 ff., bes. 76 f.) geht Gadamer zwar positiv auf die universalgeschichtliche Thematik ein, nicht jedoch auf meine Kritik an seiner Abwertung der Aussage.

sage sein prinzipielles Recht einzuräumen, in ihm ein fundamentales Strukturelement der Sprache selbst anzuerkennen. Obwohl seine eigene Theorie der Auslegung als Horizontverschmelzung in der Rekonstruktion des dem Ausleger *fremden* Horizontes des auszulegenden Textes in seiner historischen Abständigkeit ein unabdingbares Moment des Auslegungsgeschehens erkennt, wird Gadamer der darin beschlossenen Objektivierung nicht gewahr, offensichtlich im Banne von Heideggers These des hermeneutischen Zirkels und ihrer Weiterbildung durch ihn selbst im Sinne einer traditionsbedingten Vorurteilsstruktur alles Verstehens. Die Ausblendung der konstitutiven Bedeutsamkeit der objektivierenden Funktion der Aussage für die Sachlichkeit der Sprache ermöglicht aber allererst Gadamers Entgegensetzung des hermeneutischen Überlieferungsgeschehens gegen die »methodischen«, mit Aussagen operierenden Verfahrensweisen der Naturwissenschaften. Auf der andern Seite ergibt sich dadurch eine ebenso problematische Affinität der Hermeneutik Gadamers zu einer theologischen »Hermeneutik des Sprachgeschehens«, die die Interpretation und gegenwärtige Aneignung der biblischen Texte von den unbequemen Problemen der historischen Faktizität des Überlieferten zu entlasten und auf ihre existentielle Relevanz für den gegenwärtigen Menschen zu reduzieren bemüht ist.

2. Die hermeneutische Theologie

Die Hermeneutik Gadamers dürfte in einigen Punkten den Einfluß R. Bultmanns erkennen lassen. Ein solcher Einfluß scheint insbesondere in der Wendung greifbar zu sein, daß die Überlieferung dem Interpreten mit einem »Anspruch« begegne.[340] Mit Bultmann be-

---

[340] Siehe H. G. Gadamer: Wahrheit und Methode, 1960, 341 ff., bes. 343, wo ausdrücklich vom Anspruch der Überlieferung die Rede ist. Man vergleiche dazu Bultmanns Wendung von einem »im Werk begegnenden Anspruch« (Das Problem der Hermeneutik, 1950, in: Glauben und Verstehen II, 1952, 211–235, bes. 226). Analog spricht Bultmann vom »Anspruch des Neuen Testaments« (Glauben und Verstehen III, 1960, 33), benutzt jedoch häufiger den das Ergehen des Anspruchs bezeichnenden Terminus der »Anrede« durch das Kerygma, die Tradition oder das Wort Gottes (I, 158 ff., 172 ff., 180, 186; 208; 269 f., 279–84; III, 30 f., 207). E. Betti (a. a. O. 41, ähnlich 31) bringt Gadamers Begriff des Anspruchs der Überlieferung in Verbindung mit N. Hartmanns Begriff der »Anforderung« (N. Hartmann: Das Problem des geistigen Seins, 1933, 140 f.). Gadamer selbst weist jedoch ausdrücklich auf die theologische Herkunft des Terminus im Zusammenhang der hermeneutischen Problematik hin: Wahrheit und Methode, 1960, 120.

rührt sich aber auch Gadamers Beschreibung der Verstehenssituation von der Fraglichkeit des Daseins her.[341]
Nach Bultmann geht der Verstehende als ein Fragender mit seinem Text um, weil Fraglichkeit die Struktur des Daseins selbst bestimmt. Der Mensch existiert nach Bultmann wesentlich als Frage nach sich selbst, und er kann – im Gegensatz zur Meinung Heideggers – diese Frage, die er in seiner Existenz ist, nicht selbst beantworten, ohne seine Existenz zu verfehlen.[342] Der Mensch ist daher durch die Struktur seiner Existenz darauf verwiesen, dem Anspruch zu antworten, der ihm aus den Überlieferungen begegnet, aus denen er lebt.
In diesem Sinne ist zur Auslegung ein »Lebensverhältnis ... zu der Sache« erforderlich, die im überlieferten Text zu Worte kommt. Auf welche Sache hin ein Text befragt wird, das hängt vom Interesse der Interpretation ab. Dieses die Interpretation leitende Interesse, das jedoch nicht etwa schon den jeweiligen Befund vorwegnimmt, bezeichnet Bultmann[343] durch den Begriff des Vorverständnisses, der seine Berühmtheit dem häufigen Mißverständnis verdankt, als handle es sich dabei um ein Vorurteil im Hinblick auf den Inhalt des Textes. Das Interesse, das sich dem überlieferten Text zuwendet, kann psychologischer, ästhetischer, historischer Art sein. Das umfassendste oder fundamentalste Interesse aber, von dem eine Interpretation sich leiten lassen kann, ist das Interesse »an der Geschichte als der Lebenssphäre, in der menschliches Dasein sich bewegt, in der es seine Möglichkeiten gewinnt und ausbildet« (128). Die Zeugnisse der Geschichte überliefern uns, mit Heidegger zu reden, »die ›monumentalen‹ Möglichkeiten menschlicher Existenz«. Für sie ist das Dasein von seiner Zukünftigkeit her »wiederholend offen«. Es geht also im Verhältnis zur Geschichte um das »Wiederholen des Erbes von Möglichkeiten«.[344]
Auch bei der Auslegung neutestamentlicher Texte fragt Bultmann »nach dem in der Schrift zum Ausdruck kommenden Verständnis

---

341 Die Fraglichkeit des Daseins wird bei Gadamer, Wahrheit und Methode 344 ff. allerdings am Modell der platonischen Dialektik entwickelt.
342 Glauben und Verstehen I, 304. Bei Heidegger dagegen beantwortet das Dasein selbst »als entschlossenes« die Frage nach seinem Ganzseinkönnen (Sein und Zeit 309).
343 R. Bultmann: Das Problem der Hermeneutik (1950), in: Glauben und Verstehen II, 1952, 211–235, hier 219 f. Die folgenden Seitenverweise im Text beziehen sich auf dieses Werk.
344 M. Heidegger: Sein und Zeit 396 und 390.

der menschlichen Existenz« (232). Diese Fragestellung der »existenzialen Interpretation« versteht man nur, wenn man berücksichtigt, daß wir nach Bultmann nur in der Frage nach uns selbst von Gott wissen. Bultmanns Aufsatz »Welchen Sinn hat es, von Gott zu reden?« (1925) ist für diese These und so auch für das Programm einer existenzialen Interpretation des christlichen Redens von Gott grundlegend. Bultmann versucht dort zu zeigen, daß ein Reden von Gott »nur als ein Reden von uns« möglich ist.[345] Für den Glauben ist auch umgekehrt unsere Existenz »außerhalb Gottes nicht vorhanden«, so daß die Erfassung unserer Existenz auch Erfassung Gottes ist. Für den ungläubigen Menschen allerdings ist die Möglichkeit, sein Dasein vom Anspruch Gottes her zu verstehen, die durch den Akt seiner Freiheit immer schon ausgeschlossene Möglichkeit; denn er ergreift seine Freiheit, indem er sich selbst die Antwort auf die Frage seines Daseins gibt.[346]

Bultmanns Deutung des Verstehens von der Fraglichkeit des Daseins her knüpft an Diltheys Erkenntnis an, daß der Mensch erst durch verstehende Wahrnehmung der Geschichte als Ausdruck der Möglichkeiten menschlichen Daseins zur Erkenntnis seiner eigenen Möglichkeiten gelangt.[347] Er läßt aber die psychologische Interpretation Diltheys hinter sich, indem er das Vorverständnis beschränkt auf die Offenheit des Fragens, dem vom Anspruch des überlieferten Textes her Antwort zuteil wird. Diese Gedanken Bultmanns hat Gadamer in seiner Weiterentwicklung von Diltheys Begriff der Wirkungsgeschichte übernommen. Er hat dabei jedoch nicht wie Bultmann den »Anspruch« des überlieferten Textes auf die Frage der Eigentlichkeit oder Uneigentlichkeit der Existenz eingeengt. Ihm steht durchaus im Sinne Diltheys die unbegrenzte Pluralität der Überlieferung vor Augen. Eben deshalb hält er es nicht für möglich, die Überlieferung vollständig durch Reflexion einzuholen. Wenn dagegen Bultmann davon spricht, daß die Inhalte der neutestamentlichen Schriften nur als Möglichkeit menschlichen Daseinsverständnisses relevant werden, so geht es dabei letztlich stets nur um den Gegensatz von Eigentlichkeit oder Uneigentlichkeit der Existenz. Im »Gehorsam« gegen das Kerygma empfängt der Glaubende die Eigentlichkeit seines Daseins, die der Ungläubige durch

---

[345] Glauben und Verstehen I, 33. Die folgenden Zitate finden sich auf Seite 36.
[346] Glauben und Verstehen I, 304; vgl. oben Anm. 342.
[347] Glauben und Verstehen II, 225 f.

den Akt seiner Freiheit zu gewinnen sucht. Die Freiheit der Selbstverfügung erscheint in der Perspektive des Glaubens jedoch gerade als Verlust der eigentlichen Möglichkeit des Daseins oder als Sünde. Denn die Sünde besteht in der Eigenmächtigkeit[348], während der Glaube Verzicht auf die Eigenmächtigkeit der Existenz ist. Gadamer hat das »eine privative Erfahrung der menschlichen Selbstverfügung« genannt.[349] Er hat mit dieser Charakteristik die eigentümliche Formalität der existenzialen Interpretation Bultmanns treffend charakterisiert, die den inhaltlichen Reichtum der Überlieferung auf den einfachen Nenner dieses einen Grundaktes der Existenz bringt.

An Bultmanns Gedanken vom Anspruch des überlieferten Textes, mit dem sich in der Theologie die Anrede des Menschen durch das Kerygma verbindet, haben E. Fuchs und G. Ebeling in ihren Arbeiten zur Hermeneutik angeknüpft.[350] Dabei hat Fuchs den Anredecharakter des Textes im Sinne der Analyse des Gewissensrufes durch Heidegger in Sein und Zeit gedeutet.[351] Das Ich des Menschen ist nach Fuchs »immer schon ein gerufenes Ich« (133). Es ist als Ich zu sich selbst gerufen. Dieser Ruf ergeht an den Menschen konkret aus der Geschichte, aus der Überlieferung. Diesen Sachverhalt beschreibt Fuchs in Formulierungen, die auf die Hypostasierung der Sprache der Überlieferung bei Gadamer vorausweisen: »Geschichte ist ... wesentlich ›Sage‹, also Geschichte der Sprache.« Dabei stellt die Geschichte einerseits unser Selbstverständnis »sprachlich in Frage«;

348 Kerygma und Mythos I 1948, 41.
349 *H. G. Gadamer*: Hermeneutik und Historismus, in: Philosophische Rundschau 9, 1962, 261. – Ich selbst habe, von Bultmanns Auffassung des »Anspruchs« des überlieferten Textes als Frage an das Selbstverständnis des Interpreten ausgehend, die Notwendigkeit aufzuzeigen versucht, daß man über die Schranken der »existenzialen Engführung« in Bultmanns Hermeneutik hinausgehen muß, um die damalige Situation, aus der der Text mit seinem Selbst- und Weltverständnis erwachsen ist, in ihrer vollen Inhaltlichkeit und zugleich unter Respektierung ihrer Fremdartigkeit mit der Gegenwart des Interpreten im Hinblick darauf zu verknüpfen, daß beide je ihren besonderen Ort in einer und derselben Geschichte einnehmen (Hermeneutik und Universalgeschichte, 1963, jetzt in: Grundfragen systematischer Theologie, 1967, 103).
350 G. Ebeling: Wort Gottes und Hermeneutik, 1959, jetzt in: Wort und Glaube I, 1960, 319–348; E. Fuchs: Hermeneutik (1954) 2. Aufl. 1958 bes. 137 ff.
351 E. Fuchs: Hermeneutik 64. Die im Text angeführten Zitate finden sich auf den Seiten 133 und 137. J. M. Robinson weist in seiner Einleitung zu dem von ihm in Verbindung mit J. B. Cobb herausgegebenen Band »Die neue Hermeneutik« 1965, 75 mit Recht darauf hin, daß sich das Verständnis der Sprache bei Fuchs »beträchtlich von dem Heideggers selbst« unterscheide. Das ist darum der Fall, weil bei Fuchs Sprache und Gewissensruf mit dem Anspruch der Überlieferung verbunden werden.

andererseits handelt es sich in diesem Geschehen um »jene wesentliche Sprache, in der wir jeweils ›mit uns selbst‹ antworten« (137).
Die hermeneutische Engführung Bultmanns durch Einengung der Aufgabe der Interpretation auf die Thematik des Selbstverständnisses wirkt sich auch bei Fuchs aus. Bei ihm ist das formale Entweder-Oder von Eigentlichkeit oder Uneigentlichkeit noch deutlicher erkennbar als Analogon und Ausdrucksform für den theologischen Gegensatz von Gesetz und Evangelium, von Schuld und Vergebung. Denn in seiner Eigenmächtigkeit leugnet der Mensch seine Schuld. Die Vergebung befreit den Menschen von seiner Eigenmächtigkeit und damit auch von seiner Schuld. Dabei setzt die Vergebungsbotschaft die sittliche Selbsterfahrung des Menschen voraus. In diesem Sinne schreibt Fuchs, das Neue Testament mache »eine hermeneutische Voraussetzung«; es setze nämlich voraus, »daß sich der Mensch zu sich selbst ›verhält‹, so daß er verstehen kann, wenn man ihn im Blick auf die Frage nach sich selbst anredet. Es macht diese Voraussetzung unbedingt, indem es uns allen zumutet, daß wir wissen, was *Schuld* ist«.[352] Im Hintergrund dieser Darlegungen wird die pietistische Begründung der Theologie auf die Schulderfahrung erkennbar, die mit dem Aufweis der Notwendigkeit der Vergebung für den Menschen zugleich den christlichen Vergebungs- und Rechtfertigungsglauben legitimiert. Diese Argumentation, die für die Erweckungstheologie und noch für W. Herrmann charakteristisch gewesen ist, erscheint bei Fuchs im Gewande theologischer Hermeneutik.[353]
Im Ausgangspunkt anders, aber im Ergebnis parallel verläuft die Argumentation G. Ebelings in einem grundlegenden älteren Aufsatz. Wie Hermeneutik überhaupt Lehre vom Verstehen und so

---

[352] E. Fuchs a. a. O. 117, cf. 56. Vgl. dazu schon R. Bultmann: Kirche und Lehre im Neuen Testament (1929), in: Glauben und Verstehen I, 1934, 160.

[353] Genaueres zu diesem theologiegeschichtlichen Hintergrund der hermeneutischen Theologie findet sich in meinem Artikel: Die Krise des Ethischen und die Theologie in: Theologische Literaturzeitung (ThLZ) 87, 1962, 7–16. Dieser Artikel setzt sich besonders mit Ebelings Behauptung einer »Evidenz des Ethischen« auseinander. Ebelings Antwort (in: Wort und Glaube II, 1969, 42–55) hat diesen theologiegeschichtlichen Zusammenhang nicht bestritten. – Zum Begriff »hermeneutische Theologie« siehe auch G. Ebelings Vortrag »Hermeneutische Theologie?« (1965) in: Wort und Glaube II, 1969, 99–120. In diesen Ausführungen tritt die ethizistische Engführung der Hermeneutik zurück hinter einer allgemeineren Formulierung der Aufgabe der Theologie, »einem vorgegebenen Wortgeschehen hermeneutisch zu dienen durch Offenhalten der diesem Wortgeschehen eigenen hermeneutischen Potenz« (107).

auch vom Wort, das im Geschehen der Rede oder als Wortgeschehen Verstehen eröffnet, ist[354], so wird theologische Hermeneutik als Lehre vom Worte Gottes bestimmt (242). Was aber ist das Wort Gottes? Nach Ebeling handelt es sich dabei um »keine separate Sonderwirklichkeit«, sondern einfach um »wahres, eigentliches, letztgültiges Wort« (243). Das bedeutet aber, daß es bei der theologischen Hermeneutik um das Thema der Hermeneutik überhaupt geht, nämlich um das »Wort als Wort und Verstehen als Verstehen« (243). An dieser Stelle muß daher nach Ebeling theologische mit nichttheologischer Hermeneutik »in Streit treten« um die »Wahrheit schlechthin« (ebd.).

Die Theologie versteht das Wort geschichtlich, als Verstehen eröffnendes Wortgeschehen. Sie entspricht damit der Eigenart altisraelitischen Wortverständnisses, in dem »die Fragen nach Inhalt und Macht des Wortes identisch« sind (245).[355] Darum – so schließt Ebeling – sei die Grundstruktur des Wortes »nicht Aussage – das ist eine abstrakte Art des Wortgeschehens –, sondern Mitteilung« (245), und zwar Mitteilung nicht im Sinne von *Information*, sondern von *Kommunikation* (246). Als Mitteilung in diesem Sinne ist das Wort nicht bloßes »Verständigungsmittel«, sondern: »Wo das Wort recht geschieht, lichtet sich die Existenz« (246). Diese Aussagen entsprechen der Deutung der Mitteilung bei Heidegger als »Erschließen von Existenz« im Gegensatz zur vergegenständlichenden Aussage, die als »abkünftiger Modus« des Verstehens und der Sprache abqualifiziert wird.[356]

Als Existenzmitteilung und existenzerschließendes Wort haben Wort und Sprache nach Ebeling ihr eigentliches Wesen darin, *Zusage*

354 Wort und Glaube 333 ff. = ZThK 56, 1959, 237 ff. Die folgenden Seitenangaben im Text beziehen sich auf die Erstveröffentlichung in der ZThK.
355 In diesem Punkte berühren sich Ebeling wie auch Fuchs mit der »neuen Hermeneutik« M. Heideggers, in der das Gesprochene nicht mehr wie bei Dilthey als Objektivierung menschlichen Lebens gilt, sondern derzufolge die Sprache selbst »vor oder jenseits jeder subjektiven Absicht sich zum zeigenden Sagen bringen will« (H. Franz: Das Wesen des Textes, in: ZThK 59, 1962, 204, vgl. J. M. Robinson a. a. O. 70 und 74 ff.). Ein Ansatzpunkt zu einer solchen Subjektivität der Sprache selber liegt jedoch schon in Bultmanns Begriff des Wortes Gottes als Kerygma im Sinne des Geschehens der »Anrede« vor (siehe bes. Glauben und Verstehen I, 1934, 268–293).
356 M. Heidegger: Sein und Zeit, 162 zum Verhältnis von (abkünftiger) »Aussage« und »Mitteilung«, die als »Erschließen von Existenz« (ebd.) die Sprache als »Artikulation des verstehenden Miteinanderseins« konstituiert, siehe auch den ganzen § 34 von »Sein und Zeit«. Auch bei E. Fuchs ist die Kategorie der Mitteilung grundlegend für das Verständnis der Sprache (Hermeneutik 1954, 98 ff.).

zu sein: »Als Mitteilung ist das Wort Zusage« (246). Dieses Wesen des Wortes kommt zur reinsten Erfüllung, wo der Redende durch das Wort sich selbst verspricht und so dem andern Zukunft eröffnet, indem er durch sein Wort Glauben erweckt. Hier wird deutlich, daß Ebeling den eigentlichen Sinn von Wort und Sprache überhaupt im Evangelium als promissio Dei erfüllt sieht. So wird die zunächst befremdliche These verständlich, daß Wort Gottes als promissio Dei nichts anderes ist als Wort schlechthin, nämlich wahres und endgültiges Wort.

Das Evangelium als existenzerschließendes, Zukunft eröffnendes Wort tritt, wie Ebeling ausführt, dem Wort des Gesetzes entgegen, das Zukunft verschließt (249). So gelangt Ebeling im Ergebnis ähnlich wie Fuchs zu einer Einengung der hermeneutischen »Verstehenshilfe« auf die existenzphilosophisch gedeutete Funktion der »Mitteilung« im Wort als Eröffnung von Existenz, der die Gegenmöglichkeit des Verschließens von Existenz entspricht. Der Sinn von Sprache ist dabei ebenso wie bei Fuchs exklusiv auf die ethische Problematik bezogen[357] und erweist sich sozusagen überraschend als identisch mit der reformatorischen Grundunterscheidung von Gesetz und Evangelium.

Vorbereitet ist diese Durchführung einer theologischen Lehre vom Verstehen als Verstehenshilfe zum Sichselbstverstehen des Menschen schon durch Bultmann. Auch ihm galt die existenziale Interpretation bereits als die fundamentale Form der Interpretation überhaupt. Auch bei Bultmann zielt die existenziale Interpretation bereits auf die Alternative von eigentlichem oder uneigentlichem Selbstverständnis, und diese Alternative war schon bei Bultmann mit der reformatorischen Lehre von Gesetz und Evangelium verbunden worden. Fuchs und Ebeling haben diesen Ansatz weiterentwickelt, indem sie den Anruf des Kerygmas mit der Frage nach dem Wesen der Sprache verbanden: Wenn Sprache in ihrem eigentlichen Sinn existenzerschließende, eigentliche Existenz ermöglichende

---

357 G. Ebeling: Wort und Glaube I, 348 und ZThK 56, 1959, 251. In späteren Veröffentlichungen argumentiert Ebeling zunehmend behutsam. Vor allem seine »Einführung in theologische Sprachlehre« 1971 geht der Vielschichtigkeit des Phänomens Sprache bis hin zu den von der analytischen Sprachphilosophie betonten Aspekten (183 ff.) viel intensiver und aufgeschlossener nach als das in früheren Arbeiten Ebelings der Fall war. Die Unterscheidung von Gesetz und Evangelium behält »entscheidende Bedeutung« (248), wird aber anscheinend jetzt über das Ethische hinaus verallgemeinert. Weniger deutlich ist letzteres noch in ZThK 67, 1970, 516 f. (Erwägungen zu einer evangelischen Fundamentaltheologie).

»Mitteilung« ist, dann lag es durchaus nahe, das Evangelium der Sündenvergebung oder der Selbstzusage Gottes als das eigentliche Wesen von Sprache überhaupt auszugeben.
Die These, daß das eigentliche Wesen der Sprache in der Erfahrung von Schuld und Vergebung bestehe, läßt jedoch die vielfältigen konkreten Dimensionen der Sprachstrukturen und Sprachinhalte unberücksichtigt. Das Prinzipielle dieses Verfahrens zeigt sich daran, daß bei der Bemühung um das Verständnis von Sprache der ganze Bereich der Aussage und also die verschiedenen Sachinhalte der Sprache ausgeblendet werden[357a] zugunsten einer ausschließlichen Konzentration auf die Funktion der Existenzmitteilung. Das erinnert daran, daß auch Heidegger und Gadamer der Form der Aussage keine konstitutive Bedeutung für die menschliche Sprache zuzubilligen bereit waren. In dieser Abwertung der Aussage muß man offensichtlich ein Charakteristikum der existenzphilosophischen wie der existenztheologischen Hermeneutik erkennen. Allerdings bedeutet die Zurückdrängung der Aussagefunktion bei der Analyse des Sprachgeschehens nicht notwendig schon Reduktion der Sprache und des Verstehens auf das formale Entweder-Oder von Eigentlichkeit und Uneigentlichkeit. Insbesondere wird in der existenzialhermeneutischen Philosophie diese formale Alternative nicht mit einer bestimmten geschichtlichen Überlieferung verbunden, die als die Eröffnung eigentlichen Existierens gedeutet wird. Das erscheint vielmehr als das spezifische Merkmal der existenzialhermeneutischen Theologie: Sie identifiziert den formalen (existenzialen) Begriff der Erschließung von Eigentlichkeit mit dem konkreten geschichtlichen Inhalt des christlichen Evangeliums. Die hermeneutische Philosophie Gadamers hingegen behält die Vielfalt geschichtlicher Überlieferung im Blick, wenn auch ihre verstehende Aneignung auf die Frage des Menschen nach sich selbst bezogen wird, nämlich als Anwendung des zu verstehenden Textes auf die gegenwärtige Situation des Interpreten. Die Identität des Verstehenden in seiner Gegenwart ist jedoch für Gadamer wiederum nur

---

357a Neuere Ausführungen Ebelings blenden das Moment der Aussage in der Sprache nicht mehr aus. In der »Einführung in theologische Sprachlehre« Tübingen 1971, 207 ff. werden Wechselbeziehungen und Zusammengehörigkeit von Sprachvorgang und Inhalt des Gesagten differenziert und überzeugend dargestellt, mit deutlicher (impliziter) Korrektur der früheren Analyse. Vgl. auch 112 ff. (Sprache und Sache). Die Enge des existentialhermeneutischen Ansatzes der Theologie, der oben im Text erörtert wird, ist in den neueren Arbeiten Ebelings durchbrochen.

aus der Mannigfaltigkeit geschichtlicher Überlieferung zu gewinnen. Das Selbst des Menschen ist nicht schon vorgängig auf eine der Geschichte gegenüber selbständige ethische Thematik gegründet.

3. Existenzialhermeneutische und analytische Sprachdeutung

Eine Kritik der hermeneutischen Theologie kann bei ihrem Anspruch einsetzen, den Sinn der biblischen Schriften sachgemäß zu deuten. Wird es dem urchristlichen Kerygma gerecht, wenn die Botschaft vom Kreuze Jesu als Wort des Gerichtes über die Selbstmächtigkeit des Menschen und wenn die christliche Osterbotschaft als Ausdruck der Bedeutsamkeit des Kreuzes, daß nämlich solches Gericht Befreiung bedeute, aufgefaßt wird? Kommt die historische Gestalt Jesu unverkürzt zu Worte, wo man Jesus unter Vernachlässigung seiner Botschaft vom kommenden Reich lediglich als den Verkünder der vergebenden und helfenden Liebe versteht? Kritische Rückfragen dieser Art standen in den Diskussionen um das Programm der Entmythologisierung im Vordergrund. Die Kritik an der hermeneutischen Begründung der Theologie kann sich aber ebenso auf deren allgemeine philosophische Grundlagen richten. Das geschieht, wenn die Verengung des Sprachverständnisses, die sich in der Abwertung der Sprachfunktion der Aussage in der hermeneutischen Theologie wie bei Heidegger und seinen Nachfolgern vollzogen hat, Gegenstand der Kritik wird. Worauf beruht diese Verengung? Wodurch wird es gerechtfertigt, die Aussage als »abkünftigen Modus« der Artikulation verstehenden In-der-Welt-seins zu disqualifizieren?

Nach Heidegger wird in der Aussage das Ausgesagte »abgeschnitten« von den »Verweisungsbezügen ... der Bedeutsamkeit«, in denen sich die besorgende Umsicht bewegt, der die Dinge der eigenen Welt wie Werkzeuge »zuhanden« sind in einer »Bewandtnisganzheit«.[358] Gadamer hat diesen Gesichtspunkt aufgenommen mit seiner Behauptung, in der Aussage bleibe, weil sie den in ihr aufgezeigten Sinngehalt isoliert und dadurch objektiviert, der ungesagte Sinnhorizont des ursprünglichen Satzes verdeckt.

---

358 M. Heidegger: Sein und Zeit, 158. Durch diese Ausführungen über die »Abkünftigkeit« der Aussage wird über die Sprache schon vorentschieden, bevor im nächsten Paragraphen auf ihre phänomenale Struktur eingegangen wird.

Voraussetzung der Beschreibung der »objektivierenden« Aussage als Isolierung von Inhalten, die eben durch die Isolierung identisch reproduzierbar und aufweisbar werden, ist die These, daß der Mensch ursprünglich in einer ihm zuhandenen Welt beheimatet ist. Dagegen ist mit Recht eingewendet worden[359], daß der Mensch gerade nicht so, wie die Tiere, auf eine Umwelt angelegt ist, in der er zu Hause ist, so daß ihm die Dinge seiner Welt in ursprünglicher Weise zuhanden wären. Vielmehr ist der Mensch weltoffen, steht daher der Welt ursprünglich fremd gegenüber, ist ihr kaum durch Verhaltensmechanismen, sondern nur durch seine Intelligenz angepaßt, durch die er sich selber erst ins Verhältnis zu ihr setzen muß; dementsprechend muß er sich seine Umwelt immer erst bauen durch Hervorbringung einer Kultur. Erst in der durch Bewältigung der Naturbedingungen seines Daseins geschaffenen Kulturwelt kann sich der Mensch zu Hause fühlen, sind ihm die Dinge zuhanden. Aber die Kulturwelt ist zerbrechlich. Die Urgefährdung des Menschen kann durch die Erschütterungen seiner kulturellen Lebenswelt immer wieder aufbrechen. Das ursprüngliche Verhältnis des Menschen zu den Dingen, das aller Kulturschöpfung schon vorausliegt, ist darum nicht, wie es bei Heidegger beschrieben wird, durch den Umgang mit zuhandenem Zeug, sondern vielmehr durch eine vom Triebdruck weitgehend entlastete Sachlichkeit charakterisiert, die die Sachen als sie selbst in den Blick kommen läßt, in der Vielheit ihrer Aspekte und so als in sich selbst ruhenden Gegenstand, der als die Einheit seiner Eigenschaften existiert. Dieser Sachverhalt gibt Anlaß zu der Annahme, daß gerade im objektivierenden Vorstellen ein charakteristischer Zug des spezifisch menschlichen Weltverhältnisses vorliegt. In der durch die Aussage am reinsten ausgeprägten Darstellungsfunktion der Sprache dürfte sich diese spezifische Sachlichkeit des den Menschen kennzeichnenden Weltverhältnisses bekunden. Daher erscheint es als fraglich, ob man die Darstellungsfunktion der Sprache als für das Sichverstehen des Menschen in seinem Weltverhältnis sekundär ansehen darf. Auch das Gespräch, auf das sich Gadamer als Paradigma des hermeneutischen Geschehens bezieht, bewegt sich immer schon in Aussagen und Aussagezusammenhängen, und ohne dieses Moment könnte gar keine Verständigung über dieselbe Sache zwischen den Partnern des Gespräches stattfinden. Wenn im Gespräch der eine das, was der andere

---

[359] So M. Landmann: Philosophische Anthropologie, 1955, 215 f.

ihm mitteilen will, als eben dasjenige verstehen soll, was der andere mitzuteilen beabsichtigt, so setzt das schon die Ablösbarkeit der mitgeteilten Inhalte von den subjektiven Besonderheiten des Redenden wie des Hörenden voraus, also einen Grad von Objektivierung, der hinreicht, damit der zu vermittelnde Inhalt als ein identischer mitteilbar wird. Es ist die soziale Natur der Sprache, die die Ausbildung des Momentes der Objektivierung im Sprechen begünstigt und das Bemühen um Objektivität veranlaßt. Zugleich trägt das Bedürfnis sich mitzuteilen dazu bei, daß der Mensch nur im andern seiner selbst, und zwar nicht nur im anderen Menschen, sondern auch im Verständnis der Dinge und Sachverhalte, mit denen er umgeht, zum Verständnis seiner selbst gelangt.
Der existenzphilosophischen Abwertung der Aussage liegt allerdings ein wichtiger, wenn auch einseitig ausgewerteter Sachverhalt zugrunde: Er liegt in der Beobachtung Heideggers, daß jeder Satz in Verweisungsbezügen einer »Bewandtnisganzheit« steht, in der seine Bedeutung verankert ist. Gadamer hat diesen Gedanken ausgebaut zu der These, daß jeder Satz einen »ungesagten Sinnhorizont« miteinschließt. Das ist eine überzeugende These mit weitreichenden Konsequenzen. Sie braucht jedoch zu dem Moment der Objektivierung keineswegs in Gegensatz zu treten. Zu den Eigentümlichkeiten der Sprache gehört vielmehr, daß im Geschehen des Sprechens Gesagtes und Ungesagtes, Bestimmtes und Unbestimmtes zusammengehalten sind. Daher braucht auch der »ungesagte Sinnhorizont« des Gesprochenen keineswegs in der Bewandtnisganzheit einer ursprünglich zuhandenen Welt vorgängig bestimmt zu sein. Eher ist zu vermuten, daß die Verweisungsbezüge jedes Satzes und jeder Bedeutungserfahrung sich ins Unbestimmte einer nur im engeren Umkreis des Erlebten und Gesprochenen genauere Konturen annehmenden Sinntotalität verlaufen.[360]
Im Gegensatz zur existenzialhermeneutischen Deutung der Sprache bildet in den analytischen Sprachphilosophien die Aussage und also die Darstellungsfunktion der Sprache den Ausgangspunkt. Das gilt

---

360 Das kann hier nicht weiter entwickelt werden. Auszugehen wäre von der Unbestimmtheit der Wörter, die ihre (übrigens stets begrenzte) Bestimmtheit erst durch den Satz und im weiteren Redezusammenhang gewinnen. Daß die Wörter auch im Zusammenhang des Satzes ihre Unbestimmtheit nur teilweise verlieren, macht verständlich, daß der gesprochene Satz oder Satzzusammenhang zwar über sich selbst hinaus auf unausgesprochene Bedeutungszusammenhänge verweist, aber in einer vagen, nur im engeren Bedeutungshof des Satzes genauer strukturierten Weise.

in erster Linie vom logischen Positivismus. Aber auch L. Wittgenstein hat in seinem *Tractatus* die Aussage, nämlich den Behauptungssatz, als Grundform der Sprache überhaupt angenommen. Nach Wittgenstein bildet der Satz den gegenständlichen Sachverhalt ab. Das ist sein Sinn.[361] Die einzelnen Wörter des Satzes sind Namen (3.202). Sie benennen die Gegenstände, die im Sachverhalt verbunden sind. Da nicht isolierte Gegenstände, sondern nur Sachverhalte abgebildet werden können, *bedeuten* die Wörter als *Namen* ihre Gegenstände nur im Zusammenhang des Satzes, der durch die Verbindung der Wörter der Verbindung der Gegenstände im Sachverhalt entspricht (3.21).

Wie K. O. Apel betont, richtet sich Wittgensteins frühe Auffassung des Sinnes von Sätzen als Abbildung von Sachverhalten kritisch gegen den Sinnanspruch überlieferter Texte, wie z. B. der Metaphysik[362], während in der hermeneutischen Tradition der Sinn der auszulegenden Dokumente nicht angezweifelt wurde (51), so daß »von Luther bis Dilthey der Sinn- und Wahrheitsanspruch der auszulegenden Werke selbst Maßstab alles hermeneutischen Verstehens« blieb (51). Diese Beobachtung macht deutlich, daß die Betonung der Aussagestruktur der Sprache im Gegensatz zur Hermeneutik mit einem ausgesprochen überlieferungskritischen Akzent verbunden ist.

Das hermeneutische Problem einer Verständigung der Individuen untereinander wurde vom frühen Wittgenstein, wie Apel gezeigt hat, durch das Programm einer weltabbildenden Einheitssprache zum Verschwinden gebracht, in der, wenn sie an die Stelle der natürlichen Sprachen treten könnte, die Individuen immer schon miteinander verständigt wären. Doch zeigte sich in der Geschichte des logischen Positivismus wie auch in der persönlichen Entwicklung Wittgensteins, daß sich das hermeneutische Problem, wie man zur Verständigung gelangt, nicht so einfach überspringen läßt. Die Versuche des logischen Positivismus zur Konstruktion einer eindeutig kontrollierbaren Einheitssprache sind gescheitert, weil jede formalisierte Sprache ihrerseits die Umgangssprache zu ihrer letzten Voraussetzung hat; denn nur umgangssprachlich läßt sich die Bedeutung

---

361 L. Wittgenstein: Tractatus logico-philosophicus 2.221. Die folgenden Angaben im Text beziehen sich auf dieses Werk.
362 *K. O. Apel*: Wittgenstein und das Problem des hermeneutischen Verstehens, ZThK 63, 1966, 49–87, Zitat 57. Die beiden folgenden Zitate finden sich ebd. 51.

ihrer Regeln und leitenden Annahmen erklären.[362a] L. Wittgenstein hat in seinem Spätwerk, den erst 1953 posthum erschienenen »Philosophischen Untersuchungen«, den Gedanken einer weltabbildenden Einheitssprache aufgegeben und die Umgangssprache selbst, die *ordinary language,* als Gegenstand seiner philosophischen Untersuchungen begriffen. Die Umgangssprache aber faßte er nicht als Einheit, als einheitlichen Weltentwurf auf, sondern als eine Pluralität von Sprachspielen. Dieser Begriff ist hervorgegangen aus den mathematischen Arbeiten Wittgensteins und steht dem Begriff des Kalküls nahe.[363] Er hebt im Sinne Wittgensteins hervor, »daß das Sprechen der Sprache Teil ist einer Tätigkeit oder einer Lebensform«. Als Beispiele für solche »Sprachspiele« führt Wittgenstein neben »Benennen« und »Erklären« in loser Folge auf: Befehlen und nach Befehlen handeln, Beschreiben eines Gegenstandes nach dem Aussehen, oder nach Messungen, Herstellen eines Gegenstandes nach einer Beschreibung, Berichten eines Hergangs, ... Theater spielen, ... Rätsel raten, ... übersetzen ... Bitten, Danken, Fluchen, Grüßen, Beten.[364] Es handelt sich hier durchweg um Tätigkeiten, die jeweils in einer bestimmten gesellschaftlichen Situation alltäglicher Lebenspraxis ihren Ort haben. Den Begriff des Spiels verwendet Wittgenstein unter dem Gesichtspunkt, daß jedes Spiel seine Regeln hat. Gerade in diesem entscheidenden Zug berührt sich das Sprachspiel mit dem Kalkül, der formalisierten Sprache.[365] Die als Beispiele für Sprachspiele genannten Tätigkeiten richten sich ebenfalls nach gewissen Regeln; diese Regeln sind nicht willkürlich, sondern hängen mit der Eigenart der jeweiligen Tätigkeit in ihrem Lebensbereich zusammen. Ihnen entspricht auch die Weise unseres Sprechens. In diesem Sinne ist es zu verstehen, wenn Wittgenstein sagt: »Die Bedeutung eines Wortes ist sein Gebrauch in der Sprache« (343). Die Bedeutung wird nicht mehr kognitiv bestimmt als Abbildung vorgegebener Gegenstände, sondern pragmatisch, bezogen auf eine bestimmte Tätigkeitsart, in deren Zusammenhang man in einer bestimmten Weise spricht und das so Gesprochene versteht. Wittgensteins These ist, daß die Sprache in solchen alltäglichen Lebensformen verwurzelt ist und nur im Zusammenhang mit ihnen

---

362a A.a.O.
363 Siehe dazu K. Wuchterl: Struktur und Sprachspiel bei Wittgenstein, 1969, 110 ff.
364 *L. Wittgenstein*: Philosophische Untersuchungen, New York 1953, 11 (§ 23).
365 So Wuchterl 132 ff. Vgl. Wittgenstein: Philosophische Untersuchungen § 83 f. (p. 39).

angebbaren Sinn hat. Daher bleibt die metaphysikkritische Einstellung bei ihm bestehen trotz der Änderung in der Auffassung der Sprache gegenüber seinem Frühwerk. Wittgenstein sagt: »Wir führen die Wörter von ihrer metaphysischen wieder auf ihre alltägliche Bedeutung zurück« (§ 116).

Apel hat gegen die Auflösung der Sprache in eine Pluralität von Sprachspielen eingewendet, daß auch hier noch – wenn auch in anderer Weise als bei der Einheitssprache des »Tractatus« – die Frage ausfällt, wie sprachliche Verständigung als Behebung eines Nichtverstehens zustande kommt. Das hermeneutische Problem bleibt auch in Wittgensteins Spätphilosophie unberücksichtigt. Man versteht nur, wenn man an dem betreffenden Sprachspiel schon teilnimmt, an der Lebensform partizipiert, in der die Sprache so gebraucht wird. Aber wie gelangt man zum Verständnis, wenn man nicht schon eingestimmt ist in diese Lebensform? In der Tat setzt Wittgenstein das Eingestimmtsein immer schon voraus: in seiner Frühzeit das Eingestimmtsein der weltabbildenden Einheitssprache, später das in den verschiedenen Lebensformen oder Sprachspielen. Aber der Prozeß der Verständigung, der zu solchem Eingestimmtsein führen kann oder, wenn es gestört ist, das Einverständnis wiederherstellt, wird bei Wittgenstein nicht zum Thema.[366] Daher bleibt auch die Geschichtlichkeit von Sprache, Lebensform und Situationswelt unberücksichtigt (Apel 86). So läßt die analytische Sprachphilosophie durch die an dieser Stelle bestehende Lücke die Notwendigkeit hermeneutischer Verständigungsprozesse und damit auch die Notwendigkeit hermeneutischer Reflexion zum Verständnis der Sprache selbst erkennen. Andererseits aber hat die analytische Sprachphilosophie bestimmte Aspekte der Sprache sichtbar gemacht, die jedenfalls in der Existenzialhermeneutik von Heidegger bis Gadamer vernachlässigt worden sind. Das gilt sowohl für den Gegenstandsbezug der Sprache in der weltabbildenden Sprache des Tractatus[367] als auch für die Verbindung von Sprache und sozialer Lebensform in der Spätphilosophie Wittgensteins. Die hermeneutische Besinnung muß auch diese Aspekte der Sprache in sich

---

366 So K. O. Apel in dem Anm. 362 zitierten Aufsatz p. 82, 84 f. Auch der folgende Seitenverweis im Text bezieht sich auf diesen Aufsatz.
367 Die Sprache des Tractatus bleibt auch für den späten Wittgenstein als ein Sprachspiel unter anderen gültig; siehe Philosophische Untersuchungen § 353 (p. 112) zum Stichwort »Verifikation«.

aufnehmen. Eben das intendiert Apel durch seine hermeneutische Kritik und Aufarbeitung der Fragestellungen Wittgensteins. Verstehen und Verständigung haben es zu tun mit der Gegenstandserfahrung und mit der gegenseitigen Abstimmung des Verhaltens im Zusammenhang sozialer Situationen. Sprache und Verständigung richten sich dagegen normalerweise nicht direkt auf die Probleme des Selbstverständnisses und der Eigentlichkeit der Existenz. Existenzerschließung findet zumeist nur indirekt statt auf dem Umweg der Verständigung über die gegenständliche Welt und über das Zusammenleben in gesellschaftlichen Situationen. Der hermeneutische Ansatz Diltheys ist durch seine Beachtung der Objektivierung des Lebens im sprachlichen Ausdruck und in sonstigen Lebensäußerungen dieser umfassenden Aufgabe der Hermeneutik eher gewachsen als die Existenzialhermeneutik mit ihrer Orientierung an einem Verständnis der Sprache als Mitteilung im Sinne von Existenzerschließung und im Gegensatz zur Aussage.

Kann die Betrachtungsweise der Sprachanalytik in mancher Hinsicht als Korrektiv der existenzialhermeneutischen Deutung der Sprache beurteilt werden, so läßt sich beim späten Wittgenstein doch auch eine eigentümliche Konvergenz mit der Analyse des Verstehens, die Heidegger in »Sein und Zeit« gegeben hat, beobachten: Heideggers Deutung des Verstehens als Erschlossenheit einer zuhandenen Welt berührt sich mit der pragmatischen Orientierung der Sprachspiele Wittgensteins. Die an Heidegger gerichtete Frage, wie es zu einer solchen zuhandenen Welt kommt, war analog auch an die von Wittgenstein analysierten Lebensformen und die dazugehörigen Sprachspiele zu stellen. Schon für die Bildung einer solchen Kulturwelt und ihrer Lebensformen ist Sprache erforderlich. Sie befähigt daher auch zu ihrer Verwandlung und erschöpft sich nicht darin, Mittel der Kommunikation in einem schon eingespielten Lebenskreis zu sein.

Diese Konvergenz, über die allerdings Heideggers spätere Äußerungen zur Sprache wieder hinausweisen, läßt es als verständlich erscheinen, daß die Sprachphilosophie des späten Wittgenstein ebenso wie die Hermeneutik Gadamers als Ausdruck einer unkritischen Orientierung an einer schon vorausgesetzten Sprachtradition kritisiert werden konnte. In der Tat spielt die Alltagssprache beim späten Wittgenstein eine ähnlich autoritative Rolle wie die Überlieferung in der Hermeneutik Gadamers. Hier wie dort ist die

Sacherkenntnis, die ihre Grundlage in der Darstellungsfunktion der Sprache hat und ihre sprachliche Gestalt in der objektivierenden Aussage findet, als Korrektiv unentbehrlich. Erst die als Aussage artikulierte objektivierende Erkenntnis ermöglicht kritische Reflexion und ein kritisches Verhältnis zur überlieferten Sprache sowie zu den Einrichtungen der sozialen Lebenswelt. Aber schon die alltägliche Verständigung ist, wie bereits hervorgehoben wurde, nur durch Objektivierung in der Mitteilung möglich als Verständigung über Sachverhalte, die in Aussagen beschrieben werden. Der vom Redenden gemeinte Inhalt muß sich mit hinreichender Genauigkeit von diesem Subjekt ablösen und als derselbe Inhalt von einem anderen erfassen lassen. Solche Ablösbarkeit eines Gedankeninhalts von der Beziehung auf ein besonderes Subjekt impliziert immer schon seine Objektivierung. Diese betrifft allerdings stets nur einen Teil des Bedeutungszusammenhangs, in dem ein geäußerter Gedanke ursprünglich steht, und auch nur einen Teilaspekt des gemeinten Sachverhalts. Ausschlaggebend für das richtige Verständnis ist daher in der Tat der »ungesagte Sinnhorizont«, in dem jede sprachliche Äußerung, auch die Aussage, verwurzelt bleibt. Dieser ungesagte Sinnhorizont kann weitgehend miterfaßt werden, wenn der Hörende die Lebenssituation des Redenden teilt oder sich in sie hineinversetzen kann. Dann »versteht« er das Gesagte. Ausgangspunkt des Verstehens ist aber auch dann normalerweise das tatsächlich Gesagte, also der mitgeteilte und im Akt der Mitteilung immer schon objektivierte Inhalt.

In Fällen, in denen das Verständnis sich nicht problemlos einstellt, bedarf es einer hermeneutischen Erklärung des Sinnzusammenhangs, also einer weitergehenden Objektivierung des in der Äußerung selbst ungesagt gebliebenen Sinnhorizontes: Die Auslegung macht ausdrücklich, was an Nuancen und Verweisungszusammenhängen in der Äußerung selbst, dem Redenden oder dem Autor eines Textes weitgehend unbewußt, im Spiel gewesen ist. Die Auslegung verhilft zum Verständnis, indem sie diesen Sinnhorizont ausdrücklich zur Aussage bringt. »Der ausgelegte Text ist gerade der in vorher ungeahntem Ausmaß hinsichtlich seines Sinnhorizontes *objektivierte* Text.«[368]

---

368 W. Pannenberg: Hermeneutik und Universalgeschichte, in: ZThK 60, 1963, 114.

4. Hermeneutik und Dialektik

K. O. Apel hat die Notwendigkeit hermeneutischer Besinnung durch seine Auseinandersetzung mit der von der analytischen Sprachphilosophie gebotenen Alternative zur Sprachdeutung der Existenzialhermeneutik zu erweisen gesucht. Dabei ist ihm die Hermeneutik nicht geblieben, was sie bei Heidegger und Gadamer war: Schon 1963 hielt Apel auch für die Geisteswissenschaften fest an der Möglichkeit einer theoretischen Erkenntnis, die als solche nicht dogmatisch ist und also nicht im Schatten eines uneinholbaren Vorurteils steht[369], und 1968 bemerkte er gegen Gadamer, in dem Gedanken der »Entmachtung der Tradition« durch geschichtliches Verstehen stecke doch ein Wahrheitsmoment, zwar nicht im Sinne einer »Entmachtung der Geschichte als Traditionsvermittlung überhaupt«, wohl aber als »Entmachtung bestimmter, inhaltlich gemeinter ›Traditionen‹ des vorindustriellen oder des vorwissenschaftlichen Zeitalters«.[370] Apel fordert nun, die Aufgabe des Verstehens als theoretische Aufgabe durch eine »wenn auch nur provisorische Objektivierung und Distanzierung des zu verstehenden Sinnes« (38) gegenüber der Frage nach seiner gegenwärtigen Geltung wiederherzustellen und von der Aufgabe der Applikation zu trennen, die nicht den Geisteswissenschaften, sondern der Philosophie – »und zwar der Geschichtsphilosophie« (38) – zukomme. Durch »die Zumutung einer verbindlichen Applikation ihres Verstehens«, sei es nun im existenzialistischen oder im marxistischen Sinne, würden die hermeneutischen Geisteswissenschaften »genauso ideologisch korrumpiert wie durch die positivistische Verdrängung des geschichtlichen Engagements als einer Bedingung der Möglichkeit ihres Verstehens von Sinn« (38). Apel weist also der hermeneutischen Thematik gegenüber Heidegger und Gadamer einen anderen Kontext zu, nämlich den einer betont theoretisch verstandenen geisteswissenschaftlichen Grundlagenreflexion.

In anderer Weise hat das auch J. Habermas getan. Habermas hat ähnlich wie Apel die Notwendigkeit eines hermeneutischen Verfahrens durch Auseinandersetzung mit nichthermeneutischen Posi-

---

369 Siehe Apels Rezension der Hermeneutik von Gadamer in: Hegel-Studien 2, 1962, 314 ff., bes. 321.
370 K. O. Apel: Scientistik, Hermeneutik, Ideologiekritik, in: Wiener Jahrbuch für Philosophie I, 1968, 37. Die nächsten Zitate finden sich ebd. 38.

tionen zu begründen versucht. In seinem Falle ist das nicht die analytische Sprachphilosophie, sondern das ganze Spektrum der verschiedenen Ansätze zur Grundlegung der Sozialwissenschaften.[371] Gegenüber dem Behaviourismus hält Habermas mit M. Weber und T. Parsons daran fest, daß soziales Verhalten »zur Klasse der intentionalen Handlungen« gehört, »die wir durch Nachvollziehen ihres Sinnes auffassen« (13). Doch auch die funktionalistische Reduktion der Intentionalität des Handelns auf ein vorgegebenes soziales System im Sinne von Parsons lehnt Habermas ab; denn bei einer solchen Betrachtungsweise blieben die »reaktiven Zwänge« im Leben der Gesellschaft (94) und das über die unvollkommene Gegenwart Hinausschießende der individuellen Sinnintentionen (92 f.) unberücksichtigt. Analog betont Habermas auch gegenüber Linguistik und analytischer Sprachphilosophie die Bedeutung der »in der Sprachpraxis angelegten Tendenz zur Selbsttranszendierung« auf eine »Einheit der Vernunft im Pluralismus der Sprachen« hin (151). Daß die geschichtliche *Bewegung* sprachlicher Verständigung bei Gadamer als Thema der Hermeneutik entwickelt worden ist, begründet das Interesse, das Habermas dieser Hermeneutik zuwendet (152 f.). Er übernimmt die Beschreibung des Verständigungsprozesses als Horizontverschmelzung (157 ff.), wendet sich aber gegen Gadamers »Rehabilitierung des Vorurteils als solchen« (174) und gegen die damit zusammenhängende These von der Übermacht der Tradition. Das »Substantielle des geschichtlich Vorgegebenen« bleibe »davon, daß es in die Reflexion aufgenommen wird, nicht unberührt« (175). »Gadamer verkennt die Kraft der Reflexion, die sich im Verstehen entfaltet« (174). Diese Kraft bewähre sich darin, »daß sie den Anspruch von Traditionen auch abweisen kann« (175). Das Recht der Reflexion (»das unverlierbare Erbe, das uns vom deutschen Idealismus aus dem Geist des 18. Jahrhunderts vermacht ist« 176) »verlangt ein Bezugssystem, das den Zusammenhang von Tradition als solchen überschreitet; nur dann kann Überlieferung auch kritisiert werden« (176).[372]
Das »Bezugssystem«, das es gestattet, sich der Übermacht der Tradition zu erwehren, wird bei Habermas konstituiert durch die

---

371 J. Habermas: Zur Logik der Sozialwissenschaften, 1967 (= Beiheft 5 der Philosophischen Rundschau). Die folgenden Seitenverweise im Text beziehen sich auf dieses Werk.
372 In seiner Antwort (Rhetorik, Hermeneutik und Ideologiekritik. Metakritische Er-

Universalgeschichte (180), die für Habermas Bedingung alles Geschichtsverstehens ist: Jeder Historiker »antizipiert unter Gesichtspunkten der Praxis *Endzustände*, von denen her die Mannigfaltigkeit der Ereignisse sich zu handlungsorientierenden Geschichten zwanglos strukturiert«.[373] Dabei ergänzen jeweils Erwartungen »die Fragmente der bisherigen Überlieferung hypothetisch zur Totalität der vorverstandenen Universalgeschichte, in deren Licht jedes relevante Ereignis prinzipiell so vollständig beschrieben werden kann, wie es für das praktisch wirksame Selbstverständnis einer sozialen Lebenswelt möglich ist« (166). Die vorwegnehmenden Erwartungen nämlich konstituieren erst das »Ganze«, in dessen Zusammenhang die »Teile« des geschichtlich Gegebenen ihre Bedeutsamkeit haben: »nur weil wir aus dem Horizont der Lebenspraxis den vorläufigen Abschluß eines Bezugssystems entwerfen, können die Interpretationen von Ereignissen, die sich vom projizierten Ende her zu einer Geschichte organisieren lassen, ebenso wie die Interpretationen der Teile, die sich aus einer vorweggenommenen Totali-

---

örterungen zu ›Wahrheit und Methode‹, zuerst 1967 in: Kleine Schriften I, 113 f., zit. nach dem Band: »Hermeneutik und Ideologiekritik«, 1971, 57 ff.) hat Gadamer gefordert, »den Gegensatz zwischen fortlebender, naturwüchsiger Tradition und reflektierter Aneignung derselben als dogmatisch zu durchschauen«, nämlich als Ausdruck eines dogmatischen »Objektivismus, der auch noch den Begriff der Reflexion deformiert« (68). Daß die Reflexion ihrerseits immer schon durch ihren geschichtlichen Ort und also durch den Traditionsprozeß bedingt ist, so daß auch aus der Reflexion erwachsende Kritik diesen Traditionsprozeß nicht in seiner Totalität distanzieren kann – auch wenn sie ihn in seiner Totalität thematisiert – das muß in der Tat zugestanden werden (so auch J. Habermas: Der Universalitätsanspruch der Hermeneutik (1970), zit. nach »Hermeneutik und Ideologiekritik«, 1971, 158). Aber wenn die Reflexion auch nicht die Geschichte überhaupt distanziert und entmachtet, so vermag sie doch die »Entmachtung bestimmter, inhaltlich gemeinter« Traditionen des vorindustriellen oder des vorwissenschaftlichen Zeitalters »zu leisten« (K. O. Apel: Scientistik, Hermeneutik, Ideologiekritik (1968), zit. nach: »Hermeneutik und Ideologiekritik«, 1971, 34). Gadamers Protest gegen den Vorwurf, »kulturelle Überlieferung (zu) verabsolutieren« (a. a. O. 71, vgl. ebd. 296 ff.), könnte erst dann überzeugen, wenn das »produktive Moment, das im Verstehen liegt« (Wahrheit und Methode, 1960, 280), nicht nur »wirkungsgeschichtlich« aus dem durch Interpretation bisher nicht eingeholten Sinn überlieferter Texte, sondern auch aus der offenen Zukunft der Geschichte, die die Freiheit des Interpreten konstituiert, verstanden würde, nämlich als produktive Funktion eines Verstehens, »das notwendig auch Kritik und Vergessen einschließt«, wie es H. R. Jauss in seinem rezeptionsästhetischen Entwurf formuliert (Literaturgeschichte als Provokation, 1970, 189). Eben diese Freiheit des Interpreten befähigt angesichts noch offener Zukunft zur kritischen Reflexion auf die Tradition, durch deren Aneignung in ihrer Andersheit der Interpret das Bewußtsein seiner eigenen Situation gewinnt.
373 J. Habermas: Zur Logik der Sozialwissenschaften, 1967, 166, vgl. auch 162.

tät als Bruchstücke dechiffrieren lassen, für jene Lebenspraxis überhaupt einen Informationsgehalt haben« (168).
Habermas überträgt hier den von G. H. Mead aufgenommenen Gedanken der Antizipation von Sinn als Bedingung sprachlicher Verständigung zwischen Menschen auf das Verstehen der Geschichte, um auf diese Weise die von dem Werk Gadamers hinterlassenen Probleme zu bewältigen. Die Antizipation der Totalität der Geschichte von ihrem »vorläufigen« Ende her leistet bei Habermas vor allem die Aufdeckung und Überwindung bestehender Verzerrungen der Kommunikation. Das ist ein Thema, zu dem Habermas immer wieder zurückgekehrt ist: Die Antizipationen eines »Endzustandes« (166) als »Endzustand eines *Bildungsprozesses*« (193) erschließen das kritische Verständnis der Gegenwart. Als Modell einer so konzipierten kritischen Sozialphilosophie hat Habermas stets die Psychoanalyse vor Augen (schon hier 185 ff.). Was Freud für die individuelle Lebensproblematik getan hat, will Habermas für die Probleme der Gesellschaft leisten. Wie die Psychoanalyse, so soll auch die kritische Sozialphilosophie den Charakter emanzipatorischer Reflexion haben.[374]
In dem Aufsatz »Der Universalitätsanspruch der Hermeneutik« richtet Habermas gegen Gadamers »Hypostasierung des Überlieferungszusammenhangs« und gegen die damit verbundene »Ontologisierung der Sprache« (153 f.) den grundsätzlichen Verdacht, der Konsensus im Horizont überlieferter Sprache könnte »pseudokommunikativ erzwungen« sein (153). Was sichert gegen die Möglichkeit, daß eine »systematische Verzerrung« der Kommunikation bestehen könnte, bei der die Menschen sich selbst in ihren eigentlichen Intentionen nicht mehr verstehen? Hermeneutik in Gadamers Sinn hilft hier nicht weiter. Vielmehr müssen wir »mit dem Begriff einer Wahrheit, die sich an der idealisierten, in unbegrenzter und herrschaftsfreier Kommunikation erzielten Übereinstimmung bemißt, zugleich die Struktur eines Zusammenlebens in zwangloser Kommunikation vorwegnehmen«, also eine »Antizipation richtigen Lebens« (154) vollziehen, von der her die Verzerrung des gegenwärtigen Zustandes erst durchschaubar wird.

374 Siehe dazu bes. das Schlußkapitel von »Erkenntnis und Interesse«, 1968, sowie Habermas' Beitrag zur Gadamer-Festschrift (»Hermeneutik und Dialektik« I, 1970) über den Universalitätsanspruch der Hermeneutik (jetzt in: Hermeneutik und Ideologiekritik, 1971, 120–159). Die folgenden Seitenangaben im Text beziehen sich auf diesen Aufsatz.

Gegenüber einer bloß »subjektiv sinnverstehenden Hermeneutik« zielt Habermas auf eine den Ansatz der Hermeneutik mit Einsichten Hegels und Freuds kombinierende »objektiv sinnverstehende Theorie« der Gesellschaft[375] als eines Bildungsprozesses, der auf einen Endzustand »richtigen Lebens« in zwangloser Kommunikation tendiert. In seinem Buch »Erkenntnis und Interesse« (1968) hat Habermas diese Fragestellung als die der »Kritik« von Positivismus, Pragmatismus und historistischer Hermeneutik unterschieden. Andererseits bleibt jedoch das Verfahren der von ihm angestrebten kritischen Gesellschaftstheorie grundsätzlich und erklärtermaßen[376] ein hermeneutisches: Habermas spricht von einem »zur Kritik erweiterten hermeneutischen Verstehen«[377] und wendet sich lediglich gegen eine nur *subjektiv* sinnverstehende Hermeneutik.[378] Die Erweiterung der Hermeneutik zur Kritik geschieht durch die bereits erwähnte Antizipation des Zieles der Geschichte als eines Bildungsprozesses der Menschheit. Sein Verfahren der Kritik der gegenwärtigen Gesellschaft im Lichte einer vorweggenommenen Totalität der Menschheitsgeschichte kann Habermas daher auch als ein dialektisches kennzeichnen.

Der Dialektik ist mit der Hermeneutik gemeinsam, daß beide durch die Reflexion auf die Wechselbeziehungen von Teil und Ganzem bestimmt sind.[379] Während aber die Hermeneutik das Ganze nur in Gestalt des Horizontes, der die Bedeutung aller Einzelheiten konstituiert und dessen Wandlungen den fortgehenden Prozeß der Interpretation veranlassen, in den Blick nimmt, die endgültige Gestalt dieses Ganzen aber dahingestellt sein lassen kann, reflektiert Dialektik auf die Totalität als solche, ohne die das einzelne gar keine definitive Bedeutung haben könnte. Weil die Dialektik die Gedankenbestimmungen selbst reflektiert, mit denen Hermeneutik in konkreter Anwendung arbeitet, muß sie die letztumfassende

---

375 *J. Habermas*: Analytische Wissenschaftstheorie und Dialektik (1963) in: Der Positivismusstreit in der deutschen Soziologie, 1969, 164.
376 Positivismusstreit 164.
377 Hermeneutik und Ideologiekritik, 1971, 158.
378 Positivismusstreit 164.
379 Mit diesem Gedanken, in einer Formulierung Adornos, setzt Habermas in seinem Artikel über »Analytische Wissenschaftstheorie und Dialektik« 1963 ein (Positivismusstreit 155). Vgl. zu diesem Thema auch K. Kosik: Die Dialektik des Konkreten, 1967. In seiner Schrift »Über dialektischen und historischen Materialismus« behandelt J. W. Stalin übrigens die Wechselbeziehung von Teil und Ganzem an erster Stelle unter den »Grundzügen der dialektischen Methode«.

Totalität, die jene implizit voraussetzt und eben deshalb dahingestellt sein lassen kann, thematisieren. Das hat der Dialektik immer wieder den Vorwurf eingetragen, sie beanspruche ein Totalwissen, das die Endlichkeit menschlicher Erfahrung und menschlichen Wissens überspringe und daher nur ideologischer Natur sein könne. Dieser Vorwurf ist gegen Habermas sowohl vom Positivismus, genauer vom kritischen Rationalismus her, als auch von Gadamer erhoben worden.

Hans Albert hat die dialektische Theorie der Sozialwissenschaften, wie sie Habermas in seinem Aufsatz über »Analytische Wissenschaftstheorie und Dialektik« 1963 in Auseinandersetzung mit K. Popper skizziert hatte, als »Mythos der totalen Vernunft« charakterisiert.[380] Diese Charakteristik zielt auf den Gebrauch, den Habermas von der Kategorie der Totalität macht, wenn er den Begriff einer dialektischen Theorie der Gesellschaft dadurch definiert, daß sie »die Abhängigkeit der Einzelerscheinungen von der Totalität« behaupte.[381] Habermas hat nun allerdings in diesem Aufsatz seine Position in einer Weise formuliert, die ihn in verschiedener Hinsicht der Kritik Alberts aussetzte. Vor allem war ungeklärt geblieben, wie die Dialektik zum Gedanken der Totalität der Gesellschaft »in der Dimension eines im ganzen einmaligen und in seinen Stadien unumkehrbaren Entwicklungsprozesses« (163) gelangt. Habermas arbeitete hier noch nicht durchgängig mit dem Begriff der Antizipation[382], sondern stützte sich vorwiegend auf angebliche »Tendenzen« der geschichtlichen Entwicklung: »Damit objektiv sinnverstehend die Geschichte selbst theoretisch durchdrungen werden kann, muß sich ... Historie zur Zukunft hin öffnen. Gesellschaft enthüllt sich in den Tendenzen ihrer geschichtlichen Entwicklung ... erst von dem her, was sie nicht ist« (165, cf. auch 164). Diese Tendenzen wurden ferner als »Gesetze« der historischen Bewegung der Gesellschaft ausgegeben, natürlich als Gesetze anderer Art als sie die »restriktive Verwendung des Gesetzesbegriffs« in den analytischen Wissenschaften zuläßt (163). Gegen

---

380 Der gleichnamige Aufsatz von Albert erschien zuerst 1964 und ist abgedruckt in dem Sammelband: Der Positivismusstreit in der deutschen Soziologie, (Soziologische Texte 58, Luchterhand) 1969, 193–234.
381 J. Habermas: Analytische Wissenschaftstheorie und Dialektik, a. a. O. 163. Auch die folgenden Seitenverweise im Text beziehen sich auf diesen Band.
382 Nur beiläufig ist einmal (161) vom hermeneutischen »Vorgriff auf Totalität« die Rede.

eine solche für den herkömmlichen Marxismus bezeichnende Rede von »Gesetzen« der Geschichte hatte sich schon Popper gewendet.[383] Auch Albert fragt mit Recht: »Wie sieht die logische Struktur dieser historischen Gesetze aus ... und wie kann man sie überprüfen? In welchem Sinne kann ein Gesetz, das sich auf eine konkrete historische Totalität, auf einen einmaligen und unumkehrbaren Prozeß als solchen bezieht, etwas anderes sein als eine singuläre Aussage?«[384]
Mit dem in der Tat problematischen Begriff von »Gesetzen« als Beschreibung der »Tendenzen« des einmaligen historischen Prozesses der Menschheitsgeschichte meint Albert auch den Gedanken der Totalität selbst erledigt zu haben, der ihm sowohl in sich als auch hinsichtlich seiner Anwendung als ungeklärt erscheint. Habermas hat auch diese Kritik durch eine Reihe von Formulierungen seines Aufsatzes erleichtert, so erstens durch die Behauptung, daß der dialektische Begriff des Ganzen »die Grenzen formaler Logik ... überschreitet« (155), zweitens durch die Behauptung eines Unterschiedes zwischen System und Totalität, der sich aber »nicht direkt bezeichnen« lasse (156), weil er »in der Sprache der formalen Logik ... aufgelöst, in der Sprache der Dialektik aufgehoben werden« müßte, und drittens durch die Forderung nach einer vorgängigen Vergewisserung der Sozialwissenschaften über »die Angemessenheit ihrer Kategorien an ihren Gegenstand« (157).
1. Die Erklärung, »daß der dialektische Begriff des Ganzen die Grenzen formaler Logik überschreitet« (198), ist für Albert Ausdruck einer »Immunisierungsstrategie«, mit der »Habermas die Möglichkeit bestreiten will, seinen Begriff der Totalität logisch zu analysieren« (199). In seiner Erwiderung auf Alberts Kritik schreibt Habermas zu dieser Frage lediglich, daß sich das Denken in Dialektik »verfängt«, »nicht weil es die Regeln der formalen Logik verachtet, sondern indem es sich besonders hartnäckig an sie hält«.[385] Er zieht aber weder seine These von der Überschreitung der Logik durch den dialektischen Begriff des Ganzen zurück, noch zeigt er, inwiefern dieser Begriff dadurch entsteht, daß das Denken sich besonders hartnäckig an die Regeln der formalen Logik hält.

---

383 K. Popper: Das Elend des Historizismus (1957) dt. 1965.
384 H. Albert: Der Mythos der totalen Vernunft, in: Positivismusstreit 210 f. Die folgenden Seitenverweise beziehen sich auf diesen Band.
385 J. Habermas: Gegen einen positivistisch halbierten Rationalismus (1964). Das folgende Zitat findet sich Positivismusstreit 264.

Insofern konnte Albert mit einigem Recht feststellen, die »Frage, worin eigentlich die Dialektik besteht... und welcher Methoden sie sich bedient, hat in seiner Erwiderung keine Beantwortung gefunden«.[386] Man fragt sich, warum Habermas nicht die Beziehung von Teil und Ganzem als eine logische Beziehung gekennzeichnet hat, die sich in aller Erfahrung von Sinn und Bedeutung aufweisen läßt und daher zu den Grundlagen der hermeneutischen Logik so, wie Dilthey sie entwickelt hat, gehört. Die Erklärung von Habermas, daß der dialektische Begriff des Ganzen die Grenzen formaler Logik überschreite, hat jedenfalls nur verwirrend gewirkt. Die gleiche Inanspruchnahme einer logischen Exterritorialität für die Grundbegriffe der Dialektik findet Albert auch in der Gegenüberstellung von Totalität und System:

2. Während E. Nagel den Begriff des Ganzen auf den des Systems oder der systembeschreibenden Theorie gebracht hat, behauptet Habermas eine Differenz zwischen dialektischer Totalität und System. Diese Behauptung wird verständlich als Ausdruck der Meinung, daß der Systembegriff »dem analysierten Erfahrungsbereich so äußerlich« bleibe wie die theoretischen Sätze, die ihn explizieren, während die Sozialwissenschaften sich »vorgängig« der Angemessenheit ihrer Kategorien an den Gegenstand versichern müssen (157), da das Subjekt selbst zu der zu analysierenden Gegenstandssphäre gehört (158). Daher gebe es, meint Habermas, »in den Sozialwissenschaften... diese Rache des Objekts, wenn das noch im Erkennen befangene Subjekt den Zwängen eben der Sphäre verhaftet bleibt, die es doch analysieren will«.[387]

Die Auffassung des Systembegriffs als einer dem Erfahrungsbereich, den er beschreibt, äußerlich bleibenden Kategorie erklärt auch das Mißtrauen, mit dem Habermas später der Verwendung des Systembegriffs durch N. Luhmann begegnet ist. In der Tat bleiben theoretische Systeme aus abstrakt allgemeinen Gesetzesaussagen der konkreten und immer individuellen Wirklichkeit gegenüber äußer-

---

386 H. Albert: Im Rücken des Positivismus? (1965) zit. a. a. O. 304. Die im Zitat ausgelassene Bemerkung, Habermas habe von der Dialektik nicht gezeigt, »welche Vorzüge sie anderen Auffassungen gegenüber besitzt« (304), leuchtet dagegen nicht ein. Es dürfte deutlich genug sein, daß Habermas für die Dialektik in Anspruch nimmt, daß nur sie es gestatte, das einzelne im Zusammenhang der konkreten Totalität der Geschichte zu verstehen.

387 ebd. 158. Beachte den sachlichen Zusammenhang mit der an die Psychoanalyse erinnernden Problematik emanzipativer Reflexion.

lich. Aber diese »Äußerlichkeit« beruht nur darauf, daß solche theoretischen Systeme sich auf abstrakt allgemeine Aussagen beschränken, die als solche den einmaligen Prozeß der Geschichte und die Individualität seiner Komponenten nicht zu erfassen vermögen. Der Systembegriff selbst ist auf diese Sphäre des abstrakt Allgemeinen nicht beschränkt. Von derartigen Systemen abstrakter Theoriebildung sind die kybernetischen, selbstgeregelten Systeme zu unterscheiden, die als konkrete Ganzheiten existieren. Unter ihnen bilden die »offenen Systeme«, die durch Einbeziehung einer Umwelt sich selbst verändern können, einen Sonderfall. Sofern die Lebewesen als derartige »offene Systeme« zu beschreiben sind, läßt sich natürlich der Systembegriff nicht mehr als dem analysierten Erfahrungsbereich gegenüber äußerlich hinstellen. Vielmehr bezeichnet der Systembegriff hier nichts anderes als die konkrete Totalität, wie sie Habermas mit den Mitteln der Dialektik zu erfassen sucht. Ihm geht es allerdings um die Totalität nicht nur des Individuums, sondern der Gesellschaft. Aber es wäre durchaus denkbar, daß auch Gesellschaften sowie Geschichtsprozesse als Phasen gesellschaftlichen Lebens sich in ihrer Bedeutungsstruktur als offene Systeme beschreiben ließen, obwohl weder die Gesellschaft noch eine geschichtliche Epoche in derselben Weise sich selbst gegeben ist, wie das im Selbstbewußtsein des menschlichen Individuums der Fall ist.

In diesem Sinne läßt sich schließlich auch die Totalität des Prozesses der Menschheitsgeschichte im ganzen logisch als System beschreiben und dadurch positiv auf Nagels Analyse der Kategorie des Ganzen beziehen.

3. Der Abweisung des Systembegriffs wegen seiner Äußerlichkeit entspricht bei Habermas positiv die Feststellung, daß die Subjektivität des Forschers in den Sozialwissenschaften mit zu dem zu untersuchenden Gegenstandsbereich gehört, so daß diese Wissenschaften sich »vorgängig der Angemessenheit ihrer Kategorien an den Gegenstand versichern« (157) müssen. Ihre Verfahren erschließen »einen Gegenstand, von dessen Struktur ich gleichwohl *vorgängig* etwas verstanden haben muß, wenn die gewählten Kategorien ihm nicht äußerlich bleiben sollen« (158). Darin bestehe der »Zirkel«, der »nur in Anknüpfung an die natürliche Hermeneutik der sozialen Lebenswelt dialektisch durchzudenken« sei. So trete hier »hermeneutische Explikation von Sinn« an die Stelle des »hypothetisch-deduktiven Zusammenhangs von Sätzen«, der für die ana-

lytischen Wissenschaften kennzeichnend ist. Im Sinne solcher vorgängigen Vertrautheit mit dem Gegenstand ist dann offenbar auch der Begriff »Vorverständnis« bei Habermas (189 cf., 181) zu verstehen, der hier nicht nur wie bei Bultmann ein Lebensverhältnis zur Sache im Sinne eines offenen Sachinteresses bezeichnet, sondern das »dirigierende Sinnverständnis« (189), das »programmatisch« die Einzelanalysen leitet. Ein derartiges Vorverständnis findet Habermas auch in den Basissätzen Poppers am Werke, die ihre »empirische Geltung« nach Habermas »aus der *vorgängigen* Integration einzelner Wahrnehmungen in den Hof unproblematischer und auf breiter Basis bewährter Überzeugungen« beziehen (182). Das ist nicht als Kritik gemeint, sondern als eine nicht eliminierbare Bedingung der Erkenntnis, die in den Sozialwissenschaften allerdings besondere Beachtung erfordert, weil hier Objekt und Subjekt der Theoriebildung zusammenfallen; die »vorgängige Erfahrung der Gesellschaft lenkt den Entwurf der Theorie« dieser Gesellschaft (160). Darin erblickt Albert (205 ff., bes. 207) die Gefahr, daß »auch die ererbten Irrtümer ... hier gewissermaßen ›mitlenken‹ können« (207). Habermas nähere sich mit derartigen Thesen der »linguistischen Richtung« der Wittgensteinschen Sprachanalytik, »deren Methoden geeignet sind, das in der Alltagssprache inkorporierte Wissen zu dogmatisieren« (204).
Nun hat sich allerdings Habermas in seiner Kontroverse mit Gadamer selbst zum Anwalt der Kritik an der sprachlichen Überlieferung gemacht, und auch in den von Albert kritisierten Äußerungen wird wiederholt die korrigierende Rückwirkung der Theorie auf die vorgängige Vertrautheit mit dem Gegenstand, aus der sie selbst erwachsen ist, betont. Dennoch bleiben die Ausführungen von Habermas insofern mißverständlich, als sie den »hermeneutischen Vorgriff auf Totalität« (161) nicht unterscheiden von der vorgängigen Vertrautheit mit dem Gegenstand und dem darin begründeten »dirigierenden« Vorverständnis. Eine solche Unterscheidung muß jedoch schon darum vollzogen werden, weil gegenüber der Unbestimmtheit des Vorverständnisses der dialektische *Vorbegriff* der Totalität sich durch theoretische Bestimmtheit auszeichnet: Erst der Vorbegriff, für den der Lebens- und Bedeutungszusammenhang der Gesellschaft in seiner Totalität thematisch wird, vollzieht eine (hypothetische) Bestimmung jener Totalität, die in der vorgängigen Vertrautheit des Menschen mit dem gesellschaftlichen Lebenszusammenhang

mehr implizit, damit aber zugleich weitgehend unbestimmt vorausgesetzt wird. Beachtet man diesen Unterschied zwischen Vorverständnis und Vorbegriff (oder Vorentwurf), dann verschwindet der Anschein des Zirkelhaften aus der hermeneutischen Argumentation. Denn sosehr ein *Lebensverhältnis* zu der Sache, der die Interpretation sich zuwendet, für die Durchführung der Interpretation schon vorausgesetzt ist, so sehr bleibt doch der ausdrückliche Vorbegriff unterscheidbar von dieser Sache als hypothetische Beschreibung ihrer Struktur. Gehört so zwar die Subjektivität des Sozialwissenschaftlers – ähnlich wie die des Historikers oder des Anthropologen – immer schon mit zum Gegenstandsbereich seiner Wissenschaft, so wird dadurch doch keineswegs schon vorausgesetzt, was durch seine Forschungen erst erkannt werden soll. Daß die Subjektivität des Sozialwissenschaftlers selbst zum Gegenstandsbereich seiner Theoriebildung gehört, präjudiziert nicht die Prüfung der von ihm entwickelten Lösungsmodelle, sondern begründet nur die Forderung, daß sie, sobald sie sich auf die Gesellschaft im ganzen beziehen oder generelle wissenssoziologische Implikationen haben, der zusätzlichen Probe der Selbstanwendung standhalten müssen. Die Zugehörigkeit des Sozialwissenschaftlers zum Gegenstandsbereich seiner Theoriebildung ist also nicht identisch mit dem Phänomen des Vorverständnisses als einer vorgängigen Vertrautheit mit diesem Gegenstandsbereich. Die vorgängige Vertrautheit mit dem Gegenstand dürfte weniger eine vom Sozialwissenschaftler zu fordernde Qualifikation als vielmehr eine existentiell unvermeidliche Gegebenheit sein, die indessen über die Gültigkeit eines theoretischen Modells weder positiv noch negativ entscheidet: Sie ist einerseits psychologische Bedingung der Formulierung hypothetischer Konstruktionen, andererseits Gegenstand der Reflexion auf ihre Entstehungsbedingungen. So oder so ist nicht einzusehen, wieso sie verhindern soll, daß die Angemessenheit sozialwissenschaftlicher Kategorien an ihren Gegenstand auf der Reflexionsebene der jeweiligen Theorie ebenso wie sonstige hypothetische Behauptungen am jeweils relevanten Material überprüft werden kann.

Fassen wir das Ergebnis der Untersuchung dieser drei Punkte zusammen: Es hat sich gezeigt, daß der dialektische Begriff des Ganzen als gesellschaftlicher Totalität sehr wohl theoretisch durch eine hypothetische Deskription darstellbar ist, daß er sich ferner als individuelles System charakterisieren läßt und daß er durchaus einer logischen Analyse zugänglich ist, also nicht mit Habermas der Zuständigkeit der Logik entrückt zu werden braucht. Was aber veranlaßt Habermas zu solcher isolierenden Mystifikation der Dialektik? Was hält ihn davon ab, den Zugang zum Begriff der Totalität aus der Struktur der Bedeutungserfahrung selbst aufzuzeigen, die immer schon Totalität impliziert als Bedingung dafür, daß überhaupt irgend etwas als bedeutsam erfahren werden kann? Die Analyse der Erfahrung von Sinn und Bedeutung könnte zeigen, daß die Reflexion auf Totalität weder ein entbehrlicher Luxus ist, noch eine Anmaßung totalen Bescheidwissens, kein Mythos einer totalen Vernunft, sondern daß es sich nur darum handelt, ausdrücklich zu thematisieren, was implizit in aller Erfahrung von Sinn und Bedeutung und also in allem Erleben überhaupt schon vollzogen wird. Dabei handelt es sich darum, das im Erleben jeweils implizierte Bedeutungsganze menschlicher Sinnerfahrung in der Weise zum Thema zu machen, daß Hypothesen darüber formuliert werden, die am Maß ihrer Fähigkeit zur Integration erfahrener Einzelbedeutungen und ihrer Bedeutungszusammenhänge gemessen werden können. Warum hat Habermas diesen Weg zur Rechtfertigung seines Begriffs von dialektischer Totalität nicht beschritten?

Eine Antwort auf diese Frage läßt sich nur geben, wenn man sich des eigentümlich zwiespältigen Verhältnisses von Habermas zur Hermeneutik erinnert. Der soeben skizzierte Weg einer Rechtfertigung des Begriffs der dialektischen Totalität besteht im Aufweis dieser Thematik als *Implikation* der Sinnerfahrung. Habermas dagegen führt die dialektische Totalität als *Ergänzung* der hermeneutischen Thematik ein und kann sie dann allerdings nicht mehr aus deren innerer Logik begründen. Das Vorgehen von Habermas erklärt sich daraus, daß er auf die Begründung einer sozialen Handlungstheorie abzielt. Mit dieser Zielsetzung verbindet sich offenbar die Neigung, das Sinnverstehen oder Sinnerleben als einen bloßen Teilaspekt dem Handlungsbegriff einzuordnen.[388] An dieser Stelle setzen die kritischen Gegenfragen Gadamers an Habermas ein. Gadamer wendet sich gegen die Beschränkung des Sinnverstehens auf einen Teilaspekt der gesellschaftlichen Wirklichkeit. »Es verkürzt die Universalität der hermeneutischen Dimension, wenn ein Bereich des verständlichen Sinnes (›kulturelle Überlieferung‹) gegen andere, lediglich als Realfaktoren erkennbare Determinanten der

388 Siehe oben p. 77 ff.

gesellschaftlichen Wirklichkeit abgegrenzt wird.«[389] Habermas habe nicht erkannt, daß Hermeneutik es keineswegs nur mit subjektiv vermeintem Sinn zu tun hat. Das hermeneutische Problem ist »nur deshalb so universal und für alle zwischenmenschliche Erfahrung der Geschichte wie der Gegenwart grundlegend, weil auch dort Sinn erfahren werden kann, wo er nicht als intendierter vollzogen wird« (ebd.). Was Habermas als »Tiefenhermeneutik« bezeichnet, daß nämlich »Sinnverstehen weder auf die mens auctoris noch die mens actoris zu begrenzen ist«, das, meint Gadamer, sei »eigenster Punkt« (313) seiner eigenen Hermeneutik. Habermas kann diesen Gesichtspunkt in der Tat nur darum gegen den »Universalitätsanspruch der Hermeneutik« geltend machen[390], weil er den Begriff der Hermeneutik an dieser Stelle in einem engeren Sinne, nämlich in Beschränkung auf subjektiv vermeinten Sinn faßt. Das hat zur Folge, daß er der »systematisch verzerrten« Kommunikation nicht mehr in der Rolle des reflektierten Mitspielers, sondern nur noch in der des Arztes, des Analytikers und Therapeuten der Gesellschaft insgesamt, beikommen zu können glaubt (Gadamer 81). Wodurch aber legitimiert sich der Anspruch, der darin liegt, daß man aus dem Dialog gegensätzlicher Positionen, aus dem Umkreis des Ringens um Überzeugung durch bessere Einsicht, um Einverständnis unter der »Idee der Vernunft selbst« (309), heraustritt, um dieses Feld des Meinungsstreites als ein Feld systematisch verzerrter Kommunikation, als einen Verblendungszusammenhang zu charakterisieren, innerhalb dessen nicht mehr sinnvoll argumentiert, der nur noch als ganzer durchschaut werden kann? »Hier von Verblendung zu sprechen, würde den Alleinbesitz der richtigen Überzeugung voraussetzen« (307). Das dürfte Gadamers gewichtigstes Argument gegen die Überbietung der kommunikativ orientierten Hermeneutik durch eine dem Modell der Psychoanalyse nachgebildete sozialwissenschaftliche »Tiefenhermeneutik« sein. Letztere impliziert nach Gadamer »wider ihren Willen die Rolle des Sozialingenieurs, der herstellt, ohne freizustellen« (315). Darin wirkt sich in letzter Konsequenz die Unterordnung des Sinnverstehens unter das Handeln aus. Umgekehrt kann auch Gadamer die Forderung nach einer

---

[389] Hermeneutik und Ideologiekritik, 1971, 70. Auch die folgenden Seitenangaben im Text beziehen sich auf diesen Band.
[390] Der so betitelte Beitrag von Habermas findet sich ebenfalls im Band »Hermeneutik und Ideologiekritik«, 1971, 57 ff.

die mens auctoris und actoris überschreitenden »Tiefenhermeneutik« aufnehmen, aber als Aufgabe des Verstehens selbst, das, »über die beschränkten Horizonte des einzelnen hinaus, die Sinnlinien überall auszuziehen hat, damit die geschichtliche Überlieferung sprechend wird« (313). Wenn man Habermas darin zustimmt, daß die kritische Reflexion des Überlieferten dessen subjektiv vermeinten Sinngehalt überschreitet, so kann sich doch noch in diesem Überschreiten eine Aneignung seines »wahren« Sinnes, der tieferen Bedeutung des Überlieferten vollziehen; und nur wenn die Kritik die »Wahrheit« der Überlieferung in sich aufzunehmen vermag, kann sie die »zeitbedingte« Gestalt ihres subjektiv vermeinten Sinnes überwinden, statt selbst durch die mögliche Wahrheit des Überlieferten in Frage gestellt zu bleiben. Dabei geht es allerdings auch nicht nur um ein Ausziehen der Sinnlinien des Überlieferten in der Richtung, in der diese Sinnlinien in der Überlieferung selbst schon angesetzt sind. Vielmehr ist der hermeneutische Prozeß als ein Prozeß produktiver Aneignung nur dadurch möglich, daß das Überlieferte sowohl seinem Inhalt nach als auch durch den Vorgang seiner Überlieferung auf eine ihm selbst zukünftige und in ihrer Gestalt noch offene Wahrheit bezogen ist, die darum gegen seine eigene »zeitbedingte« Gestalt durch die Freiheit des Interpreten geltend gemacht werden kann. Ob solche kritische Reflexion das Überlieferte wirklich trifft, kann freilich nur an den von ihm ausgehenden Sinnlinien aufgezeigt werden. Aber weil diese Sinnlinien als ungesagter Sinnhintergrund der überlieferten Aussagen ein Moment der Unbestimmtheit einschließen und erst durch die Interpretation zu expliziter Bestimmtheit erhoben werden, äußert sich die Freiheit der Reflexion in der jeweiligen Bestimmtheit der Explikation der dem Überlieferten zukommenden Bedeutung selbst. Dabei wäre der Sinn des Überlieferten erst dann erschöpft, wenn die Zukunft seiner Wahrheit endgültig eingeholt wäre. Das kann jedoch keine Interpretation und auch keine Kritik für sich in Anspruch nehmen. Wie die zu deutende Aussage selbst mit dem Wahrheitsanspruch des explizit Ausgesagten vorgreift auf die Totalität eines ungesagten und in seinen genaueren Konturen noch unbestimmten Sinnhorizontes, so greifen auch Interpretation und Kritik vor auf die endgültige Wahrheit des Überlieferten. Das braucht keine Parteinahme für die Einheit des Überlieferten mit seiner Wahrheit zu bedeuten, wie sie in Gadamers »Vorgriff der Vollkommenheit«

liegt, sondern die Wahrheit des Überlieferten kann auch kritisch gegen seine überlieferte Gestalt geltend gemacht werden. In jedem Falle aber sind Interpretation und Kritik daran zu messen, inwieweit die von ihnen dem Überlieferten unterstellte Wahrheit als identisch mit der Wahrheit gelten kann, auf die das Überlieferte selbst vorgreift.

Der Ausgriff der kritischen Aneignung des Überlieferten über dessen subjektiv vermeinten Sinn hinaus im Lichte einer antizipierten Totalität ist also aus der Bewegung des Sinnverstehens selbst zu rechtfertigen und erfordert nicht die Überschreitung dieser ganzen Reflexionsebene auf ein anderes Thema hin. Weshalb hat Habermas es unter solchen Umständen dennoch für erforderlich gehalten, die hermeneutische Thematik des Sinnverstehens auf eine Handlungstheorie hin zu überschreiten? Die Erörterung dieser für die Konzeption von Habermas entscheidenden Frage muß sich der Diltheykritik zuwenden, die er in seinem Buch »Erkenntnis und Interesse« 1968 vorgetragen hat.

Habermas spricht dort von einer »*zirkulären* Begriffsbildung« in den hermeneutischen Wissenschaften.[391] Die »hermeneutischen Verfahrensweisen« bewegen sich angeblich »in einem unvermeidlichen Zirkel« (214), da die Auffassung des *Ganzen* die Kenntnis der Teile schon voraussetzt, aber auch umgekehrt die Teile nicht ohne das Ganze erfaßt werden können. Es ist das derselbe »hermeneutische Zirkel« (215), um dessentwillen Heidegger den hermeneutischen Disziplinen, insbesondere auch der »historischen Auslegung«, den Charakter strenger Erkenntnis und also die Wissenschaftlichkeit abgesprochen hat.[392] Die Beobachtung eines solchen Zirkels findet sich schon bei Dilthey, der ihm jedoch nicht eine so prinzipielle Bedeutung für das formelle Verfahren der Hermeneutik zugeschrieben und daher auch nicht die Konsequenz Heideggers gegen die Möglichkeit einer Objektivität historischer Erkenntnis gezogen hat.[393] Stimmt man der These vom zirkulären Charakter aller hermeneutischen Argumentation zu, wie Habermas es tut, dann wird es in der Tat unverständlich, wie man dennoch für hermeneutische Verfahren wissenschaftlichen Rang beanspru-

---

[391] J. Habermas: Erkenntnis und Interesse, 1968, 215, überhaupt 214 ff. Die folgenden Seitenangaben im Text beziehen sich auf dieses Werk.
[392] M. Heidegger: Sein und Zeit, 152 (s. o. 166).
[393] W. Dilthey VII, 262.

chen und von hermeneutischen Wissenschaften sprechen kann. Habermas bemüht sich denn auch, den sogenannten hermeneutischen Zirkel als einen nur scheinbaren Zirkel (216) darzutun. Er findet die Lösung der »Aporie« (215) darin, daß der Sinn der Umgangssprache in der jeweiligen Lebenssituation nicht nur »innersprachlich«, sondern auch »durch Nicht-Sprachliches« festgelegt und interpretierbar ist, nämlich durch jene »nichtverbalen Lebensäußerungen«, mit denen das Gesprochene in der Lebenspraxis zusammengehört (213).[394] Diese »Verzahnung von Sprache und Praxis« erst mache es »begreiflich«, daß das hermeneutische Verfahren »nicht im logischen Sinne zirkulär genannt werden kann« (217). Man versteht jetzt, warum Habermas den dialektischen Begriff des Ganzen nicht aus der Analyse der sprachlich artikulierten Sinnerfahrung und im Hinblick auf deren »sprachinterne Beziehungen« (217) allein begründet: Erst dadurch, daß die innersprachliche »linguistische Analyse« mit »Erfahrung« (216) verbunden wird, also durch ihre »Kombination« mit dem »empirischen Gehalt einer indirekt mitgeteilten Lebenserfahrung« (217), lasse sich der Schein eines logisch bedenklichen Zirkelverfahrens im Vorgang der Interpretation beheben. Damit wird die hermeneutische Thematik zu einem für sich allein nicht wissenschaftsfähigen Moment einer Theorie der Lebenspraxis, die ihre Grundlage im Begriff des Handelns finden muß. Durch diese Überschreitung einer an der inneren Logik der Sinnerfahrung sich orientierenden Argumentation aber hat sich Habermas der Möglichkeit begeben, in seiner Auseinandersetzung mit Albert den Begriff der dialektischen Totalität zu rechtfertigen; denn dieser ließe sich nur aus der Dialektik der Sinnerfahrung mit ihrer Wechselbeziehung von Ganzen und Teilen als unumgänglich dartun, nicht aber aus einem Begriff des Handelns, der über die Pluralität handelnder Subjekte nicht hinauszuführen vermag. Die Interaktion der Subjekte ließe sich erst von einer ihrem Handeln schon zugrunde liegenden Sinneinheit her als Einheit erfassen. Habermas verengte jedoch ursprünglich, vor seiner späteren Unterscheidung zwischen kommunikativem Handeln und Diskurs, das Thema der Sinntotalität durch die Unterordnung unter den Handlungsbegriff dahin, daß jene nur noch das Ganze der gesellschaftlichen Interaktion als eines geschichtlichen Prozesses auf zwanglose Kommunikation hin[395] bezeichnet, in den

---

[394] Habermas bezeichnet das a.a.O. 213 und 217 als »Reflexivität der Umgangssprache«.

auch später noch der Diskurs »eingebettet« wird. Dadurch werden die metaphysischen und religionsphilosophischen Aspekte der in aller Bedeutungserfahrung implizierten Sinntotalität aus der Reflexion ausgeblendet. Aber gerade dieser durch den Handlungsbegriff auf Gesellschaft verengte Begriff der Sinntotalität läßt sich nicht mehr als unumgängliches Thema hermeneutischer Reflexion dartun, während die immanente Analyse der Sinnerfahrung sehr wohl zu zeigen vermag, daß in aller Erfahrung von Einzelbedeutungen bereits die Voraussetzung eines Bedeutungsganzen implizit mitgegeben ist, in bezug auf das die Einzelerfahrung allererst ihre bestimmte Bedeutung besitzt.

Trifft es nun wirklich zu, daß die Sinnerfahrung in ihrer innersprachlichen Logik »zirkulär« und daher nicht wissenschaftsfähig ist? Erinnern wir uns an früher Dargelegtes: Gewiß ist in aller Erfahrung der Bedeutung von Einzelheiten immer schon ein Verständnis des Ganzen mitgesetzt, aber das implizite Vorverständnis dieses Ganzen ist nicht identisch mit einem expliziten und darum bestimmteren Vorbegriff von ihm, der vielmehr den Status einer Hypothese über das in den Einzelheiten mitgesetzte Ganze hat. Umgekehrt setzt eine solche Hypothese ihrerseits die Einzelheiten nur in der Weise voraus, wie jede Hypothese sich auf ein durch sie zu deutendes Material bezieht. Obwohl in den Sozialwissenschaften wie in Hermeneutik und Philosophie »der von Subjekten veranstaltete Forschungsprozeß dem objektiven Zusammenhang, der erkannt werden soll, durch die Akte des Erkennens hindurch selber zugehört«[396], folgt daraus nicht, daß die Argumentationsstruktur selbst die Form eines Zirkels annehmen müßte.

Die tiefere Schwierigkeit aller Reflexion auf die Sinntotalität der Erfahrung ist anderer Art: Sie ist begründet in der Unabgeschlossenheit des Erfahrungsprozesses, dessen spätere Phasen die Bedeutung früherer Erfahrungen beeinflussen, so daß nur im Vorgriff auf sie dem Vergangenen und Gegenwärtigen überhaupt eine Bedeutung

395 Hermeneutik und Ideologiekritik 154. Diese Zielangabe impliziert allerdings schon eine Sinntotalität, die den Begriff des Handelns überschreitet auf ein das Handeln seinerseits fundierendes Sinnverstehen hin. H. G. Gadamer kommt denn auch »dies Wahrheitskriterium, das aus der Idee des Guten die Idee des Wahren und aus dem Begriff der ›reinen‹ Intelligenz das Sein ableitet, aus der Metaphysik recht bekannt vor« (ebd. 304). Andererseits weist er auf die Leere einer solchen allgemeinen »Idee des rechten Lebens« hin (316).
396 J. Habermas: Analytische Wissenschaftstheorie und Dialektik, in: Positivismusstreit 156.

zugewiesen werden kann. Ergibt sich aus der Kontextabhängigkeit der Einzelerfahrung für die Reflexion die Notwendigkeit einer Thematisierung der Bedeutungstotalität jenes im Prozeß der Erfahrung noch offenen Kontextes, so ist in dieser seiner Unabgeschlossenheit die Vorläufigkeit jeder Aussage über das Ganze, ihre Endlichkeit als einer bloßen Antizipation begründet. Daß solche Antizipationen selbst bedingt sind durch ihren Ort im Prozeß der geschichtlichen Erfahrung, den sie doch in seiner Totalität thematisieren, begründet die Wechselbeziehungen von einzelnem und Ganzem, die für die Endlichkeit menschlichen Verstehens charakteristisch sind. Das Hin und Her zwischen einzelnem und Ganzem im psychologischen Prozeß des Verstehens nötigt jedoch nicht zur Zirkelhaftigkeit im logischen Gang der Argumentation.
Die Annahme der Zirkelhaftigkeit des Verstehens läßt sich also, wenn die Differenz zwischen Vorverständnis und Vorbegriff beachtet wird, schon aus der inneren Logik der hermeneutischen Reflexion selbst, die das im Verstehen implizit Mitgesetzte explizit thematisiert, entkräften. Es bedarf dazu nicht des Schrittes über die innere Logik des Sinnverstehens hinaus. Dabei soll natürlich nicht bestritten werden, daß zum Kontext sprachlichen Ausdrucks immer schon auch nichtsprachliche Ausdrucksphänomene hinzugehören: Das hat bereits Schleiermacher gesehen, und der späte Dilthey hat diesen Sachverhalt durch seine Ausweitung der Hermeneutik auf alle Ausdrucksphänomene überhaupt umfassend berücksichtigt. Aber die nichtsprachlichen Ausdrucksphänomene haben für die Auslegung nur insoweit einen anderen theoretischen Status als überlieferte Texte, als sie keine ausdrückliche Anleitung zu ihrer Interpretation geben. Dagegen besteht zwischen ihnen kein Unterschied darin, daß beide Ausdrucksformen Gegenstand von Interpretationshypothesen werden und daß diese Hypothesen an beiden Arten von Ausdrucksphänomenen überprüft werden können. Es ist nicht einzusehen, weshalb mit Habermas der Auslegung als »linguistischer Analyse« von Texten der »hypothetische Status« abgesprochen werden sollte, den sie im Hinblick auf den »empirischen Gehalt von individuierten Lebensverhältnissen« doch wiederum haben soll.[397]
Gegen die Absicht von Habermas, das Verstehen in die vermeintlich umfassendere Thematik der Lebenspraxis einzuordnen in der Annahme, die »linguistische« Verstehensthematik zur Vermeidung

---

[397] Erkenntnis und Interesse 218.

des hermeneutischen Zirkels überschreiten zu müssen, spricht seine eigene Einsicht, daß Handeln bereits durch Sinnverstehen konstituiert ist. Die Lebenspraxis ist gar nicht anders als im Medium von Sinnverstehen vollziehbar. Umgekehrt wäre ein Begriff des Verstehens, der nicht in der Vieldimensionalität des Lebenspraxis verwurzelt wäre, als »idealistisch verdünnt« zu bezeichnen.[398] Die Umfangsgleichheit von Lebenspraxis und verstehender Sinnerfahrung wird freilich erst dann in ihrer vollen Bedeutung erfaßt, wenn man berücksichtigt, daß »auch dort Sinn erfahren werden kann, wo er nicht als intendierter vollzogen wird«.[399] Die fundamentale Bedeutung des Sinnverstehens für die Lebenspraxis tritt erst dann im vollen Umfang in den Blick, wenn der Sinnbegriff nicht auf Handlungsintentionen eingeengt und auch nicht als Diskurs in das System des Handelns »eingebettet« wird. Auch was den Intentionen des Handelnden entgegensteht, wird als bedeutsam erlebt, und zwar auch dann, wenn sein Bedeutungsgehalt der Eindeutigkeit entbehrt und problematisch bleibt. Die Lebenspraxis gewinnt Gestalt in einem Strom sich gegenseitig beeinflussender Bedeutungserlebnisse, unter denen die das eigene Handeln leitenden Sinnintentionen nur eine Komponente unter anderen bilden. Der Vorrang der Hermeneutik für die Erforschung der Lebenspraxis aber beruht darauf, daß diese nur in der Bewegung des Verstehens sich selbst erschlossen ist und auch nur so Gegenstand der Forschung wird. Dabei braucht das Sinnverstehen keineswegs rein kontemplativ zu sein. Ihre Verengung auf Kontemplation bei Dilthey wird von Habermas mit Recht beanstandet.[400] Die kontemplative Einstellung Diltheys hing zusammen mit seiner einseitigen Bindung des Verstehens an die Erinnerung, also an die Rückschau auf das Vergangene. Darin blieb Dilthey dem Historismus verhaftet. Über seine Analysen hinaus muß zur Geltung gebracht werden, daß die Sinntotalität, der umfassende Sinnhorizont, auf dessen im Fortgang der Erfahrung wechselnde Umrisse alles Verstehen zumindest implizit bezogen ist, nur im Vorgriff auf eine noch offene Zukunft zugänglich wird. Das hat bereits Heidegger in den Grenzen der Existenzanalyse herausgearbeitet, und Habermas hat diese Einsicht für den gesellschaft-

[398] So H. G. Gadamer in seiner Replik in dem Band »Hermeneutik und Ideologiekritik«, 1971, 283 gegen die »Reduktion der Hermeneutik auf die kulturelle Überlieferung und das Ideal der Sinntransparenz, das in diesem Bereich gelten soll«.
[399] Gadamer ebd. 70.
[400] J. Habermas: Erkenntnis und Interesse 224.

lichen Lebenszusammenhang neu gewonnen. Aber die Sinntotalität als das Universum erlebter und im Erleben implizierter Bedeutung übersteigt auch die Gesellschaft. Diese ist nicht der Inbegriff von Wirklichkeit und Sinn überhaupt, sondern bedarf ihrerseits in ihrer jeweiligen konkreten Gestalt der Verankerung und Korrektur durch ein absolutes Sinnvertrauen, das sowohl die Konflikte zwischen Individuum und Gesellschaft als auch den Gegensatz zwischen Mensch und Naturwelt übergreift. Solches absolute Sinnvertrauen hat in den Religionen als Fundierung der jeweiligen gesellschaftlichen Ordnung wie auch als Potential ihrer Erneuerung seine geschichtliche Gestalt gefunden. Dabei braucht auch das religiöse Sinnvertrauen keineswegs rein kontemplativer Natur zu sein. Es kann sich mit der Geschichtlichkeit der Sinnerfahrung selbst verbinden, und es kann diese zur Sinntotalität integrieren aus der Perspektive eschatologischer Zukunft als des letzten Horizontes einer Geschichte sich verändernder Bedeutungen. Es ist schwer zu sehen, wie anders als durch einen solchen religiösen oder quasi-religiösen Vorgriff auf endgültige Zukunft die Handlungsorientierung vermittelt werden kann, um deretwillen Habermas den Umkreis einer nur kontemplativ eingestellten Hermeneutik überschreitet.[401] Dabei ist es jedoch weder erforderlich, noch sachdienlich, aus der Reflexion verstehender Lebenspraxis herauszutreten auf den Boden einer Handlungstheorie, die – entgegen den Intentionen von Habermas – die verstehende Lebenspraxis nur noch von außen sehen ließe, mit dem Blick des Analytikers, der sie auf die angeblich hinter ihr liegenden Interessen hin durchschaut.[402]

401 Siehe dazu den Anm. 395 zitierten Hinweis Gadamers auf den metaphysischen Ursprung der im Begriff des zwanglosen Konsenses enthaltenen »Idee des rechten Lebens«. Bei der platonischen Idee des Guten liegen auch die religionsphilosophischen Implikationen einer solchen Konzeption auf der Hand.
402 Mit der Einordnung der auf Handlungsintentionen reduzierten Sinnerfahrung in den Begriff des Handelns verbindet Habermas die Vorordnung des Interesses vor die Erkenntnis (dazu s. o. 79 ff.). Er beruft sich dafür auf Diltheys Feststellung, daß die elementaren Formen des Verstehens »in den Interessen des praktischen Lebens« erwachsen (VII 207 zit. bei Habermas: Erkenntnis und Interesse 219). Diesen Interessen wird jedoch bei Dilthey nicht wie bei Habermas »erkenntnisleitende« Funktion zugeschrieben. Das Bedürfnis nach einer transzendentalen Verankerung der Erkenntnis, über das Dilthey durch die seine Wendung von der Psychologie zur Hermeneutik veranlassende Einsicht in die Geschichtlichkeit der Bedeutungserfahrung hinausgewachsen war, meldet sich bei Habermas wieder infolge seiner Herauslösung der Erkenntnis aus dem Kontext der Bedeutungserfahrung. Indem Habermas jedoch ihre transzendentalen Bedingungen in »erkenntnisleitenden Interessen« findet, überschreitet er auch den Umkreis der transzen-

Das Beharren auf dem Primat des Sinnverstehens als Erschließung der Lebenspraxis bis in ihre religiösen und universalgeschichtlichen Dimensionen hinein bedeutet keine Beschränkung auf eine nur subjektiv sinnverstehende Hermeneutik, weil die im Erleben präsente Sinntotalität die intentional erfaßten Sinngehalte stets übersteigt. Eben deshalb aber tritt das objektive Sinnverstehen der Geschichte, die den »subjektiv vermeinten Sinn« durch ihren Gang »aufbricht«[403], der Subjektivität nicht als ein Fremdes gegenüber, sondern die subjektive Sinnerfahrung wird durch sich selbst, sofern

dentalen Reflexion, wie zuvor den der Sinnerfahrung, und führt die Erkenntnis auf ihre Naturbedingungen zurück. Dabei steht ihm offenbar als Modell die pragmatistische Deutung der Naturwissenschaften durch Peirce vor Augen. So erscheint das Interesse an »handlungsorientierender Verständigung« Habermas als »analog« (220) demjenigen an »technischer Verfügung über vergegenständlichte Prozesse der Natur« (235 f.).
Die hier als Modell vorausgesetzte instrumentalistische Deutung der naturwissenschaftlichen Erkenntnis ist von H. Albert mit einleuchtenden Argumenten bestritten worden (Der Mythos der totalen Vernunft, in: Positivismusstreit 201 ff. vgl. 282 ff.). »Die Tatsache, daß informative Theorien nomologischen Charakters sich in vielen Bereichen als technisch verwertbar erwiesen haben, ist keineswegs ein ausreichendes Symptom für das ihnen zugrundeliegende Erkenntnisinteresse« (ebd. 201 f.). Gegen die instrumentalistische Deutung spreche schon die Entlastung gerade der naturwissenschaftlichen Grundlagenforschung von Gesichtspunkten technischer Nutzbarmachung. In erster Linie gehe es den Naturwissenschaften um die Erkenntnis »der Struktur der Realität und damit des tatsächlichen Geschehens« (202). Habermas lehnt nun allerdings die hier vorausgesetzte Theorie der Wahrheit als Entsprechung zu vorgegebener Wirklichkeit (Korrespondenztheorie) ab (ebd. 256 ff. vgl. Theorie der Gesellschaft oder Sozialtechnologie, 1971, 123 f.) und möchte den Begriff der Wahrheit lediglich an der Übereinstimmung der Subjekte untereinander (Konsensustheorie) orientieren (ebd. 124 ff., 221 ff., s. a. Hermeneutik und Ideologiekritik 154 f., Positivismusstreit 254). A. Beckermann hat aber gezeigt, daß Habermas selbst die reine Konsensustheorie der Wahrheit nicht durchhält, sondern daß vor allem in den Begriff der Kompetenz und in die Berufung auf »nichtkonventionelle Wege« der Kontrolle empirischer Aussagen (Habermas 124 ff.) »nicht explizit gemachte realistische Voraussetzungen eingehen«, die die von Habermas abgelehnte Korrespondenztheorie der Wahrheit implizieren (Die realistischen Voraussetzungen der Konsensustheorie von J. Habermas, in: Zeitschrift f. allg. Wissenschaftstheorie 3, 1972, 63–80, Zitat 65, vgl. 75). Sowenig Erkenntnis sich ausschließlich als Abbildung der Sache im Bewußtsein verstehen läßt, weil das Gegebene, mit dem der Gedanke übereinstimmen soll, sich wiederum nur durch Gedanken erfassen läßt, so sehr richtet sich doch die Intention der Erkenntnis auf Sachwahrheit, und nur durch den Sachbezug läßt sich das Wahrheitskriterium der Übereinstimmung der Erkennenden von einer bloß konventionellen Meinungskonformität unterscheiden, die Wahrheit gerade verdeckt.
Während die Lehre von erkenntnisleitenden Interessen auf eine Ausblendung des Gegenstandsbezuges aus dem Wahrheitsbegriff tendiert, finden in der Sinnerfahrung beide Aspekte des Wahrheitsbegriffs, die Sachkorrespondenz wie der Konsensus der Subjekte, ungezwungen Raum: Die intersubjektive Verständigung über sie bezieht sich stets auch auf die Gegenständlichkeit erlebter Inhalte.
403 J. Habermas: Analyt. Wissenschaftstheorie u. Dialektik, in: Positivismusstreit 164.

sie sich der Reflexion nicht versagt, in die Bewegung einer Geschichte der Reflexion ihrer Gehalte und ihrer Wahrheit hineingezogen.

5. Sinnerfahrung und Wissenschaft

Nicht schon die durch Selbstbeobachtung zugängliche seelische Innerlichkeit, sondern menschliche Sinnerfahrung in ihren Objektivationen, die freilich nur für ein Selbstbewußtsein als Ausdruck von Sinnerfahrung verständlich sind, bildet den Stoff der Geisteswissenschaften. Über diesen Sachverhalt besteht vermutlich eine weite Übereinstimmung. Solche Übereinstimmung bleibt jedoch problematisch, weil der grundlegende Begriff des Sinnes ebenso wie der eng mit ihm zusammenhängende der Bedeutung in sehr unterschiedlicher Weise gebraucht wird. Diese Tatsache ist um so verwirrender, als man sich sehr oft der Problematik dieses divergierenden Sprachgebrauchs gar nicht oder nur in beschränktem Maße bewußt ist.

C. K. Ogden und I. A. Richards haben schon 1923[404] sechzehn verschiedene Auffassungen des Begriffs »Sinn« (meaning) gezählt. Dazu kommen noch deren verschiedene Unterarten. Die in der neueren Diskussion hervorgetretenen Auffassungen des Sinnbegriffs lassen sich allerdings im wesentlichen drei Typen zuordnen, dem referentiellen, dem intentionalen oder dem kontextuellen Verständnis von Sinn.[405]

Der in der Linguistik im Vordergrund stehende referentielle Sinnbegriff wurde in der neueren Philosophie vor allem vom logischen Positivismus ausgearbeitet. Ihm liegt die Unterscheidung zwischen Sinn und Bedeutung zugrunde, die G. Frege vollzogen hat.[406]

---

[404] The Meaning of Meaning (1923) zit. nach der 8. Aufl. in: Harvest Book HB 29, Hartcourt (Brace) o. J. bes. 185 ff.

[405] Die linguistische Semantik teilt die Bedeutungstheorien meistens nur in die beiden Gruppen von analytical (referential) und operational (contextual) definitions of meaning ein, so St. Ullmann: Semantics. An Introduction to the Science of Meanings, Oxford 1962, 54 ff. Siehe auch K. Heger: Monem, Wort und Satz, Tübingen 1971, 22 ff., sowie S. J. Schmidt: Bedeutung und Begriff, 1969. Die Intentionalität bleibt bei diesen Einteilungen unberücksichtigt, weil sich die linguistische Semantik auf die Untersuchung der in der Sprache im Unterschied zum Sprechakt enthaltenen Bedeutungselemente beschränkt.

[406] Besonders in seinem Aufsatz: Über Sinn und Bedeutung, in: Zeitschrift für Philosophie und philosophische Kritik N. F. 100, 1892, 25–50 (jetzt auch in G. Frege: Funktion,

Danach besteht die Bedeutung eines Wortes oder genauer eines Namens, der einen Gegenstand bezeichnet, in dieser seiner Denotation, seinem Zeichencharakter, sein Sinn hingegen wird durch den Kontext begründet, in dem das Wort oder der Ausdruck vorkommt. Sinn haftet also am Kontext, zunächst am Satz, in dem das Einzelwort auftritt, und nicht am Einzelwort für sich genommen. Aber auch Sätze haben nicht nur Sinn, sondern auch Bedeutung, insofern sie sich auf Sachverhalte beziehen. Die Wortbedeutung ist nur Teil der im Satz beanspruchten Gegenstandsbeziehung. Ähnlich schrieb L. Wittgenstein im Tractatus (1921), die Bedeutung des Namens sei der Gegenstand (3.203), aber »nur im Zusammenhang des Satzes hat ein Name Bedeutung« (3.3), und als dieser Zusammenhang hat der Satz selbst Sinn (ebd.).

Weil Wörter oder Namen ihre Bedeutung nur im Zusammenhang des Satzes haben und diesem selbst wiederum Bedeutung im Sinne des Gegenstandsbezuges zukommt, konnte Freges Unterscheidung zwischen Sinn und Bedeutung sich verwischen. So hat B. Russell[407] Sinn und Bedeutung als Wechselbegriffe im Sinne des Gegenstandsbezuges angesehen[408], und auch in Wittgensteins Jugendwerk, das abweichend von dem logischen Atomismus seines Lehrers Russell

Begriff, Bedeutung. Fünf logische Studien herausgegeben und eingeleitet von G. Patzig 1962, 38–63). Zu Freges Bedeutungstheorie s. a. Chr. Thiel: Sinn und Bedeutung in der Logik Gottlob Freges, 1962, 85 ff. sowie G. Nygren: Meaning and Method, 1972, 229 ff., wo auch das Verhältnis zu den Auffassungen B. Russells u. L. Wittgensteins erörtert wird.

407 B. Russell: On Denoting, in: Mind 1905, jetzt in B. Russell: Logic and Knowledge, 1956, kritisch dazu Chr. Thiel 108 ff., sowie P. F. Strawson: On Referring (Mind 59, 1950), in: The Theory of Meaning, ed. G. H. R. Parkinson, Oxford U. P. 1968, 61–85.

408 Auch in der linguistischen Semantik bezeichnen die beiden Begriffe häufig den Gegenstandsbezug des Wortes: So bezieht sich nach Ullmann das Wortsymbol nicht unmittelbar, sondern durch seinen Sinn (sense) auf das Ding, und die Wechselbeziehung zwischen Wort und Sinn nennt Ullmann »Bedeutung«: » ... if one hears the word one will think of the thing, and if one thinks of the thing one will say the word. It is this reciprocal and reversible relationship between sound and sense which I propose to call the ›meaning‹ of the word« (Semantics 1962, 57, vgl. Grundzüge der Semantik, 1971, 64 f.). Im Unterschied zu Frege gilt hier die Bedeutung nicht als identisch mit dem bezeichneten Gegenstand, aber auch der Sinn, der dem Fregeschen Begriff der Bedeutung analog ist, steht zwischen Wortsymbol und Gegenstand und ähnelt damit den Bedeutungsintentionen Husserls.

H. Weinrich kommt der Auffassung Freges näher. Auch er ordnet die Bedeutung dem Einzelwort zu, den Sinn aber dem Text. Im Unterschied zu Frege fällt allerdings die Bedeutung nicht mit dem bezeichneten Gegenstand zusammen, sondern wird als das »Insgesamt der von einer Sprachgemeinschaft als relevant gesetzten Merkmale eines Gegenstandes« bezeichnet (Linguistik der Lüge, 4. Aufl. 1970, 17). Die »weitgespannte« Wortbedeutung wird durch den Kontext zur »Meinung« determiniert (24).

die Kontextabhängigkeit der Wortbedeutung betont, wird der Gegenstandsbezug, die Darstellung oder Abbildung des Gegenstandes gelegentlich durch den Begriff »Sinn« bezeichnet (2.221). Darum soll der Sinn eines Satzes darin bestehen, daß er »*zeigt, wie es sich verhält, wenn* er wahr ist« (4.022, vgl. 4.2). So konnte der logische Positivismus das berüchtigt gewordene Sinnkriterium formulieren, demzufolge der Sinn eines Satzes von der Angebbarkeit seiner Wahrheitsbedingungen abhängt, so daß solche Sätze, für die sich nicht überprüfbar angeben läßt, unter welchen Bedingungen sie wahr sind und unter welchen nicht, als sinnlos beurteilt werden müssen. Der Begriff des Sinnes ist in diesem Konzept einer weltabbildenden Sprache ganz durch den Gegenstandsbezug absorbiert worden, wie ihn der Fregesche Begriff der Bedeutung ausdrückt. Darüber ging die Erkenntnis Freges, daß »Sinn« es mit dem Zusammenhang der Wörter im Satz und im weiteren Kontext einer Rede zu tun hat, verloren.

Auch die von E. Husserl begründete Deutung des Sinnes als intentionalen Gegenstandes des Erlebens[409] unterscheidet nicht terminologisch zwischen »Sinn« und »Bedeutung« (304 f. vgl. 325). Als vermeinten Sinn faßt Husserl das intentionale Objekt des Bewußtseins (316 ff.), und dieses ist »ausdrückbar durch ›Bedeutungen‹« (305). Dabei verbindet Husserl Brentanos Begriff der Intentionalität als Bezeichnung der Objektbezogenheit des Bewußtseins mit Freges Bedeutungsbegriff. Insbesondere teilt er Freges Bemühen, die Bedeutungsinhalte rein logisch zu fassen, abgelöst von allen psychischen Aktvollzügen.[410] Dennoch werden die vom existierenden Gegenstand abgehobenen Bedeutungen als Intentionen eines Subjektes gefaßt, im Unterschied zur lexikographischen Bedeutungsanalyse der späteren Semantik. Husserls Intentionalität ist im Sprachgebrauch der sozialwissenschaftlichen Handlungstheorie seit Max Weber aus der transzendentalen Reflexion wieder ins Empirische übersetzt worden: Subjektiv vermeinter (oder gemeinter) Sinn charakterisiert von Weber bis zu Habermas die teleologische Struktur des Handelns. Seinen Sinn gewinnt das Handeln hiernach aus den es leitenden Wertorientierungen oder Interessen.[411]

409 E. Husserl: Ideen zu einer reinen Phänomenologie usw. = Husserliana III, 223, 226 f. u. ö. Die folgenden Seitenverweise im Text beziehen sich auf diesen Band.

410 Siehe C. A. van Peursen: Phänomenologie und analytische Philosophie, dt. 1969, 22 ff.

411 S. o. 83, Anm. 149 zu M. Weber, sowie 98 ff. zur Diskussion des Sinnbegriffs zwi-

Während die Reduktion von »Sinn« auf den Gegenstandsbezug von Sätzen im Sinne ihrer Verifizierbarkeit die spezifisch geisteswissenschaftliche Sinnthematik zugunsten einer weltabbildenden Sprache von vornherein ausblendet, führt die Verbindung des Sinnbegriffs mit der Intentionalität, insbesondere mit der Zielgerichtetheit des Handelns, zur Verselbständigung der Sachthematik der Geisteswissenschaften in Gestalt der Bedeutungsintentionen handelnder Subjekte, ohne daß dabei eine Verbindung zur Thematik der Naturwissenschaften und zu ihren Denkformen hergestellt würde: Die Verselbständigung der Geisteswissenschaften auf dem Boden des durch den Begriff der Intentionalität gedeuteten Sinnverstehens gerät damit in die Geleise des alten Dualismus von Geistes- und Naturwissenschaften. Es wurde schon oben erwähnt, daß H. Albert diesen Vorwurf erhoben hat gegen K. O. Apels Versuch, die Unzugänglichkeit menschlicher Handlungen für naturwissenschaftliche Erklärung durch die intentionale, auf subjektiv vermeinten Sinn gerichtete Struktur menschlichen Handelns zu begründen.[412] Dabei geht es Apel natürlich ebensowenig wie Habermas darum, menschliches Handeln überhaupt »aus dem Wirkungszusammenhang der Natur herauszunehmen«. Vielmehr hat er sich in einem früheren Aufsatz[413] ausdrücklich um das Zusammenwirken von nomologischer Erklärung im Sinne von Hempel und hermeneutischem Verstehen bei der Untersuchung menschlichen Handelns und seiner Objektivationen bemüht. Nach Apels Auffassung müssen objektivierende Methoden auch in den Geisteswissenschaften Anwendung finden in den Fällen, wo hermeneutische Verständigung nicht mehr oder noch nicht möglich ist. Das sei sowohl in der Psychoanalyse, als auch in der Ideologiekritik der Fall. Aber auch mitten im normalen Gespräch könnte es geschehen, »daß der unmittelbare Kommunikationszusammenhang des intersubjektiven Gesprächs zunächst einmal abgebrochen und der andere als Objekt distanziert

---

schen Luhmann und Habermas, zu letzterem bes. Anm. 202, sowie auch Anm. 180. Ähnlich meinen auch W. Kamlah und P. Lorenzen, »der Tendenz folgen« zu dürfen, »das Wort ›Sinn‹ *vorwiegend hinsichtlich Handlungen* ... zu gebrauchen« und zwar im Hinblick auf den Zweckbezug des Handelns (Logische Propädeutik 1967, 130 f.). Eine Begründung für diese Akzentuierung des Sinnbegriffs angesichts der verschiedenen andersartigen Auffassungen wird nicht gegeben.
412 S. o. 148 f.
413 K. O. Apel: Die Entfaltung der »sprachanalytischen« Philosophie und das Problem der »Geisteswissenschaften«, in: Philosophisches Jahrbuch 72, 1964/65, 239–289, bes. 260 ff. Die folgenden Seitenverweise beziehen sich auf diesen Artikel.

wird« (260). Wenn seine Selbstinterpretation mir nicht verständlich ist, wird der Partner für mich zum Objekt, dessen Verhalten ich mir zu erklären suche. Dabei stehe jedoch auch solche »Objektivation der Momente des menschlichen Verhaltens, die (noch) nicht in der Sprache des Selbstverständnisses artikulierbar sind«, noch »im Dienst dieses Selbstverständnisses« (289) mit dem Ziel einer Wiederaufnahme der Kommunikation. Im Anschluß an diesen Gedankengang Apels, der sein Gegenstück in seinem Hinweis auf die Notwendigkeit intersubjektiven Verstehens in den Naturwissenschaften, nämlich für die Deutung der Basissätze, hat (258), spricht G. Radnitzky[414] von einer Komplementarität von naturalistischen und hermeneutischen Verfahren in dem Sinne, daß Natur- und Geisteswissenschaft durcheinander vermittelt seien (65). Doch zeigt gerade der Begriff der Komplementarität an, daß wie bei Apel, so auch bei Radnitzky die beiden Wissenschaftsbereiche nicht inhaltlich vermittelt, sondern nur äußerlich aufeinander bezogen sind. Wenn das Sinnverstehen, das den Gegenstand der Geisteswissenschaften bildet, nur im Sinne intentionaler Akte aufgefaßt wird, dann läßt sich keine inhaltliche Kontinuität zu Gegenstand und Verfahren der Naturwissenschaften, sondern allenfalls eine gegenseitige äußerliche Vermittlung des einen Verfahrens durch das andere aufweisen.

Das Verständnis von Sinn als Gegenstandsintention subjektiver Akte hat mancherlei Kritik hervorgerufen. So haben Schlick, Carnap und Ryle die von Husserl vertretene Auffassung der Bedeutungen als Wesenheiten bestritten. Die logischen Empiristen haben statt dessen »Bedeutungen« als bloße Funktionen, als Arten der Verwendung von Ausdrücken aufgefaßt.[415] Ebenso ist bestritten worden, daß sich die Zweckhaftigkeit des Handelns nicht auf Erklärungen nomologischen Typs zurückführen lasse.[416] Vor allem aber haben schon Ogden und Richards darauf hingewiesen, daß die Intention eines Sprechenden, der »subjektiv vermeinte Sinn« also, keineswegs zusammenfallen muß mit dem, was er tatsächlich sagt: » ... we very often mean what we do not mean; i. e. we refer to

---

414 Contemporary Schools of Metascience (1968) 2. ed. Lund 1970, II, 59 ff. Der folgende Seitenverweis im Text bezieht sich auf dieses Werk.
415 Siehe dazu C. H. van Peursen: Phänomenologie und analytische Philosophie, dt. 1969, 52 f.
416 Um diese Frage dreht sich ein großer Teil der Auseinandersetzungen von seiten des logischen Positivismus mit der »rational explanation« von W. Dray; vgl. W. Stegmüller: Wissenschaftliche Erklärung und Begründung, 1969.

what we do not intend ...«.[417] Wenn die Intentionalität nicht isoliert wird von der Sprache, in der allein die intendierten Bedeutungen artikulierte Gestalt haben, dann erhellt sofort, daß Bedeutung und Sinn nicht aufgehen können in subjektiven Sinnintentionen. Das liegt daran, daß die Intentionen des Sprechenden nicht den einzigen und erschöpfenden Kontext für das Verstehen seiner Äußerungen bilden. Für jeden Hörer rückt die Äußerung bereits in einen anderen Kontext, und auch der Sprecher selbst erinnert sich seiner Äußerung später im Rahmen eines veränderten Erfahrungs- und Verstehenshorizontes. Wegen der Intersubjektivität der Sphäre, in die das geäußerte Wort eingeht, und wegen der Geschichtlichkeit der beteiligten Personen übersteigt die Bedeutung, die die Äußerung in der intersubjektiven Situation tatsächlich hat, den intentionalen Horizont sowohl des Sprechers wie jedes ursprünglichen Adressaten oder Zeugen. Und gerade diese die mens auctoris übersteigenden Bedeutungsbezüge machen die eigentliche Faszination der hermeneutischen Aufgabe aus.

Umgekehrt liegen die Probleme des referentiellen Sinnbegriffs. Während die Bestimmung des Sinnes von der subjektiven Intention her sich den Einwand gefallen lassen mußte, daß das gesprochene Wort noch mehr und anderes besagt als mit der Äußerung intendiert wird, ist die Mehrdeutigkeit des Gegenstandsbezuges einer sprachlichen Äußerung dadurch gegeben, daß dieser von den unterschiedlichen Intentionen des Autors, des Adressaten und des Interpreten beeinflußt wird. Ist der Sinn (die Bedeutung) eines Ausdrucks das, worauf der Autor tatsächlich verweist, oder das, worauf er selbst meint, mit seiner Äußerung zu verweisen, oder worauf der Interpret glaubt, daß der Autor verweist, oder worauf seine Äußerung, einen normalen Sprachgebrauch vorausgesetzt, verweist?[418] Die Möglichkeit solcher Fragen zeigt, daß auch der Gegenstandsbezug einer sprachlichen Äußerung nicht ohne Rücksicht auf ihren sozialen und historischen Kontext fixiert werden kann.

Diese Einsicht hat sich im Rahmen der sprachanalytischen Philosophie in der Spätphilosophie Wittgensteins Bahn gebrochen. Sein Begriff des »Sprachspiels« ist von A. Nygren einleuchtend als

417 The Meaning of Meaning (1923) zit. nach der 8. Aufl. als Harvest Book 29, Hartcourt o. J. 194 f. Das folgende Zitat findet sich auf Seite 195.
418 C. K. Ogden und I. A. Richards: The Meaning of Meaning, 205 ff. Obwohl die Autoren selbst einer referentiellen Theorie der Bedeutung zuneigen, kommt mit diesen Fragen faktisch die entscheidende Rolle der Kontextabhängigkeit der Wortbedeutung in den Blick.

Bezeichnung für den Sinnzusammenhang (context of meaning) gedeutet worden[419], und bei St. Ullmann gilt er als wichtigster Verfechter eines kontextuellen Bedeutungsbegriffs.[420] Allerdings hat Wittgenstein seinen Begriff des Sprachspiels nicht ausdrücklich durch den des Sinnzusammenhangs erläutert. Doch immerhin sagt er, die Dinge haben »keinen Namen, außer im Spiel«; und das sei es, »was Frege damit meinte: ein Wort habe nur im Satzzusammenhang Bedeutung«.[421] Aber auch der Satz gehört in einen weiteren Zusammenhang (§ 595), wie auch jeder Vorgang nur in seinem »Zusammenhang«, in seiner »Umgebung« (§ 584) Bedeutung besitzt: »Was jetzt geschieht, hat Bedeutung in dieser Umgebung. Die Umgebung gibt ihm die Wichtigkeit« (§ 583). Wittgenstein konnte daher fordern, die Frage nach der Bedeutung eines Wortes durch die nach der Art des Zusammenhanges, in dem es steht, zu ersetzen (II 188). Dadurch rückt seine These, daß die Bedeutung eines Wortes sich mit seinem Gebrauch in der Sprache decke, erst in das richtige Licht.[422] Der Begriff des Gebrauchs eines Wortes bleibt jedoch selber zweideutig: Es kann der *individuelle* Gebrauch im Kontext der jeweiligen einmaligen Sprechsituation gemeint sein, oder aber ein *typischer* Gebrauch in bestimmten typisch wiederkehrenden Situationen. Diese letztere Auffassung dominiert in Wittgensteins Spätphilosophie wegen der Verbindung von Sprachgebrauch und Sprachspiel. Der Begriff des Sprachspiels weist auf einen typischen Kontext des Sprachgebrauchs hin und abstrahiert damit von dem jeweiligen individuellen Kontext des Gesprochenen. Nur im Hinblick auf derartige typische Kontexte ist denn auch die Frage nach Regeln sinnvoll, die den Sprachgebrauch im jeweiligen Sprachspiel wie in einem Kalkül bestimmen (§ 81). Gerade durch dieses Charakteristikum des Typischen berührt sich der Kontextbegriff des Wittgensteinschen Sprachspiels mit dem der linguistischen Semantik, die zwischen Sprachkontexten und Sprechkontexten unterscheidet.[423]

419 A. Nygren: Meaning and Method, 1972, 252 f.
420 St. Ullmann: Semantics, 1962, 67 ff.
421 L. Wittgenstein: Philosophische Untersuchungen § 49. Die folgenden Verweise im Text beziehen sich auf dieses Werk.
422 Interessant ist in diesem Zusammenhang auch, daß die entschiedene Gleichung von »use« und »meaning« eines Wortes, die das Blue Book vollzieht (The Blue and the Brown Books (1958) Harper Torch Book 1965, 69), in den »Philosophischen Untersuchungen« durch die Bemerkung abgeschwächt wird, daß diese Gleichung »für eine *große* Klasse von Fällen«, aber nicht für alle Fälle gilt (§ 43 vgl. § 561).
423 St. Ullmann: Grundzüge der Semantik (= The Principles of Semantics, 1957), dt.

Dabei geht es der Sprachspieltheorie immerhin um konstante Sozialstrukturen, »Lebensformen«, nicht um die Abstraktion einer lexikalisch erfaßten Sprache. In dieser Richtung ist dagegen die Wortfeldtheorie von J. Trier und L. Weisgerber orientiert, die die lexematisch erfaßte Sprache als Ausdruck eines »sprachlichen Weltbilds« deutet.[424] Wenn man jedoch berücksichtigt, daß lexikalisch angegebene Bedeutungen aus einer Summe von repräsentativen Beispielen aktuellen Wortgebrauchs in konkreten Sprechtexten abstrahiert werden, so dürfte die Wortbedeutung eher in diesem als in einem dem aktuellen Sprachgebrauch vermeintlich vorgeordneten Sprachsystem fundiert sein. Nach St. Ullmann geht von der Reflexion auf den aktuellen Sprechkontext eine »direkte Bedrohung« für die »relative Unabhängigkeit des Wortes«, für die »semantische Identität« der Wortsymbole aus.[425] Ullmann weist allerdings mit Recht auf die relative Stabilität der Wortbedeutungen, besonders bei gewissen »object words« hin und bemerkt, man nehme der »Kontexttheorie«, die »der wichtigste Einzelfaktor in der Entwicklung der Semantik im 20. Jahrhundert« sei, »absolut nichts von ihrer Bedeutung, wenn man behauptet, daß sie mit einem gewissen Maß von Wortautonomie durchaus vereinbar ist« (60). Angesichts der Kontextabhängigkeit jeder Äußerung verliert jedoch die relative Konstanz der Wortbedeutungen ihre Selbstverständlichkeit und wird ihrerseits erklärungsbedürftig. Einen wesentlichen Beitrag zu solcher Erklärung bildet sicherlich der Hinweis auf die Abhängigkeit der Sprache von den »Lebensformen« der Gesellschaft[426], wie

---

1967, 56. In seinem späteren Werk Semantics, 1962, weist Ullmann die operationale oder Kontexttheorie überhaupt der Rede (speech) im Unterschied zur Sprache (language) zu, für die der referentielle Bedeutungsbegriff maßgebend sei. K. Heger: Monem, Wort und Satz, 1971, 23 unterscheidet zwischen zwei Formen der »operationalen« Bedeutungstheorie: bezogen auf »den je einzelnen Kommunikationsakt« sei sie für die Sprachwissenschaft »nur von marginalem Interesse« und gehöre auf die Ebene der *Parole* im Unterschied zur *Langue;* wichtig sei die »operationale« Bedeutungstheorie hingegen, sofern es um »die Bedingung der Möglichkeit von Kommunikationsakten« geht, wie es beim Sprachspielmodell oder auch bei der Wortfeldtheorie der Fall ist. Vgl. auch W. Schmidt: Lexikalische und aktuelle Bedeutung, 1963, 24.

424 Zur Diskussion für und wider die Wortfeldtheorie siehe: H. Geckeler: Strukturelle Semantik und Wortfeldtheorie, 1971, 84–176, zum lexematischen Charakter der Wortfeldtheorie dort bes. 85 f., vgl. 169 und 89 (Abgrenzung zum umfassenderen »Bedeutungsfeld«).

425 St. Ullmann: Grundzüge der Semantik, 1971, 57. Die folgenden Seitenangaben beziehen sich auf dieses Werk.

426 H. Weinrich: Linguistik der Lüge, 1970, betont mit der Kontextabhängigkeit der Wör-

sie durch die Sprachspieltheorie zu Bewußtsein gebracht worden ist. Diese Lebensformen zeichnen sich ebenfalls durch eine relative Konstanz aus, die auch das individuelle Verhalten prägt. Dennoch muß man sich darüber im klaren sein, daß schon die Sprachspieltheorie gegenüber der Frage nach der Bedeutung des Wortes in seinem jeweiligen *individuellen* Kontext eine Verengung vollzogen hat. Das tritt deutlich hervor bei P. Winch, der im Anschluß an Wittgenstein bei der »Analyse sinnvollen Verhaltens dem Begriff ›Regel‹ eine zentrale Stellung einräumen« will und behauptet, »daß jedes sinnvolle (und darum spezifisch menschliche) Verhalten ipso facto von Regeln geleitet ist«.[427] Wäre dann das von jeder gegebenen Regel abweichende individuelle Verhalten nicht sinnvoll? Oder wäre es nur sinnvoll durch sein negatives Verhältnis zur Regel? Ist es nicht schon vor allem Verhältnis zu irgendeiner Regel allein dadurch sinnvoll, daß es als individuelles Verhalten in einem Verhältnis zu seinem individuellen Kontext steht und einen bestimmten Stellenwert für diesen hat? Daß es auch *typische* Kontexte, »Lebensformen«, und damit auch Regeln gibt, die das Verhalten in solchen Kontexten bestimmen, wäre dann bereits ein Sonderfall eines ursprünglicheren und allgemeineren Sachverhaltes. So ließe sich auch dem Einwand Rechnung tragen, den N. Luhmann gegen Habermas' Übernahme der von Winch vorgeschlagenen Bestimmung des Sinnbegriffs durch den der Regel vorgebracht hat, daß nämlich »Regeln selbst schon sinnhaft sein müssen, um etwas begründen zu können«, nämlich um Handlungen Bedeutung zu verleihen.[428] Ihren Sinn empfängt die Regel eben dadurch, daß sich in der Gesamtheit der Regeln das Typische der betreffenden Lebensform ausdrückt. Daß das Befolgen einer Regel bereits Verstehen voraussetzt[429], verdeutlicht noch einmal, daß das Verstehen beim Individuum, das auch von der Regel abweichen kann, der Befolgung der Regel vorausgeht. Das Verhältnis von Ganzem und Teil aber, in dem sich das Verstehen bewegt, hat nicht den Charakter einer Regel im Gegen-

---

ter zugleich die soziale Bedingtheit ihrer Bedeutung durch die »Sprachgemeinschaft«. Er sieht jedoch nicht die Wortbedeutung selbst als abhängig vom aktuellen Sprechkontext an, sondern nur ihre Einschränkung durch die jeweilige »Meinung«.
427 *P. Winch*: Die Idee der Sozialwissenschaft und ihr Verhältnis zur Philosophie, 1966, 69.
428 S. o. 98 f.
429 Siehe dazu K. O. Apel: Die Entfaltung der »sprachanalytischen« Philosophie usw., in: Philosophisches Jahrbuch 72, 1965, 271 ff. bes. 279.

satz zum Individuellen und Abweichenden, sondern bestimmt die Struktur *jeder* Erfahrung von Sinn und Bedeutung gerade in ihrer jeweiligen Individualität.

Der kontextuelle Sinnbegriff, den wir im Anschluß an Schleiermacher besonders von Dilthey entwickelt fanden und der durch ihn in das Selbstverständnis der Hermeneutik eingegangen ist, bezieht im Unterschied zu Frege und zu dem in der Linguistik herrschenden Sprachgebrauch[430] nicht nur den Begriff des Sinnes, sondern auch den der Bedeutung auf den Kontext des jeweiligen Bedeutungsganzen. Der Begriff der Bedeutung erschöpft sich nicht in der Beziehung des Zeichens zum Bezeichneten, sondern umfaßt auch die Beziehung, die zwischen den Teilen eines Sinnganzen besteht und ihr Verhältnis zu diesem Ganzen ausdrückt (s. o. 79 f.). Die Bedeutung des Wortes besteht nicht nur darin, daß es als Name »etwas« bedeutet, also einen Gegenstand in einer bestimmten Weise bezeichnet[431], sondern es bedeutet stets »etwas für etwas«, nämlich für den Zusammenhang des Satzes und für den in ihm ausgedrückten Sinnzusammenhang. Erst so wird die Beobachtung Freges verständlich, daß die Bedeutung des Wortes vom Zusammenhang des Satzes abhängt. Diese Abhängigkeit erklärt sich dadurch, daß die Bedeu-

---

[430] In der Linguistik gehen sogar kontextuelle Bedeutungstheorien oft von der lexikalischen Wortbedeutung aus. So schreibt H. Geckeler von der kontextuellen Bedeutungsbestimmung: »Die Bedeutung eines Wortes wird hier gleichgesetzt mit der Summe der verschiedenen Kontexte, in denen es vorkommt ...« (Strukturelle Semantik und Wortfeldtheorie, 1971, 49). Ähnlich schrieb schon J. R. Firth: »Meaning, then, we use for the whole complex of functions which a linguistic form may have« (The technique of Semantics, 1935, in: Papers in Linguistics, London 1957, 33). Dem entspricht das Vorgehen der Wortfeldtheorie (Geckeler 78 ff.). Doch selbst H. Weinrich setzt, wenn er von der Determination der Bedeutung durch den Kontext zur bestimmten Meinung spricht (s. o. Anm. 426), einen lexikalisch orientierten Begriff von Bedeutung voraus.

[431] Während G. Frege das durch das Wortsymbol bezeichnete Objekt selbst als die Bedeutung des Zeichens auffaßte (s. o. den Anm. 406 zitierten Aufsatz: Über Sinn und Bedeutung, 26 vgl. 29 f.), wird in der heutigen Semantik, die Bedeutung und Gegenstand unterscheidet, häufig die Differenz von Bedeutung und Bezeichnung betont (siehe dazu H. Geckeler a. a. O. 78 ff.). So schreibt E. Coseriu: »... die Bedeutung ist begrifflich, die Bezeichnung dagegen gegenständlich« (zit. bei Geckeler 83). Diese Unterscheidung setzt voraus, daß »Bedeutung« lexikalisch allgemein gefaßt wird, während sich die Bezeichnung natürlich auf einen speziellen Gegenstand richtet. Wenn aber der Begriff der Bedeutung vom aktuellen Sprechkontext her bestimmt wird, so ist sein Gegenstandsbezug immer schon ein spezieller, fällt also insofern mit dem der Bezeichnung zusammen. Unberührt davon bleibt der »überzeichenmäßige« Charakter der Bedeutung des Wortes, das als Zeichen zugleich auch Andeutung der Verbindungen im Bedeutungszusammenhang ist. Siehe dazu B. Liebrucks: Sprache und Bewußtsein II, 1965, 121 ff., 132 ff., sowie E. Heintel: Einführung in die Sprachphilosophie, 1972, 40 ff.

tung eben schon von sich aus auf diesen Zusammenhang bezogen ist. Die Wortbedeutung ist also eine mehrstellige Relation. Sie umfaßt sowohl den Gegenstandsbezug (reference), als auch die Stellung, die das einzelne Wort im Satz und im Bedeutungszusammenhang der Rede einnimmt (significance).[432] Dadurch wird die Bestimmung des Unterschiedes zwischen »Sinn« und »Bedeutung« noch schwieriger. Offenbar überlappen sich die beiden Begriffe im Bereich der Beziehungen zwischen Teil und Ganzem. Doch dürfte der Gegenstandsbezug für den Begriff der Bedeutung spezifisch sein, während dem Sinnbegriff die Bezeichnung der in sich geschlossenen Einheit des Bedeutungszusammenhangs vorbehalten bleibt.

Soweit ein die jeweilige Sinnganzheit übersteigender Kontext besteht, besitzt sie selbst ihren Sinn wiederum nur in bezug auf diesen Kontext, entsprechend ihrer »Bedeutung« in seinem Zusammenhang. Daraus folgt, daß keine Sinneinheit und keine Sinnerfahrung autonom in sich ruht. Alle speziellen Bedeutungen sind abhängig von einer letztumfassenden Bedeutungstotalität, in der alle Einzelbedeutungen miteinander vermittelt sind in einem umfassenden Sinnganzen. Wegen der Abhängigkeit jeder Einzelbedeutung von dieser Sinntotalität wird letztere in jedem einzelnen Bedeutungserlebnis implizit mitbeansprucht. Das besagt jedoch nicht etwa, daß in jeder speziellen Bedeutungserfahrung jene Sinntotalität in vollständig bestimmter Form mitgegeben wäre. Relativ selbständige Bestimmtheit besitzt zwar der Satz, insbesondere der Aussagesatz, und ähnlich das Ganze eines abgeschlossenen Redezusammenhangs. Sie sind jedoch eingelassen in ihren »ungesagten Sinnhorizont«, in dem sie von einem größeren oder kleineren Hof von Bestimmtheit umgeben sind, über den hinweg jedoch die Bedeutungslinien sich alsbald ins Unbestimmte verlaufen.[433] Diese Verbindung von

---

432 Das ist oft verkannt worden, sowohl in der linguistischen Semantik als auch in der philosophischen Sprachanalyse. Auch A. Nygren: Meaning and Method, 1972, 229 ff. geht nicht darauf ein, daß »Bedeutung« außer dem Gegenstandsbezug (reference) selbst schon einen Kontextbezug (significance) einschließt. Dieser letztere kann als *Bedeutsamkeit* bezeichnet werden, wenn man darunter mit Dilthey (VII, 238 f.) den objektiven Stellenwert des Teils im zugehörigen Ganzen versteht und nicht mit E. Betti lediglich die Relevanz für das wertende Subjekt (s. o. 166). Diltheys ausdrückliche Bestimmungen des Begriffs »Bedeutung« sind übrigens ebenfalls unvollständig geblieben, da sie den Gegenstandsbezug nicht hervorheben und sein Verhältnis zum Kontextbezug innerhalb des Begriffs der Bedeutung nicht behandeln.

433 Der »ungesagte Sinnhorizont« (H. G. Gadamer) des Gesprochenen ist dem Hof des »tacit coefficient of speech« verwandt, den M. Polanyi in seinem Buch »Personal Know-

Bestimmtheit und Unbestimmtheit findet sich ja auch in der Sprache, die nur durch die Unvollständigkeit in der Bestimmtheit ihrer Wörter die Bestimmtheit der Formulierung von Sätzen erlaubt.[434] Die vergleichsweise Sinnautonomie des Satzes aber stellt sich als Sinnantizipation einer sie übersteigenden unbestimmten Sinntotalität dar, die durch den Satz in Erscheinung tritt, in welchem sie, wenn auch nur partiell, artikulierte Bestimmtheit gewinnt.

Wenn zwar jede einzelne Bedeutungserfahrung eine Sinntotalität impliziert, aber nicht in vollständig bestimmter Gestalt, sondern allenfalls als Anweisung für hermeneutische Reflexion zu fortschreitendem Eindringen in ihre Sinnzusammenhänge, dann besagt die Tatsache einzelner Bedeutungserfahrungen noch keineswegs, daß die Wirklichkeit im ganzen einen sie tragenden positiven Gesamtsinn besitzen müsse.[435] Vielmehr ist die in der einzelnen Bedeu-

ledge. Towards a Post-Critical Philosophy« (1958), Harper Torch Book 1964, 86 ff. beschrieben hat. Besonders aufschlußreich ist das schon von Augustin in seiner Schrift De Magistro gebotene Beispiel des Lesens: Beim Lesen eines Briefes sind wir uns nur dessen bewußt, was im Brennpunkt unserer Aufmerksamkeit liegt, während die gelesenen Buchstaben und Wörter uns nur in latenter Weise präsent sind. Im übrigen unterscheidet Polanyi jedoch nicht zwischen der Unausdrücklichkeit der Präsenz rationaler Bedeutungsstrukturen und emotionalen Komponenten wie Aufmerksamkeit, Leidenschaften und commitments, vgl. bes. 134 und 173.

434 *J. Stenzel*: Philosophie der Sprache, 1934, 16 f., 48 ff. Noch genauer beschreibt B. Liebrucks, erst nach Verklingen des letzten Lautes im Satz trete »rückwirkend die Bestimmtheit des *Ganzen* ein« (Sprache und Bewußtsein II, 1965, 134). Liebrucks weist auch auf den »unbestimmten Möglichkeitshof« hin, der noch das schon geäußerte Einzelwort umgibt (242 f.) und den »Spielraum« für die Fortbewegung des Gedankens eröffnet. In der linguistischen Semantik finden sich wegen ihrer Abstraktion vom Sprechvorgang derartige Beobachtungen selten, vgl. aber H. Weinrich o. Anm. 426.

435 *W. Weischedel*: Der Gott der Philosophen II, 1972, 172, behauptet zwar, »daß, wenn es überhaupt etwas gegründet Sinnhaftes geben soll, damit implicite ein unbedingter Sinn gesetzt ist« (vgl. auch meine Ausführungen zur Bedeutungsproblematik bei Dilthey in: Grundfragen systematischer Theologie, 1967, 143 f.). Weischedel läßt diese behauptete Implikation jedoch sogleich (173) wieder fallen wegen der möglichen Erfahrung der Sinnlosigkeit, – als ob damit jene Implikation, wenn sie denn tatsächlich in jeder einzelnen Sinnwahrnehmung gegeben ist, entkräftet wäre! Weischedel behauptet auch, daß selbst der Nihilist »einzelne Akte vollzieht, die doch unmittelbar Sinnhaftigkeit zu implizieren scheinen« (177). Daß sich der Nihilist »in einer Art von selbstironischer Haltung« darüber erheben könnte, scheint doch schwieriger zu sein als Weischedel es sich vorstellt, wenn es sich wirklich um unleugbare Implikationen des eigenen Daseinsvollzuges handelt: Die ironische Erhebung dürfte dann eher auf Verdrängung hinauslaufen. Da Weischedel allerdings sogar die Philosophie selbst zur Sache eines »Grundentschlusses« (180 ff.) macht und sich damit auf die Ebene gewisser Selbstbegründungen der Theologie aus irrationalen Glaubensentscheidungen begibt, muß er so etwas wohl auch dem Nihilisten zubilligen. Wenn man jedoch die logische Möglichkeit der Erfahrung von Sinnlosigkeit einsehen will, muß man ihren Grund schon in der Struktur der Sinnerfahrung selbst aufsuchen, wie das

tungserfahrung implizierte Sinntotalität wegen ihrer Unbestimmtheit nur auf problematische Weise in ihr mitgesetzt, problematisiert damit allerdings auch die erlebte Einzelbedeutung. Dieser Sachverhalt macht verständlich, wie der Eindruck der Sinnlosigkeit überhaupt möglich ist. Dabei hat das Erlebnis der Sinnlosigkeit selber den Charakter eines Bedeutungserlebnisses in dem hier verwendeten, formalen Sinn des Wortes und impliziert seinerseits eine bestimmte Sinntotalität. Diese ist hier wie sonst im Bedeutungserlebnis mitgesetzt in der Weise, daß dieses zur Anweisung ihrer fortschreitenden hermeneutischen Erhellung werden kann. Dabei ist es hier wie sonst möglich, daß die hermeneutische Erhellung des ungesagten Sinnhorizontes das unmittelbare Selbstverständnis, das mit dem Bedeutungserlebnis verbunden ist – hier also den Eindruck: »es ist alles sinnlos« – als den tatsächlich erlebten Bedeutungsinhalten unangemessen aufweist, das unmittelbare Selbstverständnis also als »falsches Bewußtsein« überführt. Diese Möglichkeit ist mit dem objektiv sinnverstehenden, hinter die der Implikationen ihres eigenen Erlebnisausdrucks nur partiell bewußte *mens auctoris* zurückgehenden Verfahren der Hermeneutik verbunden. Mit der Möglichkeit der Kritik der Interpretation am Selbstverständnis des zu interpretierenden Autors aber stellt sich die Frage nach dem Verhältnis von Sinnverstehen und Wahrheit.

Jede kontextuelle Sinntotalität umfaßt außer gedanklichen Bedeutungsmomenten auch das Weltverhältnis des Bedeutung erlebenden Subjektes mit. Man muß sogar sagen, daß in den Bedeutungsmomenten das Weltverhältnis immer schon präsent ist, wegen der Mehrstelligkeit des Bedeutungsbegriffs, der nicht nur den Beitrag des einzelnen Bedeutungserlebnisses zu seinem Sinnzusammenhang, sondern auch sein Verhältnis zur gegenständlichen Welt bezeichnet.

oben versucht wird. Weischedels Ausführungen zum Sinnbegriff bleiben leider überhaupt ziemlich dunkel: Wenn Sinn als »Verstehbarkeit« definiert wird (166), sieht man noch nicht sehr klar, da Verstehen sich ja eben auf Sinn bezieht und also schon voraussetzt, was damit gemeint ist. »Bedeuten« heißt nach Weischedel »auf etwas deuten« (167), aber nicht etwa im Sinne des Bezeichnens (Frege und die analytische Philosophie bleiben in Weischedels Überlegungen ebenso wie die linguistische Semantik unberücksichtigt), sondern gedeutet wird angeblich »auf etwas ... von dem her Bedeutung und Sinn kommen« (167). Die »Sinnstiftung«, auf die mit dieser Erklärung verwiesen wird, denkt der Metaphysikkritiker Weischedel nach dem Modell der platonischen Partizipation: »Das Sinnhafte *hat* den Sinn; das andere, worauf es deutet, *ist* der Sinn« (168). Das Kontextproblem tritt nicht von der Bedeutungsanalyse her in den Blick, sondern erscheint nur in der Form der Behauptung, das Sinngebende sei »jeweils das Umfassende« (170 f.).

Schon Dilthey betonte, daß die »Lebenseinheit« ihr Weltverhältnis nicht außer sich hat, sondern mitumfaßt. Die Mehrstelligkeit der Bedeutung gestattet es, diesen Sachverhalt genauer zu bestimmen.
Daß erlebte Bedeutung sich auf gegenständlich Gehalte bezieht, besagt natürlich nicht, daß die in Anspruch genommene Bedeutung auch zutrifft. Das Moment der Behauptung in der Bedeutungsstruktur eines Satzes, gerade auch im Fall der reinen Aussage, bietet keine Gewähr für die Wahrheit.
Dennoch verhält sich das Wahrheitsproblem nicht äußerlich additiv zu dem Fragenkreis von Sinn und Bedeutung. Das ist schon deswegen zu vermuten, weil die beiden Aspekte, die der Bedeutungsbegriff vereint – Gegenstandsbezug und Kontextbezug – den beiden Aspekten des Wahrheitsbegriffs, die immer wieder den Ausgangspunkt für entgegengesetzte Deutungen der Wahrheit gebildet haben, in bemerkenswerter Weise entsprechen: der Gegenstandskorrespondenz und dem Kohärenz- bzw. Konsensusaspekt.[436] Obwohl eine reine Konsensustheorie der Wahrheit ebenso einseitig bleibt wie die klassische Korrespondenztheorie, kann man doch W. Kamlah und P. Lorenzen darin zustimmen, daß die Sachkorrespondenz einer Behauptung sich nicht feststellen läßt ohne Berücksichtigung des Urteils anderer, die »mit uns dieselbe Sprache sprechen«.[437] Dabei muß es sich allerdings um »kompetente Beurteiler« oder »Sachkundige« handeln (119), so daß auf diese Weise der Sachaspekt als kritisches Prinzip gegenüber einem bloßen Konventionalismus doch wieder zur Geltung kommt. Dennoch besteht, da die Sache selbst nur von Subjekten in Erfahrung gebracht werden kann, eine Präponderanz der interpersonalen Übereinstimmung bei der Entscheidung über die Wahrheit einer Behauptung. Da nun der interpersonale Konsensus nur ein Teilaspekt der Zusammenstimmung aller Gegebenheiten der Erfahrung überhaupt, also der Kohärenz der Erfahrung ist, so sehr, daß auch noch der Widerspruch gegen eine konventionell anerkannte Auffassung aus ihrer evidenten Unvereinbarkeit mit einer persönlichen Sacherfahrung hervorgeht, so läßt sich behaupten, daß die alle Erfahrung umfassende Sinntotalität in ihrer inneren Kohärenz zugleich zusammenfiele mit der Wahrheit;

---

436 Kohärenz- und Konsensusaspekt können zusammengenommen werden, weil systematischer Zusammenhang und intersubjektive Übereinstimmung Teilaspekten der kontextuellen Sinntotalität entsprechen.
437 W. Kamlah und P. Lorenzen: Logische Propädeutik, 1967, 120.

denn sie hätte keine Erfahrung mehr außerhalb ihrer selbst, die die Wahrheit ihres Sinnes problematisch machen könnte. In der umfassenden Sinntotalität also fallen Sinn und Wahrheit in eins. Insofern hat es die hermeneutische Reflexion auf den Bedeutungszusammenhang sprachlicher Äußerungen auch für sich immer schon mit der Frage nach ihrer Wahrheit zu tun, wenn auch die Partikularität ihres Bedeutungshorizontes sich zugleich als der Grund ihrer Unwahrheit erweist, weil jede Behauptung im Hinblick auf ihren Gegenstand Wahrheit schlechthin in Anspruch nimmt und sich eben deshalb wegen der Partikularität ihres Bedeutungshorizontes in Widerspruch zur Totalität der Wahrheit setzt.[438] Andererseits vollzieht jeder Behauptungssatz und in entsprechend höherem Maße jeder Entwurf von systematischen Sinnzusammenhängen, der erfahrene Bedeutung integriert und interpersonale Übereinstimmung ermöglicht, eine Antizipation der Wahrheit. Bereits in der *Form* der Behauptung kommt dieses Moment der Antizipation zum Ausdruck, sofern der Satz als Behauptung Wahrheit schlechthin in Anspruch nimmt, sich damit allerdings zugleich der Widerlegung aussetzt. Explizite Entwürfe umfassender Sinnzusammenhänge, die die unbestimmte Sinntotalität der Erfahrung eines Lebenskreises zur Darstellung bringen, wurden in den Mythen und durch ihre Verknüpfung zu Mythologien geschaffen. Aber auch Philosophie und Wissenschaft entwickeln umfassende Sinnentwürfe, die die Sinntotalität, welche die Bedeutung der Einzelerscheinungen konstituiert, in expliziter Gestalt darstellen. Beide unterscheiden sich vom Mythos durch die Entwicklung systematischer Interpretationen in Sinnmodellen, die in sich widerspruchslos sein sollen und deren Inhalt beschränkt wird auf das zur Erklärung der Zusammenhänge der Erscheinungen als logisch notwendig Nachweisbare. In beiden hat die ausdrückliche Darstellung systematischer Sinnzusammenhänge Erklärungsfunktion insofern als Erklärung Verstehen ermöglicht, das sich auf die Einordnung des einzelnen in ein Ganzes richtet (s. o. 152 ff.). Auch darin erweisen sich beide als verwandt, daß das Schwergewicht dieser Erklärungsfunktion nicht nur in der

---

[438] Die Unwahrheit oder vielmehr Teilwahrheit (Schein) stellt sich somit als hinfällig, weil in Konflikt mit anderer Erfahrung stehend dar, während der alle Erfahrung umfassenden Sinntotalität die Beständigkeit und Unerschütterlichkeit eignet, die sowohl das griechische wie das altisraelitische Wahrheitsverständnis mit dem Begriff der Wahrheit verbunden haben; vgl. meine Ausführungen zum Wahrheitsbegriff in: Grundfragen systematischer Theologie, 1967, 202–222.

Philosophie, sondern auch in den Wissenschaften bei den systematischen Theorien des jeweiligen Sachgebiets liegt, denen die Einzelhypothesen eingeordnet und in deren Dienst sie entwickelt werden. Solche Theorien sind nämlich nicht nur als abschließende Zusammenfassung von Einzelforschung aufzufassen, sondern diese geht schon aus von paradigmatischen Modellen systematischer Erklärung für ganze Bereiche von Erscheinungen, deren Besonderheiten dann im Prozeß der »Paradigmapräzisierung« (s. o. 57 ff.) ausgearbeitet werden.

Die Wissenschaften im engeren Sinne beschränken ihre Aussagen im Unterschied zur Philosophie auf eine formalisierte Sprache und/oder auf die Bedingung der Überprüfbarkeit durch empirische Daten einer bestimmten Art, die damit auch den Gegenstandsbereich der betreffenden Wissenschaft konstituiert. In Mathematik und Logik liegt der erste, in den Realwissenschaften der zweite Fall vor. Der Unterschied der letzteren zur Philosophie ist nicht schon durch die hypothetische Form ihrer Begriffsbildung oder durch die Möglichkeit einer empirischen Überprüfung überhaupt gegeben. Solchen Bedingungen, die nur ausdrücklich machen, was für jeden Behauptungssatz als bloße Antizipation der Wahrheit faktisch schon gilt, können auch philosophische Aussagen genügen. Aber sie lassen sich nicht den erwähnten Einschränkungen unterwerfen, ohne das spezifische Merkmal unbeschränkter Reflexion zu verlieren. Wenn der Philosophie in neuerer Zeit die Aufgabe der Sprachanalyse oder Bedeutungsanalyse zugewiesen worden ist, so ist das der Sache nach nicht so neu, wie es scheinen mag; denn philosophische Aussagen haben sich schon seit den Anfängen der Philosophie durch Reflexion auf andere Aussagen gerechtfertigt, in denen Erfahrung artikuliert oder ebenfalls schon reflektiert wurde. Der Prozeß unumschränkter Reflexion, der die unmittelbaren Sinnannahmen erschüttert, kann aber erst innehalten bei der Erhellung der umfassenden Sinntotalität der Erfahrung. Weil zudem jede Formulierung eines Ergebnisses philosophischer Analyse wieder in derselben Weise zum Gegenstand der Reflexion werden kann, gelangt die Philosophie nicht zu festen Teilergebnissen und zu einem geradlinigen Fortschritt des Wissens, sondern schreitet voran durch immer neue Totalrevisionen, die jedoch ihre Strenge und ihre Rechtfertigung in der Reflexion auf die Problematik früherer Positionen haben und darin selbst so etwas wie eine empirische Bestätigung finden.

Diese Unendlichkeit der Reflexion auf den ungesagten Sinnzusammenhang sprachlich artikulierter Erfahrung wird in den Einzelwissenschaften durch die Beschränkung auf eine formalisierte Sprache und durch die Forderung nach Überprüfbarkeit durch empirische Daten einer bestimmten Art abgeschnitten. Die Definition eines Ausdrucks beschränkt seinen Inhalt auf die explizit angegebenen Merkmale. Sie verleiht ihm dadurch Bestimmtheit, indem sie den ungesagten Sinnhorizont seiner jeweiligen individuellen Verwendung vernachlässigt. Dadurch sichert sie gleichzeitig die intersubjektive Identität seines Bedeutungsinhalts und beschränkt die Reflexion seiner Implikationen auf diejenigen Bedeutungselemente, die denselben Merkmalen genügen. Darum können sich Realwissenschaften im Unterschied zur Philosophie begrenzten Gegenstandsbereichen zuwenden, ohne sich in alle Bedeutungsimplikationen verwickeln zu müssen, denen philosophische Reflexion nachzugehen hat. Schließlich können sich Realwissenschaften, soweit sie Einigung über eine definierte und operationalisierte Sprache, die aber auch immer schon eine allgemeine Beschreibung des Gegenstandes impliziert, voraussetzen können, ganz ihrem Gegenstand zuwenden zur Entwicklung und Überprüfung von Theorien und Hypothesen über ihn. Zwar sind auch dann noch wissenschaftliche Revolutionen möglich, die eine solche Sprache modifizieren, aber auch das kann dann nur in mit deren Eigenmitteln angebbaren Ausmaßen geschehen.

Der Unterschied zwischen Geisteswissenschaften und historischen Disziplinen erwies sich als Ergebnis einer derartigen Beschränkung der wissenschaftlichen Beschreibung und Erklärung auf einen Einzelaspekt eines Gesamtphänomens: Die Beschränkung auf den Gesetzesaspekt ist schon in der geometrischen Beschreibung von Naturvorgängen angelegt, durch die ihre Individualität ausgeblendet wird (s. o. Anm. 234 f.). Der Beschränkung auf den Aspekt der Gesetzlichkeit entspricht ferner das Falsifikationskriterium, das nur auf Gesetzeshypothesen anwendbar ist, aber nicht auf Hypothesen über einmalige Ereignisfolgen, mit denen sich die historischen Disziplinen beschäftigen (s. o. 60, 63 ff.). Diese lassen sich nur prüfen im Hinblick auf ihre Fähigkeit zur Integration des einschlägigen Belegmaterials, wie das übrigens auch in naturwissenschaftlichen Disziplinen wegen der Strittigkeit der Frage, ob im Einzelfall eine Falsifikation erfolgt ist, die Regel ist (68 f.).

Durch Ausgrenzung von Teilaspekten aus den umfassenden Sinnzusammenhängen der Phänomene begründete Wissenschaften bleiben durch eben diesen Akt ihrer Ausgrenzung dennoch auf jene Sinnzusammenhänge bezogen. So bleiben formale Sprachen zu ihrer Deutung auf die Alltagssprache angewiesen. Derselbe Sachverhalt äußert sich bei Gesetzeswissenschaften darin, daß ihre Gesetzesaussagen selbst den Bezug auf kontingente Anfangs- und Randbedingungen erfordern, die durch »Basissätze« vermittelt werden, deren Deutung ihrerseits Gegenstand der Diskussion in der Interpretationsgemeinschaft der an solcher Forschung Beteiligten ist. Die »ideographische« Betrachtungsweise der historischen Disziplinen ist nicht in gleicher Weise vom Gesetzesaspekt abgelöst, sondern benutzt das verfügbare Gesetzeswissen als Hilfsmittel historischer Kritik und Interpretation, ist aber in diesem Sinne auch ihrerseits auf diesen in der historischen Fragestellung nicht eigens thematisierten, sondern vorausgesetzten Aspekt angewiesen. Eine ähnliche Problematik wie bei den Gesetzeswissenschaften hinsichtlich des Kontingenten und Individuellen tritt jedoch an den historischen Disziplinen im Hinblick auf die Zukunft auf: Die Bedeutungszusammenhänge, die der Historiker an vergangenen Erscheinungen darstellt, sind abhängig vom gegenwärtigen Wirklichkeitsverständnis, das er mit seiner Zeitgenossenschaft teilt und von der noch offenen Zukunft. Die Reflexion der Bedeutungszusammenhänge, die der Historiker aufweist, führt an diesem Punkt hinüber in die philosophische Reflexion der Sinntotalität.

Philosophische Bedeutungsanalyse verfährt in der Auffassung der von ihr zu analysierenden Phänomene und in den Ergebnissen ihrer Analysen ebenso hypothetisch wie die Einzelwissenschaften. Diese Einsicht wird jedenfalls dann unausweichlich, wenn die Annahme unmittelbar evidenter Ausgangspunkte philosophischer Reflexion eben als Annahme, und zwar als falscher Dogmatismus, durchschaut ist. Philosophische Bedeutungsanalyse kann sich nur bewegen in einer systematischen Explikation der ihre Reflexionsbewegung schon leitenden Sinntotalität, aber solche systematische Darstellung bleibt ihrerseits eine Antizipation der impliziten und nur teilweise bestimmten Sinntotalität aller Erfahrung, auf die sie sich bezieht und in der sie ihre Wahrheit hat. Bewahrheiten kann sie sich nur in dem Maße, in welchem sie tatsächlich erlebte Bedeutung zu integrieren und so zu erhellen vermag.

Es ist von vornherein anzunehmen, daß Ähnliches auch von der Theologie zu sagen sein wird, die es ebenfalls mit der Sinntotalität der Erfahrung zu tun hat und sich dessen bewußt sein muß, wenn sie weiß, was sie sagt, wenn sie von Gott redet.

II. Teil
Theologie als Wissenschaft

Die wissenschaftstheoretischen Erörterungen des ersten Teils haben die Grundlagen gelegt für eine Klärung der Frage, ob und in welchem Sinne Theologie als Wissenschaft gelten kann. Bevor jedoch diese Frage systematisch behandelt wird, sollen zuvor die wichtigsten Formen des Selbstverständnisses der Theologie als Wissenschaft aus ihrer Geschichte samt der ihnen eigenen Problematik als Hintergrund der gegenwärtigen Diskussion dieses Themas in den Blick genommen werden.

4. Kapitel
Die Auffassung der Theologie als Wissenschaft in der Theologiegeschichte

1. Theologie als abgeleitete Wissenschaft

Wie die ältere Theologie – im Westen vor allem unter dem Einfluß Augustins – sich als Weisheit verstand im Unterschied zu den der Welterkenntnis zugewandten Wissenschaften, wurde bereits in der Einleitung erörtert (s. o. 11 ff.). Seit dem 12. Jahrhundert bahnte sich darin eine Änderung an, die im 13. Jahrhundert in Verbindung mit der Entstehung der ersten Universitäten einen gewissen Abschluß erreichte, indem von nun an die theologische Weisheit sich im aristotelischen Sinne zugleich als Wissenschaft, und zwar als höchste Wissenschaft, verstand.

Bereits im 12. Jahrhundert hatte sich mit der Ausbildung eines auf die Prinzipien von auctoritas und ratio begründeten Schulbetriebes eine Hochschätzung kunstgerechter Argumentation entwickelt.[439] Seit der Mitte des Jahrhunderts wurde in der Schule von Chartres die durch Boethius überlieferte aristotelische Wissenschaftssystematik erörtert, die die (philosophische) Theologie den theoretischen im Unterschied zu den praktischen Disziplinen zuwies und sie hier gegenüber Logik und Ethik zur Gruppe der spekulativen Wissenschaften rechnete, die Physik, Mathematik und Metaphysik oder Theologie umfaßte.[440] Auch in der sacra doctrina suchte man nun nach dem Vorbild der Mathematik Axiome herauszuarbeiten. Gegen Ende des Jahrhunderts hat Alain de Lille im Sinne einer theologischen Topik die »regulae theologicae« zusammengestellt, die allen theologischen Sentenzen zugrunde liegen, und Nikolaus von Amiens hat in seiner »ars catholicae fidei« einen axiomatischen Aufbau der Theologie nach dem Muster Euklids durchzuführen versucht.[441] Dennoch blieb die Frage nach der Wissenschaftlichkeit der Theolo-

---

439 Siehe *A. Lang*: Die theologische Prinzipienlehre der mittelalterlichen Scholastik, 1964, 21 ff.: Die Hochschätzung der »ars«.
440 Zur Wissenschaftssystematik Gilberts de la Porrée und seiner Schule siehe A. Lang 41–57, sowie auch M. A. Schmidt: Gottheit und Trinität nach dem Kommentar des Gilbert Porreta zu Boethius' De Trinitate, 1956, 24 ff. 59, 179–209.
441 A. Lang 75–93.

gie noch ungeklärt im Hinblick auf die Tatsache, daß die theologischen Axiome oder Regeln dem Glaubensbewußtsein der Kirche entnommen wurden.

Nach genauerer Bekanntschaft mit den Anforderungen des aristotelischen Wissenschaftsbegriffs in der ersten Hälfte des 13. Jahrhunderts wurde die Frage nach dem Wissenschaftscharakter der Theologie zunächst entweder verneint oder doch nur mit starken Einschränkungen bejaht. So heißt es bei Alexander von Hales, daß die Theologie keine *certitudo evidentiae* biete, sondern nur eine *certitudo adhaerentiae*.[442] Im Gegensatz zu der ein gutes Jahrhundert zuvor von Anselm von Canterbury vertretenen Auffassung, daß die Theologie *rationes necessariae* für die Glaubensinhalte geben könne, wurde nun die Inevidenz der Glaubenserkenntnis betont. Dem lag vor allem das Interesse an der Verdienstlichkeit des Glaubens zugrunde[443], da nach einem Wort Gregors des Großen »fides non habet meritum, cui humana ratio praebet experimentum«.[444] Damit mußte allerdings die Aufforderung von 1. Petrus 3, 15, nämlich Rechenschaft zu geben (rationem reddere) »von der Hoffnung, die in euch ist«, in Einklang gebracht werden, – eine Aufforderung, die man mit Augustin auch auf den Glauben bezog.

Bei aller anfänglichen Skepsis gegenüber der Wissenschaftlichkeit der Theologie im aristotelischen Sinne ließ das 13. Jahrhundert die Frage nach den Prinzipien oder Axiomen der Theologie nicht fallen. Diese Prinzipien fand man nunmehr in den Glaubensartikeln, und die Aussagen der Theologie sollten als Konklusionen aus diesen obersten Voraussetzungen entwickelt werden. Die Theologie stellte sich mit solchem deduktiv von Prinzipien ausgehenden Verfahren nun doch als einer Wissenschaft im aristotelischen Sinne analog dar, wobei die Glaubensartikel im Unterschied zu den Prinzipien rationaler Wissenschaften nicht durch das *lumen rationis*, sondern durch das *lumen fidei* gegeben waren. Mit dieser Einschränkung konnte man die Theologie als eine Wissenschaft im weiteren Sinne des Wortes gelten lassen.[445]

---

442 A. Lang 160.
443 So J. Finkenzeller: Offenbarung und Theologie nach der Lehre des Johannes Duns Scotus, 1960, 172 und besonders A. Lang: Die Entfaltung des apologetischen Problems in der Scholastik des Mittelalters, 1962, 38 ff.; vgl. auch M. Grabmann: Die Geschichte der scholastischen Methode II (1911) 2. Aufl. 1956, 545 ff.
444 A. Lang, Entfaltung 39, vgl. M. Grabmann II, 189.
445 A. Lang: Prinzipienlehre 157 ff.

Thomas von Aquin hat die Frage nach dem Wissenschaftscharakter der Theologie genauer zu klären gesucht durch seine Deutung der Theologie als abgeleitete Wissenschaft und damit zugleich für die Theologie den Titel einer Wissenschaft im vollen Sinn des Wortes beansprucht. Aristoteles hatte in seiner Zweiten Analytik den Begriff einer abgeleiteten oder untergeordneten Wissenschaft gebildet im Hinblick auf das Verhältnis der Optik zur Geometrie oder der Harmonielehre zur Arithmetik (Anal. Post. 1, 7; 75 b). Die Prinzipien einer solchen Wissenschaft werden nicht in ihr selbst erkannt, sondern aus der übergeordneten Wissenschaft entlehnt (Anal. Post. 1, 9; 76 a). So setzt die Harmonielehre Prinzipien voraus, die nicht in ihr, sondern in der Arithmetik ihre Begründung finden. Dieses Modell übertrug Thomas von Aquin auf die Theologie, indem er das Wissen Gottes und der Seligen als das ihr übergeordnete Wissen auffaßte, für das die Glaubensartikel einsichtig sind, die unsere Theologie auf Autorität hin voraussetzen muß.[446]

Durch den Begriff einer abgeleiteten oder untergeordneten Wissenschaft suchte Thomas von Aquin dem Umstand gerecht zu werden, daß die Glaubensartikel für unsere Erkenntnis nicht jene Evidenz haben, die eine Wissenschaft nach aristotelischer Vorstellung für ihre Prinzipien erfordert, und daß sie dennoch Ausgangspunkt einer demonstrativ verfahrenden Konklusionswissenschaft werden können. Jedoch erhoben sich sogar im Dominikanerorden schon zu Beginn des 14. Jahrhunderts Zweifel an der Lösung des großen Ordenslehrers. Die Dominikanertheologen Wilhelm Petri de Godino, Johannes Picardi von Lichtenberg und vor allem Hervaeus Natalis schränkten den Anspruch der Theologie auf Wissenschaftlichkeit im streng aristotelischen Sinne wieder ein, weil ihr die vernünftige Evidenz der Prinzipien fehlt.[447]

Duns Scotus vertiefte diese Kritik durch die Unterscheidung zwischen demjenigen, was im Rahmen einer Einzelwissenschaft begründet und evident gemacht werden kann, und demjenigen, was dem

---

446 S. theol. I q 1 a 2: Et hoc modo sacra doctrina est scientia, quia procedit ex principiis notis lumine superioris scientiae, quae scilicet est scientia Dei et beatorum. Unde sicut musica credit principia tradita sibi ab arithmetico, ita doctrina sacra credit principia revelata sibi a Deo. – Zum Begriff der *scientia subordinata* bei Thomas siehe M. D. Chenu: La théologie comme science au XIIIe siècle, 3. Aufl. Paris 1957, 67–72, ferner auch A. Lang, Prinzipienlehre 163 ff.
447 J. Finkenzeller: Offenbarung und Theologie nach der Lehre des Johannes Duns Scotus, 1960, 201 ff.

Intellekt als dem Subjekt aller Wissenschaften evident ist. Bei Erwägungen über das Verhältnis zwischen einer übergeordneten und einer ihr untergeordneten Wissenschaft ist immer auch das Verhältnis beider zum Subjekt des Wissens, dem Intellekt, mit zu berücksichtigen. Dem Subjekt, das eine untergeordnete Wissenschaft betreibt, müssen deren Prinzipien gegenwärtig sein, und zwar als evident, obwohl sie in einer anderen Wissenschaft ihre Begründung finden. Wegen des höheren Allgemeinheitsgrades der übergeordneten Wissenschaft müssen deren Prinzipien dem Intellekt sogar ursprünglicher als die der untergeordneten Wissenschaft bekannt[448] und Ursache ihrer Erkenntnisse sein.[449] Solche Evidenz ist aber im Falle der *theologia viatorum* nach Duns nicht erreichbar. Außerdem könne zwischen dem Wissen Gottes von sich und der menschlichen Theologie weder vom Subjekt, noch vom Wissenschaftsgebiet her eine Aufteilung in *zwei* Wissenschaften, deren eine der anderen untergeordnet wäre, gerechtfertigt werden.

Da die von Duns Scotus und anderen Theologen vorgebrachten Gründe gegen die Subalternationstheorie fast allgemein überzeugten, spielte diese »im 14. Jahrhundert keine große Rolle mehr«.[450] Sie ist erst vom späteren Thomismus wiederbelebt worden, hat allerdings im Zeichen der Neuscholastik und der Autorität des Aquinaten als *doctor communis* noch bis zur Gegenwart das Selbstverständnis katholischer Theologie beeinflußt.[451] Die um die Wende

---

448 Finkenzeller 213 referiert dieses Argument nach Ordinatio prol. pars 4 q 2 (ed. Vat. I. 148 f. n. 216). Es ist dort aber als aus Ord. III Suppl. d 24 q. un. n. 4 interpoliert ausgewiesen. Dem Argument entspricht jedoch der gegen die Unterordnung der Theologie unter die Metaphysik gerichtete Satz ebd. n. 214 (p. 146 f.): Nec etiam ipsa sibi aliquam aliam subalternat, quia nulla alia accipit principia ab ipsa, *nam quaelibet alia in genere cognitionis naturalis habet resolutionem suam ultimo ad aliqua principia immediata naturaliter nota.* Zu den übrigen Argumenten von Duns Scotus vgl. Finkenzeller a. a. O. 212 ff.

449 Ordinatio prol. pars 4 q. 2 n. 216 (I, 148).

450 A. Lang, Prinzipienlehre 187. Über die Stellungnahme der spätscholastischen Theologen zur Subalternationstheorie siehe im einzelnen B. Meller: Studien zur Erkenntnislehre des Peter von Ailly, 1954, 254 ff.

451 Die folgenden Beispiele seien genannt: M. J. Scheeben: Handbuch der Katholischen Dogmatik I (873) 2. Aufl. 1948, 403 f. (n. 914); F. Diekamp: Katholische Dogmatik nach den Grundsätzen des hl. Thomas I (1917) 6. Aufl. 1930, 5; L. Ott: Grundriß der katholischen Dogmatik (1952) 2. Aufl. 1954, 2; M. Schmaus: Katholische Dogmatik I (1937) 3. Aufl. 1948, 32 ff. Schmaus stellt allerdings dem aristotelisch-thomistischen als gleichberechtigte Möglichkeit »den neuzeitlichen« Wissenschaftsbegriff gegenüber (37 f.): Hier stehe der Ausdruck Wissenschaft für »jede geistige Erkenntnisbemühung hinsichtlich eines bestimmten einheitlichen Gegenstandes nach einer einheitlichen, dem Gegenstand ange-

des 13. zum 14. Jahrhundert erhobenen Einwände gegen sie dürften indessen nicht entkräftet worden sein.

2. Theologie als praktische Wissenschaft

Die Theologen des frühen 13. Jahrhunderts, die der Frage, ob die Theologie dem strengen aristotelischen Begriff einer theoretischen Wissenschaft genüge, mit Skepsis gegenüberstanden, – wie Wilhelm von Auxerre, Alexander von Hales, Bonaventura, – neigten zur Betonung der praktischen Ausrichtung der Theologie auf die Erweckung von Furcht und Liebe gegenüber Gott als dem höchsten Gut und sahen in der alten Selbstbezeichnung der Theologie als *sapientia* eine Verbindung theoretischer und praktischer Komponenten durch den auf das Gute gerichteten Affekt.[452] Gegenüber dem Versuch Thomas von Aquins, die Theologie als spekulative, theoretische Wissenschaft im aristotelischen Sinne zu erweisen unter Betonung der höheren Würde des theoretischen Wissens als Selbstzweck gegenüber dem praktischen, anderen Zwecken dienstbaren Wissen, verteidigte Richard von Mediavilla die Bezeichnung der Theologie als *scientia practica*, weil sie von Gott mehr unter dem Gesichtspunkt des Zieles, der Liebe zum höchsten Gut, handle als unter dem der reinen Erkenntnis. Duns Scotus folgte ihm in dem Bemühen, die Deutung der Theologie als praktische Wissenschaft mit den Mitteln der aristotelischen Philosophie zu rechtfertigen.

Aristoteles hat die theoretischen von den praktischen und den auf das Hervorbringen bezogenen (poietischen) Wissenschaften unterschieden, die beiden letzteren Gebiete jedoch im Rahmen wissenschaftstheoretischer Erwägungen nicht eingehender behandelt. In seiner Schule wurde die Dreiteilung bald auf die Zweiteilung in theoretische und praktische Philosophie reduziert.[453] Für die Deutung der Theologie als praktische Wissenschaft konnten die christlichen Theologen des Mittelalters, weil ja die *sacra doctrina* auf

---

paßten Methode mit dem Ziel, zusammenhängende und anderen mitteilbare Erkenntnisse zu gewinnen« (37).
452 J. Finkenzeller a. a. O. 242 ff.; dort auch Belege zum Folgenden.
453 Vgl. E. Zeller: Die Philosophie der Griechen in ihrer geschichtlichen Entwicklung II/2, 5. Aufl. 1963, 176 ff. Die Zweiteilung ist nach Zeller seit Alexander von Aphrodisias belegt. Die Unterscheidung zwischen theoretischer, praktischer und poietischer Philosophie findet sich bei Aristoteles vor allem in der Topik (145 a 15 f.) und in der Metaphysik (1025 b 25 ff.).

das Tun des Guten gerichtet sein soll, den Satz aus dem zweiten Buch der Metaphysik anführen, daß der Zweck der theoretischen Wissenschaft die Wahrheit, der der praktischen aber das Werk sei.[454] Gegen die Auffassung der Theologie als praktische Wissenschaft berief sich Thomas auf das Urteil des Philosophen aus dem ersten Buch der Metaphysik, daß die um des Wissens selbst willen ergriffenen und gepflegten Wissenschaften in höherem Maße Weisheit seien als die auf Anwendung zielenden.[455] Duns Scotus bestritt jedoch, daß es sich bei den letzteren überhaupt um praktische Disziplinen handle, so daß diese Äußerung für die Frage nichts austrage. Im Hinblick auf die Erkenntnis eines Zieles aber sei die *cognitio practica* jeder bloß spekulativen Erkenntnis überlegen.[456] Bei dieser Argumentation setzte Duns Scotus voraus, daß sich die Theologie auf Gott als das höchste Gut und also auf das letzte Ziel des Menschen bezieht.

Die praktische Erkenntnis geht nach Aristoteles von der Erkenntnis des Zieles aus und wählt danach die Mittel, die geeignet sind, zum gewählten Ziel zu führen.[457] Richtet sich die praktische Erkenntnis dann nur auf die Praxis als solche, also entweder nur auf die Wahl der Mittel oder, wenn auch auf das Ziel, so doch nur unter dem Gesichtspunkt der Praxis? Diese Meinung hatte Heinrich von Gent vertreten und deshalb die Theologie, die sich auf Gott nicht nur sofern er Ziel des Menschen ist, sondern um seiner selbst willen richtet, als spekulative Erkenntnis gekennzeichnet, wie sie für alle Praxis schon vorausgesetzt ist.[458] Die Erkenntnis des Zieles seinem Objektgehalt nach, also als Objekt und nicht als Ziel, muß nämlich der Zielsetzung wie auch allen weiteren praktischen Überlegungen schon zugrunde liegen. Gerade deshalb aber rechnete Duns Scotus die Erkenntnis des Zieles seinem objektiven Sachgehalt nach bereits mit zur praktischen Erkenntnis. Er bezeichnete es im Hinblick auf die von Aristoteles gegebene Beschreibung der ethischen Reflexion (Eth. Nic. 1139 a 30 f.) als »unangemessen«, die dirigierende Erkenntnis, die der Willensbildung zugrunde liegt, vom Begriff des Praktischen

---

454 Met. 993 b 20 f., zit. bei Thomas von Aquin: S. theol. I q 1 a 4 als erstes Einleitungsargument.
455 Met. 982 a 14 ff., zit. bei Thomas von Aquin I. Sent. prol. q 1 a 3, contra.
456 Ord. prol. pars 5 q 1–2, ed. Vat. I, 229 (n. 353).
457 Eth. Nic. 1112 b 15 ff.
458 Heinrich von Gent, Summa aurea a 8 q 3 ad 3 (I f. 65 Y – 66 Z) zit. bei Duns Scotus Ord. I. n. 270 (p. 183 f.).

auszuschließen.[459] Diese die Praxis dirigierende Erkenntnis bezieht sich auf das Ziel nicht insofern es Ziel ist, sondern auf seinen eigentümlichen Sachgehalt[460], dem das sittlich rechte Wollen in seiner Zielsetzung konform sein muß.[461] Darum setzt praktische Erkenntnis nicht voraus, daß etwas aktuell bereits Ziel eines Willensaktes ist, sondern nur, daß es sich als solches eignet. Das Zielsein des Ziels selber ist in seiner Eignung (aptitudo) als Ziel für den Willen begründet.[462] Die Frage nach der Eigenart des Objektes für sich, die aller aktuellen Zielbestimmung des Willens vorgeordnet ist, gehört daher nach Duns Scotus durchaus zum Thema einer praktischen Wissenschaft. Sie erst verhilft überhaupt zur Gewinnung des Maßstabes für die Bestimmung der richtigen Praxis.

In diesem Sinne ist nun Gott das letzte Ziel des Menschen. Theologie als praktische Wissenschaft richtet sich auf Gott, insofern er durch die Eigenart seiner Wirklichkeit (ratione objecti) Ziel menschlicher Willensbestimmung werden kann und sein sollte. Die Frage nach der Eigenart der göttlichen Wirklichkeit als solcher bleibt daher Grundthema der Theologie auch dann, wenn sie als praktische Wissenschaft bestimmt wird.

Worin besteht dann aber der Unterschied einer Auffassung der Theologie als praktische Wissenschaft von ihrer Deutung als rein spekulative Wissenschaft von Gott? Er besteht in erster Linie darin, daß die Relativierung theologischen Redens von Gott auf den Menschen, der nach Gott fragt, hier zum erstenmal in den Theologiebegriff selbst eingegangen ist. Der tatsächliche Vollzug theologischer Reflexion war allerdings schon lange zuvor durch eine solche anthropologische Orientierung bestimmt worden. Für die augustinische Tradition ist sie charakteristisch, aber auch die theologische Summe Thomas von Aquins ist großenteils durch den Bezug der theologischen Thematik auf den Menschen und seine Heilsfrage geprägt, wie es ja schon durch den christlichen Inkarnationsglauben vorgezeichnet ist. Der Begriff der Theologie als praktische Wissenschaft in dem weiten, von Duns Scotus beschriebenen Sinne ermöglichte es nun, die Theologie systematisch und konsequent aus diesem anthropologischen Bezug zu entwickeln, und zwar angefangen schon mit

459 Ordinatio I n. 297 (p. 196).
460 ebd. n. 260 (p. 176); vgl. die Bemerkungen zur Aristotelesexegese ebd. n. 226 (p. 154).
461 Sofern es nämlich der *recta ratio* folgt: ebd. n. 234 (p. 159), vgl. n. 265 (p. 179).
462 Zu den Ausführungen von Duns Scotus a. a. O. n. 237 (p. 161 f.) und n. 252 (p. 169 f.) siehe Finkenzeller 251 und 255.

der Gotteslehre selbst. Bei Duns Scotus ist dieser Ansatz allerdings noch nicht voll zur Auswirkung gekommen, da seine Gotteslehre noch ebenso wie die der übrigen Scholastik auf kosmologisch orientierten Beweisen der Existenz Gottes beruhte. Die volle Tragweite der Bestimmung der Theologie als praktische Wissenschaft zeigte sich erst sehr viel später, nämlich in der neuzeitlichen Theologie. Die dann unter dem Druck der kritischen Auflösung der an der Ordnung des Kosmos orientierten »theoretischen« Gottesbeweise erfolgende Konzentration auf das Selbstverständnis des Menschen als Ausgangsbasis des Redens von Gott wurde der Theologie nicht nur von außen aufgedrängt, sondern war durch ihr Selbstverständnis als praktische Wissenschaft seit langem angebahnt.

Durch die Entwicklung des Begriffs der Theologie als praktische Wissenschaft wurde die Theologie aus der engen Schematik der aristotelischen Konzeption einer theoretischen Prinzipienwissenschaft befreit. Aber auch der aristotelische Gedanke des praktischen Wissens wurde dabei wesentlich verändert, indem er über die Ethik hinaus auf die Gotteslehre und auf ein in ihrem Zeichen entworfenes Weltverständnis erweitert wurde.[463] Daß unter dem Gesichtspunkt der Praxis auch das Einzelne und Zufällige, das der heilsgeschichtliche Stoff der Theologie umfaßt, sich in ihren Begriff einbeziehen ließ, während es von einer theoretischen Wissenschaft im aristotelischen Sinne ausgeschlossen bleiben mußte, dürfte ein wichtiger Gesichtspunkt für die Wirkung dieser Bestimmung des Theologiebegriffs im Spätmittelalter gewesen sein, dessen Denken so stark durch die Problematik der Kontingenz beunruhigt wurde.

In der von Duns Scotus ausgehenden und durch die Schule Ockhams vermittelten Tradition des Selbstverständnisses der Theologie vollzog sich auch die Entstehung einer protestantischen Theologie im 16. und 17. Jahrhundert. Für Luther war es selbstverständlich, daß die Theologie eine praktische und keine spekulative Wissenschaft ist: »vera theologia est practica... speculativa igitur theologia, die gehort in die hell zum Teuffel«.[464] Dabei erblickte Luther den Gegenstand der Theologie nicht mehr, dem Wortsinn des Begriffs entsprechend, schlechthin in Gott[465], sondern in der Beziehung zwi-

---

463 Siehe auch J. Finkenzeller 264 f.
464 Luther WA TR 1, Nr. 153.
465 Daher behandelt die Theologie nach Thomas von Aquin alle anderen Gegenstände nur *sub ratione Dei*, nämlich: vel quia sunt ipse Deus, vel quia habent ordinem ad Deum, ut ad principium et finem (S. theol. I q 1 a 7).

schen Mensch und Gott: theologiae proprium subjectum est homo(!) peccati reus et perditus, et Deus justificans ac salvator hominis peccatoris.⁴⁶⁶ Darin zeigt sich die mehr existenzielle und pastoraltheologische Färbung, die der Begriff der Theologie als praktischer Wissenschaft bei Luther angenommen hatte.

Im Unterschied zu Luther, der den Theologiebegriff übernahm und inhaltlich im Sinne seiner Konzeption der theologia crucis neu bestimmte, hat Melanchthon den Theologiebegriff weitgehend gemieden und ihm gegenüber den der *doctrina christiana* bevorzugt⁴⁶⁷, obwohl er nicht umhin konnte, sogar im Titel seiner Werke den zur Fachbezeichnung gewordenen Begriff der Theologie zu nennen. Von den lutherischen Theologen des späten 16. Jahrhunderts wurde der Theologiebegriff jedoch unbefangen verwendet, so von M. Flacius 1567, von J. Wigand 1568, J. Heerbrand 1573 und M. Chemnitz 1590. Ein ähnlicher Befund ergibt sich bei reformierten Theologen der Zeit.⁴⁶⁸

Mit der neuen Besinnung auf die Implikationen des Theologiebegriffs, die um 1600 einsetzte und auf die Definitionen der Scholastik zurückgriff, stellte sich auch die Frage nach dem praktischen oder spekulativen Charakter der Theologie aufs neue. Dabei verband sich die Auffassung der Theologie als praktische Wissenschaft auf die Dauer, jedenfalls in der lutherischen Orthodoxie, mit der sogenannten »analytischen« Methode, die den untersuchten Gegenstand im Hinblick auf seine Zweckbeziehung nach den Gesichtspunkten von Ziel, Subjekt und Mitteln zum Ziel analysiert und darstellt. Doch ergab sich diese Verbindung nicht ohne Schwierigkeiten.

Flacius hat in der *Clavis scripturae sacrae* 1567 drei wissenschaftliche Verfahren unterschieden, die auch in der Theologie Anwendung finden können: das *synthetische* Verfahren, das die untersuchten Gegenstände aus ihren Elementen, Prinzipien oder Ursachen aufbaut und in der Theologie von Gott als dem einfachsten Ele-

466 Luther WA 40, 2, 328, 17 (Enn. Ps. 51), vgl. auch WA TR 5, Nr. 5757; dazu und überhaupt zu Luthers Theologiebegriff siehe J. Wallmann: Der Theologiebegriff bei Johann Gerhard und Georg Calixt, 1961, 17 ff.
467 J. Wallmann a. a. O. 19 ff.
468 Die Ansicht von J. Wallmann: Der Theologiebegriff usw., 1961, 23 f. daß auch abgesehen von Melanchthon die lutherische Theologie des 16. Jahrhunderts dem Theologiebegriff zurückhaltend gegenübergestanden habe, so daß bei J. Gerhard – angebahnt schon durch M. Chemnitz – eine neue »Rezeption des Theologiebegriffs« (23) stattfinden mußte, hält einer Nachprüfung nicht stand.

ment, Prinzip und Beweger ausgeht; das *analytische* Verfahren, das vom Bezug des Gegenstandes auf seinen *usus* ausgeht (bei der Behandlung der Theologie also von ihrem letzten Zweck, dem ewigen Leben) und von da bis auf seine letzten Wurzeln und Elemente zurückgeht; schließlich das damals als »horistisch« bezeichnete Verfahren, das von Definitionen aus durch Unterteilungen voranschreitet. Das letztere ist nach Flacius zwar das kürzeste Verfahren und führt am schnellsten zum Ziel, ist aber eher künstlich als sachgerecht. Doch auch das analytische Verfahren sieht Flacius noch als beschränkt auf die praktische Schriftauslegung an.[469]

Auf die Schultheologie ist die analytische Methode erst von dem Heidelberger reformierten Theologen B. Keckermann in seinem Systema ss. theologiae 1602 angewandt worden, und zwar in enger Verbindung mit der Betonung ihres praktischen Charakters.[470] Durch diesen praktischen Charakter unterscheidet sich die theologische *prudentia religiosa ad salutem perveniendi* von der Theosophie, der obersten theoretischen Wissenschaft, die ihre Aussagen über Gott aber ebenfalls der Schrift zu entnehmen hat, also wie die Theologie auf Offenbarung beruht.[471] Die Unterscheidung zwischen Theologie und Theosophie zeigt, daß der Begriff der praktischen Wissenschaft hier einen engeren, vermutlich unter dem Einfluß G. Zabarellas[472] mehr an Aristoteles orientierten Sinn hat als bei Duns Scotus, nämlich begrenzt auf die Abzweckung konkreten menschlichen Wollens und Handelns. Das mag dazu beitragen, die geteilte Aufnahme der These vom praktischen Charakter der Theologie und der analytischen Methode in der reformierten Theologie[473] verständlich zu machen. Bezeichnend ist, daß J. G. Alsted,

---

469 Clavis p. II, 54–59, zit. bei C. H. Ratschow: Lutherische Dogmatik zwischen Reformation und Aufklärung I, 1964, 38 f.

470 E. Weber: Der Einfluß der protestantischen Schulphilosophie auf die orthodox-lutherische Dogmatik, 1908, 20 ff. gibt einen Überblick über die Geschichte der analytischen Methode in der Theologie, wobei die Bedeutung Keckermanns besonders hervorgehoben wird.

471 Zur Wissenschaftslehre Keckermanns siehe P. Althaus: Die Prinzipienlehre der deutschen reformierten Dogmatik im Zeitalter der aristotelischen Scholastik (1914), 2. Aufl. 1967, 20 ff., zu Theologie und Theosophie 26 ff. Beachte auch die Unterscheidung zwischen *scientiae* im engeren Sinne und *prudentiae* (21).

472 Die wissenschaftstheoretischen Auffassungen Zabarellas hat B. Hägglund: Die Heilige Schrift und ihre Deutung in der Theologie Johann Gerhards, 1951, 45 ff. dargestellt, zu ihrem Einfluß auf Keckermann siehe Althaus 22 f.

473 Eine genauere Untersuchung muß auch hier zwischen beiden Themen unterscheiden. So betont P. Althaus, daß die Bezeichnung der Theologie als praktische Wissenschaft von

der der Auffassung der Theologie als praktischer Wissenschaft sonst durchaus zuneigte, seine *Theologia Scholastica* 1618 von dieser Kennzeichnung ausnahm, weil offenbar der Begriff des Praktischen für ihn den engeren Sinn des Praxisbezuges von Ethik und Kasuallehre hatte.[474]
In der lutherischen Orthodoxie hatte die Kennzeichnung der Theologie als praktische Wissenschaft nicht ohne weiteres den Gebrauch der von Keckermann entwickelten analytischen Methode zur Folge. Für den praktischen Charakter der Theologie hat sich schon Hasenreffer 1600 ausgesprochen[475], und J. Gerhard vertrat 1610 im Proömium des ersten Bandes seiner Loci theologici dieselbe Auffassung. Gerhard griff dabei jedoch auf die Deutung zurück, die Duns Scotus diesem Begriff gegeben hatte (n. 12), und vermochte daher im Unterschied zu Keckermann die Gotteslehre mit in die Bestimmung des Zieles der Theologie aufzunehmen. Wie es gleichzeitig der reformierte Basler Theologe A. Polanus tat[476], unterschied auch J. Gerhard im Begriff des Zieles der Theologie ein Doppeltes, nämlich die Verherrlichung Gottes und die Verbindung des Menschen mit dem ewigen Heil.[477] Daß Gerhard die Theologie nicht auch

Keckermann her »weithin Eingang in der Dogmatik« gefunden habe (33), während die analytische Methode dort »keinen Boden« fand (55 ff.). Entsprechend urteilte schon E. Weber, daß Keckermann mit der Einführung der analytischen Methode in der reformierten Theologie »wenig Anklang« gefunden habe (Weber 41), aber er verband damit im Unterschied zu Althaus die Annahme, daß auch der praktische Charakter der Theologie in der reformierten Dogmatik nicht klar erkannt worden sei: Zwar sei diese Anschauung auch in der reformierten Dogmatik »ziemlich verbreitet« gewesen, aber überwiegend im Sinne der »These vom theoretisch-praktischen Mischlingscharakter des theologischen Habitus« (39). Dazu Althaus 55 f. Die Differenzen in den Urteilen von E. Weber und P. Althaus erklären sich weitgehend daraus, daß beide sich keine Rechenschaft von den Unterschieden im Praxisverständnis um die Wende vom 15. zum 16. Jahrhundert gegeben haben, E. Weber darüberhinaus auch noch eine moderne, in der Theologie Ritschls begründete Auffassung von der praktischen Eigenart religiösen Erkennens in den altlutherischen Texten wiederzufinden glaubte, was Althaus (62) mit Recht beanstandet hat.
474 Siehe P. Althaus 37 f. Vgl. auch J. G. Alsted: Methodus sacrosanctae theologiae, Hannover 1623, 47 ff. gegen die ausschließliche Zuordnung der Theologie entweder zu den theoretischen oder zu den praktischen Disziplinen.
475 Zu Hasenreffer siehe M. Keller–Hüschemenger: Das Problem der Fundamentalartikel bei J. Hülsemann in seinem theologiegeschichtlichen Zusammenhang, 1939, 115, zu Mentzer und Calixt vgl. E. Weber 21 und 26 f.
476 Althaus 53 f. An späterer Stelle (60) hebt Althaus auch hervor, daß Polanus sich für den praktischen Charakter der Theologie auf Duns Scotus berufen hat.
477 Loci theologici I, Proem. n. 26. Der Theologiebegriff J. Gerhards ist in der Dissertation von J. Wallmann 1961 (s. o. Anm. 464) ausführlich dargestellt worden (29–84). Zum praktischen Charakter der Theologie s. dort 50 ff.: Die Bedeutung von Gerhards

nach den Grundsätzen der analytischen Methode aufgebaut hat, wird von daher verständlich, wenn man bedenkt, daß diese bei Keckermann wie bei Zabarella an einen engeren Begriff von Praxis gebunden war. Im Selbstverständnis der lutherischen Dogmatik als praktischer Wissenschaft bezeichnet der Begriff des Praktischen nicht nur menschliches Handeln im Sinne einer religiös-ethischen Praxis[478], sondern expliziert die ontologische Finalstruktur der geschöpflichen Existenz des Menschen auf Gott hin. Noch bei G. Calixt zeigt sich, daß die analytische Methode in der Gestalt, in der sie von Keckermann in die Theologie eingeführt worden war, der metaphysischen Konzeption des Mensch und Gott verbindenden Praxisbezuges nicht sofort gerecht wurde. In seiner Epitome theologiae, in der Calixt 1619 nach dem Vorgang von B. Mentzer (1610) als einer der ersten lutherischen Theologen die analytische Methode anwendete, wird zwar bereits die für die Folgezeit maßgebende Dreiteilung in die drei Aspekte des Ziels, des auf das Ziel hin handelnden Subjekts und der Ursachen und Mittel, die auf das Ziel hinführen, entwickelt. Die Gotteslehre wird jedoch noch nicht mit dem Zielbegriff verbunden, sondern mit dem Subjekt der Theologie, dem das Ziel der Seligkeit erstrebenden Menschen, sofern er Geschöpf Gottes ist. Die Gotteslehre wird also nur als Voraussetzung des eigentlichen Gegenstandes dieses zweiten Teils behandelt.[479] Erst bei J. Hülsemann ist die analytische Methode mit dem Begriff der Theologie als praktischer Wissenschaft, für den Gott unter dem Aspekt des höchsten Ziels thematisch wird, verbunden. In der 1648 erschienenen Extensio seines Breviarium theologicum (1640), in dem »der Sieg der analytischen Methode in der Orthodoxie endgültig entschieden« ist[480], wird Gott im Sinne der schon von J. Gerhard

---

Rückgriff auf den gegenüber Aristoteles erweiterten, scotistischen Begriff der Praxis in der Bezeichnung der Theologie als *scientia practica* wird bei Wallmann und auch sonst in der Literatur verkannt, da man sich offenbar über das Verhältnis von Duns Scotus zu Aristoteles in diesem Punkt nicht im klaren ist. Daß Keckermann die Gotteslehre »nicht dem finis unterzuordnen weiß, wie es später die lutherische Dogmatik meist tat«, hebt Althaus (42) als einen auffälligen Mangel hervor, erkennt aber auch seinerseits keinen Zusammenhang mit der genaueren Bestimmung des Begriffs der scientia practica.

478 Althaus 56 ff. hat mit Recht Bedenken gegen E. Webers These erhoben, daß der Begriff der Theologie als praktischer Wissenschaft in der lutherischen Orthodoxie primär in der Eigenart des Glaubens als »praktisch-religiöser Lebensfunktion« begründet sei (vgl. Weber 50).

479 E. Weber 29 f.

480 M. Keller-Hüschemenger: Das Problem der Fundamentalartikel usw. 1939, 118,

eingeführten Unterscheidung das primäre Ziel der Theologie genannt. Im ersten Band seines Systema locorum theologicorum 1655 erklärt dann Abr. Calov, daß die Theologie von Gott nicht unter theoretischem, sondern unter dem praktischen Gesichtspunkte der Finalbestimmung des Menschen handelt[481], und bekämpft darum die von Musäus vertretene Bezeichnung Gottes als »Objekt« statt als Zielursache (finis) der Theologie.[482] Ähnlich erscheint dann bei J. F. König und J. A. Quenstedt Gott als objektive Zielursache der Theologie im Unterschied zur menschlichen Seligkeit als ihrem subjektiven Ziel.[483]

Die Entwicklung des Selbstverständnisses der Theologie als einer praktischen Wissenschaft im Altprotestantismus zeigt, daß diese Selbstbezeichnung sich nicht auf den Gesichtspunkt religiös-ethischer Praxis reduzieren läßt, sondern einen ontologischen bzw. anthropologisch-heilsgeschichtlichen Hintergrund hat. Der Gesichtspunkt der finalen Bezogenheit des menschlichen Daseins auf Gott ermöglichte die Einordnung der gesamten heilsgeschichtlichen Thematik der Theologie in einen theoretischen Bezugsrahmen. Daneben spielte allerdings der Gesichtspunkt einer Orientierung des theologischen Denkens auf die ethisch-religiöse Praxis, den E. Weber einseitig in den Vordergrund gestellt hat, ebenfalls mit. Das ist schon in der von J. Gerhard gegebenen Begründung für den praktischen Charakter der Theologie ganz offensichtlich. Und man kann die Übernahme des scotistischen Begriffs der Theologie als praktischer Wissenschaft durchaus auch als theoretischen Ausdruck dieses praktisch-religiösen Interesses verstehen, ähnlich wie das schon von der mittelalterlichen Franziskanerschule gilt. Dieses Interesse liegt aber auch bereits der Loci-Methode Melanchthons zugrunde, die durch die analytische Methode des 17. Jahrhunderts abgelöst wurde.

Die praktisch-ethische Perspektive der Theologie Melanchthons wird besonders deutlich, wenn man den humanistischen Hintergrund seiner Loci-Methode berücksichtigt.[484] Wir haben früher gesehen, daß sich schon die Schule von Chartres im 12. Jahrhundert

vgl. dort auch das Zitat aus der Ext. Breviarii, 1648, 17, für die Zuordnung des Gottesbegriffs zur Kategorie des Ziels.
481 A. Calov: Systema locorum theologicorum I, 1655, 33, zit. bei P. Althaus 59 f.
482 E. Weber 60 f., vgl. zu Musäus ebd. 52 ff.
483 E. Weber 35 f. zu König.
484 Siehe dazu E. Mühlenberg: Humanistisches Bildungsprogramm und reformatorische Lehre beim jungen Melanchthon, in: ZThK 65, 1968, 431–444.

um eine theologische Topik auf der Basis der aristotelischen Topik bemühte (s. o. 226). Der Begriff der *loci communes* bei Melanchthon steht dagegen in engerer Verbindung zur Rhetorik. Er bezeichnet wie im Humanismus die ethischen Grundbegriffe. Loci communes sind die Sachpunkte, von denen, wie Melanchthon 1521 schreibt, die *rerum summa* abhängt.[485] Auf sie muß sich der Redner beziehen, um zu überzeugen, d. h. im Sinne des Humanismus: um die menschlichen Affekte zum Guten zu beeinflussen. In seiner Rhetorik von 1519 zählt Melanchthon eine Reihe solcher loci communes auf: Untugenden, Tugenden, Schicksal, Leben und Tod, Reichtümer, Wissenschaft. Er fügt hinzu, die Zahl solcher loci sei so groß wie die Vielfalt des Lebens. Es handelt sich bei ihnen also um die anthropologischen Anknüpfungspunkte der humanistischen Moralpädagogik.

Da nun in der Sicht des reformatorischen Theologen die Affekte der Menschen durch die Sünde verkehrt sind und nicht mehr richtig reagieren, mußte Melanchthon besondere *loci theologici* entwerfen. Statt vom guten Beispiel, das die Affekte zum Guten erweckt, muß der Prediger von der Unfähigkeit der natürlichen Kräfte des Menschen zum Guten sprechen, von der Sünde und dem Gesetz Gottes, sowie vom Evangelium, das vom Schuldspruch des Gesetzes befreit, rechtfertigt und dadurch den Menschen zur Gottesliebe und Nächstenliebe befähigt.

In der letzten Ausgabe seiner Loci theologici von 1559 hat Melanchthon den Aufriß seines Werkes weniger eng auf die anthropologischethische Thematik beschränkt, sondern sich an der göttlichen Heilsgeschichte orientiert. Die erste Fassung von 1521 hatte sich als inhaltliche Zusammenfassung des Römerbriefs des Apostels Paulus verstanden, der seinerseits schon ein Kompendium der christlichen Lehre darstelle. Um der Heiligen Schrift im ganzen gerecht zu werden, mußte die Thematik bei der Neubearbeitung des Werkes aber über die anthropologisch-ethischen Probleme hinaus auf die Heilsgeschichte erweitert werden. Dementsprechend setzt das Werk 1559 mit Gott ein und folgt dann der *historica series* der biblischen Berichte von der Schöpfung bis zur Geburt, Kreuzigung und Auferstehung Christi und den *disputationes* des Paulus.[486]
Trotz des weiter gesteckten Rahmens bleibt auch bei der späten Fas-

---

485 Corpus Reformatorum 21, 84.
486 CR 21, 605; dazu Althaus 45.

sung der Loci theologici Melanchthons die ethisch-religiöse Grundrichtung erhalten, und auch die Orthodoxie des beginnenden 17. Jahrhunderts hat daran nichts ändern wollen, wie man dem Proëmium Johann Gerhards zu seinen Loci entnehmen kann. Man suchte aber für das religiös-ethische Interesse eine strengere wissenschaftliche Form. Lag darin schon eine intellektualistische Verirrung? Bereits Melanchthon hatte sich von der Einsicht leiten lassen, daß jenes praktische Interesse nur durch Unterordnung unter die durch die Autorität der Schrift vermittelte Gotteserkenntnis sein wahres Ziel erreichen kann. Um die Hinordnung des Menschen auf Gott und seinen Willen ging es auch der altprotestantischen Dogmatik. Darin hat ihr Bemühen um wissenschaftliche Strenge und Klarheit in der Darstellung der Gotteserkenntnis seinen Grund. Denn wenn die Praxis des menschlichen Heilstrebens an seiner Entsprechung zum Wesen und Willen Gottes hängt, dann muß die Gotteserkenntnis um der ethisch-religiösen Praxis selbst willen aller Reflexion auf das menschliche Verhalten und seine konkreten Aufgaben vorangehen. Es fragt sich dann nur, worin die Gewißheit der Gotteserkenntnis selbst gegenüber der Existenzproblematik des Menschen gründet. Für die altprotestantische Dogmatik war das allerdings keine Frage, da ihr die göttliche Autorität der Schrift selbstverständliche Gewißheit war. Für das neuzeitliche Denken aber erhoben sich an dieser Stelle die Probleme der Positivität der Theologie und der christlichen Überlieferung, auf die sie sich gründet. Es wird sich zeigen, daß die neuere protestantische Theologie mit dem Begriff der Positivität der Theologie auch deren Selbstverständnis als praktische Wissenschaft in spezifischer Weise weitergebildet hat.

3. Theologie als positive Wissenschaft

Die Geschichte des Begriffs der positiven Theologie liegt noch weitgehend im Dunkeln, doch ist so viel deutlich, daß dieser Begriff ursprünglich nicht die christliche Theologie im ganzen, etwa im Gegensatz zur natürlichen Theologie bezeichnete, sondern eine Einzeldisziplin innerhalb der Theologie von anderen Teildisziplinen unterschied.

a) In seinem enzyklopädischen *Apparatus theologicus* 1628 hat G. Calixt von der *gelehrten Theologie* (theologia scholastica), die man neuerdings, um den Begriff »scholastisch« zu vermeiden, auch »akademisch« nenne, die *kirchliche* Theologie unterschieden, die ihren Gegenstand nicht wie jene in schulmäßiger Breite (plene et exacte) untersucht, sondern nur die Hauptstücke der christlichen Religion (capita religionis christianae) ohne genauere Begründung und Polemik zusammenfaßt. Man könne diese kirchliche Theologie auch als didaktische oder »positive« Theologie bezeichnen.[487] Daneben nennt Calixt als weitere theologische Disziplinen noch die exegetische Theologie und die Kirchengeschichte, sowie Polemik und praktische Theologie. Das Ziel der positiven Theologie ist es, »den zukünftigen Pfarrer, von dem Calixt annimmt, daß er sich oft nur zwei Jahre auf der Universität befindet, mit den unerläßlichen Mitteln zu einer geordneten Ausführung seiner Amtspflichten auszurüsten«.[488]

In diesem Sinne begegnet im 17. und frühen 18. Jahrhundert der Begriff der positiven Theologie häufig. Die Kompendien von J. C. Dannhauer (1649), J. F. König (1664), A. Calov (1682), J. W. Baier (1686) führen ihn im Titel. In der enzyklopädischen Einführung in die Theologie von J. F. Buddeus (1727) erscheint dann der Begriff der *theologia thetica seu positiva* als gleichbedeutend mit dem der Dogmatik. Dabei bezieht sich Buddeus auf die in der katholischen Theologie üblich gewordene Unterscheidung zwischen positiver und scholastischer Theologie.[489] Ihm ist offenbar jedoch nicht bewußt, daß der Begriff der positiven Theologie dort einen etwas anderen Sinn als bei den altprotestantischen Theologen hatte.

b) Petrus Annatus, den Buddeus neben L. E. Du Pin und Honorius de S. Maria als Gewährsmann nennt, hatte 1700 die positive

---

487 G. Calixt: Apparatus theologici sive introductionis in studium et disciplinam sanctae theologiae ed. altera, Helmstedt 1661, 174: Dici quoque potest *didactica* vel *Positiva,* quod quae necessaria et certa sunt, doceat et ponat, nec ad quaestiones opinionesque minus aut necessarias aut certas dilabatur. Nos, ut distinguatur ab Academica, Ecclesiasticam appellabimus. Vgl. auch p. 167 n. 5, sowie J. Wallmann, Theologiebegriff 154 f. Dort wird auch die ähnliche, aber sich auf kirchliche (positive), exegetische, historische und akademische Theologie beschränkende Einteilung zitiert, die Calixt 1629 in seiner Einleitung zu Augustins Schrift De doctrina christiana vorgenommen hat (155 Anm. 3).
488 Wallmann 154 f.
489 J.Fr. Buddei Isagoge historico – theologica ad theologiam universam singulasque eius partes, Leipzig 1727, 302. Vielleicht geht die Identifizierung der positiven Theologie mit der Dogmatik auf eine von Buddeus mißverstandene Formulierung des Jansenisten L. E. Du Pin zurück, auf den sich Buddeus beruft und der in seiner Méthode pour étudier la théologie (1687) Paris 1768, 31, von einer »partie de la théologie positive« schreibt: »qui traite dogmatiquement des mystères et des points de nôtre religion«.

Theologie im Unterschied zur gelehrten (scholastischen) dadurch charakterisiert, daß erstere ihre Behauptungen durch *principia positiva* begründe, die nicht bewiesen, sondern vorausgesetzt und geglaubt werden, nämlich auf Grund von Schrift und Tradition, während die scholastische Theologie sich zwar inhaltlich mit jener decke, aber diesen Inhalt genauer und subtiler mit rationalen Argumenten darlege.[490] Die Unterscheidung wurde damals von Du Pin bereits als gewöhnlich (ordinairement) bezeichnet, und schon hundert Jahre früher finden sich ähnliche Äußerungen bei Ludwig Carbonia und Gregor von Valentia.[491] Ihr Ursprung geht auf die zuerst 1563 erschienenen theologischen Loci Melchior Canos zurück.

Cano hat nicht wie Melanchthon und andere, auch katholische Autoren des 16. Jahrhunderts die inhaltlichen Hauptpunkte der christlichen Lehre als *loci theologici* bezeichnet, sondern die Beweisquellen, denen der Theologe seine Argumente entnimmt.[492] Die Notwendigkeit einer derartigen methodischen Grundlegung ergab sich für die nachtridentinische Theologie daraus, daß sie im Unterschied zur protestantischen Theologie die Schrift nicht als *einzige* Beweisquelle gelten ließ. In der altprotestantischen Theologie entspricht daher den methodisch gedeuteten Loci Canos insgesamt der ebenfalls Ende des 16. Jahrhunderts gebräuchlich werdende Einleitungslocus De sacra Scriptura. Nach Cano müssen nun aus den zehn Beweisquellen – von der Autorität der Schrift und den Traditionen

---

490 P. Annatus: Apparatus ad positivam theologiam Methodicus (Paris 1700), Erfurt 1726, 3: Positiva dicitur, dum suas discurrendo conclusiones probat per *principia positiva*, hoc est per principia quae non probantur, sed supponentur et creduntur, qualia sunt ea, quae desumuntur ex verbo Dei scripto vel tradito, nobisque per Ecclesiam proposito.

491 L. Carbonia: Introductio in sacram Theologiam, Venetiis 1589, l. I, c. 8; Gregor von Valentia: Commentaria theologica t. I q 1,1, zit. bei A. Lang: Die Loci theologici des Melchior Cano und die Methode des dogmatischen Beweises. Ein Beitrag zur theologischen Methodologie und ihrer Geschichte, 1925, 209, Anm. 1.

492 M. Cano: De Locis theologicis libri duodecim, Salmanticae 1563, 4. Cano legt dar, er wolle nicht handeln de capitibus rerum illustrium, quae nunc etiam communes appellantur loci, ut de iustificatione, de gratia, de peccato, de fide deque aliis huius generis... Sed quemadmodum Aristoteles in Topicis proposuit communes locos, quasi argumentorum sedes et notas, ex quibus omnis argumentatio ad omnem disputationem inveniretur: sic nos peculiares quosdam Theologiae locos proponimus, tamquam domicilia omnium argumentorum Theologicorum ... Siehe dazu das Anm. 491 genannte Buch von A. Lang 65 ff., wo insbesondere auf die Abhängigkeit Canos von der Deutung der aristotelischen Topik durch R. Agricola hingewiesen wird (67), der in seiner Inventio dialectica die Topoi nicht, wie es der Meinung des Aristoteles entsprach, in bestimmten Propositionen, sondern in den darin enthaltenen allgemeinen Gesichtspunkten und Merkmalen der Dinge suchte.

bis zur Autorität der humana historia – in erster Linie die *Prinzipien* der Theologie gewonnen werden. Sie sind dabei allerdings nicht inhaltlich zu beweisen, sondern nur als in den Autoritätsquellen enthalten aufzuweisen. Diese Aufgabe bezeichnete Cano im Unterschied zur *probatio* als *positio principiorum*[493], und die damit beschäftigte Disziplin der Theologie bezeichnete man daher in der Folgezeit durch den von Cano selbst noch nicht benutzten Ausdruck »positive Theologie«. Ihr Ziel erblickte man darin, die durch die anderen Quellen gegebenen Prinzipien auf die Schrift selbst zurückzuführen. So schrieb Gregor von Valentia 1591, man spreche deshalb von einer »positiven« Theologie, weil sie aus der Schrift die Prinzipien der übrigen theologischen Konklusionen erhebe.[494]
In diesem Sinne ist die Unterscheidung zwischen »positiver« und »scholastischer« oder (nach neuerem Sprachgebrauch) »spekulativer« Theologie von katholischen Theologen bis in die Gegenwart vertreten worden. So sucht nach M. Schmaus die positive Theologie »mit den Mitteln der historisch-philologischen Forschung die Frage zu beantworten: Was ist die von Gott geoffenbarte Wahrheit«, während die »geistige Durchdringung und Zusammenfassung« ihres Inhalts Sache der spekulativen Theologie sei.[495] Während sich allerdings nach Schmaus die Disziplinen der positiven Theologie mit Bibelwissenschaft und Kirchengeschichte decken[496], wird von anderen die exegetische und historische Theologie von der positiven Theologie unterschieden, die die Ergebnisse jener Disziplinen dogmatisch zu werten habe.[497]

c) Die altprotestantische Theologie hat die von Cano angebahnte Unterscheidung, wie sich jetzt zeigt, übernommen, aber in einer bestimmten Richtung verändert. 1623 nimmt J. H. Alsted auf die »in den Schulen gebräuchliche« Unterscheidung zwischen positiver und scholastischer Theologie Bezug und setzt dabei die Schrift selbst, die *positiones sacrae scripturae,* die die Basis der gelehrten Theo-

---

493 Loci XII, 3 (348 b), vgl. A. Lang 90.
494 Commentaria theologica I, 1,1: quasi principia firma aliarum conclusionum Theologicarum ponit et ideo positiva videtur dicta, quia scilicet ponit atque statuit ex Scriptura principia Theologiae firma (zit. bei A. Lang 209 n. 1; auf derselben Seite findet sich auch die Feststellung Langs, daß Cano den Ausdruck »positive Theologie« noch nicht benutzt hat).
495 *M. Schmaus:* Katholische Dogmatik I (1937), 3. Aufl. 1848, 39.
496 a. a. O. 41.
497 So A. Lang a. a. O. 210 und ebd. Anm. 3 mit Hinweis auf M. Jacquin in: Revue de sciences phil. et théol. 1907, 345 ff.

logie bilden, mit dem Begriff der positiven Theologie gleich.[498] Das entspricht der reformatorischen Auffassung, daß die Schrift selbst Prinzip und Fundament der Lehre ist. Durchgesetzt hat sich aber nicht diese, sondern die oben (Anm. 487) erwähnte Rezeption derselben Unterscheidung durch Calixt. Auch seine Deutung bleibt dem Ausgangspunkt der Unterscheidung bei Cano insofern verbunden, als die positive Theologie den Lehrinhalt der Schrift erhebt, ohne ihn argumentativ zu entfalten, zu begründen und zu verteidigen. Allerdings bedarf Calixt ebensowenig wie Alsted der positiven Theologie als einer besonderen Disziplin zur *Grundlegung* der Theologie, zur Erhebung der Offenbarungswahrheiten; denn diese sind für beide durch die in sich klare Schrift ohne weiteres gegeben. Doch während Alsted darum die positive Theologie mit der Schrift selbst identifizierte, behält Calixt sie als besondere theologische Disziplin bei, nämlich zu praktischen Zwecken der Pfarrerausbildung, als »positive« Darlegung des »fundamentalen« Lehrinhalts ohne gelehrtes Beiwerk. Die Beschränkung der positiven Theologie auf das Notwendige und unzweifelhaft Gewisse trägt in diesen Begriff einen Lieblingsgedanken von Calixt ein, die Relativierung der dogmatischen Kontroversen durch Konzentration auf das Fundamentale.

d) Eine weitere Verschiebung erfuhr der Begriff der positiven Theologie durch die Aufklärung. War sie zuvor Gegenbegriff zur gelehrten oder schulmäßigen, scholastischen Theologie gewesen, so wurde sie nun als Gegenpol zur natürlichen Theologie aufgefaßt. Zugrunde lag dabei der Gegensatz von natürlicher und positiver Religion, wie ihn z. B. G. E. Lessing in seinem vor 1760 verfaßten Fragment »Über die Entstehung der geoffenbarten Religion« formuliert hat: Als man dazu überging, »auch die Religion gemeinschaftlich zu machen« für alle Menschen, da mußte man »aus der Religion der Natur, welche einer allgemeinen gleichartigen Aus-

---

[498] J. H. Alsted: Methodus ss. theologiae, Hannover 1623, 121: Usitata est in Scholis distinctio Theologiae in positivam, scholasticam, in practicam et in controversam. Positivam Theologiam appellunt ipsam sacram Scripturam, seu divinam historiam, quam vulgo vocamus Biblia, item Testamentum ... Dicitur autem *Theologia positiva,* quia legibus ratiocinationum, definitionum ac divisionum non coarctatur, nec in eam tradendam cadit omnino disceptandi ratio, quam Scholasticae penitior adhibetur ... Haec Theologia positiva est universae Theologiae, quatenus in subjecto est, basis et fundamentum ... 122: Theologia *scholastica* est quae positiones sacrae Scripturae, seu Theologiae positivae, in methodum rediget, et conclusiones rationibus petitis inprimis e sacris litteris probat.

übung unter Menschen nicht fähig war, eine positive Religion bauen, so wie man aus dem Rechte der Natur aus der nämlichen Ursache ein positives Recht gebauet hatte«.[499] Dabei hat der junge Lessing wie auch andere Denker der Aufklärung die positiven Religionen als nur aus politischen Bedürfnissen hervorgegangene Modifikationen der natürlichen Religion beurteilt, und zwar als Entstellungen ihres Inhalts, die alle »gleich wahr und gleich falsch« sind, weil nämlich jede positive Religion zwar einerseits »der Einigkeit in der öffentlichen Religion« dient, aber andererseits »das Wesentliche schwächt und verdrängt« (§ 9–10). Während so die vom Deismus geprägten Rationalisten die »positiven« Ergänzungen der natürlichen Religion eher verächtlich behandelten, hat die dem Geist der Aufklärung vorsichtig sich öffnende Offenbarungstheologie, die sog. Neologie, die Notwendigkeit einer solchen Ergänzung betont und den Begriff einer »positiven« Religion und Offenbarung als Ehrentitel in Anspruch genommen, – eine Einstellung, die sich bis in die Auseinandersetzungen zwischen »Positiven« und »Liberalen« zu Beginn des 20. Jahrhunderts fortsetzte.[500]

Nach K. G. Bretschneider wäre J. A. Ernesti der erste gewesen, der »der geoffenbarten Lehre deswegen den Namen einer positiven beigelegt wissen [wollte], weil Gott in ihr die natürliche Religion durch einen *cultum arbitrarium* vermehrt habe«.[501] Tatsächlich hat Ernesti sich gegen Tindal und andere Deisten um den Nachweis bemüht, daß es keineswegs der göttlichen Vollkommenheit unwürdig sei, über den Inhalt der natürlichen Religion hinausgehende Heilsinhalte und Heilsbedingungen durch freie Willensakte festzulegen.[502] Vor allem sei eine vollkommene Seligkeit des Menschen – und insbesondere des der Sünde verfallenen Menschen – ohne derartige göttliche

---

499 Lessings Werke (ed. G. Hempel) Bd. 14, 220 (§ 5). Das Fragment wurde erst 1784 aus Lessings theologischem Nachlaß veröffentlicht. Siehe auch K. Aner: Die Theologie der Lessingzeit, 1929, 347.
500 Siehe dazu den Artikel »Positive Union« in RGG³ V (1961) 472 f.
501 K. G. Bretschneider: Systematische Entwicklung aller in der Dogmatik vorkommenden Begriffe (1804), 3. Aufl. 1825, 32 verweist auf Ernestis zuerst 1773 veröffentlichte Opuscula theologica p. 195 f. Ebenso C. F. Ammon in der praefatio p. V zu seiner Summa theologiae christianae, 1803. Ich konnte jedoch den Ausdruck »positiv« weder an der angeführten Stelle, noch überhaupt in dem betreffenden Artikel Ernestis (Vindicii arbitrii divini in religione constituenda) verifizieren.
502 Vindicii arb. div., in: Opuscula theologica, 2. ed. 1793, 173: Nos contra dicimus, neque abhorrere a perfectione divina, aliquid esse in religione arbitrarium, neque negari posse, talia esse cum hominum salute sapienter a Deo constituta. Vgl. ebd. 191 ff.

Willensdekrete nicht denkbar. Zumindest der Sache nach war das die Verteidigung einer Offenbarung nach Analogie positiver Rechtssetzung. Ernestis Schüler und Nachfolger Sam. Fr. N. Morus hat in Kommentaren zu seiner zuerst 1789 erschienenen Epitome theologiae christianae auch den Ausdruck »positiv« als Selbstbezeichnung der christlichen Theologie übernommen. Auch C. F. Ammon, ein anderer Schüler Ernestis, der sich 1793 noch gegen die Charakterisierung des Christentums als positive Religion eingesetzt hat[503], stimmte in seiner Summa theologiae christianae 1803 der Kennzeichnung der christlichen Lehre als positiv unter der Voraussetzung zu, daß damit nicht nur die äußerliche Autorität eines Gesetzgebers, sondern der singuläre Akt der göttlichen Vorsehung gemeint ist.[504] In der Folgezeit wurde es dann in der Theologie üblich, die Bedeutung der »historisch-positiven« Grundlagen des Christentums zu betonen.[505]

503 Ist das Christentum eine positive Religion?, in: Neues theologisches Journal I, 1793, 89–104 und 273–286. Der anonyme Artikel in dem von Ammon mitherausgegebenen Journal stammt nach K. G. Bretschneider (Systematische Entwicklung aller in der Dogmatik vorkommenden Begriffe, 3. Aufl. 1825, 32 Anm. 27) von Ammon selbst. Ammon schreibt dort p. 90 bereits, der dogmatische Supranaturalist verteidige die Offenbarung »als einzige und vollständige Quelle seiner positiven Theologie«, und er bezeichnet es als »unbegreiflich ..., wie die nach Einheit strebende Vernunft aus dem Begriffe »positiv« zwei einander geradezu widersprechende Beweise für die Wahrheit und Nichtwahrheit der christlichen Religion nehmen konnte, wenn sie über den richtigen und bestimmten Sinn dieses Wortes einig wäre« (ebd.).
Die Ausführungen dieses Artikels gehören zu den Voraussetzungen für Hegels Schrift über die Positivität des Christentums, 1795 (Hegels theologische Jugendschriften ed. Nohl, 1907, 152 ff.). Von den »positiven Lehren« des Christentums ist schon in einem Entwurf Hegels mit bei der Lektüre des Theologischen Journals entstandenen Notizen die Rede (ebd. 362 ff., bes. 364; ich verdanke diesen Hinweis Dr. R. Leuze). Hegel hat also gegen Ammons damalige Intention die Positivität auch auf die christlichen Lehren bezogen. In der Schule Chr. Storrs, aus der Hegel kam, ist dieser Sprachgebrauch schon zuvor belegbar, vgl. F. G. Süskind: Bemerkungen über den aus Prinzipien der praktischen Vernunft hergeleiteten Überzeugungsgrund von der Möglichkeit und Wirklichkeit einer Offenbarung, in Beziehung auf Fichtes Versuch einer Critik aller Offenbarung, gedruckt als Anhang zu Süskinds Übersetzung von G. Chr. Storrs' Bemerkungen über Kants philosophische Religionslehre, Tübingen 1794. Süskind bezieht sich darauf, daß es nach Fichte »moralisch unmöglich sei, daß uns eine Offenbarung solche positive Belehrungen gebe« (166). An der entsprechenden Stelle bei Fichte (Sämtl. Werke ed. J. H. Fichte V, 119) fehlt das Wort »positiv« (ebenso wie übrigens in Kants Religionsschrift). Süskind verwendete es also als Interpretament, und zwar noch wiederholt (174, 177 f., 196, 199). Insbesondere bezeichnet der Begriff (entsprechend den oben zitierten Darlegungen Ernestis) die Gratuität der Heilsveranstaltungen Gottes: »das alles ... ist *positiv*, ist nicht in uns selbst gegründet, sondern von Gott veranstaltet« (179).
504 Chr. Fr. Ammon: Summa theologiae christianae, 1803, VI f.
505 Die Wendung begegnet ständig bei G. J. Planck, Grundriß der theologischen Enzyklo-

e) Wenn Schleiermacher 1799 in seinen »Reden über die Religion« die positive Religion gegen die natürliche Religion herausstreicht, indem er das »Sträuben gegen das Positive und Willkürliche zugleich ein Sträuben gegen alles Bestimmte und Wirkliche« nennt[506], so liegt das ganz auf der von der Argumentation Ernestis ausgehenden Linie. Schleiermachers Rechtfertigung der positiven Religion hat allerdings dadurch besonders durchschlagend gewirkt, daß er die natürliche Religion zu einer bloßen Abstraktion aus den positiven Religionen erklärte.[507] Doch folgt Schleiermachers Begriff von der positiven Religion sonst durchaus dem damals üblichen Sprachgebrauch. Um so überraschender ist es, daß seine berühmte und epochemachende Charakteristik der Theologie als einer positiven Wissenschaft in dem enzyklopädischen Grundriß von 1811 einen ganz anderen Begriff der Positivität benutzt. Das erklärt sich daraus, daß Schleiermacher sich hier an allgemeinen wissenschaftstheoretischen Erörterungen, nicht in erster Linie am Gegensatz von natürlicher und positiver Religion orientiert.

Schelling hatte 1802 in seinen Vorlesungen über die Methode des akademischen Studiums die Einzelwissenschaften in ihrem Gegensatz zur Philosophie als »positive Wissenschaften« bestimmt. Er rechnet dazu neben Theologie und Jurisprudenz auch die Naturwissenschaft, aber nur insoweit »das Wissen in ihr zur äußeren und öffentlichen Pflicht wird«, wie es allein in der Medizin der Fall ist. Daher spricht Schelling von insgesamt »drei positiven Wissenschaften«[508], nämlich Theologie, Jurisprudenz, Medizin. Es handelt sich dabei um die drei »oberen Fakultäten«, von denen Kant gesagt hatte, daß sie nicht wie die philosophische Fakultät der Wahrheit als solcher gewidmet sind, sondern den »natürlichen Zwecken« des Volkes, nämlich »nach dem Tode *selig*, im Leben unter anderen Menschen des *Seinen* durch öffentliche Gesetze gesichert, endlich des physischen Genusses des *Lebens* an sich selbst (d. i. der Gesundheit

---

pädie 1813, während sie in dessen »Einleitung in die theologischen Wissenschaften«, Leipzig 1794/95 noch fehlt.
506 Reden über die Religion, 1799, 278, vgl. 242 f. 260 f. 263.
507 ebd. 277: »Das Wesen der natürlichen Religion besteht ganz eigentlich in der Negation alles Positiven und Charakteristischen in der Religion ...«, vgl. 281 und schon 272 ff.
508 *F. W. J. Schelling*: Vorlesungen über die Methode des akademischen Studiums (1802), 7. Vorlesung: Über Philosophie und positive Wissenschaften, zit. aus: Die Idee der deutschen Universität, ed. E. Anrich, Darmstadt 1956, bes. 62 ff.

und langen Lebens) gewärtig zu sein«.[509] Auf die Lenkung dieser natürlichen Zwecke des Volkes beziehen sich nach Kant die Interessen der Regierung, die daher die den drei »oberen Fakultäten« zugrunde liegenden Statute (»d. i. von der Willkür eines Obern ausgehende ... Lehren«, 22) sanktioniert. Der Sache nach ist also schon bei Kant das Moment des Positiven mit der praktischen Abzweckung verbunden. Durch ihr Pochen »auf ihre praktische Unentbehrlichkeit und ihre Gültigkeit beim Haufen« charakterisierte dann auch Fichte die »drei sogenannten höhern Fakultäten«.[510]
Schleiermacher hat von Schelling die Bezeichnung der drei oberen Fakultäten als »positiv« übernommen, damit aber den von Kant und Fichte betonten Gesichtspunkt ihrer praktischen Abzweckung verbunden. So schreibt er 1808 in seinem Memorandum zur Errichtung der Berliner Universität: »Die positiven Fakultäten sind einzeln entstanden durch das Bedürfnis, eine unentbehrliche Praxis durch Theorie, durch Tradition von Kenntnissen sicher zu fundieren.«[511] Entsprechend bestimmt Schleiermacher 1811 den Begriff einer positiven Wissenschaft, von dem seine »Kurze Darstellung des theologischen Studiums« ausgeht: »Eine positive Wissenschaft überhaupt ist nämlich ein solcher Inbegriff wissenschaftlicher Elemente, welche ihre Zusammengehörigkeit nicht haben, als ob sie einen vermöge der Idee der Wissenschaft notwendigen Bestandteil der wissenschaftlichen Organisation bildeten, sondern nur, sofern sie zur Lösung einer praktischen Aufgabe erforderlich sind.«[512] Die praktische Aufgabe, die bei Schleiermacher im Unterschied zu Kant von den Interessen des Staates ganz abgelöst ist, besteht im Falle der Theologie in der notwendigen Leitung der christlich-religiösen Gemeinschaft, also in der Kirchenleitung (§ 3). Gemeint ist die Aufgabe der Pfarrerausbildung. Als positive Wissenschaft ist die Theologie daher der »Inbegriff derjenigen wissenschaftlichen Kenntnisse und Kunstregeln, ohne deren Besitz und Gebrauch eine zusammenstim-

509 I. Kant: Der Streit der Fakultäten, 1798. Das Zitat findet sich in der Akademieausgabe der Werke Kants Bd. 7, 30, das im Text folgende Zitat ebd. 22.
510 J. G. Fichte: Deduzierter Plan einer zu Berlin zu errichtenden höheren Lehranstalt ... 1807, zit. nach: Die Idee der deutschen Universität ed. Anrich 1956, 157 (§ 26).
511 F. D. Schleiermacher: Gelegentliche Gedanken über Universitäten in deutschem Sinn, nebst einem Anhang über eine neu zu errichtende, zit. aus: Die Idee der deutschen Universität, 258.
512 F. D. Schleiermacher: Kurze Darstellung des theologischen Studiums (1811) 2. Aufl. 1830, krit. Ausg. von H. Scholz 1935, 1 (§ 1). Die folgenden Paragraphenangaben im Text beziehen sich durchweg auf dieses Werk.

mende Leitung der christlichen Kirche, d. h. ein christliches Kirchenregiment, nicht möglich ist« (§ 5). Damit nimmt Schleiermacher die zweihundert Jahre zuvor von Calixt der »positiven Theologie« zugewiesene praktische Aufgabenstellung wieder auf.[513] Während jedoch für Calixt die positive Theologie nur eine Teildisziplin der Theologie gewesen war, ist der Begriff bei Schleiermacher zur Kennzeichnung der Theologie überhaupt geworden. Die dabei im Hintergrund stehenden wissenschaftstheoretischen Reflexionen über die Theologie im Kreise der drei »oberen Fakultäten« lagen Calixt noch ganz fern. Aber was bei Calixt angebahnt, bei Schleiermacher vollendet ist, das ist die Verbindung der Positivität der Theologie mit ihrer praktischen Wesensbestimmung, wenn auch dabei die letztere von der allgemeinmenschlichen Heilsfrage auf den Gesichtspunkt der kirchlichen Praxis oder vielmehr – noch spezieller – der kirchenleitenden Praxis verengt ist, die sich freilich auf jene allgemeinere Thematik als auf ihr Tätigkeitsfeld bezieht.

4. Schleiermacher und die thematische Einheit der Theologie

Das von Schleiermacher begründete und von seinem Schüler K. R. Hagenbach[514] ausgebaute Selbstverständnis der Theologie als positiver Wissenschaft muß als weitgehend korrekte Beschreibung der Funktion der Theologie – neben Jurisprudenz und Medizin – im Universitätsaufbau des 19. Jahrhunderts anerkannt werden. In einer Zeit, in der die traditionelle Vorherrschaft der drei klassischen Fakultäten, vor allem aber der Theologie, durch die Herrschaft der Philosophie und der aus ihr hervorgehenden Realwissenschaften abgelöst worden war, ist es Schleiermacher gelungen, den Ort der Theologie in der Universität neu zu bestimmen in engem Kontakt

---

513 Darauf hat J. Wallmann: Der Theologiebegriff usw. 144 ff., bes. 147, mit Recht hingewiesen.
514 K. R. Hagenbach: Encyklopädie und Methodologie der Theologischen Wissenschaften (1833), 11. Aufl. 1884, 51, betonte das im traditionellen Sinne »Positive« der drei klassischen Fakultäten: Sie haben »ihren wissenschaftlichen Bestimmungsgrund nicht in sich selbst, wie das reine Wissen, sondern außerhalb in einem *gegebenen*, durch empirische Verhältnisse bedingten Lebensgebiete« und durch das von einer »äußeren Autorität Gebotene«. Dabei habe die Theologie mit den Rechtswissenschaften den »historischen Boden« und die institutionelle Bindung gemeinsam, – hier an den Staat, dort an die Kirche, – mit der Medizin aber den therapeutischen Charakter der Tätigkeit, auf die sie vorbereitet.

mit den grundlegenden wissenschaftstheoretischen Konzeptionen der idealistischen Philosophie, sowie andererseits im Rückgriff auf traditionelle Elemente des Selbstverständnisses der Theologie, wie den positiven Charakter ihrer Lehren und die praktische Ausrichtung ihrer Fragestellung. Jedoch war diese Ortsbestimmung der Theologie stärker, als es Schleiermacher bewußt war, an politische Voraussetzungen gebunden, nämlich an eine Situation, in der Gesellschaft und Staat ein Interesse an der praktischen Funktion christlicher Theologie im Sinne Schleiermachers haben. Der Gesichtspunkt Kants, daß die drei »oberen« Fakultäten nicht nur den »natürlichen Zwecken« des Volkes, sondern auch den darauf gerichteten Interessen der Regierung dienen, ist von Schleiermacher vernachlässigt worden, und im Hinblick auf die tatsächliche Stellung der Theologie in der Universität des 19. Jahrhunderts geschah das sicherlich zu Unrecht. Schleiermacher hat statt des staatlichen Interesses das Ausbildungsinteresse der Kirche in seine Definition der Theologie als positiver Wissenschaft eingesetzt, obwohl dieses Interesse gerade zu seiner Zeit gewiß nicht so unabhängig von politischen Verflechtungen institutionalisiert war, daß letztere hätten vernachlässigt werden dürfen. Durch seine Idealisierung dieses Sachverhaltes im Sinne einer Auffassung der Theologie als Funktion der Kirche verbarg sich Schleiermacher die Einsicht, daß es keineswegs die Kirche für sich ist, die die Stellung der Theologie an der Universität begründet, und daß deren Fortdauer vielmehr davon abhängen muß, ob Gesellschaft und Staat auch fernerhin Gründe haben, eine in Schleiermachers Sinne konzipierte Theologie als Universitätsfakultät beizubehalten. Dabei wäre eine Verbindung von Staat und Religion vorausgesetzt, der Schleiermacher selbst kritisch gegenüberstand.
Ob andererseits eine auf sich allein gestellte Kirche es sich erlauben dürfte, ihr Interesse an Theologie lediglich unter den positiv-praktischen Gesichtspunkt Schleiermachers zu stellen, erscheint als sehr fraglich. Aber das ist auch faktisch gar nicht der Bezugsrahmen der Reflexionen Schleiermachers gewesen, die, wie gezeigt wurde, ihren Kontext vielmehr in der allgemeinen Frage nach der Stellung der drei »oberen« Fakultäten in der Universität hatte. Eine positiv-praktische Auffassung der Theologie, wie sie Schleiermacher vertreten hat, setzt jedenfalls immer schon einen institutionell gesicherten Zustand der Kirche voraus, sei es im Lebenszusammenhang der Gesellschaft, sei es durch ihr in sich selbst beruhendes Eigengewicht.

Auch und erst recht bei einer Begründung der Theologie auf die selbständig gedachten Interessen der Kirche gilt, daß nur eine institutionell gesichert existierende Kirche sich damit begnügen könnte, das Stattfinden von Theologie allein unter positiv-praktischem Gesichtspunkt weiterlaufen zu lassen. In dem Augenblick, da solche tatsächliche institutionelle Geltung in Zweifel gezogen wird, – sei es von der Gesellschaft, sei es von einer Kirche, die in der Theologie ein Übermaß intellektueller Problematisierung ihrer Tradition argwöhnen könnte – genügt die positiv-praktische Auffassung der Theologie nicht mehr, um ihr Dasein zu rechtfertigen.[515]

Wenn die Theologie nicht aufgeht in ihrer Deutung als positiver Wissenschaft im Sinne Schleiermachers, dann muß sich das an der Durchführung seiner These am Stoff der theologischen Disziplinen, wie Schleiermacher sie selbst vorgelegt hat, erweisen. Wir wenden uns damit von der Erörterung der von Schleiermacher nicht hinreichend reflektierten Bedingungen seines Theologiebegriffs zur Frage nach dessen innerer Konsistenz. Erst diese Frage entscheidet über Recht und Unrecht in seiner Konzeption der Theologie.

Die innere Einheit der theologischen Disziplinen und Stoffe ist nach Schleiermacher allein in der praktischen Beziehung der Theologie auf die Aufgabe der Kirchenleitung begründet: »Dieselben Kenntnisse, ohne diese Beziehung, hören auf theologische zu sein und fallen jede einer anderen Wissenschaft anheim« (§ 6, 1. Aufl.). Ist es Schleiermacher gelungen, diese These durch seine Untersuchung der theologischen Einzeldisziplinen und ihrer Beziehungen zueinander zu erhärten? Gewinnen diese Disziplinen ihre Einheit in seiner eigenen Darstellung wirklich nur von den Erfordernissen der Pfarrerausbildung her?

Schleiermacher unterscheidet drei Hauptdisziplinen: An erster Stelle steht die philosophische Theologie. Sie ist im Rahmen der Gesamtaufgabe der Theologie erforderlich, weil es »kein Wissen um das Christentum« gibt, das nicht das Christentum als eine unter andern Weisen der Frömmigkeit und diese »im Zusammenhang mit den übrigen Tätigkeiten des menschlichen Geistes« versteht (§ 21). Die philosophische Theologie muß daher ausgehen von dem reli-

---

515 Dem Urteil von G. Sauter: Theologie als Wissenschaft, 1971, 38, daß die von Schleiermacher und Hagenbach getroffene Festlegung des Theologiebegriffs »heute noch gültig, wenn auch sachlich anders realisiert« sei, – nämlich im Sinne der Losung: »vom Text zur Predigt«, – kann ich daher nur insoweit zustimmen, als damit eine bloße Beschreibung des bestehenden Zustandes gemeint ist.

gionsphilosophischen Nachweis, daß das Bestehen frommer Gemeinschaften »ein für die Entwicklung des menschlichen Geistes notwendiges Element« ist (§ 22). Von da aus hat sie »das Wesen des Christentums« als »eigentümliche Glaubensweise« und die ihm entsprechende »Form der christlichen Gemeinschaft« darzustellen (§ 24).

Der philosophischen Theologie steht bei Schleiermacher die »praktische Theologie« gegenüber, die es mit der »Technik« der Kirchenleitung oder Gemeindeleitung zu tun hat und ihrerseits in verschiedene Zweige unterteilt ist (§ 25).

In der Mitte zwischen philosophischer und praktischer Theologie steht als der »eigentliche Körper des theologischen Studiums« (§ 29) die historische Theologie (§ 26). Sie ist nötig, weil die Aufgabe der Kirchenleitung »die Kenntnis des zu leitenden Ganzen« erfordert. Dabei handelt es sich zunächst um die Kenntnis dieses Ganzen »in seinem jedesmaligen« d. h. in seinem jeweils gegenwärtigen »Zustande«. Der gegenwärtige Zustand der Kirche kann aber, »da das Ganze ein geschichtliches ist, nur als Ergebnis der Vergangenheit begriffen werden« (§ 26). Der Begriff der historischen Theologie wird bei Schleiermacher sehr weit gefaßt. Er umfaßt über die Kirchengeschichte hinaus nicht nur die exegetische Theologie, sondern auch Dogmatik und »kirchliche Statistik« als Beschreibung des gegenwärtigen Zustandes des Christentums, sofern dieser das Ergebnis seiner Geschichte ist.

Die »historische Theologie« als das Mittelstück im System der theologischen Disziplinen ist durch die praktische Theologie »mit dem tätigen christlichen Leben« verbunden, durch die philosophische Theologie »mit der eigentlichen Wissenschaft« (§ 28).

Nach diesem Überblick über Schleiermachers Einteilung der Theologie in Disziplinen läßt sich nun die Anfrage an seine Auffassung der Theologie als »positive Wissenschaft« präzisieren. Nimmt man fürs erste die von Schleiermacher gegebene Begründung für die Notwendigkeit der verschiedenen Disziplinen und ihre Zuordnungen untereinander als einleuchtend hin, so fragt sich: Ist ihr *Zusammenhang* nur von dem praktischen Bedürfnis der Ausbildung her zu begründen? Wäre es nicht auch vom Wesen des Christentums her, dem speziellen Gegenstand der philosophischen Theologie, zu begründen, daß das Christentum ein »geschichtliches Ganzes« ist, seine Kenntnis also historische Theologie erfordert? Ließe sich ferner nicht auch die Aufgabe einer praktischen Theologie vom Wesen des Christentums her begründen, wenn man voraussetzt, daß das Christentum nicht eine schon abgeschlossene Größe der Vergangenheit ist, sondern noch die Frage nach seiner Verwirklichung offen läßt? Allerdings wäre bei einer solchen Fragestellung praktische Theologie nicht von vornherein eingeengt auf die Aufgaben der »Kirchenleitung«.

Es scheint also, daß der Zusammenhang der theologischen Disziplinen nicht nur vom Ausbildungszweck her, sondern auch aus der Sache selbst, aus dem Wesen des Christentums, begründet werden kann, und das bedeutet, daß er nicht erst durch das praktische Bedürfnis nach dem Erwerb verschiedenartiger Kenntnisse zur Vorbildung des künftigen Pfarrers geschaffen wird. Ein solcher Sachzusammenhang der theologischen Disziplinen untereinander wird nun auch von Schleiermacher selbst angedeutet, wenn er sagt, die historische Theologie sei einerseits *Begründung* der praktischen, andererseits aber *Bewährung* der philosophischen Theologie (§ 27): Dieser Satz läßt einen Begründungszusammenhang sichtbar werden, der von der philosophischen über die historische zur praktischen Theologie verläuft und der nicht nur äußerlich vom Ausbildungsbedürfnis her gewonnen ist, sondern aus der Sache selbst, aus dem Thema der Theologie, dem Christentum. Während sich so entgegen der Versicherung Schleiermachers, die Einheit der theologischen Disziplinen sei nur aus dem Ausbildungsbedürfnis begründet, ein innerer Sachzusammenhang zwischen ihnen zeigt, fällt darüber hinaus auf, wie wenig überzeugend Schleiermachers Begründung für die Notwendigkeit der historischen Theologie von den Erfordernissen der Kirchenleitung her ist. Schleiermacher sagt mit Recht, daß die Aufgabe der Kirchenleitung »die Kenntnis des zu leitenden Ganzen in seinem jedesmaligen Zustande«, also in seinem jeweils gegenwärtigen Zustande, erfordert (§ 26), und dazu mag auch eine Kenntnis davon erforderlich sein, wie dieser gegenwärtige Zustand entstanden ist. Aber es ist doch sehr aufschlußreich, daß Schleiermacher die Notwendigkeit der historischen Theologie von der Notwendigkeit einer Kenntnisnahme vom gegenwärtigen Zustand der Kirche her begründen muß. Das tatsächliche Gewicht der historischen Theologie im Zusammenhang der Theologie überhaupt als »der eigentliche Körper des theologischen Studiums« (§ 28) läßt sich nämlich auf diesem Wege nicht rechtfertigen. Die Kenntnis der gegenwärtigen Lage des Christentums müßte von der Aufgabe der Kirchenleitung her weit stärker im Vordergrund stehen, wenn nicht das Christentum eben eine historische Religion wäre. Erst dadurch, daß das Christentum eine Gestalt der Vergangenheit – Jesus von Nazareth – als den Erlöser der Welt verkündet, ergibt sich die Notwendigkeit, sich so intensiv mit dem exegetischen Studium der Dokumente des Urchristentums zu befassen, und von daher muß sich dann auch die weitere Frage nach der geschichtlichen Kontinuität des Christentums von seinen Anfängen bis zur Gegenwart und also die Thematik der Kirchengeschichte erheben.

An dieser Stelle wird deutlich, daß die Erfordernisse der Ausbildung für die »Kirchenleitung« durch die Eigentümlichkeit der christlichen Religion bestimmt sind, nicht aber umgekehrt. Die Einheit der theologischen Disziplinen wird auch bei Schleiermacher in Wahrheit gar nicht von der Ausbildungsaufgabe her gewonnen, sondern ist faktisch von seinem Begriff des Christentums bestimmt. Vom Wesen des Christentums her wird entschieden, und von daher ist in der Tat zu entscheiden, welche Kenntnisse für die Leitung christlicher Gemeinden erforderlich sind.

Solche Überlegungen laufen darauf hinaus, daß die Theologie sehr wohl eine *sachliche* Einheit darstellt, und diese Einheit ihres Gegenstandes ist das Christentum. Die Theologie läßt sich daher in erster Näherung als Wissenschaft vom Christentum beschreiben. Schleiermachers pragmatische Auffassung von der Einheit der Theologie hat ihr Wahrheitsmoment nur darin, daß das Vorhandensein von Kirche und das Ausbildungsinteresse der Kirchen historisch entscheidende Bedingung dafür geworden ist, daß eine Wissenschaft vom Christentum an den Universitäten betrieben wird, und zwar im Zusammenhang einer eigenen Fakultät. Die Wissenschaft vom Christentum selbst ist aber durch das kirchliche und gesellschaftliche Interesse an ihr deswegen nicht schon *konstituiert*: Wo solche Interessen maßgebende Bedeutung in der Theologie gewinnen, da wird vielmehr Theologie als Wissenschaft korrumpiert. In der Tat ist es ja der immer wieder gegen die Theologie erhobene Vorwurf, daß es bei ihr nicht um vorurteilslose Erkenntnis der Wahrheit gehe, sondern um Ideologie im Interesse der Kirchen oder gar im Interesse einer herrschenden Gesellschaftsordnung. Die Geschichte der Theologie lehrt, daß Theologie ihr Ethos der Erkenntnis, als eine der Wahrheitsfrage verpflichtete Wissenschaft, immer wieder gegen derartige

Interessen behaupten muß, darunter auch gegenüber dem pragmatischen Interesse der Kirchen an den Erfordernissen einer möglichst effektiven theologischen Ausbildung. Wo solche Interessen für das Selbstverständnis der Theologie konstitutiv würden, da könnte sie paradoxerweise gerade ihre eigentliche Funktion für die Kirche nicht mehr wahrnehmen; denn diese besteht in ihrer allein der Wahrheitsfrage verpflichteten Forschung.

Die Gefahren von Schleiermachers Begriff der Theologie sind geschichtlich besonders in den konfessionellen Theologien des 19. Jahrhunderts zutage getreten, wo der Gedanke einer Begründung der Einheit der Theologie aus den Bedürfnissen der Kirche und ihrer Leitung im Sinne einer konfessionellen Grundlegung der Theologie aufgenommen wurde.[516] Schleiermachers Begründung der Theologie auf die Erfordernisse der Kirchenleitung führte hier dazu, daß eine konfessionelle Kirchlichkeit als unbefragte Grundlage der Theologie fungierte und insoweit gegen Kritik immunisiert werden konnte. Das entsprach natürlich nicht den Intentionen Schleiermachers, beleuchtet aber scharf eine Schranke seiner Begriffsbestimmung der Theologie.

5. Theologie als Wissenschaft vom Christentum?

Die Untersuchung von Schleiermachers Darstellung des Aufbaus der Theologie aus ihren Disziplinen ergab, daß mit der von ihm ausdrücklich behaupteten Bestimmung der Theologie als einer nur durch den praktischen Bezug auf die Aufgabe der Kirchenleitung zusammengehaltenen und in diesem Sinne »positive« Wissenschaft eine andere Konzeption konkurriert, in der sich die Theologie faktisch als Wissenschaft von der christlichen Religion darstellt. Auch einer solchen Auffassung könnte die Theologie als eine »positive Wissenschaft« erscheinen, wenn auch in anderem Sinne als es bei Schleiermacher der Fall war. Das Christentum läßt sich als historisches Phänomen und so als positiver Gegenstand neben anderen Gegenständen wissenschaftlicher Untersuchung auffassen. Eine solche Wissenschaft vom Christentum wäre »positiv« im Sinne der Aufklärung, der alles historisch Gegebene als positiv galt. Je nach-

---

516 Siehe z. B. A. Harleß: Theologische Enzyklopädie vom Standpunkt der Kirche aus, 1837.

dem wie solche Gegebenheit weiterhin gedeutet wird, ergeben sich verschiedene Varianten dieser Auffassung. In der Aufklärungstheologie wurde die Positivität des Christentums von denjenigen, die sich gegenüber der natürlichen Religion für eine positive Offenbarung einsetzten, supranaturalistisch verstanden in dem Sinne, daß das Gegebensein des Christentums sich göttlicher Offenbarung verdankt. Diese offenbarungstheologische Version der Theologie als Wissenschaft vom Christentum ist bis heute aktuell geblieben. Sie versteht sich selbst allerdings eher als Offenbarungs- oder Glaubenswissenschaft, weil sie sich nicht allein auf das der profanen Betrachtung zugängliche historische Phänomen, sondern mit den Augen des Glaubens auf das Göttliche im Christentum richtet. Diese Version des Selbstverständnisses der Theologie soll daher erst im folgenden Abschnitt für sich behandelt werden. Daneben läßt sich das historische Gegebensein des Christentums aber auch kulturhistorisch auffassen in dem Sinne, daß das Christentum »gegeben« ist als eine besondere Religionsgemeinschaft mit einer bestimmten Geschichte. Diese Betrachtungsweise kann dann entweder in der Form durchgeführt werden, daß das Christentum als eine Religion neben anderen im Zusammenhang der Religionsgeschichte erscheint und die Theologie daher in den Rahmen der allgemeinen Religionswissenschaft einzuordnen ist. Eine derartige Umgestaltung der Theologie war 1873 von Paul de Lagarde gefordert worden, und die Theologen der religionsgeschichtlichen Schule, insbesondere E. Troeltsch, haben jedenfalls prinzipiell diese Perspektive übernommen, wenn auch faktisch die Theologie sich für sie weiterhin mit der Erforschung des Christentums, seiner geschichtlichen Bedingungen und seiner Umwelt, deckte. Andererseits konnte aber auch das aus der übrigen Religionsgeschichte herausgehobene Christentum wegen seiner praktischen Relevanz für die Gegenwart für sich zum Gegenstand der Theologie erklärt werden. Dann mußte jedoch das praktische Interesse einer solchen Ausgrenzung als konstitutiv in den Theologiebegriff eingehen, so sehr im übrigen das Christentum als historisches Phänomen zum Gegenstand der Theologie erklärt werden mag. Diese Auffassung der Theologie hat ihren Ausdruck in der der Schule A. Ritschls nahestehenden Deutung der Positivität der Theologie durch G. Heinrici gefunden. Heinrici folgt mit seiner Auffassung der Theologie weitgehend Schleiermacher, begründet aber abweichend von ihm die Positivität der Theologie in erster Linie dadurch, daß »ihre Stoffe ... in der Geschichte gegeben« sind, und erst in zweiter Linie mit ihrer praktischen Beziehung auf das kirchliche Leben.[517] Die historische Eigenart des Gegenstandes der Theologie im ganzen hat hier ein stärkeres Eigengewicht als bei Schleiermacher gewonnen. Wegen der Bedingtheit der Beziehung zur Geschichte durch das praktisch-kirchliche Interesse bleibt jedoch das Verhältnis dieser Deutung der Theologie zur mehr supranaturalistischen Fassung ihrer Positivität fließend. So liest man auch bei M. Kähler, die Theologie sei »eine geschichtlich-positive Wissenschaft«[518], und zwar als »Christentumswissenschaft«, die sich nicht »aus der gesamten Geschichtswissenschaft herauslösen« lasse.[519] Ähnlich hat M. Rade die Theologie als eine »auf dem Boden der einen Gesamtwissenschaft stehende Sonderwissenschaft von der Religion und von der Kirche« beschrieben[520], die in dem Augenblick »entwurzelt« wäre, »wo sie die Legitimation ihrer Zugehörigkeit zur Geschichtswissenschaft nicht mehr erbringen kann«. Dieser ausschließlichen Zuordnung der Theologie zur Historie hat G. Wobbermin mit dem Hinweis widersprochen, daß bei aller grundlegenden Bedeutung der Historie für die Geisteswissenschaften die Theologie ebenso wie andere Geisteswissenschaften neben historischen auch systematische Disziplinen umfasse, wobei allerdings auch die letzteren »ganz wesentlich durch die historische Methode charakterisiert werden«.[521] Auch für Wobbermin ist aber die Theologie

---

517 *G. Heinrici*: Theologische Encyklopädie, 1893, 4 f. Allerdings erhält nach Heinrici die historische Theologie ihren theologischen Charakter erst »durch ihre positive Beziehung auf die Kirche und das kirchliche Leben« (25). Im Unterschied zur allgemeinen Religionswissenschaft gehören das historische und das praktische Element in der Theologie so zusammen, daß die geschichtliche Wirklichkeit des Christentums als »der geschichtliche Grund für die Glaubenswahrheit« ihr Thema wird (ebd.).
518 *M. Kähler*: Wissenschaft der christlichen Lehre (1883), 2. Aufl. 1893, 12.
519 ebd. 6. Allerdings fordert nach Kähler das Christentum vor allem als »gegenwärtige Macht«, in der seine Bekenner »die Befriedigung für die tiefsten Bedürfnisse ihres persönlichen Lebens gefunden haben, ... unabweislich das erkennende Forschen heraus« (7), so daß der Nichtchrist diesen Gegenstand »weder anzuerkennen, noch vollkommen zu erkennen vermag« (8). Man wird nicht fehlgehen in der Annahme, daß es für Kähler das »Übergeschichtliche« am Christentum (12 ff.), der lebendige »Zusammenschluß des Bleibend-Allgemeingiltigen und des Geschichtlichen in einem Wirksam-Gegenwärtigen« (13) ist, was sich der Erkenntnis des Nichtglaubenden entzieht.
520 *M. Rade*: Die Bedeutung des geschichtlichen Sinnes im Protestantismus, in: ZThK 10, 1900, 79; das folgende Zitat ebd. 80.
521 G. Wobbermin: Das Verhältnis der Theologie zur modernen Wissenschaft und ihre Stellung im Gesamtrahmen der Wissenschaften, ZThK 10, 1900, 375–438, bes. 415, 418 f. Die folgenden Seitenangaben im Text verweisen auf diesen Artikel.

»Wissenschaft von der Religion, speziell der christlichen Religion« (375). Sie hat diese einmal als geschichtliche Größe, dann aber auch (in der systematischen Theologie) als »gegenwärtiges religiös-sittliches Bewußtseinsleben« (414) zu untersuchen. Auch für die systematische Theologie, die »eine Gesamt-Weltanschauung zu entwerfen« hat, wenn auch nur »mit dem Anspruch hypothetischer Geltung«, will Wobbermin »den Charakter als eigentliche Wissenschaft, und zwar im strengsten Sinne des Wortes« (423) festhalten. Dabei grenzt er sich von Troeltsch ab, weil dieser »die (christliche) Theologie der allgemeinen Religionswissenschaft ein- und untergeordnet wissen will«, während er selbst »die letztere als Hilfsdisziplin der (christlichen) Theologie« betrachtet (437). Darin wird das Moment der Positivität in der von Wobbermin vertretenen Auffassung erkennbar, wenn er auch diesen Begriff im Hinblick auf seine Verwendung bei Schleiermacher als zweideutig vermied (411).
Die Abgrenzung Wobbermins von Troeltsch zeigt wieder, daß die kulturprotestantische Variante der Auffassung der Theologie als positiver Wissenschaft vom Christentum sich von der supranaturalistischen Konzeption der Positivität der Theologie nicht völlig gelöst hat, da hier ein Wert- oder Glaubensurteil konstitutiv eingeht in die Ausgrenzung ihres Gegenstandes aus der allgemeinen Religionsgeschichte, zumal wenn diese Ausgrenzung nicht unter rein pragmatischen Gesichtspunkten vorgenommen wird, sondern, wie es bei Wobbermin der Fall war, mit dem als hermeneutische Voraussetzung übernommenen besonderen Wahrheitsanspruch der christlichen Religion verbunden wird.[522] Innerhalb des damit gezogenen Rahmens allerdings sollen die auch sonst geltenden wissenschaftlichen Verfahren so streng wie möglich zur Anwendung kommen.[523]
Wobbermins Verteidigung der Wissenschaftlichkeit der systematischen Theologie hat wegen des in ihr enthaltenen »positiven« Elementes in der damaligen Theologie selbst und sogar im Kreise der Schule R. Ritschls Widerspruch gefunden, nämlich bei O. Ritschl.

522 Siehe dazu die Begründung Wobbermins für seine Verteidigung der Auffassung des Christentums als absolute Religion gegen Troeltsch ebd. 384 ff., bes. 391 ff. Noch deutlicher ist diese Voraussetzung von Fr. Traub ausgesprochen worden: Kirchliche und unkirchliche Theologie, ZThK 13, 1903, 39 ff., bes. 60 ff. Siehe auch H. Eckert: Einführung in die Prinzipien und Methoden der evangelischen Theologie, 1909, dazu Th. Steinmann: Kirche, Theologie, Wissenschaft, in: ZThK 21, 1911, 315 ff.
523 So spricht auch Traub von einer Verpflichtung der Theologie, »diese ihre Voraussetzung zu prüfen. Eine Wahrheit prüfen, heißt aber immer, mindestens hypothetisch sie in Frage stellen« (ZThK 13, 1903, 61).

Nach O. Ritschl ist die Theologie »ursprünglich als vorwiegend apologetisch interessierte Dogmatik überhaupt nicht Wissenschaft gewesen« und nur »in ihren historischen Zweigen seit dem 18. Jahrhundert mehr und mehr zu einer Wissenschaft geworden«.[524] Man sollte meinen, daß O. Ritschl bei einer solchen Betrachtungsweise die systematische Theologie überhaupt nicht zur Wissenschaft rechnen dürfte, sondern sie zusammen mit der praktischen Theologie der »kirchlichen« im Gegensatz zur »wissenschaftlichen Theologie« zuordnen müßte, wie es C. A. Bernoulli vorgeschlagen hat.[525] Doch so weit mochte O. Ritschl nicht gehen. Er blieb bei der Erklärung stehen, daß er »die systematische Theologie, soweit ich sie überhaupt als Wissenschaft anerkennen kann, lediglich für eine in ihrer Art psychologische Einzelwissenschaft halte«[526], also für eine Spezialpsychologie. Das sei bereits durch Schleiermacher angebahnt worden.

Im Hintergrund dieser innertheologischen Auseinandersetzungen steht der Streit um die Frage, ob die Theologie der für die Wissenschaftlichkeit vermeintlich unerläßlichen Voraussetzungslosigkeit genüge.[527] Den Ausgangspunkt dazu bildete die Forderung von Paul de Lagarde 1873, daß die theologischen Fakultäten durch Lehrstühle für allgemeine Religionswissenschaft ersetzt werden sollten, weil die vorhandene Theologie wegen ihrer kirchlichen Bindung keine Wissenschaft sei.[528] Vorangegangen war schon 1807 die These Fichtes, daß nur eine auf den positiven Offenbarungsglauben verzichtende Theologie an der Universität Raum habe. Das war damals ungehört verhallt. Jetzt aber, nach dem Angriff Lagardes, der im selben Jahr von F. Overbeck aufgenommen wurde[529],

---

524 O. Ritschl: Theologische Wissenschaft und religiöse Spekulation, in: ZThK 12, 1902, 202 ff., Zitat 205.
525 C. A. Bernoulli: Die wissenschaftliche und die kirchliche Methode in der Theologie, 1897. Unter den systematischen Theologen jener Zeit hat nur W. Herrmann den Gegensatz der systematischen Theologie zur Sphäre der Wissenschaft als eine positiv bedeutsame Tatsache gewertet. Auch Herrmann hat daraus allerdings m. W. keine Konsequenzen im Hinblick auf den Verbleib der Theologie an den Universitäten gezogen.
526 O. Ritschl a.a.O. 209. Dagegen wandte sich Fr. Traub in seinem Anm. 522 genannten Aufsatz ZThK 13, 1903, 65 ff.
527 Siehe dazu E. L. Solte: Theologie an der Universität. Staats- und Kirchenrechtliche Probleme der theologischen Fakultäten, 1971, 15 ff., 24 ff.
528 P. de Lagarde: Über das Verhältnis des deutschen Staates zu Theologie, Kirche und Religion, in: Deutsche Schriften, 1920, 40 ff.
529 F. Overbeck: Über die Christlichkeit unserer heutigen Theologie (1873) Neudruck 1963, IX f. und passim.

kam es zu einer ausgedehnten Diskussion. Von katholischer Seite wurde der Forderung nach Voraussetzungslosigkeit die Gegenthese entgegengehalten, daß es keine voraussetzungslose Wissenschaft gebe[530]. Auf protestantischer Seite konnte ähnlich argumentiert werden. So hat Fr. Traub darauf hingewiesen, daß auch die »unkirchliche« Theologie eine Voraussetzung mache, nämlich die »der Realität der Religion«.[531] Aber man konnte sich im Protestantismus die Forderung der Voraussetzungslosigkeit auch zueigen machen in dem Sinne, daß das wissenschaftliche Ethos die Bereitschaft einschließe, alle gemachten Voraussetzungen der Überprüfung und Infragestellung auszusetzen. Mit dieser These hat E. Troeltsch 1897 in die Diskussion eingegriffen. Er gestand der Argumentation v. Hertlings zu, daß die Wissenschaft in der Tat »überall an Voraussetzungen irgendwie gebunden« ist. Dennoch müssen die jeweiligen Voraussetzungen »stets hypothetisch in Frage gestellt werden«: »Die allerdings unumgänglichen Voraussetzungen und Axiome der wahren wissenschaftlichen Denkweise müssen revidierbar bleiben und können immer nur durch ihre erklärende und deutende Wirkung, aber nicht durch einen kirchlichen Machtwillen in Geltung erhalten werden.«[532] Troeltsch hat damit einen wichtigen Aspekt der in mancher Hinsicht abschließenden Erörterungen E. Sprangers zur Voraussetzungsgebundenheit und Voraussetzungslosigkeit der Wissenschaften vorweggenommen. Spranger zeigte 1929, daß jedenfalls die Geisteswissenschaften immer gebunden bleiben an die jeweilige historische Zeitlage, an die Weite und Reife der Forscherpersönlichkeit, sowie an weltanschauliche Grundhaltungen, aus denen das Verstehen erst erwächst.[533] Man wird heute vielleicht eher als früher geneigt sein zuzugeben, daß das im Prinzip auch bei den Naturwissenschaften der Fall ist, wenn es sich dort auch anders auswirkt. Betrachtete nun Spranger die Forderung nach Voraussetzungslosigkeit als uneinlösbar, so daß man von ihr

530 G. v. Hertling: Das Princip des Katholizismus und die Wissenschaft, 1899. Ähnlich auch M. Schmaus: Der Glaube der Kirche I, 1969, 224 f., sowie auch B. Welte: Die Wesensstruktur der Theologie als Wissenschaft, 1955, 7 f. Weitere Lit. bei E. L. Solte: Theologie an der Universität, 1971, 25.
531 Fr. Traub: Kirchliche und unkirchliche Theologie, ZThK 13, 1903, 54.
532 E. Troeltsch: Voraussetzungslose Wissenschaft, in: Gesammelte Schriften II, 183 bis 192, Zitate 183 f., 186 und 188. Ähnlich auch O. Baumgarten: Die Voraussetzungslosigkeit der protestantischen Theologie, 1903.
533 E. Spranger: Der Sinn der Voraussetzungslosigkeit in den Geisteswissenschaften, 1929, 13 ff. Die folgenden Seitenangaben im Text beziehen sich auf diese Abhandlung.

»nicht mehr sprechen kann« (20), so betonte er doch andererseits die Bindung der Wissenschaft an die Idee der einen, dem Logos zugänglichen Wahrheit (18 f.), die zur Folge hat, »daß die Wissenschaft, im Gegensatz zur einfach gläubigen Dogmatik, jederzeit bereit ist, diese ihre Voraussetzungen selbst zum Gegenstand der Kritik zu machen und sie somit zu revidieren. Nicht Voraussetzungslosigkeit ist die Tugend der Wissenschaft, wohl aber *Selbstkritik ihrer Grundlagen*...« (20).

Spranger war also der Meinung, daß die Bereitschaft zu uneingeschränkter Grundlagenkritik der »einfach gläubigen Dogmatik« entgegengesetzt ist, und er hat damit den Ton angeschlagen, auf den noch Jahrzehnte später die Angriffe im Zeichen des »kritischen Rationalismus« gegen die Theologie (s. o. 45 ff.) gestimmt sind. Eine christliche Theologie, die in dem Sinne »positiv« verfährt, daß sie die Wahrheit des christlichen Glaubens in irgendeinem enger oder weiter bestimmten Kernbestand zur undiskutierbaren »Grundvoraussetzung« erklärt[534], ist mit dieser Forderung in der Tat nicht vereinbar. Die Wahrheit der christlichen Überlieferung kann in einer wissenschaftlich verfahrenden Theologie nur als Hypothese fungieren.

Ließe sich Theologie als positive Wissenschaft vom Christentum nun in dieser veränderten Form rechtfertigen, nämlich mit dem Vorbehalt, daß die Wahrheit der christlichen Überlieferung in ihr als Hypothese behandelt wird? Die Schwierigkeit, die dieser Auffassung im Wege steht, liegt darin begründet, daß der Begriff einer Wissenschaft nicht mit einer einzigen Generalhypothese zusammenfallen kann, weil dann innerhalb der betreffenden Wissenschaft gar nicht mehr die Möglichkeit ihrer Überprüfung bestünde. Nur innerhalb eines weiteren Rahmens, im vorliegenden Falle vielleicht im Rahmen einer allgemeinen Religionswissenschaft, ließe sich eine

---

[534] Von einer »unumgänglichen Voraussetzung« sprach Fr. Traub in seinem Aufsatz: Kirchliche und unkirchliche Theologie, in: ZThK 13, 1903, 60 f. Nach Traub unterscheidet diese »Grundvoraussetzung« die Theologie von der Religionsphilosophie, die »den christlichen Glauben ... lediglich als seelische Tatsache« betrachtet und »seine objektive Wahrheit dahingestellt sein« läßt (60). Allerdings fährt er fort: »Gleichwohl hat die Theologie auch die Pflicht, diese ihre Voraussetzung zu prüfen«, und eine Wahrheit prüfen heiße immer »mindestens hypothetisch sie in Frage stellen« (61). Soll es aber damit Ernst sein, so wird die »Grundvoraussetzung« der Wahrheit des christlichen Glaubens selbst zur Hypothese, wie es damals G. Wobbermin behauptet hat (ZThK 10, 1900, 410). Dann aber klingt es irreführend, wenn von einer »Grundvoraussetzung« gesprochen wird, »innerhalb« derer alle theologische Untersuchung sich bewegen müsse.

solche Prüfung durchführen. Der in dieser Richtung vorstoßende Versuch von E. Troeltsch, »die Religion an eine selbständige und rein wissenschaftliche Religionsphilosophie anzugliedern«[535], sah sich jedoch anderen Schwierigkeiten gegenüber. Sie sind hervorgetreten in dem Entwicklungsgang Troeltschs von der psychologischen über die erkenntnistheoretische zur metaphysischen Antwort auf die Frage nach der Wahrheit der religiösen Erfahrung. Ihr Ergebnis läßt sich dahin zusammenfassen, daß die Theologie sich in dem Augenblick, wo die Frage nach der Wahrheit der christlichen Religion gestellt wird, weder als Spezialwissenschaft vom Christentum, noch als Religionswissenschaft im Sinne einer gebietsmäßigen Abgrenzbarkeit von anderen Disziplinen beschreiben läßt.

Zwar ist der Stoff der Theologie, wie sie sich historisch im Christentum entwickelt hat, in der Tat primär durch die christliche Religion gegeben, – im Hinblick auf ihre Ursprünge und auf deren Sachgehalt und gegenwärtige Relevanz in der Breite ihrer geschichtlichen und gegenwärtigen Erscheinungsformen. Ein Indiz dafür, daß die Theologie nicht darin aufgeht, Wissenschaft von der christlichen Religion zu sein, liegt jedoch schon in der Zugehörigkeit des Alten Testaments und seiner Exegese zur christlichen Theologie. Man kann sicherlich das Alte Testament als Dokument der *Vorgeschichte* des Christentums in einer als Christentumswissenschaft aufgefaßten Theologie rechtfertigen. Aber dann erhebt sich die Frage, warum die Vorgeschichte des Christentums nur nach dieser Seite hin Berücksichtigung findet und nicht ebenso nach der Seite der griechischen Philosophie und der hellenistischen Religionswelt. Wie schwierig es ist, in einer Deutung der Theologie als »Wissenschaft von der christlichen Religion« die faktische Bedeutung des Alten Testaments für den theologischen Lehr- und Forschungsbetrieb zu rechtfertigen, zeigt sich daran, daß schon die Aufklärung und auch Schleiermacher dazu neigten, das Alte Testament als Quelle einer anderen, nämlich der jüdischen Religion aus der christlichen Theologie zu verdrängen. Demgegenüber läßt sich gewiß dartun, daß das Alte Testament nicht nur Dokument der Vorgeschichte des Christentums ist, sondern als einzige heilige Schrift der frühen Kirche Inhalt der christlichen Überlieferung selbst geworden ist. Aber es stellt sich

---

535 E. Troeltsch: Die theologische und religiöse Lage der Gegenwart (1903), Gesammelte Schriften II, 19; vgl. ebd. Rückblick auf ein halbes Jahrhundert der theologischen Wissenschaft (1908) 193 ff., bes. 223 ff.

dann doch sogleich wieder die Frage, wie dieser Sachverhalt verstanden werden soll, wenn die christliche Religion von der jüdischen verschieden, und zwar ihr gegenüber selbständig und nicht nur eine jüdische Sekte sein soll. Dabei ist besonders zu beachten, daß die Behandlung des Alten Testaments in der christlichen Theologie sich nicht auf dessen *interpretatio christiana* beschränkt, sondern das Alte Testament selbst und im ganzen zum Gegenstand der Untersuchung im Rahmen der Theologie macht. Dieser Sachverhalt bleibt ein Hinweis darauf, daß die Deutung der Theologie als Wissenschaft von der christlichen Religion nicht ausreicht. Die faktische Bedeutung des Alten Testaments in der Entwicklung der christlichen Theologie ist vielmehr in deren Auffassung als Wissenschaft von Gott und seiner Selbstbekundung in seinem Handeln (οἰκονομία) begründet, sofern letztere nicht erst mit dem Christentum, sondern mit der Schöpfung der Welt und innerhalb des engeren Kreises der göttlichen Erwählungsgeschichte mit der Erwählung Abrahams begonnen hat. Die Reflexion über die Stellung des Alten Testamentes in der Theologie sprengt also den Begriff der Theologie als Christentumswissenschaft. Sie drängt auf ein Verständnis der Theologie als Wissenschaft von Gott.

In ähnliche Richtung tendiert die Frage nach der Wahrheit der christlichen Religion. Eine Theologie, die das Christentum als ihre Grundlage in dem Sinne voraussetzt, daß sie sich auf die Beschreibung und Entfaltung des darin geschichtlich Gegebenen beschränkt, hat damit noch nicht den Rahmen gewonnen, in dem sich die Frage nach der Wahrheit des Christentums umfassend erörtern ließe. Das gilt sowohl für den Fall, daß das Gegebensein des Christentums oder seiner Ursprünge in der Gestalt Jesu oder im apostolischen Kerygma als göttliche Offenbarung behauptet wird, als auch für den Fall, daß das Christentum als kultur- oder religionsgeschichtliche Gegebenheit thematisiert wird. Im ersten Falle gilt die Wahrheit des Christentums als etwas, was die Theologie immer schon voraussetzen muß. Im zweiten Falle muß die Frage nach der Wahrheit des Christentums offen bleiben, weil der Maßstab zu ihrer Entscheidung im Rahmen der Untersuchung des Christentums als kulturhistorisches Phänomen und als Religion unter Religionen nicht zu gewinnen ist, sondern, wie der Weg von E. Troeltsch zeigt, schließlich doch der »Metaphysik« entlehnt werden muß. In beiden Fällen überschreitet die Frage nach der Wahrheit des Christentums die Grenzen einer als positive Wissenschaft vom Christentum aufgefaßten Theologie. In Wirklichkeit aber hat die Theologie sich natürlich immer wieder der Frage nach der Wahrheit des christlichen Glaubens gestellt. Der tatsächliche Vollzug theologischen Denkens und Forschens erweist daher den Begriff der Theologie als positiver Wissenschaft vom Christentum als zu eng.

Eine letzte Möglichkeit zur Rettung der Auffassung der Theologie als positiver Wissenschaft vom Christentum ergäbe sich, wenn sie die Frage seiner Wahrheit oder zumindest die grundlegende Weichenstellung für die Behandlung dieser Frage der Philosophie überlassen könnte. So hat M. Heidegger in einem Vortrag aus dem Jahre 1927/28 Theologie als positive Wissenschaft vom Christentum bestimmt, die für ihn mit dem Begriff der Glaubenswissenschaft zusammenfällt, da der Glaube die Bedingung dafür sei, »daß es so etwas wie Christentum als ein weltgeschichtliches Ereignis gibt.«[536] Dabei bleibt offen, wodurch der Glaube selbst gegeben ist, durch Erfahrung oder durch kirchliche Autorität oder durch ein Zusammenwirken beider. Die Frage nach der Glaubensbegründung fällt also aus Heideggers Begriff der Theologie heraus. Das wäre freilich dann kein Unglück, wenn diese Frage überhaupt entfiele, weil der Glaube als existenziale Weise des Selbstverständnisses existenziell in seiner eigenen Entscheidung gründete. Weil er das voraussetzt und also den Glauben nicht von seinem Inhalt her, sondern als eine Weise des Existenzverständnisses faßt, kann Heidegger die Theologie einer auf dem Boden der Daseinsanalytik begründeten Wissenschaftssystematik einordnen, indem er sie den anderen positiven Wissenschaften *negativ* zuordnet. Dementsprechend beansprucht die Philosophie, die bei den anderen positiven Wissenschaften die jeweilige Seinsregion ihres Gegenstandsbereiches bestimmt, bei der Theologie keine solche *Direktion*, sondern übt nur eine *Korrektion* aus, weil eben der christliche Glaube als Wiedergeburt sich nur negativ auf das menschliche Dasein beziehe (31). Es ist deutlich, daß auch in dieser Verhältnisbestimmung die Philosophie dem Glauben den Raum seiner Wahrheit zuweist. Eben das aber wäre bereits eine Vorentscheidung gegen den von der Theologie zu untersuchenden Anspruch der christlichen Überlieferung, daß erst durch sie selbst die Wahrheit über die Wirklichkeit zugänglich wird. An diesem Anspruch der christlichen Überlieferung, der analog auch

536 M. Heidegger: Phänomenologie und Theologie, 1970, 17 ff., Zitat 18.

bei anderen Religionen auftritt, scheitert für die Theologie die Möglichkeit, sich als positive Wissenschaft in eine Wissenschaftssystematik einzuordnen, die von einer Philosophie bereitgestellt wird, die hinsichtlich ihrer Begründung vom Christentum unabhängig bleiben möchte. Die Theologie hat sich in ihrer Geschichte gegen solche Einordnung immer wieder gesperrt. Das geschah nicht nur aus Rechthaberei, sondern weil sie den mit ihrem Thema verbundenen Wahrheitsanspruch der christlichen Überlieferung zwar nicht notwendig im vorhinein dogmatisch fixieren, aber doch zumindest prüfen muß.

Wenn sich vorhin schon zeigte, daß die Frage nach der Wahrheit des Christentums seine positive Gegebenheit als historisches Phänomen übersteigt, so ist nun deutlich geworden, daß diese Frage sich auch nicht nur auf die Wahrheit des Christentums einschränken läßt. Oder vielmehr, die Frage nach der Wahrheit des Christentums läßt sich nicht behandeln ohne die Frage nach Wahrheit auf allen Gebieten menschlicher Erfahrung überhaupt. Das ist so, weil das Christentum nicht nur behauptet, das Christentum zu sein, sondern Offenbarung Gottes sein oder doch auf solcher Offenbarung beruhen will. Wenn die Berufung auf göttliche Offenbarung nicht nur als Voraussetzung behandelt wird, sondern zum Thema theologischer Reflexion wird, dann wird die Theologie bei der Beschreibung und Deutung des Christentums über das Christentum als partikulares Thema hinausgeführt, sowohl über das Christentum als Religion unter anderen und neben anderen, nichtreligiösen Kulturbereichen, als aber auch über das Christentum als offenbarte Religion im Gegensatz zur natürlichen Lebenswelt der Menschen. In dem Augenblick, wo man damit Ernst macht, daß das Christentum sich auf Gott beruft, läßt sich das Thema der Theologie nicht mehr auf ein partikulares Thema neben anderen Themenbereichen beschränken. Die Theologie muß sich dann auf mancherlei andere Bereiche einlassen neben dem der religiösen Erfahrung und des Christentums im besonderen. So redet die Theologie traditionell von der Schöpfung der Welt durch Gott. Sie muß sich dabei auch um das Weltverständnis der Naturwissenschaften kümmern, und zwar nicht nur unter dem Gesichtspunkt, ob die Naturwissenschaftler selbst Christen sind, sondern unter dem Gesichtspunkt der Vereinbarkeit ihrer Methoden und Erkenntnisse mit dem Verständnis der Welt, das der Schöpfungsglaube impliziert.

Das Beispiel der Schöpfungslehre verdeutlicht noch einmal, daß die Theologie nicht nur Wissenschaft vom Christentum sein kann. Schärfer gesagt: Gerade Wissenschaft vom Christentum kann die Theologie nicht schon dadurch sein, daß sie als »positive Wissenschaft« das Christentum als einen von anderen abgegrenzten Phänomenbereich erforscht. Die Theologie kann dem Christentum nur gerecht werden, wenn sie nicht nur Wissenschaft vom Christentum ist, sondern Wissenschaft von Gott, und wenn sie als Wissenschaft von Gott die Wirklichkeit im ganzen, wenn auch als das noch unvollendete Ganze der Bedeutungszusammenhänge der Erfahrung zum Gegenstand hat.

In diesem Sinne hat sich die christliche Theologie in den Perioden ihrer klassischen Ausprägung zur Zeit der Alten Kirche und des Mittelalters auch tatsächlich verstanden: als Lehre von Gott und von der durch ihn verwirklichten Ordnung des Geschehens (οἰκονομία). Auch eine »Christentumswissenschaft« kann daran nicht vorbeigehen. Sie sieht sich daher durch die Aufgabe, das Christentum darzustellen und auszulegen, immer wieder genötigt, über die Beschreibung und Auslegung *nur* des Christentums hinauszugehen, indem sie wenigstens hermeneutisch das im Alten oder Neuen Testament oder in der theologischen Tradition von Gott Gesagte als ein heute zu Sagendes wiederholen will. Dennoch verbirgt eine als Christentumswissenschaft – und so als »positive« Wissenschaft – sich verstehende Theologie sich immer wieder die prinzipielle Problematik ihres eigenen Redens von Gott und trägt dadurch ungewollt zur Unglaubwürdigkeit des Redens von Gott bei.

6. Die Positivität der Offenbarung bei Karl Barth

Daß die Theologie nicht in erster Linie Wissenschaft von der christlichen Religion ist, sondern ihren Gegenstand in Gott und seiner Offenbarung hat, das hat Karl Barth mit der ihm eigenen Entschiedenheit einer ganzen Generation eingeprägt. Dabei hat Barth seine Wendung zur Offenbarungstheologie allerdings kaum in der Weise begründet, daß deren Perspektive in solcher Begründung nicht schon vorausgesetzt wäre.[537] Derartige Begründungen zu vermeiden, war durch die Eigenart der Theologie Barths geradezu

---

537 In seiner Kritik an W. Herrmanns Ansatz bei der »Frage nach dem eigenen Selbst des Menschen« hat Barth einmal so etwas wie eine Begründung der von ihm gegen Herr-

gefordert. Die Wendung zum Verständnis der Theologie als Wissenschaft von Gott und seiner Offenbarung ist bei Barth in der Weise vollzogen worden, daß Gott und sein Wort ihm damit zugleich zum einzig möglichen *Ausgangspunkt* der Theologie wurden. Kein anderes Verfahren würde nämlich der Eigenart dieses Gegenstandes der Theologie, seiner Überlegenheit über den forschenden Menschen gerecht. Denn Gott ist »nun wirklich in keinem Sinne ›Objekt‹, sondern unaufhebbares Subjekt«.[538] Darum ist Theologie nur möglich als »konkreter Gehorsam«, als Glaubensgehorsam gegen den »Willen Gottes in seiner Offenbarung«[539], und darum ist für Barth nicht der Mensch in seinem Denken oder Erleben, sondern »*Gott selbst* in *seinem* Wort das Datum..., mit dem die Dogmatik anzufangen hätte, aber wohlverstanden in keinem Sinne als Setzung unseres Bewußtseins, sondern als der sich selbst Setzende *gegenüber* unserem Bewußtsein *und* seinen Setzungen...«.[540] Ob es Barth gelungen ist, den Einsatz seiner Dogmatik bei Gott und seiner Offenbarung als etwas anderes denn als Setzung unseres (bzw. seines) Bewußtseins zu vollziehen, das ist die kritische Frage, die an seine Begründung der Theologie zu richten ist. Wenn es nämlich überhaupt möglich wäre, so zu verfahren, dann wäre es in der Tat das einzig sachgemäße Verfahren einer Theologie als Wissenschaft von Gott, mit Gott selbst und seiner Offenbarung anzufangen.
Barth hat sich die Schwierigkeiten eines solchen Unterfangens nicht verhehlt. »Theologie soll von Gott reden, aber von Gott reden würde, wenn es ernst gelten soll, heißen, auf Grund der Offenbarung und des Glaubens reden. Von Gott reden würde heißen Gottes Wort reden, das Wort, das nur von ihm kommen kann...«.[541] Was

mann vollzogenen Wendung gegeben, indem er darauf hinweist, daß diese Frage nur möglich ist, wenn sie ein Urbild des menschlichen Selbst schon voraussetzt. Ferner müßte der Mensch sich von dorther in Frage gestellt sehen. Das bedeutet am letzten Endes: »es müßte die *Offenbarung*, zu der jene Frage nach Herrmann erst *hinführen* soll, schon als ihre *Voraussetzung* verstanden werden« (Die dogmatische Prinzipienlehre bei Wilhelm Herrmann (1925), in: Die Theologie und die Kirche, 1928, 266). Faktisch handelt es sich hier um eine Begründung und Rechtfertigung der von Barth vollzogenen offenbarungstheologischen Wendung. Allerdings ist das gerade nicht die Absicht seiner Argumentation. Diese geht vielmehr dahin, die Unmöglichkeit jeder begründenden Hinführung zur offenbarungstheologischen Position darzutun.
538 ebd. 269.
539 ebd. 323 (Kirche und Theologie, 1925).
540 ebd. 270.
541 Das Wort Gottes als Aufgabe der Theologie (1922), zit. nach dem Aufsatzband »Das Wort Gottes und die Theologie«, 1924, 167.

bedeutet diese Formel »Wort Gottes«, die von Theologen oft so selbstverständlich im Munde geführt wird, als ob man gar nicht im Zweifel sein könnte, worum es sich da handelt? Wenigstens an einer Stelle hat Barth darüber Auskunft gegeben: »Wort ist die Offenbarung und Selbstmitteilung eines Andern, einer uns begegnenden Person, und wenn diese Person die Person Gottes ist, Ausdruck seiner Herrschaft, – nicht seiner Macht, sondern seiner Herrschaft über uns.«[542] Das aber bedeutet, »daß von Gott nur Gott selber reden kann«.[543] Theologie kann dann nur »Dienst um Willen Gottes«, »Dienst am Wort« sein wie das kirchliche Amt überhaupt und »in spezieller Funktion dieses Amtes, indem sie den unvermeidlichen Schwankungen im Vollzug des Kerygmas gegenüber an Hand der konkreten kirchlichen Autorität und gerade darin in der Freiheit des Glaubens, d. h. im Blick auf die primäre Autorität des Herrn, *wacht* über der Erhaltung oder Wiederherstellung reiner Lehre«.[544] Die endgültige, nach den vorläufigen Auskünften in Richtung eines »dialektischen« Denkens[545] gegebene Antwort Barths auf die Frage nach der Möglichkeit *menschlichen* Redens von Gott und seiner Offenbarung besteht also darin, daß die Theologie als »Funktion der Kirche« im Glaubensgehorsam teilnimmt an der Bewegung des auf Verkündigung drängenden Offenbarungswillens Gottes selbst, indem sie dieser Verkündigung dadurch dient, daß sie die »wissenschaftliche Selbstprüfung« der Kirche vollzieht, die »Kritik und Korrektur ihres Redens von Gott«.[546] Nur in dieser indirekten Weise ist menschliches Reden von Gott möglich: »So dient die Theologie der Offenbarung, indem sie der Predigt dient.«[547]

Dieser Konzeption fügen sich Barths Ausführungen über die Wissenschaftlichkeit der Theologie, an der er trotz seiner offenbarungstheologischen Wendung festhalten möchte, ungezwungen ein. Nach Barth bemißt sich nämlich die Wissenschaftlichkeit der Theologie wie die aller anderen Wissenschaften an ihrer »Sachgemäßheit«, »Sachhaltigkeit oder Gegenstandsgemäßheit«.[548] Gegenstand der Theologie aber ist Gott in seiner Offenbarung, also das Wort Gottes

---

542 Die Theologie und die Kirche, 1928, 352.
543 Das Wort Gottes und die Theologie, 1924, 177.
544 Die Theologie und die Kirche, 1928, 323.
545 Das Wort Gottes und die Theologie, 1924, 172 ff.
546 Kirchliche Dogmatik I/1, 1932, 1.
547 Die Theologie und die Kirche, 1928, 325.
548 Kirchliche Dogmatik I/1, 1932, 7.

(s. o.). Daher muß sich die Sachgemäßheit der Theologie daran entscheiden, ob sie dem Wort Gottes entspricht durch ihren Glaubensgehorsam.

Barth hat den Gedanken der in ihrer spezifischen Sachlichkeit begründeten Wissenschaftlichkeit der Theologie zuerst 1927 in seiner »Christlichen Dogmatik« vorgetragen, und zwar in Auseinandersetzung mit H. H. Wendt. Dieser hatte, der neukantischen Tendenz seiner Zeit entsprechend, die Wissenschaftlichkeit des Erkennens ausschließlich methodisch begründen wollen: »Der wissenschaftliche Charakter einer Erkenntnis hängt nicht ab von ihrem Gegenstand, sondern nur von der methodischen Art des Erkennens.« Als methodisch aber zeichnet wissenschaftliches Erkennen sich nach Wendt durch Zusammenhang aus (»eine vollständige und geordnete Erkenntnis des größeren Erkenntnisgebietes, zu dem das einzelne gehört«), weiter durch »Kritik« und schließlich durch »consequente *Begründung*« des Behaupteten, die »je nach den Erkenntnisobjekten sehr verschieden geartet sein« kann.[549] Die letzte Feststellung steht in einer gewissen Spannung zu der Grundaussage Wendts, daß wissenschaftliche Erkenntnis nicht von dem jeweiligen Gegenstand abhänge. Barth hakt denn auch an dieser Stelle ein, indem er die »Sachlichkeit« nun gerade zum hauptsächlichen Kriterium der Wissenschaftlichkeit erklärt. Dabei verrät Barth allerdings nicht, daß er hier der von M. Kähler vertretenen Auffassung folgt. Unter den Theologen der vorangegangenen Generation war es Kähler gewesen, der besonders betont hatte, das wissenschaftliche Verfahren müsse sich nach dem jeweiligen Gegenstand richten.[550] Kähler hatte allerdings hinzugefügt: »Jeder besondere Gegenstand fordert seine eigene Art wissenschaftlicher Behandlung innerhalb des Verfahrens nach den allgemeinen Erkenntnisgesetzen.« Doch an diesem Punkt folgt Barth Kähler nicht mehr: Er löst vielmehr den Gesichtspunkt der Angemessenheit an den besonderen Gegenstand von der Rücksicht auf die »allgemeinen Erkenntnisgesetze«. Dabei kann er der Forderung Wendts nach dem methodischen Charakter

---

549 H. H. Wendt: System der christlichen Lehre, 1906, 2 und 3.
550 M. Kähler: Wissenschaft der christlichen Lehre von dem evangelischen Grundartikel aus (1883), 2. Aufl. 1893, 5: »Nach dem Gegenstande aber bestimmt sich das ihm entsprechende Verfahren ... « Daß die Wissenschaftlichkeit der Theologie nur darin bestehen könne, »daß sie eine ihrem Gegenstand adäquate Erkenntnismethode befolgt«, sagte noch deutlicher Fr. Traub in seinem Aufsatz »Kirchliche und unkirchliche Theologie«, ZThK 13, 1903, 65. – Das im Text folgende Zitat findet sich bei Kähler a.a.O. 14.

des anzuwendenden Verfahrens durchaus zustimmen, jedoch mit dem »Vorbehalt, daß die Auswahl der Mittel zur Sicherstellung der objektiven Wahrheit, die Art des Erkenntniszusammenhangs, die kritische Norm, die Möglichkeit der Begründung auf jedem Gebiet bestimmt sein müssen durch die Eigenart des Gegenstandes und nicht etwa umgekehrt dem Gegenstande Gewalt angetan werden darf durch einen vorgefaßten konkreten Begriff von Methode und Wissenschaftlichkeit«.[551]

Im Unterschied zu der Verengung seines Ansatzes bei H. Diem[552] hat Barth die Einordnung der Theologie in die »Enzyklopädie einer allgemeinen Wissenschaftslehre« nicht einfach abgelehnt[553], sondern sie für den Fall gutgeheißen, daß sie nicht zu Lasten der Sachgemäßheit der Theologie geht. Barth meinte sogar, daß eigentlich »alle Wissenschaften in ihrer Spitze Theologie sein« könnten und dann die »Sonderexistenz der Theologie« überflüssig wäre.[554] Faktisch ist das freilich nicht der Fall, noch gibt es für Barth eine allgemeine Wissenschaftstheorie, in die die Theologie unverletzt eingegliedert werden könnte. Ihre Kennzeichnung als Wissenschaft drückt daher den »Protest gegen jenen zugestandenermaßen ›heidnischen‹ allgemeinen Wissenschaftsbegriff« aus und besagt darüber hinaus, daß die Theologie »als menschliche Bemühung um die Wahrheit« *nur* Wissenschaft und nicht etwa eine aller Wissenschaft überlegene Weisheit zu geben hat.[555]

Den Grundgedanken Barths, daß die methodischen Forderungen der Wissenschaftlichkeit dem Gesichtspunkt der »Sachgemäßheit« unterzuordnen seien, hat H. Scholz 1931 abgelehnt. In einem Nachwort zu seinem Vortrag »Wie ist eine evangelische Theologie als Wissenschaft möglich?«[556] hat Scholz begründet, weshalb er das Barthsche »Postulat der Sachhaltigkeit oder Gegenstandsgemäßheit« nicht eingeführt habe: »weil ich bis heute auf kein Kriterium gestoßen bin, mit dessen Hilfe auch nur in einem einzigen ernstlich kontroversen Fall entschieden werden kann, ob ein vorgegebenes Denken in diesem Falle sachhaltig ist oder nicht« (52). Jedenfalls

---

551 Christliche Dogmatik, 1927, 115.
552 s. o. 22 ff.
553 Christliche Dogmatik, 1927, 117.
554 Kirchliche Dogmatik I/1, 5.
555 ebd. 9.
556 H. Scholz: Wie ist eine evangelische Theologie als Wissenschaft möglich?, in: Zwischen den Zeiten 9, 1931, 8–53, bes. 49 ff. Das im Text folgende Zitat ebd. 52.

läßt sich eine solche Entscheidung – und in diesem Sinne wird man Scholz zustimmen müssen – nicht unabhängig von den formalen Kriterien der Wissenschaftlichkeit und insbesondere nicht unabhängig von der Forderung nach Kontrollierbarkeit ihrer Sätze treffen. Diese Forderungen dienen nämlich gerade dazu, ein Urteil über die Sachhaltigkeit einer Behauptung zu ermöglichen. Darin liegt die zentrale Bedeutung der Kontroverse zwischen Scholz und Barth, und darum muß man es bedauern, wenn Barths Begründung für die Wissenschaftlichkeit der Theologie aus dem Gesichtspunkt der Sachgemäßheit zur Grundlage umfangreicher Erörterungen gemacht wird, ohne daß die Auseinandersetzung zwischen Scholz und Barth und die in ihr zur Sprache gekommene Sachproblematik überhaupt berührt wird.[557] Ließe sich die Wirklichkeit Gottes und seines offenbarenden und rettenden Handelns in Jesus Christus schon als gesichertes Datum voraussetzen, dann wäre damit alles Wesentliche bereits gesagt, und es würde in der Theologie weniger um Erkenntnis als um Anerkenntnis und »reine Lehre« gehen, allerdings kaum mehr um »theologische Wissenschaft«.

Als grundlegende Kriterien der Wissenschaftlichkeit stellte Scholz drei formale Postulate (»Mindestforderungen«) auf[558]:

1. das Satzpostulat: »In einer Wissenschaft können außer Fragen und Definitionen nur *Sätze* auftreten«, d. h. »Aussagen, für welche das Wahrsein behauptet wird«. Dieser Begriff des Satzes entspricht dem sonst in der analytischen Philosophie üblichen Begriff des Behauptungssatzes. Mit Recht stellt Scholz fest, daß in diesem Postulat bereits die Forderung der Widerspruchslosigkeit eingeschlossen ist (14). Wenn nämlich der Widerspruch nicht ausgeschlossen wäre, müßten alle Äußerungen gleichermaßen zugelassen werden, so daß es keinen Sinn mehr hätte, nach Wahrheit zu forschen, weil der Gegensatz von Wahrheit und Unwahrheit verschwände.

---

557 So z. B. bei Th. F. Torrance: Theological Science, 1969. Torrance argumentiert mit dem Kriterium der Sachgemäßheit u. a. 26, 37, 112, 131, 144, 284 f., 288, 303. Dieses Kriterium erfordert die Begründung wissenschaftlicher Sätze auf »das Gegebene« (27 ff., 37). Im Falle der Theologie ist das Gott in seinem Wort: » . . . the given fact with which theology operates is God uttering his Word and uttering Himself in His Word . . . «(32). Auf diese Gegebenheit sich gründend ist »wissenschaftliche Theologie« für Torrance »positive theology« (80, 281, 341) im Gegensatz zur »natürlichen Theologie« (140).
558 H. Scholz: Wie ist eine evangelische Theologie als Wissenschaft möglich?, in: Zwischen den Zeiten 9, 1931, 19 ff. Die folgenden Seitenangaben im Text beziehen sich auf diesen Aufsatz.

2. Das Kohärenzpostulat: Alle Sätze müssen sich auf einen einheitlichen Gegenstandsbereich beziehen. »Von einer Wissenschaft kann nur dann gesprochen werden, wenn irgend ein Bereich von Dingen so vorliegt, daß alle zu einer und derselben Wissenschaft gehörigen Sätze als Aussagen über die Dinge dieses Bereichs formuliert werden können« (20). Diesem Postulat wird z. B. der Theologiebegriff Schleiermachers nicht gerecht, weil er der Theologie die sachliche Einheit ihres Gegenstandes abspricht und die Vereinigung der theologischen Disziplinen nur durch einen außerhalb ihrer liegenden praktischen Zweck erklärt (45).

3. das Kontrollierbarkeitspostulat: Hier handelt es sich um die Forderung der Nachprüfbarkeit des Wahrheitsanspruchs theologischer Sätze (21). Diese Forderung ist jedoch allgemeiner gehalten als die nach einer Verifikation, die Scholz in der Theologie für unmöglich hält (48). Seine Forderung richtet sich nur auf Verstehbarkeit der Formulierung, Angabe des kritischen Prinzips, z. B. des »Evangelischen« in einer evangelischen Dogmatik, so »daß der kritische Leser imstande ist, sich selbst ein Urteil über die Sätze zu bilden«, für welche evangelische Prägung behauptet wird (46). Daran aber, daß die Wahrheit theologischer Behauptungen sich nicht kontrollieren läßt, droht Theologie als Wissenschaft nach Scholz zu scheitern. Es bleibt dann nur »ein jeder irdischen Nachprüfung entzogenes persönliches Glaubensbekenntnis im dezidiertesten Sinne des Wortes« (48).

Zu den drei unerläßlichen Mindestbedingungen kommen bei Scholz noch zwei weitere umstrittene Bedingungen hinzu, das Unabhängigkeitspostulat, bei dem es um die Problematik der Voraussetzungslosigkeit geht, und ein Konkordanzpostulat, das die Übereinstimmung der Sätze einer Disziplin mit den wahren Sätzen aller übrigen Disziplinen zum Inhalt hat. Von diesen Mindestbedingungen insgesamt unterscheidet sich die Höchstforderung, die nach Scholz an eine Wissenschaft gestellt werden kann, daß sich nämlich ihre Sätze in Axiome (Grundsätze) und aus ihnen deduzierte (bewiesene) Lehrsätze oder Theoreme aufteilen lassen (24).

In seiner Kirchlichen Dogmatik hat Barth 1932 die wissenschaftstheoretischen Forderungen von Scholz zurückgewiesen als für die Theologie »unannehmbar«[559], ohne auf die Differenzierung zwischen unumstrittenen und umstrittenen Mindestforderungen und ihr

---

[559] Kirchliche Dogmatik I/1, 6 ff.

Verhältnis zur Höchstforderung axiomatischer Darstellung einzugehen. Schon die Forderung der Widerspruchslosigkeit sei für die Theologie nur mit Einschränkungen annehmbar, und für alle übrigen Forderungen, also auch schon für das Kohärenz- und Kontrollierbarkeitspostulat, gelte: »Ohne Verrat an der Theologie kann hier kein Jota zugegeben werden, denn jede Konzession hieße hier Preisgabe des Themas der Theologie.« Barths Reaktion entspricht damit der skeptischen Vermutung von Scholz, daß es sich bei der Theologie vielleicht doch nicht um Wissenschaft handle, sondern um »ein jeder irdischen Nachprüfung entzogenes persönliches Glaubensbekenntnis«.[560] Barth hat sich allerdings auch dazu nicht bekannt, sondern hielt daran fest, daß Theologie Wissenschaft sei als menschliche Bemühung um die Wahrheit und daß sie sich auf einem »in sich folgerichtigen Erkenntnisweg« um »einen bestimmten Gegenstand« bemühe.[561] Mit welchem Recht Barth das nun noch behaupten kann, bleibt allerdings unerfindlich. Was bedeutet ein »in sich folgerichtiger Erkenntnisweg«, wenn die Allgemeingültigkeit des Widerspruchssatzes bestritten wird? Und was bedeutet die Fähigkeit, »jedermann ... Rechenschaft abzulegen« noch, wenn das Kontrollierbarkeitspostulat »rundweg« als »unannehmbar« erklärt worden ist?

Barths Antwort mußte Scholz in der Sorge bestärken, die er schon in seinem Vortrag geäußert hatte, daß nämlich die Theologie den Glauben »so radikal als Wagnis interpretiert, daß nicht mehr abzusehen ist, wie man von diesem Wagnis überhaupt noch zu irgendwelchen Sätzen gelangen kann«, für die »das Wahrsein behauptet wird«. Ein Wagnis könne nämlich nicht mehr danach beurteilt werden, ob es wahr oder falsch ist.[562] Diese Bemerkung von Scholz bezog sich auf Ausführungen Barths über die Theologie, in denen er diese als freien Gehorsam bezeichnet hatte, »der, indem er *nach*denkt, selber denkt, aber Nachdenken, Gehorsam ist«. In diesem Sinne sei Theologie »Glaubenswissenschaft«.[563] Als solche stelle sie

---

560 H. Scholz a. a. O. 48.
561 Kirchliche Dogmatik I/1, 6.
562 H. Scholz a. a. O. 39.
563 K. Barth: Die Theologie und der heutige Mensch, in: Zwischen den Zeiten 8, 1930, 374 – 396, bes. 382 ff. Der Begriff des Wagnisses fällt 384. In seiner späten »Einführung in die evangelische Theologie«, 1962, 115, schrieb Barth, scheinbar im Gegensatz zu jener frühen Äußerung, der Glaube sei »gerade *kein* Wagnis wie etwa das, das der Satan dem Herrn auf der Zinne des Tempels zugemutet hat, sondern ein tapferes aber auch nüchternes

das »Wagnis eines gänzlich ungesicherten Gehorsams« (384) dar. »Kein Nachweis steht dem Theologen zu Gebot, mittels dessen er sich selbst oder anderen beweisen könnte, daß er nicht Grillen fängt, sondern Gottes Wort vernimmt und bedenkt. Er kann dessen nur faktisch gewiß sein. Er kann weder sich selbst, noch andere mit einer Legitimation beruhigen, die ihm und ihnen bestätigte, daß er auf *Befehl* handle. Er kann nur auf Befehl *handeln* und damit das Vorhandensein des Befehls bezeugen ...« (383).
Wo derart das Fundament der Theologie zur Sache eines Wagnisses wird, ist nicht nur ihre Wissenschaftlichkeit in Frage gestellt, sondern auch die Priorität Gottes und seiner Offenbarung gegenüber dem Menschen, an der Barth doch alles gelegen war. Es zeigt sich hier, daß gerade Barths unvermittelter Ansatz bei Gott und seinem offenbarenden Wort nur als grundlose Setzung des theologischen Bewußtseins vollziehbar ist. So berechtigt Barths Widerspruch gegen die Reduktion des Gegenstandes der Theologie auf das religiöse Bewußtsein des Menschen gewesen ist, so wenig öffnet der unvermittelte Einsatz bei Gott und seiner Offenbarung einen Ausweg aus dieser Problematik. Denn die Darlegungen Barths über den Glaubensgehorsam als Wagnis sprechen es aus, und seine Auseinandersetzung mit Scholz bestätigt, daß die Positivität der Offenbarung keine Alternative zum Subjektivismus in der Theologie darstellt, sondern vielmehr als theologische Position dessen äußerste Zuspitzung bedeutet: Während andere Formen anthropologischer Begründung der Theologie sich immerhin noch im Rahmen allgemeinverbindlicher Argumentation zu bewegen suchten, wird bei Barth die irrationale Subjektivität eines nicht weiter begründbaren Glaubenswagnisses als das tatsächliche Fundament der scheinbar so steilen Objektivität seines Redens von Gott und Gottes Wort sichtbar.
Darin zeigt sich ein Sachverhalt von allgemeinerer Relevanz, der bei Barth wegen der Radikalität seiner Position nur besonders deutlich hervortritt: Unter den Bedingungen der durch die Autoritätskritik der Aufklärung geschaffenen Lage einer prinzipiellen Verdächtigung aller formalen, nicht vor Vernunft und Erfahrung

Ergreifen einer festen und gewissen Verheißung«. Der Gegensatz ist jedoch deshalb nur ein scheinbarer, weil in der zuletzt zitierten Äußerung schon vorausgesetzt ist, daß es sich bei der Verheißung um die Verheißung Gottes handelt. Gerade das aber ist es, was nach den Ausführungen von 1930 nicht nachweisbar oder beweisbar ist, sondern nur durch ein »Wagnis« ergriffen werden kann.

ausgewiesenen Autoritätsansprüche kann der Ausgangspunkt einer »positiven«, nicht durch rationale Argumentation vermittelten Offenbarungstheologie nur durch einen Akt subjektiver Willkür oder eines irrationalen Glaubenswagnisses gewonnen werden. Denn der Anspruch des Barthschen Wortes Gottes – der kirchlichen Verkündigung? der Schrift? Jesu selbst? – auf Glaubensgehorsam ist als solcher gar nicht eindeutig auszumachen, weil und solange es zumindest problematisch bleibt, ob es sich dabei außer um menschliche Überzeugungen überhaupt um Gott und göttliche Offenbarung handelt. Wenn man in dieser Frage den Weg nüchterner Prüfung durch vernünftige Untersuchung von vornherein für aussichtslos hält, aber dennoch aus was für Gründen auch immer an der christlichen Überlieferung festhalten möchte, dann bleibt wohl nichts anderes als das gänzlich ungesicherte Wagnis übrig. Man sollte sich dann nur nicht verhehlen, daß solches Wagnis in höchstem Maße eine »Setzung« unseres Bewußtseins ist, die dann alle seine Inhalte bedingt. Andererseits führt solche Subjektivierung der Positivität der Überlieferung zu einer rational nicht mehr ausgleichbaren Pluralität von Positionen. Anders gesagt, durch die Subjektivierung der Positivität der Überlieferung ist die Theologie »positionell« geworden.[564] Sie ist positionell insoweit, als sie sich dem Bemühen um intersubjektive Rationalität in der Klärung und Prüfung ihrer Grundlagen verschließt.

Doch wie ist unter solchen Bedingungen überhaupt noch Verständigung über Theologie möglich und eine an die Öffentlichkeit sich wendende theologische Argumentation sinnvoll?

Scholz hat nach einigen Jahren das Gespräch mit Barth noch einmal aufgenommen, nämlich in seinem Beitrag zur Barth-Festschrift 1936. Die frühere Auseinandersetzung konnte noch den Eindruck erwecken, Scholz stimme mit Barth im Grunde darin überein, daß Theologie nicht als Wissenschaft im üblichen Sinne zu verstehen sei, und der Differenzpunkt zwischen beiden bestehe nur darin, daß Barth dennoch »Wissenschaft« nennt, was er tut, statt es als ein jeder Nachprüfung entzogenes Glaubensbekenntnis zu bezeichnen. Nun jedoch hat sich der Gegensatz verschärft. Scholz will deutlich

---

564 Siehe dazu D. Rössler: Positionelle und kritische Theologie, in: ZThK 67, 1970, 215–230. Man sollte die Bezeichnung »positionell« allerdings nicht schon überall da anwenden, wo überhaupt eine Position eingenommen wird: Damit wäre kein spezifisch neuzeitliches Phänomen getroffen. Vielmehr sollte die Bezeichnung auf solche Positionen beschränkt werden, die sich nicht um rationale Rechtfertigung bemühen.

machen, daß niemand – also auch Barth nicht – Aussagen sinnvoll formulieren kann, ohne sich auf Kriterien ihrer Wahrheit oder Falschheit einzulassen.[565] Zunächst gesteht Scholz zu, es sei Sache einer »Festsetzung« (267), oder einer »Verabredung« (269), was eine theologische Aussage sein soll. Nach K. Barth sei nun eine theologische Aussage eine Aussage über Gott oder in eine solche umformbar (271). Genauer aber ist eine Aussage über Gott nach K. Barth nur dann eine theologische Aussage, wenn sie nicht einer *rationalen* Theologie angehört (274). Was aber eine solche Aussage sei, fährt Scholz fort, lasse sich nicht mehr verstehen. Wenn man nämlich sage: »Eine Aussage soll dann und nur dann *rational* heißen, wenn sie dem natürlichen Menschen einleuchtet«, stelle sich sofort die Frage, was unter einem solchen »natürlichen Menschen« zu verstehen sei. Eine Antwort auf diese Frage, fügt Scholz hinzu, werde wohl nur dann gelingen, wenn man annehme: »Unter einem natürlichen Menschen soll ein Mensch verstanden werden, dem ein theologischer Satz im Sinne von Karl Barth nicht einleuchtet.« Er fährt fort: »Man kann nicht noch zirkulärer werden« (275). So endet sein Versuch, den Sinn einer theologischen Aussage zu analysieren, in ironischer Ratlosigkeit. Indem er die These, eine theologische Aussage sei eine Aussage über Gott, die aber keine rationale Aussage sei, ad absurdum führt, antwortet Scholz implizit auf Barths Abweisung seiner wissenschaftstheoretischen Erwägungen. Und er fügt eine »Warnungstafel« hinzu, die sich deutlich auf Barths Einschränkungen der Logik bezieht. Sie warnt davor, die behauptete Nichtrationalität der Theologie durch Ablehnung des logischen Schließens zu erläutern. Scholz erklärt es für »in jedem Falle gefährlich, einem denkenden Wesen das Schließen als solches zu untersagen« (277); denn: »auch einem theologischen Satz wird niemand sinnvoll verbieten können, daß er irgendwelche logischen Folgen hat« (277). Wenn uns aber das Schließen als solches verboten werde, »so wird uns das wesentlichste Mittel entzogen, über das wir als denkende Wesen verfügen, um uns klar zu werden über das, was wir sagen. Man mag bedauern, daß es so ist; aber wenn wir von Gott geschaffen sind, so werden wir daraus schließen müssen, daß

---

565 H. Scholz: Was ist unter einer theologischen Aussage zu verstehen?, in: Theologische Aufsätze Karl Barth zum 50. Geburtstag, 1963, 25 – 37, abgedruckt bei G. Sauter: Theologie als Wissenschaft, 1971, 265 ff. Die folgenden Seitenangaben im Text beziehen sich auf diesen Abdruck.

er gewollt hat, daß wir auch den Verstand, den er uns zugewendet hat, so in Funktion setzen, daß wir nicht als schlechte oder ungetreue Haushalter desselben erfunden werden« (278). Darum möchte sich Scholz »dafür einsetzen dürfen, daß die *Beweisbarkeit* eines Satzes als solche *nicht* als ein Kennzeichen dafür eingeführt wird, daß dieser Satz *nicht* ein theologischer Satz ist« (278). Mit diesem Beharren auf der Unverzichtbarkeit der Logik aber hat Scholz im Grunde auch an der Unausweichlichkeit seiner wissenschaftstheoretischen Minimalforderungen festgehalten, weil diese nur explizit machen, was in der Logik von Behauptungen schon liegt. Dazu gehört, daß jede Aussage, weil sie ihrem Wesen nach immer etwas als wahr behauptet, den Widerspruch und damit die Unwahrheit von sich ausschließt. Sie wäre sonst als Behauptung gar nicht mehr verständlich. Ebenso liegt es schon in der Logik von Behauptungen, daß sie auf Gegenstände und Sachverhalte gerichtet sind, die sich als solche von der Behauptung unterscheiden lassen, so daß auch eine Mehrzahl von Behauptungen auf ein und denselben Gegenstand gerichtet und durch ihre widerspruchsfreie Vereinbarkeit als Beschreibung desselben Gegenstandes kenntlich sein kann (Kohärenzpostulat). Schließlich ist auch das Kontrollierbarkeitspostulat schon in der logischen Struktur von Behauptungen begründet, weil jede Behauptung sich als Hypothese über einen Gegenstand darstellt, die dem Gegenstand entsprechen oder nicht entsprechen, wahr oder falsch sein kann. Für Behauptungssätze bleibt daher die These des logischen Positivismus bestehen, daß ein Satz nur dann sinnvoll ist, wenn sich angeben läßt, unter welchen Bedingungen er wahr ist. Das impliziert dann auch im Prinzip seine Überprüfbarkeit, allerdings nicht schon eine Einschränkung auf eine bestimmte Art der Überprüfung (etwa durch Sinnesbeobachtungen) oder die Forderung, daß eine Überprüfung jederzeit erfolgen könnte.

Barth hat auf die zweite Anfrage von Scholz nicht mehr geantwortet. Wer ihr Gewicht ermißt, wird zugeben, daß auch theologische Aussagen sich nicht der Logik entziehen können. Damit aber ist – wie Barth sehr scharf gesehen hat – schon sehr viel zugestanden, nämlich unter anderem auch die Unhaltbarkeit einer offenbarungspositivistischen Auffassung der Theologie.

7. Positivität und Geschichte

Die Erörterung des Theologiebegriffs von Karl Barth hat gezeigt, wie sehr die Problematik der Positivität die Selbstreflexion der Theologie bis in die Gegenwart auch und gerade da noch beherrscht, wo sie nicht ausdrücklich thematisiert, sondern übersprungen wird. Erst auf dem Hintergrund ihrer Geschichte seit der Aufklärung wird die Bedeutung der verschiedenen gegenwärtigen Stellungnahmen zur Frage der Wissenschaftlichkeit der Theologie bestimmbar. In der Positivitätsproblematik verschränkt sich die historische Bedingtheit der christlichen Religion mit der scheinbaren Irrationalität der von ihr verkündeten Offenbarung. In der Perspektive der Aufklärung fiel beides noch zusammen. Für Romantik und Idealismus hingegen löste sich die Positivität des Historischen durch die Historisierung der Vernunft. Die Positivität der Offenbarungstheologie drängt sich dem nachidealistischen geschichtlichen Bewußtsein gerade durch die Inkommensurabilität ihres Inhalts mit dem historischen Gehalt der christlichen Geschichte selbst auf. Die in diesem Sinne positiven Elemente der christlichen Dogmatik wurden zunächst noch als Ausdruck der praktischen religiösen Relevanz der christlichen Geschichte gegenüber einer bloß antiquarischen Historie gerechtfertigt. Aber ist diese praktische Relevanz in einer dem Historischen äußerlichen Wertung durch ein gegenwärtiges Glaubensurteil begründet, oder ist sie umgekehrt eine Funktion der dem historischen Inhalt selbst eigenen Bedeutung? Auf diese Frage hat sich die Positivitätsproblematik des Christentums in der Theologie dieses Jahrhunderts zugespitzt. Auch die dialektische Theologie hat ungewollt zu ihrer Verschärfung beigetragen, indem sie sich der Geschichte als dem Bereich des Relativen und bloß Menschlichen im Namen Gottes und seiner Offenbarung entgegensetzte. Der Versuch, Gott und seine Offenbarung als die große Alternative zu allem bloß Menschlichen und so als das eigentliche Thema der Theologie geltend zu machen, erwies sich selbst als extremste Zuspitzung des Subjektivismus in der Theologie, deren Positivität damit als dezisionistische Selbstdarstellung einer ihres substantiellen Grundes entbehrenden und eben darum durch den Akt eines verzweifelten Wagnisses sich seiner versichernden Subjektivität. Die Intention Barths, gegenüber der Beschränkung der Theologie auf die religiöse Subjektivität Gott und seine Offenbarung und damit den substantiellen Grund dieser

Subjektivität selbst als Thema der Theologie wiederzugewinnen, ist nur einlösbar durch Erhellung des der Subjektivität des Theologen vorgegebenen Überlieferungszusammenhangs. Barth selbst hat in seiner Kirchlichen Dogmatik diese Wendung vollzogen, aber unter dem Vorzeichen der durch seinen Ansatz schon vorausgesetzten Positivität der Offenbarung. Wenn die Überlieferung in ihrem eigenen Sinn zur Sprache kommen soll und nicht nur als Spiegel der Selbstverständigung einer isoliert in sich kreisenden Subjektivität, dann muß sie auf die ihr in der Historizität ihres Ursprungs und in der ganzen Reihe ihrer Gestaltungen eigentümliche Bedeutung befragt werden. In dieser Frage nach der dem Historischen eigentümlichen Bedeutung ist die über das bloß Historische hinausdrängende Reflexion auf seine gegenwärtige Relevanz aufgehoben, aber unter der Direktion des historischen Phänomens selbst, das wegen der an ihm wahrgenommenen Bedeutung zum Gegenstand eines Überlieferungsprozesses wurde.

Es ist also weder ein belangloser Zufall, noch eine Wirkung außertheologischer Einflüsse, daß mit dem Niedergang der dialektischen Theologie das hermeneutische Problem ins Zentrum der theologischen Diskussion gerückt ist. Grundlegend wurde dabei die Einsicht, daß die urchristlichen Zeugnisse und auch die historische Gestalt Jesu einem für uns vergangenen Zeitalter angehören, so daß ihre gegenwärtige Relevanz nur durch einen Akt der Interpretation zugänglich wird. Für die Lösung dieser hermeneutischen Aufgabe kann der Gottesgedanke insofern entscheidende Funktion haben, als er die Vergangenheit des Auftretens Jesu mit der Gegenwart vermittelt, das Identische im Prozeß der Übertragung seiner Botschaft in die gegenwärtige Wirklichkeitserfahrung bezeichnet und vor allem ihren Anspruch auf Allgemeingültigkeit begründet und so dasjenige, was zur Interpretation, zur Vermittlung an die jeweilige Gegenwart allererst nötigt. An der Lösung der hermeneutischen Frage muß sich daher zeigen, ob die von Barth als Thema der Theologie wiedergewonnene Priorität Gottes und seiner Offenbarung vor allem menschlich Relativen durch Reflexion auf ihre Selbstvermittlung im Prozeß der christlichen Überlieferung so artikulierbar wird, daß dadurch zwar nicht der Glaube, wohl aber die Positivität der Begründung der Theologie auf ein arbiträres Glaubenswagnis des Theologen entbehrlich wird. Dabei verhilft es zur Klärung, daß in der zweiten Hälfte dieses Jahrhunderts die praktische Relevanz der christlichen Überlieferung immer weniger als für sich selbst gewiß betrachtet werden kann, so daß sie nicht mehr aus der Selbstgewißheit christlicher Frömmigkeit, sondern nur noch aus der jener Überlieferung eigenen Bedeutung hervorgehen kann, die ihrerseits unbefangene persönliche Frömmigkeit erst ermöglicht für denjenigen, der durch sie seine gegenwärtige Existenz im Zusammenhang der Geschichte als einer Geschichte Gottes leben lernt.

Das hermeneutische Problem ist durch Bultmann zum Brennpunkt des theologischen Interesses geworden, hat aber erst bei G. Ebeling zu einer Neufassung des Theologiebegriffs geführt. Ebeling denkt Theologie im Sinne Barths und Bultmanns als bezogen auf das Geschehen der Verkündigung, ohne das Theologie »blind« wäre.[566] Er nimmt damit ausdrücklich die These vom praktischen Charakter der Theologie auf, praktisch nicht nur im Sinne der anthropologischen Zielorientierung, sondern als »Beziehung zur Praxis der kirchlichen Verkündigung«.[567] In ihr sucht er auch die spezifische »Gegenstandsgemäßheit« der Theologie.[568] Diesen Gegenstand bildet nach Ebeling das »Sprachereignis der Offenbarung im Hören auf das Wort Gottes«, wobei sich sein Interesse auf den Vorgang, das Geschehen dieses Sprachereignisses konzentriert. Dieses Geschehen ist auch nicht nur, wie bei Bultmann, das existentielle Geschehen des gläubigen Selbstverständnisses, sondern es zeigt sich als Gegenstand der Theologie »in der Auslegung geschehener und in der Bibel aufgezeichneter Verkündigung in Richtung auf künftige, in der Kirche zu vollziehende Verkündigung«. Dabei ist Theologie nach Ebeling gar nicht anders denn als »wissenschaftliche« Theologie zu verstehen. Der Ausdruck »wissenschaftliche Theologie« ist für Ebeling, »wenn man den Wissenschaftsbegriff hier nicht durch Verengung unbrauchbar macht«, eine »Tautologie«.[569]

Zur genaueren Erörterung der Wissenschaftlichkeit der Theologie greift Ebeling auf Schleiermachers Begriff der Theologie als »posi-

---

566 G. Ebeling: Theologie und Verkündigung, 1962, 9.
567 G. Ebeling: Art. Theologie II, in: Religion in Geschichte und Gegenwart (RGG) 3. Aufl. VI, 770.
568 ebd. 771. Ebeling identifiziert sich hier mit der Abweisung der Wissenschaftskriterien von H. Scholz durch K. Barth, ohne auf die darin enthaltene Problematik einzugehen. Faktisch allerdings hat sich sein Interesse, wie schon die Näherbestimmung des Gegenstandes der Theologie zeigt, gegenüber Barth verlagert. – Die folgenden Zitate im Text finden sich ebenfalls an der angegebenen Stelle.
569 Theologie und Verkündigung, 1962, 9. Die folgenden Seitenverweise im Text beziehen sich auf dieses Werk.

tiver Wissenschaft« zurück. Doch geht er dabei weder auf die Stellung der Theologie im Kreise der »oberen Fakultäten« der Universität ein, noch auf den Praxisbezug der Theologie. Vielmehr deutet Ebeling die Positivität der Theologie, obwohl er sich dafür auf Schleiermacher beruft, anders als dieser vom Bezug auf »geschichtlich Gegebenes« her (104). Statt von einem geschichtlich Gegebenen sprach Schleiermacher im ersten Paragraphen der »Kurzen Darstellung« nur von einer »Beziehung auf eine bestimmte Glaubensweise«. Diese ist für Schleiermacher natürlich eine geschichtliche Gegebenheit, aber darauf wird hier zur Bestimmung der Positivität der Theologie gerade nicht reflektiert. Dagegen bleibt Schleiermachers ausdrückliche Beziehung des Begriffs einer positiven Wissenschaft auf die »Lösung einer praktischen Aufgabe« bei Ebeling an dieser Stelle unerwähnt. Sie wird allerdings der Sache nach nicht fallengelassen, sondern aufgehoben unter dem Gesichtspunkt der »Verantwortung« des geschichtlich Gegebenen, die der Theologie aufgetragen sei: Diese hat das geschichtlich Gegebene nicht nur historisch aufzunehmen, sondern auch »kritisch reflektierend und prüfend« zu »verantworten«. Dazu »nötigt« das geschichtlich Gegebene selbst, wie Ebeling meint, wenn man es weder für bloß zufällig, noch für bereits erledigt hält.[570] So gelangt er zu dem Satz: »Theologie ist, weil durch und durch geschichtsbezogen, verantwortende Wissenschaft.« Es gehe in ihr darum, »überkommene Geschichte als zukünftige zu verantworten« (104).

Ebeling hat den Bezug auf das geschichtlich Gegebene in Schleiermachers Definition der Theologie eingetragen und sie dadurch *de facto* verändert. Gerade dieses hermeneutische Verfahren ermöglicht ihm aber die Neuformulierung des für Schleiermacher konstitutiven Praxisbezuges der Theologie durch deren Kennzeichnung als »verantwortende Wissenschaft«. So gelingt es Ebeling, eine der Schwächen der Auffassung Schleiermachers zu beheben: Die hermeneutische »Verantwortung« der Theologie bezieht sich fundamental auf »überkommene Geschichte«. Das Schwergewicht des Historischen in der Theologie wird daher bei Ebeling zwanglos verständlich, während es sich in Schleiermachers praktische Begründung des

---

570 ebd. 104. Hier vermißt man eine Reflexion auf die Funktion des Gottesgedankens als Begründung der Nötigung zur Verantwortung der Überlieferung, jedenfalls der christlichen Überlieferung. Der Sache nach ist der Gottesgedanke natürlich gerade für Ebelings Konzeption des Wortgeschehens der Überlieferung zentral.

Theologiebegriffs nur mühsam einordnen ließ. Mit dieser Korrektur an Schleiermachers Theologiebegriff folgt Ebeling der schon bei Kähler und Heinrici zu beobachtenden Tendenz, den historischen Stoff der christlichen Theologie mit der gerade diesen Stoff auszeichnenden praktischen Relevanz zu verbinden. Dabei hatte sich Kähler bemüht, durch seinen Begriff des Übergeschichtlichen die Gegenwartsbedeutung der »geschichtlichen Tatsachen«, auf denen die christliche Überlieferung beruht, als von jenen selbst ausgehende Wirkung zu fassen.[571] In anderem Zusammenhang hatte Kähler diese im Glaubenszeugnis sich äußernde Wirkung, sofern sie Wirkung des Geistes Gottes ist, auch als Gotteswort bezeichnet[572], und damit wurde Kähler zu einem der Väter der dialektischen Theologie. Dort trat allerdings sowohl bei Barth als auch bei Bultmann das Wort Gottes in den schon erwähnten Gegensatz zu allem Menschlich-Historischen. Erst Ebelings Verbindung der hermeneutischen Aufgabe mit der Beziehung der Theologie auf das Wort Gottes als ihren Gegenstand hat umgekehrt das Thema des Wortes Gottes mit der Wirkungsgeschichte der Geschichte Jesu und der Verkündigung des Urchristentums verknüpft. Diese Verknüpfung war bei Kähler zwar angebahnt, aber noch nicht ausdrücklich vollzogen, wie sich daran zeigt, daß der Begriff des Wortes Gottes in den grundlegenden Ausführungen über das Übergeschichtliche im Einleitungsteil der »Wissenschaft der christlichen Lehre« nicht fällt. Den Grund dafür darf man vielleicht darin suchen, daß »Wort Gottes« für Kähler ähnlich wie für W. Herrmann[573] noch eine dem unmittelbaren

---

571 *M. Kähler*: Wissenschaft der christlichen Lehre (1883), 2. Aufl. 1893, 13; vgl.: Der sogenannte historische Jesus und der geschichtliche, biblische Christus, 1892, 19. Nach Kähler ist ganz allgemein »das wahrhaft Geschichtliche an einer bedeutenden Gestalt die persönliche Wirkung, die der Nachwelt auch spürbar von ihr zurückbleibt«. Die von Jesus hinterlassene Wirkung aber sei »keine andere als der Glaube der Jünger«, darüber hinaus dann auch (2. Aufl. 1896, 109) die bis heute ergehende »Predigt seiner Anhänger«.

572 Wissenschaft der christlichen Lehre, 2. Aufl. 1893, 369 (§ 451): »Ursprüngliches, nämlich aus der Wirkung des Geistes stammendes Gotteswort ist überall, wo das Evangelium unter der Wirkung des Geistes in lauterem bekennendem Zeugnisse laut wird.« Wort Gottes ist also nicht nur die Bibel. Sie ist es sogar nur um Christi willen; denn Christus als »das Fleisch gewordene Wort Gottes bildet den Inhalt menschlicher Rede und macht dieselbe damit zum Gotteswort ... « (ebd. 368, § 447), und andererseits ist dieses »wirksame Wort Gottes ... in der Kirche auch außerhalb der Schrift alten und neuen Bundes lebendig« (ebd. 370, § 453).

573 Zu Kähler siehe das erste Zitat der vorigen Anm. Bei W. Herrmann vgl. den Aufsatz: Die Lage und Aufgabe der evangelischen Dogmatik in der Gegenwart (1907), in: W. Herrmann, Schriften zur Grundlegung der Theologie, ed. Fischer-Appelt II 1967, 65:

Erleben zugeordnete Wirkung des göttlichen Geistes bezeichnete, deren Verhältnis zur Wirkungsgeschichte des »fleischgewordenen Wortes« als einer geschichtlichen Tatsache noch ungeklärt war. Diese Klärung ist in verschiedener Weise durch Bultmanns Beschreibung des Wortes Gottes als Christuskerygma[574] und durch Barths Lehre von den drei Gestalten des Wortes Gottes[575] vorbereitet worden. Doch bei beiden blieb gerade das Verhältnis zum historischen Ursprung der christlichen Überlieferung problematisch. Erst Ebeling hat den christlichen Überlieferungsprozeß als Wirkungsgeschichte des von Jesus ausgegangenen Wortgeschehens thematisiert. Darauf bezieht sich sein Begriff der Theologie als verantwortender Wissenschaft.

Die Bezeichnung »verantwortende Wissenschaft« steht dem Begriff der Hermeneutik nahe. In den hermeneutischen Disziplinen geht es ja darum, aus der Vergangenheit Überliefertes in bezug auf Zukunft, sofern diese den Horizont gegenwärtigen Verstehens bildet, auszulegen, so daß die Bedeutsamkeit des Vergangenen für die Gegenwart angesichts ihrer Zukunft verstehbar wird. Ebelings Unterscheidung zwischen verantwortender und berechnender Wissenschaft (105) deckt sich außerdem im wesentlichen mit der traditionellen Unterscheidung der (hermeneutischen) Geistes- von den Naturwissenschaften. Mit was für einer Art von Verantwortung die Theologie als »verantwortende Wissenschaft« es zu tun hat, läßt Ebeling durch seine Bemerkung gegenüber R. Bultmann erkennen, es gehe ihm darum, »Theologie des Wortes Gottes« zu »verantworten«, indem er die Frage nach dem historischen Jesus aufgreift, um in den »Anspruch« des Wortes Gottes hineinzukommen (77 f.). Gemeint ist mit diesem Anspruch des Wortes Gottes offenbar Jesu »Vollmacht, Gott konkret anzusagen« (75), eine Vollmacht, der gegenüber es kein »Beweisenwollen« gebe, die aber ihrerseits die »Legitimation« der christlichen Identität der Verkündigung sei (55 vgl. 75).

Im Vergleich zu Barth hat Ebeling, wie ansatzweise schon Bultmann, das Wort Gottes historisiert: Bultmann hatte, indem er das urchrist-

---

»Aus den Momenten, in denen uns der Gehalt unserer Erlebnisse zu einer Rede Gottes zu uns selbst wird, zieht die Religion ihre Kraft.« In ähnlichem Sinne deutet Herrmann auch sonst den Begriff »Wort Gottes«.

574 *R. Bultmann*: Der Begriff des Wortes Gottes im Neuen Testament, in: Glauben und Verstehen I, 1933, 268–293, bes. 279 ff.

575 K. Barth: Kirchliche Dogmatik I/1, 1932, § 4 (89–127).

liche Kerygma als Wort Gottes identifizierte, dieses als eine Gegebenheit der Geschichte thematisiert, deren gegenwärtige Aktualität nur durch Übersetzung und Auslegung für die jeweilige Gegenwart im Blick auf deren Zukunft vernehmbar ist. Über Bultmann hinausgehend hat Ebeling jedoch den Traditionsprozeß selbst als Wortgeschehen in den Begriff des Wortes Gottes hineingezogen und andererseits diesen Begriff aus seiner offenbarungstheologischen Isolierung gelöst, indem er Wort Gottes als das eigentliche Wesen von Wort schlechthin zu denken sucht, sofern im Geschehen von Mitteilung und Zusage die eigentliche Wahrheit von Wort und Sprache überhaupt zutage tritt (s.o. 174f.). Indem das Wort Gottes einerseits als wirkungsgeschichtliche Explikation der Geschichte Jesu, andererseits als die Wahrheit von Wort und Sprache überhaupt gedeutet wird, scheint dieser Zentralbegriff der Dialektischen Theologie seine Positivität zu verlieren.

Dennoch steckt im Begriff des Wortes als Wort Gottes, das letzten Endes auf Jesu »Vollmacht, Gott konkret anzusagen« zurückweist, auch bei Ebeling noch ein Moment von Positivität im Sinne von rational unausweisbarer Offenbarungsautorität.

Wir haben früher (s.o. 176 f.) die eigentümliche personalistische Engführung der Reflexionen Ebelings über die Sprache erörtert. Auch wenn diese Verengung der Betrachtungsweise nicht vom Phänomen der Sprache und seiner Vieldimensionalität her Bedenken erregte, wäre sie vom Gottesgedanken her problematisch: Wieso ist das Wort im eigentlichen Sinne ein solches, das Gott zur Sprache bringt und in welchem Gott sich selbst zur Sprache bringt, so daß man es als »Wort Gottes« bezeichnen könnte?[576] Ebelings Argumentation verläuft vom Begriff des Wortes zum Gottesgedanken, um sodann beide im Begriff des Wortes Gottes zu verbinden. Doch schon sein Hinweis, daß das Wort Verborgenes anwesend sein lasse (50 ff. u. ö.), führt noch nicht ohne weiteres »in den Erfahrungshorizont dessen, was wir meinen, wenn wir ›Gott‹ sagen« (52). Denn das Verborgene oder Abwesende, das die Sprache ansagt, kann von sehr verschiedener Art sein. Daß das Wort »Gott« es mit der »Tiefendimension« zu tun hat, der »jedes Wort sich verdankt« (58), mag richtig sein, bedürfte aber jedenfalls genauerer Darlegung, bei der die Vielschichtigkeit des Phänomens, um das es hier geht, deutlich

---

576 Das ist das Thema von G. Ebelings Schrift: Gott und Wort, 1966. Die folgenden Seitenverweise im Text beziehen sich auf dieses Werk.

werden müßte. Der bloße Hinweis, daß es beim Wort um die Wahrheit des Menschseins geht (82), genügt dazu nicht. Dieser Hinweis stellt selbst nur eine Versicherung dar, die der Begründung bedürftig bleibt. Vor allem aber: Die Inanspruchnahme des Wortes »Gott« betrifft – wie Ebeling in anderen Zusammenhängen selbst betont – das Ganze der Wirklichkeit, weil von Gott reden heißt, von der alles bestimmenden Wirklichkeit zu reden. Ob man im Hinblick auf Wort und Sprache mit Recht von Gott spricht, hängt dann davon ab, ob man zeigen kann, daß es in der Sprache um die *alles* bestimmende Wirklichkeit geht. Gelänge dieser Nachweis, dann wäre in der Tat gezeigt, daß die göttliche Wirklichkeit, um die es in den Religionen wie in der philosophischen Gottesfrage geht, in den Phänomenen der Sprache in einer ganz spezifischen Weise gegenwärtig ist, wenn auch nicht etwa ausschließlich, da sie ja als die alles bestimmende Wirklichkeit in allem Geschehen wirksam und gegenwärtig zu denken ist. Immer noch aber bliebe unverständlich, wieso die in der Sprache wirksame Wirklichkeit Gottes die menschliche Sprache oder deren eigentliches Wesen zum Wort *Gottes* machen soll. Gerade an diesem für Ebeling entscheidenden Punkt vermag seine Argumentation nicht zu überzeugen.

Ebeling bleibt in dieser Sache letztlich bei Behauptungen stehen, die sich auf die Vollmacht Jesu berufen und sie zu verdeutlichen suchen durch Bezugnahme auf die Selbsterfahrung des Menschen und insbesondere auf die Sprache. Er gelangt an einigen Stellen nur andeutungsweise, an anderen gar nicht zu einer Rechtfertigung solcher Behauptungen aus den Phänomenen. Insoweit bleibt seine Theologie »positiv« in dem Sinne, daß sie die Wahrheit des christlichen Glaubens, bzw. der Vollmacht Jesu, ungeprüft voraussetzt. Sie beschränkt sich darauf, diesen Anspruch zu erläutern durch Bezugnahme auf die Selbsterfahrung des Menschen und auf das Phänomen der Sprache. Doch auch wenn diesen hermeneutischen Erläuterungen die Strenge eines Aufweises[577] des Behaupteten an den Phänomenen fehlt, bewegen sie sich doch zweifellos auf einen solchen Aufweis zu. Mit ihren Ausführungen über Mensch und Sprache weist die Theologie Ebelings über die Schranken der Positivität hinaus. Sie überschreitet den Rahmen einer bloßen Christentumswissenschaft, da sie vom christlichen Glauben nicht nur als Ausdruck christlicher Frömmigkeit handelt, und sie drängt auch über die offen-

577 Auf einen solchen Aufweis zielt Ebeling ebd. 54.

barungstheologische Positivität hinaus, indem sie die Wirklichkeit Gottes und seines Wortes in den Phänomenen der Sprache und im konkreten Sprachprozeß der christlichen Überlieferung aufzuweisen sucht. Offenbar führt dieser Weg zu einer Theologie als Wissenschaft von Gott in seiner Vermittlung durch den Prozeß der Überlieferung. Insofern jedoch Ebeling diesen Weg nicht zu Ende geht, sondern sich darauf beschränkt, die vorausgesetzte Autorität des Kerygmas bzw. der Vollmacht Jesu als Wort Gottes andeutend zu erläutern, bleibt er noch in den Schranken der Positivität.

In der gegenwärtigen evangelischen Theologie ist das hermeneutische Thema im Anschluß an Bultmann und Ebeling von Theologen der verschiedensten Richtungen aufgenommen worden. Dabei wurde jedoch Ebelings Konzeption einer Hermeneutik des Wortgeschehens vielfach als zu eng empfunden. So habe ich selbst, veranlaßt durch die Hermeneutik H. G. Gadamers, zu zeigen versucht[578], daß die Aufgabe der Interpretation als Horizontverschmelzung der Verstehenshorizonte von Autor und Ausleger die Totalität der Geschichte als ihren letzten Bezugsrahmen voraussetzt. In Fortführung dieser Untersuchung[579] habe ich dann die Einsicht Diltheys hervorgehoben, daß jede partikulare Bedeutungserfahrung eine Sinntotalität impliziert, die wegen der Verhaftung erfahrener Bedeutung in der Geschichtlichkeit der Erfahrungssituation nur im Vorgriff auf eine noch nicht erschienene Zukunft zugänglich ist. Dabei wurde im Unterschied zur Hermeneutik Ebelings die im hermeneutischen Vollzug wie schon in der einzelnen Bedeutungserfahrung implizierte Bedeutungstotalität als der Gesichtspunkt angeführt, unter dem der Gottesgedanke und die hermeneutische Thematik zusammengehören. Weil das Reden von Gott als der alles bestimmenden Wirklichkeit dem Thema der Totalität korrespondiert, scheint sich der Zusammenhang hier zwangloser zu ergeben und ohne das Moment der Positivität, das in Ebelings Berufung auf die Vollmacht Jesu liegt. Außerdem ist die in der hermeneutischen Erfahrung implizierte Sinntotalität nur als Totalität einer Geschichte zu beschreiben und verbleibt daher im Umkreis der durch den biblischen Gott in ihrer Eigenart als Geschichte erschlossenen Wirklichkeit. Die hermeneutische Problematik der Übersetzung des Damali-

---

578 Hermeneutik und Universalgeschichte (1963), in: W. Pannenberg, Grundfragen systematischer Theologie, 1967, 91–122, bes. 109 ff.
579 Über historische und theologische Hermeneutik, a. a. O. 123–158, bes. 142 ff.

gen ins Heute stellt sich mithin als eine der biblischen Glaubensüberlieferung nicht äußerliche, sondern vom biblischen Gottesverständnis schon umgriffene Thematik dar, die einbezogen ist in den Weg der Geschichte auf den eschatologischen Selbsterweis des biblischen Gottes hin.

In ähnlicher Weise hat auch J. Moltmann in seinem Aufsatz »Existenzgeschichte und Weltgeschichte« (1968) von Diltheys Analyse der geschichtlichen Erfahrung her und im Gegensatz zur verengten Betrachtungsweise einer existenzialen Hermeneutik die konstitutive Bedeutung eines »gesamtgeschichtlichen Horizontes« und jener »Zukunft, die die Bedeutung der Geschichte endgültig offenbar machen wird«, für alle gegenwärtige Bedeutungserfahrung dargelegt[580] und die theologische Thematik des Glaubens als »Vorwegnahme und Vergegenwärtigung des noch ausstehenden Endes aller Dinge« auf die Erlösung »der ganzen, harrenden Kreatur« bezogen (135). Da die Antizipation des Endes der Geschichte zugleich »als Antizipation der Erlösung des Ganzen ... zukunftseröffnend für den sterblichen Leib, für die Gesellschaft und für die Natur« ist, schließt sie, wie Moltmann mit Recht betont, auch die politische Thematik der »Befreiung der ganzen geknechteten Kreatur« (135) ein, die bei ihm zum Ausgangspunkt einer »politischen Hermeneutik« wird (139 ff.).

Auch in der katholischen Theologie wird heute deren Selbstverständnis als Glaubenswissenschaft auf die hermeneutische Problematik bezogen, nämlich auf die »Begegnung mit dem menschlichen Glaubenszeugnis, das wir in der Schrift, in der gesamten Glaubenstradition, in Konzilstexten usw. finden«.[581] Nach E. Schillebeeckx ist die Theologie »als Glaubenswissenschaft und somit (!) als hermeneutischer Prozeß« zu verstehen.[582] Dabei ist nicht immer völ-

---

580 *M. Moltmann:* Perspektiven der Theologie, 1968, 128–146, bes. 130 ff. 134 f. Die nächsten Seitenverweise im Text beziehen sich auf dieses Werk.
581 E. Schillebeeckx: Auf dem Weg zu einer katholischen Anwendung der Hermeneutik, in: Gott – die Zukunft des Menschen, 1969, 27. Mit den Mitteln hermeneutischer Reflexion wird hier eine geschichtstheologische Fragestellung erneuert, die in der katholischen Theologie des 19. Jahrhunderts in der Tübinger Schule ihre Vorgeschichte hatte. Bereits hier wurde durch die Geschichtstheologie, wie W. Kasper (Glaube und Geschichte, 1970, 16) betont, der Gegensatz von positiver und spekulativer Theologie überwunden.
582 *E. Schillebeeckx:* Glaubensinterpretation. Beiträge zu einer hermeneutischen und kritischen Theologie, 1971, 156. Der Begriff der Theologie wird dort genauer umschrieben als »jene wissenschaftliche Methode, in der das persönliche Partizipieren an dem innerhalb der Kirchen weitergegebenen Glauben so wirksam vorhanden ist, daß einer-

lig deutlich, ob, wie es bei manchen Formulierungen von Schillebeeckx den Anschein hat, die subjektive Glaubensvoraussetzung als unerläßlicher positiver Ausgangspunkt der theologischen Argumentation fungieren soll, oder nur die existenzielle Motivation für eine objektive Sinnanalyse der christlichen Überlieferung bildet, ohne deren Ergebnis vorwegzunehmen. Jedenfalls aber muß nach Schillebeeckx eine kritische Theologie »von der Frage nach Sinn ausgehen, verstanden als Frage nach dem Sinn der Geschichte« (170). Die anthropologische Grundlage dieser Fragestellung liegt für Schillebeeckx in der »negativen Dialektik« erfahrener »Bedrohung des Menschseins« und des Widerstands gegen sie, die beide schon einen Sinnhorizont von Hoffnung voraussetzen (96 ff.), so daß diese »negative Dialektik schon von einem die Praxis orientierenden, positiven Sinnhorizont getragen wird, wenn sich dieser auch nur pluralistisch thematisieren läßt« (142). Offenbar liegt hier für Schillebeeckx der Grund, weshalb die Eschatologie »der Horizont« ist, »in dem Themen wie Erlösung, die Bedeutung Christi und der Kirche thematisiert werden müssen« (170): Das christliche Vertrauen auf einen noch nicht bestimmbaren »Endsinn«, dessen Realisierbarkeit durch den Glauben an Jesus Christus aber »als eine erlösende Möglichkeit und als Auftrag verheißen« ist (ebd.), tritt in Wettstreit mit anderen Auffassungen um die Artikulation des im Widerstand gegen die Erfahrung bedrohter Menschlichkeit implizierten positiven Sinnhorizonts der Hoffnung.

In ähnlicher Weise hat B. Casper in seinen Erwägungen zur »Bedeutung der Lehre vom Verstehen für die Theologie«[583] die christliche Offenbarungsbotschaft auf die Sinnthematik des menschlichen Daseins bezogen. Casper geht aus vom Gegensatz der »hermeneutischen Auseinandersetzung mit der Wirklichkeit« zur naturwissenschaftlichen Erkenntnis (18 ff.) und geht dann auf die Sprache als transzendentale Bedingung[584] geschichtlichen Menschseins ein (23 ff.). Er hebt hervor, daß menschliches Sprechen und Verstehen

---

seits die kritische Rationalität mit ihren wissenschaftlichen Forschungs- und Reflexionsmethoden in keinem einzigen Punkt von außen durchbrochen, ergänzt oder ersetzt wird, und andererseits die Geschichte der christlichen Wirklichkeitsinterpretation in schöpferischer Treue aktualisierend mit praktisch kritischer Interpretation fortgesetzt wird«. Die folgenden Seitenverweise im Text beziehen sich auf dieses Werk.
583 Der Beitrag leitet den von B. Casper in Verbindung mit K. Hemmerle und P. Hünermann veröffentlichten Band »Theologie als Wissenschaft«, Freiburg 1969, ein.
584 Casper sagt freilich »transzendentale Konkretion« (23).

sich immer schon in einem »Bedeutungsganzen« bewegen (24 f.), das als das »Sinnganze« einer gesellschaftlichen Lebenswelt geschichtlich konkret ist (29). Es geht Casper dabei allerdings nur um die »transzendentale Totalität, die mit dem Menschen als Menschen« angeblich immer schon gegeben ist (33).[585] Er läßt sich nicht auf eine Analyse des konkreten Prozesses der geschichtlichen Veränderungen der Bedeutungs- und Sinnerfahrung ein. Vielmehr ordnet Casper der allgemeinen »transzendentalen« Struktur in einer für einen ganzen Stil theologischer Argumentation bezeichnenden Kurzschlüssigkeit als einzige konkrete Realisierung sofort die christliche Offenbarung zu. Als negative Vorbedingung dieses Schrittes betont er zunächst, jener Gesamtsinn bleibe »*unsicherbar* in der Offenheit und dem stets neuen Weitergehen der Geschichte« (38). Unmittelbar anschließend folgt dann die Behauptung, es sei »nicht auszuschließen, daß der Sinn sich vielleicht einmal in der Geschichte Menschen auf *eine alles überbietende Weise* zuspricht« (ebd.). Wieso eigentlich ist das nicht auszuschließen angesichts der soeben betonten Relativität und Zweideutigkeit aller Geschichte? Und wenn es nicht auszuschließen ist, wieso geschieht es dann, wenn überhaupt, nur einmal? Leben nicht die Menschen in der Regel – zumindest in den Lebenswelten der Religionen – auf dem Boden der Annahme, daß ihnen der Sinn, der Gesamtsinn der Wirklichkeit auf eine »alles überbietende Weise« erschlossen sei? Wie läßt sich dann behaupten, daß das in Wirklichkeit nur in jenem »endzeitlichen Zuspruch« der Fall sei, den die Christen »Wort Gottes und Offenbarung« (39) nennen?[586] Und wie kommt Casper zu der Versicherung, daß in

---

585 Eine »transzendentale« Verankerung der Sinnerfahrung wird auch sonst in neueren Arbeiten zur Methode der Theologie versucht. Bei B. Lonergan: Method in Theology, 1971, 57 ff. bereitet die Untersuchung des Sinnbegriffs den Boden für die besondere Sphäre religiöser Sinnerfahrung (101 ff., vgl. 120) vor. Allerdings wird bei Lonergan »meaning« verengt auf Intentionalität (77 vgl. 103). Tiefer dringt die Analyse des Sinnproblems bei A. Nygren (Meaning and Method, 1971, 227 ff.), die im Unterschied zu Lonergan die kontextuelle Eigenart der Sinnerfahrung erfaßt (vgl. auch oben Anm. 432), dann aber ähnlich wie Lonergan den religiösen Sinnbereich von anderen Sinnbereichen unterscheidet. Die »transzendentale« Fragestellung äußert sich hier darin, daß die verschiedenen Sinnbereiche und so auch der religiöse Sinnbereich auf ihre transzendentalen Möglichkeitsbedingungen (presuppositions) untersucht werden (341 ff., 351 ff., vgl. 160 ff., 209 ff.), während Lonergan die aus seiner neuthomistischen Erkenntnistheorie begründete allgemeine »transcendental method« auf den speziellen Bereich der Theologie nur anwendet.

586 Beachtenswert ist, wie im Unterschied zu B. Casper bei E. Schillebeeckx der Gedanke eines eschatologischen Endsinnes durch die Negativität der Erfahrung gegenwärtiger Be-

solchem »einmal« sich ereignenden Geschehen der Sinn »sich« zuspreche, indem »die alles überbietende endzeitliche Fülle und Bergung alles Sinnes von dem Gewährenden selbst her zur Sprache« (38) komme? Das sind lauter unausgewiesene Behauptungen, die in ihrem Verhältnis zu den vorangegangenen Reflexionen über Sprache, Erkenntnis und Wissenschaft nur die Positivität des »übernatürlichen« Glaubens in seiner Beziehung auf die Allgemeinheit einer hier wie heute oft in katholischer Theologie als »transzendental« verkleideten menschlichen Wesensnatur artikulieren.
Es muß als eine ausgeprägte Gefahr theologischen Denkens überhaupt bezeichnet werden, daß eine neue Thematik – wie hier die hermeneutische Bedeutungsanalyse geschichtlicher Erfahrung – dazu dient, alte Schemata (wie hier das von Natur und Übernatur, oder in der evangelischen Theologie das von Gesetz und Evangelium) in ein neues Sprachgewand zu kleiden. Man bringt sich so um die Möglichkeiten einer substantiellen Weiterentwicklung der Theologie über die Aporien jener traditionellen Schemata hinaus.
Das problematische Verfahren, die christliche Botschaft als eine geschichtlich konkrete Gestalt des Sinnverstehens unvermittelt und isoliert auf eine allgemeine anthropologische Strukturbeschreibung zu beziehen, ist auch bei Schillebeeckx – wie übrigens auch in manchen meiner eigenen Äußerungen – nicht immer vermieden. Als ein abgekürztes Verfahren der Darstellung mag es auch seine Berechtigung behalten. Für eine Begründung theologischer Aussagen bleibt es jedoch unzulänglich. Der Allgemeinheit anthropologischer Strukturmerkmale entspricht nur die Totalität ihrer konkreten Realisierungen in der Menschheitsgeschichte. Schillebeeckx hat daher mit Recht die christliche Überlieferung in den Kreis einer *Pluralität* von Konkretisierungen des im Widerstand gegen erfahrene Bedrohung des Menschseins implizierten Hoffnungshorizontes eingeordnet. Es müßte jedoch diese Pluralität statt als äußerliches Nebeneinander alternativer Lösungen als ein im Prozeß geschichtlicher Erfahrung stattfindendes Ringen um Bewährung gefaßt und die christliche Perspektive einer eschatologisch gerichteten Geschichte als selbst schon aus diesem Prozeß hervorgegangen begriffen werden. Einen wich-

---

drohung des Menschseins vermittelt wird (Glaubensinterpretation 96 ff., 142). In seiner Kritik an Schillebeeckx' »negativer Dialektik« übersieht B. Casper (a.a.O. 52 Anm. 78) diese ihre Funktion, die schon in: Gott – die Zukunft des Menschen, 1969, 162 angedeutet worden war.

tigen Schritt zu einer solchen Betrachtungsweise vollzieht Schillebeeckx mit der Feststellung, daß die »Thesis des Glaubens« in der Theologie als »Hypothese« fungiert, die »im Verlaufe der Geschichte selbst klargemacht« werden müsse, also keinen von vornherein feststehenden Gesamtsinn kennt.[587] Das Hinausweisen der Verheißung über die Gegenwart, das zur Folge hat, »daß die Interpretation in eine ›Hermeneutik der Praxis‹ umschlägt«[588], führt daher »von Interpretation zu Tun und Neuinterpretation«.[589] Für das Selbstverständnis des Christentums ist damit die dogmatische Positivität einer unantastbaren Glaubensvoraussetzung aufgehoben in einen kritisch-hermeneutischen Prozeß auf eine noch offene Zukunft hin. Zur wissenschaftlichen Diskussion eines solchen Selbstverständnisses als »Hypothese« ist allerdings ein weiterer Rahmen erforderlich als ihn die Auffassung der Theologie als Christentumswissenschaft oder auch als Glaubenswissenschaft bietet, da der Umfang einer Wissenschaft aus logischen Gründen nicht mit einer einzigen Hypothese zusammenfallen kann. Die Ausführungen von Schillebeeckx lassen sich als Vorbereitung des christlichen Selbstverständnisses auf eine solche erweiterte Konzeption von Theologie lesen.

In den Darlegungen von Schillebeeckx ist die kritische Funktion der hermeneutischen Reflexion der Überlieferung und insbesondere auch der eschatologischen Kategorie des »Endsinnes« gegenüber allem gegenwärtig Gegebenem deutlich. Dennoch hat diese kritische Dynamik ihren Ursprung in der Vergangenheit, sofern nämlich die Vergangenheit »eine eigene Zukunftsdimension« hat, »ein Element, das die Faktizität übersteigt«.[590] In der Bewegung von Interpretation zu Praxis und Neuinterpretation verliert die Überlieferung ihre Positivität und wird in einen offenen Prozeß hineingezogen, bei dem es dennoch um ihre eigene Zukunftsdimension geht. Diesen Zusammenhang vermag G. Sauter in seiner Kritik an der historisch-hermeneutischen oder überlieferungsgeschichtlichen Theorie in der Theologie[591] anscheinend nicht zu sehen. So sucht er das Moment

---

587 E. Schillebeeckx: Glaubensinterpretation, 1971, 169. Vgl. schon: Gott – die Zukunft des Menschen, 1969, 43 f. Vorausgesetzt ist dabei, daß »die Frage nach Sinn der Frage nach Gültigkeit und Wahrheit vorausgeht« (Glaubensinterpretation 14, 36, 93).
588 Gott – die Zukunft des Menschen, 1969, 41, vgl. Glaubensinterpretation, 1971, 46 f.
589 Gott – die Zukunft des Menschen, 1969, 43.
590 Gott – die Zukunft des Menschen, 1969, 39.
591 G. Sauter: Vor einem neuen Methodenstreit in der Theologie?, 1970. Die folgenden Seitenverweise im Text beziehen sich auf dieses Werk.

des Neuen im Gegenzug zur Geschichte wie zum gegenwärtig Gegebenen zur Geltung zu bringen. Zwar erkennt auch Sauter an, daß die Theologie nicht dem Typus der empirisch-analytischen, sondern dem der historisch-hermeneutischen Wissenschaften »zuzurechnen« sei, aber entscheidend sei die »Frage nach dem Modus ihrer Hermeneutik« (67). Die »politische Hermeneutik« Moltmanns findet insoweit seine Zustimmung, als sie »den Akzent der Hermeneutik auf die Innovation verlagert« (68). Doch bei Sauter rückt dieser Gesichtspunkt in Gegensatz zu dem Interesse an der Kontinuität von Geschichte und Tradition, weil, wie die Reformation zeige, die Fragen nach Wahrheit und Legitimation »nicht mit dem Hinweis auf die Kontinuität geschichtlicher Überlieferungen beantwortet werden« können (28).[592] Die Akzentuierung der Innovation im Zusammenhang der hermeneutischen Aufgabe dürfe allerdings nicht ein bloßer »Appell zur Aktion« bleiben, sondern müsse eine »Bereitschaft für neue Lernprozesse« wecken durch »schöpferische Wahrnehmung der Gegenwart« im Lichte des Nichtgegenwärtigen (68), nämlich der durch Verheißung eröffneten Zukunft (42) des Eschaton. Diese Zukunft dürfe »kategorisch *nicht* als wirkungsgeschichtliche Verlängerung der Vergangenheit aufgefaßt« werden (42), aber auch nicht als deren »Annullierung«, sondern »als Einbeziehung von Herkunft (54).[593] Die »Nichtgegenwart« dieser Zukunft und die Gegenwart »sind dann solange intensiv zu konfrontieren, bis der Funke überspringt, der die Gegenwart entzündet, um das Vergehende vom Kommenden zu scheiden« (68). Dementsprechend wird theologische Theorie nicht »am Grade ihrer Korrespondenz mit ›der‹ Wirklichkeit als schon vorgegebener Wirklichkeit gemessen[594], sondern Wirklichkeit wird erst heuristisch-prognostisch provoziert« (69). In diesem Sinne wird theologischen Sätzen nun auch von Sauter hypothetischer Charakter zugesprochen.[595] Die

---

592 Dieser Gesichtspunkt leuchtet ein für das Verhältnis der Reformation zur mittelalterlichen Theologie und Kirche, aber nicht für ihr Verhältnis zur Bibel, also zum Urchristentum, bei dem es um die Frage christlicher Identität und so doch auch geschichtlicher Kontinuität geht.
593 Mit dem Stichwort »Einbeziehung von Herkunft« empfiehlt Sauter de facto seinerseits ein (allerdings von dem der Wirkungsgeschichte verschiedenes) Modell geschichtlicher Kontinuität, das ich seinerzeit als »Kontinuität nach rückwärts« zu beschreiben suchte (Heilsgeschehen und Geschichte (1959) in: Grundfragen systematischer Theologie, 1967, 74).
594 Aus diesem Grunde lehnt Sauter auch Barths Kriterium der »Sachgemäßheit« ab (a. a. O. 65).
595 a. a. O. 65. Vgl. auch den Aufsatz: »Die Aufgabe der Theorie in der Theologie«, in:

»Nichtgegenwart« verheißener Zukunft auf die Gegenwart zu beziehen, wird Aufgabe einer Pneumatologie, die »Wirklichkeit als den Raum des Wirkens Gottes verstehen« soll. Als ihr Gegenstück fordert Sauter eine Anthropologie, die »menschliches Leben in seiner Bewegung und Unruhe anschaulich« machen und so »die Bestimmung des Menschen offenhalten« soll.[597]
Das so skizzierte Verfahren stellt sich für Sauter als Alternative[598] zu einer überlieferungsgeschichtlichen Theorie des Christentums dar, mit der er sich am Beispiel von T. Rendtorffs Begriff der Christentumsgeschichte auseinandersetzt. Hier sieht er *erstens* die Gefahr, daß die Theorie »lernunfähig« wird, indem sie »Geschichte« als »Kategorie für Totalität« gebraucht, nämlich für das »Ganze der Wirklichkeit, in dem alles von vornherein seinen Platz hat und nur noch nachträglich eingeordnet werden muß« (50), so daß Offenheit für Neues und Zukunft verlorengeht: »... wirkliche Überraschungen, die nicht nur stören, sondern auch weiterführen, sind nahezu ausgeschlossen« (52). Bei mir findet Sauter zwar einen eschatologischen Ansatz im Sinne einer »Einstellung des geschichtlichen Denkens auf das Ende der Geschichte, das ihre Einheit und Ganzheit enthüllt« (54); aber auch hier verliere die derart als »geschichtliche Totalität« begriffene Wirklichkeit »ihre Offenheit, sie wird ihrerseits zum geschlossenen System«.[599] Offenbar denkt Sauter Geschichte hier als kompakte und gleichsam als Ganzes vorhandene in sich »geschlossene« Einheit, statt als das Zusammenwachsen einer Pluralität von sich selbst auf eine offene Zukunft hin transzendierenden und miteinander um Einheit ringenden Prozessen im Zeichen jener Zukunft und der aus ihr eintretenden Kontingenzen. Er übersieht, daß die als offener Prozeß gedachte Geschichte die Gegensätze des Künftigen zum Gegenwärtigen und schon Vorhandenen, wie auch die Gegensätze der verschiedenen Prozesse und Subjekte untereinander mit ihren unterschiedlichen Vorgriffen auf die noch offene Zukunft in sich selbst hat in der Weise, daß diese Gegensätze gerade

---

Evangelische Theologie 30, 1970, 488–510, bes. 506.
596 Methodenstreit 60 ff., vgl. Evangelische Theologie 30, 1970, 508.
597 Evangelische Theologie 30, 1970, 508 f. Ob in diesem komplementären Wechselverhältnis von Pneumatologie und Anthropologie auch die Christologie und ihr »Problem des endgültigen Redens von Gott« ihren Ort finden soll, oder ob es sich dabei um eine dritte Theorie handelt, ist noch nicht deutlich.
598 Allerdings nicht alternativ im ausschließenden Sinne (Methodenstreit 48).
599 Theologie als Wissenschaft, ed. G. Sauter 1971, 66.

im Prozeß der Geschichte ausgetragen werden. Richtig ist allerdings, daß eine einseitig wirkungsgeschichtliche Deutung des Geschichtsprozesses diesen Gegensätzen nicht gerecht zu werden vermag. Dieser Konzeption gegenüber tritt Sauter faktisch für ein angemesseneres Verständnis der Geschichte selbst ein, wenn er den Gegensatz der Zukunft und des kontingent Neuen gegenüber dem jeweils Gegenwärtigen und Vorhandenen betont, aber doch die Vergangenheit nicht annullieren, sondern als Herkunft einbeziehen will. Impliziert das keine Sinngebung? Und geht es nicht im Prozeß der Geschichte unumgänglich, wenn auch in vorläufiger und darum immer wieder scheiternder Weise um den Gesamtsinn der Wirklichkeit? Ist es mehr als ein Mißverständnis, wenn Sauter sogar bei Moltmann noch die Gefahr »einer totalen Sinngebung« sieht[600], als ob die Vorläufigkeit menschlicher Erfahrung übersprungen werden sollte? Er bezieht sich mit diesem Vorwurf auf Formulierungen Moltmanns, in denen dieser, ähnlich wie ich, von einem durch Eschatologie eröffneten »Sinnhorizont« spricht, der »das Ganze der Wirklichkeit« erschließe, und von einem »letzten Sinn, den die Zukunft der Geschichte geben kann«, wenn er auch gegenwärtig nur in der Weise der Erwartung zugänglich ist.[601] Kann man darin eine die Offenheit menschlicher Erfahrung gewaltsam abschließende Sinngebung erblicken, wenn man sich nicht der Tatsache der Sinnerfahrung überhaupt und des in aller einzelnen Sinnerfahrung immer schon implizierten universalen Sinnhorizontes verschließen will?

Die zweite Gefahr, die Sauter in der »Konzeption einer totalen Überlieferungsgeschichte« erblickt, besteht darin, daß »die Vorstellung einer lückenlosen Kontinuität die offene Frage der Legitimation beantworten« soll (37). Er wendet dagegen ein, daß »eine sinnvolle historische Rückbindung« nur dann zustande kommt, wenn die »Relevanz des Überlieferten« bereits vorausgesetzt werden kann, wenn also »der relevante Ursprung gegenwärtig ist« (40). Diese Erwägung ist berechtigt: Die Relevanz des Vergangenen und Überlieferten kann nie schon durch »lückenlose Kontinuität« bis zur Gegenwart gesichert werden. Die Diskussionen um die Säkularisierungsproblematik zeigen ja, daß die christliche Herkunft eines Vorstellungsinhalts selbst dann noch nicht viel für die gegenwärtige

---

600 Methodenstreit 55 f.
601 Zitiert bei Sauter, Methodenstreit 56. Die folgenden Seitenverweise im Text beziehen sich wieder auf dieses Werk.

Gültigkeit seiner christlichen Motivation besagt, wenn die Relevanz von Vorstellungen wie Geschichte, Personalität, Zukunftsoffenheit für sich genommen unbezweifelt ist: Es könnte ja sein, daß sie ihre gegenwärtige Überzeugungskraft unabhängig von jener Herkunft haben. Entscheidend für Wahrheit oder Unwahrheit von Behauptungen ist in der Tat nicht der Nachweis ihrer historischen Kontinuität, sondern ihre Bewährung im Zusammenhang gegenwärtiger und künftiger Erfahrung, die allerdings als solche immer auch ein Verhältnis zur Vergangenheit hat. Man kann den Prozeß der Bewährung durchaus mit Sauter als eine Konfrontation der Gegenwart mit einem ihr hypothetisch gegenübergestellten »Nichtgegenwärtigen« beschreiben. Man könnte das als eine generelle Beschreibung hypothetischer Verfahren überhaupt gelten lassen. Aber schon in den Naturwissenschaften ist die Einzelhypothese gewöhnlich nur diskutierbar in einem größeren Theoriezusammenhang, in dem die Wurzeln ihrer Plausibilität liegen. In diesem Sinne stellt sich an den Theologen die Frage nach dem »Begründungszusammenhang«[602] für jenes Nichtgegenwärtige, mit dem er die Gegenwart konfrontiert. Inhaltlich handelt es sich bei letzterem nach Sauter um »die *Verheißung Gottes,* die das Leben nicht seiner Herkunft überläßt, sondern aus der Zukunft begründet und damit Hoffnung bewirkt«.[603] Um den Ausdruck »Verheißung Gottes« zu explizieren, wird man sicherlich nicht umhin können, auf das Alte und Neue Testament, und damit auf die Geschichte, aus der das gegenwärtige Christentum samt seiner Theologie kommt, zurückzugreifen. Ist diese faktische Herkunft der Verheißung selbst von dem Gott, von dem wir aus den Dokumenten der Glaubensgeschichte des alten Israel und des Urchristentums wissen, etwa theoretisch unerheblich, nämlich für den Begründungszusammenhang theologischer Theoriebildung unmaßgeblich? Das könnte nur dann der Fall sein, wenn der Begründungszusammenhang theologischer Sätze ausschließlich an ihrer gegenwärtigen Funktion als »Regulatoren kirchlichen Redens« orientiert würde, wie es Sauter in der Tat vorschwebt.[604] Die

---

602 In seinem Aufsatz: Die Begründung theologischer Aussagen – wissenschaftstheoretisch gesehen (Zeitschrift für Evangelische Ethik 15, 1971, 299–308) entwickelt Sauter die Unterscheidung zwischen Begründungszusammenhang und Entdeckungszusammenhang wissenschaftlicher Aussagen (s. u. Anm. 630).
603 Methodenstreit 54. Sauter faßt damit Ansatz und Ertrag seines Buches: Zukunft und Verheißung (1965) zusammen.
604 Zeitschrift für Evangelische Ethik (= ZEE) 15, 1971, 305 f. Diese »Dialogregeln«

Herausstellung und Sammlung solcher »Dialogregeln« würde eine Topik des »kirchlichen Redens« voraussetzen und wäre den Bemühungen der Theologie des 12. Jahrhunderts zu vergleichen, deren Frucht die »regulae theologicae« des Alain de Lille waren.[605] Der Preis eines solchen Verfahrens wäre allerdings ein extremer kirchlicher Konventionalismus. Sauter sagt selbst, ein solcher systematischer Sprachzusammenhang sei »konstituiert durch das Einverständnis derjenigen, die sich seiner bedienen . . .«.[606] Wird damit nicht die Positivität der gegenwärtigen Kirchensprache zum Boden, den die Theologie voraussetzt, ganz abgesehen davon, daß in der gegenwärtigen pluralistischen Situation ein derartiges systematisierbares Einverständnis gerade fehlt und auch in Gestalt einer durch Dialogregeln beschreibbaren, konventionellen Einheitssprache kaum wünschenswert sein dürfte? Wenn aber Sauter Wissenschaftssprache und Alltagssprache in der Theologie im Sinne des Gegenübers von theologischer Lehre und christlichem Reden unterscheiden möchte (307 f.), dann fragt es sich, nach welchen Kriterien der systematische Zusammenhang der theologischen Wissenschaftssprache in ihrer Differenz zur Alltagssprache gebildet werden soll. Sollte es die Funktion ihrer »Dialogregeln« sein, »biblische Äußerungen auf einen Nenner zu bringen«[607], dann wären wir von der Positivität des kirchlichen Redens einmal mehr auf die Positivität der biblischen Aussagen verwiesen, und überdies kehrt mit der Frage nach dem Verhältnis biblischer und kirchlicher Aussagen die ganze Problematik der Geschichte wieder, die Sauter aus den Erwägungen zum Begründungszusammenhang theologischer Aussagen ausklammern möchte. Hier zeigt sich, daß die Thematik der Geschichte als Gegenstand der theologischen Theoriebildung nicht umgangen werden kann, wenn die Wissenschaftssprache der Theologie hinter die Posi-

---

sollen »nicht Spielregeln für ein Gespräch« sein, sondern »Bestandteile eines systematischen sprachlichen Zusammenhanges, dessen Elemente sich gegenseitig stützen« (306).
605 s. o. 226 bei Anm. 441.
606 ZEE 15, 1971, 306. Sauter beruft sich, ähnlich wie es Habermas für seine Konsenstheorie der Wahrheit tut (s. o. Anm. 402), auf W. Kamlahs »interpersonale Verifizierung« und insbesondere auf seinen Satz: »Die Wahrheit einer Aussage wird erwiesen durch Homologie« (Logische Propädeutik, 1967, 120). Bei dieser einseitigen Betonung des Konsensusaspekts der Wahrheit vernachlässigt Sauter, daß Kamlah für den Prozeß interpersonaler Verifizierung immerhin »kompetente Beurteiler« und »Sachkundige« voraussetzt (ebd. 119) und dadurch doch auch den Sachaspekt nicht im Sinne eines reinen Konventionalismus ausschließt (s. o. 219).
607 So Sauter a. a. O. 305 zu einem Beispiel kirchlicher Lehräußerung.

tivität gegenwärtigen kirchlichen Redens zurückgehen will. Nur aus der unterschiedlichen Rezeption überlieferter Geschichte wird auch die tatsächliche Pluralität des gegenwärtigen christlichen Bewußtseins und der gegenwärtigen christlichen Sprache verständlich, und zwar in der Weise, daß die geschichtlichen Ursprünge (sei es etwa die Reformation oder das Urchristentum) als gemeinsame Bezugspunkte der divergenten gegenwärtigen Auffassungen zugleich die Möglichkeit ihrer Verständigung und jedenfalls eines sinnvollen Streites noch in ihrer Pluralität begründen. Auch in diesem Sinne befreit die Reflexion auf Geschichte von der Herrschaft gegenwärtiger Sprach- und Denkkonventionen. Die Frage nach der Geschichte des Christentums relativiert aber nicht nur die Positivität gegenwärtiger christlicher Sprachbildung. Sie führt auch hinter die Positivität der christlichen Ursprünge selbst zurück, so daß sie sich in die Zusammenhänge der Menschheitsgeschichte einordnen. Damit erreicht die historische Reflexion die Ebene der Universalität, auf der nach der andern Seite hin die mögliche Bedeutung der christlichen Überlieferung für die Zukunft der Menschheit thematisiert werden kann, indem ihr Inhalt als hypothetische Sinndeutung auf die verschiedensten Bereiche gegenwärtiger Erfahrung bezogen wird, an der er sich bewähren muß. Zu diesen Erfahrungsbereichen gehört auch das geschichtliche Bewußtsein. Aber nicht nur aus diesem Grunde kann theologische Theoriebildung sich der Aufgabe nicht entziehen, den Inhalt der christlichen Überlieferung so zu thematisieren, daß ihm seine eigene Geschichte nicht fremd ist. Vielmehr ist von jeder umfassenden Theorie heute zu fordern, daß ihre Selbstreflexion in ihren Begriff eingeht oder doch zumindest mit ihm vereinbar ist. Dieser Forderung entspricht die Theologie dadurch, daß die Geschichte selbst theologisches Thema wird als die Weise, in der vom biblischen Gottesverständnis her Wirklichkeit erschlossen ist. Insofern bildet die Überlieferungsgeschichte keineswegs nur den Entdeckungszusammenhang[608], aus dem theologische Aussagen gewonnen werden, sondern als Gegenstand einer Theorie des Chri-

---

608 So Sauter ZEE 15, 1971, 301. Wenn es sich bei dem Begriff der Überlieferungsgeschichte nicht nur um den Entdeckungszusammenhang, sondern um einen zusammenfassenden Ausdruck für den Theoriezusammenhang, also den Begründungszusammenhang theologischer Aussagen handelt, so ist damit allerdings nicht der Entdeckungszusammenhang *als solcher*, was Sauter 300 mit Recht kritisiert, zum Begründungszusammenhang erklärt, sondern dieser besteht nur im Theoriebegriff, der seinerseits den »Entdeckungszusammenhang« mit umgreift (s. a. unten Anm. 630).

stentums auch deren theoretischen Bezugsrahmen und Begründungszusammenhang. Eine solche Theorie des Christentums bedarf allerdings ihrerseits, wie die Erörterungen dieses Kapitels gezeigt haben, noch einmal eines umfassenderen Bezugsrahmens, um als Theologie durchführbar zu sein.

Sauters Protest gegen den theologischen Historismus behält darin sein Recht, daß das entscheidende Thema christlicher Theologie die Frage nach der gegenwärtigen Wirklichkeit des christlichen Glaubens ist, und zwar nicht nur in dem Sinne, daß das Christentum gegenwärtig noch fortbesteht, obwohl seine Substanz vielleicht längst aufgezehrt ist, sondern im Sinne der Frage, ob die Substanz selbst, die Sache, an der christlicher Glaube letztlich hängt, sich uns als gegenwartsmächtig bewährt. Die Wirklichkeit aber, an der christlicher Glaube letztlich hängt, ist die Wirklichkeit Gottes. Darum kann die Theologie gerade auch als Theorie der christlichen Überlieferungsgeschichte nicht nur positive Wissenschaft vom Christentum sein, weder im supranaturalistischen noch im kulturhistorischen Sinn. Vielmehr hat sie die These des Glaubens als Hypothese auf ihre Bewährung zu befragen. Als Wissenschaft von Gott hat sie dabei kein von anderen Gebieten abgegrenztes, isolierbares Gegenstandsgebiet. Obwohl sie alles, was sie untersucht, unter dem besonderen Gesichtspunkt der Wirklichkeit Gottes behandelt, ist sie doch keine positive Einzelwissenschaft. Denn die Frage nach Gott als der alles bestimmenden Wirklichkeit geht alles Wirkliche an.

5. Kapitel
Theologie als Wissenschaft von Gott

1. Gott als Gegenstand der Theologie

Die Untersuchung der verschiedenen Formen, in denen das Selbstverständnis der Theologie sich im Verlaufe ihrer Geschichte ausgeprägt hat, führte zu dem Ergebnis, daß Theologie so, wie sie sich in der Geschichte christlicher Theologie darstellt, nur als Wissenschaft von Gott angemessen begriffen werden kann.
Das setzt voraus, daß die Theologie überhaupt von ihrem Gegenstand her ihre Einheit gewinnt, dieser Gegenstand selbst also ein einheitlicher ist. Diese Voraussetzung ist von Wilhelm Ockham und später von Schleiermacher bezweifelt worden. Sie waren der Auffassung, daß die Theologie es mit einer Vielheit heterogener Gegenstände zu tun habe. In solcher Perspektive läßt sich ihre Einheit nur als Einheit der Methode oder aus der Einheit eines außerhalb ihrer Gegenstände gegebenen Praxisbezuges begründen. Nun verdankt die Theologie ihre Einheit als Theologie sicherlich nicht einer einheitlichen Methode; sie wendet vielmehr in ihren Teildisziplinen ganz unterschiedliche Methoden an. Aber die Einheit der Theologie ist auch nicht erst durch einen ihren Gegenständen äußerlichen Praxisbezug begründet. Diese These Schleiermachers hielt schon dem Vergleich mit ihrer Durchführung in seiner eigenen Verhältnisbestimmung der theologischen Disziplinen nicht stand, weil sich dort noch ein anderer Theologiebegriff, eine implizite Auffassung der Theologie als Wissenschaft vom Christentum, als wirksam erwies. Diese bei Schleiermacher nur implizit wirksame, im späteren Verlauf des 19. Jahrhunderts in den Vordergrund rückende Auffassung von der Theologie als positiver Wissenschaft vom Christentum aber hat, wie sich zeigte, in ein Dilemma geführt: Die Theologie wurde auf diesem Wege entweder zu einer historisch-antiquarischen Disziplin, oder sie verfing sich in den Aporien einer nur dezisionistisch anzueignenden Positivität, die mit ihrem Anspruch auf Wissenschaftlichkeit nicht vereinbar ist. Die Frage nach der Wahrheit des Christentums ist diskutierbar erst im Rahmen einer Wissenschaft,

die nicht nur das Christentum, sondern die Wirklichkeit Gottes zu ihrem Thema hat, auf die sich der christliche Glaube beruft. Darin fanden wir das Wahrheitsmoment der Reaktion der dialektischen Theologie gegen die Entwicklung, die die protestantische Theologie im 19. Jahrhundert genommen hatte. Allerdings blieb die dialektische Theologie ihrerseits der Positivitätsproblematik des 19. Jahrhunderts faktisch verhaftet, weil auch K. Barth Wissenschaft von Gott nur als Glaubenswissenschaft durchzuführen vermochte. Wegen der Aporien dieses Ansatzes, aber auch, weil auf diese Weise das Wahrheitsmoment von Barths Kritik an »der« Theologie des 19. Jahrhunderts nicht zur Geltung kam, muß sein kritischer Gesichtspunkt auf andere Weise aufgenommen werden.

Daß Gott der eigentliche Gegenstand der Theologie ist, läßt sich schon aus der Geschichte ihres Begriffs entnehmen. Wie früher gezeigt, hatte die Bezeichnung »Theologie« zunächst den engeren Sinn der Lehre von Gott, im Unterschied zur Oikonomie als der Lehre vom Heilsplan Gottes und seiner Ausführung in der Heilsgeschichte, angefangen von der Schöpfung bis zur eschatologischen Vollendung. Die spätere Ausdehnung des Begriffs Theologie auf die Themen der göttlichen Oikonomie ließ sich dadurch rechtfertigen, daß alles, was in einer derart umfassend verstandenen Theologie zum Thema wird, unter dem Gesichtspunkt seiner Bezogenheit auf Gott (sub ratione Dei) thematisch wird. Wenn man den *Begriff* der Gegenstände, denen sich theologische Untersuchung zuwendet, nicht trennt von den *Relationen,* in denen sie stehen, sondern diese Relationen als Ausdruck ihrer eigenen Wirklichkeit begreift, dann wird die Befragung der verschiedenen Gegenstände theologischer Untersuchung *sub ratione Dei* nicht nur als subjektive Betrachtungsweise im Unterschied zu ihrer Gegenständlichkeit erscheinen, sondern als ihnen und auch der Eigenart des theologischen Gegenstandes schlechthin entsprechend. Nur durch die Betrachtung *sub ratione Dei* jedenfalls unterscheidet sich die Behandlung der verschiedensten Sachverhalte in der Theologie von derjenigen in anderen Disziplinen, die dieselben Gegenstandsbereiche unter anderen Gesichtspunkten thematisieren.

Bleibt nun aber die Bestimmung der Theologie als Wissenschaft von Gott unter den Bedingungen der heutigen Problemlage nicht ebenso wie die dialektische Theologie noch der Positivität verhaftet? Steht nicht »Gott« heute im Verdacht, nichts als ein Glaubensgedanke, eine religiöse Vorstellung aus einer heute überholten Periode der Menschheitsgeschichte zu sein? Wenn dem so wäre, dann müßte die Theologie hinter den Begriff Gottes zurückfragen auf das in ihm eigentlich Gemeinte, aber nur inadäquat Ausgedrückte. Sie würde dann wohl auch ihren Namen »Theologie« auf die Dauer zu ändern haben in eine Bezeichnung, die der hinter der Gottesvorstellung stehenden Wirklichkeit besser entspricht. Doch sogar in den Kreisen der Religionskritik, wo man über die Gottesfrage die Akten bereits glaubt geschlossen zu haben, besteht keine Übereinstimmung über den hinter der Gottesvorstellung stehenden Sachverhalt. Und auch die Kritik am Gottesgedanken durch die eine oder andere Variante der Projektionstheorie kann heute keineswegs als so weit kritisch gesichert gelten, daß sie selbst nicht mehr kritikbedürftig wäre und ihre prinzipielle Infragestellung von vornherein als Regression zu einer überholten Reflexionsstufe gelten dürfte. Eher wird man urteilen dürfen, daß zumindest das Wissen um die Offenheit und Unabgeschlossenheit der Gottesfrage heute zu einem wachen Problembewußtsein für jeden gehört, der sich mit dem Erbe der theologischen Überlieferung beschäftigt. Und in diesem Sinne, also zunächst als Problembegriff, aber so zugleich auch als thematischer Bezugspunkt aller ihrer Untersuchungen, läßt sich Gott im Kontext gegenwärtigen Problembewußtseins als Gegenstand der Theologie verstehen. Dabei steht die Selbstbescheidung der Theologie auf ein problematisches anstelle eines dogmatischen Redens von Gott in einer tiefen Entsprechung zu dem Wissen altisraelitischer Weisheit um das Geheimnis der göttlichen Wirklichkeit, an der alle menschliche Weisheit ihre Grenze findet[609], und zwar auch da noch ihre Grenze findet, wo es ihr als göttliche Weisheit offenbar wird. Wollte die Theologie als Wissenschaft von Gott prinzipiell *dogmatisch* verfahren, so bliebe sie in den Aporien der Positivität und damit auch des Glaubenssubjektivismus gefangen. Indem ihr aber »Gott« als Problem zum Thema wird, kann sie die Positivitätsproblematik durchbrechen und dann auch mit neuer Glaubwürdigkeit ihrerseits die Enge dezidiert untheologischer Wirklichkeitsauffassungen in Frage stellen.

Allerdings erhebt sich an dieser Stelle sofort ein neues Problem: Wenn »Gott« als *Problem* zum Gegenstand und Thema der Theologie erklärt wird, dann erscheint der Gottesgedanke in ihr ent-

---

609 G. v. Rad: Weisheit in Israel, 1970, 131 ff.

weder als ein anderweitig zu erklärender Gegenstand oder aber in der Form der Hypothese. In beiden Fällen gerät die Voraussetzung in Schwierigkeiten, daß »Gott« der eigentliche Gegenstand der Theologie sei. Wenn nämlich der Gottesgedanke aus anderen Gegebenheiten erklärt, etwa als Projektion auf Anthropologie reduziert wird, dann verschwindet durch den Vollzug solcher Erklärung die Theologie in den Gegenstandshorizont einer anderen Disziplin, etwa der Anthropologie, der Psychologie oder Soziologie. Wenn aber der Gottesgedanke selbst als Hypothese fungiert, dann scheint er deswegen nicht zugleich den Gegenstandsbereich einer eigenen Wissenschaft definieren zu können, weil Hypothesen – wie früher schon hervorgehoben wurde – auf eine von ihnen unterscheidbare Realität angewiesen sind, um überprüfbar zu sein. Deswegen kann der Umfang einer wissenschaftlichen Disziplin nicht mit demjenigen einer einzelnen Hypothese zusammenfallen.

Dieser letzteren Schwierigkeit läßt sich dadurch begegnen, daß der Gottesgedanke *an seinen eigenen Implikationen* gemessen und geprüft wird: Der Gedanke Gottes als der seinem Begriff nach alles bestimmenden Wirklichkeit ist an der erfahrenen Wirklichkeit von Welt und Mensch zu bewähren. Gelingt solche Bewährung, dann ist sie nicht durch eine dem Gottesgedanken äußerliche Instanz erfolgt, sondern das Verfahren erweist sich dann als der Form des ontologischen Gottesbeweises gemäß, als Selbstbeweis Gottes. Doch solange der Ausgang der Prüfung des Gottesgedankens an der erfahrenen Wirklichkeit noch offen ist, und das ist der Standpunkt des endlichen Erkennens, solange bleibt der Gottesgedanke als ein bloßer Gedanke der erfahrenen Wirklichkeit gegenüber Hypothese. Es gehört also zur Endlichkeit theologischen Erkennens, daß der Gottesgedanke auch in der Theologie hypothetisch bleibt und vor der Welterfahrung und Selbsterfahrung des Menschen zurücktritt, an der er seine Bewährung zu finden hat. Andererseits umgreift Gott als *Thema* der Theologie seinem Begriff nach schon die Erfahrungswirklichkeit, an der der Gottesgedanke geprüft werden soll, und definiert damit den Gegenstand der Theologie.

Die Weise, wie Gott als Gegenstand der Theologie zu denken ist, entspricht also genau der problematischen Stellung des Gottesgedankens in unserer Erfahrung. Das gilt auch für den Umstand, daß Theologie als endliche Erkenntnisbemühung ständig der Möglichkeit ausgesetzt ist, daß sich ihr Gegenstand durch den Vollzug seiner Erklärung selbst in einen anderen verwandeln und dementsprechend die Theologie in einer anderen Disziplin aufgehen könnte. Auch diese Schwierigkeit ist genauer Ausdruck der Tatsache, daß Gott nur als Problem, nicht als gesicherte Gegebenheit Gegenstand der Theologie ist.

2. *Theologie, Anthropologie, Religionswissenschaft*

Gott ist menschlicher Erfahrung nicht als ein Gegenstand unter anderen gegeben. »Niemand hat Gott je gesehen« (1. Joh. 4, 11). Wie kann es dann eine Wissenschaft von Gott geben? Offenbar nur unter der Voraussetzung, daß die Wirklichkeit Gottes in anderen Gegenständen der Erfahrung *mitgegeben* ist. Sie ist theologischer Reflexion also nicht auf direkte, sondern nur auf indirekte Weise zugänglich.

Damit ist nicht die Möglichkeit unmittelbarer Erfahrung von Gott bestritten. Das widerspräche der Tatsache religiöser Erfahrung, die gewöhnlich – so sehr sie auch durch das ganze Weltverhältnis der Menschen vermittelt sein mag – als ein unmittelbares Innewerden der göttlichen Wirklichkeit, als »Begegnung« mit der Wirklichkeit Gottes auftritt. Will man religiöser Erfahrung nicht von vornherein ihren Anspruch auf Erfassung göttlicher Wirklichkeit abstreiten, so ist die Möglichkeit unmittelbarer Erfahrung von Gott zuzugestehen, wie immer derartige Ansprüche im Einzelfall zu beurteilen sind. In der Unmittelbarkeit religiöser Erfahrung äußert sich, daß der Mensch immer schon bezogen ist auf das letzte Geheimnis seines Lebens, das alles Vorhandene übersteigt. Die Unausweichlichkeit dieses Bezogenseins bekundet sich auch da noch, wo die gegenständlichen religiösen Inhalte unsicher geworden sind, in der Unerläßlichkeit eines den Lebensvollzug tragenden Grundvertrauens. Dieses kann dunkel und unthematisch bleiben für den Menschen, der im unbegriffenen Strom des Lebens dahintreibt, nur mit anderen an seiner Oberfläche treibenden Erscheinungen beschäftigt. Es kann aber auch zur Helligkeit eines klaren Wissens um sich selbst gelangen in der Gegenständlichkeit religiösen Bewußtseins. Allerdings entbehrt die Gegenständlichkeit der unmittelbaren religiösen Erfahrung in dieser ihrer Unmittelbarkeit noch der intersubjektiven Gültigkeit. Intersubjektive Geltung gewinnt die unmittelbare religiöse Erfahrung nur auf dem Wege über ihre Relevanz für das

Welt- und Selbstverständnis der Menschen, sei es dadurch, daß sie sich in einer konventionellen religiösen Sprache artikuliert, sei es durch eine signifikante und die Welterfahrung ihrer Gegenwart erhellende Abweichung von der Sprachtradition. Weil die Theologie als Erkenntnisbemühung auf Intersubjektivität zielt, darum muß auch sie ihre Aufmerksamkeit auf diese Indirektheit des Mitgegebenseins der göttlichen Wirklichkeit, auf die »Spuren« des göttlichen Geheimnisses in den Dingen der Welt und in unserem eigenen Leben richten.

Es kann hier nicht um den inhaltlichen Aufweis solcher Spuren des göttlichen Geheimnisses in der Welt- und Selbsterfahrung des Menschen und um die Erörterung ihrer Bedeutung für die Begründung einer Lehre von Gott gehen. Es ist auch nicht darauf einzugehen, daß solche Spuren erst im Lichte einer schon vorausgesetzten Gotteserkenntnis aufleuchten. Das alles gehört schon zur speziellen Aufgabe der Theologie im engeren Sinne, nämlich der Gotteslehre. Für den Gang unserer Erwägungen über die Möglichkeit von Theologie überhaupt ist jedoch die Überlegung wichtig, *in welchen Gegenständen der Erfahrung* Gott – jedenfalls als Problem – indirekt mitgegeben ist, so daß sie als Spuren Gottes in Betracht kommen. Die Antwort darauf kann nur lauten: *in allen*. Diese Antwort hat allerdings nur den Wert einer Mutmaßung, die der Prüfung und Bestätigung noch bedarf. Als Mutmaßung – und zwar als eine sich so eindeutig aufdrängende Mutmaßung – ergibt sie sich aus der Bedeutung des Wortes »Gott« als der *alles bestimmenden Wirklichkeit*. Wenn unter der Bezeichnung »Gott« die alles bestimmende Wirklichkeit zu verstehen ist, dann muß alles sich als von *dieser* Wirklichkeit bestimmt erweisen und ohne sie im letzten Grunde unverständlich bleiben.

Die Behauptung, daß Gott die alles bestimmende Wirklichkeit sei, ist als sprachliche Übereinkunft, als Nominaldefinition und noch dazu als unvollständige zu verstehen. R. Bultmann konnte sie 1925 als hinreichend allgemein akzeptiert betrachten, um in seinem Aufsatz »Welchen Sinn hat es, von Gott zu reden?« (Glauben und Verstehen I, 1933, 26 ff.) ohne weitere Erörterung von ihr auszugehen. Die Formel setzt die formale Auffassung göttlicher Wirklichkeit als »Macht« voraus, wobei noch davon abgesehen wird, um was für eine Macht es sich inhaltlich handelt, – etwa um die des Sturmes, des Todes, des Rechts oder der Liebe. Diese Auffassung wird in der Formel erweitert zu der Aussage, daß es sich um die »alles« bestimmende Macht handeln soll. Implizit ist dabei mitgedacht, daß diese alles bestimmende Macht ihrerseits nur durch sich selbst bestimmt ist, keiner Bestimmung durch ein anderes unterliegt, es sei denn, sie bestimme sich selbst dazu, so von anderem bestimmt zu werden. Der in der Formel von Gott als der alles bestimmenden Wirklichkeit ausgedrückte Gedanke ist das Ergebnis der Kritik des polytheistischen Gottesverständnisses im griechischen Denken, die auf die Einheit der göttlichen Wirklichkeit als Grund der Einheit des Kosmos tendierte. Seit sich in der patristischen Theologie der jüdische Monotheismus mit dem philosophischen Gedanken der Einheit des Göttlichen verbunden hat[610], ist das abendländische Denken nicht mehr hinter diesen Gedanken zurückgegangen. Von daher also ist die Nominaldefinition des Gottesbegriffs als der alles bestimmenden Wirklichkeit vorgegeben.

Unter der Voraussetzung also, daß das Wort »Gott« im Sinne des Hinweises auf eine alles bestimmende Wirklichkeit zu verstehen ist, läßt sich als Bewährung des Redens von Gott fordern, daß alles Wirkliche sich als Spur der göttlichen Wirklichkeit erweisen müßte. Diese Forderung gilt aber nicht den Gegenständen in ihrer abstrakten Isolierung, sondern in ihrem durchgehenden Zusammenhang: »alles« im Begriff der alles bestimmenden Wirklichkeit bezeichnet nicht jedes einzelne für sich, sondern jedes in seinem Zusammenhang mit allem andern. Theologie als Wissenschaft von Gott wäre dann so möglich, daß die Totalität des Wirklichen unter dem Gesichtspunkt der diese Totalität im ganzen wie im einzelnen letztlich bestimmenden Wirklichkeit zum Thema wird.

Hier zeigt sich sogleich der enge Zusammenhang zwischen Theologie und Philosophie: Philosophisches Fragen geht nicht nur auf dieses oder jenes Seiende in seiner Besonderheit oder auf einen von anderen abgrenzbaren Wirklichkeitsbereich, sondern auf das Sein des Seienden, anders ausgedrückt: auf Wirklichkeit überhaupt. Am deutlichsten ist das in der traditionellen Fundamentalphilosophie ontologischer Metaphysik, wie sie ihre klassische Gestalt durch Aristoteles erhalten hat. Aber auch die erkenntnistheoretisch orientierten Entwürfe neuzeitlicher Philosophie implizieren immer eine Reflexion auf Wirklichkeit überhaupt, so in der These eines sensualistischen Empirismus, derzufolge Wirklichkeit nur in sinnlichen Eindrücken gegeben ist, oder in der Ausgangsthese der »Kritik der reinen Vernunft«, derzufolge alle unsere Kenntnis mit der Erfahrung anhebt, Wirklichkeit also nur in menschlicher Erfahrung gegeben ist, wiewohl sie darum noch nicht allein aus ihr zu stammen

---

610 Siehe dazu W. Pannenberg: Die Aufnahme des philosophischen Gottesbegriffs als dogmatisches Problem der frühchristlichen Theologie, (1959), in: Grundfragen systematischer Theologie, 1967, 296 ff.

braucht, so daß Kant seine Frage nach den Bedingungen der Möglichkeit der Erfahrung stellen konnte. In der Transzendentalphilosophie geht es ebenso wie in der ontologischen Metaphysik immer schon um Wirklichkeit insgesamt, und damit verbindet sich die Doppelfrage, was die Einheit des Wirklichen als solchen ausmacht, was also das allem Wirklichen Gemeinsame ist, und was alles Wirkliche zur Einheit der *einen* Wirklichkeit zusammenschließt.[611] An dieser Stelle, nämlich im Hinblick auf die einende Einheit alles Wirklichen, stellt sich für die Philosophie die Gottesfrage, die Frage nach der letztlich alles bestimmenden Wirklichkeit. Aber für die Philosophie ist die Gottesfrage eine letzte Frage. In ihrem Vorfeld geht es zunächst um andere Themen, nämlich darum, was Wirklichkeit überhaupt ist, wie sie uns zugänglich ist, in welchen Formen Wirkliches auftritt usw. Philosophische Reflexion kann daher die Gottesfrage zurückstellen, und sie kann sie sogar vermeiden, wenn sie zugleich darauf verzichtet, die Frage nach der Wirklichkeit im ganzen zu thematisieren. Letzteres ist allerdings in der Philosophie nicht ohne Selbstwiderspruch möglich, da der Anspruch ihrer Behauptungen über das Wesen von Erfahrung und Wirklichkeit überhaupt immer auch schon Annahmen über Wirklichkeit im ganzen impliziert. Strenge Allgemeinheit ist ohne Totalität nicht erreichbar, mit der Frage nach Wirklichkeit im ganzen ist aber unausweichlich auch die Frage nach der Möglichkeit solcher Totalität, nach ihrer einenden Einheit verbunden. Diese Frage braucht nicht terminologisch als Frage nach Gott entwickelt zu werden, der Sache nach handelt es sich bei ihr um nichts anderes. Sie kann auch

---

611 Die Doppelsinnigkeit in der Frage nach der Einheit des Seienden hat M. Heidegger in seinen Ausführungen über die onto-theologische Verfassung der Metaphysik (Identität und Differenz, 1957, 37–73) herausgearbeitet. Dagegen unterscheidet A. Nygren im Zuge seiner transzendentalen Analyse der Sinnbereiche auf ihre kategorialen Möglichkeitsbedingungen hin (Meaning and Method, 1971) nicht zwischen dem Einen als dem allem Gemeinsamen (also dem Kategorien) und dem Einen im Sinne des Ersten, das die Einheit des jeweiligen Sinnbereiches erst begründet. Außerdem sieht Nygren wegen seiner einseitigen, an Frege orientierten Auffassung der Bedeutung, in der er nur das referentielle Element hervorhebt und erst dem Sinnbegriff den Kontextbezug als konstitutives Merkmal zuweist, nicht die Abhängigkeit jeder Einzelbedeutung von ihrem Sinnkontext und über diesen hinaus von einer letzten Sinntotalität, die die Erfahrung konkreter Einzelbedeutung allererst ermöglicht. Nygren kann daher bei einer Nebenordnung verschiedener Sinnbereiche stehenbleiben, unter denen sich auch der religiöse Sinnbereich befindet, dessen Eigenart durch die Kategorie des Ewigen begründet wird. Dabei wird nicht reflektiert, daß die religiöse Thematik den Sinn aller anderen Erfahrung in sich begreift und durch den Gedanken des Göttlichen mit der Sinntotalität aller Erfahrung zu tun hat.

zurückgestellt werden, und dann kann es so scheinen, als ob der philosophischen Reflexion auf Wirklichkeit überhaupt die Gottesfrage entbehrlich wäre. Aber das dürfte nur eine Frage der Strenge der Reflexion auf die in der philosophischen Frage nach Erfahrung und Wirklichkeit mitgesetzten Bedingungen sein, obwohl die Mode des Tages die Selbstbescheidung einer an dieser Stelle versagenden Reflexion als Fortschritt des Denkens ausgeben kann. Immerhin ist Philosophie noch möglich unter Ausklammerung der Gottesfrage. Dagegen in der Theologie wird die Gesamtheit des Wirklichen nur thematisch unter dem Gesichtspunkt der Wirklichkeit Gottes, sofern nämlich Gott als die alles bestimmende Wirklichkeit zu denken ist.

Wie zeigt sich nun von der Totalität der Wirklichkeit her Gott als die alles bestimmende Wirklichkeit? Das versteht sich schon darum nicht von selbst, weil bereits der Gedanke einer »Totalität der Wirklichkeit« äußerst problematisch ist: Wie ist es uns möglich, eine Totalität zu denken, ohne zugleich etwas außerhalb ihrer zu denken? Es scheint, daß jede Totalität nur durch Abgrenzung von anderem, das sie außer sich läßt, als ein bestimmtes Ganzes konstituiert ist. Aber auch eine unendliche Totalität scheint zumindest die sie einende Einheit außer sich haben zu müssen. In welchem Verhältnis steht dann die Totalität »alles« Wirklichen zur Wirklichkeit der sie einenden Einheit, und was ist ihre eigene Wirklichkeit? Die Totalität, die die sie einende Einheit außer sich hat, kann nicht die Totalität alles Wirklichen sein. Sie ist aber nicht einmal die Totalität aller endlichen, von jener letzten einenden Einheit verschiedenen Wirklichkeit; denn dazu müßte sie ihre eigene Wirklichkeit zugleich als Glied ihrer selbst umfassen. Daran zeigt sich die Grenze des Begriffs der Totalität selbst, sofern er das Ganze im Gegensatz zu den Teilen, aber eben darum auch bedingt durch die Teile bezeichnet. Was der Begriff einer Totalität alles Wirklichen – oder auch nur alles Endlichen – zu denken aufgibt, kann nur durch eine andere Kategorie, die den Gegensatz von Teil und Ganzem übergreift, seine Lösung finden. Dennoch drängt sich die Frage nach der Totalität gegenüber der Vielheit des Endlichen als vorläufiger Ausdruck für die gesuchte Einheit auf.

Die griechische Philosophie hat die Totalität der Wirklichkeit als Kosmos gedacht und Gott als den Ursprung, die ἀρχή dieses Kosmos. Das Göttliche ist das, was alles bindet und zusammenhält, wie es der platonische Sokrates im Phaidon vom Guten sagt (99 c 5 f.).

Diese Denkweise fand ihren formalen Ausdruck in den sog. Gottesbeweisen, die von der Welt her die Eigenart des Göttlichen erschließen sollten und nach späterer Auffassung auch das Dasein Gottes – als erste Ursache der Bewegung, als erste Ursache der Existenz, als letzte Zielursache. Die klassische christliche Theologie hat seit Paulus ein Wissen von Gott angesichts des Daseins der Welt vorausgesetzt: Wie immer man im einzelnen Röm. 1,20 deuten mag, in jedem Falle ist hier ein Wissen von Gott aus den Werken der Schöpfung behauptet. Auf dieses Wissen um Gott als Urheber der Welt ließ sich die jüdische Überlieferung von Gottes Heilshandeln in der Geschichte als Überlieferung von der Offenbarung eben dieses Gottes beziehen, und so wurde auch Jesus als Offenbarung eben dieses Gottes verstanden, von dessen Dasein man als mitgegeben im Dasein des Kosmos wußte oder zu wissen meinte. Dieser Zugang zu Gott als der alles bestimmenden Wirklichkeit ist jedoch seit Beginn der Neuzeit ungangbar geworden: Die neuzeitliche Naturwissenschaft begründete ein Naturverständnis, das der Annahme einer ersten Ursache der Welt nicht mehr bedurfte. Entscheidend dafür war nicht so sehr der Ausschluß der Finalität aus der Naturbetrachtung, als vielmehr die Einführung des Trägheitsprinzips, die die Vorstellung von einer unablässigen Wirksamkeit des ersten Ursprungs alles Geschehens zur Erklärung seiner Fortdauer und damit alles Bestehens überhaupt entbehrlich machte. Basis der Gottesgewißheit wurde nunmehr der Mensch anstelle der Welt.[612] Obwohl man der Annahme einer ersten Ursache der Welt nicht mehr bedurfte, blieb der Gottesgedanke erforderlich zur Begründung des Selbstverständnisses des Menschen in seinem Verhältnis zu seiner Welt. Die neuzeitliche Philosophie ist durchgängig durch den augustinischen Gedanken bestimmt, daß der Mensch sich selbst in seinem Verhältnis zur Welt nicht verstehen könne, ohne als Ursprung seiner selbst wie seiner Welt Gott vorauszusetzen. Diese Denkfigur begegnet in verschiedensten Varianten.[613] Den Ausgangspunkt bildet Augustins Gedanke der *veritas*, die in allem menschlichen Bewußtsein vorausgesetzt werde. Bei Nikolaus von

---

612 Auf diesen Vorgang habe ich verschiedentlich hingewiesen, zuletzt in meinem Aufsatz: Anthropologie und Gottesfrage (1971), in: Gottesgedanke und menschliche Freiheit, 1972.

613 Die Geschichte dieser Anthropologisierung des Gottesgedankens in der Philosophie der Neuzeit hat W. Schulz in seinem Buch: Der Gott der neuzeitlichen Metaphysik, 1957, an exemplarischen Positionen dargestellt.

Kues ist zu Beginn der Neuzeit in exemplarischer Weise Gott als Bedingung der Übereinstimmung der menschlichen Subjektivität mit der vorgegebenen Welt gedacht worden. Je mehr in der Folge die Selbständigkeit der menschlichen Subjektivität gegenüber der Welt betont wurde, desto mehr bedurfte es zur Erklärung der nun um so merkwürdigeren Fähigkeit dieser Subjektivität zur Übereinstimmung mit der ihr vorgegebenen Welt der Annahme Gottes als des gemeinsamen Ursprungs von Ich und Welt. In klassischer Weise ist dieser Sachverhalt von Leibniz formuliert worden. Nach Descartes war Gottes Dasein außerdem Bedingung dafür, daß der Mensch den Gedanken eines vollkommenen Wesens überhaupt zu fassen vermag. Bei Kant ist das Dasein Gottes Bedingung der Übereinstimmung der sittlichen Bestimmung des Menschen mit dem Naturlauf und mit den Bedürfnissen des Menschen als Naturwesen. Der späte Fichte gelangte zum Gedanken Gottes als Bedingung der Möglichkeit eines Selbstbewußtseins überhaupt. Bei Hegel ist das Unendliche und Absolute Bedingung der Erfahrung von irgend etwas als endlich: Im Bewußtsein des Endlichen sind wir schon über das Endliche hinaus und sind daher schon beim Gedanken des Unendlichen. Bei Schelling und Schleiermacher wieder ist ähnlich wie schon beim Kusaner Gott die Bedingung der Übereinstimmung des Subjekts mit einer objektiven Wirklichkeit.

Die anthropologische Wendung der neuzeitlichen philosophischen Theologie hat ein Gegenstück im Selbstverständnis der christlichen Theologie: Schon der skotistische und dann für den Altprotestantismus maßgeblich gewordene Begriff der Theologie als praktischer Wissenschaft erwies sich im Unterschied zur thomistischen Auffassung der Theologie als *scientia subalternata* als eine anthropozentrische Deutung der Theologie. Als Subjekt der Theologie erscheint hier der Mensch, und die Frage nach seiner Bestimmung, nach dem ihm als Menschen gesetzten Wesensziel, bildet ihr Thema. Dabei geht es der Sache nach um die religiöse Thematik des Menschseins, und daher liegt es von der Bestimmung der Theologie als scientia practica gar nicht so weit ab, daß seit dem 17. Jahrhundert und besonders dann im 19. Jahrhundert die Religion zum fundamentalen Thema der Theologie wurde.[614] Der Begriff der Theo-

---

[614] Zum Aufkommen des Religionsbegriffs im Selbstverständnis der protestantischen Theologie des 17. Jahrhunderts siehe J. Wallmann: Der Theologiebegriff bei Johann Gerhard und Georg Calixt, 1961, 58 ff. Schon A. Calov bezeichnete den Gegenstand der

logie als positive Wissenschaft stellt sich als Einengung der so konzipierten Thematik dar. Die Entwicklung des Selbstverständnisses der Theologie läßt sich daher als eine selbständige, in ihren Anfängen noch weiter zurückreichende Parallele zur Anthropologisierung des Gottesgedankens in der philosophischen Theologie der Neuzeit verstehen.

Der durchgängigen Anthropologisierung des Gottesgedankens in der Neuzeit entspricht auch die spezifisch neuzeitliche Form des Atheismus, die ihre klassische Formulierung in der These Ludwig Feuerbachs fand, daß die Gottesvorstellung als eine Projektion des Menschen zu erklären sei, der in seiner Selbstentfremdung sein eigenes Wesen als ein fremdes, höheres Wesen anbetet. In der Tat – wenn das Thema »Gott« mit der außermenschlichen Wirklichkeit nichts mehr zu tun hat, wenn der Mensch Gottes nur noch als Voraussetzung seiner Subjektivität, seines eigenen menschlichen Lebens-

Theologie zusammenfassend als *religio* (Isagoge ad SS Theologiam, Wittenberg 1652, 299 ff., bei Wallmann 57): Adaequate vox religionis ... comprehendit omnia quae in Theologia traduntur (ib. 310, Wallmann 57 f.). Als noch früheren Beleg für die Bezeichnung der wahren Religion als Gegenstand der Theologie schlechthin nennt K. Barth (Kirchliche Dogmatik I/2, 1938, 312) die Christiana Theologia von M. F. Wendelin (1634). Bei Barth 309 ff. findet sich überhaupt eine instruktive Zusammenstellung von Belegen für das Vordringen des Religionsbegriffs in der altprotestantischen Theologie. Der Ursprung dieses Religionsbegriffs ist, obwohl seine Wurzeln in die Antike und besonders auch auf Cicero und Augustin zurückgehen, erst in der Schrift von Marsilio Ficino: De Christiana Religione, 1474, zu suchen, wie W. C. Smith: The Meaning and End of Religion (1962) Mentor Book 1964, 34 ff. gezeigt hat. Erst bei Ficino wurde der Instinkt zur Gottesverehrung, den er durch den Begriff *religio* bezeichnete, als universales und den Menschen von anderen Wesen fundamental unterscheidendes Merkmal des Menschseins begriffen, das jedoch in der Geschichte in unterschiedlichen Graden der Reinheit verwirklicht ist, am reinsten in der christlichen Religion. Dieser Begriff von Religion ist dann nicht durch Luther, sondern durch Zwingli und Calvin in die protestantische Theologie eingedrungen und seit dem 17. Jahrhundert auch von der lutherischen Theologie übernommen worden. Dabei ist in dem so sehr den Fragen der Lehre zugewandten 17. Jahrhundert Religion zuerst als ein System von Lehren verstanden worden, so schon von Hugo Grotius in seiner Schrift: De Veritate Religionis Christianae, 1622. (Dazu Smith 39 f.) Damit ist nach der Darstellung von Smith eine »reification« (50 ff. u. ö.) des Begriffs Religion erfolgt, die einer angemessenen Beschreibung des tatsächlichen religiösen Lebensprozesses der gläubigen Aneignung religiöser Überlieferung eher hinderlich ist. Smith hat daher vorgeschlagen, auf den Begriff Religion ganz zu verzichten und statt dessen die Begriffe von Tradition und Glauben zu verwenden (141, cf. 109–138). Auch wenn man diesem Vorschlag nicht folgt, zumal auch Smith selbst nicht umhin kann, die Besonderheit der in Frage stehenden Überlieferung durch das Adjektiv »religiös« zu kennzeichnen, wird man doch seiner Kritik dadurch Rechnung zu tragen haben, daß Religionen nicht als unterschiedliche Systeme von Glaubensweisen und Riten, sondern als Traditionskomplexe und Traditionsprozesse zu beschreiben sind.

vollzuges innewird, dann muß sich die Frage erheben, ob es sich dabei nicht um eine Illusion handelt. Das braucht allerdings nicht zu bedeuten, daß »Gott«, wie Feuerbach annahm, eine für den Menschen zumindest prinzipiell vermeidbare Illusion wäre, die der Mensch bei genügend fortgeschrittener Selbsterkenntnis ohne weiteres ablegen könnte. Auch wenn die großen Denker der Neuzeit recht behalten sollten mit ihrer Auffassung, daß der Mensch ohne die Annahme Gottes sich selbst in seiner Subjektivität nicht adäquat verstehen kann, könnte immer noch eine zwangsläufige, unvermeidliche und unüberwindbare Illusion vorliegen, die darum unüberwindbar wäre, weil sie konstitutionell in der Natur des Menschseins begründet wäre, und die dennoch Illusion wäre, wenn dem Gedanken Gottes nichts außer uns entspräche. Durch anthropologische Argumentation allein, von der Problematik menschlichen Selbstverständnisses aus, läßt sich die Annahme Gottes als Wirklichkeit nicht zureichend erhärten. Eine solche Annahme überzeugt nur dann und in dem Maße, wie der aus dieser Problematik des Selbstverständnisses begründete *Gedanke* Gottes zugleich erschließende Kraft für die Welterfahrung hat. Insofern ist die Erfahrung der Welt und die Frage nach der sie letztlich bestimmenden Macht auch heute noch unentbehrlich für jede Vergewisserung über die Wirklichkeit Gottes. Aber der Zugang zum Gottesgedanken ist nicht mehr unmittelbar von der Welt her gegeben, sondern nur auf dem Umweg über das Selbstverständnis des Menschen und sein *Verhältnis* zur Welt.

Auf welche Weise ist nun aber in der menschlichen Welt- und Selbsterfahrung die *Totalität* der endlichen Wirklichkeit und damit das Korrelat[615] zum Gedanken Gottes als der alles bestimmenden Wirklichkeit gegeben? Die Totalität der Wirklichkeit ist für unsere Erfahrung nicht schon abgeschlossen vorhanden. Sie ist noch unvollendet; denn die Zukunft ist noch offen, die Welt ist noch im Werden

615 Die Vorstellung einer Korrelation zwischen dem Gedanken Gottes als der alles bestimmenden Wirklichkeit und dem der Totalität der endlichen, durch Gott bestimmten Wirklichkeit hat allerdings nur beschränkte Gültigkeit, weil Gott als alles bestimmende Wirklichkeit ebensosehr als unabhängig von irgendwelchen sein Wirken bedingenden Korrelata zu denken ist, also als schlechthinnige Freiheit, die auch die Bedingungen ihres Wirkens selber setzt. Von daher geurteilt ist die Annahme einer Totalität der endlichen Wirklichkeit überhaupt in Entsprechung zur alles bestimmenden Wirklichkeit der göttlichen Freiheit bereits an die Voraussetzung einer Selbstbestimmung der göttlichen Freiheit zur Selbstmitteilung durch ihr Wirken gebunden. Ohne diese Voraussetzung wäre gar kein Wissen von Gott aus der Erfahrung der Welt und aus der Selbsterfahrung des Menschen möglich.

und ebenso die Menschheit. Mit der Zeitlichkeit und Geschichtlichkeit der Wirklichkeit und nicht zuletzt auch unseres eigenen Lebens und unserer Welterfahrung ist ihre Unabgeschlossenheit gegeben. Was veranlaßt unter solchen Umständen überhaupt, Totalität zu denken?
Wir haben uns früher klar gemacht, daß jede *Einzelerfahrung* ihre Bestimmtheit nur im Zusammenhang eines *Bedeutungsganzen* hat. Daher ist der Gedanke einer Totalität der Wirklichkeit Bedingung aller Erfahrung überhaupt, Bedingung schon der Erfahrung von einzelnen Gegebenheiten. Doch diese Totalität der Wirklichkeit selbst ist noch nicht gegeben, denn sie ist nicht abgeschlossen vorhanden. Darin liegt das wichtigste Moment der Kritik an der altgriechischen Metaphysik und ihrer bis in die Neuzeit hineinreichenden Wirkungsgeschichte; denn sie hat in ihren verschiedensten Spielarten die Wirklichkeit als im Kosmos abgeschlossen vorhanden gedacht, zumindest im Hinblick auf die Formen des Wirklichen. Die Vorstellung von der Abgeschlossenheit des Wirklichen hängt im griechischen Denken vielleicht mit seiner Unterschätzung der Bedeutung des Individuellen gegenüber den allgemeinen Formen oder Ideen der Dinge zusammen. Die Differenz des Individuellen zum Allgemeinen läßt aber auch die allgemeinen Formen und Gesetze und ihre Erkenntnis durch den Menschen noch nicht zur Ruhe kommen. Die Totalität der Wirklichkeit ist nicht abgeschlossen vorhanden. Sie wird nur antizipiert als Sinntotalität. Die Totalität, in deren Rahmen allein das einzelne der Erfahrung die Bestimmtheit seiner Bedeutung hat, ist keine als Totalität vorhandene Wirklichkeit, sondern wird im Gegenteil nur durch Überschreitung des Vorhandenen gedacht. In solcher Antizipation, ohne die, wie gesagt, gar keine Erfahrung möglich ist, steckt immer schon das Element der Hypothese, ein Moment subjektiven Entwurfes, der sich im Fortgang der Erfahrung bestätigen muß oder erschüttert werden wird.
Daraus ergibt sich nun eine wichtige Konsequenz für die Weise, wie Gott im Zusammenhang menschlicher Erfahrung der Wirklichkeit für diese Erfahrung zum Thema werden kann: *Die Wirklichkeit Gottes ist mitgegeben jeweils nur in subjektiven Antizipationen der Totalität der Wirklichkeit, in Entwürfen der in aller einzelnen Erfahrung mitgesetzten Sinntotalität, die ihrerseits geschichtlich sind, d. h. der Bestätigung oder Erschütterung durch den Fortgang*

der Erfahrung ausgesetzt bleiben. Dabei steckt im Moment der Antizipation immer auch schon das des Hypothetischen. Andererseits aber ist darin die Geschichtlichkeit des Mitgegebenseins oder Manifestwerdens der göttlichen Wirklichkeit begründet. Dabei ist auch hier die Bekundung göttlicher Wirklichkeit immer als Selbstbekundung zu denken, ihre Bedingtheit durch den antizipatorischen Charakter menschlicher Sinnerfahrung also noch einmal als ein Selbstbedingen Gottes; denn es würde dem Gedanken Gottes als der alles bestimmenden Wirklichkeit widersprechen, wenn er anders als durch sich selbst zugänglich würde. Das ändert jedoch nichts daran, daß der antizipatorische Charakter der Erfahrung der Totalität von Wirklichkeit als Sinntotalität die Geschichtlichkeit der Selbstbekundung göttlicher Wirklichkeit verständlich macht. Das Verständnis der Totalität der Wirklichkeit als nur in jeweiliger Antizipation zugänglicher Sinntotalität ermöglicht es somit, die für die biblischen Überlieferungen charakteristische Geschichtlichkeit der Selbstbekundung der göttlichen Wirklichkeit mit der Problematik der Totalität der endlichen Erfahrung, in der die Wirklichkeit Gottes mitgesetzt ist, zu verbinden. In der altkirchlichen und mittelalterlichen Theologie, auf dem Boden des griechischen Kosmosdenkens, war eine solche Zusammengehörigkeit der im Kontext der Welterfahrung zu gewinnenden Gotteserkenntnis und der geschichtlichen Selbstbekundung Gottes an Israel und durch Jesus Christus an die ganze Menschheit nicht in gleicher Weise aufweisbar. Die Frage nach Gott als Ursprung der Wirklichkeit im ganzen führte nicht in Konsequenz *ihrer eigenen Thematik* auf die Geschichtlichkeit göttlicher Selbstbekundung. Darum mußte hier die christliche Überlieferung als »übernatürlich« neben die philosophische »natürliche« Theologie treten. Die Geschichtlichkeit göttlicher Selbstbekundung trat dabei nur äußerlich zur Bestimmtheit Gottes als Ursprung des Kosmos hinzu. Eine Vermittlung wurde nur dadurch erreicht, daß der hellenistischen Philosophie der göttliche Ursprung als unbegreiflich galt, so daß die christliche Theologie die geschichtliche Selbstbekundung Gottes in Israel und in Jesus Christus als ein Sichzuerkennengeben des bislang unbegreiflichen Ursprungs der Welt denken konnte. Aber diese Verknüpfung geschah doch nur auf äußerliche Weise. Wenn dagegen die Totalität der Wirklichkeit selbst noch unabgeschlossen ist und als Totalität nur jeweils antizipiert wird in subjektiven Sinnentwürfen, weil sich der Erfahrung der Sinn des einzelnen nur im Zusammenhang des Ganzen erschließt, dann ergibt sich daraus mit der Subjektivität auch die Geschichtlichkeit der jeweiligen Erfahrung von Wirklichkeit im ganzen, und daraus folgt wiederum, daß sich die Wirklichkeit Gottes nur bekundet in der Weise, wie jeweils Wirklichkeit im ganzen geschichtlich erfahren worden ist.

Nun wird man mit einer wichtigen Strömung in der modernen Religionssoziologie und in der Religionsphilosophie[616] die *Reli-*

---

[616] So bestimmt Th. Luckmann im Anschluß an E. Durkheim Religionen als »specific historical institutionalizations of symbolic universes« (The Invisible Religion. The Problem of Religion in Modern Society, 1967, 43). Als »symbolic universes« bezeichnet Luckmann »systems of meaning that relate the experiences of everyday life to a transcendent layer of reality« (44) im Unterschied zu anderen »systems of meaning«, bei denen letzteres nicht der Fall ist. Nach E. Durkheim geht es in der Religion für die Gesellschaft um »les sentiments collectifs et les idées collectives qui font son unité et sa personnalité« (Les formes élémentaires de la vie religieuse, 5. ed. Paris 1968, 610). Sinnintegrative Funktion wird der Religion auch im *cultural system* von T. Parsons zugeschrieben. Aber auch in der neueren Religionsphilosophie wird die Eigentümlichkeit religiösen Glaubens in der Vermittlung eines umfassenden Sinnhorizontes gesehen. So plädiert W. T. Blackstone: The Problem of Religious Knowledge, 1963, 39 ff. im Anschluß an Ch. Morris und E. Fromm für eine Definition religiösen Glaubens als »providing an object (or objects) of devotion and an *all pervasive* frame of orientation«. An dieser Definition wäre nur zu beanstanden, daß sie keine Verbindung zwischen ihren beiden Gliedern angibt. Eine solche ließe sich darin vermuten, daß »objects of devotion« eben diejenigen sind, die eine umfassende Sinnorientierung ermöglichen. Ähnlich definiert F. Ferré: Basic Modern Philosophy of Religion, 1967, 69 Religion als »one's way of valueing most comprehensively and intensively«, wobei wiederum das Verhältnis von Intensität und Komprehensivität zu bestimmen bleibt. Gegenüber dem hier eingeführten Wertbegriff wird man wegen der mit ihm verbundenen Probleme (s. o. 82 ff. und bes. 100 f., 111 ff.) den Sinnbegriff bevorzugen. Er ist schon 1925 in der Religionsphilosophie von P. Tillich (Urban-Bücher 63, 1962, 41 ff.) zur Grundlage einer Analyse des Begriffs der Religion gemacht worden. Allerdings bleibt bei Tillich, vielleicht weil er den Sinnbegriff als solchen allzu selbstverständlich voraussetzt, ohne auf die Problematik seiner Struktur weiter einzugehen, das Verhältnis von Sinnzusammenhang und »unbedingtem Sinn« in ähnlicher Weise ungeklärt wie bei den entsprechenden Begriffsbestimmungen von Blackstone und Ferré. Daß Religion »immer ein Totalaspekt des Daseins«, sowie ein »Sinngefüge« ist, hat auch W. Trillhaas (Religionsphilosophie, 1972, 31 f. und 32 f.) hervorgehoben, allerdings nur als »Wesenszüge der Religion« neben anderen, ohne auf ihre innere Zusammengehörigkeit unter sich und mit jenen anderen zu reflektieren. Die klassische Darstellung der Religion als Erfassung einer Sinntotalität hat Schleiermacher in der zweiten seiner »Reden über die Religion« 1799 gegeben; denn das Universum, das in der religiösen Erfahrung angeschaut und gefühlt wird, ist ja nicht zu verwechseln mit dem Kosmos, sondern hat seine höchste Erscheinungsform im geschichtlichen Lebenszusammenhang der Menschheit, der jedoch als ein Werden auch über die Menschheit noch hinausführt. Bei der Interpretation von Schleiermachers Begriff des Universums als Sinntotalität wird man auch die historische Herkunft von Diltheys hermeneutischem Begriff des Sinn- oder Bedeutungszusammenhangs von der Hermeneutik Schleiermachers berücksichtigen müssen,

gionen als diejenige menschliche Lebensform betrachten dürfen, in der die jeweilige Erfahrung der Wirklichkeit im ganzen ausdrücklich wird und in der daher auch die Ordnung der Gesellschaft und das sie fundierende Sinnverständnis ihre Wurzel hat. Umgekehrt wird man überall da von Erscheinungen religiösen Charakters sprechen können, wo das Verständnis der Wirklichkeit im ganzen thematisch wird, auch wenn das nicht unter Berufung auf Gott oder Götter geschieht: Der Sache nach ist der Zusammenhang mit der Problematik des Gottesgedankens da immer schon gegeben, wo das Verständnis der Wirklichkeit im ganzen thematisch wird, weil sich immer die Frage stellt, worin denn die Einheit der Wirklichkeit im Sinne der jeweiligen Konzeption letztlich begründet ist.

Wenn so die Religionen als der Ort bestimmt werden, an dem die Erfahrung der Selbstbekundung Gottes oder göttlicher Wirklichkeit überhaupt im Ganzen der Weltwirklichkeit thematisch wird, so ist damit nicht gesagt, daß solche Selbstbekundung Gottes nur den großen historischen Religionen zugrunde liegt und nicht auch schon in der individuellen religiösen Erfahrung sich ereignen könnte. Aber die Erfahrung des einzelnen steht doch immer im Zusammenhang einer gesellschaftlich organisierten Religion, wenn auch vielleicht in kritischer Auseinandersetzung mit deren Normen und Institutionen. Die unterschiedlichen Erfahrungen und Einstellungen der Individuen sind Momente der Geschichte einer Religion. Vor allem gewinnen sie den Charakter intersubjektiv gültiger Wahrheit, in der die Eigenständigkeit der göttlichen Wirklichkeit gegenüber den Individuen zum Ausdruck kommt, nur im Lebenszusammenhang der Gesellschaft. Daher sind in diesem Sinne nun doch die historischen Religionen, nicht schon die individuellen religiösen Erfahrungen als die Ausdrucksformen der Erfahrung göttlicher Wirklichkeit in der Sinntotalität erfahrener Wirklichkeit überhaupt zu betrachten.

Verbinden wir nun diese kurze Erwägung zum Begriff der Religion mit dem, was zuvor über die Geschichtlichkeit der Erfahrung von Wirklichkeit im ganzen durch Antizipation der Sinntotalität des Erfahrungszusammenhangs gesagt wurde: Es hat sich ergeben, daß die Religionen und ihre Geschichte als der Ort ausdrücklicher Wahrnehmung der jeweiligen Selbstbekundung der göttlichen Wirklich-

die ihrerseits dem Religionsbegriff der Reden korrespondiert, sofern auch für diesen die Verwendung der Kategorien von Teil und Ganzem konstitutiv ist.

keit für menschliche Erfahrung zu betrachten sind. Das bedeutet aber, daß die Geschichtlichkeit der Gotteserfahrung in den Religionen nicht mehr komplementär hinzutritt zur Konzeption des Gottesgedankens als Grund der Wirklichkeit im ganzen, sondern aus dieser formalen Bestimmung des Gottesgedankens selbst entwickelt werden kann. Die dargelegte Argumentation hat also zur Aufhebung der formalen Bestimmung des Gottesgedankens als Grund oder Ursprung der Wirklichkeit im ganzen in die Geschichtlichkeit der positiven Religionen geführt. Es bedarf dann nur noch der Bestimmung der Besonderheit der christlichen Offenbarung unter den übrigen Religionen, damit deutlich wird, daß auf dem Boden dieses Ansatzes bei der Totalität der Wirklichkeit als jeweils subjektiv antizipierter Sinntotalität die Differenz von natürlicher und übernatürlich-geschichtlicher Gotteserkenntnis überwindbar geworden ist. Auf die Besonderheit der biblischen Religionen[617] kann in diesem Zusammenhang nicht weiter eingegangen werden. Ein wesentlicher Zug dieser Besonderheit dürfte aber darin bestehen, daß die Geschichte religiöser Erfahrungen und ihrer Veränderung in der biblischen Überlieferung und im Christentum selbst Thema der Religion, Feld göttlicher Selbstbekundung geworden ist: Darin ist es begründet, daß die biblischen Religionen der Erfahrung ihrer eigenen geschichtlichen Veränderung standhalten können. Während Religionen, deren Bewußtsein an einer vermeintlich unüberholbaren mythischen Urzeit und einer ihr entsprechenden Ordnung der Welt orientiert ist, von ihrer eigenen geschichtlichen Veränderung überrollt werden, können die jüdische und christliche Religion als Religion der Geschichte ihre eigenen Veränderungen integrieren und in ihnen eine göttliche Führung erkennen.

Was ist nun das Ergebnis dieser Erwägungen für die Frage nach der Möglichkeit von Theologie als Wissenschaft von Gott? Wir gingen davon aus, daß Theologie als Wissenschaft von Gott nur indirekt möglich ist, nämlich im Hinblick auf die Wirklichkeit im ganzen. Wirklichkeit im ganzen ist aber nicht als abgeschlossener Bestand eines Kosmos gegeben, sondern befindet sich in einem noch unabgeschlossenen Prozeß und ist als ganze nur in der Subjektivität menschlicher Erfahrung, und zwar als antizipierte Sinntotalität zugänglich. Diese wird als Bekundung göttlicher Wirklichkeit aus-

---

[617] Siehe dazu auch meinen Aufsatz: Erwägung zu einer Theologie der Religionsgeschichte, in: Grundfragen systematischer Theologie, 1967, 255–295.

überlieferten und verehrten Gott als die alles bestimmende Wirklichkeit zur Sprache zu bringen vermag. Die überlieferten Behauptungen einer Religion lassen sich also als Hypothesen betrachten, die am Zusammenhang gegenwärtig zugänglicher Erfahrung darauf zu überprüfen sind, inwieweit von den überlieferten Behauptungen einer bestimmten Religion her die Vielseitigkeit gegenwärtiger Erfahrung integriert werden kann.

Dieselbe Betrachtungsweise läßt sich für die historische Interpretation religiöser Überlieferungen im Hinblick auf die Entstehungssituation überlieferter Texte durchführen. An die Stelle der Konfrontation überlieferten Gottesverständnisses mit den unterschiedlichen Aspekten und Zusammenhängen gegenwärtiger Wirklichkeitserfahrung tritt dann die Konfrontation des damals Überlieferten mit dem, was der heutige Interpret als Erfahrungssituation des Autors eines überlieferten Textes zur Zeit seiner Abfassung zu rekonstruieren vermag. Dieselbe Frage läßt sich für jede Phase des Überlieferungsprozesses einer Religion im Hinblick auf den tatsächlichen geschichtlichen Erfahrungshorizont des betreffenden religiösen Verehrerkreises in einer gegebenen Situation stellen. Auf solche Weise sind nicht nur die Ausdrucksformen der betreffenden Religion in ihren charakteristischen Institutionen und in ihren literarischen Dokumenten einer spezifisch theologischen und dabei den Erfahrungshorizont der betreffenden Religion in einer bestimmten Phase ihrer Geschichte nicht überspringenden Interpretation zugänglich, sondern ebenso die tatsächlichen Veränderungen dieser Religion unter dem Druck der ihr begegnenden Wirklichkeitserfahrung und angesichts partieller oder mehr oder weniger tiefgreifender Inadäquatheit ihrer Ausdrucksformen gegenüber einer verwandelten Wirklichkeitserfahrung.

In ähnlicher Weise lassen sich vergleichende Betrachtungen darüber anstellen, wie verschiedene Religionen in verschiedener Weise der Wirklichkeitserfahrung, der ihre Verehrerkreise ausgesetzt wurden, Rechnung zu tragen vermochten, und wie die verschiedenen religiösen Überlieferungen der Erfahrungssituation der gegenwärtigen Menschheit zu begegnen wissen. Zu solchen Fragen wird dann der Theologe seinerseits Hypothesen formulieren können, die sich auch auf den unterschiedlichen Rang der Religionen, auf die Überlegenheit des gegenwärtigen Überlieferungsstandes einer Religion über den anderer Religionen im Hinblick auf die antizipierende Erfas-

drücklich in der religiösen Erfahrung, und die religiöse Erfahrung des einzelnen steht in der einen oder anderen Weise immer schon im Zusammenhang der geschichtlichen Religionen und hat nur in diesem Zusammenhang ihre intersubjektive Relevanz. Theologie als Wissenschaft von Gott ist also nur möglich als Religionswissenschaft, und zwar nicht als Wissenschaft von der Religion überhaupt, sondern von den geschichtlichen Religionen. *Christliche* Theologie wäre dann Wissenschaft von der *christlichen* Religion, Wissenschaft vom Christentum. Damit, so scheint es, sind unsere Erwägungen wieder zum Begriff der Theologie als Christentumswissenschaft zurückgekehrt, über den sie ursprünglich unter der Leitfrage nach der Möglichkeit einer Theologie als Wissenschaft von Gott hinausgelangen wollten.

Man könnte meinen, daß dieses Resultat sich auch auf einfachere Weise erreichen ließe. Aber wir sind zur Religion bzw. zum Christentum als Thema der Theologie nun doch unter einem ganz bestimmten Gesichtspunkt zurückgekehrt. Er besteht darin, daß Theologie Religionswissenschaft und so auch speziell Wissenschaft vom Christentum ist, *insofern* sie Wissenschaft von Gott ist. Theologischen Charakter hat die Untersuchung der Religionen und so auch des Christentums nur dann, wenn sie die Religionen darauf befragt, inwiefern sich in ihren Überlieferungen Selbstbekundung göttlicher Wirklichkeit dokumentiert. Man kann Religionen auch unter anderen Gesichtspunkten untersuchen, aus der Perspektive von Psychologie oder Soziologie oder aus der einer die Phänomene religiöser Erfahrung vergleichenden und ordnenden Phänomenologie. Das Besondere theologischer Untersuchung der religiösen Überlieferungen besteht darin, daß die Religionen dabei auf ihre spezifisch religiöse Intention befragt werden, indem nach der Selbstbekundung göttlicher Wirklichkeit in den verschiedenen Religionen und ihrer Geschichte gefragt wird. Wie aber ist eine solche Fragestellung durchführbar? Auch dafür hat der bisherige Gedankengang einen Gesichtspunkt ergeben durch die Beziehung des Gottesgedankens zur Totalität der Wirklichkeit. Eine nach diesem Gesichtspunkt verfahrende theologische Untersuchung geschichtlich gegebener Religion würde darin bestehen, daß die in der religiösen Überlieferung artikulierte Auffassung der Wirklichkeit im ganzen darauf befragt wird, ob sie tatsächlich allen gegenwärtig zugänglichen Aspekten der Wirklichkeit Rechnung trägt und somit den in dieser Religion

Theologie als Wissenschaft von Gott 319

sung der Wirklichkeit als Totalität und so als Ausdruck einer Selbstbekundung Gottes beziehen werden.

Mit solchen Erwägungen zum Verhältnis von Theologie und Religionswissenschaft wird die Diskussion wieder aufgenommen, die an der Wende vom 19. zum 20. Jahrhundert über diese Frage geführt worden ist. Mit der Feststellung, daß die christliche Theologie dem Erfordernis der Voraussetzungslosigkeit nicht genüge, hatten Paul de Lagarde und Franz Overbeck die Forderung nach Aufhebung der theologischen Fakultäten und nach ihrer Ersetzung durch Lehrstühle oder Fakultäten für allgemeine Religionswissenschaft erhoben.[618] Die religionsgeschichtliche Schule und insbesondere ihr Systematiker E. Troeltsch wandelten diese Forderung dahin ab, daß die christliche Theologie selbst »auf eine breitere, allgemeinere Grundlegung zurückgehen« müsse, nämlich auf »eine allgemeine Theorie der Religion und ihrer geschichtlichen Entwicklung«.[619] Dagegen meinte A. v. Harnack in seiner berühmt gewordenen Berliner Rektoratsrede 1901, die Forderung nach einer allgemein religionswissenschaftlichen Grundlegung der Theologie und nach entsprechenden wissenschaftsorganisatorischen Konsequenzen nicht nur aus praktischen Erwägungen, sondern auch mit der Begründung ablehnen zu können, daß für das Studium der Religion überhaupt die Beschäftigung mit dem Christentum voll ausreiche, denn dieses sei »nicht eine Religion neben anderen..., sondern *die* Religion«.[620] Harnacks Argumentation war noch durch eine entschieden eurozentrische und vom Überlegenheitsgefühl des Kulturprotestantismus geprägte Perspektive gekennzeichnet.[621] Dagegen hat Troeltsch nur ein Jahr später die Überlegenheit des Christen-

618 Belege und weitere Literatur bietet E.-L. Solte: Theologie an der Universität, 1971, 21 ff.
619 E. Troeltsch: Voraussetzungslose Wissenschaft (1897), Ges. Schriften II, 190 f. und 192. Vgl. auch Troeltschs Ausführungen in seinem »Rückblick auf ein halbes Jahrhundert der theologischen Wissenschaft« (1908) ebd. 223 ff.
620 A. v. Harnack: Die Aufgabe der theologischen Fakultäten und die allgemeine Religionsgeschichte, 1901, 16. Zu den davon ausgegangenen Wirkungen siehe C. Colpe: Bemerkungen zu A. v. Harnacks Einschätzung der Disziplin »Allgemeine Religionsgeschichte«, in: Neue Zeitschrift für systematische Theologie 6, 1964, 51 ff.
621 Man vergleiche etwa Harnacks Bemerkungen zur Aufgabe der christlichen Mission, die er »gebieterischer« gestellt sieht als »seit einem Jahrtausend«; denn: »... gewiß ist, daß die Völker, welche die Erde jetzt auftheilen, mit der christlichen Civilisation stehen und fallen, und daß die Zukunft keine andere neben ihr dulden wird« (9). Nimmt man die zuversichtliche Feststellung hinzu, es bejahe »die geschichtliche Erkenntnis den Anspruch dieser Religion, das höchste Gut zu sein, welches die Menschheit besitzt, ...« (17),

tums über andere Religionen zur offenen Frage erklärt, für deren
Entscheidung eben die vergleichende religionswissenschaftliche
Untersuchung unerläßlich sei[622], und er ist bei der positiven Beantwortung dieser Frage immer zurückhaltender geworden.
Die Differenz zwischen Harnack und Troeltsch betraf nur die Frage,
ob die Theologie sich als positive Wissenschaft auf die Untersuchung der christlichen Religion beschränken könne, oder ob sie
einer allgemeinen religionswissenschaftlichen Grundlegung bedürfe.
Strittig war nicht die Auffassung des Christentums als Religion
überhaupt. Diese Voraussetzung wurde erst von der Dialektischen
Theologie angegriffen. Und zwar wurde sie bestritten, weil nicht
menschliche Religion, sondern Gottes Offenbarung den Gegenstand
der Theologie bilde. Für Karl Barth war »der Vorgang der Neukonstituierung der Theologie als ›Religionswissenschaft‹ ... ein
unguter, ein Widerwillen und Zorn erregender Vorgang. Denn was
bedeutet er Anderes, als daß die Theologie in sehr falsch verstandenem Selbsterhaltungstrieb sich verführen ließ, ... die Wirklichkeit Gottes der Wirklichkeit der Religion methodisch unterzuordnen ...«.[623] »Hinter dem Fremdwort ›Religion‹« steht nach Barth
»im Munde der neueren Theologie schlechterdings nichts anderes als
das mehr oder weniger verschämte Bekenntnis, daß man als moderner Mensch (was man vor allem sein wollte!) nicht mehr wagte,
methodisch grundlegend und mit erhobener Stimme von Gott zu
reden« (303). Religion als ein Phänomen, das Barth trotz aller
Sympathie für Feuerbach doch als unveräußerlich zum Menschen
gehörig betrachtete[624], ist für ihn eben darum in den Unglauben
des natürlichen Menschen hineingezogen, ja höchster Ausdruck solchen Unglaubens, dem Gottes Offenbarung als Gericht begegnet.[625]

so tritt der zeitgeschichtliche Kontext für Harnacks Ablehnung einer religionswissenschaftlichen Erweiterung der Theologie, zugleich aber auch deren Zeitbedingtheit voll in den Blick.
622 E. Troeltsch: Die Absolutheit des Christentums und die Religionsgeschichte, 1902.
623 K. Barth: Die christliche Dogmatik im Entwurf, 1927, 302. Barth berief sich für
seine Behauptung des antitheologischen Sinnes des Religionsbegriffs auf die Feststellung
Lagardes, daß der Deismus ihn im Gegensatz zum Glaubensbegriff eingeführt habe (303),
erwähnte allerdings nicht, daß es dabei primär um den Gegensatz zum Autoritätsprinzip, nicht aber zum Inhalt der christlichen Botschaft als solcher ging.
624 ebd. 304: »Auch *der* Nachweis dürfte ja so oder so zu erbringen sein, daß das Ereignis der Religion auf einer *Strukturnotwendigkeit*, auf einem Apriori des menschlichen
Bewußtseins beruht ... «
625 Kirchliche Dogmatik I/2, 1938, 327 ff., vgl. schon: Die christliche Dogmatik im Entwurf, 1927, 316 ff.

Man kann diese These nicht mit dem Argument zurückweisen, daß »Offenbarung empfangen werden muß, und daß der Name für das Empfangen der Offenbarung ›Religion‹ heißt«.[626] Darüber nämlich war auch Karl Barth sich durchaus im klaren, daß Offenbarung auch »ein dem Menschen widerfahrendes Ereignis« und also auch »eine Bestimmung der menschlichen Existenz« ist, als solche dann aber »notwendig als ein Besonderes auf dem Felde des Allgemeinen, das man Religion nennt«, erscheint.[627] Nur dürfe dieses allgemeine Phänomen der Religion nicht »zum Maßstab und Erklärungsprinzip für Gottes Offenbarung« dienen, sondern umgekehrt seien die christliche Religion und alle anderen Religionen »von dem her zu interpretieren..., was uns von Gottes Offenbarung gesagt ist« (309), daß sie nämlich als Ausdruck menschlicher Eigenmächtigkeit »Unglaube« sind und unter Gottes Gericht stehen, daß aber der Glaubensgehorsam gegen Gottes Offenbarung die »wahre Religion« ist. Es ist die »Umkehrung« (318) des Gefälles von der Offenbarung zur Religion, derzufolge »nicht die Religion von der Offenbarung, sondern die Offenbarung von der Religion her gesehen und erklärt« wird (309), was Barth dem Neuprotestantismus zum Vorwurf macht. Dabei ist, wie schon gesagt, seiner Intention, daß Theologie nicht bei einer Erörterung menschlichen Erlebens und Verhaltens stehen bleiben darf, sondern ihr eigentliches Thema in der Frage nach der Wirklichkeit Gottes und ihrer Selbstbekundung hat, durchaus zuzustimmen.[628] Die Frage ist nur, ob wir von göttlicher Offenbarung anders als in der Form, wie sie bereits von Menschen empfangen worden ist, Kenntnis haben. Es ist das ein anderer Gesichtspunkt als der Tillichs, daß Offenbarung empfangen werden muß und daß der Name für den Empfang von Offenbarung eben Religion sei. Jetzt geht es darum, daß wir von göttlicher Offenbarung überhaupt nur durch Vermittlung von Menschen und also durch Vermittlung der religiösen Form menschlichen Offenbarungsempfangs Kenntnis haben können. Daraus aber ergibt sich die

---

626 So P. Tillich: Biblische Religion und die Frage nach dem Sein (engl. 1955), dt. 1956, 12 (= Ges. Werke V, 139), zustimmend zitiert von W. Trillhaas: Religionsphilosophie, 1972, 40.
627 Kirchliche Dogmatik I/2, 1938, 305 f.
628 Es ist interessant, daß auch Denker anderer Religionen in ähnlicher Weise der Kennzeichnung ihrer Überlieferung als »Religion« im westlichen Sinne widersprochen haben: Belege bei W. C. Smith: The Meaning and End of Religion, 1964, 115.

schwerwiegende Konsequenz, daß man eben nicht von vornherein die göttliche Offenbarung für sich, gleichsam vor aller menschlichen Religion in den Blick nehmen und der letzteren gegenüberstellen kann. Die religiösen Überlieferungen müssen daher in der Vielfalt ihrer Behauptungen über göttliche Wirklichkeit und göttliches Wirken zunächst einmal als Religionen und also als Ausdruck menschlicher Erfahrung und ihrer Verarbeitung erscheinen, die auf ihre Verläßlichkeit oder Wahrheit erst noch zu prüfen sind. Der Gläubige wird freilich in seiner religiösen Überlieferung die Offenbarung Gottes und nicht nur menschliche Religion ergreifen. Aber dieser subjektive Glaubensvollzug hat nur in dem Maße intersubjektive Gültigkeit, wie er sich entweder mit auch von anderen geteilten Emotionen oder konventionellen Ausdrucksformen, oder aber mit auch anderen einsehbaren Gründen verbindet, und nur letzteres fällt als Argument für die Frage nach der Wahrheit des Offenbarungsanspruchs einer religiösen Überlieferung in kritischer Reflexion ins Gewicht. Nur die Positivität einer Glaubensentscheidung, die sich gegen alle kritische Reflexion immunisiert, kann in der eigenen religiösen Überlieferung im Unterschied zu anderen ohne weiteres die Offenbarung Gottes identifizieren und sie aller menschlichen Religion, auch im eigenen religiösen Überlieferungszusammenhang, entgegensetzen. Dabei aber, so sahen wir schon früher, wird erst recht die irreduzible Subjektivität der eigenen Glaubensentscheidung zur Grundlage aller behaupteten Offenbarungsinhalte. Die Priorität der Wirklichkeit Gottes vor der Beliebigkeit frommer Subjektivität wird gerade so am sichersten verfehlt. Sie kann nur als Intention der Glaubensäußerungen religiöser Überlieferungen, dann aber in gleicher Weise als Intention aller religiösen Überlieferungen zur Kenntnis genommen werden und dementsprechend als Maßstab für deren kritische Untersuchung Anwendung finden. Dann aber ist Theologie schon als Religionswissenschaft im oben beschriebenen Sinne am Werke. Das Verfahren einer *Theologie* der Religion und der Religionen[629] prüft die religiösen Überlieferungen am Maßstab ihres eigenen Verständnisses der göttlichen Wirklichkeit. Es reduziert dabei die überlieferten Glaubensaussagen nicht auf Anthropologie, wie es einer bloßen Psychologie, Soziologie oder

---

629 Auf eine solche zielt schon H. R. Schlette: Die Religionen als Thema der Theologie, 1963, allerdings noch im Sinne einer Einordnung der Religionen in eine vorgegebene christliche Perspektive.

Phänomenologie der Religionen mit Recht zum Vorwurf gemacht werden konnte. Eine Prüfung am Maßstab des der jeweiligen Überlieferung eigenen Verständnisses der göttlichen Wirklichkeit erstreckt sich jedoch nicht nur darauf, ob die übrigen Überlieferungsinhalte der betreffenden Religion mit ihrem Gottesverständnis übereinstimmen, sondern vor allem auch auf die Frage, ob die betreffende Überlieferung in einer historischen Situation geleistet hat oder heute leistet, was ihr Reden von einer der Wirklichkeit mächtigen Gottheit zu leisten beansprucht, nämlich die tatsächlich erfahrene Wirklichkeit im verstehenden Umgang mit ihr zu erschließen. Wir haben gesehen, wie diese Frage im Lebensvollzug religiöser Überlieferung immer schon wirksam ist und daher eine kritische Untersuchung der spezifisch religiösen Gründe ihrer Veränderungen im Laufe ihrer Geschichte erlaubt ebenso wie eine Urteilsbildung über ihren Wahrheitsgehalt für den heutigen Interpreten.

An derartige Untersuchungen geht der Forscher natürlich ebensowenig wie in anderen wissenschaftlichen Disziplinen als unbeschriebenes Blatt heran. Er bringt ein Interesse für seinen Gegenstand mit, hat schon seine Vormeinungen über den Gegenstand der Untersuchung, die vielleicht auch damit zusammenhängen, daß er selbst Glied einer religiösen Gemeinschaft ist. Vielleicht ist er Christ. Vielleicht befähigen ihn sein christlicher Glaube und die besondere Überlieferung und Frömmigkeitstradition, in denen er steht, zu Fragestellungen und Mutmaßungen, die sich für seine Untersuchungen als fruchtbar erweisen. Vielleicht versperren sie ihm aber auch in der einen oder anderen Hinsicht das unbefangene Verständnis für seinen Gegenstand, und zwar auch für die eigene Überlieferung. Im einen wie im andern Fall gehört die persönliche Glaubensbindung des Theologen jedoch in den Entdeckungs-, nicht in den Begründungszusammenhang theologischer Aussagen.[630] Wenn

---

[630] Ich übernehme die Unterscheidung von Entdeckungs- und Begründungszusammenhang für die Theologie von G. Sauter: Die Begründung theologischer Aussagen – wissenschaftstheoretisch gesehen (ZEE 15, 1971, 299 f.). Allerdings fehlt es noch an gesicherten Kriterien für die Anwendung dieser Unterscheidung auf die Theologie: Als Entdeckungszusammenhang kann nur der Lebenszusammenhang, aus dem der einzelne Forscher kommt, gelten, nicht aber theoretische, auf eine *Erklärungsfunktion* hin gebildete Begriffe wie Überlieferungsgeschichte und dgl. Eher wäre dazu schon die in einer kirchlichen Gemeinschaft gebräuchliche Sprache zu rechnen, die Sauter (305 ff.) zum Ausgangspunkt seiner Erwägungen zur Konstruktion eines theoretischen Begründungszusammenhangs theologischer Aussagen nimmt. Allerdings kann die *Reflexion* auf den eigenen Lebenszusammen-

irgendwo, dann dürfte eine Verwechslung von Entdeckungs- und Begründungszusammenhang da vorliegen, wo eine persönliche Glaubensüberzeugung zum Ausgangspunkt einer Argumentation gemacht wird, für die im gleichen Atem intersubjektive Gültigkeit beansprucht wird.

Die Absonderung einer christlichen Theologie von der allgemeinen Religionswissenschaft läßt sich also nicht dadurch begründen, daß auf die spezifisch christliche (und weiterhin dann protestantische oder katholische) Glaubensüberzeugung des Theologen als Voraussetzung und Ausgangspunkt seiner Untersuchungen abgehoben wird, es sei denn um den Preis der Aporien, die mit der Positivität einer »Glaubenswissenschaft« verbunden sind. Als Aufgabe der Theologie hat sich uns die Prüfung der religiösen Überlieferungen überhaupt auf ihre spezifisch religiösen Ansprüche ergeben. Eine Theologie der *christlichen* Überlieferung kann dann nur als Spezialdisziplin von Theologie überhaupt betrachtet werden. Nun fällt offenbar in der Geschichte der Theologie, wie sie sich im Christentum entwickelt hat, Theologie überwiegend mit dieser speziellen Aufgabe einer Theologie der christlichen Überlieferung zusammen. Und auch das ist nur in materialer Hinsicht uneingeschränkt der Fall, in formaler Hinsicht nur mit Vorbehalt zu behaupten; denn in Patristik und Scholastik ist Theologie allenfalls rudimentär als kritische Wissenschaft im hier dargelegten Sinne getrieben worden. Rudimentär ist das hier beschriebene Verfahren freilich überall da befolgt worden, wo die Inhalte der Überlieferung auf das jeweils

hang diesen stets auch selbst zum Gegenstand der theoretischen Beschreibung und Erklärung machen. Die auf H. Reichenbach (Experience and Prediction. An Analysis of the Foundations and the Structure of Knowledge, Chicago 1938, 33 ff.) zurückgehende Unterscheidung zwischen Begründungszusammenhang und Entdeckungszusammenhang wissenschaftlicher Sätze ist übrigens von H. Albert (Traktat über kritische Vernunft, 2. Aufl. 1969, 38 ff.) mit einleuchtenden Argumenten kritisch eingeschränkt worden, weil einerseits der Begriff des Begründungszusammenhangs die Illusion einer möglichen Letztbegründung statt der von Popper entwickelten Prozedur der kritischen Prüfung suggeriert und andererseits der Entdeckungszusammenhang aus dem Bereich wissenschaftstheoretischer Reflexion in die Psychologie verwiesen wird, obwohl es sich als unerläßlich erweist, die pragmatische Situation, in der wissenschaftliche Begründung stattfindet, selbst in die wissenschaftstheoretische Reflexion miteinzubeziehen. Dieser letztere Gesichtspunkt hat für die hermeneutischen Disziplinen und insbesondere für Philosophie und Theologie besondere Dringlichkeit, da hier in vielen Fällen der Lebenszusammenhang, dem das forschende Subjekt selbst angehört, zum Gegenstand der Untersuchung wird, diese also Elemente der Selbstreflexion in sich schließt. Das wirkt sich aus in den Problemen der Relativität, von denen diese Gruppe von Disziplinen in besonderer Weise betroffen ist.

gegenwärtige Wirklichkeitsverständnis bezogen und als Erhellung der jeweiligen Wirklichkeitserfahrung entfaltet wurden, gewöhnlich in Verbindung mit einer eigenen Neuformulierung des Überlieferten, aber zumeist ohne das kritische Bewußtsein, daß dabei die Wahrheit des Überlieferten selbst auf dem Spiele steht. Daß dieses kritische Bewußtsein fehlte, solange die christliche Glaubenstradition nicht prinzipiell in Frage gestellt war, ist allerdings insofern verständlich, als jedem Mißlingen theologischer Interpretation gegenüber das Vorurteil für die Wahrheit der Überlieferung zum Ansporn neuer Interpretationsversuche werden mußte. Doch das ist bereits eine außerwissenschaftliche, allerdings für die Richtung der Interpretationsarbeit der Theologie überaus wirksam gewordene Motivation.
Die Beschränkung der Theologie überhaupt auf eine Theologie des Christentums war prinzipiell vertretbar, solange die Höchstgeltung, die »Wahrheit« oder »Absolutheit« der christlichen Überlieferung als jedenfalls in der eigenen Interpretationsgemeinschaft allgemein zugestanden betrachtet werden konnte. Dann ging es nur noch um den immer wieder neu zu unternehmenden Erweis der Fähigkeit der christlichen Glaubensüberlieferung zur Integration der Totalität jeweils zugänglicher Erfahrung in ein Gesamtverständnis der Wirklichkeit und also zur Vergewisserung des Glaubens an die alles bestimmende Wirklichkeit des Gottes dieser Überlieferung. Im Kontext intakter religiöser Überlieferungen konnte eine solche Wahrheitsvoraussetzung in der Vergangenheit zwar nicht theoretisch, aber praktisch als gegeben, nämlich als gesellschaftlich anerkannt gelten, zumal in Zeiten, in denen Kontakte mit anderen Religionen gering waren. Theologie konnte darum im christlichen Überlieferungsbereich im wesentlichen auf eine Hermeneutik der christlichen Offenbarung eingeschränkt werden. Seit jedoch die Inhalte der christlichen Glaubensüberlieferung strittig geworden sind, haben sich für die christliche Theologie immer deutlicher zwei Möglichkeiten ergeben: *Entweder* sie beharrt auf ihrer Positivität unter Berufung auf göttliche Offenbarung; dann aber verzichtet sie auf intellektuelle Legitimierung ihres Anspruches auf Allgemeingültigkeit; indem sie diesen Anspruch in einer Situation, in der er gegenüber anderen Religionen und Glaubensüberzeugungen strittig geworden ist, nicht ausweist, sondern nur voraussetzt; *oder* die im christlichen Überlieferungsbereich getriebene Theologie versteht sich

insofern als *christliche* Theologie, als sie die Überlegenheit des Christentums über andere Glaubensweisen ausdrücklich zum Gegenstand der Untersuchung und Prüfung macht durch eine Theologie der Religionen. Diese Aufgabe ist seit der Renaissance, insbesondere seit Marsilio Ficinos Schrift De Christiana Religione, 1474, der christlichen Apologetik und späteren Fundamentaltheologie als Aufgabe gestellt und mit unterschiedlicher Energie und wechselndem Erfolg in Angriff genommen worden.

Im übrigen sind keine grundsätzlichen Einwendungen dagegen zu erheben, daß Theologie sich im christlichen Überlieferungsbereich auf die Thematik einer Theologie des Christentums konzentriert, solange die Voraussetzung der Überlegenheit der christlichen Offenbarung über andere religiöse Überlieferungen zumindest im Prinzip der Argumentation offensteht und nicht gegen kritische Reflexion immunisiert wird. Eine solche Immunisierung ist leider oft eine Funktion des Offenbarungsbegriffs in der Theologie gewesen. Auch wo solche Immunisierung unterbleibt, kommt allerdings die theologische Problematik nur in eingeschränkter Weise in den Blick, wenn die »Absolutheit« oder überlegene Wahrheit der christlichen Überlieferung oder der jüdisch-christlichen Traditionslinie nur als (heuristische) Voraussetzung der theologischen Arbeit behandelt wird, statt als Problem und mögliches Ergebnis einer vergleichenden Theologie der Religionen. Vermutlich würde die Theologie auch in einem solchen weiteren Rahmen ihren Schwerpunkt in der biblisch-christlichen Überlieferung finden, jedenfalls in dem Maße, in dem die Annahme der Wahrheit der christlichen Offenbarung sich ihr in der Auseinandersetzung mit anderen Glaubensweisen bewährt. Aber die allgemeine Religionswissenschaft würde dann nicht so wie heute ein Schattendasein am Rande der Theologie führen. Auch eine Theologie, die ihr Thema, die Selbstbekundung göttlicher Wirklichkeit in menschlicher Erfahrung, in unbeschränkter Allgemeinheit zum Gegenstand hätte, könnte dazu gelangen, in Jesus Christus die endgültige Offenbarung Gottes zu finden. Sie würde als Theologie der Religions*geschichte* ohnehin die außerchristlichen Religionen in demjenigen Horizont der Wirklichkeitserfahrung zu untersuchen haben, der zuerst im Judentum und dann im Christentum selbst zum Horizont der Gotteserfahrung geworden ist. Im Hinblick darauf mag es sich nahelegen, der jüdisch-christlichen Überlieferungsgeschichte einen besonderen und entscheidenden Beitrag zur Religionsgeschichte der Menschheit zuzuerkennen. Aber die Theologie würde eine Entscheidung dieser Frage nicht schon zur Grundlage ihres ganzen Verfahrens und ihrer inneren Gliederung haben müssen, sondern dem vergleichenden Dialog mit anderen Glaubenstraditionen auf ihrem eigenen Boden Raum bieten und das methodische Instrumentarium dazu bereitstellen.

Daß die Theologie so, wie sie im heutigen deutschen Universitätsbetrieb organisiert ist, sich immer schon als spezielle Theologie, nämlich eingeschränkt auf eine Theologie des Christentums vorfindet, läßt sich nur aus außerwissenschaftlichen Gegebenheiten und Interessen erklären. Unter ihnen ist an erster Stelle das Interesse der christlichen Kirchen an der Ausbildung ihrer künftigen Amtsträger zu nennen. Daß dieses Interesse wissenschaftsorganisatorisch so durchschlagend wirksam geworden ist im Sinne einer Einschränkung der rein wissenschaftlichen Thematik einer Theologie überhaupt auf den Themenbereich einer Theologie des Christentums, ist zweitens aus dem Gewicht zu erklären, das die Kirchen zur Zeit der Begründung der europäischen Universitäten im gesellschaftlichen Lebenszusammenhang der durch das Christentum geprägten Staaten hatten und im Rahmen einer veränderten, pluralistisch aufgelockerten Situation in einigen von ihnen in veränderter Form und begrenztem Ausmaß noch heute haben. Damit verbindet sich drittens das dominierende Interesse der theologischen Fragen sich zuwendenden Forscher an der Erhellung ihres eigenen Glaubens durch Beschäftigung mit seinen grundlegenden Dokumenten, mit seiner Geschichte und mit der Frage nach seiner gegenwärtigen Wahrheit, sowie mit seinen zukünftigen Entwicklungsmöglichkeiten. All das motiviert im Lebenszusammenhang durch das Christentum geprägter Gesellschaften die Konzentration auf das speziell Christliche innerhalb der allgemeinen theologischen Thematik. Eine solche Konzentration behält ihre Plausibilität auch dann, wenn man sich darüber klar ist, daß die wissenschaftliche Thematik der Theologie an und für sich umfassender ist. Man muß sich nur der Problematik bewußt sein, die darin liegt, daß man bei einer Beschränkung der Theologie auf eine Hermeneutik der christlichen Offenbarung eine Frage als zumindest vorläufig schon entschieden behandelt, die im weiteren methodischen Rahmen einer Theologie überhaupt durchaus auch als Problem auftreten kann, nämlich die Wahrheit der christlichen Offenbarung im Vergleich zu anderen religiösen Überlieferungen, ein Anspruch, von dem eine Hermeneutik der christlichen Überlieferung immer schon ausgeht. Die hier erörterte, grundsätzlich mögliche Erweiterung der Thematik einer wissenschaftlichen Theologie könnte sich jedoch durch weitere Intensivierung des Austausches und auch des Wettbewerbs zwischen den verschiedenen Kulturen und Religionen der Menschheit in Zukunft durchaus auch praktisch nahelegen, mit entsprechenden Konsequenzen für die Wissenschaftsorganisation der Theologie auch in unseren Breiten. Wenn dabei der vergleichenden Religionswissenschaft größerer Raum zu gewähren ist als das bisher der Fall ist, so brauchte das, falls die Religionswissenschaft im oben skizzierten Sinne als Theologie der Religionen betrieben wird, keineswegs eine Preisgabe des eigentlichen Themas der Theologie zu bedeuten, sondern lediglich seine Entkonfessionalisierung, wie sie im Interesse der Wissenschaftlichkeit der Theologie ohnehin zu wünschen ist.

Eine Theologie, die im oben dargelegten Sinne spezielle Theologie ist als Theologie des Christentums, bedürfte zumindest einer Grundlegung durch eine Fundamentaltheologie, die auf dem Boden der allgemeinen Religionsproblematik die Besonderheit der christlichen Offenbarung zu bestimmen sucht, so wie es Schleiermacher der von ihm konzipierten fundamentaltheologischen Disziplin einer Philosophischen Theologie als Aufgabe gestellt hat. Erst durch die Aufstellung eines solchen Begriffs des spezifisch Christlichen wird die Argumentation einer speziellen Theologie des Christentums, sofern sie mit einem Normbegriff des Christlichen arbeitet, für andere nachvollziehbar und insoweit kontrollierbar, wie es schon H. Scholz von K. Barth forderte, indem er nach einem Kriterium für das Evangelische einer evangelischen Theologie fragte. Der Inhalt eines solchen Kriteriums – ob nun für das Christliche oder für das Evangelische oder gar speziell für das Evangelisch-Lutherische – bleibt natürlich strittig. Das beeinträchtigt jedoch nicht seine Funktion. Es genügt, wenn jeder Entwurf einer Spezialtheologie ein solches Kriterium zu formulieren sucht und dadurch die eigene Argumentation für andere durchsichtig und kontrollierbar macht. Dabei dürfte heute die Angabe eines speziellen Kriteriums für das Verständnis des Christlichen in einer Spezialtheologie des Christentums genügen; denn wie Schleiermacher die Unterschiede zwischen lutherisch und reformiert als zum Verschwinden bestimmt ansah und deshalb keine Normbegriffe für diese innerprotestantischen Differenzen formulierte, so wird man heute die konfessionellen Gegensätze zwischen den christlichen Kirchen überhaupt als zum Verschwinden bestimmt ansehen dürfen. In der gegenwärtigen Situation des Christentums und der Theologie dürfte gelten, daß das, was christlich ist, auch evangelisch und zugleich auch katholisch, nämlich allgemeinchristlich sein sollte.

3. Die Wissenschaftlichkeit der Theologie

Die bisherigen Erwägungen dieses Kapitels haben den Begriff der Theologie vorläufig im Hinblick auf ihren Gegenstandsbezug abgeklärt. Es wurde erörtert, in welchem Sinne Gott überhaupt Gegenstand einer wissenschaftlichen, also intersubjektive Gültigkeit beanspruchenden Untersuchung sein kann. Es bleibt nun die Frage zu erörtern, in welchem Sinne für eine solche Untersuchung Wissenschaftlichkeit in Anspruch genommen werden kann.

Wir können uns dabei zunächst an den von H. Scholz in der Diskussion mit K. Barth (s. o. 71 f.) formulierten Kriterien orientieren. Die wissenschaftstheoretischen Mindestforderungen von Scholz sind zwar heute, nach drei Jahrzehnten intensiver wissenschaftstheoretischer Diskussionen, der Ergänzung und Differenzierung bedürftig, aber als Mindestforderungen immer noch gültig. Da sie auf einer Abstraktion von allen materialbedingten Unterschieden der einzelnen Wissenschaften beruhen, sollte man sie auch nicht als Ausdruck des heute überholten Ideals einer »Einheitswissenschaft« einschätzen, wie es in klassischer Weise vom logischen Positivismus vertreten wurde, der ein vermeintlich an den Naturwissenschaften gewonnenes Ideal von Logizität und empirischer Kontrolle zum Maßstab der Wissenschaftlichkeit überhaupt machen wollte. Dagegen handelt es sich bei den Mindestforderungen von Scholz, wie schon früher hervorgehoben wurde, nur um die ausdrückliche Formulierung der logischen Implikationen von Behauptungssätzen. Gerade darauf beruht ihre von den Fortschritten der Wissenschaftstheorie nicht überholte Aktualität für alle Disziplinen, die Behauptungen über Sachverhalte aufstellen und prüfen wollen.

Die Erfüllbarkeit der zweiten der drei »unumstrittenen Mindestforderungen« von H. Scholz, des sog. »Kohärenzpostulats«, ist für die Theologie durch die Untersuchungen des vorigen Abschnittes dargetan worden: Es hat sich dabei ein einheitlicher Gegenstandsbereich für theologische Aussagen ergeben, wie er durch das Kohärenzpostulat gefordert ist. Gegenstand von Theologie ist danach die indirekte Selbstbekundung göttlicher Wirklichkeit in den antizipativen Erfahrungen der Sinntotalität der Wirklichkeit, auf die sich die Glaubensüberlieferungen der historischen Religionen beziehen. Theologie untersucht die historischen Religionen daraufhin, inwiefern sich in ihnen die alles bestimmende Wirklichkeit Gottes als einende Einheit aller von ihr verschiedenen Wirklichkeit bekundet. Christliche Theologie widmet sich einer entsprechenden Untersuchung des Christentums, wobei aber sein Zusammenhang mit anderen Religionen im Prozeß der Religionsgeschichte mitberücksichtigt werden muß.

Die erste Forderung von Scholz, das Satzpostulat, ist dann erfüllt, wenn angenommen werden darf, daß theologische Sätze *kognitiven* Charakter haben, also den Charakter von Behauptungen, deren Eigenart darin besteht, daß sie etwas über einen Sachverhalt aussagen und dafür Wahrheit in Anspruch nehmen, nämlich Übereinstimmung mit dem Sachverhalt, der den Gegenstand der Aussage bildet. Ob allerdings theologische Sätze Behauptungen in diesem Sinne sind und also kognitiven Charakter haben, ist weniger leicht zu entscheiden als man annehmen sollte. Einmal gibt es Versuche, angesichts der Unanwendbarkeit des positivistischen Sinnkriteriums einer Verifizierbarkeit durch jederzeit und allgemein zugängliche Sinnesbeobachtungen, die religiöse Sprache als eine lediglich *expressive* Sprache zu deuten, die keine Behauptungen über Sachverhalte intendiert (s. o. 35 f.). Daß solche Deutungen die Intentionen religiöser Sprache gewaltsam verbiegen müssen und nicht als korrekte Beschreibung der Selbstaussagen des Glaubens gelten können, ist überzeugend dargetan worden.[631] Es läßt sich nicht hinwegdisputieren, daß Menschen, die ihre religiösen Überzeugungen äußern, dabei eine spezifische Wirklichkeit – gewöhnlich göttliche und gottgesetzte Wirklichkeit – meinen und etwas über sie als wahr behaupten wollen. Auch solche religiösen Sprachformen, die unmittelbar keinen Behauptungscharakter haben, wie die

---

[631] Besonders gründlich ist dieser Nachweis von W. T. Blackstone: The Problem of Religious Knowledge: The Impact of Philosophical Analysis on the Question of Religious Knowledge, 1963, 73–107, geführt worden. Blackstone folgt weitgehend dem Aufsatz von J. A. Passmore: Christianity and Positivism (in: The Australasian Journal of Philosophy 35, 1957). Siehe auch W. A. Christian: Meaning and Truth in Religion, Princeton 1964.

Sprache des Gebetes und die performativen Formeln, die liturgische Handlungen begleiten, setzen mit den von ihnen benutzten sprachlichen Ausdrücken doch immer schon andere Aussagen voraus, die Behauptungen über göttliche und gottgesetzte Wirklichkeit enthalten.[632] Zumindest implizieren sie durch ihre Sprache kognitive Elemente, die, wenn sie für sich thematisiert werden, in Gestalt von Behauptungssätzen formuliert werden müssen, wenn die Interpretation nicht an der deskriptiv zu erhebenden Eigenart der religiösen Sprache vorbeigehen will. Im Hinblick auf die Absicht, etwas über göttliche und gottgesetzte Wirklichkeit als wahr zu behaupten, besteht also zwischen der Sprache des religiösen Lebens und der der theologischen Reflexion kein prinzipieller Gegensatz, wie es manche der eine expressive Deutung der religiösen Sprache befürwortenden Autoren behauptet haben.[633] Allenfalls besteht ein Unterschied darin, daß theologische Reflexion sich auf die kognitiven Implikationen der religiösen Sprache konzentriert – wenn sich auch nicht leugnen läßt, daß in manchen theologischen Äußerungen rhetorisch-expressive Momente mehr oder weniger stark hervortreten. Läßt sich so die kognitive *Intention* religiöser und theologischer Sprache im allgemeinen nur schwer bestreiten, so ist damit jedoch – und hier liegt die eigentliche Schwierigkeit – noch nicht entschieden, daß religiöse und theologische Sätze auch *tatsächlich* kognitiven Charakter haben, als Behauptungen über Wirklichkeit ernstzunehmen sind.[634] Das ist nur dann der Fall, wenn die von ihnen behauptete Wirklichkeit auch unabhängig von ihnen zugänglich ist; denn nur dann ist sie als Wirklichkeit von den religiösen oder theologischen Äußerungen über sie unterscheidbar, und solche Unterschiedenheit ist eine strukturelle Bedingung von Behauptungen, weil jede Behauptung sich selbst als Satz unterscheidet von dem Sachverhalt, den sie behauptet, gerade

632 Zu letzterem siehe L. Bejerholm / G. Hornig: Wort und Handlung. Untersuchungen zur analytischen Religionsphilosophie, 1966. Bejerholm wendet den durch J. L. Austin (besonders in: Philosophical Papers, ed J. O. Urmson und I. J. Warnock, Oxford 1961, 220 ff.) eingeführten Begriff der *performativen* Äußerung auf liturgische Kasualformeln wie: »Ich taufe dich, NN ...« an. Solche Formeln lassen sich nicht darauf befragen, ob sie wahr oder falsch sind, sondern nur darauf, ob sie rechtsgültig und wirksam sind oder nicht. Dagegen lassen sich die Aussagen des Glaubensbekenntnisses nicht auf performative Akte reduzieren, sondern bilden komplexe Äußerungen, die auch im liturgischen Vollzug einen kognitiven Aspekt haben (ebd. 37 ff.). Man wird hinzufügen müssen, daß auch eine performative liturgische Formel durch die Ausdrücke, die sie verwendet (z. B. mit dem Wort »Taufe«), kognitive Implikationen hat.
633 Zu R. F. Holland (1956) siehe Blackstone 91 ff.
634 Diesen Unterschied hebt Blackstone 47 ff. mit Recht hervor.

indem sie Wahrheit über ihn zu sagen beansprucht. Damit ein als Behauptung *gemeinter* Satz als *Behauptungssatz* sinnvoll ist und ernstgenommen werden kann, braucht noch nicht entschieden zu sein, ob er wahr oder falsch ist. Wohl aber muß der Gegenstand oder Sachverhalt, über den etwas behauptet wird, von der Behauptung selbst unterscheidbar sein, weil das durch die Struktur von Behauptungen gefordert ist, ebenso wie der Anspruch auf Übereinstimmung mit dem Sachverhalt. Die Momente der Identität und der Differenz im Verhältnis von Behauptung und Sachverhalt bedingen einander; denn der Anspruch auf Übereinstimmung mit dem Sachverhalt setzt eine Differenz zwischen Behauptung und Sachverhalt schon voraus, und umgekehrt ist die Differenz zwischen Behauptung und Sachverhalt nur im Hinblick auf die behauptete Übereinstimmung bestimmbar.

Die Schwierigkeit für religiöse und theologische Sätze, ihrer Intention gemäß als kognitive Aussagen, als Behauptungen, verständlich zu werden, erhebt sich genau an diesem Punkt. Insbesondere in der heutigen Situation scheint die Wirklichkeit Gottes nur noch im Reden der Glaubenden und der Theologen vorzukommen. Das ist das Resultat der Auflösung der traditionellen metaphysischen Gotteslehre. Wenn aber die Wirklichkeit Gottes von den Behauptungen der Glaubenden und der Theologen über sie nicht unterscheidbar ist, dann können solche Behauptungen nicht mehr als Behauptungen ernstgenommen werden, sondern erscheinen als Fiktionen der Gläubigen und der Theologen.

Die Frage, ob es sich bei theologischen Sätzen um Behauptungen handelt, hängt an dieser Stelle auf engste mit den beiden anderen Mindestforderungen von Scholz zusammen, sowohl mit der Forderung nach Kontrollierbarkeit wissenschaftlicher Sätze als auch mit der nach Einheit ihres Gegenstandsbereiches. Eine Behauptung ist ja offenbar nur dann überprüfbar, wenn der behauptete Sachverhalt sich von der Behauptung unterscheiden und so dann auch ihr konfrontieren läßt. Ebenso kann nur unter der Bedingung der Unterscheidbarkeit eines Sachverhaltes von der Aussage über ihn ein und derselbe Sachverhalt oder Sachbereich als Gegenstand verschiedener Aussagen gedacht werden, die dementsprechend unter sich kohärent sein müssen.

Unsere Annahme, daß die Einheit des Gegenstandsbereiches der Theologie dadurch gegeben sei, daß sie alles Wirkliche *sub ratione*

Dei thematisiert, ist daher auch ihrerseits noch einmal abhängig von der Unterscheidbarkeit Gottes als Gegenstand der Theologie von den religiösen und theologischen Aussagen über ihn. Solche Unterscheidbarkeit nun ist dadurch gesichert, daß die Wirklichkeit Gottes, *wenn* sie zu behaupten ist, sich als alles bestimmende Wirklichkeit in aller endlichen Wirklichkeit als mitgesetzt erweisen muß, und zwar in den Bedeutungszusammenhängen jedes Ereignisses und jedes Sachverhaltes, die in den antizipativen Erfahrungen der Sinntotalität der Wirklichkeit thematisch sind.

Damit ist auch schon der Weg gewiesen für die Klärung der Anwendbarkeit der dritten unter den »nicht umstrittenen Mindestforderungen« von Scholz an die Wissenschaftlichkeit einer Disziplin auf die Theologie, also zur Klärung der theologischen Anwendbarkeit des Kontrollierbarkeitspostulates. Wie auch Scholz gesehen hat, entstehen an diesem Punkt für die Theologie in ihrem traditionellen Selbstverständnis die größten Schwierigkeiten. Die Forderung nach Kontrolle steht im Gegensatz zu der göttlichen Autorität, die der christlichen Lehre und insbesondere der Bibel von der Theologie zugeschrieben worden ist. Sie steht im Gegensatz auch zur dogmatischen Gewißheit, die auf der Basis solcher Autorität für die christlichen Lehraussagen in Anspruch genommen wurde. Wenn sich nämlich schon als entschieden voraussetzen ließe, daß man es in Bibel und christlicher Lehre mit der Autorität Gottes selbst zu tun hat, dann wäre der Anspruch auf eine Kontrolle dieser Instanzen durch menschliches Urteil eine offenbare Anmaßung, Verweigerung des der Majestät Gottes gebührenden Gehorsams. Doch die Frage der göttlichen Autorität der Bibel und der christlichen Lehre kann eben nicht als im vorhinein entschieden gelten. Sie ist vielmehr strittig und in der Theologie als Problem zu behandeln. Daher darf sich die Theologie heute der Forderung nach einer Kontrolle ihrer Aussagen an anderen Kriterien als denen einer autoritativen Lehrüberlieferung nicht verschließen. Sie könnte das nur um den Preis tun, daß sie darauf verzichtete, daß ihre Aussagen als Behauptungen über Wirklichkeit ernstgenommen werden, so daß religiöses und theologisches Reden nur noch als expressiv, als Ausdruck subjektiver Einstellungen zu begreifen wäre. Da die Vorgegebenheit göttlicher Autorität, z. B. in Gestalt der Schrift als Wort Gottes, heute nicht mehr als allgemeingültig vorausgesetzt werden kann, vermag auf diesem Wege auch keine Gewißheit theologischer Lehre mehr begründet zu werden. Die göttliche Autorität der Schrift, die Berufung auf das Wort Gottes in ihr oder in der Person Jesu, sind selbst zu Behauptungen geworden, deren Inhalt einer Prüfung offenstehen muß, wenn sich die intendierte Behauptung nicht vielmehr als ein kognitiv unerheblicher, expressiver Sprachgestus erweisen soll.

Die Forderung nach Kontrollierbarkeit theologischer Aussagen ist deswegen so unausweichlich, weil Kontrollierbarkeit in der logischen Struktur von Behauptungen impliziert ist und jede als Behauptung gemeinte Äußerung sich daher der Nachprüfung an dem intendierten Sachverhalt aussetzt, der, wie dargetan wurde, als ein von der Behauptung unterschiedener und ihr darum konfrontierbarer zugänglich sein muß, wenn die fragliche Äußerung Anspruch auf Anerkennung als Behauptung haben soll. Jede Behauptung hat daher als solche schon die logische Struktur der Hypothese, wenngleich der sie als These Verfechtende sich nicht immer dieser Tatsache bewußt zu sein braucht.

Behauptungen über Sachverhalte beziehen sich auf Faktisches, aber auch auf Logisches. Der einzelne Sachverhalt wird nicht isoliert für sich Gegenstand von Behauptungen, oder vielmehr, noch als isolierter wird er von anderen unterschieden und so auf sie bezogen. Form und Inhalt lassen sich nicht völlig voneinander trennen, und schon darum muß sich die Prüfung von Behauptungen auch auf ihre logische Form erstrecken, auf den gedanklichen Zusammenhang der Sätze. Dabei läßt sich die Forderung nach Widerspruchslosigkeit der Argumentation nochmals zurückführen auf die logische Struktur der Behauptung, sofern sie etwas behauptet und damit anderes ausschließt, also den Satz des Widerspruchs, sowie den der Identität in Anspruch nimmt. Dieser logische Aspekt der Kontrollierbarkeit von Behauptungen und ihrer gedanklichen Zusammenhänge begründet die Forderung, daß der gedankliche Zusammenhang auch theologischer Aussagen logisch nachvollziehbar sein muß. Daraus ergibt sich die wissenschaftsethische Forderung, daß auch der Theologe, wenn er einen Satz formuliert, dessen logische Implikationen übernehmen muß und sie zum Zwecke der Nachprüfbarkeit in allen für das jeweilige Thema relevanten Hinsichten ausdrücklich machen sollte. Außerdem muß er sich der logischen Vereinbarkeit seiner Sätze vergewissern, und indem er die logischen Beziehungen zwischen ihnen ausdrücklich entwickelt, erleichtert er die Kontrolle seiner Argumentation.

Die Kontrolle von Behauptungen richtet sich aber vor allem auch auf die Faktizität des behaupteten Sachverhalts. Hier verdichtet sich das Problem für die Theologie, weil Aussagen über Gott offenbar nicht an diesem ihrem Gegenstand nachprüfbar sind. Erstens nämlich ist Gottes Wirklichkeit selbst strittig, und zweitens widerspräche es seiner Gottheit als der alles bestimmenden Wirklichkeit, dem Menschen wie eine jederzeit reproduzierbare endliche Gegebenheit nach Belieben verfügbar zu sein, damit menschliche Behauptungen an ihm gemessen werden könnten. Gottes Gottheit ist – wie immer es sonst mit ihrer Wirklichkeit stehen mag – auf solche Weise jedenfalls nicht zugänglich, weil das im Widerspruch zu ihrem Begriff stehen würde. Das ist das Wahrheitsmoment des Schlagworts von der Nichtobjektivierbarkeit, weil Unverfügbarkeit Gottes.
Behauptungen über Gott, über sein Handeln oder Offenbaren, können also nicht direkt an diesem ihrem Gegenstand überprüft werden. Doch das heißt nicht, daß sie überhaupt nicht überprüfbar wären. Man kann nämlich Behauptungen auch an ihren Implikationen prüfen. In vielen Fällen, sowohl bei naturwissenschaftlichen Gesetzeshypothesen als auch bei historischen Behauptungen, ist eine Prüfung der Faktizität des Behaupteten überhaupt nur auf diesem Wege möglich. Auch Poppers Verfahren der »kritischen Prüfung« beruht auf der Kontrolle einer Theorie an Hand der aus ihr ableitbaren Folgerungen. Entsprechendes gilt auch von theologischen Aussagen: Behauptungen über göttliche Wirklichkeit und über göttliches Handeln lassen sich überprüfen an ihren Implikationen für das Verständnis der endlichen Wirklichkeit, sofern nämlich Gott als *die alles bestimmende Wirklichkeit* Gegenstand der Behauptung ist. Auch hier erweist sich wieder die Indirektheit als Schlüssel für die wissenschaftliche Rationalität der Theologie.
Theologische Aussagen stehen dabei ebenso wie andere wissenschaftliche Sätze im Rahmen von Theoriezusammenhängen und können nur im Hinblick auf ihre Funktion im Zusammenhang theoretischer Entwürfe überprüft werden. Daraus ergibt sich für die Theologie die wissenschaftsethische Forderung nach ausdrücklicher und systematischer Ausbildung von theoretischen Modellen. Diese und die ihnen zugehörigen Aussagen haben dann die Form von Hypothesen. Es wurde schon erwähnt, daß die Form der Hypothese bereits zur logischen Struktur einer Behauptung gehört, sofern diese sich selbst von dem Sachverhalt, auf den sie sich bezieht, unterscheidet, gerade

indem sie Übereinstimmung mit ihm, die doch auch verneint werden kann, beansprucht.

Ein hypothetisches Element zeigte sich im vorigen Abschnitt (s. o. 317 ff.) bereits in der vorwissenschaftlichen Weise, in der Erfahrung der Sinntotalität der Wirklichkeit faktisch stattfindet, also bei der religiösen Erfahrung und Bewußtseinsbildung selbst. Sofern sie auf einer *Antizipation* der im Prozeß der Wirklichkeit noch *unvollendeten* Totalität des Wirklichen beruht, ist *alle* Sinnerfahrung hypothetisch im Sinne des Popperschen Prinzips von *trial und error*. Bei genauerer Betrachtung der Beziehungen zwischen theologischen Aussagen, religiöser Erfahrung und Bewußtseinsbildung und der einfachen Wahrnehmung von Sinn und Bedeutung einzelner Gegebenheiten in den verschiedenen Erfahrungsbereichen ergibt sich somit für die theologische Aussage eine mehrfach gestufte hypothetische Struktur.

Während in der *einfachen Sinnerfahrung* die Sinntotalität nur *implizit,* als Bedingung der Bestimmtheit des jeweiligen besonderen Bedeutungsgehaltes antizipiert wird, handelt es sich bei der religiösen Erfahrung bereits um eine Form *expliziten* Bewußtseins von der Sinntotalität der Wirklichkeit, wenn diese auch nur indirekt, nämlich im Bewußtsein des göttlichen Grundes alles Wirklichen, mitgesetzt ist. Verhält sich also jede Erfahrung von Bedeutung und Sinn, weil sie implizit auf das Ganze des noch nicht abgeschlossenen Prozesses der Erfahrung vorgreift, hypothetisch zu dem noch unentschiedenen, erst aus dem noch offenen Prozeß der Wirklichkeit resultierenden Bedeutungszusammenhang aller Erfahrung, so verhält sich *religiöses Bewußtsein* noch einmal hypothetisch zur Gesamtheit der jeweils zugänglichen Sinnerfahrungen *hinsichtlich* der in ihnen *implizit* antizipierten Sinntotalität der Wirklichkeit. Wenn nun theologische Aussagen sich, wie früher gezeigt, kritisch auf behauptete Selbstbekundungen göttlicher Wirklichkeit im religiösen Bewußtsein beziehen, so handelt es sich bei ihnen um Hypothesen dritter Ordnung: Sie sind Hypothesen über Hypothesen über Hypothesen. Genauer gesagt: Theologische Aussagen sind Hypothesen über Wahrheit und/oder Unwahrheit von Ausprägungen des religiösen Bewußtseins; sie beziehen sich also auf das *Verhältnis* der expliziten Sinnbehauptungen des religiösen Bewußtseins zu den religiös, d. h. für das Verständnis des Lebensganzen relevanten Sinnimplikationen der Wirklichkeitserfahrung verschiedenster Art.

Gegenstand theologischer Aussagen ist dabei sowohl das Ungenügen überlieferter oder gegenwärtig auftretender religiöser Sinnbehauptungen als auch die Feststellung des Maßes ihrer erhellenden Kraft und der zur optimalen Integration gegenwärtiger Sinnerfahrung etwa erforderlichen Änderungen der traditionellen Sinnbehauptungen, sowie ihres Verhältnisses zu anderen religiösen Überlieferungen. Modelle theologischer Theoriebildung, in denen positiv von Gott und göttlichem Handeln die Rede ist, müssen allen diesen Aspekten Rechnung tragen.

Damit können wir uns nun der Frage zuwenden, ob und in welcher Weise der Wahrheitsanspruch theologischer Behauptungen auch hinsichtlich ihres Sachbezuges überprüfbar ist. Die Forderung nach einer solchen Prüfung – das sei nochmals betont – muß als sachgemäß anerkannt werden, weil schon die Logik von Behauptungen die Möglichkeit kontrollierender Rückfragen eröffnet, indem sie den Unterschied von Behauptung und Sachverhalt eben durch die behauptete Übereinstimmung beider impliziert. Die These des logischen Positivismus, daß Aussagen, für die keine Verifikationsbedingungen angebbar sind, als sinnlos zu beurteilen seien, ist insoweit richtig: Wenn mit einer Behauptung – etwa der, daß Jesus der Offenbarer Gottes sei – die Versicherung verbunden wird, diese Behauptung sei im Prinzip keiner Prüfung, keiner Legitimation fähig, so wird dadurch der Begriff der Behauptung aufgelöst, und es bleibt nur der Schluß, bei der bekundeten Intention, etwas zu behaupten, müsse es sich um ein Selbstmißverständnis des so Redenden handeln, und es müsse in Wahrheit etwas anderes als eine Behauptung über einen Sachverhalt vorliegen. Das ist das Wahrheitsmoment der positivistischen Sinnlosigkeitsthese. Ihre Fehler liegen in ihrer Undifferenziertheit. Eine solche Undifferenziertheit besteht erstens darin, daß Behauptungssätze als die einzigen sinnvollen sprachlichen Äußerungen aufgefaßt wurden, und diese Verengung des Sprachverständnisses ist schon durch die ordinary-language-Philosophie des späten Wittgenstein und seiner Schüler korrigiert worden. Das positivistische Sinnkriterium ist aber zweitens auch insofern undifferenziert, als Überprüfbarkeit eingeengt wurde auf die Rückführbarkeit einer Behauptung auf Sinnesdaten bzw. Protokollsätze. Die seitherige wissenschaftstheoretische Diskussion hat ergeben, daß die Forderung der Überprüfbarkeit weiter gefaßt werden muß.

Bereits Karl Popper hat gezeigt, daß die Verifikationsforderung im Sinne der Rückführbarkeit auf Beobachtungen und Protokollsätze nicht anwendbar ist auf die allgemeinen Aussagen der Naturwissenschaften (s. o. 37 f.). Verifikation in jenem strengen Sinne ist allenfalls bei singulären Es-gibt-Sätzen (s. o. 53) möglich, aber auch hier nur unter Voraussetzung einer konventionell akzeptierten allgemeinen Begrifflichkeit, ohne die derartige Sätze (Basissätze) nicht formulierbar sind. Kommunikatives Sinnverstehen mit all den hinsichtlich seiner Sinnimplikationen bestehenden Problemen ist also bereits Grundlage der Verifizierbarkeit singulärer Es-gibt-Sätze. Allerdings können die allgemeinen Implikationen kommunikativen Sinnverstehens und ihre in der reflexen Thematisierung kontroversen Deutungen bei der Entscheidung über singuläre Es-gibt-Sätze in vielen Fällen vernachlässigt werden. Aber nicht in allen Fällen, nämlich nicht in denjenigen, in denen das allgemeine Element, das in einem singulären Es-gibt-Satz steckt, strittig ist.[635] Einen solchen Fall bildet auch der Satz: Gott ist. Dabei treten hier noch zusätzliche Probleme auf, weil in diesem Satz – wegen der Einzigkeit Gottes und im Hinblick auf die Beziehung des Gottesbegriffs auf die Wirklichkeit im ganzen – Singuläres und Universelles koinzidieren.

Ist schon die Verifizierbarkeit singulärer Es-gibt-Sätze von einem Horizont kommunikativen Sinnverstehens abhängig, so erst recht die Überprüfbarkeit allgemeiner Aussagen. Für die Gesetzesbehauptungen der Naturwissenschaften hat Popper, weil die Allgemeinheit einer Regel durch keine endliche Anzahl von Einzelfällen gedeckt wird, die Verifizierbarkeit bestritten. Aber auch das von ihm statt dessen eingeführte Falsifikationskriterium ist schon auf naturwissenschaftliche Gesetzesbehauptungen nicht schematisch anwendbar: Wie T. S. Kuhn gezeigt hat, hängt die Entscheidung darüber, ob in einem gegebenen Fall eine Theorie falsifiziert ist oder nicht, von einer fundamentaleren Entscheidung ab, nämlich von der Entscheidung zwischen konkurrierenden Paradigmen der Naturerklärung (s. o. 57 ff.). Die grundlegende Leistung allgemeiner Sätze im Zusammenhang allgemeiner Theorien besteht in deren Fähigkeit, »das vorhandene Beweismaterial zu erklären« (s. o. 59), und im Hinblick

---

635 Man denke etwa an die Diskussion der Probleme bei der Entdeckung des Sauerstoffs durch Lavoisier gegenüber der herrschenden Phlogistontheorie bei T. S. Kuhn: Die Struktur wissenschaftlicher Revolutionen (1962) dt. 1967, 80 ff. 100 ff.

darauf sind hermeneutische und naturwissenschaftliche Theorien durchaus vergleichbar. Daß naturwissenschaftliche Hypothesen als Behauptungen allgemeiner Regeln außerdem zumindest im Prinzip falsifizierbar sind, begründet ihre Besonderheit erst innerhalb jenes Rahmens, der sie mit historischen und hermeneutischen Theoriebildungen vereint. Deshalb ist gegen Popper (s. o. 40 f.) allgemein schon dann von »Bewährung« einer Theorie zu sprechen, wenn sie die vorhandenen Tatsachen zu erklären vermag: Die Ableitbarkeit von *Voraussagen* bildet demgegenüber einen spezifischeren Gesichtspunkt, der bei einer bestimmten Art von Erklärungen, nämlich bei Erklärungen durch allgemeine Gesetzeshypothesen, eine andere Rolle spielt als bei anderen Erklärungsarten, insofern Gesetzeshypothesen die Vorhersage von Ereignissen der durch sie beschriebenen Art gestatten, während historische und hermeneutische Hypothesen nur insofern ein Element der Vorhersage enthalten, als sie ihren Annahmen widersprechende Befunde ausschließen und daher durch den Nachweis solcher Befunde zu erschüttern sind. Daß die besondere Rolle der Vorhersagbarkeit bei Gesetzeshypothesen nicht zum Maßstab wissenschaftlicher Erklärung und Theoriebildung überhaupt erklärt werden darf, ergibt sich schon daraus, daß Gesetzeshypothesen als Behauptungen allgemeiner Regeln Abstraktionen sind, die als solche auf das kontingente Material des Geschehens bezogen bleiben, von dem unter Vernachlässigung seiner sonstigen Eigentümlichkeiten behauptet wird, daß es gewissen allgemeinen Regeln genügt. Gesetzesaussagen setzen daher schon immer Annahmen über das kontingente Material, an dem Gesetzlichkeiten aufgewiesen werden, voraus. Neben Disziplinen, die den abstrakten Aspekt allgemeiner Regelbildung thematisieren, muß es Disziplinen geben, die den Zusammenhang von individuellen und allgemeinen Strukturen im Ablauf des Geschehens erforschen, und endlich solche, die die umfassenden Sinnhorizonte thematisieren, die auch in den Prozessen naturwissenschaftlicher Forschung als Prozessen der Paradigmapräzisierung immer schon im Spiele sind. Letzteres geschieht wie in der Philosophie, so auch in der Theologie, wenn auch in verschiedener Weise; denn in der Theologie wird die Sinntotalität erfahrener Wirklichkeit, die nicht schon eine Sinndeutung ist, sondern allen Sinndeutungen voraus als Implikation konkreter Einzelerfahrungen zu erforschen ist, unter dem Gesichtspunkt ihrer einenden Einheit, der Wirklichkeit Gottes, thematisiert, und zwar so, wie das Bewußtsein von ihr in der Geschichte religiöser Erfahrungen hervorgetreten ist. Wegen der Geschichtlichkeit der religiösen Erfahrung als Stoff der Theologie hat die Theologie außer zur Philosophie auch eine Beziehung zur Geschichtswissenschaft, und die Besonderheit der Prüfung theologischer Aussagen soll daher im folgenden durch Vergleich mit diesen beiden Disziplinen erörtert werden.

Theologische Aussagen beziehen sich wie historische oder hermeneutische Hypothesen auf ihrer jeweiligen Thematik zugehörige Gegebenheiten, die durch sie zusammenhängend erklärt werden sollen, und zwar so, wie diese Gegebenheiten durch die Geschichtlichkeit religiöser Erfahrung vermittelt sind.

Bei historischen Hypothesen sind zwei Arten solcher Gegebenheiten zu unterscheiden: Da sind einerseits die *Dokumente* aller Art, die Rückschlüsse auf das zu erkundende Geschehen erlauben (seine Wirkungen und Spuren, wie Texte, archäologische Befunde usw.). Was dabei im einzelnen als Dokument des zu erforschenden Geschehens anzusehen ist und für seine hypothetische Rekonstruktion als Beleg dienen kann, läßt sich nicht vorweg feststellen. Der dokumentarische Wert mancher gegenwärtig erreichbarer Tatsachen für das zu erforschende Geschehen wird oft erst im Lichte einer bestimmten Theorie erkennbar – nämlich grundsätzlich immer dann, wenn es sich nicht um explizite Angaben über das betreffende Geschehen in einer dem Interpreten verständlichen Sprache handelt. Doch sogar derartige ausdrückliche Angaben erschließen sich wie alle anderen Spuren des zu erforschenden Geschehens in ihrer wahren Bedeutung als Dokumente erst durch eine Interpretation ihres impliziten Sinngehaltes, der sich immer erst im Rahmen einer theoretischen Rekonstruktion des Hergangs erschließt. Was aber einmal ausdrücklich als Dokument für die Erkundung eines historischen Sachverhaltes geltend gemacht worden ist, muß von jeder späteren Rekonstruktion auf die eine oder andere Weise berücksichtigt werden. Darin ist begründet, daß die dokumentarischen Anhaltspunkte trotz ihrer Bedingtheit durch ihren jeweiligen Entdeckungszusammenhang doch eine gewisse Selbständigkeit und Kontrollfunktion gegenüber hypothetischen Entwürfen historischer Rekonstruktion behaupten. An dieser Stelle besteht ein enger Zusammenhang mit der zweiten Gruppe von Gegebenheiten, die eine historische Hypothese berücksichtigen muß. Das sind die *bisherigen Erklärungsversuche* und ihre durch die seitherige Diskussion herausgearbeiteten Probleme, deretwegen es nötig ist, über sie hinaus nach anderen Lösungen zu suchen. In der durch die Gesamtheit der bisherigen Erklärungsversuche und ihre Diskussion gegebenen Problemsituation, die den jeweiligen »Stand der Forschung« repräsentiert, ist immer schon ein Einverständnis über diejenigen Gesichtspunkte und Anhaltspunkte vorgegeben, denen jeder ernstzunehmende neue Versuch einer Rekonstruktion des fraglichen Hergangs Rechnung tragen muß. Man könnte hier von »Dialogregeln« sprechen, die aber nur aus Elementen eines *Problemwissens* bestehen, also keine Lösungen präjudizieren, und deren Inhalt überdies unablässig im Fluß ist, so daß nur ein jeweiliger »Stand der Forschung« angebbar ist, dem jeder neue Beitrag Rechnung tragen muß, sei es dadurch, daß die vorgegebenen Gesichtspunkte und Anhaltspunkte als Elemente in den neuen Entwurf eingehen, oder so, daß ihre Irrelevanz für den fraglichen Sachverhalt dargetan wird, indem z. B. die Authentizität eines Schriftstücks bestritten wird.

Analoge Gesichtspunkte gelten für die Überprüfung theologischer Aussagen. Allerdings ist die Analogie begrenzt, denn theologische Behauptungen beziehen sich nicht nur auf bestimmte historische Phänomene, sondern auf die Weise, wie in ihnen die alles bestimmende Wirklichkeit in Erscheinung tritt, die nicht nur das Vergangene, sondern auch Gegenwart und Zukunft umgreift.

Die Gegenwart der alles bestimmenden Wirklichkeit in einem historischen Phänomen kann nur durch Reflexion auf die in ihm implizierte Sinntotalität Gegenstand einer Untersuchung werden. Dabei ist zu unterscheiden zwischen der Weise, wie diese Sinntotalität im Selbstverständnis einer historischen Gestalt oder eines Textes gesetzt ist, sei es religiös ausdrücklich oder unausdrücklich, und wie sie in ihrer historischen Situation implizit gegeben ist, nicht selten im Gegensatz zu solchem Selbstverständnis. Weiter ist zu unterscheiden zwischen dem alle diese Differenzierungen umfassenden Sinnhorizont des historischen Phänomens und dem des heutigen historischen Urteils über das Phänomen: Obwohl letzteres nur durch das heutige historische Urteil zugänglich ist und durch seine eigene Bedeutsamkeit in Gegenwart und Zukunft des heutigen Interpreten hineinreicht, wird gerade diese das Vergangene mit der Gegenwart verbindende Bedeutsamkeit oft durch das auf historische Faktizität abzielende historische Urteil abgeschnitten. Bei der theologischen

Interpretation aber geht es nicht primär um die historische Faktizität eines vergangenen Phänomens, sondern, diese vorausgesetzt, um das Inerscheinungtreten der auch heutiger Erfahrung sich als solche bewährenden alles bestimmenden Wirklichkeit in jenem Phänomen. Dieser Sachverhalt ist daher in Abhebung sowohl von dem überlieferten Verständnis oder Selbstverständnis des historischen Phänomens als auch von einer primär auf Faktizität gerichteten historischen Urteilsbildung herauszuarbeiten. Dabei verwandelt sich das Verständnis des damaligen Inerscheinungtretens der alles bestimmenden Wirklichkeit gegenüber dem Selbstverständnis des überlieferten Textes oder seines Autors oder der durch ihn zugänglichen historischen Gestalt dadurch, daß sie darauf befragt wird, inwieweit sie die gegenwärtige Wirklichkeitserfahrung des Interpreten zu erhellen und sich dadurch ihrem historischen Anspruch gemäß als alles bestimmende Wirklichkeit zu bewähren vermag.

Nach dieser Seite hin, nach der die theologische Begriffsbildung und Theoriebildung ihre Selbständigkeit gegenüber den historischen Gegebenheiten hat, auf die sie bezogen ist, weil ihr eigentlicher Gegenstand nicht deren Historizität, sondern die darin gegebene Sache, die alles bestimmende Wirklichkeit Gottes ist, berührt sich die Theologie mit der philosophischen Frage nach Wirklichkeit überhaupt und muß den Kriterien standhalten, an denen philosophische Aussagen zu messen sind.

Aussagen über die Totalität von Wirklichkeit überhaupt sind angesichts der Unabgeschlossenheit menschlicher Erfahrung eines anmaßenden Dogmatismus verdächtig. Sie erweisen sich dennoch für ein kritisches Bewußtsein als unerläßlich, weil Annahmen über Wirklichkeit überhaupt und im ganzen immer schon und unvermeidlich mitgesetzt sind in aller konkreten Erfahrung: Darum ist zu fordern, daß sie ins Licht kritischer Bewußtheit erhoben werden. Ihre Überprüfung ist dadurch möglich, daß die Totalität der Erfahrung in *Sachgebiete* gegliedert ist, so daß jede die Wirklichkeit überhaupt und im ganzen betreffende Annahme den verschiedenen Sachgebieten der Erfahrung, deren Abgrenzung freilich wiederum nur einen geschichtlichen Stand des Bewußtseins repräsentiert und also hypothetisch bleibt, ebenso wie ihren gegenseitigen Beziehungen gerecht werden muß. Die Unterscheidung von Sachgebieten der Erfahrung korrespondiert weitgehend der Aussonderung von Gegenstandsbereichen der verschiedenen Wissenschaften und wird dadurch für das Bewußtsein fixiert, deckt sich aber nicht mit ihr, weil sie auch die Bereiche vorwissenschaftlicher Erfahrung mitumfaßt. Eine Systematik der Sachgebiete der Erfahrung wäre daher die unerläßliche Voraussetzung einer Wissenschaftssystematik, wie sie die neuere Philosophie in klassischer Gestalt im deutschen Idealismus hervorgebracht und wie sie auf ihre Weise zuletzt die kritische Theorie entwickelt hat mit ihrer Lehre von den fundamentalen menschlichen Interessenrichtungen. Da die Ausbildung von Wissenschaften zur Unterscheidung von Sachbereichen der Erfahrung zumindest beiträgt, besteht eine Wechselwirkung zwischen vorwissenschaftlicher Erfahrung und Wissenschaft im Prozeß der Ausdifferenzierung der Erfahrungsgebiete. Dabei gehört es zur Aufgabe der Philosophie, die in den Wissenschaften implizierten, aber die Disziplingrenzen überschreitenden Sinnbeziehungen als Sinntotalität der Erfahrung zu thematisieren und von daher den unterschiedlichen Erfahrungs- und Wissensgebieten ihre Bedeutung zuzuweisen. In dem Maße, wie ein philosophischer Entwurf die in den Wissenschaften schon ausgearbeiteten Erfahrungsgebiete untereinander und mit den Sachbereichen vorwissenschaftlicher Erfahrung integriert, bewährt sich sein Anspruch, die offene Sinntotalität der Erfahrung zur Darstellung zu bringen.

Das Verfahren der Philosophie erschöpft sich also nicht in Sinn*analyse* oder in Reflexion, sondern dazu gehört auch Sinnsynthese, ohne die das Ergebnis der Analyse gar nicht formulierbar wäre. Die letztere wurde von Hegel als die Reflexion ergänzende und übergreifende spekulative Anschauung bezeichnet[636], die eben an ihrer Leistung zur Integration der Ergebnisse der analytischen Reflexion zu messen ist. Dabei hatte faktisch auch in Hegels Verfahren die spekulative Anschauung hypothetische Funktion. Ihre dogmatische Verfestigung ist daher sogar auf dem Boden des Hegelschen Denkens selbst unangemessen. Ihre Prüfung muß – ähnlich wie es sich im Hinblick auf historische Aussagen ergab – unter einem doppelten Aspekt erfolgen: Die als Bestätigung für philosophische (sinnintegrative) Aussagen zu beanspruchenden Erfahrungsbereiche sind ih-

---

[636] G. W. F. Hegel: Differenz des Fichteschen und Schellingschen Systems der Philosophie (1801), Philos. Bibl. 62 a, 1962, 31, vgl. 17 ff. Der hypothetische Charakter der spekulativen Anschauung, der schon in der Differenzschrift durch ihre an Schelling anschließende Bezeichnung als »transzendental« verdeckt wird, verschwindet später ganz, indem Hegel Reflexion und Anschauung als »Negativität« des sich selbst explizierenden Begriffs zusammenfaßt (Wissenschaft der Logik II (1816), Philos. Bibl. 57, 1934, 496 f.).

rerseits erst durch die philosophische Reflexion in der für philosophische Deutung relevanten Gestalt in den Blick gekommen, sind aber andererseits durch ihre Objektivität – und ganz besonders da, wo sie zu Wissenschaftsgebieten objektiviert sind – der philosophischen Interpretation gegenüber selbständig, auch wenn sie ursprünglich durch sie vermittelt sind, und so von deren Perspektiven unterscheidbar, so daß sie zur Kontrolle philosophischer Aussagen dienen können. Andererseits ist philosophische Hypothesenbildung auch bezogen auf die bisherigen philosophischen Entwürfe und ihre Probleme, also auf einen in der Diskussion herausgebildeten, jeweiligen Stand philosophischer Problematik. Beide Aspekte sind in der Philosophie, weil sie nicht auf einen partikularen Gegenstandsbereich eingeschränkt ist, so miteinander verbunden, daß jedem neuen philosophischen System zugleich eine neue Interpretation der bisherigen Geschichte des Denkens zugeordnet ist.

Theologische Aussagen stellen sich wie philosophische als Hypothesen über die Sinntotalität der Erfahrung dar, aber *erstens* unter dem Gesichtspunkt der alles Gegebene in seiner noch unvollendeten Totalität letztlich bestimmenden Wirklichkeit und *zweitens* im Hinblick darauf, wie sich diese göttliche Wirklichkeit im religiösen Bewußtsein bekundet hat.

Unter dem ersten Gesichtspunkt implizieren theologische Theorien philosophische Hypothesen über die Wirklichkeit im ganzen und sind insoweit an den Kriterien zu prüfen, die für philosophische Hypothesen gelten.

Unter dem zweiten Gesichtspunkt verbinden theologische Theorien die philosophische Perspektive immer schon mit der religiösen Ausdrücklichkeit menschlicher Erfahrung in einer bestimmten geschichtlichen Gestalt, um die Tragweite der in ihr erschlossenen Selbstbekundung göttlicher Wirklichkeit zu beschreiben und zu prüfen. Unter diesem Gesichtspunkt müssen die theologischen Aussagen sich als Aufdeckung der Sinnimplikationen der betreffenden geschichtlichen Gestalt religiösen Bewußtseins ausweisen, und sie müssen dazu den Kriterien historischer und hermeneutischer Hypothesen genügen. Dabei ist der Prozeß der Überlieferung jener geschichtlichen Gestalten religiöser Erfahrung stets in die Reflexion miteinzubeziehen, denn schon im Akt der Tradition und Rezeption religiöser Inhalte ging es bei jedem Traditionsschritt um ihre Tragweite im Horizont einer veränderten Erfahrung, also um dasselbe

Thema, dessen methodische Erörterung im Erfahrungshorizont der eigenen Gegenwart die Aufgabe theologischer Untersuchung ist. Der Begriff der christlichen Religion z. B. umfaßt bereits einen ganzen Überlieferungskomplex dieser Art und muß daher als Überlieferungsprozeß, nicht etwa als System von Lehren oder Riten zum Gegenstand der Untersuchung gemacht werden.

Der systematische und der historische Gesichtspunkt lassen sich bei theologischen Untersuchungen nie vollständig voneinander trennen. Der erste ist offensichtlich im Spiel, wenn die Sinnimplikationen eines geschichtlich gegebenen Themas religiöser Ausdrücklichkeit – eines Mythos oder eines Ritus – formuliert werden daraufhin, inwiefern sich in ihnen göttliche Wirklichkeit bekundet: Dabei geht es sowohl um die die Totalität der *damaligen* Erfahrung bestimmende Wirklichkeit als auch um die die Totalität *unserer* Erfahrung bestimmende Wirklichkeit; denn auch diese ist von der Wahrheitsintention des überlieferten Ritus oder Mythos beansprucht.

Umgekehrt bildet die religiöse Erfahrung, die ihren Ausdruck in bestimmten überlieferten Gedanken gefunden hat und deren Tragweite theologische Theorien formulieren, ein kritisches Prinzip für die Inanspruchnahme und Abwandlung vorgegebener philosophischer Hypothesen oder philosophischer Implikationen der Wissenschaften.

Muß so eine theologische Hypothese einerseits philosophischen und historischen Kriterien genügen, so tritt als eine zweite Gruppe von Kriterien theologischer Aussagen wieder die Geschichte theologischer Theoriebildung und der in ihr erreichte Problemstand hinzu. Insbesondere die *Begrifflichkeit* gegenwärtiger theologischer Theoriebildung wird selbst bei wörtlicher Übereinstimmung nie unmittelbar ihrem Stoff, also z. B. den biblischen Schriften entnommen, sondern verdankt ihre Formulierung immer dem jeweiligen Problemstand theologischer Theoriebildung.[637]

---

[637] So ist die Bezeichnung Jesu als der Offenbarung oder des Offenbarers Gottes noch nicht durch das Vorkommen des Begriffs Offenbarung in biblischen Texten gerechtfertigt, sondern ist vermittelt durch die Diskussion des Offenbarungsbegriffs in der neueren Theologiegeschichte. Die von daher gewonnene Fassung des Offenbarungsbegriffs muß jedoch die Sinnimplikationen der biblischen Texte treffen. Sie muß ferner einen Bezug zur philosophischen Problemlage haben, wie er etwa dadurch hergestellt wird, daß die Kategorie der Offenbarung dem vorgängigen Wissen vom Ganzen der Geschichte trotz Unabgeschlossenheit des Geschichtsprozesses zugeordnet wird. Schließlich muß sie eine Integration der verschiedenen Erfahrungsbereiche unter ihrem besonderen Gesichtspunkt leisten, indem z. B. die Totalität der Wirklichkeit durch sie als der noch unabgeschlossene Prozeß einer Geschichte gefaßt wird.

Durch das Wechselspiel von Überlieferung und Gegenwart unter der Leitung des Anspruchs der Überlieferung, einzuweisen in die Erkenntnis der alles bestimmenden Wirklichkeit, verbinden sich in der theologischen Theoriebildung ähnlich wie in der Philosophie Interpretation und Kritik: Dabei richtet sich die kritische Reflexion der Theologie nicht nur gegen die Überlieferung, um deren Sache auch gegen deren eigenes zeitbedingtes Selbstverständnis zu behaupten, sondern auch gegen die Lebens- und Denkgewohnheiten der eigenen Gegenwart, indem diese mit der alles bestimmenden Wirklichkeit konfrontiert werden, die die gegenwärtige Wahrheit der Überlieferung für die Gegenwart in Erscheinung treten läßt, um sie zu ihrer eigenen Wahrheit zu rufen.[638] Doch muß sich bei solchem Verfahren noch der Widerspruch zur vorhandenen Wirklichkeit durch Aufdeckung ihrer tieferen Wahrheit, zu deren Anerkennung sie aufgerufen wird, legitimieren.

Theologische Aussagen lassen sich also durchaus überprüfen, auch im Hinblick auf ihren Wahrheitsanspruch. Eine andere Frage ist es, ob solche Prüfung sich definitiv zum Abschluß bringen läßt, sei es mit dem Ergebnis einer Verifikation oder einer Falsifikation. Wir sahen bereits, wie schwierig eine solche Entscheidung sogar im Falle naturwissenschaftlicher Hypothesen sein kann. Bei philosophischen und theologischen Aussagen ist die besondere Schwierigkeit einer abschließenden Urteilsbildung dadurch bedingt, daß derartige Aussagen sich auf die Wirklichkeit im ganzen beziehen, und zwar nicht nur auf ihre allgemeinen Strukturzüge, sondern auf das Ganze ihres zeitlichen Prozesses. Aus diesem Grunde ist für den, der nicht am Ende, sondern inmitten dieses noch offenen Prozesses seinen Standort hat, kein abschließendes Urteil möglich. John Hick und I. M. Crombie meinen daher, daß religiöse und theologische Aussagen zwar im Prinzip verifizierbar seien, daß aber erst die eschatologische Zukunft über ihre Verifikation entscheiden werde.[639] Daran ist ein-

---

[638] Vgl. dazu, wie G. Sauter in seinem Entwurf theologischer Theoriebildung der Anthropologie komplementär eine Pneumatologie gegenüberstellt (Ev. Theol. 30, 1970, 508 f.). Diese Gegenüberstellung müßte allerdings nochmals geschichtlich, also im Falle christlicher Theologie christologisch vermittelt sein, um einem bloßen Konventionalismus theologischer »Sprachregeln« zu entgehen (s. o. 295 f.). Sauter scheint besonders an ihrer Anwendung für die Ermöglichung ethischer Aussagen als Hypothesen über das durch menschliches Handeln Realisierbare interessiert.

[639] J. Hick: Philosophy of Religion, 1963, 100 ff. (Lit.), vgl. ders.: Faith and Knowledge, 2. ed., 1966, 169 ff., I. M. Crombie: Theology and Falsification, in: New Essays in Philosophical Theology, ed. A. Flew und A. MacIntyre (1955) 1963, 109–130.

leuchtend, daß erst das Ende aller Geschichte die endgültige Entscheidung über alle Behauptungen hinsichtlich der Wirklichkeit im ganzen, und so auch im Hinblick auf die Wirklichkeit Gottes und die Bestimmung des Menschen bringen kann. Dennoch kommt es darauf an, angesichts der Unumgänglichkeit von Annahmen über die Wirklichkeit im ganzen für den gegenwärtig lebenden Menschen schon jetzt Kriterien zu entwickeln, um eine zumindest vorläufige Entscheidung zwischen derartigen Annahmen treffen zu können. Eine solche Entscheidung kann sich nur daran orientieren, ob Annahmen über die Wirklichkeit im ganzen, wie sie in den Aussagen religiöser Überlieferungen, sowie auch in den Entwürfen philosophischen Denkens thematisch sind, sich bewähren oder nicht bewähren an den Erfahrungen, die wir in den verschiedenen Erfahrungsbereichen tatsächlich machen. Überlieferte Aussagen oder gegenwärtige Neuformulierungen ihres Wahrheitsgehaltes bewähren sich dann, wenn sie den Sinnzusammenhang aller Wirklichkeitserfahrung differenzierter und überzeugender erschließen als andere. Wenn G. Ebeling sagt, daß Gott sich verifiziert, indem er uns verifiziert, d. h. unser Leben in seine Wahrheit bringt[640], so dürfte er damit etwas Ähnliches im Blick haben. Dabei muß allerdings die Bewährung des Gottesgedankens an der Erhellung unseres eigenen Lebens alle Dimensionen jeweils zugänglicher Erfahrung miteinschließen. Es handelt sich dabei um keine bloße existenzielle Gewißheit, die keine Gründe und Argumente für sich anzuführen wüßte. Allerdings wird sie den, der sich ihren Gründen verschließt, auch nicht durch logischen Zwang zur Zustimmung veranlassen können; denn wegen der Unabgeschlossenheit der Wirklichkeit und ihrer Sinnzusammenhänge bleiben immer auch noch andere Antizipationen endgültiger Wahrheit möglich, wenn sie auch auf einem gegebenen Standpunkt noch so unwahrscheinlich erscheinen mögen. Daher kann die theologische Überprüfung und Neuformulierung überkommener religiöser Aussagen nicht zu theoretischer Gewißheit gelangen, sondern höchstens zur Urteilsbildung über ihre Bewährung oder Nichtbewährung und zur Angabe der Gründe dafür, inwiefern eine gegebene religiöse Behauptung als bewährt oder nichtbewährt zu beurteilen ist. Dementsprechend sind auch theologische Aussagen über das Verhältnis religiöser Behauptungen zu der von ihnen in Anspruch ge-

---

[640] *G. Ebeling*: Gott und Wort, 1966, 83 (= Wort und Glaube II, 1969, 429); s. a. Wort und Glaube II, 186 ff., sowie Einführung in theologische Sprachlehre, 1971, 213 ff.

nommenen alles bestimmenden Wirklichkeit Gottes als bewährt oder nicht-bewährt zu beurteilen, gleichgültig ob sie sich nun mit den Aussagen religiöser Überlieferung identifizieren oder sich von ihnen distanzieren: Auch theologische Aussagen, bzw. die Theorieentwürfe, zu denen die einzelnen Aussagen gehören, sind daran zu messen, in welchem Maße es ihnen gelingt, die Gegebenheiten der religiösen Überlieferung und die Sinnzusammenhänge gegenwärtiger Erfahrung zusammenhängend zu deuten. Das Urteil darüber wird im Einzelfall selten unumstritten sein. Doch jedenfalls lassen sich als Ergebnis der Erörterungen dieses Abschnittes Kriterien dafür angeben, unter welchen Bedingungen eine (christliche) theologische Hypothese als nicht bewährt zu beurteilen ist. Dabei wäre das erste Kriterium für die theologische Untersuchung anderer religiöser Überlieferungen entsprechend zu ändern:

Theologische Hypothesen sind dann und nur dann als nicht bewährt zu beurteilen, wenn sie

1. als Hypothesen über die Tragweite israelitisch-christlichen Glaubens gemeint sind, aber sich nicht als Formulierung von Implikationen biblischer Überlieferungen (sei es auch im Lichte veränderter Erfahrung) ausweisen lassen;

2. wenn sie nicht einen Bezug auf Wirklichkeit im ganzen haben, der für gegenwärtige Erfahrung einlösbar ist und sich ausweisen läßt an ihrem Verhältnis zum Stand des philosophischen Problembewußtseins (in diesem Falle werden theologische Aussagen kritischer Charakteristik als mythisch, legendär, ideologisch ausgeliefert);

3. wenn sie nicht zur Integration des zugeordneten Erfahrungsbereichs tauglich sind oder solche Integration gar nicht versucht wird (z. B. bei der Lehre von der Kirche im Hinblick auf ihren Bezug zur Gesellschaft);

4. wenn ihre Erklärungskraft zurückbleibt hinter dem bereits erreichten Stand des theologischen Problembewußtseins, also die Deutungskraft schon vorhandener Hypothesen nicht erreicht und deren in der Diskussion herausgestellte Schranken nicht überwindet.

6. Kapitel
Die innere Gliederung der Theologie

1. Das Verhältnis der systematischen zur historischen Aufgabe der Theologie

Theologie erwies sich uns als Wissenschaft von Gott, die sich aber ihrem Gegenstand nur indirekt, durch das Studium der Religionen, zuwenden kann. Einerseits nämlich ist Gottes Wirklichkeit keiner direkten Beobachtung zugänglich, andererseits ist sie in den Religionen immer schon thematisch geworden als machtvoller Grund der menschlichen Lebenswelt und als Quelle der Überwindung der in ihr auftretenden Erfahrungen von Bosheit und Leid. Solche Thematisierung der göttlichen Wirklichkeit hat jeweils geschichtlich bestimmte Gestalt. Auch die Unmittelbarkeit gegenwärtiger religiöser Erfahrung erweist sich der Reflexion als bestimmt und vermittelt durch ihren geschichtlichen Ort und als in der einen oder anderen Weise bezogen auf vorgegebene religiöse Überlieferung. Der Stoff der Theologie – und zwar nicht nur der christlichen Theologie oder der Theologie des Christentums[641] – ist also immer schon geschichtlich geprägt. Die Theologie des Christentums sieht sich darüber hinaus einer potenzierten Form dieses Sachverhaltes gegenüber; denn das Christentum gehört zu denjenigen Religionen, in denen die Geschichtlichkeit der Gotteserfahrung selbst thematisch geworden ist, und zwar hier in der spezifischen Form, daß ein geschichtliches Geschehen als endgültiges, eschatologisches Gotteshandeln den Bezugspunkt für alles spätere christliche Bewußtsein bildet.

Die geschichtliche Prägung des theologischen Stoffes nötigt zu der Frage, wie sich in der Theologie das systematische und das histo-

---

641 Ich gebrauche den Begriff »christliche Theologie« im folgenden im Sinne von »Theologie des Christentums«. Die letztere Bezeichnung ist allerdings präziser. Sie läßt unzweideutig erkennen, daß der Begriff der Theologie hier durch seinen besonderen Gegenstand spezifiziert wird. Die Bezeichnung »christliche Theologie« verbindet sich dagegen mit der schwer fernzuhaltenden Assoziation, es sei hier von vornherein eine bekenntnisgebundene und nicht hinterfragbare Perspektive am Werke, so daß »christliche Theologie« dann nur noch in der Ausarbeitung solcher undiskutiert vorausgesetzten Perspektive bestehen könnte.

rische Element zueinander verhalten. Theologie kann nicht nur historisch sein; denn sie hat es nicht nur mit religiösen Erfahrungen, Überzeugungen und Institutionen vergangener Zeiten zu tun, sondern mit der Frage nach ihrer Wahrheit[642], also mit der Frage nach der Wirklichkeit Gottes. Diese Frage nach der Wahrheit einer religiösen Überlieferung stellt sich im Falle einer ungebrochen, wenn auch vielfältig aufgesplittert, von ihren Ursprüngen bis in die Gegenwart reichenden Tradition wie der christlichen mit besonderer aktueller Dringlichkeit, zumal im engeren kulturellen Wirkungsbereich dieser Tradition, nämlich in den aus dem Zusammenhang christlicher Überlieferung hervorgegangenen Gesellschaften.

Die Frage nach der Wahrheit ist ihrer Natur nach systematisch; denn sie fragt notwendig nach der Zusammenstimmung der verschiedenen Inhalte der Überlieferung untereinander und mit der jeweiligen gegenwärtigen Wirklichkeitserfahrung. Das um Wahrheit bemühte Denken muß systematisch sein, um der Einheit der Wahrheit, der Übereinstimmung alles Wahren untereinander, zu entsprechen. Theologie muß systematisch verfahren, sofern sie nach der Wahrheit der religiösen Überlieferung hinsichtlich ihres religiösen Gehaltes fragt. Diese Frage aber muß in allen Disziplinen der Theologie wirksam sein, sofern sie als *theologische* Disziplinen betrieben werden und verstanden werden wollen. In diesem Sinne läßt sich behaupten, daß Theologie schlechthin gleichbedeutend ist mit systematischer Theologie. Die Theologiegeschichte des Christentums ist daher in ihrem Kern die Geschichte seiner systematischen Deutungen. Doch gilt ebenso umgekehrt, daß systematische Theologie gerade im Christentum stets nur als Interpretation historisch vermittelter Stoffe entwickelt worden ist, als Deutung eines geschichtlich Gegebenen. Das hängt mit der schon erwähnten Besonderheit des Christentums unter den Religionen zusammen, daß nämlich der christliche Glaube in ganz spezifischer Weise auf ein historisches Geschehen, auf eine historische Gestalt gegründet ist, deren Deutung daher den zentralen Gegenstand christlicher Überlieferung bildet. Aber auch Theologie im weiteren Sinne hat es mit Religionen als historischen Lebensformen zu tun. Die systematische

642 In diesem Sinne sagt G. Ebeling mit Recht: »Gäbe es nur noch historische Theologie, so gäbe es keine Theologie mehr« (Diskussionsthesen zur Einführung in das Studium der Theologie, in: Wort und Glaube I, 1964, 454). Vgl. dazu auch E. Jüngel: Das Verhältnis der theologischen Disziplinen untereinander, in: Jüngel/Rahner/Seitz: Die Praktische Theologie zwischen Wissenschaft und Praxis, 1968, 34 f.

Aufgabe der Theologie erfordert also in jedem Falle historische Kenntnisse, auch da, wo diese nicht als historische gewußt sind. Solche historischen Kenntnisse könnten für sich auch im Rahmen der allgemeinen Geschichtswissenschaft und der philologischen Disziplinen gewonnen werden. Das gilt auch für die israelitische und urchristliche Literatur, sowie für die Kirchengeschichte. Wenn diese Sachgebiete für die Erforschung ihres historischen Details *ausschließlich der Theologie* zugewiesen werden, so muß um so mehr betont werden, daß im Rahmen der Theologie die Erforschung des historischen Details nicht Selbstzweck sein kann, sondern an der Frage orientiert sein muß, inwiefern sich in den jeweils untersuchten *historischen* Gegebenheiten die alles bestimmende göttliche Wirklichkeit bekundet. *De facto* kommt es nur in sehr eingeschränkter Weise zu einer solchen Fragestellung. Die Identifizierung des wissenschaftlichen Ethos in den historischen Disziplinen mit der Handhabung der allgemeinen historischen Methoden begünstigt die Tendenz, sich in diesen Disziplinen auf *Historisches* zu beschränken und alle Fragen nach gegenwärtig gültigem Sinn und Wahrheit dieser Phänomene der systematischen Theologie zu überlassen, bei der dann aber gern die mangelnde Berücksichtigung historisch-exegetischer Fragestellungen und Ergebnisse beanstandet wird. Im Gegenzug zu solchem Historismus der exegetisch-historischen Disziplinen entwickelte sich dann in der jüngst vergangenen Epoche der Theologiegeschichte, nämlich im Einflußbereich der dialektischen Theologie, die besonders unter Exegeten verbreitete Neigung, die systematische Aufgabe der Theologie im Rahmen der Schriftexegese mitzuerledigen unter dem Titel theologischer Hermeneutik. Dabei kam es jedoch häufig zu Verkürzungen dieser systematischen Aufgabe, die teilweise groteske Formen angenommen haben, indem exegetische Befunde unvermittelt auf die Gegenwart bezogen wurden, unter Anwendung philosophisch und theologisch unzureichend reflektierter Auslegungsgrundsätze, mit denen man sich über die problemgeschichtlichen Zusammenhänge des neuzeitlichen Denkens und Lebens und über deren komplexe Beziehungen zu ihrer christlichen Herkunft im Sprung hinwegsetzte. Nicht zufällig wurde die Kirchengeschichte bei derartigen Bemühungen weitgehend übergangen. Derartige Verfahren nahmen besonders bedenkliche Formen an, wenn im Interesse einer unvermittelten »Anwendung« biblischer Worte auf die Gegenwart schon der historische Befund verzeichnet wurde, wie es besonders im Bereich der Auslegung des Neuen Testamentes nicht selten geschehen ist, begünstigt durch die normative Geltung der biblischen Schriften in der christlichen Überlieferung. Einer solchen Entwicklung gegenüber, wie sie in der deutschen Theologie der letzten beiden Jahrzehnte kulminierte, kann die historische Beschränkung auf das bloß Historische auch bei der Exegese der biblischen Schriften als Muster wissenschaftlicher Nüchternheit anmuten. Dennoch muß das Wahrheitsmoment der Forderung nach einer *theologischen* Exegese festgehalten werden, wenn die Theologie nicht wiederum den Aporien des Historismus verfallen soll, die dann nach einer neuen »kerygmatischen« Gegenposition rufen würden. Die theologische Interpretation darf allerdings nicht auf Kosten der historischen Sauberkeit gehen, sondern muß die theologische Dimension eines historischen Phänomens *an diesem selbst* aufdecken. Sie muß zeigen, inwiefern in dem betreffenden Phänomen die alles bestimmende Wirklichkeit sich bekundet und inwiefern das etwa in einem vorliegenden Text, der sich auf dieses Phänomen bezieht, nur beschränkt zum Ausdruck kommt. Derartige Gesichtspunkte am historischen Phänomen selbst aufzuweisen, kann gelingen durch seine überlieferungsgeschichtliche Einordnung, weil die Überlieferungsgeschichte religiöser Phänomene selbst bewegt ist von den Änderungen der Wirklichkeitserfahrung überhaupt und der Auffassung von der alles bestimmenden Wirklichkeit im besonderen. Dabei wird über den nächsten Umkreis z. B. neutestamentlicher Texte hinaus der Blick auf Altes Testament und Judentum, auf die Kirchengeschichte und auf die Entwicklung der Theologiegeschichte, sowie auf die systematischen Probleme der Gegenwart ausgeweitet werden müssen, um die Kategorien theologischer Interpretation religionsgeschichtlicher Phänomene wie der biblischen Texte in ihrer Herkunft reflektieren und rechtfertigen zu können und einen zu engen Bezugsrahmen für die Deutung etwa der urchristlichen Überlieferungsgeschichte zu vermeiden.

Solche Erwägungen über die Wechselbeziehung zwischen dem systematisch-philosophischen und dem exegetisch-historischen Aspekt der Theologie bringen das Problematische jeder Aufteilung der Theologie in Disziplinen zum Bewußtsein. Der Anschein einer sachlichen Selbständigkeit der einzelnen Disziplinen beruht weitgehend auf Illusion. Die Unterscheidung der Theologie in Disziplinen trennt in jedem Falle sachlich Zusammengehöriges. Es kann darum scheinen, daß sie nur aus pragmatischen Erwägungen der Arbeitsteilung begründet wäre. Das mag für die heutige Situation weitgehend zutreffen. Hinzuzufügen wäre dann nur, daß solcher Arbeitsteilung um der Einheit des Gegenstandes willen ein besonders hohes Maß an interdisziplinärer Kooperation entsprechen müßte, was im Falle der Theologie nicht nur darin begründet ist, daß thematisch selbständige Forschungsgebiete einander in ihren Randbezirken berühren, sondern eher noch darin, daß für die Einzeldisziplinen der christlichen Theologie als theologische Disziplinen eine strenge Selbständigkeit sich nur mühsam, wenn überhaupt, vertreten läßt.

Aber der Gesichtspunkt pragmatischer Arbeitsteilung genügt nun doch nicht, um die Gliederung der Theologie in ihre heutigen Teildisziplinen zu erklären. Bei den Vorgängen, die zur Verselbständigung und thematischen Abgrenzung der Disziplinen führten, haben durchaus sachliche Erwägungen eine Rolle gespielt. Allerdings waren das zumeist nicht diejenigen Sachkriterien, die bei den späteren enzyklopädischen Entwürfen bemüht worden sind, um durch konstruktive Ableitung aus einem abstrakt allgemeinen Theologiebegriff eine Aufteilung in Disziplinen nachträglich zu rechtfertigen, die aus ganz anderen und später oft nicht mehr deutlich bewußten Gründen entstanden war. Der heutige Disziplinenkanon der christlichen Theologie kann nur dadurch sachgemäß verständlich gemacht werden, daß bei jeder einzelnen Disziplin für sich die Motive aufgedeckt werden, die historisch zu ihrer Verselbständigung geführt haben. Versuche, ohne diesen Umweg den heutigen Disziplinenkanon aus einem allgemeinen Begriff von Theologie abzuleiten, können nur einer ideologischen Legitimation des bestehenden wissenschaftsorganisatorischen Zustandes der Theologie dienen. Erst wenn die für die Verselbständigung der einzelnen Disziplinen historisch maßgeblichen Motive geklärt sind, kann sinnvoll erörtert werden, ob diese Motive auch heute noch Geltung beanspruchen können oder nicht: Erst hier ist dann auch der Punkt, an dem das im Zusammenhang der gegenwärtigen Diskussion zu begründende Verständnis von Theologie sowohl kritisch als auch konstruktiv ins Spiel zu bringen ist. Dabei darf es sich nicht nur um Substitution neuer legitimierender Begründungen für die unhaltbar gewordenen Motive von ehedem handeln, sondern wo diese Motive heute nicht mehr überzeugen können, müssen entsprechende wissenschaftsorganisatorische Modifikationen und Alternativen erwogen werden.

Der Prozeß der Verselbständigung der theologischen Teildisziplinen ist heute noch großenteils ungeklärt. Doch ist soviel erkennbar, daß – abgesehen von der Abspaltung des Kirchenrechts – die fundamentale Differenzierung diejenige zwischen Schriftauslegung und systematischer Theologie gewesen ist. Die Anfänge dieser Differenzierung gehen auf das Mittelalter zurück, obwohl der Prozeß der Verselbständigung erst spät, im 18. Jahrhundert, zu einem gewissen Abschluß gelangt ist. Alle anderen theologischen Disziplinen haben erst im Laufe der Neuzeit Selbständigkeit erlangt.

In der altkirchlichen Theologie waren die systematische und die historische Aufgabe der Theologie nicht geschieden. Was wir heute Theologie nennen, hatte in der alten Kirche sein Zentrum in der Schriftauslegung.[643] Dabei trat erst seit dem Ende des 2. Jahrhunderts zur Aufgabe der (typologischen) Auslegung des Alten Testaments auf Christus hin die der Auslegung und Kommentierung der neutestamentlichen Schriften hinzu.[644] Die sonstige theologische Literatur hatte demgegenüber den Charakter von Gelegenheitsschriften (Apologien, polemischen Schriften, Behandlung von umstrittenen Einzelthemen wie der Totenauferstehung, später der Trinität) oder ist als einführende oder zusammenfassende Darstellung für die Bedürfnisse des kirchlichen Unterrichts zu verstehen. Zu einer Differenzierung zwischen systematischer und historischer Schriftauslegung kam es dabei nicht. Am ehesten könnte man so etwas in der alexandrinischen Unterscheidung verschiedener Sinnebenen des biblischen Textes suchen, als deren unterste der buchstäbliche oder historische Textsinn galt.[645] Doch gerade Origenes verstand sich mit besonderem Nachdruck als Schrifttheologe und widmete seine Lebensarbeit in erster Linie der Kommentierung der Schrift.[646] Die verschiedenen Sinnebenen der alexandrinischen

---

643 Siehe dazu M. Elze: Schriftauslegung IV A, in RGG 3. Aufl. V, 1520–1528.
644 Entscheidend wurde die theologische Berufung auf die apostolischen Schriften bei Irenäus gegen die Gnostiker (vgl. dazu H. v. Campenhausen: Die Entstehung der christlichen Bibel, 1968, 213 ff.). Irenäus' Schüler Hippolyt von Rom hat dann »als erster großkirchlicher Theologe fortlaufende Bibelkommentare verfaßt« (ebd. 314), diese Arbeit jedoch in erster Linie immer noch dem Alten Testament gewidmet.
645 Zur Theorie des vierfachen Schriftsinns cf. H. de Lubac: Histoire et esprit. L'intelligence de l'Écriture d'après Origene, Paris 1950, sowie auch den Überblick bei E. v. Dobschütz: Vom vierfachen Schriftsinn. Die Geschichte einer Theorie, in: Harnack-Ehrung, 1921, 1–13.
646 H. v. Campenhausen a. a. O. 361 ff. und vor allem ders.: Griechische Kirchenväter, 1955, 50 ff.

Schriftauslegung wurden nicht zum Ausgangspunkt verschiedener Forschungsrichtungen oder Disziplinen der Theologie.

In der mittelalterlichen Theologie traten zu Schriftkommentaren neben Lehrschriften und Gelegenheitsschriften verschiedener Art die Sammlungen von Vätersentenzen hinzu, deren Anfänge noch in die Spätantike zurückreichen, die aber im 12. Jahrhundert in neuer Weise das Interesse fesselten, nämlich wegen der wirklichen oder scheinbaren Gegensätze in den Aussprüchen der Väter (Abaelards *Sic et Non*). Sie wurden nun abgelöst von ihrer Funktion für die Schrifterklärung, um nach thematischen Gesichtspunkten zusammengestellt und unter sich auf ihre Vereinbarkeit hin dialektisch verglichen zu werden. Im Anschluß an diese Aufgabe entwickelte sich die scholastische Methode, insbesondere die Form der *quaestio*, deren neue dialektische Gestalt dann auch bei der Kommentierung der Schrift Anwendung fand. In den mittelalterlichen Universitäten trat neben den Magister, der die Schrift auslegte, der Ausleger der Sentenzen, der baccalaureus sententiarius. Seine Aufgabe war es, die Sentenzensammlung des Petrus Lombardus zu kommentieren, indem er zu den Vätersentenzen und zu ihrer bisherigen Erörterung Quaestionen formulierte. Dieser Aufgabe mußte sich der künftige Lehrer der Theologie unterziehen, bevor er als magister die Schrift auslegen durfte.[647]. Die Behandlung der Sentenzen war nicht Gegenstand eines selbständigen Faches, sondern ein vorbereitendes Stadium auf dem Wege zur höchsten Aufgabe des Theologen. Insofern blieb sie noch der Aufgabe der Schriftauslegung untergeordnet. Seit der Mitte des 13. Jahrhunderts wuchs allerdings das Ansehen des Auslegers der Sentenzen immer mehr. Roger Bacon beklagte schon um 1230 in seinem Opus Minus, daß die biblischen Texte im theologischen Unterricht von den Quaestionen überwuchert wurden.[648] Aber daß mit den Sentenzen, ihrer Auslegung und der Erörterung der in Verbindung damit aufgetretenen Fragen die sachlichen Inhalte von Schrift und Väterüberlieferung hinsichtlich ihrer systematischen Relevanz in den Vordergrund des Interesses rückten, war doch nur »die normale Konsequenz einer Theologie, die sich zu einem organisierten Wissen konstituiert«.[649] Hier liegt zweifel-

---

[647] Siehe dazu M. D. Chenu: Das Werk des hl. Thomas v. Aquin, 1960, 84 ff. und ebd. 266 ff., bes. 299.
[648] Chenu 304 f.
[649] ebd. 300.

los der Beginn einer Verselbständigung der systematischen Theologie.[650] Bis das in dieser Tendenz angelegte Ziel erreicht wurde, war jedoch noch ein weiter Weg zurückzulegen, vor allem auf seiten der Schriftauslegung und ihres Selbstverständnisses. Sie war im Mittelalter wie auch noch im Altprotestantismus »eingespannt in die von der Systematik gesteckten Grenzen. Darum war Theologie im eigentlichen Sinne die systematisch verfahrende und für die Exegese normative Gesamtentfaltung der christlichen Lehre«.[651] Es ist daher verständlich, daß von der Systematik her zunächst kein Anlaß bestand zur Verselbständigung gegenüber der Schriftauslegung. Aber auch die von der Schriftauslegung ausgehende Kritik der Reformatoren an der scholastischen Theologie führte noch nicht zu einer Verselbständigung der biblischen Exegese.[652] Die reformatorische Kritik trat vielmehr als gesamttheologische Reformforderung auf und führte zunächst nur dazu, daß sich die systematische Behandlung der christlichen Lehre enger an den Inhalt der biblischen Schriften hielt. Melanchthons theologische Loci verstanden sich als zusammenfassende Darstellung des Schriftinhalts. Erst die Entwicklung einer »positiven« Theologie *neben* der »scholastischen« im katholischen Theologieverständnis des 16. Jahrhunderts[653] und die protestantische Rehabilitierung einer scholastischen oder akademischen Theologie – also der systematischen Aufgabe der Theologie – *neben* der Schriftauslegung seit Beginn des 17. Jahrhunderts ließen ein Nebeneinander von biblisch-exegetischer und systematischer Theologie als Disziplinen entstehen. Diese Entwicklung vollzog sich parallel zum Siegeszug der analytischen Methode in der altprotestantischen (systematischen) Theologie. Dabei ist es charakteristisch, daß zunächst zwischen der Schrift und ihrer Auslegung nicht unter-

650 M. Elze RGG V, 1525 führt den Beginn der Verselbständigung der systematischen Theologie auf die Anfänge der scholastischen Methode im 12. Jahrhundert zurück.
651 G. Ebeling: Was heißt »Biblische Theologie«? (1955), in: Wort und Glaube I, 1960, 69–89, Zitat 73.
652 Noch bei Andreas Hyperius (De Theologo seu de ratione studii theologici, Basel 1572) wurden systematische Theologie (bzw. Dogmatik) und exegetische Theologie nicht als Disziplinen unterschieden. Nach der Erörterung allgemeiner Voraussetzungen für das Theologiestudium (Buch 1) wird als dessen Grundlage das Schriftstudium behandelt (Buch 2). Doch dabei geht es in erster Linie um Anweisungen zur privaten Schriftlektüre (91 ff.), und erst gegen Ende dieses Buches wird empfohlen, neben dem privaten Schriftstudium auch öffentliche Ausleger der Schrift zu hören (389 ff.). Die Erörterung wendet sich dann alsbald mit Buch 3 (425 ff.) dem Studium der Bücher zu, »in quibus praecipui universae Theologiae loci explicantur«.
653 s. o. 241 ff.

schieden wurde, wohl aber die systematische Darstellung der christlichen Lehre als etwas der Schrift gegenüber Eigentümliches empfunden wurde. In diesem Sinne hat J. H. Alsted 1623 die katholische Unterscheidung zwischen *theologia positiva* und *scholastica* übernommen, in dem er die *theologia positiva* mit der Schrift selbst identifizierte.[654] Wenige Jahre später hat Georg Calixt in seinem Apparatus theologicus 1628 den Begriff der *theologia positiva* in der früher (s. o. 240 f.) beschriebenen, eigenwilligen, aber folgenreichen Weise umgedeutet als zusammenfassende »positive« Darlegung der christlichen Lehre. Doch hielt er an dem Gegenüber von Schrift und gelehrter Theologie, die er lieber »akademisch« als »scholastisch« nannte, fest, ersetzte aber den bei Alsted dazu verwendeten Begriff der positiven Theologie durch den einer »exegetischen« Theologie.[655] Vielleicht hat der Begriff einer exegetischen Theologie hier bei Calixt seinen Ursprung.

Schärfere Konturen erhielt die Differenz zwischen exegetischer und systematischer[656] (akademischer) Theologie erst durch die Ausbil-

---

[654] Textbeleg s. o. Anm. 498. Unter den mir bekanntgewordenen katholischen Autoren der Zeit steht Alsted damit Chr. Gill am nächsten. Gill unterteilte 1610 die auf die Offenbarung bezügliche Theologie unter Berufung auf Durandus, Marsilius von Inghen, Pierre d'Ailly »in eam (1) qua assentimur principiis revelatis, (2) eam qua eadem explicantur, defenduntur et probantur, (3) eam qua ex iisdem principiis conclusiones alia colliguntur« (Commentationum theologicarum de sacra doctrina, et essentia atque unitate Dei libri duo, Köln 1610,3). Die erstere ist für ihn identisch mit der fides oder doctrina a deo revelata (ebd.), und dem entspricht unter reformatorischen Voraussetzungen bei Alsted die Ineinssetzung von theologia positiva und Schrift. Allerdings faßt Alstedt die von Gill an zweiter und dritter Stelle unterschiedenen Funktionen in seinem Begriff der theologia scholastica zusammen und verwendet für die erste den bei Gill ebenfalls nicht benutzten Gegenbegriff der theologia positiva.

[655] Apparatus theologici ... ed. altera, Helmstedt 1661, 176 ff. (vgl. o. Anm. 487). Siehe auch A. Calov: Isagoges ad SS Theologiam libri duo de natura theologiae et methodo studii theologici, Wittenberg 1652, 330, und J. F. Buddeus: Isagoge historico-theologica ad universam theologiam singulasque eius partes, Leipzig 1727, 302.

[656] Der Systembegriff ist in Verbindung mit der analytischen Methode in der Theologie eingeführt worden, nämlich von B. Keckermann (Systema logicae, Hannover 1600, Systema ss. theologiae, Hannover 1602). Von Keckermann übernahm C. Timpler den Systembegriff für die Philosophie (Metaphysicae systema methodicum, Hannover 1606). In der Nachfolge Keckermanns bürgerte sich für die nach analytischer Methode behandelte gelehrte Theologie der Begriff der systematischen Theologie ein. Vgl. O. Ritschl: System und systematische Methode in der Geschichte des wissenschaftlichen Sprachgebrauchs und der philosophischen Methodologie (Göttinger gelehrte Anzeigen 1907, 9 ff.) und ders.: Dogmengeschichte des Protestantismus III, 1926, 271 ff., sowie auch A. v. der Stein: Der Systembegriff in seiner geschichtlichen Entwicklung (System und Klassifikation in Wissenschaft und Dokumentation, ed. H. Diemer, 1968 = Studien zur Wissenschaftstheorie 2, 1–13, bes. 8 f.).

dung des Begriffs einer »biblischen Theologie« im Gegensatz zur scholastischen oder dogmatischen.[657] Bei dieser bis in die erste Hälfte des 17. Jahrhunderts zurückgehenden, von Ph. J. Spener 1675 aufgegriffenen Wortprägung handelte es sich zunächst ähnlich wie bei Luthers Kritik an der scholastischen Theologie um »die Losung für ein theologisches Reformprogramm«.[658] Weil sich aber der Gegensatz zur altprotestantischen Scholastik anders als bei Luther nur auf die Darstellungsform bezog[659], deren systematische und daher auch philosophische Gestalt seit Beginn des 17. Jahrhunderts erneut in ihrem Eigenrecht erkannt worden war, so ergab sich schließlich nur eine schärfere Ausprägung der Differenz zwischen biblischer Exegese und Systematik. Dabei wurde die Entgegensetzung einer biblischen Dogmatik gegen die scholastische (A. F. Büsching 1758)[660] bald überboten durch den Gegensatz der sich in zunehmenden Maße historisch verstehenden Bibelwissenschaften gegen alle Dogmatik überhaupt. Bei J. A. Ernesti wurde diese Gegenüberstellung theologisch begründet. In seiner Abhandlung über die Notwendigkeit der Verbindung von historischer und dogmatischer Theologie (1773) erklärte er, daß zwar auch die Historie der begrifflichen Klarheit und Stringenz bedürfe, vor allem aber die Dogmatik auf historischer Theologie beruhen müsse, weil die Theologie nicht von menschlicher Vernunft her zu argumentieren habe, sondern vom Glauben und von der Autorität Gottes her, die sich in den von der hl. Schrift überlieferten Tatsachen bekundet habe. So sei nun alles gelegen am richtigen Verständnis der biblischen Worte und der durch sie mitgeteilten Begebenheiten (*vera intelligentia verborum et historiarum*).[661] Andernfalls werde die Theologie ihrer Gewißheit beraubt: *Darum* seien Luther und Me-

657 Siehe dazu G. Ebeling: Was heißt »Biblische Theologie«? (Wort und Glaube I, 1960, 69–89); ferner auch den Artikel von V. Hamp und H. Schlier zu diesem Stichwort in LThK 2. Aufl. I, 439–449.
658 Ebeling a. a. O. 75.
659 Ebeling 76.
660 Bei Büsching vollzog sich nach Ebeling 78 »der entscheidende Umbruch«, der die »Biblische Theologie« aus einer Hilfsdisziplin zur »Konkurrenz der herrschenden Dogmatik« werden ließ. Nach K. G. Bretschneider drang Büsching in seiner Dissertation (diss. inaug. exhibens epitomen theologiae e solis literis sacris concinnatae, Göttingen 1756) »zur großen Mißbilligung seiner Zeit auf Unterscheidung der reinen Bibellehre vom theologischen System« (Systematische Entwicklung aller in der Dogmatik vorkommenden Begriffe (1804) 3. Aufl. Leipzig 1825, 74).
661 J. A. Ernesti: De theologiae historicae et dogmaticae conjungendae necessitate et modo universo (Opuscula theologica (1773), 2. ed. Leipzig 1792, 511–534), 528.

lanchthon zum Studium der historischen (!) Theologie zurückgekehrt.[662] Bei Ernesti geht also die biblische Exegese bereits im Begriff der historischen Theologie auf. Umgekehrt hat J. Ph. Gabler in seiner berühmten Altdorfer Antrittsrede 1787 den historischen Charakter der biblischen Theologie betont.[663]

Das Auseinandertreten des systematischen und des historischen Elements in der Theologie zu getrennten Disziplinen ist also eine verhältnismäßig junge Entwicklung. Die übrigen theologischen Disziplinen haben ebenfalls erst im Laufe der Neuzeit ihre Selbständigkeit gewonnen. So entwickelte sich die Kirchengeschichte zur eigenen Disziplin seit dem Ende des 16. Jahrhunderts, als sie durch die konfessionellen Auseinandersetzungen über das Verhältnis der Papstkirche zum christlichen Altertum erhöhte Aktualität gewonnen hatte. 1583 hielt A. Wenzel in Frankfurt an der Oder die ersten kirchengeschichtlichen Vorlesungen. Eigenes Lehrfach wurde die Kirchengeschichte wenig später im Helmstedt G. Calixts, der auch theoretisch die Notwendigkeit einer historischen Theologie neben der Schriftexegese als Vorbereitung für Kontroverstheologie und Dogmatik verfochten hat.[664] Innerhalb der biblischen Theologie hat dann die Aufklärung zur Trennung zwischen alttestamentlicher und neutestamentlicher Wissenschaft geführt. Man lernte nämlich die beiden Teile des Schriftkanons als Dokumente zweier verschiedener Religionen – des Judentums und des Christentums – zu betrachten.[665] Damit konvergierte die schon von J. A. Ernesti in seiner »Anweisung für den Ausleger des Neuen Testaments« 1761 angebahnte, gesonderte Behandlung der beiden Teile des Kanons. Dieser Forderung wurde dann mit der gesonderten Darstellung der Biblischen Theologie des Neuen Testaments von L. Bauer (1800 bis 1802) entsprochen.

Auch die Praktische Theologie wurde erst mit dem Ende des 18. Jahrhunderts selbständiges Lehrfach, obwohl pastoraltheologische Vorlesungen damals schon auf eine zweihundertjährige Geschichte zurückblicken konnten. Die Anerkennung der praktischen Theologie als wissenschaftliche Disziplin ist insbesondere durch

---

662 ebd. 530.
663 J. P. Gabler: Oratio de justo discrimine theologiae biblicae et dogmaticae regundisque utriusque finibus, Altdorf 1789.
664 G. Calixt: Apparatus theologicus 2. ed. Helmstedt 1661, 165 und 182–272.
665 Siehe G. Hornig: Die Anfänge der historisch-kritischen Theologie. Joh. Sal. Semlers Schriftverständnis und seine Stellung zu Luther, 1961, 89 ff.

Schleiermacher gefördert worden, dennoch aber bis in die neueste Zeit strittig geblieben. In enger Nachbarschaft zu ihr entstand als jüngste Disziplin der Theologie im Laufe des vorigen Jahrhunderts die Missionswissenschaft, die 1897 in Halle mit einer von G. Warneck wahrgenommenen Honorarprofessur für Evangelische Missionslehre in Erscheinung trat und in der Folgezeit rasch Fuß fassen konnte durch Errichtung von Lehrstühlen an den evangelischen wie auch an den katholischen theologischen Fakultäten. Die Missionswissenschaft hat in der deutschen Theologie meistens auch die Religionswissenschaft mit in sich aufgenommen, die sich ebenfalls seit der Wende vom 18. zum 19. Jahrhundert entwickelt hat. Im Unterschied zu anderen Ländern konnte sich die Religionswissenschaft in Deutschland an den theologischen Fakultäten nicht als selbständiges Lehrfach durchsetzen, obwohl die religionsgeschichtliche Schule von hier, besonders von Göttingen, ihren Ausgang genommen hat. C. Colpe hat zur Erklärung dieses Sachverhalts auf das Eingreifen A. v. Harnacks in die Debatte über eine Umwandlung der theologischen in religionswissenschaftliche Fakultäten und über die Schaffung religionsgeschichtlicher Lehrstühle an den theologischen Fakultäten hingewiesen.[666] Es mag mit der Stellungnahme Harnacks zusammenhängen, daß die in Berlin und Bonn 1910 und 1912 begründeten Lehrstühle für Religionsgeschichte bald in die philosophischen Fakultäten übergingen. Der 1912 begründete Lehrstuhl in Leipzig ging erst 1946 denselben Weg. Da der Erlanger Lehrstuhl ebenfalls der philosophischen Fakultät zugeordnet ist, besteht nur in Marburg seit 1920 ein Lehrstuhl für Vergleichende Religionsgeschichte und Religionsphilosophie an einer theologischen Fakultät[667], während in Halle, Tübingen, Mainz, Hamburg, Heidelberg und München in der protestantischen Theologie Religions- und Missionswissenschaft verbunden sind. Die Tatsache, daß die Religionswissenschaft sich in der deutschen Theologie bisher nicht als selbständige Disziplin hat durchsetzen können, muß nicht nur im Vergleich mit den Verhältnissen in anderen Ländern, so heute besonders in den USA, sondern auch in der Perspektive des im vorigen Kapitel entwickelten Theologiebegriffs als problematisch erscheinen.

---

666 C. Colpe: Bemerkungen zu Adolf v. Harnacks Einschätzung der Disziplin »Allgemeine Religionsgeschichte«, in: Neue Zeitschrift für systematische Theologie 6, 1964, 51–69 (s. o. 319 und bes. Anm. 621).
667 C. Colpe a. a. O. 53.

Wäre doch eine Religionswissenschaft, die allerdings die Frage nach der in den Religionen erfahrenen göttlichen Wirklichkeit nicht ausblenden, sondern als »Theologie der Religionen« thematisieren müßte, geradezu als Fundamentaldisziplin der Theologie überhaupt zu fordern im Sinne der hier entwickelten Konzeption der Theologie als Wissenschaft von Gott, die als solche die Religionen zu ihrem Thema hat. Auch eine aus praktischen Gründen überwiegend auf die Erforschung und Darstellung der christlichen Religion eingeschränkte Theologie bedürfte der Grundlegung durch eine allgemeine Theologie der Religion. Diese Aufgabe wird daher, obwohl das der gegenwärtigen wissenschaftsorganisatorischen Situation der Theologie besonders in Deutschland nicht entspricht, in den folgenden Ausführungen an erster Stelle unter den Teildisziplinen der Theologie behandelt werden.

2. *Religionswissenschaft als Theologie der Religion*

Die Anfänge religionskritischer und religionsvergleichender Untersuchungen reichen bis in die Antike zurück. Sie erfuhren seit der Renaissance einen neuen, bedeutenden Aufschwung.[668] Sie wurden auch durch die Berichte christlicher Missionare, sowie durch die Bemühungen der Philosophie, der Philologie und besonders der Orientalistik im 18. und 19. Jahrhundert erheblich ausgeweitet. Dennoch konnte J. Réville auf dem ersten internationalen Kongreß für Religionsgeschichte in Paris im Jahre 1900 feststellen, daß die Religionswissenschaft eine noch junge Disziplin sei: Ihre Institutionalisierung als eigene Universitätsdisziplin hatte erst ein Vierteljahrhundert zuvor eingesetzt.[669] 1873 wurde an der theologischen Fakultät Genf ein Lehrstuhl für Religionsgeschichte eingerichtet, nachdem dieses Fach in Basel schon seit 1834 regelmäßig im Vorlesungsbetrieb behandelt worden war. Bevor die anderen Schweizer Universitäten dem Beispiel Genfs folgten, wurden seit 1876 an allen theologischen Fakultäten Hollands religionsgeschichtliche Lehrstühle begründet. In Frankreich kam es 1879 zur Schaffung eines Lehrstuhls am Col-

---

668 Siehe dazu O. Gruppe: Geschichte der klassischen Mythologie und Religionsgeschichte, 1921; ferner H. Pinard de la Boullaye: L'étude comparée des religions I, Paris 1922.
669 Zum folgenden siehe J. Réville: La situation actuelle de l'enseignement de l'histoire des religions, in: Revue de l'histoire des religions, 43, 1901, 58–74.

lège de France, dessen erster Inhaber der protestantische Theologe Albert Réville war, und 1886 wurde eine ganze religionswissenschaftliche Sektion an der Ecole des Hautes Etudes begründet. In ähnlicher Weise gewann die Religionswissenschaft während dieser Zeit in England, den USA und in Skandinavien einen festen Platz an den Universitäten. Von den für die Fortschritte der Religionswissenschaft im 19. Jahrhundert bedeutsamen Ländern blieb nur Deutschland hinter dieser Entwicklung zurück. J. Réville erklärte diese Tatsache mit dem Bestehen konfessionell gebundener theologischer Fakultäten in Deutschland[670] und forderte, daß die Theologie die konfessionelle Prägung ihrem Charakter als Wissenschaft unterordnen und darum die allgemeine Religionswissenschaft in sich aufnehmen müsse.[671] Die Verankerung der Disziplin in philosophischen Fakultäten erschien ihm dagegen nur als eine vorübergehende Notlösung. Als A. v. Harnack gegen die Forderung nach Umwandlung der theologischen in religionsgeschichtliche Fakultäten oder zumindest nach Aufnahme der Religionswissenschaft unter die Disziplinen der theologischen Fakultäten eingewandt hatte, mit einer vom Studium der Sprachen und der Geschichte notgedrungen losgelösten Religionsgeschichte verurteile man die theologischen Fakultäten zu einem »heillosen Dilettantismus«, und zudem genüge das exemplarische Studium der christlichen Religion für die Kenntnis der Religion überhaupt[672], antwortete J. Réville, daß vielmehr für die Kenntnis der biblischen die der übrigen Religionen unentbehrlich sei und daß die Alternative von spezialistischer Beschränkung und Dilettantismus nicht überzeuge.[673] In der Tat würde dieses letztere, von Harnack an erster Stelle genannte Argument darauf hinauslaufen, daß die religiöse Thematik und ihre Geschichte als Gesamtphänomen gar nicht mehr zum Gegenstand wissenschaft-

---

670 a. a. O. 71.
671 a. a. O. 72 f.: Assurément, partout où il existe des Facultés de théologie universitaires, la place de l'enseignement de l'histoire des religions paraît marquée dans ces Facultés, à mesure surtout qu'elles se dépouillent du caractère confessionel qui doit nécessairement être subordonné au caractère scientifique, le seul qui soit universitaire.
672 A. v. Harnack: Die Aufgabe der theologischen Fakultäten und die allgemeine Religionsgeschichte, 1901, 9 ff.
673 J. Réville in: Revue de l'histoire des religions 44, 1902, 423 f. Der erste der beiden Gesichtspunkte ist gegen Harnack auch von A. Deissmann (Der Lehrstuhl für Religionsgeschichte, 1914, 15) hervorgehoben worden, der im übrigen die Bedeutung der Religionen als Gegenwartsmächte, mit denen sich besonders der Missionar auseinanderzusetzen hat, betonte.

Die innere Gliederung der Theologie

licher Untersuchung werden könnten. Das eigentlich tragende Argument Harnacks war denn auch die Behauptung der Suffizienz des Christentums für die Kenntnis der Religion überhaupt. Aber dieses Argument setzt nicht nur den Anspruch auf eine vor aller Diskussion feststehende Absolutheit des Christentums voraus[674], sondern darüber hinaus auch einen Anspruch auf politische Alleingeltung des Christentums, und erst dieser letztere Anspruch macht verständlich, daß die Absolutheit des Christentums für Harnack gar nicht erst einer Prüfung im Rahmen religionsgeschichtlicher Untersuchungen bedarf: » – gewiß ist, daß die Völker, welche die Erde jetzt aufteilen, mit der christlichen Civilisation stehen und fallen, und daß die Zukunft keine andere neben ihr dulden wird«.[675] Zwar führte Harnack diesen Gesichtspunkt im Zusammenhang mit der Forderung der christlichen Mission an, wie sie gebieterischer »seit einem Jahrtausend nicht aufgetreten« sei, und zwar als einen der Gründe *für* eine stärkere Berücksichtigung der nichtchristlichen Religionen in der Theologie; aber es ist doch deutlich, daß seine eigene Position nur in den Folgerungen von dieser Perspektive abweicht, und erst in deren Rahmen gewinnt seine These von der Suffizienz eines Studiums des Christentums für die Kenntnis der Religion überhaupt Plausibilität. Doch ebenso deutlich ist heute, daß diese politische Perspektive sich als Illusion erwiesen hat und daß christliche Theologie sich auch aus Gründen ihres christlichen Selbstverständnisses nicht nachdrücklich genug von einem derartigen imperialistisch-kolonialistischen Eurozentrismus distanzieren kann. Statt dessen muß es ihr um den Dialog mit anderen Religionen[676] gehen, und dieser kann nicht auf der Grundlage einer der Diskussion von vornherein entzogenen Voraussetzung der Alleingeltung der christlichen Religion geführt werden.

Es ist leider zu befürchten, daß die Verbindung von Religions- und Missionswissenschaft, die dann besonders in Deutschland charak-

---

674 A. v. Harnack a. a. O. 16.
675 ebd. 9.
676 Solcher Dialog ist sicherlich »im Sinne einer Theologie der Religionen nicht Endziel, sondern eine *vorübergehende Situation*« (K. Goldammer: Die Gedankenwelt der Religionswissenschaft und die Theologie der Religionen, in: Kerygma und Dogma 5, 1969, 105–135, Zitat 130), aber doch so, daß ein solcher Dialog ernsthaft auf Verständigung und sogar auf mögliche »Übereinkunft« (ebd.) zielt, nicht nur taktische Kampfpause sein sollte. Vgl. auch K. Goldammer: Die Idee des Dialogs und des dialogischen Denkens in den interkonfessionellen und interreligiösen Beziehungen und Erwägungen (Erneuerung der Einen Kirche. Festschrift H. Bornkamm, 1966, 127–139).

teristisch geworden ist für die Gestalt, in der die Religionswissenschaft Eingang gefunden hat in die theologischen Fakultäten[677], sich weithin in der bei Harnack angedeuteten Perspektive vollzog. In dieser Verbindung wird das Studium der nicht-christlichen Religionen unvermeidlich eingeengt auf die Erfordernisse christlicher Missionsinteressen, sofern die Kenntnis dieser Religionen Voraussetzung erfolgreicher christlicher Mission ist. Dabei legt sich eine einseitige Bevorzugung der heute lebendigen Religionen und ihres gegenwärtigen Enwicklungsstandes nahe. Eine Erforschung der Welt der Religionen um ihrer selbst willen muß solche Schranken sprengen. Sie muß sich dem religiösen Leben der Menschheit in seiner ganzen Breite zuwenden. Nur in der Perspektive einer Weltgeschichte der Religionen kann die Bedeutung einer Einzelreligion und ihres gegenwärtigen Entwicklungsstandes voll in den Blick kommen. Die Religionswissenschaften bilden somit den Rahmen, in welchem auch die christliche Theologie mit allen ihren Disziplinen ihren Ort finden muß. Sie sind nicht nur unter dem besonderen Gesichtspunkt der Mission von theologischem Interesse, sondern schon im Hinblick auf Ursprung, Geschichte und systematisches Selbstverständnis des Christentums selber relevant. Nur eine dogmatische Auffassung des Christentums, die von vornherein den christlichen Glauben als Offenbarungserkenntnis von der Welt der Religionen als bloß menschlicher Projektionen absetzt, könnte die Religionen als ein dem Christentum so äußerliches Phänomen einschätzen, daß es erst bei der missionarischen Wendung nach außen in den Blick zu treten brauchte.

Die Religionswissenschaft sollte als theologische Fundamentaldisziplin vom Studium der Misssionsthematik getrennt werden. Damit wird dann allerdings auch zweifelhaft, ob letztere überhaupt durch eine eigene theologische Disziplin wahrgenommen werden muß. Das missionarische Element ist so eng mit der Eigentümlichkeit der christlichen Religion und Kirche verbunden, daß es in allen Disziplinen einer Theologie des Christentums Berücksichtigung finden muß, in der historischen wie in der systematischen Theologie. Gerade darum unterliegt seine Herauslösung aus dem Zusammenhang

677 Siehe dazu O. G. Myklebust: The Study of Missions in Theological Education, Oslo 1955. Ferner G. Rosenkranz: Missionswissenschaft als Wissenschaft, in: Zeitschrift für Theologie und Kirche 53, 1956, 103–127; A. Lehmann: Die Religions- und Missionswissenschaft im theologischen Studium, in: Wissenschaftliche Zeitschrift der Universität Halle 6, 1957, 767–772.

mit den übrigen Aspekten einer christlichen Theologie schweren Bedenken.[678] Die Erfordernisse der Missionarsausbildung können für sich allein die Ausgrenzung einer Missionswissenschaft als selbständiger und einheitlicher wissenschaftlicher Disziplin nicht rechtfertigen, und andererseits erfordert auch dieses berufspraktische Ausbildungsziel eine Einführung in die christliche Theologie im ganzen, nicht nur in einer Spezialdisziplin. Eine eigene Aufgabe bildet die Missionsthematik weniger in historischer und systematischer Hinsicht als am ehesten noch im Hinblick auf eine gegenwärtige Theorie missionarischen Handelns der Kirche. Eine solche Aufgabe aber gehört in den Rahmen der praktischen Theologie. Sie begründet nicht die Notwendigkeit einer fundamental selbständigen theologischen Disziplin. Erst die Verbindung der religionswissenschaftlichen Aufgabe mit der Missionstheologie konnte der letzteren zum Rang einer selbständigen theologischen Disziplin verhelfen. Würde sich jedoch die Einsicht in die Notwendigkeit einer eigenständigen Religionswissenschaft an den theologischen Fakultäten durchsetzen, so käme dieser die Aufgabe einer Grundlegung der Theologie überhaupt zu, während die Missionswissenschaft als Teildisziplin im Rahmen der praktischen Theologie wahrgenommen werden könnte.

Fundamentaltheologische Relevanz könnte die allgemeine Religionswissenschaft allerdings nur unter einer Bedingung gewinnen, die durch ihren gegenwärtigen Entwicklungsstand noch nicht gewährleistet ist: Die allgemeine Religionswissenschaft dürfte sich nicht beschränken auf die Beschreibung menschlicher religiöser Erfahrungen, ihrer Zusammenhänge mit sonstiger Erfahrung und ihrer Institutionalisierung im gesellschaftlichen Lebenszusammen-

---

678 Siehe auch die Bemerkung von C. Colpe: Die Funktion religionsgeschichtlicher Studien in der evangelischen Theologie, in: Verkündigung und Forschung 13, 1968, 1 ff., bes. 11, es könne durchaus sein, daß die Missionswissenschaft »gerade der Einsicht zum Opfer fällt, daß alle Theologie auf Mission bezogen sein sollte«. Colpe behandelt dabei allerdings »die Wissenschaft von Mission und Ökumene« als ein Ganzes, obwohl das Verhältnis von Konfessionskunde, Ökumenik und Missionswissenschaft heute durchaus nicht als in diesem Sinne geklärt anzusehen ist, wie Colpe es wohl aus der Perspektive der an der Hamburger Fakultät bestehenden Verhältnisse voraussetzt. Eine Auflösung der als »Wissenschaft von Mission und Ökumene« identifizierten Disziplin darf nach Colpe »letztlich nicht in Frage kommen, ... weil mindestens der Blick für Veränderungen christlicher Substanz offengehalten werden sollte, wie sie bei Mission und bei der Entstehung jüngerer Kirchen stattfinden können« (ebd.). Es ist jedoch nicht einzusehen, warum dieser Forderung nicht auch im Rahmen der übrigen theologischen Disziplinen Rechnung getragen werden könnte.

hang, sondern hätte auch nach der im religiösen Leben und seiner Geschichte erfahrenen Wirklichkeit zu fragen. Eine solche Fragestellung wird von vornherein blockiert, wenn im Sinne der neuzeitlichen Privatisierung der religiösen Thematik die Wahrheit religiöser Überzeugungen für nur der subjektiven Glaubensentscheidung des einzelnen zugänglich erklärt wird. Die Psychologie, Phänomenologie, Soziologie und Geschichte der Religion hätten es dann nur mit der menschlichen Seite des religiösen Lebens zu tun. Besonders unter dem Einfluß der Religionsphänomenologie hat sich solche Urteilsenthaltung hinsichtlich der Gegenstandswirklichkeit der religiösen Erfahrung verbreitet: »... die Wissenschaft weiß nur vom Tun des Menschen in der Beziehung zu Gott, nichts vom Tun Gottes zu erzählen«.[679] Dementsprechend wird dann zwischen Theologie und Religionswissenschaft scharf getrennt.[680] So ist nach K. Goldammer »der *Gegenstand der Religionswissenschaft* nicht mit dem Gegenstand der Religion identisch«. Der letztere nämlich ist die heilige Macht, deren »objektive Wirklichkeit« aber »nicht Sache der Religionswissenschaft« sein soll.[681] Dabei meint Goldammer, mit solcher Urteilsenthaltung jenseits einer positiven wie auch einer negativen Stellungnahme zur Frage nach der Wahrheit der religiösen Behauptungen verharren zu können, jenseits eines *Illusionismus* ebenso wie eines *Realismus*. Er täuscht sich offenbar darüber, daß schon die Urteilsenthaltung ein Vorurteil zugunsten einer anthropologisch-immanenten Religionsdeutung begründet: Je mehr es scheinbar gelingt, die religiösen Erscheinungen als Ausdrucksformen seelischer Einstellungen und gesellschaftlicher Gegebenheiten zu begreifen, um so überflüssiger wird *eben dadurch* die Annahme einer transzendenten Bezugswirklichkeit religiöser Erfahrung. F. Heiler hat hier schärfer gesehen, wenn er von der modernen Religionswissenschaft sagte, sie habe »großenteils den Begriff Religion vermenschlicht und entgottet«.[682] Dabei handelt es sich natürlich nicht um ein negatives Forschungsergebnis der Religionswissenschaft,

---

679 G. van der Leeuw: Phänomenologie der Religion (1933) 2. Aufl. 1956, 3.
680 H. W. Gensichen hat das als die heute überwiegend praktizierte »kleine Lösung« der Frage nach dem Verhältnis von Theologie und Religionswissenschaft charakterisiert (Tendenzen der Religionswissenschaft, in: Theologie als Wissenschaft in der Gesellschaft, Göttingen 1970, 28–40, bes. 33 f.).
681 K. Goldammer: Die Gedankenwelt der Religionswissenschaft und die Theologie der Religionen, in: Kerygma und Dogma 15, 1969, 105–135, Zitate 115 f.
682 F. Heiler: Erscheinungsformen und Wesen der Religion, 1961, 4 f.

Die innere Gliederung der Theologie

sondern um das Resultat jener methodischen Abblendung des spezifischen Gegenstandes religiösen Verhaltens. Eine bloße Psychologie, Phänomenologie oder Soziologie der Religionen bekommt deren spezifische Thematik gar nicht in den Blick. Der Anspruch derartiger Untersuchungen als Wissenschaft von der Religion und von den Religionen muß daher als problematisch bezeichnet werden. Von jeder Realwissenschaft muß erwartet werden, daß sie ihren jeweiligen Gegenstand unvoreingenommen erforscht und nicht diejenigen Züge methodisch abblendet, die konstitutiv sind für seine Eigenart. Daher hat Heiler mit Recht »*das Ernstnehmen des religiösen Wahrheitsanspruches*« für das Studium religiöser Phänomene gefordert.[683] Solches Ernstnehmen braucht nicht zu bedeuten – und kann das für wissenschaftliche Untersuchung gar nicht bedeuten – daß man solchen Wahrheitsansprüchen unbesehen zustimmt. Wissenschaftliche Untersuchung kann sich auf Behauptungen nur in der Weise einlassen, daß sie sie als problematisch behandelt und ihre Ansprüche zu prüfen sucht. Solche Prüfung muß sich an die Implikationen der zu prüfenden Behauptungen selbst halten. Im Hinblick auf religiöse Überlieferungen bedeutet das, daß behauptete Bekundungen »heiliger Macht« auf den behaupteten Machtcharakter selbst zu prüfen sind, in erster Linie im Hinblick auf die von den Trägern solcher Überlieferungen gemachten Erfahrungen, erst in zweiter Linie auch an gegenwärtig zugänglicher Wirklichkeitserfahrung. Die Behauptungen der Wirklichkeit göttlicher Mächte sind also auf ihre Wirklichkeit erschließende Kraft zu prüfen, und damit wird nur methodisch reflektiert vollzogen, was in der Geschichte jeder religiösen Überlieferung faktisch vor sich geht, indem die Götter einer Religion sich für die Glieder der betreffenden Religionsgemeinschaft als machtvoll wirkend erweisen oder nicht. In diesem Sinne ist dem Satz Heilers zuzustimmen: »Alle Religionswissenschaft ist letztlich *Theo*logie, insofern sie es nicht nur mit psychologischen und geschichtlichen Erscheinungen, sondern mit dem Erlebnis jenseitiger Realitäten zu tun hat.«[684] Heiler meinte damit allerdings den vermeintlichen mystischen Kern aller religiösen Erfahrung, der ihm als unmittelbar evident galt. Für uns handelt es sich hingegen um die Frage nach der erhellenden Kraft bestimmter religiöser Überlieferung für die Lebenserfahrung ihrer Träger oder

683 ebd. 17.
684 ebd.

nach dem Versagen solcher Bewährung. Dem steht E. Troeltschs Formel vom gottmenschlichen Charakter der Religionsgeschichte[685] näher als Heilers geschichtslose Schau des einen mystischen Grundes in der Vielfalt religiöser Überlieferungen. Die eigentliche Thematik der Religionen, die in ihnen erfaßte Bekundung göttlicher Wirklichkeit, kann nur in einer *Theologie* der Religionen Gegenstand wissenschaftlicher Untersuchung werden, nicht in einer bloßen Religionspsychologie, Religionssoziologie oder Religionsphänomenologie. Diese können nur Hilfsdisziplinen einer eigentlichen Religionswissenschaft sein, die die religiösen Traditionen auf die von ihnen überlieferten Bekundungen der alles bestimmenden Wirklichkeit, der von der betreffenden Religion verehrten »heiligen Macht«, befragt, *inwiefern* sie sich tatsächlich als solche bewähren an den Erfahrungen der in solcher religiösen Überlieferung stehenden Menschen. Wir haben gesehen, daß eine solche Theologie der Religionen die Behauptungen religiöser Überlieferungen durchaus kritisch zu befragen vermag. Eine solche *kritische* Theologie der Religionen entwickelt keineswegs eine Deutung der Religionen von einem vorgegebenen Glaubensstandpunkt aus. Sie unterscheidet sich dadurch von den Ansätzen zu einer *dogmatischen* Theologie der Religionen, wie sie in jüngster Zeit besonders von katholischen Theologen entwickelt worden sind.[686] Eine kritische Theologie der Religionen wäre *Theologie* insofern als sie die religiösen Traditionen und Lebensformen auf ihr spezifisch religiöses Thema, auf die in ihnen in Erscheinung tretende göttliche Wirklichkeit, und nicht unter irgendwelchen anderen Gesichtspunkten wie Psychologie oder Soziologie befragte. Es handelt sich dabei jedoch nicht um so etwas wie eine standpunktmäßig voreingenom-

---

685 E. Troeltsch: Die Selbständigkeit der Religion, in: Zeitschrift für Theologie und Kirche 6, 1896, 79 ff., 94 ff., sowie ders.: Geschichte und Metaphysik, in derselben Zeitschrift (ZThK 8, 1898, 29 f.).
686 So bezeichnet K. Rahner seine Ausführungen über »Das Christentum und die nichtchristlichen Religionen« (Schriften zur Theologie V, 1962, 136–158) ausdrücklich als »Grundzüge einer *katholisch-dogmatischen* Interpretation der nichtchristlichen Religionen« (138), und H. R. Schlette grenzt die Religionstheologie als »ein Spezialgebiet *theologisch-dogmatischer* Systematik« scharf von rein religionswissenschaftlicher Systematik ab (Die Religionen als Thema der Theologie, 1963, 63). In seiner Verhältnisbestimmung von allgemeiner Religionswissenschaft und Religionstheologie betont er die Neutralität der ersteren gegenüber der Frage nach der Wahrheit der Religion (ebd. 43 ff., bes. 46). Vgl. auch E. Fahlbusch: Theologie der Religionen. Überblick zu einem Thema römisch-katholischer Theologie (Kerygma und Dogma 15, 1969, 73–86) mit weiterer Lit.

Die innere Gliederung der Theologie

mene *interpretatio christiana* der nichtchristlichen Religionen.[687] Daß jeder Forscher faktisch einen subjektiven Standpunkt in seine Forschung mit einbringt, läßt sich freilich nicht vermeiden, und das wäre auch gar nicht wünschenswert, weil die unterschiedlichen Interessen und Fragestellungen unterschiedliche Aspekte der untersuchten Sachverhalte aufdecken können. Das ist in der Religionswissenschaft nicht anders als in anderen Disziplinen. Eine dogmatische »Prämisse« hingegen, die als Ausgangspunkt aller Argumentation kritischen Rückfragen entzogen bliebe, ist für das skizzierte Verfahren einer kritischen Theologie der Religionen weder notwendig noch zulässig. Dieses Verfahren ist gerade durch die Erwägung bestimmt, daß in der Geschichte die Frage nach der »wahren« Religion strittig ist und daß es bei dieser Strittigkeit um die Fähigkeit der verschiedenen religiösen Überlieferungen zur Integration der sich verändernden Wirklichkeitserfahrung von den Motiven der eigenen Überlieferung aus und zur Assimilation der in ihrem Licht sich aufdrängenden Wahrheitsmomente anderer religiöser Traditionen geht. Dabei ist weder vorausgesetzt, daß *nur* die israelitisch-christliche Religion sich als ein solches Integrationszentrum erweist, noch auch, daß alle Religionsformen schon von sich aus auf Zukunft hin offen wären und in dieser Zukunftsoffenheit konvergieren.[688]

[687] H. W. Gensichen hat in seinen verständnisvollen Ausführungen zu meinen »Erwägungen zu einer Theologie der Religionsgeschichte« (Grundfragen systematischer Theologie, 1967, 252–295) meine Auffassung insofern nicht getroffen, als er in ihr »eine unter spezifisch christlich-theologischen Prämissen stehende Sicht der Religionsgeschichte« vermutet (Tendenzen der Religionswissenschaft, in: Theologie als Wissenschaft in der Gesellschaft, hrsg. von H. Siemers / H. R. Reuter 1970, 38). Etwas anderes ist es, daß der christliche Glaube wegen seiner geschichtlichen und eschatologischen Orientierung es erlaubt, die Religionsgeschichte als Erscheinungsgeschichte des *in Jesus Christus offenbaren Gottes* in Anspruch zu nehmen und so sein eschatologisches Bewußtsein an der Religionsgeschichte als Erscheinungsgeschichte der in diesem Prozeß *strittigen* Wirklichkeit Gottes zu bewähren.

[688] Damit antworte ich auf die Anfragen, die P. Beyerhaus (Zur Theologie der Religionen im Protestantismus, in: Kerygma und Dogma 15, 1969, 87–104) an meinen in der vorigen Anm. zitierten Aufsatz gerichtet hat (96 f.). Ich habe nicht behauptet, die »theologische Offenheit für die Zukunft« sei »das Moment, in dem alle Religionen konvergieren« (96). Mythische Religionen sind vielmehr durch ihre Verschlossenheit gegen die Zukunft ihrer geschichtlichen Veränderung gekennzeichnet. Eben deshalb tritt ihre faktische Geschichte zu diesem ihrem Selbstverständnis in einen Gegensatz, der die Wahrheit des mythischen Bewußtseins erschüttert. Auch daß »die Religionen« aufgrund ihrer Wechselwirkung in der Geschichte notwendig in einer bereits absehbaren zukünftigen Einheit zusammenfließen« müssen (97), habe ich nicht behauptet. Ein »Zusammenflließen« ist *erstens* keineswegs »notwendig«, sondern läßt sich nur am tatsächlichen Prozeß der Religionsgeschichte beobachten, wenn es auch verständlich wird aus der Universalität, die

Faktisch hat freilich die israelitisch-christliche Überlieferung in besonderem Maße assimilative und integrative Kraft bewährt, und ihr geschichtliches Bewußtsein sowie ihre Offenheit auf Zukunft hin haben sie befähigt, den geschichtlichen Veränderungen ihres Glaubensbewußtseins, statt sie aus dem Bewußtsein zu verdrängen, in viel höherem Maße Rechnung zu tragen als das z. B. in mythischen Religionen der Fall ist. Das sind jedoch keine dogmatischen, sondern empirische Feststellungen über die Besonderheit der jüdisch-christlichen Traditionslinie gegenüber anderen religiösen Überlieferungsprozessen. Jene besondere Traditionslinie hat freilich das geschichtliche Verständnis der Wirklichkeit überhaupt und so auch die geschichtliche Untersuchung der eigenen und anderer religiöser Überlieferungen allererst ermöglicht, aber darin allein wird heute wohl niemand mehr eine dogmatische Befangenheit erblicken können, die den Blick für eine vorurteilslose Würdigung der Phänomene verstellen würde.

Zu einer Theologie der Religionen im angedeuteten Sinne gehört erstens eine Religionsphilosophie[689], die den allgemeinen Begriff

den großen Göttern der Religionen eignet. *Zweitens* steht von meinen Ausführungen her der zutreffenden Feststellung von Beyerhaus, »daß zu diesem Verschmelzungsvorgang parallel auch ein Spaltungsprozeß läuft« (97), nichts im Wege. Am faktischen Verlauf der Religionsgeschichte von den Anfängen Israels bis zur Gegenwart bleibt trotzdem die durch das Christentum bewirkte Integration der verschiedensten religiösen Überlieferungen, sowie die von ihm und dem Islam (gerade auch in ihrer Konkurrenz untereinander) ausgegangene Tendenz zur Herausbildung einer religiösen Weltsituation unübersehbar. Dabei ist in einer *christlichen Deutung* des Verhältnisses zu den anderen Religionen allerdings »nicht nur die Bestätigung, sondern auch das Gericht über den Menschen in seiner Religion« (97) und das »Dämonische« in den Religionen zu beachten. Ansatzpunkte dazu bietet die im tatsächlichen Gang der Geschichte implizierte Kritik des mythischen Bewußtseins, die ich schon in dem angeführten Aufsatz geäußert habe (287 f.).

689 C. Colpe ordnet Religionsphilosophie und Theologie in anderer Weise einander zu, indem er der ersteren die Frage der »Gültigkeit« religiöser Erfahrung im Sinne der Annahme eines religiösen Apriori zuweist und der Theologie die »Wahrheitsfrage« vorbehält (Die Funktion religionsgeschichtlicher Studien in der evangelischen Theologie, in: Verkündigung und Forschung 13, 1968, 8, vgl. 7 Anm. 16). In meinen Darlegungen wird hingegen »Theologie« als die Differenz von Religionsphilosophie und Religionsgeschichte übergreifende Kategorie gebraucht. Angesichts des philosophischen Ursprungs des Theologiebegriffs sollte man ihn der Philosophie nicht von vornherein streitig machen. Allerdings bietet nicht *jede* Religionsphilosophie auch eine Theologie der Religion. Häufig beschränkt sich Religionsphilosophie auf anthropologische Aspekte der religiösen Erfahrung, wie das auch bei den transzendentalen Theorien eines religiösen Apriori der Fall ist. Dann bleibt die philosophische Erörterung des Phänomens der Religion unvollständig. Noch häufiger ist die Religionsgeschichte nicht als »gottmenschlicher« Prozeß (Troeltsch) und also theologisch, sondern als bloß menschliches Geschehen beschrieben

von Religion überhaupt entwickelt und in diesem Rahmen den Gedanken Gottes als der alles bestimmenden Wirklichkeit einführt. Eine solche Religionsphilosophie erfordert in der durch das neuzeitliche Denken heraufgeführten Diskussionslage eine allgemeine Anthropologie als Basis. Ein Beispiel für die Durchführung dieser Aufgabe ist die Entwicklung des Religionsbegriffs im Zusammenhang der Thematik menschlicher Sinnerfahrung, nämlich im Hinblick auf die in aller Sinnerfahrung implizierte Sinntotalität, die ihrerseits eine alles bestimmende Wirklichkeit als einende Einheit dieser Sinntotalität impliziert. Derartige Erörterungen lassen sich als Fortführung von Schleiermachers Analyse der Religion als »Anschauung und Gefühl des Universums« verstehen. Dabei setzt die Analyse der Sinnerfahrung über ihren anthropologischen Ausgangspunkt hinaus auch Annahmen über die menschlicher Erfahrung vorgegebene Wirklichkeit und über die Möglichkeit ihrer Auffassung in der Erfahrung voraus. Im einzelnen hat sodann die Religionsphilosophie sowohl Grundformen der religiösen Vorstellungen von der »heiligen Macht« der göttlichen Wirklichkeit zu erörtern, als auch das jeweils zugehörige Welt- und Selbstverständnis, sowie drittens die Formen der religiösen Beziehung, des Kultus. Die Religionsphilosophie fußt dabei auf der durch Hilfsdisziplinen wie Religionspsychologie, Religionsphänomenologie und Religionssoziologie vorbereiteten Ordnung des religionskundlichen Stoffes. Diese Hilfsdisziplinen vermitteln durch ihre Mittelstellung zwischen Empirie und begrifflicher Systematik die beiden religionswissenschaftlichen Hauptdisziplinen der Religionsphilosophie und der Religionsgeschichte.
Die religionsgeschichtliche Theoriebildung hebt den allgemeinen und in seiner Allgemeinheit abstrakten Begriff der Religion, wie ihn die Religionsphilosophie entwickelt, auf in die konkrete geschichtliche Wirklichkeit des religiösen Lebens. Aufgabe der Religionsgeschichte

worden. Die Hegelsche Religionsphilosophie hingegen stellt die Geschichte der Religionen als Realisierung ihres »theologisch« gefaßten allgemeinen Begriffs dar. Demgegenüber wird hier zwischen der religionsphilosophischen Darstellung des allgemeinen Begriffs der Religion, in deren Rahmen der Gottesbegriff Problem bleibt, und einer Theologie der Religionsgeschichte (einschließlich des Christentums), die nach der Bewährung und Bewahrheitung der von den Überlieferungen behaupteten Götter in der geschichtlichen Erfahrung der Religionen fragt, unterschieden. Damit wird dem Umstand Rechnung getragen, daß ein allgemeiner Begriff der Religion immer abstrakt bleibt, die konkrete geschichtliche Wirklichkeit der Religion nur durch die Erzählung dieser Geschichte, nicht aber in der Allgemeinheit eines Begriffs erfaßt werden kann.

ist es nicht nur, das religionskundliche Material in zeitlicher Folge zu ordnen, sondern Modelle des Entwicklungsprozesses der Einzelreligionen und schließlich auch der Weltgeschichte der Religion überhaupt zu entwerfen, wobei jedoch die Pluralität und Unabgeschlossenheit der Geschichte der Einzelreligionen nicht gewaltsam in ein Einheitsschema gepreßt werden darf.[690] Im Rahmen einer solchen Weltgeschichte der Religion oder der Religionen ist dann auch der religionsgeschichtliche Ort der Religion Israels und des Christentums zu bestimmen. Damit liefert eine Theologie der Religion den Bezugsrahmen für die der Erforschung und Interpretation des Christentums gewidmeten Disziplinen der Theologie.

Solange die Religionswissenschaft sich noch nicht zu einer Theologie der Religionen in dem hier skizzierten Sinne und damit zur Grunddisziplin der Theologie überhaupt ausgebildet hat, wird diese fundamentaltheologische Aufgabe provisorisch im Rahmen der systematischen Theologie wahrgenommen. Tatsächlich sind die genannten Themen in der neuzeitlichen Theologiegeschichte von der protestantischen Theologie gewöhnlich im Rahmen der Prolegomena zur Dogmatik entwickelt worden, während sie in der katholischen Theologie zu den Aufgaben der Fundamentaltheologie gerechnet worden sind. Diese letztere Lösung wäre als angemessen zu betrachten, wenn die Fundamentaltheologie den Aufgabenkreis einer christlichen Apologetik, aus dem sie hervorgegangen ist[691], einer anderen Disziplin überlassen und die Aufgabe einer Theologie der Religion und der Religionen als ihren eigentlichen Gegenstand begreifen könnte. Diese letztere Aufgabe kann nicht Teil einer christlichen Apologetik sein, weil sie es vielmehr mit dem allgemeineren Bezugsrahmen für eine Theologie des Christentums zu tun hat. In der Verbindung der Religionstheologie mit der Apologetik äußert sich eine konfessionell verengte Perspektive der wissenschaftlichen Aufgabe der Theologie. Ähnliche Bedeutung kann die Einordnung des Themas in die Prolegomena zur Dogmatik haben. Doch kann faktisch hier wie auch im Rahmen einer mit der Apologetik verbundenen Fundamentaltheologie die Aufgabe einer allgemeinen Grundlegung der speziellen christlichen Theologie ihren Ort finden.

690 In meinen »Erwägungen zu einer Theologie der Religionsgeschichte« (Grundfragen systematischer Theologie, 1967, 252–295) sind die aus der Universalität der Gottesgestalten motivierten Integrationsprozesse im konkreten Gang der Religionsgeschichte selbst als Kristallisationspunkte für deren Vereinheitlichung herausgestellt worden.
691 s. u. 417 ff.

Die eine wie die andere Zuordnung der Religionsthematik muß jedoch als Notlösung beurteilt werden, da das Thema in seiner Allgemeinheit den Rahmen solcher spezielleren Disziplinen sprengt. Gerechtfertigt ist eine solche Notlösung so lange und nur so lange, wie eine echte Fundamentaltheologie in Gestalt einer Theologie der Religion und der Religionen nicht vorhanden ist.

Die hier skizzierte Aufgabe einer Theologie der Religion nimmt die Forderung Schleiermachers nach einer »philosophischen Theologie« als Grundlegung der gesamten Theologie auf.[692] Sollte doch die philosophische Theologie nach Schleiermachers Absicht »das Wesen des Christentums, wodurch es eine eigentümliche Glaubensweise ist, zur Darstellung« bringen.[693] Schon Schleiermacher hat allerdings ähnlich wie später die katholische Fundamentaltheologie diese Aufgabe mit derjenigen einer christlichen Apologetik verbunden und von der Aufgabe der Religionsphilosophie unterschieden, die die Verschiedenheiten religiöser Gemeinschaften allgemein behandeln soll (§ 23). Da Schleiermacher aber von der philosophischen Theologie sagt, daß sie »ihren Ausgangspunkt nur über dem Christentum« nehmen könne, nämlich »in dem allgemeinen Begriff der frommen oder Glaubensgemeinschaft« (§ 33), so kann es sich bei der philosophischen Theologie nicht, wie es zunächst scheinen könnte, um die Bestimmung der Besonderheit des Christlichen von einem christlichen Glaubensstandpunkt aus und in Abgrenzung von anderen Glaubensweisen handeln, sondern nur um die Aufgabe einer speziellen Religionsphilosophie. Die Basis der Religionsphilosophie liegt nach Schleiermacher in der Ethik, die »das Wesen der Frömmigkeit und der frommen Gemeinschaften« überhaupt »im Zusammenhang mit den übrigen Tätigkeiten des menschlichen Geistes« betrachtet (§ 21, vgl. § 33, § 35). Statt dessen ist hier die Anthropologie als Grundlage der Religionsphilosophie bezeichnet worden, da die Ethik auch in dem weiten Sinne, in welchem Schleiermacher diesen Begriff faßte, ihrerseits schon eine anthropologische Grundlegung voraussetzt und

---

692 Schon E. Troeltsch hat die Aufgabe einer »allgemeinen Religionswissenschaft oder Religionsphilosophie« (Gesammelte Schriften II, 1913, 224) zur Grundlegung der Theologie als Verwirklichung der von Schleiermacher geforderten, aber nicht ausgeführten »philosophischen Theologie« begriffen (225), deren »Voraussetzungslosigkeit« er jedoch durch den Namen »Religionsphilosophie« stärker betonen wollte.

693 F. Schleiermacher: Kurze Darstellung des theologischen Studiums 1811, 2. Aufl. 1830 (krit. Ausg. von H. Scholz 1935) § 24. Die folgenden Verweise im Text beziehen sich auf dieses Werk.

die Religionsthematik unmittelbar, nicht erst durch Vermittlung der Ethik als einer allgemeinen Theorie des Handelns, in der Konstitution des menschlichen Daseins verwurzelt ist.
Die Unterscheidung der »philosophischen Theologie« (und in ihr zunächst der Apologetik) von der allgemeinen Religionsphilosophie führte bei Schleiermacher dazu, daß der ersteren nur die Aufgabe einer begrifflichen Aussonderung des spezifisch Christlichen gegenüber anderen »Glaubensweisen« zugewiesen wurde, die philosophische Theologie das Christentum aber nicht im Zusammenhang der Geschichte der Religionen behandelt. Letzteres gehört vielmehr zur Aufgabe der Religionsphilosophie.[694] Damit wird bei Schleiermacher die Geschichte noch nicht in ihrer vollen Bedeutung für die Religionen und speziell für das Christentum selbst gewürdigt. Vor allem aber wird bei Schleiermacher die Religion oder Frömmigkeit nur als Gestalt subjektiver Erfahrung thematisch, nicht als Selbstbekundung göttlicher Wirklichkeit. In beiden Hinsichten boten die »Reden über die Religion« (1799) noch Ansatzpunkte zu einer weiter ausgreifenden Konzeption, wie sie dann eher in Hegels Religionsphilosophie als bei Schleiermacher selbst zur Ausführung gekommen ist.

3. Biblische Exegese und historische Theologie

Faßt man die heutigen Fächer der biblischen Exegese und der Kirchengeschichte unter dem Begriff der *historischen Theologie* zusammen, so ist damit bereits eine grundlegende Entscheidung über ihren Charakter getroffen. Der theologiegeschichtlichen Betrachtung muß sich nämlich gerade die Verschiedenheit der Funktion dieser Fächer und der Motive ihrer selbständigen Entwicklung aufdrängen. Während die Schriftauslegung der Mutterboden aller christlichen Theologie gewesen ist, trat die Kirchengeschichte erst spät – seit dem Ende des 16. Jahrhunderts – als eigene theologische Disziplin hervor, und zwar zunächst nur als eine Hilfsdisziplin, als die sie in unserer Zeit noch und wieder von Karl Barth eingestuft wurde.[695]
Den Begriff einer *historischen Theologie*[696] hat H. Alting schon

---

694 Siehe dazu die »Lehnsätze aus der Religionsphilosophie« in Schleiermachers Glaubenslehre (Der christliche Glaube 1821, 2. Aufl. 1830) § 7 ff.
695 K. Barth: Kirchliche Dogmatik I/1, 1932, 3.
696 Das Buch von J. Pelican: Historical Theology, 1971, war mir leider noch nicht zugänglich.

in der ersten Hälfte des 17. Jahrhunderts in Vorlesungen gebraucht, die 1664, zwanzig Jahre nach seinem Tode, unter diesem Titel veröffentlicht wurden. Sie behandelten die Entwicklung der christlichen Lehren in historischer Folge vom Alten Testament an. Dieser Begriff der historischen Theologie, der die biblische Theologie mit einschloß oder in ihr sogar seinen Hauptinhalt hatte, wurde von J. A. Ernesti 1759 ähnlich wie schon bei Alting (s. u. Anm. 751) dem der dogmatischen, scholastischen oder akademischen Theologie entgegengesetzt.[697] Auch die fast drei Jahrzehnte später (1787) von J. Ph. Gabler formulierte Gegenüberstellung von *biblischer* und dogmatischer Theologie setzt diese Linie noch fort, verbindet sie allerdings mit dem anderen Gedanken einer biblischen gegenüber der schulmäßigen Dogmatik (s. o. 358). Ernesti wies jedoch über die bloße Gegenüberstellung von Historie und Dogmatik hinaus. Er erwähnte beiläufig, daß eigentlich auch die dogmatische Theologie selbst ein Teil der historischen sein sollte, da sie sich mit den Urteilen und Meinungen der Theologen, mit deren *dogmata* befaßt.[698] Aber diese Bemerkung blieb bei Ernesti ohne Konsequenzen. Erst Schleiermacher hat neben Schriftexegese und Kirchengeschichte auch die Dogmatik in den Begriff der historischen Theologie einbezogen.[699] Er hat damit kaum Nachfolge gefun-

[697] J. A. Ernesti: De theologiae historicae et dogmaticae conjungendae necessitate et modo universo (Opuscula theologica [1773] 2. ed. Leipzig 1792, 511–534), 514 f. Siehe auch oben 359 bei Anm. 662.

[698] a. a. O. 514: Nam dogmatica proprie est illius ispius historicae Theologiae pars, de placitis et opinionibus Theologorum, quae sunt proprie dogmata, nostraque demum aetate, a nostratibus quibusdam, ita appellari coepit ea quae olim scholastica, post, propter invidiam verbi, acroamatica dicebatur... O. Ritschl (Dogmengeschichte des Protestantismus I, 1908, 27) hebt die Bedeutung der hier sich vollziehenden Wandlung des Dogmenbegriffs von biblischen oder kirchlichen, göttlich geoffenbarten Lehren zu Lehrmeinungen der Theologen hervor.

[699] Schleiermachers Kurze Darstellung des theologischen Studiums (1811) 2. Aufl. 1830 nach der krit. Ausg. von H. Scholz 1935, § 69 ff., bes. § 97, vgl. auch § 26–28. O. Ritschl a. a. O. (vgl. vorige Anm.) weist hin auf die Vorbereitung dieser Auffassung Schleiermachers bei K. Th. Tittmann 1775 und bei J. Chr. Döderlein 1780, die die Anregung Ernestis aufgegriffen haben. Zu Schleiermacher selbst vgl. die interessanten und gedankenreichen Ausführungen von E. Jüngel: Das Verhältnis der theologischen Disziplinen untereinander, in: Unterwegs zur Sache. Theologische Bemerkungen, 1972, 34–59, bes. 49 ff. Nach Jüngel wäre Schleiermachers Einbeziehung der Dogmatik in die historische Theologie als Antwort auf Fichtes Forderung nach Auflösung der theologischen Fakultäten bei Eingliederung der philologisch-historischen Fächer in die allgemeine Philologie und Historie aufzufassen. Fichte mag mit dieser Forderung in seinem 1807 geschriebenen Deduzierten Plan einer zu Berlin zu errichtenden höheren Lehranstalt (bes. § 26) vielleicht tatsächlich an die durch Ernesti und Gabler ausgelöste Diskussion über den Gegensatz zwischen historischer und dogmatischer Theologie angeknüpft haben, obwohl

den, weil das systematische und das historische Element allzu deutlich als zwei unterschiedliche Prinzipien erschienen. Auch Richard Rothe, der die Einordnung der Dogmatik in die historische Theologie akzeptierte, vermochte Schleiermacher nur um den Preis zu folgen, daß er die Aufgabe einer spekulativen – also eigentlich einer systematischen – Theologie von der der Dogmatik unterschied und mit der spekulativ-theologischen Schule an die Spitze des theologischen Systems setzte.[700] A. Dorner, der sich in seiner Enzyklopädie ebenfalls Schleiermachers Einordnung der Dogmatik in die historische Theologie anschloß, unterschied sich in diesem Punkt von Rothes Einteilung nur dadurch, daß er die spekulative auf die historische Theologie folgen ließ.[701] Aber auch mit der Zusammenfassung von Exegese und Kirchengeschichte zur historischen Theologie hat Schleiermacher keinen allgemeinen Beifall gefunden. Bezeichnend sind die Gesichtspunkte, deretwegen sogar sein Schüler Hagenbach sich außerstande sah, Schleiermacher in diesem Punkt zu folgen. Es

er selber nicht so, sondern zwischen dem »wissenschaftlichen« und dem »praktischen« Teil der Theologie unterscheidet und den Begriff Dogmatik nicht ausdrücklich nennt. Schleiermachers enzyklopädische Konzeption der historischen Theologie als Antwort an Fichte zu verstehen, weil durch die Einordnung der Dogmatik in die historische Theologie bei Schleiermacher »der Fichteschen Kritik der Boden entzogen« sei (Jüngel 49), scheitert jedoch daran, daß Fichtes Deduzierter Plan, obwohl 1807 geschrieben, erst 1817 veröffentlicht wurde, während Schleiermachers enzyklopädische Konzeption schon aus seiner Hallenser Zeit stammt und in der ersten Ausgabe von 1811 bereits die Grundlinien der späteren Fassung zeigt. Es könnte freilich sein, daß Schleiermacher durch seine Beteiligung an der Berliner Universitätskommission von Fichtes Entwurf Kenntnis erhalten hätte. Ein solcher Nachweis wäre jedoch erst zu führen. Einstweilen läßt sich Schleiermachers Ausweitung des Begriffs der historischen Theologie auf die Dogmatik doch wohl eher aus der Auseinandersetzung mit der innertheologischen Diskussion um den Gegensatz von biblisch-historischer und dogmatischer Theologie begreifen.
700 R. Rothe: Theologische Ethik I (1845) 2. Aufl. 1867, 48 f. (§ 8), vgl. 53 ff. (§ 12). Zur Stellung einer »spekulativen Theologie« an der Spitze des theologischen Systems vgl. K. Rosenkranz: Encyklopädie der theologischen Wissenschaften, 1831, XXXIV. Rosenkranz stellt allerdings die Dogmatik als ersten Teil dieser spekulativen Theologie dar (4 ff.), auf den die Ethik als zweiter Teil folgt (57 ff.).
701 A. Dorner: Grundriß der Encyklopädie der Theologie, 1901, 102 ff. Dorners Begründung für die Notwendigkeit einer spekulativen Theologie neben der historischen läßt zugleich verstehen, weshalb jene der letzteren folgen und nicht vorangehen muß: »die bloß historische Erkenntnis des Christentums würde uns über die Bedeutung desselben noch nicht orientieren« (21). Zur Feststellung der historischen Tatsachen muß ein »wissenschaftlich begründetes Werthurtheil über die christliche Religion« hinzukommen (106). Bei Rosenkranz hingegen geht die spekulative Darstellung der allgemeinen Idee der christlichen Religion der Untersuchung ihrer in die historische Erscheinung entäußerten Formen notwendig voran. Letztere werden schließlich von der praktischen Theologie mit ihrer spekulativen Wahrheit vermittelt.

läßt sich nach Hagenbach zwar nicht leugnen, daß »durch die Exegese wesentlich *geschichtliche* Verhältnisse, ja die Urgeschichte des Christentums selbst, ermittelt werden« solle. Aber es sei »doch nicht allein das historische Wissen an sich, was bei der exegetischen Theologie in Betracht kommt«. Denn die heiligen Schriften haben »nicht bloß in dem Sinne historischen Wert für uns, wie die übrigen Denkmäler des christlichen Altertums. Als Stiftungs- und Offenbarungsurkunden nehmen sie in ganz anderer Weise und in weit größerem Umfang unser Studium in Anspruch als andere Geschichtsquellen«.[702] Aus solchen und ähnlichen Erwägungen galt und gilt die Trennung von biblischer Theologie und Kirchengeschichte vielfach als so selbstverständlich, daß man sich nicht einmal die Mühe macht, sie gegenüber der Zusammenfassung dieser Fächer zum Begriff einer *historischen Theologie* zu rechtfertigen.[703] Andererseits ist unter dem Einfluß des Historismus diese Zusammenfassung entschieden verfochten worden, so von G. Heinrici und besonders von A. Dorner.[704]

Die Entscheidung dieser Frage hat unmittelbare Konsequenzen für den Gegenstand der exegetischen Disziplinen: Werden sie von der historischen Theologie getrennt wegen der normativen Bedeutung der biblischen Schriften für den christlichen Glauben, dann wird die Kanonfrage grundlegend für das Selbstverständnis der exegetischen Disziplinen. Denn diese müssen sich dann als Auslegung der in der christlichen Kirche kanonisch gültigen Schriften verstehen. Eine so begründete Ausgliederung der biblischen aus der historischen Theologie wäre »eine dogmatische Voreingenommenheit«.[705] Werden hingegen die exegetischen Disziplinen als Teil der historischen Theologie aufgefaßt, dann hat die Kanonfrage nur untergeordnete Bedeutung. Der religionsgeschichtliche Zusammenhang Israels mit dem Alten Orient, die Bedeutung der jüdischen Geschichte in der Zeit »zwischen den Testamenten« für das Urchristentum treten stärker ins Bewußtsein, und ebenso werden die Übergänge vom Urchristentum zur frühen Kirchengeschichte fließend. Die Kanon-

---

702 R. K. Hagenbach: Encyklopädie und Methodologie der Theologischen Wissenschaften (1833) 11. Aufl. 1884, 121.
703 So bei H. Diem: Theologie als kirchliche Wissenschaft, 1951, und bei Diems Schüler F. Mildenberger: Theorie der Theologie. Enzyklopädie als Methodenlehre, 1972.
704 G. Heinrici: Theologische Encyklopädie, 1893, 25 ff. A. Dorner: Grundriß der Encyklopädie der Theologie, 1901, 33 ff.
705 Dorner a. a. O. 34.

bildung erscheint dann als ein Moment *innerhalb* der Geschichte des Christentums selbst. Allerdings drücken sich in der Kanonbildung – und zwar in ihrer Zweiphasigkeit mit der anfänglichen Rezeption des alexandrinischen Kanons des Alten Testaments und der erst viel späteren Entwicklung eines zweiten Kanons urchristlicher Schriften – Struktureigentümlichkeiten des Christentums und der christlichen Überlieferungsgeschichte aus, nämlich die Identität des christlichen Gottes mit dem der Juden und die normative Bedeutung der christlichen Anfangszeit, die letztlich auf den eschatologischen Charakter des Auftretens und der Geschichte Jesu selbst zurückgehen. Insofern kommt *innerhalb* der historischen Theologie in der Tat der Erforschung der biblischen Schriften und ihrer Rezeptionsgeschichte eine besondere Bedeutung zu, weil wegen jener eigentümlichen Struktur des christlichen Überlieferungsprozesses »für das geschichtliche Verständnis« nicht nur der gegenwärtigen, sondern überhaupt jeder späteren Epoche des Christentums »in erster Linie das Verhältnis zu seinen Anfängen maßgebend« ist.[706]

Allerdings entspricht die Funktion der Bibelwissenschaft im Ganzen der Theologie nicht einfach der autoritativen Funktion der biblischen Schriften für den christlichen Glauben späterer Epochen. Zwar richteten sich die anfänglichen Impulse der Ausbildung einer biblischen Theologie durchaus auf das Ziel, die herkömmliche Schuldogmatik durch eine biblische Dogmatik zu ersetzen (s. o. 357 f.). Aber mit der genaueren Erkenntnis der *Eigenarten* der biblischen Schriften und ihrer Aussagen stellte sich alsbald die Einsicht in die Zeitgebundenheit der einzelnen Schriften und ihrer Eigentümlichkeiten ein. Deshalb hat schon Gabler 1787 nicht mehr einfach die Ersetzung der Schuldogmatik durch eine biblische Dogmatik gefordert. Man müsse unterscheiden, so sagte er, »was in den Worten der Apostel wahrhaft göttlich und was zufällig und rein menschlich ist...«. Darum biete die biblische Theologie nur den Grund dar, auf dem eine Dogmatik zu bauen ist, die »unserer Zeit angemessen ist«.[707] Dabei stellte es sich jedoch als weit schwieriger heraus, von

---

706 So Heinrici 26 (mit Bezug auf das gegenwärtige Christentum), während A. Dorner 34 f. die normative Bedeutung der Anfangszeit *innerhalb* der Geschichte des Christentums unterschätzt. Heinrici sieht in der Autorität des biblischen Doppelkanons allerdings nur ein Beispiel für ein allgemeines religionsgeschichtliches Prinzip: »Die Anfänge einer wirksamen religiösen Bewegung ergeben den Epochenpunkt« (26). Er erkennt nicht die in der Kanonbildung ausgedrückte Besonderheit des christlichen Traditionsprozesses.
707 J. Ph. Gabler: De justo discrimine theologiae biblicae et dogmaticae usw. 1789, zit.

der zeitbedingten Schale »eine wahrhaft göttliche Form des Glaubens« zu unterscheiden, als Gabler es annahm. Daher hat die tatsächliche Funktion der biblischen Exegese für die Gesamttheologie und vor allem für die systematische Theologie in erster Linie darin bestanden, daß diese »dauerhaft daran gehindert wird, zur dogmatischen Abgeschlossenheit ihrer Aufgabe zu gelangen«, so daß paradoxerweise gerade die biblische Theologie entscheidend dazu beigetragen hat, daß im neuzeitlichen Christentum »an die Stelle eines restriktiven und eindeutigen Autoritätsgefälles eine der Tendenz nach autoritätsfreie Christlichkeit und eine ihr entsprechende kritische Haltung gegenüber der Tradition getreten ist«.[708] Diese Beobachtung ist unwidersprechlich. Sie darf allerdings nicht die Spannung vergessen machen, die zwischen diesem Resultat und der ursprünglichen Zielsetzung der biblischen Theologie besteht. Diese Spannung erneuert sich immer wieder, weil, wie auch T. Rendtorff betont, die spezifische und autoritative Bedeutung der Bibel für Kirche und Theologie – also auch für das gegenwärtige Christentum selbst – die Bedingung und den Grund für Entstehung und Fortbestehen einer historischen Bibelwissenschaft bildet (47). Damit hängt es ja auch zusammen, daß historische Bibelforschung »geradezu der einzige wissenschaftlich anerkannte Weg« ist, »auf dem die Formulierung von Fragen und Einsichten, die der Tradition widersprechen, nicht nur möglich, sondern auch zwingend geboten erscheint« (46). Die gesamttheologische Relevanz der Bibelwissenschaft besteht nicht nur in einer kritischen Befreiung von der Last der Tradition, sondern solche Befreiung ist ihrerseits nur ein Nebenprodukt der Suche nach der biblischen Norm und nur durch den Appell an diese zu gewinnen. Erst die widerspruchsvolle Einheit dieser beiden Aspekte macht die Problematik der historischen Bibelwissenschaft aus. Das erklärt auch jenen »Biblizismus höherer Ordnung«, der »die historische Bibelwissenschaft zur autoritativen Auskunftsstelle für Theologie überhaupt« werden läßt, *obwohl* sie dadurch »Antwortforderungen und Anwendungswünschen ausgesetzt« wird, »die nicht Konsequenz ihrer eigenen wissenschaftlichen Arbeit sind und sein können« (55). Solche Antwortforderungen sind

nach der auszugsweisen Übersetzung bei W. G. Kümmel: Das Neue Testament. Geschichte der Erforschung seiner Probleme, 1958, 118.
708 T. Rendtorff: Historische Bibelwissenschaft und Theologie (1968), in: Theorie des Christentums. Historisch-theologische Studien zu seiner neuzeitlichen Verfassung, 1972, 41 ff. Zitate 43. Die im Text folgenden Seitenverweise beziehen sich auf dieses Werk.

immerhin durch den Gegenstand der biblischen Exegese selbst motiviert, da Jesus, die alttestamentlichen Überlieferungen, in deren Licht das Urchristentum Jesu Bedeutung verstand, und die apostolische Botschaft den christlichen Überlieferungsprozeß ausgelöst haben und immer wieder auslösen, weil der Glaube jeder späteren Zeit als Glaube an Jesus Christus immer wieder auf sie zurückverwiesen wird. Allerdings kann die historische Bibelwissenschaft für sich allein solchen Antwortforderungen nicht entsprechen; denn historische Schriftforschung allein vermag die von Gabler geforderte Unterscheidung zwischen dem wahrhaft Göttlichen und dem bloß Zeitbedingten in den apostolischen Schriften nicht zu begründen. Das ist vielmehr eine gesamttheologische Aufgabe, weil es sich dabei um eine Unterscheidung handelt, die nur vollziehbar ist im Horizont der jeweils gegenwärtigen Erfahrung, an der die Überlieferung ihre Tragfähigkeit immer wieder neu und anders bewähren muß.

Damit stellen sich die beiden geläufigsten Antworten auf die Frage nach dem spezifisch theologischen Charakter der historischen Bibelwissenschaft als falsche Alternative heraus:

In dem Maße, wie die Bibelwissenschaft sich von der normativen Funktion des biblischen Doppelkanons her versteht, liegt es nahe, die spezifisch theologische Bedeutung der Bibelwissenschaften wie der biblischen Schriften selbst in der unmittelbaren Gegenwartsrelevanz ihrer Aussagen zu suchen. Den biblischen Befunden wird dann ein Wahrheitsanspruch unterstellt, der sich vermeintlich unmittelbar an die jeweilige Gegenwart richtet und dessen Gegenwartsrelevanz durch geeignete Interpretationsmethoden zu profilieren ist, die ggf. das Zeitbedingte der biblischen Aussagen und Sachverhalte wegarbeiten müssen. Ein solches Verfahren muß jedoch, wie die existenziale Interpretation des Neuen Testaments ausgiebig belegt, zu unhistorischen und gewaltsamen Deutungen führen, da es sich prinzipiell über die zwischen den urchristlichen Schriften und der Gegenwart des Auslegers liegende Geschichte und über die damit verbundenen Wandlungen der religiösen Thematik hinwegsetzt. Ein solches Auslegungsverfahren verfehlt damit nicht zuletzt die Gegenwart selbst, weil es sie nicht von ihren Wurzeln her erfaßt.

Als Alternative bietet sich an, die biblischen Schriften konsequent und ausschließlich als Zeugnisse der Religionsgeschichte Israels und des Urchristentums zu behandeln. Dann aber scheinen die exege-

Die innere Gliederung der Theologie

tischen Fächer ihren Charakter als theologische Disziplinen zu verlieren, weil sie es dann scheinbar nur noch mit historischen Phänomenen zu tun haben, bei deren Untersuchung die Rücksicht auf ihre gegenwärtige Verbindlichkeit keine Rolle spielen darf. Die Verbindung zur theologischen Aufgabe wird dann allenfalls dadurch hergestellt, daß diese Disziplinen den Ursprung des Christentums erforschen.[709] Der Verlust des theologischen Themas bei solcher konsequenten Historisierung der Bibelexegese hat allerdings oft eine mehr oder weniger gewaltsame Emanzipation vom bloß Historischen begünstigt, die leicht zu einer neuen Verwischung der Konturen sauberer historischer Untersuchung führte.

Dieselbe Problematik einer konsequenten Historisierung ergibt sich übrigens auch bei der Kirchengeschichte. Nur wird sie hier von der protestantischen Theologie gewöhnlich als weniger schwerwiegend empfunden, weil man es in der Kirchengeschichte nicht mit einem vergleichbar normativen Anspruch zu tun zu haben glaubt wie bei der kanonischen Autorität der biblischen Schriften.

Das Dilemma zwischen einer Historisierung der Bibelexegese um den Preis ihres theologischen Charakters auf der einen und einem Festhalten an der Normativität und Aktualität ihres Gegenstandes um den Preis von Abstrichen an der historischen Folgerichtigkeit ihrer Interpretation auf der anderen Seite läßt sich nicht durch rein hermeneutische Erwägungen lösen. Vielmehr treten an einer solchen Aufgabe die Aporien jeder hermeneutischen Technik zutage, die das historisch Fremde als Variante gegenwärtigen Lebens oder als Möglichkeit gegenwärtigen Daseinsverständnisses zu verstehen sucht. Eine so unmittelbare Beziehung religionsgeschichtlicher Inhalte auf die Gegenwart ist zwar der lebendigen Frömmigkeit zuzugestehen, aber nicht einer methodischen Reflexion, die sich der Grundlage für den Umgang der Frömmigkeit mit der Überlieferung vergewissern will.

Das Dilemma zwischen historisierender Entleerung des theologischen Gehaltes und historisch gewaltsamer »theologischer« Deutung läßt sich nur dann überwinden, wenn die historische Methodik der Schriftexegese sich von vornherein im Rahmen einer *theologisch* orientierten Religionsgeschichte im Sinne einer Theologie der Religionen bewegt. In diesem Rahmen betrachtet gewinnen die bibli-

---

[709] Wie problematisch diese Deutung im Hinblick auf das Alte Testament bleibt, wurde bereits oben (262 f.) erörtert.

schen Texte ihre theologische Dimension nicht erst durch Applikation auf die Gegenwart. Vielmehr sind die Phänomene der jüdisch-christlichen Religionsgeschichte schon von sich aus und in ihrem eigenen religionsgeschichtlichen Kontext als Selbstbekundung der göttlichen Macht über alles, der alles bestimmenden Wirklichkeit, zu verstehen. Schon im Hinblick auf ihre eigene Situation läßt sich die Frage stellen, ob und inwiefern die in diesen Texten dokumentierten religiösen Auffassungen der Wirklichkeitserfahrung ihrer Zeit gerecht geworden sind, inwiefern sie also das von ihnen behauptete göttliche Handeln als Manifestation der alles bestimmenden Wirklichkeit zur Sprache gebracht haben. Die Frage, ob und wie die damals als solche überzeugende Selbstbekundung göttlicher Wirklichkeit sich auch späteren Generationen als Äußerung der alles bestimmenden Macht bewährt, läßt sich nicht im gleichen Argumentationsgang entscheiden, weil dabei der ganze Prozeß der Veränderung des Wirklichkeitsverständnisses zu berücksichtigen wäre. Diese Frage kann und muß in der historischen Schriftauslegung offen bleiben. Das kann in dem ruhigen Bewußtsein geschehen, daß die Frage nach der Relevanz der biblischen Texte im Kontext gegenwärtiger Wirklichkeitserfahrung nicht etwa zu einem bis dahin historisch neutralen Stoff allererst die theologische Deutung hinzufügt, sondern lediglich im Hinblick auf gegenwärtige Wirklichkeitserfahrung dieselbe Fragestellung anwendet, die der Historiker verfolgt im Hinblick auf die vergangene Wirklichkeitserfahrung, in deren Zusammenhang die Texte selbst formuliert worden sind. In beiden Fällen muß es um die Frage nach der Bewährung des Inhalts der religiösen Botschaft der Texte als der alles bestimmenden Wirklichkeit im Horizont der jeweiligen tatsächlichen Erfahrungswelt der Menschen gehen. Insofern wird in beiden Fällen theologisch gefragt.

Theologische Befragung biblischer Texte ist also nicht zu verwechseln mit der Frage nach ihrer Gegenwartsrelevanz. Allerdings lassen sich die beiden Fragen auch nicht einfach trennen; denn ob für unser heutiges Verständnis wirklich *Gott* sich in den von jenen Texten bekundeten Phänomenen manifestiert hat, das läßt sich nur im Hinblick darauf beantworten, ob dieser Gott sich im Horizont gegenwärtiger Erfahrung als die alles bestimmende Wirklichkeit und also als Gott bewährt. Und doch behalten der jeweiligen Beantwortung dieser Frage gegenüber die religiösen Überlieferungen der Vergangenheit (wie übrigens auch die fremden Religionen der Gegenwart) ihre Selbständigkeit. Auch wenn ihr Wahrheitsanspruch nicht einzuleuchten vermag, stellen sie doch die ihnen entgegenstehenden gegenwärtigen Erfahrungen in Frage und können mit ihrem Protest vielleicht in einer künftigen Perspektive Recht erhalten.

Die biblischen Texte haben außer ihrem historischen Sinn noch einen spezifischen Gegenwartsbezug dadurch, daß alle gegenwärtige christliche Frömmigkeit durch den Rückbezug auf diese Texte vermittelt ist. Ebenso aber ist umgekehrt die Bezugnahme auf die Bibel im modernen Christentum vermittelt durch den Erfahrungszusammenhang der Moderne, vermittelt auch durch die aktuelle Auseinandersetzung mit anderen Formen der Frömmigkeit und des christlichen Glaubensverständnisses. Die Autorität der Bibel repräsentiert in der christlichen Überlieferung den Endgültigkeitsanspruch Jesu selbst und seiner Geschichte. Darum bezieht sich jede neue christliche Generation immer wieder zurück auf die apostolische Botschaft und auf die durch sie vermittelte Kenntnis von Jesus selbst. Aber die Art und Weise solchen Rückbezuges ist durch die jeweils gegenwärtige Perspektive erfahrener Wirklichkeit bedingt. Ihre Erforschung und Kritik kann daher nicht Sache der Bibelwissenschaft sein, sondern ist Sache der Kirchengeschichte oder der neueren Theologiegeschichte bzw. der systematischen Theologie. In solcher Perspektive kann die Übereinstimmung späterer Inanspruchnahme biblischer Texte mit ihrem ursprünglichen Sinn nur ein Gesichtspunkt unter anderen sein, bedeutsam genug wegen der durch die spätere Inanspruchnahme selbst jenen Texten zuerkannten Normativität, die jedoch nicht für die ursprüngliche, sondern für diese *spätere* Erfahrungssituation gelten soll, in bezug auf die der durch jene Texte bezeugte Gott sich als Gott bewährt, indem ihr Zeugnis Glauben findet. Wegen der Autorität der Bibel in der Rezeptionsgeschichte des Christentums und vor allem in dessen expliziter, kirchlicher Gestalt werden auch historisch-theologische Ergebnisse der Bibelwissenschaft wiederum Bedeutung erlangen für den gegenwärtigen Prozeß der Rezeption christlicher Überlieferung. Diese Bedeutung zu bestimmen ist jedoch nicht mehr Sache der historisch-kritischen Schriftauslegung als solcher, sondern Aufgabe systematischer und praktisch-theologischer Reflexion auf der Grundlage der Ergebnisse der historischen Theologie.

4. Die biblische Theologie

Jede Erörterung der enzyklopädischen Stellung der biblischen Theologie im Zusammenhang der theologischen Disziplinen muß sich mit der Frage nach dem Recht oder Unrecht ihrer weiteren Unterteilung in alttestamentliche und neutestamentliche Theologie befassen. Wird diese Unterteilung als selbstverständlich vorausgesetzt, so können die Probleme gar nicht mehr in den Blick kommen, die mit der Existenz dieser Disziplinen in ihrer heutigen Abgrenzung voneinander für das Selbstverständnis der Theologie gestellt sind.

Die biblische Theologie hat sich, wie schon oben (358) erwähnt wurde, erst seit dem späten 17. Jahrhundert von der Dogmatik abgelöst. Ihre Verselbständigung spielte zunächst pietistisch den »schlichten« biblischen Glauben gegen die »scholastische« Dogmatik der altprotestantischen Orthodoxie aus. Später verfestigte sie sich definitiv im Zeichen der zunehmend klaren Erkenntnis der historischen Differenz zwischen der Zeit des Urchristentums und der Gegenwartsproblematik des Christentums. Die Selbständigkeit der biblischen Theologie gegenüber der Dogmatik hat seitdem ihr Recht darin, daß sich in ihr mit der Normativität der christlichen Anfänge zugleich das Bewußtsein von der historischen Differenz zwischen dem Urchristentum (samt seiner alttestamentlich-jüdischen Herkunft) und dem gegenwärtigen Christentum wissenschaftsorganisatorisch bekundet und immer wieder erneuert hat. Wenn auch das Selbstverständnis der exegetischen Disziplinen während der letzten Jahrzehnte im Zuge der Tendenz zu einer »theologischen Exegese« diesen Rechtsgrund ihrer Selbständigkeit gegenüber der Dogmatik nicht selten verleugnet hat, erneuert er sich doch immer wieder aus der unausweichlichen Einsicht in die Historizität ihres Gegenstandes, der biblischen Schriften.

Eine derartige sachliche Berechtigung kann der Teilung der biblischen Theologie in die exegetische Theologie des Alten Testamentes und des Neuen Testamentes nicht zugebilligt werden. Ein Bewußtsein davon ist heute in der einen oder anderen Weise vielerorts vorhanden. So richtete sich das Bemühen G. v. Rads unter Berufung auf R. de Vaux, H. Schlier und G. Ebeling auf das Fernziel »einer ›biblischen Theologie‹, in der der Dualismus je einer sich eigensinnig abgrenzenden Theologie des Alten und des Neuen Testaments überwunden wäre«.[710] Und nach P. Stuhlmacher ist jene »Zweiteilung der Schriftauslegung« theologisch »durchaus fragwürdig«.[711] Wenn Stuhlmacher allerdings fortfährt, sie sei »ein ebensolcher Notbehelf wie die strikte Trennung der Exegese von Kirchengeschichte, Dogmatik und Praktischer Theologie«, so muß gesagt werden, daß die Trennung der exegetischen Disziplinen im Hinblick auf ihre historischen Motive theologisch noch erheblich schwereren Bedenken unterliegt.

Nachdem J. A. Ernesti bereits 1761 in seiner »Anweisung für den Ausleger des Neuen Testaments« dessen selbständige exegetische Behandlung eingeleitet hatte, ist die prinzipielle Begründung dieses Schrittes zehn Jahre später von J. S. Semler durch seine Abhandlung von freier Untersuchung des Kanons in voller Schärfe herausgestellt worden: Das Alte Testament galt ihm als das Buch einer anderen Religion, der jüdischen, deren nationalistischer Partikularismus und Äußerlichkeit durch Universalismus und Innerlichkeit der christlichen Religion im Prinzip überwunden worden seien, obwohl den urchristlichen Anfängen die Schlacken der jüdischen Herkunft noch anhängen.[712] Die Bücher des Alten Testaments »gehören zur Geschichte und Wahrheit *der jüdischen Religion*; aber sie haben mit der christlichen Religion keinen Zusammenhang; sie sind weder der Grund, noch der Inhalt des Christentums«.[713] Die theologiegeschichtliche Bedeutung dieser Urteile Semlers, die in

---

710 G. v. Rad: Theologie des Alten Testaments II, 4. Aufl. 1965, 447.
711 P. Stuhlmacher: Neues Testament und Hermeneutik, in: Zeitschrift für Theologie und Kirche 68, 1971, 127–161, Zitat 155. Während Stuhlmacher dabei mit H. Gese (s. u. Anm. 717) an die traditionsgeschichtliche Zusammengehörigkeit der alttestamentlichen und der urchristlichen Schriften denkt, kommt F. Mildenberger aus anderen Erwägungen, nämlich wegen der Einheit des Kanons zur Forderung nach »Überwindung dieser Abgrenzung« der exegetischen Disziplinen (Theorie der Theologie, 1972, 77).
712 Siehe dazu E. Hirsch, Geschichte der neueren evangelischen Theologie IV, 1952, 61 ff., sowie die etwas anachronistische Kritik an Semlers Auffassung als einer modernen »Gnosis« bei H. J. Kraus: Geschichte der historisch-kritischen Erforschung des Alten Testamentes (1965) 2. Aufl. 1969, 109 f. Besonders aufschlußreich ist der von Hirsch 65 zitierte Satz aus Semlers »Versuch einer freiern theologischen Lehrart«, 1777, 105, daß der Tod Jesu nach Gottes Verordnung »das Mittel zur Stiftung und Ausbreitung einer allgemeinen bessern Religion« sein sollte, »welche das Judentum und Heidentum durch geistliche Erkenntnisse und Wirkungen gleichzeitig aufheben sollte«. In seiner Abhandlung zu freier Untersuchung des Canon I, Halle 1771, 63 (§ 13) bezeichnet Semler es als die Absicht dieses Werkes, »die allgemeine Annahme und eigene Übung der *christlichen, der wirklich göttlichen Religion*, welche von der jüdischen Denkungsart gar sehr verschieden ist und seyn soll«, zu befördern.
713 J. S. Semler: Versuch einer freiern theologischen Lehrart, Halle 1777, 109 (§ 37).

vielen Punkten an Spinozas Theologisch-politischen Traktat (1670) erinnern[714], wird von J. Kraus dahin veranschlagt, daß der »Durchbruch« der historischen Kritik in der alttestamentlichen Wissenschaft »vom Katheder neologischer Lehraussagen aus eingeleitet worden« sei.[715]

Die Auffassung des Judentums und des Christentums als zweier verschiedener und selbständiger Religionen, deren jede ihr eigenes heiliges Buch hervorgebracht habe und mithin Gegenstand einer besonderen exegetischen Disziplin sein müsse, kann heute nicht mehr als Rechtfertigung der gesonderten Existenz dieser beiden Disziplinen überzeugen. Denn erstens ist das Christentum nicht eine der jüdischen gegenüber selbständige, wenn auch im Schoße des Judentums entstandene Religion. Vielmehr ging es im Ursprung des Christentums um die Frage nach der Wahrheit des jüdischen Gottesglaubens selbst, zu der Jesus seine jüdischen Zeitgenossen gerufen hatte und die sich für die ersten Christen in der Gestalt Jesu als des Messias, des Menschensohnes und Gottesknechts darstellte. Daher bildete das Christentum in seinen Anfängen viel eher eine jüdische Sekte als ein dem Judentum gegenüber selbständiges religiöses Prinzip. Das zeigt sich *zweitens* darin, daß der jüdische Kanon (in seiner alexandrinischen Gestalt) bis zum Ende des 2. Jahrhunderts die Bibel schlechthin auch für die Christen war.[716] Bis zu dieser Zeit

---

714 Dazu gehört die Auffassung des Christentums als einer eigenen Religion gegenüber der von Mose gelehrten (Kap. 29, 348 f.; vgl. Vorrede 7, 31), ferner die Meinung, daß im Unterschied zu dem mit dem Naturrecht identischen Gottesgesetz (Kap. 4, 82 f.) die »Zeremonien« im Alten Testament nur für die Hebräer eingesetzt wurden (Kap. 5, 93, 12 ff.), während Christus »zur Belehrung der ganzen Menschheit gesandt« war (Kap. 4, 86, 36 ff.) und die Erkenntnis durch den Geist vermittelt hat (ebd. 87, 9), weiter die Bindung der Gültigkeit der »Zeremonien« an den politischen Bestand des jüdischen Staates (Kap. 5, 97, 15 ff.) und ihre Abzweckung auf »leibliches, zeitliches Glück und auf die Sicherheit des Reiches« (Kap. 5, 92, 27). Schließlich auch die Unterscheidung zwischen Wort Gottes und Schrift (Vorrede 11, 25 f.), die man allgemein als charakteristisch für Semlers Anschauungen beurteilt (Hirsch 58, Kraus 111 zu Semlers Abhandlung von freier Untersuchung des Canon I, Halle 1771, 75). Die Seiten- und Zeilenverweise zu Spinoza beziehen sich auf die deutsche Übersetzung des Traktats durch L. Gebhardt in Bd. 93 der Philos. Bibl. Den Hinweis auf die Herkunft der Gegenüberstellung von christlicher und jüdischer Religion von Spinoza verdanke ich Prof. D. Dr. A. Altmann.

715 J. Kraus a. a. O. 110.

716 So betont H. v. Campenhausen, obwohl das Christentum nicht als Buchreligion, sondern als »Religion des Geistes und des lebendigen Christus« zu begreifen sei, dürfe doch der »auf den ersten Blick paradoxe« Tatbestand »nicht abgeschwächt werden«: »Die alte jüdische Bibel ist und bleibt zunächst die einzige schriftliche Norm der Kirche und

begründete der Christusglaube lediglich den Auslegungsgesichtspunkt der jüdischen Bibel für die Christen. Erst von da an wurde dieser Auslegungsgesichtspunkt seinerseits festgelegt durch die kanonische Sammlung der apostolischen Schriften. Hinzu kommt *drittens,* daß die historische Schriftforschung die Einheit des Überlieferungsprozesses herausgearbeitet hat, der das Urchristentum mit dem alten Israel und dem nachexilischen Judentum verbindet und der sich in den kanonischen, aber auch in den außerkanonischen Schriften der Zeit »zwischen den Testamenten« niedergeschlagen hat. Diesen Gesichtspunkt hat neuerdings besonders H. Gese in seinen »Erwägungen zur Einheit der biblischen Theologie« betont.[717] Nach Gese ist der Prozeß der alttestamentlichen Kanonbildung überhaupt erst durch das eschatologische Bewußtsein des Urchristentums bzw. durch die damit herausgeforderte jüdische Reaktion zum Abschluß gekommen. Das Urchristentum hätte also nicht einen bereits abgeschlossenen alttestamentlichen Kanon übernommen, sondern: »das Alte Testament entsteht durch das Neue Testament; das Neue Testament bildet den Abschluß eines Traditionsprozesses, der wesentlich eine Einheit, ein Kontinuum ist« (420). Der Abschluß der jüdischen Traditionsbildung wird somit aus einem inhaltlichen Motiv verständlich, aus dem eschatologischen Charakter der Geschichte Jesu, der auch die Bildung eines neutestamentlichen Kanons gegenüber der weiteren Geschichte der Kirche letztlich begründet. Wir erkannten darin schon die Grundlage für die Selbständigkeit der biblischen Theologie gegenüber der Dogmatik. Derselbe Gesichtspunkt erweist sich nun als Verklammerung des christlichen mit dem jüdischen Traditionsprozeß. Von daher muß die Trennung zwischen alttestamentlicher und neutestamentlicher Exegese, zumal im Lichte ihrer Herkunft aus einer Trennung von christlicher und jüdischer Religion, als sachlich fragwürdig erscheinen. Sie hat sich forschungsgeschichtlich zum Schaden vor allem der neutestamentlichen Disziplin ausgewirkt: Einseitig hellenistische

---

ist – mit mehr oder weniger Betonung – als solche überall anerkannt« (Die Entstehung der christlichen Bibel, 1968, 77 mit Verweis auf v. Campenhausens Aufsatz: Das Alte Testament als Bibel der Kirche vom Ausgang des Urchristentums bis zur Entstehung des Neuen Testaments, in: Aus der Frühzeit des Christentums. Studien zur Kirchengeschichte des ersten und zweiten Jahrhunderts, 1973, 152–196).
717 Zeitschrift für Theologie und Kirche 67, 1970, 417–436; vgl. bes. Geses Kritik an der Festlegung der Reformation auf den masoretischen Kanon des Alten Testaments 422 f.

Interpretationen des Urchristentums wären ohne die Trennung der beiden exegetischen Disziplinen wohl kaum so scharf hervorgetreten, und das Bedürfnis nach einer zusammenhängenden und bis zum Urchristentum durchgeführten israelitisch-jüdischen Religionsgeschichte im Sinne einer Theologie dieses Traditionsprozesses wäre längst stärker wirksam geworden.

Sicherlich gibt es Gesichtspunkte pragmatischer Art[718], die für eine Beibehaltung der aus anderen Gründen erfolgten Trennung der Disziplinen sprechen können: In erster Linie ist das der sehr umfangreiche und verschiedenartige Stoff. Zur Auslegung des Alten Testaments ist heute eine spezielle Kenntnis der altorientalischen Geschichte und Religionsgeschichte sowie der dazugehörigen Sprachen erforderlich, in der neutestamentlichen Disziplin die Kenntnis des rabbinischen und apokalyptischen Judentums sowie nicht zuletzt der komplexen Welt des Hellenismus. Den spezialistischen Ansprüchen, die sich hier im Zeichen der Trennung der beiden Disziplinen herausgebildet haben, kann ein einzelner Forscher heute kaum noch gleichzeitig gerecht werden. Weiter läßt sich anführen, daß die Ursprungsdokumente des Christentums im Rahmen einer christlichen Theologie besonders eingehender Untersuchung und Würdigung bedürfen. Beiden Erfordernissen läßt sich jedoch auch durch Spezialisierung des einzelnen Forschers innerhalb einer Disziplin Rechnung tragen. Sie erzwingen nicht eine Trennung der Disziplinen, wenn diese nicht aus der Eigenart des Sachgebietes zu rechtfertigen ist.

Welches sind nun die fundamentalen Aufgaben innerhalb einer als Einheit begriffenen biblischen Theologie? In einer am Kanonbegriff orientierten biblischen Theologie mußte die zusammenhängende Auslegung der einzelnen biblischen Schriften im Vordergrund stehen. Die historischen Methoden hatten zunächst und haben vielfach auch heute noch nur eine Hilfsfunktion für die Aufgabe der Textinterpretation. Wird jedoch die biblische Theologie im größeren Rahmen der historischen Theologie des Christentums gesehen, die ihrerseits einen Ausschnitt aus der Weltgeschichte der Religionen darstellt, dann muß die israelitisch-jüdische und urchristliche Religionsgeschichte im Mittelpunkt der biblischen Theologie stehen. Die Exegese der biblischen Schriften hat dann der Aufgabe einer Theologie der jüdisch-christlichen Traditionsbildung zu dienen und ist

718 Siehe auch P. Stuhlmacher ZThK 68, 1971, 155.

nicht Selbstzweck. Die Gegenwartsbedeutung biblischer Aussagen ist dann in ihrer Vermittlung durch die Bedeutung der einzelnen Aussage im Zusammenhang der israelitisch-jüdischen Religionsgeschichte zu bestimmen und nicht isoliert zu erfragen. Die Tragweite dieser Feststellung reicht bis in die Homiletik. Zwar haben viele biblische Aussagen durchaus eine unmittelbar ansprechende Bedeutung, sofern sie sich auf Lebensfragen beziehen, die mit dem Menschsein als solchem verbunden sind. Doch diese Unmittelbarkeit ist ihrerseits vermittelt und muß in der wissenschaftlichen Reflexion in dieser Vermittlung thematisiert werden. Darüber hinaus sind die biblischen Aussagen selbst zum großen Teil ausdrücklich geschichtsbezogen. Davon läßt sich auch ihre menschheitliche Bedeutung nicht ablösen; denn einerseits ist der Mensch selbst ein historisches Wesen, und zum andern kommt die menschheitliche Relevanz biblischer Texte oft erst durch ihr historisches Verständnis in den Blick oder ist abhängig von der Stellungnahme zur Erwählung Israels und seiner eschatologischen Hoffnung. Die Unmittelbarkeit der Wirkung biblischer Aussagen läßt sich besonders aus dem zuletzt genannten Grunde nicht der Unmittelbarkeit im Verhältnis zu ästhetischen Werken vergangener Epochen vergleichen. Als religiöse Dokumente sind die heiligen Schriften der Juden und Christen in anderer Weise geschichtsgebunden. Sie können natürlich auch unter literarisch-ästhetischen Gesichtspunkten gewürdigt werden, und auch das ist für die Homiletik nicht ohne Relevanz. Aber damit ist noch nicht ihr spezifisch religiöses Wesen erfaßt.

Die israelitisch-jüdisch-urchristliche Religionsgeschichte ist als ein einheitlicher Überlieferungsprozeß zu betrachten, in welchem das urchristliche Hineinwachsen in die Welt des Hellenismus nur als die letzte Phase einer Kette von Rezeptionen außerisraelitischer religiöser Überlieferungen in das religiöse Bewußtsein Israels erscheint: Angefangen von der kanaanäischen Religionswelt über die Berührungen mit Ägypten und Babylonien bis hin zur Symbiose der jüdischen Gemeinde mit dem Perserreich und zum langwierigen Ringen um ihre Stellung zum Hellenismus sind vergleichbare Vorgänge immer wieder aufgetreten. In diesem Prozeß haben sich jüdischer Glaube und jüdische religiöse Überlieferung immer wieder in einer neuen, eben durch jene Religionen geprägten und repräsentierten Erfahrungswelt behauptet, und zwar zumeist nicht durch Abschließung gegen sie, sondern indem sie der Eigenart jüdischen

Glaubens anverwandelt wurde. Dabei läßt sich dieser Prozeß nicht zureichend als ein nur geistesgeschichtlicher Vorgang beschreiben. Er ist vielmehr mit der politischen und sozialen Geschichte Israels, des Alten Orients und der Mittelmeerwelt auf das engste verbunden. Umgekehrt interessiert die politische Geschichte Israels und des Judentums sowie der urchristlichen Gemeinde im Rahmen der Theologie nicht für sich, sondern nur im Hinblick auf ihre religiöse und religionsgeschichtliche Relevanz. Eine von der Religionsgeschichte gesonderte Darstellung der politischen Geschichte Israels erscheint daher als eine Abstraktion, die sich für theologische Forschung und Lehre wenig empfiehlt. Ähnliches gilt von der unter dem Titel einer »Theologie« des Alten und Neuen Testaments üblichen zusammenfassenden Darstellung der Glaubensinhalte der biblischen Schriften. Diese Literatur ist immer noch beeinflußt durch die Tradition der »biblischen Theologie« als eines Konkurrenzunternehmens zur Dogmatik, das die einfache biblische Lehrart der mit überflüssiger Scholastik beladenen Schultheologie gegenüberstellt. Dabei werden entweder die Glaubensinhalte aus der historischen Abfolge der biblischen Schriften herausgelöst und nach rein thematischen Gesichtspunkten zusammengestellt, wobei dem subjektiven Geschmack des Darstellers erheblicher Spielraum eingeräumt ist. Oder es werden – wie in den Werken R. Bultmanns und G. v. Rads – in zeitlicher Folge die theologischen Anschauungen der wichtigsten Überlieferungsträger je für sich behandelt.[719] Die Einseitigkeit einer abstrakt geistesgeschichtlichen Betrachtungsweise ist bei den neueren Darstellungen dieser Art zum Teil schon vermieden. Bei Bultmann und v. Rad werden die theologischen Anschauungen der biblischen Schriften auf dem Hintergrund einer Geschichte der Institutionen Israels und des Urchristentums gezeichnet. Dabei stehen allerdings die Glaubensanschauungen als solche in ihrer Inhaltlichkeit und Verschiedenartigkeit im Vordergrund des Interesses. Eben deshalb bleiben die Institutionen und ihre Veränderungen bloßer Hintergrund. Wären die Glaubensanschauungen in ihrem Werden und ihrer Veränderung das eigentliche Thema, dann würde die Bedeutung der politischen und institutionellen Geschichte sehr viel stärker hervortreten müssen, ebenso die Bedeutung fremder Kulturen und Religionen: Beides gehört zur Veränderung der

---

719 R. Bultmann: Theologie des Neuen Testaments, 1953; G. v. Rad: Theologie des Alten Testaments I, 1957, II, 1960.

Erfahrungswirklichkeit, in bezug auf die die jeweiligen biblischen Schriftsteller den Gott ihrer Überlieferung als die alles bestimmende Wirklichkeit zu verstehen suchten. Würde dieser Prozeß des Werdens und der Veränderung der Glaubensanschauungen der biblischen Schriftsteller bzw. ihrer Quellen zum eigentlichen Gegenstand bibelwissenschaftlicher Darstellung und Analyse, dann würde der Anschein der irreduziblen Subjektivität der dargestellten Glaubensanschauungen verschwinden, der besonders bei v. Rad als Problem bewußt geworden ist wegen des Gegensatzes zwischen den geschichtstheologischen Perspektiven der alttestamentlichen Schriftsteller und der heutigen profanen Geschichtsbetrachtung. Natürlich wären die Glaubensanschauungen auch nicht als bloßer Ausdruck der profanen Geschichte ihrer Zeit zu begreifen. Eine rein politische, sozialgeschichtliche oder kulturgeschichtliche Auffassung der Geschichte Israels und des Christentums bliebe ebenso abstrakt wie die Isolierung der Glaubensanschauungen, die gegenüber jenen Vorgängen dann als etwas bloß Subjektives erscheinen: Diese beiden Abstraktionen bedingen einander geradezu gegenseitig. Dagegen käme es darauf an, den Beitrag der politischen, sozialen und kulturellen Veränderungen für die Erfahrung der Wirklichkeit im ganzen und *damit* für die religiöse Thematik herauszuarbeiten, um so die Art und Weise ihrer Bewältigung aus dem religiösen Überlieferungszusammenhang heraus, in dem die biblischen Traditionsträger verwurzelt sind, zu verstehen. Damit würde man zu einer Untersuchung und Darstellung des israelitisch-jüdisch-urchristlichen Überlieferungsprozesses gelangen, der die komplementären Abstraktionen einer nur politisch oder institutionell orientierten Geschichte Israels und des Urchristentums einerseits, der subjektiven Glaubensanschauungen ihrer Traditionsträger andererseits hinter sich gelassen hätte.

Einer solchen Bearbeitung der israelitisch-urchristlichen Überlieferungsgeschichte steht jedoch bis heute ein doppeltes Interesse im Wege: erstens das Interesse daran, daß der Glaube subjektiv und unableitbar bleiben müsse; zweitens das Pathos einer positivistischen Wissenschaftlichkeit in der Handhabung der historischen Methoden, bei der die spezifisch theologische Thematik ausgeblendet bleibt. In dem Dualismus zwischen allgemeiner historischer Analyse, also etwa einer politisch-institutionellen Geschichte Israels und des Urchristentums und einer von diesen Vorgängen isolierten Subjektivität der Glaubensanschauungen der biblischen Traditionsträger, spiegelt sich der moderne Dualismus einer auf sich isolierten religiösen Subjektivität gegenüber der verdinglichten Objektivität der Wissenschaften. Dieser Dualismus findet eine äußerste Zuspitzung im Gegensatz einer untheologisch deskriptiven *Religionsgeschichte* Israels und des Urchristentums zu einer *Theologie* des Alten und des Neuen Testaments. Die Fundamentalproblematik der biblischen Theologie steht an dieser Stelle in einer großenteils undurchschauten Abhängigkeit von den Aporien der gegenwärtigen gesellschaftlichen Wirklichkeit und der damit verbundenen Problematik des gegenwärtigen Christentums. Indem der Dualismus des gegenwärtigen christlichen Bewußtseins in die Sachproblematik der biblischen Theologie projiziert wird, erscheint er dort verdinglicht als eine scheinbar unüberwindliche Zwiespältigkeit von Glaubensinhalten und historischen Sachverhalten. Wenn aber diese Zwiespältigkeit dann als ein dinglich »Gegebenes« gegenüber aller Einmischung systematisch-theologischer Fragestellungen behauptet wird, so bleibt unberücksichtigt, daß eine solche Einmischung jenem Bilde von biblischen Gegebenheiten schon zugrunde liegt.

Die Aufgabe einer zusammenhängenden Darstellung der Überlieferungsgeschichte Israels und des Urchristentums, bei der politisch-institutionelle Geschichte und Darstellung der Glaubensanschauungen integriert sind, muß das Ziel der biblischen Theologie bilden und im Mittelpunkt der Forschung wie des Unterrichts in dieser Disziplin stehen. Das erfordert eine an dieser Zielsetzung orientierte Würdigung der Textüberlieferung und der sonstigen Hilfsmittel einer historischen Rekonstruktion sowie vor allem eine kritische Diskussion und Interpretation des gegenwärtigen Standes der Entwicklung der historischen Methoden. Dieses letztere Erfordernis schließt die Aufgabe einer kritischen Geschichte der historischen Methoden und ihrer Anwendung in der biblischen Theologie ein, die darzustellen hätte, aus welchen Sachinteressen und mit welchen Sachimplikationen die historischen Methoden in der biblischen Theologie entwickelt und angewendet worden sind. Nur auf diese Weise ist ein kritisches Methodenbewußtsein erreichbar, das sich der Unabgeschlossenheit der historischen Methoden und der Sachproblematik des gegenwärtigen Standes ihrer Ausbildung bewußt ist und zu einer entsprechenden Fortentwicklung im Hinblick auf die Zielsetzung einer biblischen Theologie befähigt.

5. Die Kirchengeschichte

Obwohl man die Kirchengeschichtsschreibung bis auf Euseb von Caesarea, wenn nicht sogar bis auf die Apostelgeschichte des Lukas zurückführt[720], hat die Kirchengeschichte als theologische Disziplin ihren Ursprung erst in den konfessionellen Auseinandersetzungen des 16. Jahrhunderts, als die Magdeburger Centurien des Flacius Illyricus den Nachweis zu erbringen suchten, wie lange schon und wie weitgehend die römische Kirche sich von den christlichen Ursprüngen entfernt habe, während Baronius sie gegen diese Vorwürfe zu verteidigen suchte. Die damalige Aktualität dieser Thematik kommt auch darin zum Ausdruck, daß Andreas Hyperius 1572 die Kirchengeschichte zu den Aufgaben der praktischen Theologie zählte und ihr unter diesen die erste Stelle zuerkannte.[721] Georg Calixt hat die Kirchengeschichte dann 1628 als eigene theologische Disziplin behandelt und sie zwischen exegetischer und polemischer Theologie eingeordnet.[722] Abraham Calov hingegen rechnete das Studium der Kirchengeschichte nur unter die *secundaria studia* Theologica außerhalb der Folge der Hauptdisziplinen, also nach Exegese, didaktischer Theologie, Polemik, Moraltheologie, homiletischen und Kasualstudien.[723] Und noch G. J. Planck hielt es für nötig, in seinen Bemerkungen zum theologischen Studium zu erwähnen, »es dürfte gewiß nichts schaden«, wenn man sich zwischen dem exegetischen Studium und dem der Dogmatik »noch in der Kirchengeschichte etwas umsähe...«.[724] Erst der historische Sinn des 19. Jahrhunderts hat die Stellung der Kirchengeschichte unter den theologischen Disziplinen und im Aufbau des theologischen Studiums endgültig befestigt. Mit dem Bewußtsein von der Differenz der eigenen geschichtlichen Gegenwart nicht nur gegenüber der kirchlichen

---

720 F. Ch. Baur setzte mit seinen »Epochen der kirchlichen Geschichtsschreibung«, Tübingen 1852, 7 ff. bei Euseb ein, obwohl er die Möglichkeit erwähnte, sein Thema bis zu seinen »allerersten Anfängen« in den Evangelien und der Apostelgeschichte des Lukas zurückzuverfolgen.
721 A. Hyperius: De theologo seu de ratione studii theologici, Basel 1572, 562 und 567 ff.
722 G. Calixt: Apparatus theologici ... editio altera, Helmstedt 1661 (zuerst 1628), 165: porro ulterius tendentibus (nämlich über das Schriftstudium hinaus, um die Wahrheit des Schriftzeugnisses auszulegen und zu verteidigen) ... necessaria est Historia ecclesiastica; vgl. 182 ff.
723 A. Calov: Isagoges ad ss. Theologiam libri duo Wittenberg 1652, 335 ff.
724 G. J. Planck: Einleitung in die theologischen Wissenschaften II, Leipzig 1795, 528.

Vergangenheit, sondern auch gegenüber dem Urchristentum, mußte das Bedürfnis wachsen, den Entwicklungszusammenhang herauszuarbeiten, in dessen Kontinuität die verschiedenen Zeiten dennoch ihre christliche Identität behalten, wenn nicht überhaupt erst herausbilden.[725] Erst die Neo-Orthodoxie unseres Jahrhunderts, der die ganze christliche Moderne als ein Abfall vom Evangelium erschien, hat diese Problematik verdrängt, um unmittelbar an die Reformation und an die Schrift anzuknüpfen. Doch je deutlicher solche vermeintliche Unmittelbarkeit sich als fiktiv erweist, desto dringender muß die Frage nach der Relevanz der Kirchengeschichte als Vermittlung zwischen Ursprung und Gegenwart des Christentums sich dem theologischen Bewußtsein wieder stellen.

Die Kirchengeschichte ist nicht nur eine theologische Spezialdisziplin. Sie ist das viel weniger als die biblische Theologie. Die Kirchengeschichte umgreift das Ganze der Theologie auf eine Weise, wie es der biblischen Theologie als Disziplin nur *per nefas* und dem einzelnen Exegeten nur durch den Mut möglich ist, die Schranken der eigenen Disziplin zu überschreiten, um ihren Beitrag zur Theologie insgesamt zu bedenken. Dazu nötigt freilich der Gegenstand der biblischen Exegese selbst, aber doch nur insofern, als er eben nicht nur Sache der historisch-kritischen Bibelwissenschaft sein kann. Die Kirchengeschichte greift durch ihr eigenes Thema als Kirchengeschichte über die Schranken zur biblischen Theologie einerseits, zur Dogmatik und praktischen Theologie andererseits hinweg. Wenn man nicht in der Weise des Altprotestantismus die kanonischen Schriften oder mit K. Barth das ganze Zeitalter der Apostel prinzipiell der Zeit der Kirche und ihrer Geschichte entgegensetzt[726], dann ist nicht einzusehen, wie der mit der Erforschung der Geschichte des Christentums beschäftigten Disziplin die Zuständigkeit für die Anfänge des Christentums – wie auch für seine Vorgeschichte – generell abgesprochen werden kann[727], auch wenn die in der Besonderheit

---

[725] In seiner Untersuchung über Albrecht Ritschl (Faith and the Vitalities of History, New York 1966) hat Ph. Hefner gezeigt, daß die Frage nach der Kontinuität des Christentums in seiner Geschichte das zentrale Problem der Theologie Ritschls war. Ritschls Beurteilung des Hellenismus und des Frühkatholizismus, in der sich das Selbstverständnis des bürgerlichen Protestantismus im ausgehenden 19. Jahrhundert spiegelt, hat das protestantische Geschichtsbewußtsein weit über seinen engeren Einflußbereich hinaus dadurch bestimmt, daß die Perspektive der dogmengeschichtlichen Arbeit A. v. Harnacks von ihr geprägt war.
[726] K. Barth: Kirchliche Dogmatik I/1, 1932, 150 ff.
[727] F. Chr. Baur: Die Epochen der kirchlichen Geschichtsschreibung, 1852, 262 f.

des christlichen Glaubens begründete Herausbildung eines Gegenübers aller späteren Zeitalter der Kirche zu dem der Apostel und zu den apostolischen Schriften in ihrer Bedeutung *innerhalb* der Geschichte des Christentums durchaus gewürdigt wird. Ebenso läßt sich Schleiermachers Einordnung der Dogmatik in die historische Theologie mit guten Gründen rechtfertigen; denn die gegenwärtige Formulierung der christlichen Lehrüberlieferung besteht einerseits in der gegenwärtigen Rezeption ihrer geschichtlichen Entwicklung, und sie vollzieht damit andererseits eben jene Synthese von Überlieferung und Zeitbewußtsein, deren Vorbilder die Kirchengeschichte von Generation zu Generation in der Geschichte aufweist. Daher kann der Kirchengeschichte nicht rundweg die Zuständigkeit abgesprochen werden, darüber zu urteilen, wie wohl unter den Bedingungen der Gegenwart jener Aufgabe gerecht zu werden ist, deren Lösung unter früheren Bedingungen die Kirchengeschichte an so vielen Beispielen studiert. Ähnliches gilt für die christliche Ethik und sogar, wie noch genauer zu erörtern sein wird, für die praktische Theologie.

Sicherlich ist die systematische Aufgabe im engeren Sinn, die Frage nach der gegenwärtigen Wahrheit des Christentums, nicht ohne weiteres identisch mit der historischen Darstellung seiner Geschichte. Das ist jedenfalls evident im Falle einer positivistisch vorgehenden oder nur archivarisch registrierenden Geschichtsschreibung. Aber die Geschichte kann selbst in systematischer (und praktischer) Absicht studiert und dargestellt werden. Die Probleme und Aufgaben der Gegenwart werden dann aus der Tiefe ihres geschichtlichen Erbes und im Ausblick auf dessen noch unabgegoltene Zukunftsmöglichkeiten zugänglich. Gegenüber einer so betriebenen Kirchengeschichte würde dem Systematiker nur die philosophisch-theologische Grundlagenreflexion als seine Domäne verbleiben. Und auch diese Aufgabe könnte im Prinzip ebenso oder besser im Rahmen einer theologischen Religionsphilosophie als Grunddisziplin einer Theologie der Religionen wahrgenommen werden. Nur diese hat unter den theologischen Disziplinen eine noch umfassendere Aufgabe als die Kirchengeschichte. Zur Theologie der Religionen verhält sich die Kirchengeschichte ähnlich als Spezialdisziplin, wie die Biblische Theologie zur Kirchengeschichte. Die Kirchengeschichte ist die Religionsgeschichte des Christentums.[728]

---

728 H. Karpp hat gegen die Benennung des Christentums als Gegenstand der Kirchen-

Von dieser Feststellung her ergibt sich die Frage nach dem Verhältnis der Kirchengeschichte zur Profangeschichte. Wer dieser Frage nachgeht, macht bald die merkwürdige Beobachtung, daß es eine Profangeschichte des christlichen Kulturkreises nicht gibt. Es gibt die Entwürfe der Weltgeschichte. Es gibt auf der andern Seite die Nationalgeschichten und dazwischen etwa Darstellungen zur Geschichte Europas. Aber der christliche Kulturkreis – wenn wir diesen Begriff hier ohne geographische und demographische Beschränkung für den dynamischen Prozeß der Christentumsgeschichte verwenden dürfen – beginnt mit dem 4. Jahrhundert, als das Christentum aufhörte, ein Faktor unter anderen in der hellenistischen Welt zu sein und zur prägenden Kraft des Konstantinischen Imperiums wurde, und seine Geschichte geht auch nach dem Verlust der Ursprungsgebiete des Christentums an den Islam weiter mit der Verlagerung seines Schwerpunktes nach Europa. Seine Grenzen reichen weit über Europa hinaus, insbesondere seit der Christianisierung der beiden Amerika. Es ist sogar fraglich, ob man heute überhaupt noch von solchen Grenzen sprechen kann, angesichts des Bestehens christlicher Kirchen in allen Erdteilen und Völkern. Andererseits bleibt zweifellos die Geschichte Europas und Amerikas besonders eng in den Zusammenhang der Christentumsgeschichte verflochten. Es ist fraglich, ob sich die Geschichte Europas überhaupt ohne Gewaltsamkeit herauslösen läßt aus dieser übergreifenden Klammer. Denn es war das Christentum, das das Erbe der Antike an Europa vermittelt hat, so daß die europäische Geschichte bis ins 15., ja bis ins 18. Jahrhundert hinein eine Folge von Renaissancen der Antike gewesen ist. Und es war wiederum das Christentum, das Europa zum »expansiven

geschichte eingewendet, daß »das« Christentum keine einheitliche Erscheinung sei (Kirchengeschichte als theologische Disziplin, in: Festschrift R. Bultmann, hrsg. von E. Wolf, Stuttgart 1949, 149–167, bes. 152 ff.). Aber das ist auch »die Kirche« nicht. Gerade die Pluralität von Kirchen macht es erforderlich, als zusammenfassende Bezeichnung für den empirischen Gegenstand der Kirchengeschichte den Begriff des Christentums einzuführen, das seine manifeste Institutionalisierung in einer Pluralität konkurrierender Kirchen gefunden hat. Wenn man dagegen mit Karpp »die mannigfach gegliederte Kirche...« als diesen Gegenstand bezeichnet (s. u. Anm. 731), dann unterstellt man erstens, daß die Vielheit der Kirchen letztlich doch nur eine Kirche ist, obwohl diese als Kirche institutionell nicht ohne weiteres nachweisbar ist, und zweitens deutet man die Zerrissenheit der Christenheit in einander ausschließende Kirchen von vornherein harmonisierend, wenn man sie als »mannigfach gegliederte« Einheit kennzeichnet: Eine solche mag das *Ziel* der Kirchengeschichte in ihrer ökumenischen Bewegung sein; die tatsächlichen Gegebenheiten der Kirchengeschichte bieten weithin jedoch ein anderes Bild, über das historische Untersuchung nicht ohne weiteres hinweggehen kann.

Abendland« (A. Weber) werden ließ, das über seine Grenzen hinausdrängte, um die ganze Menschheit in den Kreis europäischen Geistes und europäischer Zivilisation zu ziehen. Sicherlich verband sich diese Expansion mit den Herrschaftsgelüsten europäischer Nationen, mit der Gier nach den Reichtümern der übrigen Welt und zuletzt auch mit der Suche nach Absatzmärkten für die europäische Industrie. Aber die Initialzündung und eine Serie immer neuer Anstöße gab doch der christliche Missionswille, wie auch immer pervertiert durch seine Verbindung mit den Interessen kolonialer Ausbeutung. Die Geschichte des Christentums ist der Rahmen, aus dem sich die Geschichte Europas nur gewaltsam herauslösen läßt. Solche Erwägungen zeigen, wie sehr Geschichte überhaupt Religionsgeschichte ist, noch tief bis in alle Säkularisierungen und Emanzipationsprozesse hinein, weil es in der religiösen Thematik eben um das Ganze der Wirklichkeit und der menschlichen Bestimmung geht.

Die Kirchengeschichte ist also nicht eine Spezialgeschichte, die als solche der allgemeinen Geschichte untergeordnet wäre, sondern in ihr findet sich vereint, was in der profanen Historie in Spezialgebiete getrennt ist: alte Geschichte, mittlere und neue Geschichte, die Geschichte des Mittelmeerraums und die Europas und Amerikas, aber auch die über den Eurozentrismus hinausführenden Tendenzen und Faktoren der Weltgeschichte, die vom Christentum ausgegangen sind.

Beachtet man diese Besonderheit der Kirchengeschichte im Verhältnis zu den profangeschichtlichen Disziplinen, dann wird deutlich, daß, abgesehen von den Entwürfen einer Universalgeschichte, keine der historischen Disziplinen von ihrer speziellen Thematik her so sehr zur Frage nach dem Ganzen der Geschichte gedrängt wird wie die Kirchengeschichte.[729] Dieser Zug ist einmal durch die Spannweite und Dynamik der Christentumsgeschichte gegeben, die zu ihrer angemessenen Würdigung des Bezugsrahmens der Weltgeschichte der Menschheit bedürfen, zum anderen durch die Universalität der Heilsfrage, die in Gestalt der jeweiligen »Antizipation des gelungenen Lebens« (J. Habermas) den Gang der Geschichte bestimmt[730], ganz besonders aber im Christentum, weil hier die

---

729 Ähnlich hat sich auch G. Kretschmar in einem unveröffentlichten Referat »Kirchengeschichte als Wissenschaft« im Rahmen der Arbeitsgemeinschaft der Evangelisch-Theologischen Fakultät München im Sommer 1972 geäußert (3 f. des Ms.).
730 ebd. 4.

Geschichte ausdrücklich als die Dimension der Verwirklichung des Menschen wie der Offenbarung Gottes thematisch geworden ist.
Mit dem Verhältnis von Kirchengeschichte und Universalgeschichte ist bereits die Frage nach dem theologischen Charakter der Kirchengeschichte in den Blick gekommen. Ist die Kirchengeschichte überhaupt als theologische Disziplin zu verstehen und zu behandeln? Das wurde oft und gerade in neuerer Zeit in besonderem Maße als problematisch empfunden. Jedenfalls scheint sich die Kirchengeschichte von den profanhistorischen Disziplinen nicht durch ihre Methodik, sondern allenfalls durch ihren Gegenstand zu unterscheiden.[731] Sie muß in der Tat Wert darauf legen, daß sie ihren Gegenstand mit keinen anderen als den allgemein geltenden historischen Methoden untersucht. Das schließt jedoch nicht aus, daß das besondere Thema der Kirchengeschichte eine auf Allgemeingültigkeit Anspruch erhebende Korrektur des herrschenden historischen Methodenbewußtseins veranlassen könnte. Die Kirchengeschichte ist wie keine andere historische Disziplin der Frage nach der Relevanz der religiösen Thematik für das Geschichtsverständnis konfrontiert. Denn ihr Thema ist die Geschichte einer Religion, die durch den Glauben an einen in der Geschichte handelnden Gott konstituiert ist. Dabei geht es im Christentum nicht nur um die Geschichte Gottes mit einem besonderen Volk, sondern um die gesamte Menschheit. Wenn nun die Geschichte dieser Religion ohne Bezugnahme auf die Frage nach dem Handeln ihres Gottes in ihrer Geschichte dargestellt wird, dann ist die Kirchengeschichte als solche schon die Bestreitung des Glaubens an den in der Geschichte handelnden Gott.[732] Dabei sollte man doch zumindest erwarten können, daß diese Frage als offen und nicht als schon im vorhinein entschieden behandelt wird. Negativ entschieden ist diese Frage aber bereits da, wo die Kirchengeschichte am Leitfaden einer profanhistorischen Methode behandelt wird, die auf der Ausblendung der religiösen Thematik beruht, indem sie religiöse Vorgänge von vornherein nur als Ausdruck

731 Mit Recht hat H. Karpp betont, die Kirchengeschichte unterscheide sich von der Profanhistorie nicht durch eine besondere Methode (art. cit. 149 ff.), sondern nur durch ihren Gegenstand, sofern nämlich Kirchengeschichte als Geschichte der Verkündigung (154) »die mannigfach gegliederte Kirche in ihrem dialektischen Verhältnis zum Reiche Gottes« (155) zum Gegenstand habe.

732 Ähnlich sprach W. Nigg von einer fortschreitenden Entleerung des Kirchenbegriffs durch die kirchenhistorische Forschung: »Die Kirche hat beim letzten Kirchenhistoriker sozusagen aufgehört zu existieren« (Die Kirchengeschichtsschreibung. Grundzüge ihrer historischen Entwicklung, München 1934, 247).

menschlicher Vorstellungen betrachtet und auf ihre Bedingtheit durch andere Aspekte der menschlichen Lebenswirklichkeit untersucht. Eine so behandelte Kirchengeschichte wird unvermeidlich zu einem Argument des Atheismus: Ihr Gesamtbild ergibt, daß die Wirklichkeit der Geschichte, wie sie allgemeinmenschlich zugänglich ist, keine Spur eines göttlichen Wirkens verrät. Als Resultat der Arbeit des Kirchenhistorikers ergibt sich daher der Eindruck der Ohnmacht und folglich der Unwirklichkeit des christlichen Gottes. Von daher gesehen müssen sich dann die Aussagen der biblischen Schriften von einem göttlichen Handeln in der Geschichte als bloße subjektive Glaubensaussagen darstellen ohne Anspruch auf allgemeine Verbindlichkeit. Eine entsprechende Deutung auch der Kirchengeschichte bleibt natürlich freigestellt. Indem ihr aber die allgemeine Verbindlichkeit im vorhinein schon abgesprochen wird, verliert sie jeden Anspruch auf eine andere Wirklichkeit als die von subjektiv beliebigen Wertsetzungen. Im Hinblick darauf stellt sich erst in voller Schärfe die Frage nach dem Charakter der Kirchengeschichte als theologischer Disziplin.

Eine unter Ausblendung der Frage nach Gott und seinem Handeln betriebene Geschichtsschreibung bildet also, und das zeigt sich besonders in der Kirchengeschichte, ein Präjudiz gegen die Wirklichkeit des biblischen Gottes. Dabei ist es durchaus begreiflich, daß ein solches Geschichtsverständnis aus der Auseinandersetzung der Aufklärung mit den gegensätzlichen Wahrheitsansprüchen der christlichen Konfessionen hervorgegangen ist: Nur wenn man von den Gegensätzen der einander ausschließenden konfessionellen Lehrsysteme absah, bestand die Aussicht, die geschichtliche Wirklichkeit vorurteilslos, d. i. rein »pragmatisch« – wie man damals sagte –, in den Blick zu bekommen. Aber die Autoritätskritik der Aufklärung mußte zur Ausblendung der theologischen Thematik überhaupt führen, weil zuvor das Handeln Gottes in der christlichen Geschichte trotz mancher Gegenströmungen tendenziell überwiegend mit dem Gedeihen der Kirche identifiziert worden war, die nun in die Gegensätze einander ausschließend gegenüberstehender Konfessionen auseinandergebrochen war. Wie man nach dem Zeitalter der Religionskriege, die das 16. und 17. Jahrhundert erfüllten, des konfessionellen Haders müde wurde und sich bemühte, den Staat, das Recht, die Wissenschaften auf eine vom Konfessionsstreit unabhängige Basis zu stellen, so mußte auch das Geschichtsverständnis dem Geist der

Parteilichkeit entrissen werden. Damit wurde das Ende der alten *historia sacra* besiegelt. Zu deren dogmatischer Geschichtsauffassung wollen heute auch diejenigen nicht zurückkehren, die eine stärkere Berücksichtigung des theologischen Charakters der Kirchengeschichte fordern. Darum wendet sich z. B. H. Jedin, der im Anschluß an A. Ehrhard die Kirchengeschichte als historische Theologie verstanden wissen möchte[733] und ihre heilsgeschichtliche Auffassung für die ihr allein adäquate Deutung hält[734], doch auch gegen ein Aufgehen der kirchengeschichtlichen Disziplin in einer heilsgeschichtlichen Geschichtstheologie, weil »Kirchengeschichte Wissenschaft ist, die mit strenger historischer Methode arbeitet«.[735] Das doppelte Bemühen um methodische Strenge auf der einen und um den theologischen Charakter der Kirchengeschichte auf der anderen Seite findet seine Lösung meist in einer Unterscheidung verschiedener Ebenen der Betrachtung. So hat P. Meinhold die Perspektive der Kirchengeschichte von der profanen oder Weltgeschichte einerseits, von der theologisch deutenden Heilsgeschichte andererseits unterschieden. Seine Zuordnung der drei Ebenen als konzentrische Kreise mit der Heilsgeschichte als innerstem Kreis[736] erweckt indessen nach H. Lutz immer noch zu sehr den Eindruck eines »starren, hierarchischen Stufenbaus«, so daß Lutz für »ein freies, sich ergänzendes Verhältnis der drei ... Perspektiven« plädiert.[737] Derartige Unterscheidungen und Zuordnungen von Betrachtungsebenen oder Perspektiven bleiben jedoch unbefriedigend, weil sie es nicht zu einer allgemeingültigen Systematik bringen, sondern Heterogenes bloß äußerlich und subjektiv verknüpfen. Allgemeingültig ist dabei immer nur die historische Methode, die der Kirchenhistoriker wie jeder andere Historiker anwendet, die aber durch die mit ihr verbundene theologische Entleerung der Kirchengeschichte das zuvor erwähnte Unbehagen bei denen hervorruft, die Kirchengeschichte

---

733 H. Jedin: Kirchengeschichte ist Theologie und Geschichte (in: Kirchengeschichte heute, hrsg. R. Kottje, Trier 1970, 33–74) bes. 43; vgl. A. Ehrhard: Die historische Theologie und ihre Methoden (Festschrift Seb. Merkle, hrsg. W. Schellberg, Düsseldorf 1922, 117 bis 136).
734 H. Jedin: Kirchengeschichte als Heilsgeschichte? (in: ders., Kirche des Glaubens – Kirche der Geschichte. Ausgewählte Aufsätze und Vorträge I, 1966, 37–48).
735 art. cit. (Anm. 733) 44.
736 P. Meinhold: Weltgeschichte – Kirchengeschichte – Heilsgeschichte, in: Saeculum 9, 1958, 288.
737 H. Lutz: Profangeschichte – Kirchengeschichte – Heilsgeschichte, in: Kirchengeschichte heute. Geschichtswissenschaft oder Theologie? hrsg. R. Kottje, Trier 1970, 75–94, bes. 94.

Die innere Gliederung der Theologie

als Teil der Theologie betreiben möchten. So wird dann eine zusätzliche dogmatische Deutung der Kirchengeschichte postuliert.[738] Doch jede Einmischung solcher dogmatischen Deutung in die Reflexionen des Historikers kann nur die Strenge seines historischen Verfahrens beeinträchtigen. Der theologische Charakter der kirchengeschichtlichen Disziplin ist mit der historischen Strenge ihres Verfahrens nur unter der Bedingung vereinbar, daß er nicht als dogmatische Perspektive ins Spiel gebracht wird. Eine solche Perspektive müßte auch dann noch Mißtrauen hervorrufen, wenn sie als subjektive Einstellung des Kirchenhistorikers von der methodischen Technik seiner Forschungen unterschieden wird. Aber eine derartige dogmatische Einstellung ist umgekehrt keineswegs unerläßlich für eine historische Theologie. Sie würde vielmehr auch für eine Theologie der Geschichte eine Beeinträchtigung und Verfälschung bedeuten. Eine Theologie der Geschichte kann heute nicht mehr von einer dogmatischen Behauptung der Wirklichkeit Gottes in dem einen oder anderen Sinne ausgehen, um von daher den Gang der Geschichte zu deuten. Jeder derartigen Deutung gegenüber bleibt die Säkularität des herrschenden Verständnisses historischer Methode im Recht. Die religiöse Thematik kann für das Geschichtsverständnis nur wiedergewonnen werden, wenn sie als *in der Geschichte strittig* zum Thema wird. Gerade in dieser Richtung liegen die fruchtbaren Möglichkeiten heutiger Geschichtstheologie, Möglichkeiten, die durch eine dogmatisch fixierte Perspektive von vornherein abgeschnitten würden. Im Hinblick auf die Strittigkeit der in der christlichen Überlieferung behaupteten Gotteswirklichkeit ließe sich aber von der Kirchengeschichte ohne Einbuße ihrer methodischen Strenge eine Untersuchung und Darstellung der Geschichte des Christentums[739] erwarten, die für jede Phase dieser Geschichte das Verhältnis ihrer Erfahrung von Wirklichkeit zu dem ihr überlieferten

---

738 So fordert E. Iserloh, »Kirchengeschichte als Theologie zu betreiben«, und zwar nicht nur im Hinblick auf ihr Materialobjekt, sondern so, daß der Kirchengeschichtler »den Gang der Kirche durch die Geschichte mit den Augen des Glaubens« im Sinne des *credo ecclesiam* betrachtet (Was ist Kirchengeschichte? in: Kirchengeschichte heute, 1970, 10–32, Zitat 29). Dieser Formulierung fehlt die Abgrenzung gegen eine bewußt parteiliche Geschichtsschreibung. Ob der theologische Charakter kirchengeschichtlicher Forschung und Darstellung aber in der Parteilichkeit eines *credo ecclesiam* bestehen dürfte und müßte, ist schon deshalb fraglich, weil Kirche und Reich Gottes nicht zusammenfallen und die Kirche darum auch in ihrer Geschichte »in ihrem dialektischen Verhältnis zum Reiche Gottes« (H. Karpp art. cit. Anm. 728, 155) zu sehen ist.
739 Siehe oben Anm. 728.

christlichen Wirklichkeitsverständnis untersucht und im Anschluß daran die Frage stellt, inwiefern sich in dieser geschichtlichen Erfahrungssituation der Gott der christlichen Überlieferung den Beteiligten als die alles bestimmende Wirklichkeit bekundet hat, erkennbar an den faktischen Veränderungen der Lebensformen und des Bewußtseins der Christenheit. Solche Selbstbekundungen des Gottes der christlichen Überlieferung als alles bestimmende Wirklichkeit wären im Sinne dieser Überlieferung als ein »Handeln Gottes« zu bezeichnen, und die damit verbundenen Veränderungen des christlichen Bewußtseins und der christlichen Lebenswirklichkeit wären dem jeweiligen traditionellen Selbstverständnis des Christentums kritisch zu konfrontieren.[740] Dabei wäre allerdings der Begriff eines »Handelns Gottes« für die erfahrene Selbstbekundung des Gottes der Überlieferung als der alles bestimmenden Wirklichkeit nur in der Weise einzuführen, daß die Gottheit dieses Gottes und mithin auch alles Reden von seinem »Handeln« in der Vergangenheit im Fortgang der Geschichte *immer wieder* strittig ist und sich immer neu als die alles bestimmende Wirklichkeit bewähren muß an neuen Formen der Welt- und Selbsterfahrung.[741] Eine solche Theologie der Kirchengeschichte könnte also durchaus deskriptiv und undogmatisch verfahren. Gerade deshalb dürfte sie mit dem Anspruch auf

---

740 In dieser Hinsicht stellt sich die Kirchengeschichte der theologischen Untersuchung nicht anders dar als die Geschichte Israels. P. Stockmeier (Kirchengeschichte und Geschichtlichkeit der Kirche, in: Zeitschrift für Kirchengeschichte 81, 1970, 145–162) sieht hier allerdings eine Differenz: »Während eine heilsgeschichtliche Deutung des Alten Bundes vom Standort des Neuen Testaments her möglich erscheint, fehlen dem Kirchenhistoriker »heilsgeschichtliche« Maßstäbe, um die Fakten und Geschehnisse gültig zu beurteilen (160). Aber die Differenz scheint nur darin zu bestehen, daß Stockmeier für die Deutung des Alten Testament eine dogmatische Perspektive vom »Standort« (welchem?) des Neuen Testaments aus zuläßt, für die Kirchengeschichte hingegen nicht. Eine dogmatisch fixierte Perspektive bliebe in dem einen Fall so fragwürdig wie im andern. Andererseits brauchte man deswegen nicht die Augen davor zu verschließen, daß die Thematik dieser Geschichte selbst theologischen Charakter hat und auf die Heilsfrage bezogen ist, wie es Stockmeier in seinen Ausführungen der Sache nach auch selbst herausarbeitet. In diesem Fall hat auch historische Untersuchung die Aufgabe, einen so gearteten Gegenstand kritisch auf seine mit einem solchen Selbstverständnis verbundene Eigenart zu befragen.
741 Die theologische Bedeutung der fortdauernden Strittigkeit der Wirklichkeit Gottes in der Geschichte habe auch ich selbst früher nicht in der erforderlichen Schärfe gesehen (Grundfragen systematischer Theologie, 1967, 66 ff., 89 f. vgl. aber ebd. 289 ff.); vor allem habe ich nicht gesehen, daß gerade eine Berücksichtigung dieses Umstandes den Anspruch einer Theologie der Geschichte auf rationale Allgemeingültigkeit zu begründen vermag.

Die innere Gliederung der Theologie

Allgemeingültigkeit eine Korrektur des historischen Wirklichkeitsverständnisses überhaupt, wie es dem heutigen Stande des historischen Methodenbewußtseins zugrunde liegt, veranlassen, – eine Korrektur, die darin zu bestehen hätte, daß die im 18. Jahrhundert aus verständlichen Gründen ausgeblendete religiöse Thematik in neuer Weise wieder in das Geschichtsverständnis einbezogen wird.
Die hier diskutierte Möglichkeit einer Behandlung der Kirchengeschichte als theologische Disziplin berührt sich teilweise mit der Formel G. Ebelings, daß die Kirchengeschichte Geschichte der Schriftauslegung sei.[742] Ebelings These ist heute der bei weitem eindrucksvollste Versuch, Kirchengeschichte als theologische Disziplin zu konzipieren. Mit ihm konvergieren die hier angestellten Erwägungen insofern, als einerseits das Selbstverständnis der Christen sich immer wieder im Zusammenhang der Schriftauslegung gebildet und erneuert hat, andererseits aber eben in der Schriftauslegung die Auseinandersetzung des jeweiligen Standes der Wirklichkeitserfahrung mit der christlichen Überlieferung sich exemplarisch vollzogen hat. Dabei muß man allerdings Schriftauslegung sehr weit fassen, nämlich als eine Chiffre für den christlichen Traditionsprozeß überhaupt. Nimmt man den Begriff in seinem engeren Sinn, so kann man sich der Kritik von G. Kretschmar nicht entziehen, daß »hier die hermeneutische Konzeption von Geschichtswissenschaft eine letzte Steigerung erfährt, zugleich damit aber die *Kirche* als Subjekt der Geschichte völlig verschwindet, am Ende übrigens auch die Geschichte; denn sie kann faktisch ... nur noch als das zwischen Offenbarung und Gegenwart Hineingekommene, das je im Vorgang des glaubenden Hörens zu Überwindende gesehen werden«.[743]
Schriftauslegung sollte daher nur als *ein* charakteristisches Strukturelement des christlichen Überlieferungsprozesses beurteilt werden. Die These Ebelings bleibt aber auch noch in anderer Hinsicht einer weiterführenden Korrektur bedürftig. Seine Formel von der Kirchengeschichte als Geschichte der Schriftauslegung bietet nämlich faktisch – entgegen ihrer Absicht – noch gar keine Antwort auf die Frage nach dem Charakter der Kirchengeschichte als theologischer Disziplin. Denn die Schriftauslegung kann auch unter Absehung von der Frage nach der jeweiligen Selbstbekundung der alles bestimmenden Wirklichkeit für die Erfahrung des Auslegers unter-

---

[742] G. Ebeling: Kirchengeschichte als Geschichte der Auslegung der heiligen Schrift, 1947.
[743] G. Kretschmar: Kirchengeschichte als Wissenschaft (unveröffentlichtes Ms. 1972, 5 f.).

sucht werden, im Sinne des bloßen Konstatierens einer Abfolge unterschiedlicher Auslegungen. Soll die Frage, ob es dabei um göttliche Wirklichkeit geht, damit wieder der Irrationalität einer »Glaubensentscheidung« anheimgegeben werden? Eine Untersuchung und Darstellung der Kirchengeschichte als Auslegung der Schrift ist jedenfalls für sich noch keine *Theologie* der Kirchengeschichte. Ob sie zu einer solchen führt, entscheidet sich erst an der Frage, wie der Überlieferungs- und Rezeptionsprozeß selbst beschrieben wird, der durch die Autorität und immer wieder erneute Auslegung der Schrift charakterisiert ist. Erst wenn die Rezeption der Überlieferung, die durch das Medium der Schriftauslegung, aber nicht nur in deren explizitem Vollzug stattfindet, als Austrag sich verändernder Erfahrung der alles bestimmenden Wirklichkeit, von der die biblischen Schriften auf ihre Weise reden, begriffen wird, haben wir eine Kirchengeschichte als theologische Disziplin im spezifischen Sinne des Wortes. Die Aufmerksamkeit auf die Wandlungen der Erfahrung der alles bestimmenden Wirklichkeit im Kontext aller jeweiligen Erfahrung überhaupt und in bezug auf das überlieferte Reden von Gott erlaubt es dann auch, in einem rein deskriptiven und hypothetischen Sinne von einem Handeln Gottes in der Geschichte zu sprechen. Es geht hier im Prinzip um nichts anderes als um eine Anwendung der allgemeinen Grundsätze einer Theologie der Religion und ihrer Geschichte auf die Geschichte des Christentums.

Dabei sind innerhalb der christlichen Geschichte die Spannungen zwischen Christenheit und Kirche gebührend zu berücksichtigen.[744] In einem spezifischen Sinne handelt es sich hier um ein Problem des neuzeitlichen Christentums im Verhältnis zu den untereinander zerstrittenen Konfessionskirchen. Aber auch in ihrer vorneuzeitlichen Geschichte sind Kirche und Christentum nie einfach identisch gewesen. Allerdings gelangt das Christentum nur in Gestalt der Kirche zur institutionellen Ausdrücklichkeit seiner Existenz. Insbesondere ist ohne Kirche keine Überlieferung des Christentums und kein Bewußtsein der christlichen Identität in diesem Überlieferungsprozeß möglich. Überhaupt lebt jeder einzelne Christ als Christ in der Kirche, in der er die Taufe empfangen hat und an deren gottes-

---

744 Die Notwendigkeit dieser Unterscheidung ist in den letzten Jahren besonders durch T. Rendtorff dargetan worden (Christentum außerhalb der Kirche. Konkretionen der Aufklärung, Hamburg 1966).

dienstlichem Leben er auf die eine oder andere Weise teilnimmt. Kirche ist ein Ausdruck für die Gesamtheit der Gläubigen. Aber derselbe Ausdruck bezeichnet auch eine Institution neben anderen Institutionen in der Lebenswelt der Christen. Daher kann es zu Spannungen zwischen Christentum und Kirche kommen. Gerade die Veränderungen der Wirklichkeitserfahrung führen häufig zu derartigen Spannungen. Darum kann sich eine Theologie der Kirchengeschichte nicht beschränken auf eine Biographie der Kirche als einer besonderen Institution im Leben der Christenheit, sondern muß diesen ganzen Lebenszusammenhang in ihre Untersuchungen einbeziehen.

Sie kann dabei den Begriff des Gottesvolkes zugrunde legen, als das die Kirche sich von früh an in Fortführung und Ausweitung des altisraelitischen Erwählungsglaubens verstanden hat. Allerdings ist die Kirche andererseits nur eine der Institutionen im Leben des Gottesvolkes der Christenheit. Doch gerade deshalb ist der umfassende Begriff des Gottesvolkes für eine deskriptiv-kritische Theologie der Kirchengeschichte besonders geeignet. In ihm ist auch bereits »vom Ursprung der Kirche her ein Verflochtensein mit den Daten der Geschichte« begründet[745], das aus der Eigentümlichkeit des kirchengeschichtlichen Stoffes selbst nach einer geschichtstheologischen Untersuchung verlangt, die kritisch nach der Bewährung des in diesem Selbstverständnis enthaltenen Anspruches fragt. Der theologische Sinn dieses Anspruches und seiner Prüfung tritt in volles Licht durch den Zusammenhang von Gottesvolk und Erwählungsglauben, der sich durch die Geschichte des Christentums über den Zerfall seiner Reichsidee bis in die Entwicklung des neuzeitlichen Nationalismus verfolgen läßt. Einer solchen Untersuchung erweisen sich Christentum und Kirche als schon von Hause aus geschichtlich strukturierte Phänomene, deren Eigenart daher nur geschichtstheologisch erfaßt werden kann. Dabei ist diese ihre Geschichtlichkeit für das Bewußtsein von Kirche und Christentum selbst durch den immer neuen Rückbezug auf das »grundlegende und einmalige Ereignis« des Christusgeschehens[746] konstituiert und auch im Hin-

---

745 P. Stockmeier: Kirchengeschichte und Geschichtlichkeit der Kirche, Zeitschrift für Kirchengeschichte 81, 1970, 156. Die Verbindung mit dem Erwählungsgedanken hebt Stockmeier nicht ausdrücklich hervor.
746 ebd. 157. Stockmeier erwähnt allerdings nicht, daß im geschichtlichen *Rück*bezug auf das Christusgeschehen zugleich auch der *Zukunfts*bezug des christlichen Glaubens sich immer wieder erneuert.

blick darauf in ihrer jeweiligen geschichtlichen Selbstverwirklichung zu prüfen, über die hinaus Christentum und Kirche durch die Erinnerung an die vergangene Geschichte Jesu auf ihre noch nicht eingetretene künftige Vollendung verwiesen werden, um in deren Licht ihrer Gegenwart zu begegnen.

Es zeigt sich so, daß eine Kirchengeschichte, die ihren Gegenstand in seinem theologischen Wesen thematisiert und sich zugleich als Reflexion der Geschichtlichkeit von Christentum und Kirche vollzieht, bereits systematische Darstellung des Christentums ist. Denn wenn Christentum und Kirche in ihrer Eigenart geschichtsbezogen sind, dann läßt sich diese ihre Eigenart konkret nur in ihrer tatsächlichen Geschichte erfassen, die von der Frage nach der Bewährung ihres Selbstverständnisses und ihres Gottesbewußtseins bewegt ist und darum die kritische Diskussion ihres Wahrheitsbewußtseins im Lichte des faktischen Ganges dieser Geschichte ermöglicht.

6. Die systematische Theologie

1.

Der Begriff der systematischen Theologie ist im 17. Jahrhundert im Gefolge der Einführung des Systembegriffs in die Theologie (s. o. Anm. 656) als Bezeichnung für die »scholastische« oder »akademische« oder auch »akroamatisch« genannte Theologie aufgekommen. Bei J. F. Buddeus 1727 gilt dieser Sprachgebrauch schon als geläufig.[747] Nach Buddeus ist auch die Identifizierung der systematischen mit der thetischen oder dogmatischen Theologie gebräuchlich. Er selbst tritt jedoch dafür ein, den Begriff der Dogmatik sowohl auf die systematische als auch auf die ihr entgegengesetzte exoterische oder katechetische Theologie zu beziehen.[748]

---

747 J. F. Buddeus: Isagoge historico-theologica ad theologiam universam singulasque eius partes, Leipzig 1727, 303: Acroamatica theologia, uti diximus, systematicae etiam nomine venit, idque licet generatim de omnibus compendiis, adcuratiori methodo conscriptis, adhiberi queat; subinde tamen speciatim de istis rerum theologicarum commentariis, in quibus cuncta fusius, et magno adparatu, edisseruntur, et non tantum doctrinae sacrae veritas adstruitur, (304:) sed et dissentientium errores refutantur, usurpatur. Duo autem cum primis requiruntur, ut tractatio quaedam systematicae theologiae nomen promereatur, primo ut omnia cognitu ad salutem necessaria plene, deinde et iusto ordine et apta quadam connexione, exhibeat; neque exhibeat modo, sed et explicet, probet, atque confirmet.
748 ib. 304: Acroamatica haecce atque systematica theologia etiam thetica vocari solet;

Außerdem will er zum Begriff der systematischen Theologie auch die Ethik oder Moraltheologie rechnen.[749]
Der Begriff *theologia dogmatica* begegnet als Buchtitel bekanntlich erstmals bei L. F. Reinhart 1659, ist aber schon 1634 von G. Calixt und ein Jahr später von J. H. Alting gebraucht worden.[750] Bei Alting ist der Sinn des Begriffs durch die Abgrenzung gegen den der *theologia historica* bestimmt. Dabei soll es nicht um einen Unterschied des Inhaltes gehen, sondern nur um einen solchen in der Form der Darstellung.[751] Alting weicht damit von der bisherigen Auffassung dieser Differenz ab. So hatte Melanchthon 1550 das Dogmatische oder Lehrhafte als einen Teilinhalt der Bibel und der kirchlichen Literatur gekennzeichnet[752], und noch J. Gerhard hat 1610 im ersten Bande seiner Loci theologici den Inhalt der Schrift ähnlich in *historica* und *dogmatica* aufgeteilt.[753] Die Auffassung des Unterschiedes zwischen historisch und dogmatisch als Sache nicht des Inhaltes, sondern des Darstellungsmodus könnte ihren Ursprung im römisch-katholischen Sprachgebrauch des 16. Jahrhunderts haben.[754] Was aber ist der Sinn dieser Unterscheidung? Nach G. Ebeling würde es sich bei der dogmatischen Betrachtungsweise im Sinne Altings um »die verantwortende Besinnung auf das dogmatische, d. h. assertorische Sprachgeschehen, das die Sache der

nec tamen quidquam obstat, quo minus hocce, uti et dogmaticae theologiae nomine, tum catecheticam, tum systematicam, complectamur. Die Gleichsetzung der akroamatischen Theologie mit der Dogmatik geht nach K. G. Bretschneider: Systematische Entwicklung aller in der Dogmatik vorkommenden Begriffe (1804) 3. Aufl. 1825, 72 auf die Wende vom 17. zum 18. Jahrhundert zurück; er nennt Hildebrand (1692), Niemeyer (1702) und Pfaff vor und neben Buddeus.
749 J. F. Buddeus: Institutio theologiae moralis, Leipzig 1711, 16 (§ 21). Buddeus beruft sich auf J. M. Lange, J. F. Mayer und auf die Moraltheologie von J. G. Dorscheus (1685).
750 O. Ritschl: Das Wort *dogmaticus* in der Geschichte des Sprachgebrauchs bis zum Aufkommen des Ausdrucks *theologia dogmatica* (in: Festgabe f. Julius Kaftan, 1920, 260–272, bes. 263).
751 H. Alting: Theologia historica sive systematis historici loci quatuor, Amstel. 1664, 4: Opposita utique sunt dogmatica et historica; at non subjecto, sed modo; non re considerata, sed forma considerandi (zit. bei O. Ritschl: Dogmengeschichte des Protestantismus I, 1908, 31 n 1).
752 Corpus Reformatorum (CR) 14, 94: Pars aliqua in scriptis ecclesiae est δογματική seu doctrina ... CR 14, 147 f.: In sacris literis alia dicta sunt legalia, alia evangelica, alia dogmatica, alia consolatoria, alia simpliciter narrationes de eventibus seu bonis seu malis (zit. bei O. Ritschl, Festgabe Kaftan, 1920, 267).
753 J. Gerhard: Loci theol. ed. Cotta I, 110 und II, 49 a.
754 Siehe die bei O. Ritschl: Festgabe Kaftan 1920, 266 genannten Arbeiten von F. Turrianus.

Theologie erfordert und ermöglicht«, handeln.[755] Aber für Alting dürfte auch die Schriftexegese und also die in seinem Sinne historische Theologie noch durchaus »assertorischen« Charakter gehabt haben. Die Differenz der Betrachtungsweise ist eher darin zu erblicken, daß die Dogmatik den Inhalt der Schrift zusammenfassend erörtert und darstellt, wie es auch noch in der späteren Auffassung der Dogmatik als systematischer Theologie zum Ausdruck kommt. So schrieb G. J. Planck 1794: »Systematische Theologie ist Inbegriff eben der Religionswahrheiten, die in der Bibel enthalten sind, nur daß sie hier nach ihren Voraussetzungen und Folgen weiter entwickelt, in den Zusammenhang, der ihren Beziehungen aufeinander gemäß ist, gebracht, oder – mit andern Worten – in einer Ordnung dargestellt sind, worin eine die andere entweder beweist und erläutert, oder einschränkt und genauer bestimmt.«[756] Durch die »systematische Behandlung« des biblischen Stoffes entstehen nun, wie Planck weiter ausführt, einerseits das System der Dogmatik, andererseits das der christlichen Moral. Die Teilung der systematischen Theologie in diese beiden Teildisziplinen hält Planck allerdings für eine »bloße Sache der Willkür«.[757] In der Entwicklung dieser Zuordnung ging es jedoch gar nicht um die Teilung einer vorgegebenen Einheit, sondern um die Frage, ob die neben der *sacra doctrina* im 16. Jahrhundert selbständig behandelte Ethik als theologische und nicht nur als philosophische Disziplin[758] zu betrachten sei. Darin erblickt J. Wallmann wohl mit Recht den eigentlichen Sinn der durch G. Calixt mit seiner *Epitome theologiae moralis* 1634 begründeten Neuerung. »Das bei Calixt Neue liegt nämlich nicht darin, daß er neben die ›credenda‹ den ethischen

---

755 G. Ebeling: Theologie und Verkündigung, 1962, 109.
756 G. J. Planck: Einleitung in die theologischen Wissenschaften I, Leipzig 1794, 113. Planck bemerkt weiterhin ausdrücklich, es habe aber »die systematische Theologie kein anderes Objekt und soll sie durchaus kein anderes haben, als das biblische« (114). Doch wer die Wahrheit der Religion »nicht auch systematisch kennt, der kennt sie noch nicht ganz« (116). Denn alle unsere Kenntnisse erlangen »erst durch systematische Behandlung ihren höchsten erreichbaren Grad von Klarheit, von Schärfe und Deutlichkeit . . . « (115).
757 G. J. Planck: Grundriß der theologischen Encyklopädie, 1813, 222 (§ 172). Vgl. dagegen die Vermutung von G. Ebeling, die Unterscheidung von »dogmatisch« und »ethisch« gehe letztlich zurück auf die aristotelische Unterscheidung von dianoetischen und ethischen Tugenden (Theologie und Verkündung, Tübingen 1962, 108; mit Hinweis auf Eth. Nic. 1103 a 5).
758 Man denke etwa an B. Keckermanns Einordnung der Theologie im ganzen als »praktische Wissenschaft« an der Seite der Ethik (P. Althaus: Die Prinzipien der deutschen reformierten Dogmatik im Zeitalter der aristotelischen Scholastik 1914, 27).

Bereich der ›agenda‹ gestellt und selbständiger Darstellung unterzogen hat – das tat doch schon Melanchthon, wenn er neben seinen ›Loci‹ auch eine ›Epitome philosophiae moralis‹ und ›Elementa doctrinae ethicae‹ stellen konnte –, das Neue bei Calixt liegt vielmehr darin, daß er den ethischen Bereich zum theologischen Thema erhoben und durch die Namengebung ›theologia moralis‹ in den Begriff der Theologie aufgenommen hat.«[759] Das Motiv dazu findet Wallmann weniger in einem spezifisch ethischen Interesse von Calixt als vielmehr in seiner Beziehung des Theologiebegriffs auf die praktischen Aufgaben des kirchlichen Amtes. Jedenfalls wird man unter diesen Umständen bei Calixt nicht von einem Interesse an einer Verselbständigung der Ethik gegenüber der Dogmatik sprechen können. Die Auffassung der Ethik als des allgemeingültigen Themas der christlichen Welt, demgegenüber es die Dogmatik nur mit den historisch gewordenen, besonderen Glaubensformen zu tun hätte, gehört erst einer späteren Zeit an. Und soweit in der Aufklärung diese Tendenz zum Durchbruch kam, ging es dabei mehr um eine ethische Interpretation der Theologie im ganzen auf dem Boden einer *philosophisch* allgemeinen Ethik als um eine spezifisch *theologische* Morallehre.

Das läßt sich nicht nur am Beispiel der theologischen Wirkungsgeschichte der Philosophie John Locke's oder von Kants moralischer Begründung der Religion zeigen, sondern auch an Schleiermachers philosophischer Grundlegung der Theologie. Bekanntlich gründet sich nach Schleiermacher die Theologie auf die Ethik als »Wissenschaft der Prinzipien der Geschichte«.[760] Denn nur die Ethik als Wissenschaft vom Handeln der Vernunft auf die Natur[761] kann den Begriff der frommen oder Glaubensgemeinschaft (§ 33) »als ein für die Entwicklung des menschlichen Geistes notwendiges Element« (§ 22) nachweisen, innerhalb dessen sich erst die Eigentümlichkeit der christlichen Religion bestimmen läßt. Diese Funktion, den allgemeinen Boden der Theologie grundzulegen, schreibt Schleiermacher aber der philosophischen Ethik zu, nicht etwa der spezifisch theologischen Ethik, der christlichen Sittenlehre. Diese wird bei

---

759 J. Wallmann: Der Theologiebegriff bei Johann Gerhard und Georg Calixt, 1961, 153.
760 D. F. Schleiermacher: Kurze Darstellung des theologischen Studiums (1811) 2. Aufl. 1830, § 29 (vgl. S. 9 § 37 der ersten Ausgabe). Die folgenden im Text angegebenen Paragraphen verweisen auf dieses Werk.
761 F. Schleiermachers Grundriß der philosophischen Ethik, ed. A. Twesten Berlin 1841, § 75 (22) und § 95 (28).

Schleiermacher vielmehr als ein Teil der dogmatischen Theologie behandelt, deren Aufgabe er »in der zusammenhängenden Darstellung des in der Kirche jetzt grade geltenden Lehrbegriffs« (§ 3 der 1. Aufl.) erblickt. Zu ihrer Teilung in Glaubens- und Sittenlehre bemerkt Schleiermacher sogar ausdrücklich, daß »diese Trennung nicht als wesentlich angesehen werden kann« (§ 223) und es daher »wünschenswert« bleibe, »daß auch die ungeteilte Behandlung sich von Zeit zu Zeit wieder geltend mache« (§ 231). Gegenstand der christlichen Ethik ist ja das »mit dem christlichen Glauben gegebene Verständnis des Sittlichen«, das zumindest in seinen Grundlagen in der Glaubenslehre entwickelt wird.[762] Sogar Karl Barth urteilte daher in seiner Kritik an der üblich gewordenen Trennung von Dogmatik und Ethik, man müsse es Schleiermacher »zubilligen«, daß er »um den inneren Zusammenhang, ja um eine letzte Einheit von Dogmatik und Ethik ... von seinem besonderen Standort aus sehr genau gewußt hat«.[763]

Die im 18. und 19. Jahrhundert sich entwickelnde Tendenz zur Begründung der Theologie auf eine *philosophische* Ethik hat mit der Unterscheidung einer *theologischen* Ethik von der Dogmatik innerhalb des Rahmens der systematischen Theologie nichts zu tun. Es ist nicht so, daß die von der Dogmatik verselbständigte *theologische* Ethik »alsbald die Tendenz zeigte, ... sich selbst als theologische Grundwissenschaft an die Stelle der Dogmatik zu setzen«.[764] Vielmehr handelte es sich dabei um die philosophische Ethik als Ausdruck eines von konfessionellen Voraussetzungen unabhängigen allgemeinen Wahrheitsbewußtseins. Für diese Tendenz ist daher nicht Calixt mit seiner geradezu gegenläufigen Einbeziehung der Ethik in die Theologie verantwortlich zu machen. Calixt ist schon von R. Rothe mißverstanden worden, indem Rothe ihn als Vorläufer seiner eigenen Versuche zur Begründung der gesamten Theologie auf eine spekulativ-*theologische* Ethik ansah.[765] Daß er damit nicht Schleiermachers Bestreben einer Begründung der Theo-

---

762 H. J. Birkner: Schleiermachers christliche Sittenlehre im Zusammenhang seines philosophisch-theologischen Systems, 1964, 73 und ff. Zur Verhältnisbestimmung von Glaubens- und Sittenlehre bei Schleiermacher vgl. auch die Ausführungen ebd. 66 ff. und Schleiermachers eigene Bemerkungen in der Einleitung zu »Die christliche Sitte«, hrsg. von L. Jonas, 2. Aufl. Berlin 1884 = Werke 12, 12 f.
763 K. Barth: Kirchliche Dogmatik I/2, 1938, 878.
764 ebd. 875.
765 R. Rothe: Theologische Ethik I, 2. Aufl. 1867, 68.

Die innere Gliederung der Theologie

logie auf eine *philosophische* Ethik fortsetzte, hat Rothe durchaus gesehen.[766] Es blieb K. Barth vorbehalten, diese Differenz einzuebnen und einen durch die Brille Rothes gesehenen Calixt als Ausgangspunkt einer geschichtlichen Entwicklungslinie zu deuten, die geradenwegs über Schleiermacher zu Rothe führt, als habe dieser »doch bloß ernst gemacht mit den Voraussetzungen auch Schleiermachers«.[767]

Auch die Begründung der Theologie überhaupt und der systematischen Theologie insbesondere auf eine philosophische Ethik, wie sie von Schleiermacher entwickelt wurde und wie sie dann in anderer Weise, auf dem Boden der kantischen Philosophie, in der Schule A. Ritschls erneuert worden ist und vor allem durch G. Ebeling in der gegenwärtigen Diskussion vertreten wird, ist heute in ihrer ehemals gesichert scheinenden Grundlage aufs äußerste gefährdet.[768] Gehörte für die Aufklärung die Evidenz des Ethischen zum Bereich des allgemein Menschlichen im Gegensatz zu den historisch bedingten »positiven« Gestalten religiösen Glaubens, so ist inzwischen umgekehrt die Geschichtsbedingtheit der aufgeklärten Vernunft selbst und so auch der Evidenz ihres Ethos zu Bewußtsein gekommen. Besonders Nietzsches Kritik der Moral hat durch ihre Zurückführung aller sittlichen Normen auf einen wertsetzenden menschlichen Willen die Überzeugung von der Vorgegebenheit sittlicher Normen vor aller Beliebigkeit menschlicher Willkür tief erschüttert.[769] Damit konvergieren im Ergebnis die von der soziologischen Ideologiekritik und von der Psychoanalyse ausgehenden

---

766 ebd. 63 ff.

767 Kirchliche Dogmatik I/2, 879.

768 Ich darf für diese Frage auf die zwischen G. Ebeling und mir geführte Diskussion verweisen: G. Ebeling: Die Evidenz des Ethischen und die Theologie (1960), jetzt in: Wort und Glaube II, 1969, 1–41; W. Pannenberg: Die Krise des Ethischen und die Theologie, in: Theologische Literaturzeitung 87, 1962, 7–16. Unter demselben Titel veröffentlichte Ebeling in: Wort und Glaube II, 42–55 eine Erwiderung. Daran schloß sich ein Briefwechsel an, der noch in diesem Jahr (1973) der Öffentlichkeit in der Zeitschrift für Theologie und Kirche zugänglich gemacht werden soll.

769 Zum Zusammenhang von Atheismus und Moralkritik bei Nietzsche siehe G. Rohrmoser: Nietzsche und das Ende der Emanzipation, 1971. Rohrmoser stellt diesen Zusammenhang allerdings so dar, daß die Moralkritik als Folge des Atheismus erscheint (bes. 55). Der Zusammenhang zwischen beiden Themen ist jedoch vermutlich eher so zu verstehen, daß Nietzsche eben durch seine Moralkritik dem Gottesgedanken den Boden entziehen wollte. Seine psychologische Analyse der Moral erschiene in solcher Perspektive als eine Vertiefung der psychologischen Religionskritik Feuerbachs, die sich in mancher Hinsicht vergleichen ließe mit deren vertiefter Begründung durch die ökonomische Entfremdungstheorie von K. Marx.

Wirkungen auf das sittliche Bewußtsein. Die Theologie des Christentums läßt sich daher heute nicht mehr auf die Ethik als eine für sich feststehende Grundlage bauen, sondern eher schon umgekehrt die Ethik auf die religiöse Sinnthematik des Menschseins und ihre geschichtliche Gestalt im Christentum – unter der Voraussetzung, daß dieses nicht mit seinen überlebten konfessionellen Ausprägungen identisch, sondern einer dem Wahrheitsbewußtsein der Gegenwart gewachsenen Erneuerung fähig ist.
Theologische Ethik kann bei dieser Sachlage ihre Abhängigkeit von der geschichtlichen Überlieferung der christlichen Religion und damit auch von der dogmatischen Rekonstruktion des Sinnzusammenhangs der christlichen Überlieferung positiv ins Spiel bringen. Sie tut das, indem sie alle abstrakt allgemeinen Ansätze zur Begründung der Ethik – seien sie nun transzendental, phänomenologisch oder anthropologisch orientiert – *als* Abstraktionen erweist und dadurch die Geschichtsbedingtheit des ethischen Bewußtseins, seine Abhängigkeit von den jeweils zugrunde liegenden religiösen oder quasireligiösen Sinnannahmen als seine wahre Begründung herausarbeitet.[770]

2.

Der Begriff der systematischen Theologie umfaßte im 18. Jahrhundert nur Dogmatik und Moraltheologie. Noch Schleiermacher wußte von keiner dritten Teildisziplin, die jemals zur systematischen Theologie gerechnet worden wäre.[771] Auch K. Rosenkranz unterteilte die systematische Theologie, die er »spekulative« Theologie nannte, nur in Dogmatik und Ethik, ordnete aber Polemik

---

[770] R. Rothe hat es umgekehrt für nötig befunden, der Dogmatik als einer Disziplin der historischen Theologie eine spekulative, rein systematische Begründung vorauszuschicken in Gestalt seiner »Theologischen Ethik«. Das historische und das spekulative (oder systematische) Element blieben ihm unvereinbar, eine »spekulative Dogmatik« erschien ihm daher als ein hölzernes Eisen (Theologische Ethik I, 2. Aufl. 1867, 62). Die Tatsache, daß seine eigene Theologische Ethik dennoch durch und durch historisch bedingt ist, zeigt das Ungenügende dieser Lösung.
[771] F. Schleiermacher: Die christliche Sitte (Schleiermachers sämtliche Werke 1. Abt. Bd. 12), 3: »... fragen wir aber, ob jemals zur systematischen Theologie noch ein drittes [sc. Gebiet] gerechnet worden ist: so lautet die Antwort verneinend.« Schleiermacher hat übrigens die Bezeichnung »systematische Theologie« bewußt vermieden (ebd. 4 Anm.) und statt dessen den Begriff Dogmatik als zusammenfassende Bezeichnung für Glaubens- und Sittenlehre verwendet, weil der Name »systematische Theologie« die geschichtliche Bedingtheit der christlichen Lehre übersehen lasse, die freilich auch als geschichtlich bedingte systematisch sein müsse (ebd. 7 ff.).

und Apologetik, die Schleiermacher der von ihm postulierten Disziplin einer »philosophischen« Theologie zugewiesen hatte, der spekulativen Theologie zu, wenn auch nur »als Momente des Ganzen«, die nicht »für sich abgeschlossene Wissenschaften zu sein« vermögen.[772] Unter Berufung auf Nösselt und Tholuck hat dann auch K. R. Hagenbach Apologetik und Polemik der systematischen Theologie zugewiesen, nunmehr als der Dogmatik untergeordnete Teildisziplinen.[773] Bei Heinrici ist die Apologetik mit der Religionsphilosophie unter der Bezeichnung »Philosophische Theologie« zusammengefaßt, nun aber innerhalb der systematischen Theologie, in spezieller Zuordnung zur Dogmatik, während die dogmatische »Polemik« ihm nicht mehr als selbständige Disziplin gilt.[774] A. Dorner hat dann Dogmatik und Polemik der historischen, Apologetik und Ethik der systematischen Theologie zugeteilt.[775]
Bei keiner anderen theologischen Disziplin tritt die Abhängigkeit von der Thematik bestimmter kirchengeschichtlicher Epochen und Entwicklungen schon in der Namengebung so greifbar hervor wie bei der Polemik und bei den im Laufe der Geschichte an ihre Stelle getretenen Bezeichnungen. Die Polemik im engeren Sinne, als besondere theologische Disziplin, »beginnt mit der Trennung der Kirchen durch die Reformation«.[776] J. H. Alsted erwähnt bereits 1623 eine *theologia controversa* als besondere theologische Disziplin[777], entsprechend den seit dem Ende des 16. Jahrhunderts sich häufenden Schriften über die *controversiis* zwischen den Konfessionsparteien. Abr. Calov bezeichnete 1652 dieselbe Disziplin als Polemik.[778] In der Erhebung der Polemik zu einer eigenen theologischen Disziplin, die die Lehrgegensätze der Konfessionsparteien in der Perspektive der eigenen und durch Bekämpfung der fremden Lehre entwickelt, spiegelt sich die Periode der Hochflut konfessioneller Auseinandersetzungen. Diese eigentliche Blütezeit der Pole-

---

772 K. Rosenkranz: Encyklopädie der theologischen Wissenschaften, Halle 1831, 365.
773 K. R. Hagenbach: Encyklopädie und Methodologie der theologischen Wissenschaften, 11. Aufl. 1884, 362 f., bes. 363 n 4.
774 G. Heinrici: Theologische Encyklopädie, 1873, 232 ff. vgl. 229.
775 A. Dorner: Grundriß der Encyklopädie der Theologie, 1901, 87 ff. 107 ff.
776 Hagenbach a. a. O. 373.
777 J. H. Alsted: Methodus ss. theologiae, Hannover 1623, 122. Die so benannte Disziplin »tractat de controversiis religionis. Verum haec est pars theologiae Scholasticae«.
778 A. Calov: Isagoges ad SS. Theologiam libri duo de natura Theologiae et methodo studii theologici, Wittenberg 1652, I 330 und II 252 ff.

mik geht seit dem beginnenden 18. Jahrhundert zu Ende. Heinrici konnte 1893 feststellen: »Diese Disziplin ist seit mehr als hundert Jahren abgestorben«, und daher sprach er ihr im Gegensatz noch zu Hagenbach die Würde einer eigenen Disziplin ab und verwies die polemische Auseinandersetzung unter die allgemeinen Aufgaben der systematischen Theologie.[779] Im ganzen hat er damit recht behalten, obwohl es »bei dem wiedererwachten confessionellen Eifer im 19. Jahrhundert« auch zu einer Wiederbelebung der Polemik gekommen war durch K. v. Hase (1862) und T. Tschackert (1885). Seit dem 18. Jahrhundert schon ist die alte Polemik mehr und mehr durch eine vergleichende Symbolik und Konfessionskunde ersetzt worden. Der Name *theologia symbolica* erscheint schon 1688 als Bezeichnung für die Darstellung der eigenen Bekenntnisschriften[780], die ja auch symbolische Bücher hießen. Dabei diente die Symbolik zunächst der Polemik als »ihre historische Unterlage«.[781] Noch 1754 stehen bei S. Mursinna Symbolik und Polemik nebeneinander.[782] Mit der Historisierung der konfessionellen Gegensätze trat dann seit der Mitte des 18. Jahrhunderts die vergleichende Darstellung der »symbolischen« Lehrgrundlagen oder Lehrbegriffe der verschiedenen christlichen Konfessionen an die Stelle der Polemik. Während G. J. Planck in seinem »Abriß einer historischen und vergleichenden Darstellung der dogmatischen Systeme der christlichen Hauptparteien« 1796 sich dabei noch fast ausschließlich auf die Lehrdifferenzen konzentrierte, hat Ph. Marheinecke in seiner »Christlichen Symbolik« 1810 auch Frömmigkeit, Kultus und Kirchenverfassung in seine Darstellung einbezogen. Er hat damit den Schritt zur Erweiterung der Symbolik zu einer das gesamte Leben der Kirchen vergleichenden Konfessionskunde vorbereitet, den 1892 F. Kattenbusch mit seinem »Lehrbuch der vergleichenden Konfessionskunde« vollzog.[783] In einem Hauptpunkt jedoch stimmten die vergleichende Symbolik und die Konfessionskunde überein, nämlich in der Überzeugung, daß das Christentum seine Ausprägung definitiv in getrennten Kirchen gefunden hat.

---

779 Heinrici a. a. O. 229 und 180 n 3.
780 B. v. Sanden: Theologia symbolica lutherana, 1688 (zit. nach Heinrici 182).
781 Hagenbach 337.
782 Nach A. F. L. Pelt: Theologische Encyclopädie als System, im Zusammenhang mit der Geschichte der theologischen Wissenschaft und ihrer einzelnen Zweige, Hamburg 1843, 57.
783 Siehe zu dieser Entwicklung auch H. Mulert: Konfessionskunde, Gießen 1927, 1–21.

H. Mulert hat noch 1927 ganz unbefangen die Auffassung aussprechen können, »daß die Organisation der Christenheit stets etwas Irdisches bleibt, äußere Einheit nicht erforderlich ist, damit die Gedanken und Kräfte des Christentums wirksam werden«.[784] Die ökumenische Bewegung hat seitdem einen Bewußtseinswandel bewirkt. Wir halten heute konfessionelle Trennungen nicht mehr für unüberwindlich, äußere Einheit nicht mehr für ein dem christlichen Glauben entbehrliches Element. Dem entspricht es, daß an die Stelle der alten Konfessionskunde heute die neue ökumenische Theologie getreten ist, die Polemik und Irenik, Symbolik und Konfessionskunde als »frühere Formen konfessioneller Begegnung und Auseinandersetzung« beerbt[785], sich dabei aber anders als jene einem Prozeß christlicher Einigung verpflichtet weiß, der durch die ökumenische Bewegung die gegenwärtige Epoche der Kirchengeschichte charakterisiert. Dabei ist heute noch offen, ob die ökumenische Theologie noch zur systematischen Theologie oder nicht vielmehr zur Missionswissenschaft und damit zur praktischen Theologie zu rechnen ist. Es handelt sich bei den zwischenkirchlichen Beziehungen allerdings nicht um ein dem Missionsthema unterzuordnendes, sondern eher um ein zu ihm hinzutretendes Sachgebiet. Es ist der Missionsthematik dadurch benachbart, daß aus Missionsgebieten junge Kirchen werden und die Beziehungen zu ihnen sich zu normalen zwischenkirchlichen Beziehungen wandeln. Zu den letzteren gehören aber auch die Beziehungen zu den anderen »alten«, jedoch voneinander getrennten Konfessionskirchen, die durch die ererbten Gegensätze belastet sind, die einst in der Disziplin der »Polemik« ausgetragen wurden. Nur in dem Maße, in dem Lehrstreitigkeiten bei den ökumenischen Beziehungen der Kirchen in den Hintergrund treten, wird die ökumenische Theologie von der systematischen in die Zuständigkeit der praktischen Theologie übergehen können.

Während der Gestaltwandel der Polemik über Symbolik und Konfessionskunde bis zur ökumenischen Theologie der Gegenwart den Grenzbereich von Systematik und praktischer Theologie streift, führt eine Besinnung auf die Probleme der Apologetik zunächst in ganz andere Bereiche.

Der Name Apologetik als Bezeichnung einer theologischen Diszi-

---

784 ebd. 37.
785 J. Brosseder: Ökumenische Theologie – Geschichte und Probleme, 1967, 11.

plin ist, wie G. Ebeling festgestellt hat, »erst Ende des 18. Jahrhunderts aufgekommen«.[786] Er begegnet 1794 bei G. J. Planck als Bezeichnung für die erste und grundlegende Teildisziplin der exegetischen Theologie.[787] Darin kommt zum Ausdruck, daß es für den Protestantismus bei der Autorität der Schrift um die Wahrheit des Christentums überhaupt geht. Planck selbst hat darin das eigentliche Thema der Apologetik gefunden, wie aus seinen späteren Bemerkungen zur Vorgeschichte dieser Disziplin hervorgeht: Sie erscheint ihm als Erbin der Literatur über die Wahrheit der christlichen Religion, als deren Anfänger er Marsilio Ficino (De religione christiana, 1474) und Ludwig Vives (De veritate religionis christianae, 1543) nennt.[788] Auch in dieser Literatur, besonders bei ihren späteren Exponenten, ging es schon weitgehend um die Verläßlichkeit der Schrift, vor allem im Hinblick auf die biblischen Wunder. Dieser Zusammenhang mit der Literatur über die Wahrheit der christlichen Religion macht andererseits verständlich, daß Schleiermacher die Apologetik aus der Verbindung mit der exegetischen Theologie lösen konnte, um sie der von ihm konzipierten Philosophischen Theologie zuzuteilen, deren Aufgabe es sein sollte, auf dem vorgegebenen Boden der Religionsphilosophie zwar nicht mehr die Wahrheit, aber die Eigentümlichkeit der christlichen Religion zu bestimmen.[789] Die Frage nach der Wahrheit des Christentums ist nach Schleiermacher überhaupt nicht Sache der Theologie, sondern der persönlichen christlichen Gewißheit, die ihm als unerläßliche Voraussetzung theologischer Reflexion galt: »Auf jeden Beweis für die Wahrheit oder Notwendigkeit des Christentums verzichten wir ... gänzlich, und setzen dagegen voraus, daß jeder Christ, ehe er sich irgend mit Untersuchungen dieser Art einläßt, schon die Gewißheit in sich selbst habe, daß seine Frömmigkeit keine andere Gestalt annehmen könne als diese.«[790] Die entgegengesetzte Auffassung hatte Planck 1794 so dargelegt: »es mag seyn, daß die

---

786 G. Ebeling: Erwägung zu einer evangelischen Fundamentaltheologie, in: Zeitschrift für Theologie und Kirche 67, 1970, 479–524, Zitat 489.
787 G. J. Planck: Einleitung in die theologischen Wissenschaften I, Leipzig 1794, 271–362.
788 G. J. Planck: Grundriß der theologischen Encyklopädie, 1813, 56 (§ 53).
789 F. Schleiermacher: Kurze Darstellung des theologischen Studiums, (1811) 2. Ausg. 1830, §39.
790 F. Schleiermacher: Der christliche Glaube (1821) 2. Ausg. 1830, § 11, 5 (zu den »Lehnsätzen aus der Apologetik« gehörig). Siehe dazu auch H.-J. Birkner: Schleiermachers christliche Sittenlehre, 1964, 59 f.

wenigste zu fassen und zu fühlen im Stand sind, daß das Vorgeben von dem Daseyn einer göttlichen Offenbarung die allerstärksten Beweise deswegen bedarf, weil es das größte aller Wunder voraussetzt: aber dies muß doch jeder fühlen, daß der ganze Nutzen, den er von der Religion und ihrer Kenntnis erwartet, allein davon abhängt, ob dies Vorgeben Grund hat oder nicht? und dies sollte hinreichen, wenigstens jeden auch zu der Frage zu veranlassen, ob? und wie es sich beweisen läßt? Selbst der Laye sollte dies wirklich dem Theologen niemahls allein auf sein Wort glauben, sondern sich wenigstens die Hauptgründe von ihm angeben lassen, auf welche der Beweis gebaut werden kann: wenn sie aber ja der Laye nicht selbst untersuchen kann, so wird es für den Theologen noch nothwendiger, es wird heiligere Pflicht für ihn, sich nicht nur überhaupt damit bekannt, sondern durch eigene sorgfältige Prüfung damit bekannt zu machen«.[791]

Es ist noch nicht als Fehlentwicklung zu beurteilen, daß die Apologetik in ihrer weiteren Geschichte – obwohl 1819 der Schleiermacherschüler H. Sack in Bonn den ersten protestantischen Lehrstuhl für Apologetik übernahm, gleichzeitig mit dem Katholiken S. Drey in Tübingen – nicht im Bannkreis von Schleiermachers Glaubenssubjektivismus geblieben ist und außer der Frage nach dem eigentümlichen *Wesen* doch auch die nach der *Wahrheit* des Christentums weiterverfolgt hat. Das geschah in der Weise, daß einerseits die Auseinandersetzung mit dem Weltverständnis der modernen Wissenschaften, vor allem mit den Naturwissenschaften, in den Vordergrund trat, anderseits die Religionsproblematik als Rahmen für die Ortsbestimmung des Christentums. Noch Troeltsch hat darum gerungen, die Einheit dieser beiden Aufgaben zu erfassen und so zu einer Grundlegung der Theologie überhaupt zu gelangen. Dem stand jedoch in der gewöhnlichen Behandlung der Apologetik sowohl die Konkurrenz zur dogmatischen Prinzipienlehre, als auch der Name Apologetik selbst im Wege. Als bloße »Spezialaufgabe neben der theologischen Prinzipienlehre« ist die Apologetik »in den fatalen Geruch eines tendenziösen Unternehmens mit restaurativem oder progressistischem Vorzeichen« geraten[792] bis hin zum »antiapologetischen Affekt der frühen dialektischen Theologie«.[793] Dem-

---

791 G. J. Planck: Einleitung in die theologischen Wissenschaften I, 1794, 93.
792 Ebeling art. cit. 495.
793 ebd. 497 n. 40.

gegenüber muß betont werden, daß die dogmatische Prinzipienlehre mit ihrer Behandlung der Religionsthematik als des allgemeinen Bezugsrahmens für die systematische Darstellung des christlichen Glaubens in nun doch provisorischer Weise eine Aufgabe wahrnimmt, die eigentlich einer eingehenderen und selbständigen Behandlung bedarf. Sie hat uns unter dem Namen einer »Theologie der Religionen« als Grunddisziplin der Theologie überhaupt beschäftigt. Diesem Bedürfnis wurde in Skandinavien durch die Einrichtung von Lehrstühlen für Religionsphilosophie und Apologetik neben solchen für Dogmatik und Ethik Rechnung getragen. Durch die Verbindung mit der Religionsphilosophie wurde deutlicher als in der deutschen evangelischen Theologie festgehalten, daß es bei der »Apologetik« eigentlich um die Grundlegung der christlichen Theologie überhaupt gehen sollte. Auch in der katholischen Theologie hat dieser Sachverhalt angemessenere Berücksichtigung gefunden, indem die Apologetik sich zur *Fundamentaltheologie* weiterentwickelt hat.[794] Dadurch ist der für die ganze Theologie grundlegenden Bedeutung vor allem der Religionsthematik wissenschafts-

---

[794] Ihr Ursprung bei J. N. Ehrlich (1859/62) und dessen Abhängigkeit von der Encyklopädie F. A. Staudenmaiers sind eingehend von G. Ebeling a. a. O. 498 ff. diskutiert worden. Ebeling weist 501 darauf hin, daß schon 1843 A. F. L. Pelt in seiner »Theologischen Encyklopädie« den Begriff Fundamentaltheologie für die grundlegende der von ihm unterschiedenen drei Teildisziplinen der systematischen Theologie verwendet habe. Pelt seinerseits benennt J. F. Kleuker als denjenigen, der in seinem Grundriß einer Encyklopädie der Theologie 1800/1801 den Begriff »Fundamentallehre« zuerst gebraucht habe, aber anders als er selbst, »nämlich von einem zusammenhängenden Lehrbegriff über diejenigen schriftlichen Offenbarungsurkunden, welche der christlichen Theologie zum Fundament oder zur eigentlichen Erkenntnisquelle dienen« (zit. bei Ebeling 502). Diese Aufgabenstellung erinnert einerseits an Planck, nämlich an dessen ebenfalls auf die Lehre von der Schrift bezogene Auffassung der Apologetik (s. o. bei Anm. 760), andererseits aber an die von Melchior Cano begründete Disziplin der »positiven Theologie«, bei der es um die Bestimmung der theologischen Beweisquellen ging, die mit den Offenbarungsurkunden zusammenfallen (s. o. 242 f.). Tatsächlich berichtet Petrus Annatus in seinem Apparatus ad positivam theologiam Methodicus 1700 von einer damals verbreiteten Bezeichnung der positiven Theologie als Fundamentaltheologie: Nam sicut nequit esse sine fundamento domus, ita nec sine positiva stare potest scholastica, in positiva siquidem fundatur scholastica; unde positiva fundamentalis theologia a nonnullis vulgo vocatur, et merito (p. 8 der Ausgabe Erfurt 1727). Fundamentaltheologie wäre danach zunächst die Lehre von den Offenbarungs- und Beweisquellen der Theologie gewesen. Dem entspricht auch noch Plancks Begriff der Apologetik als Darlegung der Wahrheit der Schrift. Doch bei ihm zeigt sich der Übergang von dieser engen, autoritätsgebundenen Fragestellung in die umfassendere Frage nach der Wahrheit der christlichen Religion, die ihrerseits eine eigene Tradition hatte, aber auf dem Boden der Aufklärung nunmehr fundamentaltheologische Relevanz gewann.

organisatorisch besser entsprochen als in der deutschen evangelischen Theologie. Allerdings müßte eine angemessene Behandlung dieser Thematik auch die Religionsgeschichte mit einbeziehen, statt das Christentum von vornherein als Offenbarungsreligion nur äußerlich zu einem allgemeinen Religionsbegriff in Beziehung zu setzen. Das aber würde bedeuten, daß die Frage nach der Wahrheit des Christentums sich weder durch die subjektive Glaubensentscheidung des Theologen, noch durch eine Fundamentaltheologie vorweg entscheiden läßt, sondern im Ganzen der theologischen Wissenschaft, die das Christentum als geschichtliche Religion im Prozeß seiner eigenen Geschichte untersucht, auf dem Spiele steht.

3.

Die Erwägungen zum Fragenkreis von Apologetik und Fundamentaltheologie haben zu der Forderung nach einer Grundlegung der christlichen Theologie durch eine allgemeine Theologie der Religion zurückgeführt. Aufgabe einer solchen Fundamentaltheologie kann es nicht sein, die Frage nach der Wahrheit des christlichen Glaubens zu entscheiden. Sie kann nur eine vorläufige Ortsbestimmung des Christentums in der geschichtlichen Welt der Religionen liefern. Insoweit behält Schleiermacher mit seiner Begrenzung der Aufgabe der philosophischen Theologie auf die Frage nach der Eigenart des Christentums recht. Aber die Wahrheitsfrage übersteigt die Kompetenz der philosophischen oder Fundamentaltheologie nicht deshalb, weil sie vor aller Theologie in der Subjektivität des Theologen schon entschieden sein müßte, sondern im Gegenteil deswegen, weil sie sich im Christentum selbst als einem geschichtlichen Phänomen, nämlich im Prozeß seiner Überlieferungsgeschichte, von Überlieferungsschritt zu Überlieferungsschritt aufs neue stellt und auch in der Gegenwart noch nicht abschließend beantwortbar ist. Darum kann die Theologie sich nicht adäquat als Entfaltung einer ihr vorweggegebenen, und zwar als abgeschlossen gegebenen Wahrheit verstehen. Demgegenüber sinkt der Unterschied, ob solche abgeschlossene Gegebenheit durch eine Offenbarungsautorität oder durch die subjektive Gewißheit einer Glaubenserfahrung verbürgt sein soll, zur Bedeutungslosigkeit herab. Die Wahrheit des Glaubens ist der Theologie gerade darum nicht schon vorgegeben, weil sie vielmehr in der Geschichte des Christentums noch strittig und gerade so *Gegenstand* seiner Theologie ist: Die Theologie hat das Christentum als die von der Frage nach der Wahrheit des christlichen Glaubens, oder nach der Wirklichkeit des in Jesus von Nazareth gegenwärtig gewordenen Reiches Gottes bewegte Geschichte zu untersuchen und darzustellen. Die Theologie würde die geschichtliche Wirklichkeit Jesu selbst ebenso verfehlen wie die der christlichen Kirche, wenn sie nicht die offene Frage nach der Wahrheit zuerst der Botschaft Jesu und dann der urchristlichen Christusbotschaft als das treibende Motiv erfassen würde, das aus der Differenz von schon erschienener und noch nicht in ihrer Allgemeinheit hervorgetretener Wahrheit die Geschichtlichkeit des Christentums selbst konstituiert. Damit erhebt sich noch einmal die Frage nach dem Verhältnis von systematischem und historischem Element in der Theologie, nunmehr unter dem Gesichtspunkt theologischer Systematik selbst. Die Beobachtung, daß Dogmatik und Ethik, christliche Glaubens- und Sittenlehre, sich sehr wohl im Rahmen einer historischen Theologie darstellen lassen[795], hat ihren Grund in der Historizität des Christentums selbst und seiner Wahrheit. Schon die *Eigenart* des Christentums, deren Bestimmung Schleiermacher der Apologetik zugewiesen hatte, läßt sich angemessen nur als der Prozeß der geschichtlichen Folgen beschreiben, die aus der Grundspannung der Reich-Gottes-Verkündigung Jesu hervorgegangen sind und sich immer aufs neue an ihr entzünden. Das Christentum ist nicht etwa das irgendwann in urchristlicher Zeit eingetretene Resultat dieses Prozesses, und es ist auch nicht identisch mit der Botschaft Jesu, die seinen Ausgangspunkt bildet, sondern es ist wesentlich dieser Prozeß selbst, der aus der Grundspannung der Botschaft Jesu und ihrer absoluten Verdichtung in dem Geschehen von Kreuz und Auferstehung Jesu lebt. Ein »Wesen des Christentums« läßt sich nicht von diesem Prozeß ablösen, dessen Dynamik bis auf den heutigen Tag wirksam ist; es läßt sich jedenfalls nicht davon ablösen, ohne zur blassen Abstraktion zu werden. Das Wesen des Christentums selbst ist diese Geschichte zwischen dem Advent der Zukunft Gottes im Auftreten Jesu und der Zukunft des Gottesreiches im Zeichen des wiederkommenden Christus.[796] Diese Geschichtlichkeit kennzeichnet nicht

---

[795] Das heißt natürlich nicht, daß diese Stoffe nur noch archivarischen oder musealen Wert hätten, sondern im Gegenteil, daß gegenwärtige Aktualität, die nicht haltlos mit den Tagesmoden wechselt, sich aus der Tiefe der geschichtlichen Herkunft motiviert.

[796] Eine Darstellung der Geschichte des Christentums in diesem Sinne ist, soweit ich sehe, in der bisherigen Theologie nur von F. Chr. Baur konzipiert worden (Geschichte der christlichen Kirche I–V, 1853–1863), nämlich als »Bewegung der Idee der Kirche«,

nur die Tatsache des Christentums, sondern auch den Inhalt christlicher Lehre: Eine Christologie, die die Spannung zwischen Inkarnation und Zukunft Christi nicht in ihrer konkreten Geschichtlichkeit thematisiert, bleibt abstrakt, und eine Ekklesiologie, die einen Wesensbegriff von Kirche jenseits ihrer konkreten geschichtlichen Gründung und Sendung entwickelt, wird ideologisch.
Die Aufgaben einer Darstellung von Wesen und Wahrheit des Christentums überschreiten also nicht prinzipiell den Rahmen einer historischen Theologie. Sie ließen sich freilich nur wahrnehmen in einer historischen Theologie, die ihrerseits und als solche schon systematisch verfahren würde. Eine solche historische Theologie würde die Aufhebung des Gegensatzes von historischer und systematischer Theologie bedeuten. Umgekehrt ist so lange, wie die systematische Durchdringung des historischen Stoffes in den historischen Disziplinen der Theologie unterbleibt oder nur in Ansätzen geleistet wird, neben ihnen und ergänzend zu ihnen eine *besondere* systematische Theologie erforderlich. Ihr fällt die *provisorische Wahrnehmung* derjenigen Themen zu, die die historische Theologie in der vollkommen durchgearbeiteten Gestalt einer Theologie des Christentums in sich aufnehmen könnte. Sicherlich bedürfte auch eine solche universale Theorie des Christentums, die alle heute getrennten Disziplinen der christlichen Theologie in sich integrieren würde, noch der vorbereitenden terminologischen Klärung von Begriffen wie Religion, Gott, Mensch, Geschichte, Schöpfung, Gesellschaft, Wissenschaft. Doch derartige begriffliche Klärungen könnten nicht selbst als Ziel, sondern nur als Vorbereitung oder abgekürzte Zusammenfassung der Sachthematik gelten, deren angemessene Untersuchung und Darstellung die geschichtliche Konkretheit und Dynamik ihres Gegenstandes erfassen müßte.
Dementsprechend kann schon in einer Theologie der Religionen die allgemeine Religionsphilosophie nur den Rang einer Propädeutik beanspruchen. Zur konkreten Erfassung des religiösen Phänomens

in der »der geschichtliche Stoff ... von der Idee nach Maßgabe der besonderen Momente, zu welchen sie sich selbst bestimmt, als dem bewegenden Prinzip so durchdrungen ist, daß in dem Besondern das Allgemeine als bestimmend durchblickt ...« (Die Epochen der kirchlichen Geschichtsschreibung, Tübingen 1852, 249 und 268). Doch ist bei Baur, wie die zitierte Formulierung zeigt, die Idee der Geschichte vorgeordnet, während die hier ins Auge gefaßte Konzeption nicht eine vorgegebene Idee des Christentums sich in der Geschichte entfalten, sondern den Gang der Geschichte selbst über Wesen, Idee und Wahrheit des Christentums entscheiden läßt.

muß die Abstraktion des Allgemeinbegriffes von Religion, die als Ausgangspunkt unumgänglich ist, aufgehoben werden in die Vielfalt der geschichtlichen Wirklichkeit der Religionen. Dabei wird sich zeigen, daß diese Vielfalt nicht auseinanderfällt in ein gleichgültiges Vielerlei. Denn es geht in den Religionen um die *eine* Wahrheit des Göttlichen. Eben darum ist Gegensatz und Kampf zwischen ihnen unvermeidlich, und darum bildet die Religionsgeschichte zuletzt doch wieder eine Einheit, gegründet in der Einheit ihres Themas, die sich in den Kämpfen der Geschichte selbst herausstellt. Darum ist die Religionsgeschichte bei aller Vielfalt doch auch einer zusammenfassenden Darstellung fähig, die ihrerseits ebenso wie die Religionen selbst vom Vorgriff auf die Einheit ihres Themas lebt.

Auch eine Theologie des Christentums kann nicht umhin, von abstrakten Begriffen und Begriffsverhältnissen auszugehen, also von allgemeinen Erörterungen über Religion, Gott, Mensch, Offenbarung, Glaube, Überlieferung. Auf einem Entwicklungsstand der Theologie, wo die Theologie des Christentums voll integriert wäre in eine allgemeine Theorie der Religion, könnte diese propädeutische Aufgabe der allgemeinen Religionsphilosophie überlassen werden. Solange jedoch die Stellung des Christentums in der Welt der Religionen strittig ist und die allgemeine Religionswissenschaft überhaupt noch nicht zu einer Thematisierung ihres Gegenstandes *als* Religion und also zu einer *Theologie* der Religionen vorgedrungen ist, solange wird jene propädeutische Aufgabe im Rahmen der christlichen Theologie selbst wahrgenommen werden müssen, und ihre Wahrnehmung wird hier der systematischen Theologie zufallen, solange die historische Theologie noch nicht zu ihrer Vollendung gelangt ist. Die traditionelle Dogmatik hat indes bei ihren Lehrstücken von Gott, Erwählung, Schöpfung, Mensch, Erlösung, Kirche und Sakramenten allzu oft die Tatsache aus dem Blick verloren, daß alle diese Begriffe ihre Wirklichkeit nur im Prozeß einer Geschichte haben, in der zugleich ihr Wesen und ihre Wahrheit noch auf dem Spiele stehen und entschieden werden. Systematische Theologie des Christentums muß die Geschichtlichkeit des Christentums und seiner Wahrheit thematisieren, um ihrem Gegenstand angemessen zu sein. Das ist um so dringender, als im christlichen Bewußtsein die Geschichte als Offenbarungs- und Heilsgeschichte immer schon ausdrücklich thematisch ist. Der Grund dieses christlichen Geschichtsbewußtseins, nämlich die Inkarnation als vorweggewährte Gegenwart und bleibendes Perfektum des Endgültigen, enthält die spezifische Form des Christentums selbst als Antizipation der Totalität seines Inhalts, und zwar nicht nur die Form des Glaubens, sondern ebenso und durch sie vermittelt auch die der christlichen Liebe.

Die Neubestimmung des Verhältnisses zwischen Begriff und Geschichte – und damit auch zwischen systematischem und historischem Element – in der Theologie ermöglicht neue Lösungen für die drei Grundprobleme des Verhältnisses von Theologie und Philosophie, von Pluralismus und Einheit der Wahrheit sowie von Theorie und Praxis:

1. Die Entgegensetzung von Theologie und Philosophie löst sich dadurch auf, daß der philosophische Begriff seiner Allgemeinheit wegen nur *Einweisung* in eine Geschichte sein kann, die als solche jeden in der Geschichte formulierbaren Begriff übersteigt, wie es *eben darum* auch für die religiöse Thematik des Lebens gilt.

2. In einer Perspektive, die durch die Überlegenheit der Geschichte über den Begriff als Thema des Begreifens dieser Geschichte selbst bestimmt ist, wird wegen der Unabgeschlossenheit der Geschichte die innerhalb ihres Prozesses unüberwindliche Pluralität von Standpunkten im Ringen um die eine Wahrheit verständlich. Indem die Geschichte als Bedingung dieser Pluralität begriffen wird, ist zugleich der umfassendste angesichts von Relativität und Pluralismus vertretbare Wahrheitsanspruch erhoben. Denn nur in dem Maße, in welchem ein Standpunkt die Bedingungen der Pluralität, in der er als einer unter anderen auftritt, in sich selbst aufgenommen hat, ist er dieser Pluralität nicht nur unterworfen, sondern zugleich auch über sie hinaus.

3. In der Perspektive der Überlegenheit der Geschichte über den Begriff wird das Verhältnis von Theorie und Praxis dahingehend verändert, daß die Praxis durch den Begriff (des Christentums) zugleich *begründet* und über das bisherige Begreifen hinaus *freigesetzt* wird, so daß sie ihrerseits auf das Verständnis von Wesen und Wahrheit des Christentums zurückwirken kann.

Bevor das im letzten Satz sich ankündigende Verhältnis von systematischer und praktischer Theologie erörtert wird, soll noch abschließend die Aufgabe der systematischen Theologie inhaltlich umschrieben werden.

Im Rahmen der gegenwärtigen Organisation der Theologie wird

der systematische Aspekt der Theologie überhaupt zur Spezialaufgabe der systematischen Theologie. Diese wird ihrer Aufgabe um so besser gerecht werden, je mehr sie sich dessen bewußt ist, daß es sich bei der Frage nach Wesen und Wahrheit des Christentums um kein Spezial*gebiet* handelt, sondern um die gemeinsame Sache der christlichen Theologie überhaupt, und je mehr sie dabei in ihrer eigenen Tätigkeit die Einheit des Systematischen und des Historischen realisiert. Umgekehrt, je weniger der Systematiker sich darauf einläßt, das *historische* Phänomen des Christentums systematisch zu durchdringen, desto mehr behalten seine Entwürfe etwas subjektiv Zufälliges und Beliebiges.

Da bei der gegenwärtigen Lage von Theologie und Religionswissenschaft die *Theologie* der Religion notgedrungen und provisorisch im Zusammenhang der systematischen Theologie mit wahrgenommen werden muß, obwohl dieses Thema unter spezielleren Gesichtspunkten auch die Missions- und Religionswissenschaft beschäftigt, so wird im inneren Aufbau der systematischen Theologie die Religionsthematik fundamentale Bedeutung haben, wenn anders Theologie als Wissenschaft von Gott diesen ihren eigentlichen Gegenstand nur indirekt als Gegenstand der Religion thematisieren kann. Dabei geht das Vordringen der Religionsthematik in der neueren Theologie der zunehmenden Anthropozentrik des neuzeitlichen Denkens, gerade auch in der philosophischen Theologie der Neuzeit, parallel. Die Religionsthematik setzt als ihr Fundament eine allgemeine Anthropologie voraus, die den Bezugsrahmen für alle Diskussionen über den Rang der religiösen Thematik im Zusammenhang der menschlichen Lebenswelt bildet, insbesondere für die Auseinandersetzung mit der Argumentation des modernen Atheismus.

Die allgemeinsten Grundlagen der systematischen Theologie wird man daher in der Anthropologie zu suchen haben. Dabei geht die Theologie auf die anthropologischen Phänomene von vornherein im Hinblick auf ihre religiösen und theologischen Implikationen ein.[797] Zur Anthropologie gehören als Implikate auch die Fragen nach dem Verhältnis des Menschen zur außermenschlichen Wirklichkeit, also Fragen der Naturphilosophie oder Ontologie einerseits, der Erkenntnistheorie andererseits. Schon bei der Anthropologie stellt sich schließlich die Frage nach dem Verhältnis der auf höherer Abstrak-

---

797 Vgl. dazu die Ausführungen über das Verhältnis von Theologie und Philosophie oben 306 f.

tionsstufe angesetzten, eben darum fundamentaleren Fragestellungen der biologischen Anthropologie und der soziologischen Analyse der Sozialformen menschlichen Verhaltens zur geschichtlichen Konkretheit des menschlichen Lebensvollzuges, in den hinein die Philosophie und Theologie der Geschichte die *abstrakten* anthropologischen Frageebenen aufhebt.

Auf der Basis der allgemeinen Anthropologie entwickelt sodann die Religionstheologie zunächst propädeutisch den Begriff der Religion (Religionsphilosophie), um diesen sodann in den konkreten Gang der Religionsgeschichte aufzuheben. Als *Theologie* der Religion erfaßt sie in der Religionsgeschichte zugleich die Erscheinungsgeschichte der Wirklichkeit Gottes, wie auch des Menschen. Sie nimmt damit die Thematik der traditionellen Gotteslehre ebenso in sich auf wie Christologie, Ekklesiologie und Ethik. Jedoch können diese vier Themenkomplexe auch je für sich dargestellt werden, die Gottesfrage verbunden mit der Geistproblematik im unmittelbaren Zusammenhang des Religionsthemas, die Christologie in dem Bezug auf die allgemeine Anthropologie, der durch das Inkarnationsdogma bezeichnet ist, die Ekklesiologie in bezug auf die Aufgabe einer Philosophie und Theologie der menschlichen Gesellschaft; die Ethik schließlich ist sowohl in ihrer anthropologischen Fundierung als allgemeine Handlungswissenschaft als auch im Hinblick auf die Abhängigkeit der Handlungsziele vom Kontext der Sinnerfahrung, und zwar letztlich vom religiösen Sinnverstehen in seiner jeweiligen geschichtlichen Konkretion zu thematisieren. Wegen der Abhängigkeit des Ethos vom Sinnbewußtsein setzt die theologische Ethik, wie schon Schleiermacher gesehen hat, die »Glaubenslehre« voraus und vermag keineswegs deren Platz einzunehmen. Die Ethik ist daher am wenigsten von allen Themenkreisen der systematischen Theologie geeignet, deren Fundierung im ganzen zu leisten. Eine solche Funktion kann der Sache nach nur der Gotteslehre als der systematischen Darstellung der alles bestimmenden Wirklichkeit zukommen – wenn eine solche Aufgabe, die durch den Sinn des Gottesgedankens als solchen geboten erscheint, ausführbar ist, ohne die Indirektheit menschlicher Gotteserkenntnis, ihre Relativität auf den Prozeß der Religionsgeschichte, zu überfliegen. Die Ethik hingegen vermittelt den Übergang von der systematischen zur praktischen Theologie, die sich auch als spezielle Ethik, nämlich als Ethik des *kirchlichen* Handelns, begreifen läßt.

7. Die praktische Theologie

Der Bezug auf die Lebenspraxis konstituiert nicht nur eine besondere theologische Disziplin, sondern die Theologie insgesamt. Daß Theologie die göttliche als die alles bestimmende Wirklichkeit *in ihrer Strittigkeit* zum Gegenstand hat, das hängt ja damit zusammen, daß die Wirklichkeit im ganzen noch unabgeschlossen ist. Die Fragen nach der alles bestimmenden Wirklichkeit und nach dem Sinnzusammenhang des Lebens greifen darum über das Vorhandene und theoretisch Feststellbare hinaus auf das noch nicht Vorhandene über, und damit auch auf das durch menschliche Praxis Hervorzubringende.

Der praktische Charakter der Theologie als ganzer ist ihr in ihrem Selbstverständnis als *praktische Wissenschaft* (s. o. 230 ff.) nur in beschränkter Weise bewußt geworden. Der die Theologie in dieser Auffassung konstituierende Bezug auf Gott als den letzten Zweck und das höchste Gut des Menschen wurde gewöhnlich eingeengt auf die Frage nach den Bedingungen und Mitteln des *individuellen* Heils. Sogar Calvin hat die Kirche unter die äußerlichen Mittel, die zum Heil führen, eingereiht. Daß im Heilsziel selber Individuum und Gesellschaft zusammengehören, weil die christliche Hoffnung auf das Reich Gottes die Vollendung der Gesellschaft als Bedingung des Heils der Individuen zum Inhalt hat, – das trat gegenüber der Präponderanz der individuellen Heilsfrage bei der Konstruktion der Theologie als praktische Wissenschaft in den Hintergrund. Allerdings hat der Gedanke des Reiches Gottes in der neueren Geschichte des Christentums erhebliche Wirkungen gehabt. Die englische Revolution des 17. Jahrhunderts und der Puritanismus sind ohne ihn nicht zu denken. In der deutschen Aufklärung wurde er seit Leibniz ethisch gewendet zum Zielbegriff der sittlichen Bestimmung des Menschen. In der Religionsphilosophie Kants hat der sozialethische Sinn der Idee des Reiches Gottes klaren Ausdruck gefunden, obwohl die politische Relevanz des Gedankens gebrochen wurde durch Kants Entgegensetzung von Recht und Moral.[798] In

---

[798] Siehe dazu P. Cornehl: Die Zukunft der Versöhnung. Eschatologie und Emanzipation in der Aufklärung, bei Hegel und in der Hegelschen Schule, Göttingen 1971, 67–72. Durch seine Überordnung der an die individuelle Gesinnung gebundenen Moralität über die bloße Legalität hat Kant zwar dem Zukunftsenthusiasmus einer gesellschaftlichen Emanzipation auf Kosten des Individuums eine, wie die Geschichte der Französischen Revolution und die spätere Entwicklung zeigt, ebenso realistische wie notwendige Grenze gezogen, ande-

der Theologie des 19. Jahrhunderts sind diese Motive bis zu A. Ritschl und darüber hinaus bis zum religiösen Sozialismus des 20. Jahrhunderts wirksam geblieben, aber stets auf der Basis der sozialen Verpflichtung *individueller* sittlicher Selbstverwirklichung. Die Kirche konnte in diesem Sinne als institutionelle Gestalt des, wie Ritschl meinte, von Jesus begründeten sittlichen Reiches Gottes erscheinen; sie konnte auch, wie bei R. Rothe, aufgehen im sittlichen Staat. In beiden Fällen blieb jedoch der ethische Individualismus die Grundlage. Das Verhältnis von Kirche und Staat, sowie seine neuzeitliche Geschichte, sind kaum unter dem Gesichtspunkt der im Gedanken des Reiches Gottes gesetzten und zugleich aufgehobenen Dialektik von Individuum und Gesellschaft in den Blick gekommen. Daß der ethische Individualismus die einseitige Grundlage der ethischen Interpretation der Reich-Gottes-Idee blieb, kann zum Verständnis der Tatsache beitragen, daß es von da aus nicht zu einer Überwindung der individualistischen Engführung im Begriff der Theologie als praktischer Wissenschaft gekommen ist, sondern allenfalls zu einer sekundären Ausweitung auf die ethische Lebenspraxis des Christentums. Überdies aber war der Begriff der Theologie insgesamt als praktischer Wissenschaft im Protestantismus so eng mit der analytischen Methode der orthodoxen Dogmatik verbunden gewesen, daß er mit deren Niedergang im 18. Jahrhundert in den Hintergrund rückte. Statt dessen bildete sich ein anderes Verständnis von »praktischer Theologie« heraus.

In seiner Institutio theologiae moralis hat J. F. Buddeus 1711 die Moraltheologie als im spezifischen Sinne »praktische« Theologie charakterisiert, sofern sie mit den *agenda* im Unterschied zu den *credenda* befaßt ist. Zwar heiße die gesamte Theologie *scientia practica* im Hinblick auf ihren Zweck. Für ihren handlungswissenschaftlichen Teil aber sei dieser Name noch in einem spezielleren und strikten Sinne üblich, nämlich als Bezeichnung auch des Gegenstandes der dazu gehörigen Disziplinen.[799] Die Bezeichnung »praktische rerseits aber doch auch den Begriff des Reiches Gottes auf das moralische Handeln der Individuen relativiert.

799 J. F. Buddeus: Institutio theologiae moralis, Leipzig 1711, prol. § 4 (p. 6): Ea vero theologiae pars ... quae agenda seorsim considerat, practica vocari solet, ab obiecto scilicet, non a fine. Ratione finis enim omnia theologia practica est. Dicitur et moralis, voce ista latius accepta. Die letztere Einschränkung wird § 10 p. 9 dahingehend erläutert, daß neben der Moral im engeren Sinne noch die iurisprudentia divina und die prudentia christiana als Disziplinen circa agenda zu berücksichtigen wären. Cf. auch J. F. Buddei Isagoge historico-theologica ad theologiam universam singulasque eius partes,

Theologie« für die Moraltheologie geht auf einen älteren, aber engeren Sprachgebrauch zurück, der unter diesem Titel die auf Seelsorge und Beichtpraxis bezüglichen Kenntnisse zusammenfaßte. Für diese Aufgabe war seit der 4. Lateransynode 1215 jeder Metropolitankirche die Anstellung eines Magisters vorgeschrieben. Er sollte außer der heiligen Schrift vor allem die Kenntnisse vermitteln, die sich auf die Seelsorge beziehen (quae ad curam animarum spectare noscuntur). Die entsprechende Literatur wurde im Unterschied zur spekulativen als praktische Theologie bezeichnet.[800] In diesem Sinne ist auch auf der Dordrechter Synode von einer *theologia practica* die Rede, die sich auf die verschiedenen Gewissensfragen bezieht.[801] Entsprechend bezeichnet nach J. H. Alsted (1623) der Begriff *theologia practica* »in den Schulen« die *theologia casuum*.[802] Dieses Thema konnte zu einer christlichen Ethik oder Moraltheologie ausgeweitet werden, wie es bei Calixt und unter dem Namen einer praktischen Theologie bei H. Nyssen geschah.[803] 1646 faßte Gisbert Voetius in seiner *disputatio de theologia practica* Moraltheologie, Aszetik und »Kirchenpolitik« zusammen, wobei die letztere Liturgik, Kirchenzucht und Homiletik umfaßte.[804] Hier sind die besonderen Aufgaben des Pfarrers in den allgemeinen Rahmen einer theologischen Handlungswissenschaft einbezogen, die ihre Basis in der Moraltheologie hat. In der Folgezeit ist jedoch der Begriff der praktischen Theologie, wie schon bei Buddeus angebahnt[805], ganz mit dem der Moraltheologie identifiziert worden, so

Leipzig 1727, 545: Quae circa agenda versatur theologia, practica vocari solet, itemque moralis, voce hac in latiori significatione accepta. In strictiori enim si sumitur, theologia moralis eam theologiae practicae partem denotat, quae docet, quo pacto homo regenitus in vitae sanctae studio rite progredi atque proficere debeat.

800 E. Chr. Achelis: Lehrbuch der praktischen Theologie I (1890) 3. Aufl. 1911, 9 f. nennt besonders J. Molanus: Theologiae practicae compendium, Köln, 1590, und verweist im übrigen auf J. Fr. v. Schulte: Die Geschichte der Quellen und Literatur des Canonischen Rechts von Gratian bis auf die Gegenwart II, 1877, 521 f. Das Verhältnis zwischen diesem Sinn des Begriffs »praktische Theologie« und dem einer »Theorie des frommen Lebens« (Achelis 5 ff.) scheint mir fließend zu sein.

801 Achelis a. a. O. 12.

802 J. H. Alsted: Methodus ss. theologiae, Hannover 1623, 121: Usitata est in Scholis distinctio Theologiae in positivam, scholasticam et in controversam ... (122:) Theologia practica illis specialiter dicitur theologia casuum.

803 Achelis a. a. O. 5 ff. Achelis verfolgt die Gegenüberstellung von theoretischer und praktischer Theologie über G. J. Planck hinaus bis zu Marheineke und M. Kähler.

804 G. Voetius: Selectae disputationes theologicae pars III, 1646, zit. nach Achelis a. a. O. 12.

805 Man beachte in den oben Anm. 799 zitierten Sätzen, wie Buddeus noch einen engeren

daß die Pastoraltheologie[806] als Inbegriff des speziellen Berufswissens des Pfarrers aus diesem Begriff herausfiel.
So hat G. J. Planck 1795 Moraltheologie und praktische Theologie als Wechselbegriffe genommen, während er die Pastoraltheologie als »angewandte« Theologie aus dem Begriff der theologischen Wissenschaft ausschloß.[807] Solche Eliminierung ist konsequent, wenn diese Disziplin sich lediglich an den verschiedenartigen Berufsbedürfnissen des Pfarrers orientiert, ihren Gegenstand jedoch nicht als ein notwendig zum Begriff der Theologie gehöriges Moment aus diesem zu entwickeln vermag und sich statt dessen mit dem Status einer »angewandten Wissenschaft« begnügt.[808]
Angesichts dieser Problemlage ist es verständlich, daß Schleiermachers Konzeption einer »Praktischen Theologie« im Rahmen seiner theologischen Enzyklopädie geradezu als Neubegründung der um eben diese Zeit zum eigenen Universitätslehrfach gewor-

und einen weiteren Sinn von Moraltheologie unterscheidet, wobei nur der letztere mit dem Begriff der praktischen Theologie zusammenfällt.

806 Zur Literatur der Pastoraltheologie seit Erasmus Sarcerius (Pastorale oder Hirtenbuch vom Ampt, Wesen und Disziplin der Pastoren und Kirchendiener usw., 1550) siehe C. F. Stäudlin: Lehrbuch der Encyklopädie, Methodologie und Geschichte der theologischen Wissenschaften, Hannover 1821, 341.

807 G. J. Planck: Einleitung in die theologischen Wissenschaften II, 1795, gebraucht p. 543 die Begriffe Moraltheologie und praktische Theologie als gleichsinnig. Dagegen behandelt er »diejenige theologische Wissenschaften, die zu der angewandten Theologie gehören«, nur anhangsweise (593 ff.). Denn: »Für den Theologen mögen sie unentbehrlich sein – wiewohl nicht einmal für jeden – aber zur Theologie selbst können sie es nicht sein!« (598) Sie tragen nichts bei »zu einer deutlichern, entwickelteren und festeren Erkenntnis der Religionswahrheiten selbst« (598 f.), verdienen auch nicht den Namen eigener Wissenschaften (599), sondern wenden lediglich Rhetorik und Pädagogik auf den theologischen Stoff an: »Es ist also bei diesen angeblichen eigenen Wissenschaften gar kein Gegenstand zu einem eigenen wissenschaftlichen Studio vorhanden« (600).

808 Die Auffassung der praktischen Theologie als einer »angewandten« Wissenschaft ist später auch von K. R. Hagenbach (Encyklopädie 11. Aufl. 1884, 422 f.) und von G. Heinrici (Theologische Encyklopädie, 1893, 283 f.), sowie neuerdings von H. Schröer (Der praktische Bezug der theologischen Wissenschaft auf Kirche und Gesellschaft, in: Theologie als Wissenschaft in der Gesellschaft, hrsg. von H. Siemers und H.-R. Reuter, 1970, 156 ff. bes. 164) befürwortet worden. Dabei scheinen sich diese Autoren jedoch nicht darüber im klaren zu sein, daß – wie die Kritik von Planck gezeigt hat – diese Auffassung darauf hinausläuft, der praktischen Theologie die Stellung eines notwendigen Elementes der theologischen Wissenschaft abzusprechen. Gegen ihre Auffassung als angewandte Wissenschaft hat sich im 19. Jahrhundert u. a. Chr. D. F. Palmer (Zur practischen Theologie, in: Jahrbuch für dt. Theologie 1856, I, 317–361, 323, zit. bei Hagenbach 422) gewandt, sowie in der heutigen Diskussion G. Otto (Praktisch-theologisches Handbuch hrsg. G. Otto 1970, 24).

denen Disziplin⁸⁰⁹ wirken konnte, die, in Schleiermachers eigenen Worten, »bisher mehr in bezug auf das Kleine und Einzelne, als auf das Große und Ganze als Theorie behandelt« worden war.[810] Schleiermacher wies in seiner »Kurzen Darstellung des theologischen Studiums« 1811 der praktischen im Unterschied zur philosophischen und historischen Theologie die Darstellung der »Technik« der kirchenleitenden Tätigkeit zu.[811] Da nun nach Schleiermacher die Aufgabe der Theologie insgesamt auf die Bedürfnisse der Kirchenleitung bezogen ist und die theologischen Disziplinen nur in diesem praktischen Bezug ihre Einheit haben sollen (§ 5 f.), so ist in der Tat der ganze Theologiebegriff schon auf die praktische Theologie hin entworfen, und umgekehrt wird diese trotz der etwas dürren Beschreibung ihres Themas als einer Technik des kirchlichen Handelns doch aus dem Theologiebegriff selbst abgeleitet als Abschluß und »Krone des theologischen Studiums«.[812] Die Problematik dieser Lösung hängt mit dem bereits oben (252 ff.) kritisch diskutierten Formalismus von Schleiermachers Theologiebegriff überhaupt zusammen: Es zeigte sich, daß die Einheit der Theologie auch bei ihm *faktisch* keineswegs nur aus der Beziehung der verschiedenen Disziplinen auf die Aufgabe der Kirchenleitung, sondern durchaus auch innerlich aus dem Wesen des Christentums begründet ist, obwohl dieser faktische Begründungszusammenhang in Schleiermachers expliziten Theologiebegriff nicht eingegangen ist. Wenn aber der Bezug auf die Aufgabe der Kirchenleitung entgegen Schleiermachers Versicherung faktisch auch bei ihm gar nicht die Einheit der Theo-

---

809 Auf katholischer Seite war die Pastoraltheologie 1777 in Wien auf Grund der Studienreform der Kaiserin Maria Theresia von 1774 selbständige Universitätsdisziplin geworden (vgl. dazu H. Schuster in: Handbuch der Pastoraltheologie. Praktische Theologie der Kirche in ihrer Gegenwart I, 1964, 40–92). Auf evangelischer Seite wurde die Forderung des Hyperiusschülers W. Zepper von 1595 nach Anstellung eines *professor practicus* (Achelis: Lehrbuch I 3. Aufl. 1911, 12) erst 1794 mit der Schaffung eines Lehrstuhls in Tübingen erfüllt (D. Rössler: Prolegomena zur praktischen Theologie in: Zeitschrift f. Theologie und Kirche 64, 1967, 357).
810 F. Schleiermacher: Kurze Darstellung des theologischen Studiums, 1. Ausg. 1811 p. 8, § 32 (Scholz 10).
811 ebd. 2. Ausg. 1830, § 25. Vgl. § 260 (Scholz 100): »Die praktische Theologie will nicht die Aufgabe richtig fassen lehren; sondern indem sie dieses voraussetzt, hat sie es nur zu tun mit der richtigen Verfahrensweise bei der Erledigung aller unter den Begriff der Kirchenleitung zu bringenden Aufgaben.« Für die richtige Fassung der Aufgabe selbst sei »durch die Theorie nichts weiter zu leisten, wenn philosophische und historische Theologie klar und im richtigen Maß angeeignet sind« (ebd.).
812 ebd. 1. Ausg. 1811, p. 8, § 31 (Scholz 10).

Die innere Gliederung der Theologie

logie begründet, diese vielmehr auch bei ihm im Wesen des Christentums verankert ist, dann stellt sich die Herleitung der praktischen Theologie als einer bloßen Technik des kirchenleitenden Handelns als eine Scheinlösung der Aufgabe dar, die Notwendigkeit der praktischen Theologie aus dem Begriff der Theologie selbst zu erweisen. Eine Folge des Formalismus in Schleiermachers enzyklopädischer Begründung der praktischen Theologie dürfte übrigens die Tatsache sein, daß er in seinen Einzelausführungen den gegebenen institutionellen Rahmen der Gemeindepraxis unbesehen übernommen und zum Ausgangspunkt seiner Darstellung gemacht hat, so daß W. Jetter urteilen konnte, im ganzen sei Schleiermachers Entwurf »doch ein Konzept für die Pastorenkirche geblieben, fast sogar deren Rechtfertigung geworden«.[813]

Eine sachgerechte Lösung der Aufgabe, die Disziplin der praktischen Theologie aus dem Theologiebegriff überhaupt zu begründen, muß anders als es bei Schleiermacher geschehen ist, vom Wesen des Christentums selbst ausgehen. In dieser Richtung ist denn auch nicht zufällig die Diskussion um die Grundlegung der praktischen Theologie nach Schleiermacher weitergegangen.

Nicht nur Schleiermachers Berliner Rivale Ph. K. Marheineke hat in seinem »Entwurf der practischen Theologie«, 1837, gegenüber Schleiermachers Bestimmung der Aufgabe dieser Disziplin als einer bloßen Technik ihre Begründung aus dem Wesen der christlichen Kirche darzutun versucht. Auch Schleiermachers Schüler C. J. Nitzsch ist gerade in dieser Frage Marheineke gefolgt.[814] Interessant ist die Begründung, die Nitzsch dafür gegeben hat: Schleiermachers Definition des Themas der praktischen Theologie als einer bloßen »Technik« des kirchlichen Handelns wäre dann einwandfrei, wenn »der praktische Theolog eine principielle und systematische Wissenschaft vom Christenthume in ihrer absoluten Fertigkeit und allgültigen Selbigkeit gleicherweise wie die geschichtlich statistische Erkenntnis des jetzigen Momentes im kirchlichen Thun und Leben schlechthin voraussetzen« dürfte. Aber da »zumal in jetziger Zeit der praktische Theolog sehr wenig Einverständnis über principielle Fragen und historisch-kritische Grundsätze voraussetzen darf und

---

813 W. Jetter: Die Praktische Theologie, in: Zeitschrift für Theologie und Kirche 64, 1967, 451 ff., Zitat 463. Vgl. dazu §§ 277 ff. der zweiten Ausgabe von Schleiermachers Kurzer Darstellung.
814 Siehe dazu D. Rössler: Prolegomena zur Praktischen Theologie, in: ZThK 64, 1967, 357 ff., bes. 360 ff. 362.

überhaupt keine volle anerkannte Ausbildung der Fundamentaltheologie vor sich hat«[815], so müsse er selbst sich der Aufgabe annehmen, »auf dem Grunde der Idee der christlichen Kirche und des kirchlichen Lebens durch Verständnis und Würdigung des gegebenen Zustandes zum leitenden Gedanken aller kirchlichen Amtsthätigkeiten zu gelangen«.[816] Es war also keine besondere Vorliebe für eine Bindung der praktischen Theologie an eine bestimmte dogmatische Ekklesiologie, was Nitzsch bewogen hat, in dieser Sache Marheineke zuzustimmen. Ausschlaggebend war gerade die Beobachtung, daß keine Einigkeit über diese Frage vorausgesetzt werden kann. Dabei galt es ihm allerdings als selbstverständlich, daß ein bestimmter Begriff von Kirche einer durchgeführten Theorie des kirchlichen Handelns faktisch immer schon zugrunde liegt.

Es ist verständlich, daß praktische Theologen eine solche Abhängigkeit von einem sei es aus der Dogmatik übernommenen, sei es als dogmatische Grundlegung im Rahmen der praktischen Theologie selbst zu entwickelnden Kirchenbegriff als unbefriedigend empfunden haben: Die Theoriebildung ihrer Disziplin wird dadurch allzuleicht zum bloßen Reflex der wechselnden Richtungen einer anderen Disziplin, eben der Dogmatik. Besonders die Erfahrungen mit den Auswirkungen der dialektischen Theologie, die ihre dogmatischen Begriffe von der Kirche nicht nur der sogenannten »Welt«, sondern auch dem empirischen Kirchenwesen unvermittelt als offenbarte Normen entgegensetzte[817], können es als wünschenswert erscheinen lassen, die praktische Theologie gegenüber den Zumutungen der Dogmatik ein für allemal auf eigene Füße zu stellen. Dies gilt um so mehr, als die dogmatischen Begründungen sich in der Durchführung der praktischen Theologie häufig als bloßer ideologischer Firnis erweisen und die Einteilung in die Sachgebiete Homiletik, Katechetik, Seelsorge unberührt lassen, weil diese Sachgebiete eben durch die Erfordernisse der kirchlichen Praxis mit den traditionellen Aufgaben des Gemeindepfarramtes gegeben sind. Eine Herleitung der praktischen Theologie aus einem dogmatischen Kirchenbegriff wirkt sich daher allzuleicht nur dahin aus, daß diese Sachgebiete nicht im Bewußtsein ihrer tatsächlichen Natur und praktischen Be-

815 C. J. Nitzsch: Praktische Theologie I: Allgemeine Theorie des kirchlichen Lebens, Bonn 1847, 32 f.
816 ebd. 31 f.
817 Siehe dazu T. Rendtorff: Kirche und Theologie. Die systematische Funktion des Kirchenbegriffs in der neueren Theologie, 1966. 173 ff. bes. 175 ff., 191 ff.

dingtheit zur Kenntnis genommen und dargestellt, sondern mit dem Glanz einer »Verwirklichung des Reiches Gottes in der Kirche und durch die Kirche in der Welt« (A. D. Müller) umgeben werden. Gegenüber solchen Aporien, die sich aus der Abhängigkeit der praktischen Theologie von einem dogmatischen Kirchenbegriff ergeben, hat D. Rössler auf das »Vermächtnis« Chr. Palmers zurückgegriffen, nämlich auf Palmers Vorschlag von 1856, die praktische Theologie nicht auf die Dogmatik, sondern auf die Ethik zu begründen. Während der Dogmatik nach Palmer das »Durchsichtigmachen der göttlichen Tatsachen« in ihrer Notwendigkeit zukommt, stehe solcher Notwendigkeit gegenüber »dasjenige, was noch nicht Tatsache ist, es aber werden soll, und zwar nicht im Sinne einer göttlichen Notwendigkeit, sondern durch menschliche Freiheit«.[818] Auf die Freiheit des Menschen beziehen sich nun nach Palmer sowohl die Ethik als auch die praktische Theologie. Die Sittenlehre habe es mit dem christlichen Leben zu tun, die praktische Theologie mit dessen kirchlicher Gestalt, mit dem kirchlichen Leben. Palmer erneuert damit im Prinzip die Konzeption, die Voetius im 17. Jahrhundert, allerdings ohne Palmers prinzipielle Trennung von Dogmatik und Ethik, entwickelt hatte. Palmer betont damit gegen Marheineke, daß das Christentum überhaupt in erster Linie Sache des Lebens sei und erst in zweiter Linie Sache des Gedankens. Darum sieht er die praktischen Disziplinen in der Nähe zur Geschichte, aber im Gegensatz zur Dogmatik. Palmer steht damit, obwohl er Schleiermachers Beschränkung der praktischen Theologie auf eine »Technik« des kirchlichen Handelns nicht folgt, seiner Gesamtkonzeption recht nahe; denn auch für Schleiermacher gehörten ja Ethik und Geschichte zusammen. Das Verhältnis zwischen beiden hat sich bei Palmer umgekehrt, aber die These, daß die praktische Theologie mit der Ethik in der historischen Theologie verankert sein müsse, liest sich wie eine Weiterbildung Schleiermacherscher Ansätze in der Richtung, in der Dilthey ihre Grundlagen umgestalten sollte. Allerdings, so wenig Schleiermacher die Ethik der Geschichte ein- und unterordnete, so sehr hat er das im Hinblick auf die Dogmatik getan, die Palmer nun, der Abgrenzung gegen die spekulative Theologie zuliebe, jenen beiden entgegensetzte.

---

[818] Chr. D. F. Palmer: Zur praktischen Theologie (Jahrb. f. dt. Theologie 1856/I), 317–361, Zitat 331 bei D. Rössler: Prolegomena zur Praktischen Theologie, in: ZThK 64, 1967, 367.

Die immanenten Schwierigkeiten von Palmers Konzeption treten schon dadurch zutage, daß er selber nicht um Anleihen bei der Dogmatik herumkam. Auch er konnte weder den Kirchenbegriff, noch die Gedanken der Erlösung und Versöhnung durch Christus entbehren. Die Auskunft, daß es sich bei den diesbezüglichen Aussagen nicht um Lehnsätze aus der Dogmatik handle, sondern um einen selbständigen Zugang zu denselben Themen[819], ist wenig überzeugend. Sie wird überhaupt nur verständlich auf dem Hintergrund von Palmers übersteigerter Forderung eines Nachweises der göttlichen *Notwendigkeit* in den Tatsachen der Offenbarungsgeschichte durch die Dogmatik. Demgegenüber ist es allerdings richtig, daß es andere, historisch-empirische Zugangsweisen zur Realität der Kirche und zur Erfahrung der Erlösung und Versöhnung durch Christus gibt. Aber in diesem Lebenszusammenhang ist doch auch die dogmatische Reflexion immer schon verwurzelt. Das hat Schleiermacher richtiger gesehen. Historisch-Faktisches läßt sich nicht in Notwendiges auflösen. Das kann also auch nicht Aufgabe der Dogmatik sein. Ebenso einseitig bleibt es, menschliche Freiheit lediglich durch ihren Gegensatz zur Notwendigkeit zu bestimmen. Eine Theorie der konkreten Freiheit und ihrer geschichtlichen Vermittlung durch das christliche Glaubensbewußtsein, wie Hegel sie angebahnt hat[820], würde den Schein einer abstrakten Gegensätzlichkeit von Dogmatik und Ethik auflösen.[821]

819 So Rössler art. cit. 370.
820 Siehe dazu meinen Vortrag: Die Bedeutung des Christentums in der Philosophie Hegels, in: Gottesgedanke und menschliche Freiheit, 1972, 78–113. Ich stimme mit T. Rendtorff darin überein, daß »das Problem der Konstitution von Freiheit« das »zentrale Problem« der Theologie unter den Bedingungen der Neuzeit ist (T. Rendtorff: Theologie als Kritik und Konstruktion, in: Theorie des Christentums, 1972, 182–200, Zitat 197). Doch scheint »das Interesse an der reinen Erfassung des Selbstbewußtseins als Subjekt seiner Bedingungen« (194) eine fragwürdige Antwort auf dieses Problem nahezulegen, im Sinne der These von der Selbstkonstitution des Subjekts, mit der schon Fichte gescheitert ist (D. Henrich: Fichtes ursprüngliche Einsicht, Frankfurt 1967). Die Konstitution von Freiheit (und damit des Subjekts selbst) wird erst dadurch zum Problem daß sie nicht als Selbstsetzung des Subjektes und also nicht schlechthin als Autonomie begreifbar ist.
821 Die Tatsache, daß es zu solchen Entgegensetzungen gekommen ist, läßt sich als Ausdruck der emanzipativen Tendenzen der Aufklärung gegenüber der christlichen Glaubensüberlieferung begreifen. Aber Emanzipation ist noch nicht Freiheit (siehe G. Rohrmoser: Emanzipation und Freiheit, 1970). Sie kann, wie es Hegel als den in der Traditionskritik der Aufklärung verborgenen Widerspruch erkannte, die Grundlagen des Bewußtseins der Freiheit selbst zerstören, wenn dieses durch eben die Tradition vermittelt ist, von der man sich zu emanzipieren strebt.

Der Versuch Palmers ist darum so lehrreich, weil die heute verbreitete Forderung nach einer empirisch-kritischen im Gegensatz zur historisch-kritischen Theologie und speziell nach einer wissenschaftstheoretischen Begründung der praktischen Theologie im Rahmen der sozialen Handlungswissenschaften[822] auf eine Wiederholung dieses Versuchs mit anderen Akzentsetzungen hinauslaufen könnte. Wie gegenüber Palmer die Unablösbarkeit christlicher Ethik von dogmatischen Voraussetzungen zu zeigen ist, so gegenüber einer sich wissenschaftstheoretisch verselbständigenden Handlungswissenschaft deren Angewiesenheit auf dem jeweiligen Handeln vorgegebene und Handeln überhaupt erst ermöglichende Sinnerfahrung.[823] Dabei ist Sinn nicht primär als Sinngebung in der Weise einer intentionalen Sinntheorie zu verstehen. Sinn ist nicht in erster Linie in Sinnformeln und (wohl gar »geschlossenen«) Sinnsystemen[824] zu finden. Vielmehr geht das Erlebnis von Sinn von dem in der Einzelerfahrung mitgesetzten Kontext aus, der jener Einzelerfahrung erst Bedeutung verleiht und der durch Sinnformeln oder Sinnsysteme sekundär als Sinnzusammenhang erfahrener Einzelbedeutung konstruiert und rekonstruiert werden kann, ohne aber dadurch erschöpft oder mit derart »geschlossenen« Sinnentwürfen vertauschbar zu werden. Im Lebenszusammenhang solcher geschichtlichen Sinnerfahrung ist sowohl die dogmatische als auch die ethische Reflexion des christlichen Bewußtseins verwurzelt, und dasselbe gilt für praktisch-theologische Theorien kirchlichen Handelns. Aus diesem Grunde läßt sich in der Tat weder die Ethik noch die praktische Theologie einlinig als Entfaltung dogmatischer Axiome begreifen. Hinsichtlich ihres *Entdeckungszusammenhanges* wurzeln

822 Eine derartige Forderung wird heute von verschiedenen Seiten erhoben, so einerseits von H.-D. Bastian (Vom Wort zu den Wörtern. Karl Barth und die Aufgaben der praktischen Theologie, in: Evangelische Theologie 28, 1968, 25–55, bes. 40 ff. im Anschluß an G. Krause ZThK 64, 1967, 484) und andererseits von H. Schröer (art. cit. o. Anm. 808, 160). Schröers Anknüpfung an Habermas' Begriff von erkenntnisleitenden Interessen durch die Versicherung, daß Glaube das erkenntnisleitende Interesse der Theologie sei (166 f.) hat allerdings nur den Charakter metaphorischer Adaptation einer eingängigen Vokabel. H. R. Reuter hat im gleichen Band 187 f. die Inkommensurabilität von Habermas' Begriffsbildung mit ihrer Verwendung durch Schröer treffend hervorgehoben.
823 Dazu s. o. 82–104, bes. 95 ff., 104 f.
824 So K.-W. Dahm: Religiöse Kommunikation und kirchliche Institution, in Dahm – Luhmann – Stoodt: Religion – System und Sozialisation, Darmstadt/Neuwied 1972, 133–188, bes. 174 und 182. Diese Formulierungen erklären sich auf dem Boden der intentionalen Sinntheorie von N. Luhmann, über die hinaus Dahm jedoch offensichtlich (175 f. 182) einen ursprünglicheren Zugang zur Sinnerfahrung sucht.

alle diese Disziplinen selbständig in der geschichtlichen Lebenswelt[825] der christlichen Überlieferung. Hinsichtlich des *Begründungszusammenhanges* freilich setzt eine Theorie des kirchlichen Handelns notwendig den allgemeinen Rahmen einer Theorie des christlichen Handelns überhaupt, also den Rahmen einer christlichen Ethik voraus, und diese setzt wiederum als *christliche* Ethik ihrerseits eine Wissenschaft von der »Lebenswelt des Christentums«[826] voraus, die nicht nur Handlungswissenschaft sein kann, also die Grenzen der Ethik übersteigt, sofern sie sich dem das Handeln im Zusammenhang der christlichen Lebenswelt tragenden Sinnbewußtsein (samt den Konflikten, die bei seiner Artikulation auftreten) zuwendet. Eine solche Wissenschaft von der geschichtlichen Lebenswelt des Christentums kann sich auch nicht auf das *neuzeitliche* Christentum beschränken, obwohl dieses in der Tat den nächsten Kontext für die Reflexion der Bedingungen *gegenwärtigen* christlichen und kirchlichen Handelns bildet. Die Welt des gegenwärtigen Christentums ist – wenn sie für sich oder in Beschränkung auf den Geschichtszusammenhang der Neuzeit überhaupt schon als einheitliche Größe faßbar ist – jedenfalls immer schon konstituiert durch den Gebrauch der Bibel und durch den Rückbezug des Glaubens auf Jesus von Nazareth, damit aber auch implizit oder explizit der Frage nach ihrer Kontinuität mit den christlichen Anfängen ausgesetzt. Das bedeutet, daß die Welt des neuzeitlichen oder des gegenwärtigen Christentums selber nur verstanden werden kann im Zusammenhang einer Theorie des Christentums überhaupt. Solche Theorie des Christentums ist gewöhnlich als systematische Darstellung der christlichen Lehre unter dem Namen der Dogmatik aufgetreten. Sicherlich ist bei der Reduktion des Christentums auf einen vom Prozeß der Christentumsgeschichte abgelösten Glaubensinhalt die Aufgabe einer Theorie des Christentums verkürzt, und sicherlich kann eine solche Theorie heute nur als Theorie der Geschichte des Christen-

---

825 H. Schröer a.a.O. 164 f. empfiehlt mit Recht die Rezeption von Husserls spätem Grundbegriff der Lebenswelt für die praktische Theologie. Zu berücksichtigen bleibt allerdings, daß die christliche Lebenswelt durch ihre geschichtliche Herkunft konstituiert und durch Traditionsprozesse vermittelt ist.
826 So fordert T. Rendtorff eine »Neukonstitution der Theologie als Wissenschaft ... als Theorie der heutigen praktischen Lebenswelt des Christentums« (Theologie in der Welt des Christentums (1969), jetzt in: Theorie des Christentums, 1972, 150–160, Zitat 157), bzw. »der praktischen Lebenswelt des Christentums unter den Bedingungen der Neuzeit« (ebd. 160).

tums sachgerecht entwickelt werden. Aber das ändert nichts daran, daß es sich dabei um die herkömmlicherweise von der Dogmatik wahrgenommene Aufgabe handelt.

Zu vermeiden bleibt somit die Ableitung einer christlichen Ethik oder auch einer Theorie kirchlichen Handelns aus dogmatischen Normbegriffen, die der geschichtlichen Wirklichkeit von Christentum und Kirche unvermittelt entgegengestellt werden. Damit ist aber nicht dogmatische Reflexion auf das christliche Glaubensbewußtsein überhaupt für entbehrlich erklärt, sondern der Kritik an einer verengten und vereinseitigten Dogmatik ihr Recht eingeräumt. Die Verankerung praktischer Theologie in der geschichtlichen Wirklichkeit von Christentum und Kirche führt notwendig auf ihren positiven Zusammenhang mit der Dogmatik, die sich selbst im Zusammenhang der historischen Theologie, wenn auch als systematisch betriebene Theologie des Christentums als eines geschichtlichen Gesamtphänomens darstellt.

Daß so die Geschichte von Christentum und Kirche als der gemeinsame Boden[827] von Dogmatik, Ethik und praktischer Theologie erscheint, impliziert keine Historisierung der Theologie im Sinne einer Absorbierung durch antiquarische Stoffe. In diese Sackgasse gerät nur ein historisches Bewußtsein, das im Partikularen stecken bleibt und nicht mehr auf die Totalität der Geschichte reflektiert. Eine auf die Totalität der noch unvollendeten Geschichte bezogene Beschäftigung mit historischen Themen wendet sich immer wieder zur Gegenwart und zur Praxis zurück. Sie gewinnt durch Auseinandersetzung mit der Geschichte ein nur so erreichbares inhaltsvolles Verständnis der Gegenwart und eine Orientierung der Praxis an den Implikationen begriffener Geschichte.

Jede Grundlagenreflexion über Sinn und Aufgabe praktischer Theologie muß den Begriff der Praxis klären, dem diese Disziplin ihren Namen verdankt. Was Praxis heißt, versteht sich nicht von selbst. Darum ist die Frage nach dem Verhältnis von Theorie und Praxis neuerdings mit Recht in den Mittelpunkt der Diskussion über das Selbstverständnis praktischer Theologie gerückt.[828] Die weit über ein bloßes Polieren von Vokabeln hinausreichende Relevanz solcher

---

827 Vgl. die Bemerkungen von H.-D. Bastian art. cit. 32 über Geschichte als das »Geistes- und Naturwissenschaften zusammenschließende Glied«.
828 So bei H.-D. Bastian Ev. Theol. 28, 1968, 25–55 passim, und bei G. Otto in dem von ihm herausgegebenen Praktisch-theologischen Handbuch, 1970, 23.

Fragestellung erhellt schon daraus, daß die soeben abgewiesene Herleitung der praktischen Theologie aus der Dogmatik auf einer ganz bestimmten Verhältnisbestimmung von Theorie und Praxis beruht, nämlich darauf, daß die Theorie als Postulat der Wirklichkeit gegenübertritt und die Praxis als äußerliche Realisierung dieses Sollens erscheint. Eine solche Auffassung entspricht jedoch eher der aristotelischen *poiesis* als der *praxis*, die es nicht mit der Realisierung eines Modells durch herstellendes Handeln zu tun hat, sondern mit dem ausübenden Vollzug einer gewählten Lebensform.[829]

Das theoretische Erkennen ist nach Aristoteles zwar vom praktischen wie vom poietischen zu unterscheiden. Dennoch ist die geistige Schau eine Form der Tätigkeit, ja sogar die höchste Tätigkeit, wie sie den Göttern zukommt und deren Seligkeit ausmacht.[830] Daher kann Aristoteles das theoretische Leben, das sein Telos in sich selbst hat, auch das wegen seiner *eupraxia* im höchsten Sinne praktische nennen.[831]

Die Selbstgenügsamkeit der theoretischen Schau, die geradezu in sich selbst die höchste Form der Praxis darstellt, hängt hier, wie M. Theunissen treffend bemerkt[832], »eng damit zusammen, daß an dem immer schon vollendeten Sein, dessen Selbstgenügsamkeit sie ihre eigene Autarkie verdankt, nichts mehr aussteht«. Von dieser griechischen Theoria ist eine auf Verwirklichung zielende Theorie, die das Vorhandene als Geschichte auf eine offene Zukunft hin beschreibt, wie es die kritische Theorie der Frankfurter Schule im Gegensatz zur traditionellen Theorie tut[833], grundlegend verschieden. Die von der Theorie beschriebene Wirklichkeit wird hier als noch nicht vollendet vorausgesetzt. M. Theunissen hat die Grundlagen eines derartigen Wirklichkeitsverständnisses und der ihm entsprechenden Verbindung von Theorie und Praxis »in jüdisch-christlichem Boden« vermutet.[834] Daß das Denken sich überhaupt als

---

829 Zum Unterschied von *poiesis* und *praxis* siehe Arist. Met. 1025 b 21 ff.
830 Arist. Eth. Nic. 1078 b 21 ff. Zum Ursprung dieser Anschauung von der Seligkeit des theoretischen Lebens bei Platon vgl. B. Snell: Theorie und Praxis (in: Die Entdeckung des Geistes, 3. Aufl. Hamburg 1955, 401–421) bes. 406 ff.
831 Arist. Pol. 1325 b 21. Vgl. dazu F. Dirlmeier in seinem Kommentar zur Nikomachischen Ethik, Berlin 1964, 594 f.
832 M. Theunissen: Gesellschaft und Geschichte. Zur Kritik der kritischen Theorie, Berlin 1969, 7.
833 M. Horkheimer: Traditionelle u. krit. Theorie (1937), in: Kritische Theorie II, 160 ff.
834 M. Theunissen: Die Verwirklichung der Vernunft. Zur Theorie-Praxis-Diskussion im Anschluß an Hegel (Philos. Rundschau Beih. 6), Tübingen 1970, 87.

Theorie verstehen kann, verdankt es freilich auch hier seinem griechischen Erbe, aber das ist modifiziert dadurch, daß Theorie nicht nur auf die noch offene Zukunft einer geschichtlich begriffenen Welt und so auf Praxis bezogen, sondern daß sie auch »ihrerseits in den Strom einer Praxis eingebettet ist, der auch noch durch sie hindurchfließt«.[835] Dabei kann freilich für christliches Denken die endgültige Vollendung nicht schlechthin als in der gegenwärtigen Welt noch ausstehend gelten, so daß im Lichte erhoffter Vollendung die gegenwärtige Welt nur kritisch ihrer Unmenschlichkeit zu überführen und ihre radikale Veränderung zu fordern wäre. Vielmehr ist für das Bewußtsein des christlichen Glaubens das Endgültige durch Jesus Christus schon in dieser vorhandenen Welt trotz Ungerechtigkeit, Leid und Tod gegenwärtig, und ihre noch ausstehende Vollendung kann nur die geschichtliche Verwirklichung der von Jesus Christus her schon in der Welt gegenwärtigen und wirksamen Versöhnung zum Inhalt haben.[836]

Dieser im christlichen Glauben selbst angelegten Verhältnisbestimmung von Theorie und Praxis kann eine praktische Theologie nur so entsprechen, daß sie den in der Geschichte Jesu Christi begründeten und in der Geschichte des Christentums weiterwirkenden, teilweise auch gehemmten Praxisbezug des christlichen Glaubens thematisiert und die gegenwärtige Praxis der Kirchen aus dem Zusammenhang der christlichen Versöhnungsgeschichte begreift und kritisch beleuchtet, um so zur Entwicklung von Modellen gegenwärtiger kirchlicher Praxis zu gelangen. *Kirchliche* Praxis wird ja wohl der spezifische Gegenstand der praktischen Theologie bleiben müssen, wenn sie sich nicht zu einer allgemeinen christlichen Ethik erweitern will, in deren Rahmen dann die soziale Gestalt christlichen Handelns als eines kirchenbildenden und kirchlichen Handelns einen besonderen Themenkreis bilden würde. Doch auch wenn kirchliche Praxis ihr eigentlicher Gegenstand bleibt, braucht praktische Theologie keine bloße Pastoraltheologie zu sein, die in die traditionellen Tätigkeitsbereiche des Gemeindepfarrers einführt, wie sie in der Unterteilung der praktischen Theologie in Homiletik,

835 ebd. 84.
836 In diesem Sinne hat Hegel, wie Theunissen a. a. O. 87 hervorhebt, der Philosophie die dreifache Aufgabe gestellt, die in der Inkarnation objektiv vollbrachte und auch in der Geschichte des einzelnen und der Menschheit schon angebahnte Versöhnung zu begreifen, sich selbst als Moment dieses Prozesses zu verstehen und so »drittens der weltlichen Versöhnung, die in der Geschichte noch aussteht«, zu dienen.

Katechetik, Seelsorge und Liturgik ihren Ausdruck gefunden haben. Eine Theologie des kirchlichen Handelns, die der gegenwärtigen Wirklichkeit der Kirche nicht mit irgendeinem dogmatischen Normbegriff von Kirche unvermittelt gegenübertritt, sondern sich (dem in der christlichen Geschichte angelegten Praxisbezug entsprechend) als Moment einer durch sie selbst hindurchgehenden Bewegung geschichtlicher Praxis begreift, wird auch die vorhandene Wirklichkeit des Gemeindepfarramtes mit seinen Tätigkeitsbereichen, denen jene traditionellen pastoraltheologischen Disziplinen entsprechen, nicht einfach überspringen. Aber sie wird diese Wirklichkeit des Gemeindepfarramtes in einem größeren Zusammenhang kirchlicher Praxis im Rahmen der gesellschaftlichen Lebenswelt des Christentums einordnen und damit auch seiner sachgerechten Weiterbildung dienen.

Der Gesichtspunkt der sozialen und also kirchenbildenden und kirchlichen Gestalt christlicher Praxis sichert der praktischen Theologie ihren eigenen Zugang zur Kirche und ihrer Geschichte, bei aller unumgänglichen Berührung mit der dogmatischen Lehre von der Kirche wie auch mit der Kirchengeschichte. Als eine die Geschichte der Kirche mit einbeziehende Theorie der kirchlichen Praxis wird die praktische Theologie für ihre Gesamtthematik der Missionswissenschaft fundamentale Bedeutung zuerkennen müssen[837]; handelt es sich doch bei der auf die ganze Menschheit gerichteten Mission nicht nur um die die Existenz der Kirche ursprünglich begründende Praxis, sondern auch um den weitesten Horizont für das Verständnis alles kirchlichen Lebens überhaupt. Durch ihren Ursprung aus der Mission ist die einzelne Gemeinde einbezogen in eine Geschichte göttlicher Erwählung auf die Zukunft des Gottesreiches hin und so in einen ihre Partikularität übergreifenden Zusammenhang einer christlichen Lebenswelt. Erst im Rahmen des aus der Mission erwachsenen geschichtlichen Lebenszusammenhanges der

---

837 So hat bereits Schleiermacher (Kurze Darstellung des theolog. Studiums 2. Ausg. 1830, § 298) eine »Theorie des Missionswesens« im Rahmen der praktischen Theologie gefordert, »welche bis jetzt noch so gut als gänzlich fehlt«, freilich nur als Funktion einer bereits bestehenden Gemeinde, die als »örtliche Gemeinde« (§ 277) den Ausgangspunkt seiner Einzeldarstellung der praktischen Theologie bildet. Während die Mission bei C. J. Nitzsch zwar ebenfalls zur praktischen Theologie gerechnet wird, aber nur als untergeordnetes Element erscheint (Praktische Theologie I, 1847, 479 ff. vgl. 133), schreibt E. Chr. Achelis unter Berufung vor allem auf Ehrenfeuchter: »Die Theorie des Missionswesens wird die praktische Theologie nicht entbehren können, weil das Missionieren zu den notwendigen Lebensbetätigungen der Kirche gehört und vom Begriff der Kirche gefordert wird« (Lehrbuch der praktischen Theologie I, 1890, 3. Aufl. 1911, 29).

Kirche läßt sich der Ort der einzelnen Gemeinde im Leben der Christenheit bestimmen, einerseits in bezug auf die regionalen und universalen Organisationsformen kirchlichen Lebens, andererseits im Hinblick auf das Verhältnis von Kirche und Christentum. In dieser Perspektive wäre also der Gegensatz zwischen der protestantischen Darstellungsweise der praktischen Theologie, die von der Einzelgemeinde, und der römisch-katholischen, die vom Kirchenregiment ausgeht, zu überwinden. Daß aber auch das Verhältnis von Kirche und Christentum sich unter dem Gesichtspunkt der Missionsthematik erschließt, wird deutlich, wenn man sich klar macht, daß die Differenz zwischen Kirche und Reich Gottes damit zusammenhängt, daß Kirche durch Mission auf die Zukunft des Reiches Gottes und so auf die ganze Menschheit hin begründet ist. C. J. Nitzsch hat die Unentbehrlichkeit des Reich-Gottes-Gedankens für die Bestimmung des Verhältnisses von Christentum und Kirche deutlich gesehen: »Vermöge dieses Unterschiedes [sc. zwischen Kirche und Reich Gottes] ist und bleibt das kirchliche Leben ein Moment des christlichen, sowie die Kirche Produkt des Verwirklichungsprozesses des göttlichen Reiches, und doch wieder wird das kirchliche Leben ein den Fortschritt und die Vervollkommnung des christlichen und sittlichen bedingendes Leben«.[838] Der Gedanke des Reiches Gottes in seiner Differenz zur Kirche hindert die Kirche auf allen Ebenen ihrer Organisation daran, sich als Selbstzweck zu begreifen, und kann sie theologisch dazu motivieren, sich auch innerhalb der Christenheit als eine Institution neben anderen zu erkennen und ihre Tätigkeit als Dienst an einer für sich nicht kirchlichen und heute religiös überwiegend pluralistischen Gesellschaft zu verstehen. Das gilt insbesondere für ihr Verhältnis zum Staat. Es gehört zu den Schranken von Nitzschs Entwurf der praktischen Theologie, daß er nicht gesehen hat, wie der Gedanke des Reiches Gottes von seinem ursprünglich politischen Sinn her die Differenz von Kirche und Staat ebenso übergreift wie die von Kirche und Christentum[839], daß daher das Verhältnis von Kirche und Staat als ein Verhältnis *innerhalb* der Christenheit als des »neuen Gottesvolkes« zum Problem

---

838 C. J. Nitzsch: Praktische Theologie I, 1837, 14. Nitzschs ethizistische Deutung des Reiches Gottes wirkt sich in diesem Zusammenhang weniger als Schranke aus als seine Verkennung des Zusammenhangs der Mission mit Kirche und Reich Gottes, der erst die Geschichtlichkeit im Verhältnis der beiden letzten Glieder erschließt.
839 Nitzsch sieht a. a. O. 266 ff. den Staat als ein »göttliches Conservativum« (271) in einem positiven Bezug zur Kirche.

werden konnte. Das zugunsten einer kirchlichen Binnenperspektive zu übersehen, ist ebenso einseitig wie die entgegengesetzte These von R. Rothe, daß die Kirche im Protestantismus dazu bestimmt sei, sich in den sittlichen Staat aufzulösen. Eine praktische Theologie, die sich der Frage nach der allgemeinen Wahrheit der Einheit Gottes mit den Menschen in Jesus von Nazareth, der Gegenwart des kommenden Reiches in ihm, als Hoffnung für die Menschheit und als Thema kirchlicher Praxis verpflichtet weiß, wird die Entwicklung des Verhältnisses von Staat und Kirche in der Neuzeit neu analysieren müssen, um das Verhältnis der Kirchen zu den gesellschaftlichen Aufgaben der Gegenwart richtig bestimmen zu können. Dabei ist den religiösen Implikationen der politischen Ordnungsformen und der revolutionären Bewegungen der Neuzeit ebenso Rechnung zu tragen wie andererseits den Folgen der Kirchenspaltung für die Emanzipation des Staates von ausdrücklich religiösen Bindungen und der Tragweite der ökumenischen Bewegung unserer Zeit zu einer Einheit ohne Uniformität für diese Gesamtproblematik von Kirche und Gesellschaft. Die Gründe für die Notwendigkeit der expliziten Wahrnehmung der religiösen Thematik durch kirchliche Institutionen in Differenz zum Staat sind ebenso zu berücksichtigen wie die Mitverantwortung der Kirchen für die Gesellschaft. Alle diese Themen konzentrieren sich in der Frage nach Begriff und Möglichkeit der Freiheit, deren Natur nicht von ungefähr sowohl religiös als auch politisch ist. So weit muß die praktische Theologie den Bezugsrahmen spannen, wenn ihre traditionellen, pastoraltheologischen Sachgebiete neue Relevanz durch einen deutlicheren Bezug zur Frage nach der Praxis des Christentums insgesamt gewinnen sollen.

Namenregister

Abaelard, P. 11, 355
Abel, Th. 139
Achelis, E. C. 428, 430, 440
Adorno, Th. W. 189
Agricola, R. 242
Ailly, P. d' 357
Alain de Lille 226, 196
Albert, H. 41, 49–51, 66, 122, 126–129, 133, 134, 137, 138, 140, 149, 190–192, 194, 200, 205, 209, 324
Alembert, I. d. R. d' 20
Alexander von Aphrodisias 230
Alexander von Hales 227, 230
Alstedt, J. H. 18, 235 f., 243, 244, 357, 413, 428
Althaus, P. 235 f., 237, 238, 239, 408
Alting, H. 374 f., 407 f.
Altmann, A. 386
Ammon, C. F. 245, 246
Anaxagoras 15
Aner, K. 245
Angyal, A. 131 f.
Anscombe, G. E. M. 33
Anselm von Canterbury 227
Apel, K. O. 93, 148 f., 152, 180, 182, 185, 187, 209 f., 214
Aristoteles 12, 14–16, 19, 159, 228, 230, 231, 235, 237, 242, 305, 438
Augustin, A. 12 f., 14, 15, 18, 217, 226, 227, 308
Austin, J. L. 331
Ayer, A. J. 33, 35 f., 40

Bacon, F. 38, 42, 44
Bacon, R. 355
Baier, J. W. 241
Baronius, C. 393
Barth, K. 22, 23, 31, 34, 36 f., 45 f., 266–277, 278 f., 282 f., 292, 300, 310, 320 f., 328, 329, 374, 394, 410 f.
Bartley, W. W. 45–49

Bastian, H.-D. 435, 437
Bauer, L. 359
Baumgarten, O. 260
Baur, F. C. 393, 394, 420 f.
Becker, E. 120 f.
Beckermann, A. 205
Behm, J. 158
Bejerholm, E. 331
Bernoulli, C. A. 22, 24, 259
Betti, E. 166–168, 169, 216
Beyerhaus, P. 369 f.
Birkner, H.-J. 410, 416
Blackstone, W. T. 314, 330, 331
Bloch, E. 110
Blumenberg, H. 13
Boethius, A. M. T. S. 12, 226
Bollhagen, P. 65
Bollnow, O. F. 154 f.
Bonaventura 230
Bonhoeffer, D. 31
Braithwaite, R. B. 36
Brentano, C. W. M. 208
Bretschneider, K. G. 245, 246, 358, 407
Brosseder, J. 415
Buddeus, J. F. 241, 357, 406 f., 427 f., 429
Büsching, A. F. 358
Bultmann, R. 50, 166, 167, 169–173, 175, 280, 282–284, 286, 304 f., 390
Buren, P. M. van 36 f.
Burtt, E. A. 42

Calixt, G. 236, 237, 240 f., 244, 249, 357, 359, 393, 407, 408 f., 410 f., 428
Calov, A. 238, 241, 309, 357, 393, 413
Calvin, J. 310
Campenhausen, H. v. 354, 386 f.
Cano, M. 242 f., 244, 418
Carbonia, L. 242
Carnap, R. 32–35, 37, 39 f., 52 f., 54, 56, 57, 59, 64, 135, 210
Casper, B. 288–290

Cassirer, E. 88, 119, 126, 135
Chemnitz, M. 234
Chenu, M.-D. 12, 228, 355
Christian, W. A. 329
Collingwood, R. G. 148
Colpe, C. 319, 360, 365, 370
Comte, A. 31, 75, 81, 82
Cornehl, P. 426 f.
Coseriu, E. 215
Cox, D. 35
Crombie, J. M. 346

Dahm, K.-W. 435
Dannhauer, J. C. 159, 241
Danto, A. C. 61, 62, 65, 73, 146, 149, 150 f.
Deissmann, A. 362
Descartes, R. 38, 76, 129, 309
Diderot, D. 20
Diekamp, F. 229
Diem, H. 22 f., 270, 377
Dilthey, W. 66, 74–82, 86, 98, 101, 105 f., 107, 109 f., 112, 113, 114, 115, 116, 118, 130, 132, 134–136, 137, 138, 139, 141, 151, 157, 159, 160, 161–163, 164, 165, 166 f., 171, 183, 199, 202, 203, 204, 215, 216, 217, 219, 286, 287, 314, 433
Dionysius Areopagita 12
Dirlmeier, F. 438
Diwald, H. 77, 78, 79
Dobschütz, E. v. 354
Döderlein, J. C. 375
Donagan, A. 62
Dorner, A. 376, 377, 378, 413
Dorscheus, J. G. 407
Dray, W. 62, 140, 143, 144–150, 151, 210
Drey, S. 417
Driesch, H. 131
Droysen, J. G. 162
Duhem, P. 57
Duns Scotus 228 f., 230, 231 f., 233, 235, 236 f.
Du Pin, L. E. 241 f.
Durandus, de S. P. 357
Durkheim, E. 314

Ebeling, G. 16, 19, 51, 137, 159, 172–176, 280–286, 347, 350, 356, 358, 384, 403 f., 407, 408, 411, 416, 417 f.
Eckert, H. 258
Ehrenfeuchter, F. A. E. 440
Ehrhard, A. 400
Ehrlich, J. N. 418
Elze, M. 354, 356
Erasmus, D. 20
Erasmus Sarcerius 429
Ernesti, J. A. 245, 246 f., 358 f., 375, 385
Euklid 226
Euseb von Caesarea 393

Fahlbusch, E. 368
Ferré, F. 35, 314
Feuerbach, L. 310 f., 320, 411
Fichte, J. G. 21, 246, 248, 259, 309, 375 f., 434
Ficino, F. 310, 326, 416
Findlay, J. N. 36
Finkenzeller, J. 227, 228, 229, 230, 232, 233
Firth, J. R. 215
Flacius, M. 159, 234 f., 393
Flew, A. 35, 36, 41
Franz, H. 174
Frege, G. 206–208, 212, 215, 218, 306
Freud, S. 188, 189
Fromm, E. 314
Fuchs, E. 172 f., 174, 175
Fuchs, H. 19

Gabler, J. Ph. 359, 375, 378 f., 380
Gadamer, H. G. 77, 126, 127, 152, 160, 163–166, 167, 168–170, 171, 172, 176 f., 178, 182, 183, 185, 186 f., 194, 196–198, 201, 204, 216, 286
Gardiner, P. 144, 149
Geckeler, H. 213, 215
Gensichen, H. W. 366, 369
Gerhard, J. 18, 234, 236 f., 238, 240, 407
Gese, H. 385, 387
Geyer, B. 11 f.
Gilbert de la Porrée 11, 226

Gill, C. 357
Goldammer, K. 363, 366
Gomperz, H. 139 f.
Gottl, F. 85
Grabmann, M. 11, 227
Gregor der Große 227
Gregor von Valentia 242, 243
Grotius, H. 310
Gründel, J. 11
Gruppe, O. 361

Habermas, J. 28, 29, 42, 44, 83, 88, 89, 90–104, 109, 148, 185–205, 209, 214, 296, 397, 435
Hägglund, B. 235
Hagenbach, K. R. 21, 249, 251, 376 f., 413, 414, 429
Hamp, V. 358
Hare, R. M. 36
Harleß, A. 255
Harnack, A. 319 f., 360, 362–364, 394
Hartmann, N. 169
Hase, K. A. v. 414
Hasenreffer, M. 236
Heerbrand, J. 234
Hefner, Ph. 394
Hegel, G. W. F. 21, 76 f., 124, 162, 164, 189, 246, 309, 343, 371, 374, 434, 439
Heger, K. 206, 213
Heidegger, M. 115, 139, 163, 165 f., 169, 170, 176, 177, 179, 182, 183, 185, 199, 203, 264, 306
Heiler, F. 366–368
Heinrich von Gent 231
Heinrici, G. 19, 21 f., 256 f., 282, 377 f., 413, 414, 429
Heintel, E. 215
Hemmerle, K. 288
Hempel, C. G. 61 f., 63, 138, 142, 144, 145, 147, 148, 209
Henningsen, J. 19
Henrich, D. 83, 85, 434
Hepburn, R. 36
Herrmann, W. 111, 173, 259, 266 f., 282
Hertling, G. v. 260

Hervaeus Natalis 228
Hick, J. 346
Hilbert, D. 135
Hildebrand, J. 407
Hippolyt 354
Hirsch, E. 385, 386
Holland, R. F. 331
Holte, R. 12
Honorius de S. Maria 241
Horkheimer, M. 438
Hornig, G. 331, 359
Hülsemann, J. 236, 237
Hünermann, P. 288
Huizinga, J. 121
Hume, D. 31, 37, 138, 152
Husserl, E. 79, 81, 82, 100, 101, 207, 210, 436
Hyperius, A. 20 f., 356, 393

Irenäus von Lyon 354
Iserloh, E. 401
Jacquin, M. 243
Jauss, H. R. 187
Jedin, H. 400
Jetter, W. 431
Jüngel, E. 350, 375 f.

Kähler, M. 257, 269, 282 f., 428
Käsbauer, M. 142
Kaftan, J. 107, 108
Kahl, H.-J. 49
Kambartel, F. 135
Kamlah, W. 209, 219, 296
Kant, I. 37 f., 43, 55, 77, 95, 130, 246, 247, 248, 250, 306, 309, 409, 426
Karpp, H. 395 f., 398, 401
Kasper, W. 287
Kattenbusch, F. 11, 414
Kaufmann, W. 49
Keckermann, B. 235, 236, 237, 357, 408
Keller-Hüschemenger, M. 236, 237
Kempski, J. v. 121–123
Kimmerle, H. 159, 160, 161
Klemens von Alexandrien 11, 12 f., 15
Kleuker, J. F. 418
Knies, K. 83, 87
König, J. 152

König, J. F. 238, 241
Kosik, K. 189
Kraft, V. 32
Kraus, H.-J. 385 f.
Krause, G. 435
Krausser, P. 77, 79, 80
Kretschmar, G. 397, 403
Kümmel, W. G. 379
Kuhn, T. S. 56, 58 f., 68, 338

Lagarde, P. A. de 256, 259, 319, 320
Landmann, M. 178
Lang, A. 226, 227, 228, 229, 242, 243
Lange, J. M. 407
Lavoisier, A. L. 56, 338
Leeuw, G. van der 366
Lehmann, A. 364
Leibniz, G. W. 114, 115, 309, 426
Lessing, E. 105, 106
Lessing, G. E. 244 f.
Leuze, R. 246
Liebrucks, B. 215, 217
Locke, J. 31, 77, 409
Löwith, K. 128
Lonergan, B. 289
Lorenz, R. 12, 15
Lorenzen, P. 209, 219
Lotze, R. H. 112
Lubac, H. de 354
Luckmann, T. 314
Luhmann, N. 27, 93, 95–102, 192, 209, 214, 435
Luther, M. 233 f., 310, 358
Lutz, H. 400

Mach, E. 29, 31, 32
MacIntyre, A. 35
Mackie, J. L. 36
Marheinecke, Ph. K. 414, 428, 431–433
Marrou, H.-J. 13
Marsilius von Inghen 357
Marx, K. 411
Mayer, J. F. 407
Mead, G. H. 88, 89, 98, 99, 188
Meinhold, P. 400
Melanchthon, Ph. 234, 238–240, 242, 356, 358 f., 407, 409

Meller, B. 229
Mentzer, B. 236, 237
Metz, J. B. 127
Meyer, E. 83
Mildenberger, F. 377, 385
Mill, J. St. 75, 79, 81, 113, 118, 138, 161
Molanus, J. 428
Moltmann, J. 287, 292, 294
Morris, C. 89, 314
Morus, S. F. N. 246
Mühlenberg, E. 238
Müller, K. 67
Mulert, H. 414 f.
Mursinna, S. 20, 414
Musäus, J. 238
Myklebust, O. G. 364

Nagel, E. 131 f., 157, 192, 193
Neurath, O. 53
Newton, I. 154
Niebuhr, R. R. 160
Niemeyer, A. H. 407
Nietzsche, F. 94, 411
Nigg, W. 398
Nikolaus von Amiens 226
Nikolaus von Kues 308 f.
Nitzsch, C. J. 431 f., 440, 441 f.
Nösselt, J. A. 413
Nowell-Smith, P. 35
Nygren, A. 211 f., 207, 216, 289, 306
Nyssen, A. 428

Oakeshott, M. 62, 63, 145
Ockham, W. v. 233, 299
Ogden, C. K. 206, 210, 211
Oppenheim, P. 138
Origenes 354
Ott, L. 229
Otto, G. 429, 437
Overbeck, F. 259, 319

Palmer, C. D. F. 429, 433–435
Pannenberg, W. 17, 67, 151 f., 168, 172, 173, 184, 220, 286, 292, 302, 308, 316, 369 f., 372, 402, 411, 434
Parsons, T. 88–90, 101, 186, 314

Namenregister

Passmore, J. A. 140, 142, 143, 144, 330
Patzig, G. 207
Paulus 13, 14, 239, 308
Peirce, C. S. 30, 205
Pelican, J. 374
Pelt, A. F. L. 414, 418
Pepper, St. C. 71
Petri de Godino, W. 228
Petrus Annatus 241 f., 418
Petrus Damiani 14
Petrus Lombardus 355
Peersen, C. H. v. 208, 210
Pfaff, C. M. 407
Philo von Alexandrien 158
Picardi von Lichtenberg, J. 228
Pinard de la Boullaye, H. 361
Planck, G. J. 247, 393, 408, 414, 416 f., 418, 428, 429
Platon 14, 15, 129, 158, 307, 438
Poincaré, H. 57
Polanus, A. 236
Polany, M. 216 f.
Popper, K. 37–45, 47 f., 49, 51–61, 63 f., 66–68, 69, 72, 127, 130, 138, 140, 144, 152, 190 f., 194, 336, 338 f.
Priestley, J. 56
Pythagoras 14

Quenstedt, J. A. 238
Quintilian, M. F. 19

Rad, G. v. 301, 384 f., 390, 391
Rade, M. 257
Radnitzky, G. 210
Radulphus Ardens 11
Rahner, K. 368
Ratschow, C. H. 18, 235
Reichenbach, H. 324
Reinhart, L. F. 407
Rendtorff, T. 127, 293, 379, 404, 432, 434, 436
Reuter, H. R. 435
Réville, J. 361 f.
Richard von Mediavilla 230
Richards, I. A. 206, 210, 211
Rickert, H. 61, 81, 82, 84, 86, 87, 104, 105, 112, 118–120, 124, 125, 135, 163, 167
Ritschl, A. 21, 236, 256, 394, 407, 411, 427
Ritschl, O. 258, 357, 375
Robinson, J. M. 172, 174
Rössler, D. 275, 430, 431, 433 f.
Rohrmoser, G. 411, 434
Rosenkranz, G. 364
Rosenkranz, K. 21, 376, 412 f.
Rothacker, E. 75, 137
Rothe, R. 376, 410 f., 412, 427, 442
Russell, B. 33, 135, 207 f.
Ryle, G. 210

Sack, H. 417
Sanden, B. v. 414
Sauter, G. 251, 291–298, 323, 346
Scheeben, M. J. 229
Scheibe, E. 152–154
Schelling, F. W. J. 247 f., 309, 343
Schieder, Th. 61 f.
Schillebeeckx, E. 287 f., 289–291
Schleiermacher, D. F. 19, 26, 107, 159–161, 164, 202, 215, 247, 248–255, 258, 272, 280, 281 f., 299, 309, 314 f., 328, 360, 371, 373 f., 375 f., 395, 409–411, 412 f., 416, 417, 419, 420, 425, 429–431, 433, 434, 440
Schlette, H. R. 322, 368
Schlick, M. 31, 32 f., 131, 210
Schlier, H. 358, 384
Schmaus, M. 229 f., 243, 260
Schmidt, M. A. 12, 226
Schmidt, S. J. 206
Schmidt, W. 213
Scholz, H. 270–273, 275–277, 280, 328, 329 f., 332, 333
Schröer, H. 429, 435, 436
Schulte, J. Fr. v. 428
Schulz, W. 308
Schuster, H. 430
Scriven, M. 62, 147 f.
Semler, J. S. 385, 386
Shils, E. 88
Simmel, G. 83
Smith, W. C. 310, 321

Snell, B. 438
Solte, E. L. 259, 260, 319
Spener, Ph. J. 358
Spieß, E. 105
Spinoza, B. 386
Spranger, E. 81, 260 f.
Stalin, J. W. 189
Stäudlin, C. F. 429
Staudenmaier, F. A. 418
Stegmüller, W. 31, 34, 138, 139, 140, 141 f., 145–147, 148, 210
Stein, A. v. der 357
Steinmann, Th. 258
Stenzel, J. 217
Stockmeier, P. 402, 405
Storr, G. C. 246
Strawson, P. F. 207
Ströcker, E. 141, 143
Stuhlmacher, P. 385, 388
Süskind, F. G. 246

Tarski, A. 43
Teilhard de Chardin, P. 128
Thales von Milet 15
Theunissen, M. 438 f.
Thiel, C. 207
Tholuck, F. A. G. 413
Thomas, W. J. 88
Thomas von Aquin 228 f., 230, 231, 232, 233
Tillich, P. 45–47, 314, 321
Timpler, C. 357
Tindal, M. 245
Tittmann, K. Th. 375
Topitsch, E. 123 f., 137
Torrance, Th. F. 271
Toulmin, St. 140 f., 144, 150, 153
Traub, F. 258, 259, 260, 261
Trier, J. 213
Trillhaas, W. 314
Troeltsch, E. 46, 104, 105–117, 256, 258, 260, 262, 319 f., 368, 370, 373, 417

Tschackert, T. 414
Turrianus, F. 407

Ullmann, St. 206 f., 212, 213

Vaux, R. de 384
Vinzenz von Beauvais 20
Vives, J. L. 416
Voetius, G. 428, 433

Wallmann, J. 11, 18, 234, 236 f., 241, 249, 309 f., 408 f.
Walter, E. J. 124
Warneck, G. 360
Weber, A. 396 f.
Weber, E. 235, 236, 237, 238
Weber, M. 82–88, 90, 100, 106, 148, 154, 167, 186, 208
Weinrich, H. 207, 213, 215, 217
Weischedel, W. 217 f.
Weisgerber, L. 213
Weiß, J. 110
Weizsäcker, C. F. v. 42, 54–56, 125
Wellmer, A. 38, 53 f.
Welte, B. 260
Wendelin, M. F. 310
Wendt, H. H. 269
Wenzel, A. 359
Wigand, J. 234
Wilckens, U. 13
Wilhelm von Auxerre 230
Winch, P. 214
Windelband, W. 61, 118, 125, 135
Wittgenstein, L. 32–34, 180–183, 194, 207 f., 211 f., 214, 337
Wittram, R. 60, 65
Wobbermin, G. 257 f.
Wuchterl, K. 33, 181
Wundt, W. 106, 112

Zabarella, G. 235, 237
Zeller, E. 230
Zepper, W. 430
Zwingli, U. 310

Sachregister

Altes Testament 262 f., 266, 295, 352, 354, 375, 384 f., 388, 390, 392, 402
Anthropologie 77, 114, 128, 293, 302, 323, 371, 373, 424 f.
Antizipation, antizipativ 39, 43 f., 72, 103, 116, 151, 165, 167, 188 f., 190, 199, 202, 217, 220, 223, 287, 312 f., 315 f., 318, 330, 333, 336, 347, 397, 423
Apologetik 326, 372 f., 374, 412, 415–420
Atheismus 310, 399, 411, 424
Aufklärung 20, 245, 255, 274, 278, 359, 399, 418, 426, 434
Ausdruck 78, 161 f., 202
Axiom 47, 103, 226 f., 260, 272, 435

Basissatz 44, 53 f., 57, 64, 67, 130, 194, 210, 223, 238
Bedeutung 72, 80, 86, 98, 114, 130, 151, 162, 166 f., 179, 181, 189, 192, 196, 201, 206 f., 208, 211 f., 214–216, 218–223, 278–280, 286 f., 289, 305, 336, 340, 389, 435
Begründungs-, Entdeckungszusammenhang 295–298, 323 f., 340, 435 f.
Bewußtsein 77, 82, 100, 162, 165, 208, 218, 267, 274 f., 278, 297, 303, 308, 325, 336, 340, 343, 392, 394, 402, 411 f., 422, 435, 437, 439
Bezeichnung 215

Christentum 107, 129, 246, 251–258, 261–263, 265 f., 278, 291, 295, 297–300, 317, 320, 325, 327 f., 330, 349 f., 359, 363, 372–374, 377–379, 381, 383–386, 388, 391 f., 394–397, 401 f., 404, 406, 412, 414, 417, 419 f., 422, 424, 426 f., 433, 436, 439–441
  Wesen des 253 f., 373, 417, 420 f., 423 f., 430 f.
Christologie 421, 425

Deduktion 38
Deismus 245
Dialektik, dialektisch 25, 123 f., 131, 136, 158, 185–206, 268, 288, 355, 398, 401, 427
Dialektische Theologie 222, 278, 282, 284, 300, 320, 351, 417, 432
Dogmatik, dogmatisch 9, 22, 165, 240, 252, 259, 261, 267, 272, 278, 301, 333, 358 f., 364, 368, 375 f., 378, 384 f., 387, 390, 394 f., 400 f., 406–410, 412 f., 417 f., 420, 422, 432–434, 436–438, 440

Ekklesiologie 421, 423, 432
Emanzipation, emanzipatorisch 165, 188, 397, 411, 434, 442
Empirismus, empiristisch 30 f., 32, 37 f., 47–49, 305
Encyclopädie, theologische 10, 18–24, 353, 374–384, 413, 418, 429, 431
Entmythologisierung 177
Entwicklung 115
Erfahrung 29, 36–38, 52, 55–57, 70–72, 76 f., 79–81, 86, 93, 97, 106, 111 f., 114 f., 131, 151, 167 f., 172, 190, 196, 200–203, 215, 219, 224, 262, 264–266, 274, 287, 290, 294 f., 297, 303–307, 309, 311, 313–318, 322, 333, 336, 339 f., 342–345, 347–350, 366, 371, 374, 380, 391, 401–403, 419, 435
Erkenntnistheorie, erkenntnistheoretisch 29, 82, 85, 87, 112–114, 117, 262, 305, 424
Eschatologie, eschatologisch 110 f., 162, 166 f., 204, 287 f., 290 f., 300, 346, 349, 369, 387, 389
Ethik, ethisch 36, 75, 111, 121, 177, 226, 231, 233, 236, 239 f., 373, 395, 407–413, 419 f.
Evangelium 239, 394

Evolution 128
Exegese 9 f., 21, 243, 252, 356–359, 374–385, 387 f., 393 f., 408, 416

Falsifizierbarkeit, Falsifikation 40, 45, 51–60, 64–66, 68–70, 222, 338 f., 346
Fraglichkeit 170 f.
Freiheit 76, 103, 130, 171 f., 198, 268, 433 f., 442
Fundamentaltheologie 326, 328, 372 f., 418 f., 432

Geheimnis 303 f.
Geist 75–77, 81 f., 92, 94, 104, 122 f., 124, 130, 282 f., 397, 399, 425
Geist und Natur 76, 117, 123, 125, 129 f., 136 f.
Geisteswissenschaften 25, 49, 61, 74–83, 88 f., 105 f., 117–138, 154 f., 162 f., 185, 206, 209 f., 222, 257, 260, 283 209 f., 222, 257, 260, 283
Geschichte, s. a. Heilsgeschichte, Universalgeschichte, Wirkungsgeschichte 60–73, 76, 78, 80, 90, 101, 104, 107–109, 112–114, 119, 122 f., 145, 150 f., 162, 164, 166 f., 170–172, 188–190, 192 f., 205, 178–298, 345, 347, 369, 374, 391, 395, 405, 420 f., 423, 425, 433, 437 f.
Geschichtlichkeit 56, 81, 136, 151, 162, 165, 204, 211, 286, 316, 340, 349, 402, 405 f., 420 f., 441
Gesellschaft 78, 80, 91 f., 189 f., 193–195, 204, 250 f., 287, 315, 348, 421, 425–427, 441 f.
Gesetz und Evangelium 173, 175, 290
Gesetzeswissenschaften 71 f., 82, 223
Glaube 16, 22 f., 36, 46, 49 f., 171 f., 175, 227, 256, 261, 264, 267, 273, 279, 285, 287 f., 298, 300, 310, 320, 324–326, 344, 346, 348 f., 352, 358, 369, 380, 383, 390, 395, 398 f., 418–420, 423, 436, 439
Gott 57, 232 f., 236–240, 263, 265–279, 284–286, 295, 298, ab 299 passim
– Gotteserkenntnis 240, 304, 316, 425
– Gottesgedanke 50 f., 279, 301–303, 308, 310 f., 313, 315 f., 347, 411, 425
– Gotteslehre 233, 237, 304, 332, 425
– Gottesliebe 239
– Wort »Gott« 34–36, 284 f., 304 f.
– Wort Gottes 31, 46, 174 f., 268 f., 271, 274 f., 282–285, 299–301, 353, 386
– Gottesbeweis(e) 128, 233, 302, 308
– Gottesvolk 405, 441
Gut, höchstes 108, 111, 230 f., 319, 426

Handlungstheorie – theoretisch 82–105, 111, 114 f., 122, 196, 204, 208
Heilsgeschichte – geschichtlich 239, 300, 400, 422
Hermeneutik, hermeneutisch 25, 49 f., 59, 66, 74, 126–128, 131, 136, 141, 149, 151 f., 157–224, 279, 283, 286–288, 290–292, 325, 327 f., 339 f., 344, 351, 381
Historismus 21 f., 26, 61, 63, 79, 105 f., 113, 116, 130, 167, 203, 298, 351 f., 377
Homiletik 389, 428, 439
Horizontverschmelzung 164, 169, 186, 286
Humanismus, humanistisch 20, 238 f.
Humanwissenschaften 82, 88 f., 136, 154
Hypothese, hypothetisch 35, 38–40, 44 f., 48, 52–55, 57, 59, 63 f., 66–72, 139–141, 143, 145, 153, 155, 157 f., 195 f., 201 f., 221 f., 258, 260 f., 277, 291 f., 295, 297 f., 302, 312, 318, 334–336, 339 f., 342–346, 348, 404

Idealismus 21, 28, 76 f., 186, 250, 278, 343
Idealtypus 86, 148
ideographisch 61, 223
Ideologie, ideologisch 9, 90 f., 92, 102 f., 123 f., 185, 190, 209, 254, 348, 353, 411 f., 421, 432
Individualismus 79, 114, 427
Induktion 37–39, 52, 71

Sachregister

Inkarnation 14 f., 232, 421 f., 425
Intentionalität 82, 88, 151, 186, 208 f., 211
Islam 396
Jesus, Christus – Jesus Christus 22 f., 31, 45 f., 177, 254, 263, 271, 275, 279, 283 f., 286, 288, 313, 334, 345, 378, 380, 383, 387, 420, 434, 436, 439, 442

Kanon 359, 377 f., 387 f.
Kerygma, s. a. Verkündigung 49, 172, 175, 177, 263, 268, 284, 286
Kirche 22, 227, 249–251, 254 f., 268, 288, 348, 364 f., 379, 394, 399, 403–405, 421, 426 f., 431 f., 434, 437, 440 f.
Kirche und Staat 427, 441 f.
Kirchengeschichte 9 f., 241, 243, 252, 254, 351 f., 359, 374, 376 f., 381, 385, 393–406, 440
Kirchenrecht 354
Kohärenz 71, 153, 219, 272 f., 277, 330
Konfessionskunde 414 f.
Kontingenz, kontingent 65–67, 69, 125, 137, 223, 233, 293, 339
Kosmos 22, 129, 233, 305, 307 f., 312–314, 316
Kultur 85, 89, 103 f., 125, 155, 178
Kulturwissenschaft(en) 88 f., 94, 118–122, 124–126, 134
Kybernetik, kybernetisch 122, 133, 193

Leben 7, 17, 77, 80 f., 93 f., 98, 110, 162 f., 247 f., 347, 371, 433
Lebenswelt 154, 178, 265, 436, 440
Linguistik, linguistisch 121, 186, 200, 202, 212, 215
Logik 75 f., 81, 89, 191 f., 196, 200–202, 221, 226, 276 f., 337

Metaphysik, metaphysisch 17, 33–35, 39–42, 44 f., 57, 67, 70, 81, 113–116, 124, 180, 201, 226, 229, 237, 262 f., 305 f., 312, 332
Methode, analytische 234–238, 356, 427
– historisch-kritische 50

Mission, christliche 319, 363 f., 440 f.
Missionswissenschaft 360, 363–365, 415, 424, 440
Monade 114 f.
Monotheismus 305
Mythos, mythisch 220, 345, 348

Natur 127 f., 141, 287, 409
Naturwissenschaft(en), naturwissenschaftlich 25, 28, 33, 37, 39 f., 45, 51 f., 56 f., 60, 67 f., 71 f., 74–78, 81, 84, 117–136, 148–150, 152–155, 157, 163, 169, 205, 209 f., 222, 247, 260, 265, 283, 288, 295, 308, 335, 338, 346, 417
Neologie 245
Neues Testament 266, 295, 352, 359, 384, 390, 392, 402
Neukantianismus 82, 113
Nichtobjektivierbarkeit 51, 335

Objektivierung, objektivierend 164, 168 f., 177–179, 183–185, 209
s. a. Nichtobjektivierbarkeit
Objektivität 81, 93 f., 116, 165 f., 168, 179, 199, 274, 344, 392
Oekonomie 11, 17, 263, 266, 300
Oekumene 365
Oekumenische Bewegung 415, 442
s. a. Oekumenische Theologie
Offenbarung 12, 22 f., 31, 235, 246, 256, 259, 263, 265–269, 274 f., 278–280, 289, 308, 316, 320–322, 325–327, 345, 398, 419, 422
Orthodoxie, lutherische 236 f., 240, 384

Paradigmapräzisierung 58, 221, 339
Patristik 12, 305, 324
Persönlichkeit 89, 108
Phänomenologie 317, 323, 366 f.
s. a. Religionsphänomenologie
Philosophie 12–17, 22, 24, 70, 155, 185, 201, 220–222, 247, 249, 264 f., 308, 339, 346, 361, 425
– analytische 25, 271
s. a. Religionsphilosophie
Pneumatologie 293, 346
Polemik 241, 393, 412–415

Positivismus 28–32, 126, 189 f.
– logischer 25, 30, 31–60, 75, 180, 206, 208, 277, 329, 337
Positivität 240, 246 f., 249, 256–258, 274 f., 278–298, 299 f., 301, 322, 324 f.
Prinzip, regulatives 43
Projektionstheorie 301
Protokollsatz 33, 337 f.
Psychoanalyse 188, 197, 209, 411
Psychologie, psychologisch 57, 75, 78 f., 81 f., 86, 89, 106 f., 112–116, 118, 120–122, 125 f., 130, 134, 148, 160–164, 170 f., 195, 202, 204, 259, 262, 302, 317, 366–368, 411

Rationalismus, kritischer 25, 45–52, 74, 190, 261
Realwissenschaft(en) 221 f., 249, 367
Reich Gottes 110, 401, 420, 426 f., 433, 440 f.
Relativismus 81, 112
Relativität 101, 165, 423, 425
Religion(en) (allgemein) 103, 106 f., 155, 204, 250, 258, 260, 262, 265, 285, 309, 314–322, 325, 328, 330, 349 f., 361–364, 366–368, 371 f., 374, 388, 390, 409, 419, 421 f., 424
Religion, absolute 110
– christliche 241, 254 f., 258, 262 f., 266, 278, 316, 320 f., 345, 361 f., 385 f., 387, 398, 409, 412, 416, 418
– jüdische 262 f., 316, 385–387
– natürliche 244 f., 247, 256
Religion(en), positive 244–247, 316
Religionsgeschichte, religionsgeschichtlich 109, 256, 258, 263, 326 f., 330, 352, 360–362, 368–371, 380–382, 388–390, 392, 397, 419, 422, 425
religionsgeschichtliche Schule 256, 319, 360
Religionskritik 301
Religionsphänomenologie 366, 368
Religionsphilosophie, religionsphilosophisch 201, 204, 251 f., 262, 314, 331, 360, 395, 413, 416, 418, 421 f., 424–426

Religionspsychologie 106, 112, 368, 371
Religionssoziologie 314, 368, 371
Religionswissenschaft 256, 258 f., 261 f., 317, 319 f., 322, 324, 326, 328, 360, 361–374, 422, 424
Theologie der Religion(en) 322, 326, 328, 361–374, 381, 395, 404, 418 f., 421 f., 424 f.
Romantik 278

Säkularisierung, Säkularität 124, 127, 294, 397, 401
Schöpfung 266, 300, 308, 421 f.
Scholastik 12, 25, 234, 324
Schrift 21, 239 f., 242–244, 275, 353 f., 356–358, 394, 404, 408, 416, 418, 428
Semantik 206, 208, 212, 216 f.
Sinn 32 f., 37, 39, 72, 82–86, 88, 98–102, 112, 116, 126 f., 132–136, 151–155, 157, 163, 165, 168, 177, 179 f., 184–186, 188 f., 192–194, 196–206, 208–212, 214–224, 286, 288–291, 294, 297, 305, 312–316, 330, 333, 336–341, 343–345, 347 f., 371, 422, 425 f., 435 f.
Sinnbegriff, intentionaler 206–211, 435
Sinnbegriff, kontextueller 211–219
Sinnbegriff, referentieller 206–208, 211
Sozialwissenschaft(en) 25, 45, 49, 68, 82–106, 116, 118, 120 f., 124 f., 190–194, 201, 302, 317, 323, 366–368
Soziologie (s. Sozialwissenschaften)
Sprache 32, 57, 72, 88, 168 f., 174–176, 178–182, 211
Sprachspiel 97, 181 f., 211 f., 214
Staat 248, 250, 399, 427, 442
Statistik, kirchliche 252
Struktur 42, 60, 63, 67 f., 79, 112, 121–123, 132–138, 148, 158, 162 f., 170, 195
Strukturalismus 120 f.
Subalternationstheorie 229
Subjektivismus 81, 274, 278, 301, 417
Subjektivität 32, 81, 100 f., 113, 116, 128, 165, 168, 193, 195, 205, 278 f., 309–311, 314, 316, 322, 391 f., 419

Sünde 172, 239
Supranaturalismus, supranaturalistisch 257 f., 298
Symbolik 414 f.
System 89–92, 96, 131–133, 151, 157, 191–193, 195, 293, 357, 406

Teil und Ganzes 78 f., 81, 101, 115 f., 126, 131–135, 141, 154, 157, 162, 166, 189, 192, 199 f., 202, 214, 216, 307, 315
Theologie: s. a. Wissenschaftlichkeit der Theologie
Terminus 11 f., 16
– als praktische Wissenschaft 230–240, 309
– als sapientia 12–15, 18, 226, 230
– als scientia 12, 18, 226–230
– als spekulative Wissenschaft 232–234, 243, 376, 412 f., 428, 433
– als Universitätsfakultät 250, 254, 259, 281
– biblische 358 f., 375, 377–379, 384–392, 394 f.
– dialektische, s. Dialektische Theologie
– dogmatische 358, 375
– historische 21, 243, 252 f., 358 f., 364, 374–383, 388, 395, 400 f., 408, 420–422, 430, 433, 437
– kirchliche 22, 241
– natürliche 240, 244, 313
– oekumenische 415
– philosophische 251–253, 328, 373 f., 413, 416, 419, 430
– positive 26, 240–249, 251 f., 255, 261, 264, 266, 280 f., 285, 299, 310, 320, 356 f., 418
– praktische 9, 21 f., 26, 241, 252 f., 259, 359, 365, 376, 385, 393 f., 395, 415, 423, 425–442
– scholastische 243 f., 356, 358, 375
– systematische 258 f., 350 f., 354, 356 f., 364, 372, 376, 379, 406–425
– der Religionen (s. Religion)
– und Philosophie 16, 305–307, 339 f., 342, 344, 423

Theorie (s. Erkenntnis- bzw. Handlungstheorie)
Theorie und Praxis 423, 437–440
Theosophie 235
Totalität 29, 70–72, 79 f., 102, 104, 147, 151, 187, 189–194, 196, 198–201, 203, 205, 217–221, 223 f., 286, 290, 292, 305–307, 311–318, 325, 330, 333, 336, 341–345, 371, 423, 437
Tradition (s. Überlieferung)
transzendental 30, 43, 56, 82, 84, 87, 90, 93–97, 100, 116, 204, 208, 288–290, 370, 412
Transzendentalphilosophie 32, 94, 127, 129 f., 306
Trinität 11 f., 354

Überlieferung 16, 158, 164–166, 169, 171 f., 176 f., 183, 186 f., 194, 198, 240, 242, 251, 261 f., 264–266, 275, 279 f., 282 f., 286, 288, 291, 297, 308, 310, 313, 316, 318, 322–326, 344, 346, 348 f., 352, 358, 367–369, 381, 383, 389, 391, 395, 412, 436
Überlieferungsgeschichte, überlieferungsgeschichtlich 291, 293 f., 297 f., 326, 352, 378, 391 f., 419
Universalgeschichte, universalgeschichtlich 167, 187, 205, 397 f.
Universalien 53
Umwelt 178, 193, 256
Urvertrauen 155

Verfahren, nomographisch und ideographisch 118–126, 223
Verheißung Gottes 295
Verifikation 52, 64 f., 69, 209, 272, 296, 337 f., 346
Verkündigung 268, 283, 288 (s. auch Kerygma)
Vernunft 95, 124, 129, 190, 196 f., 274, 278 f., 305, 358, 409
Verstand 277
Verstehen und Erklären 78, 136–157
Vorbegriff 194 f., 201 f.

Vorverständnis 166, 170, 194 f., 202

Wahrheit 16–18, 38, 42 f., 92, 95, 198, 218–221, 223, 254, 263–265, 285, 292, 295 f., 322, 325 f., 332, 346 f., 350, 370, 395, 406, 416–419, 421–424, 442
- Einheit der Wahrheit 23, 350, 423
- Konsensustheorie der Wahrheit 42–44, 205, 219
- Korrespondenztheorie der Wahrheit 42 f., 205, 219

Weltbild 41, 102 f., 213

Wert(e) 82–84, 86–88, 90–92, 94–96, 101, 104, 107 f., 111, 166 f., 314, 399, 411

Wertrationalität, Zweckrationalität 86 f., 91, 167

Wesen, Erscheinung 44

Wirkungsgeschichte, wirkungsgeschichtlich 165, 171, 282 f., 294, 312, 409

Wissenschaft(en) (s. die einzelnen Disziplinen)

Wissenschaftlichkeit der Theologie 17 f., 23 f., 52, 226 f., 259, 268 f., 274, 280 f., 299, 328–348

Wortfeldtheorie 213

Zeitlichkeit 163, 165, 312

Ziel 111 f., 115, 231 f., 234, 237 f.

Zweck, Zweckhaftigkeit 111 f., 115, 210, 426